第一階段 光緒10.9月~11月

第二階段 光緒10.12.10~20
（月眉山戰役）

第三階段 光緒11.01.18~30
（死守基隆河南岸）

圖 例

─── 基隆河
● 法軍位置
→ 法軍路線及時間
11.23
○ 清軍位置
➜ 清軍路線

圖1　1884-85年清法之役戰況圖（黃富三文、楊森豪圖）

圖2　林朝棟討伐原住民中部諸役圖

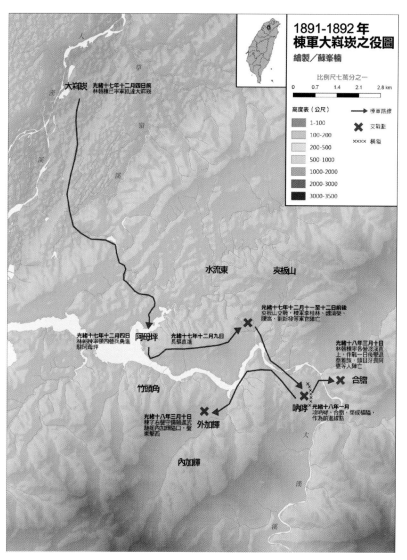

圖3 1891-1892年棟軍大嵙崁之役圖

圖4　林朝棟官服像：
推測為1895年內渡至
1904年所攝（林光輝、
蔣敏全提供）

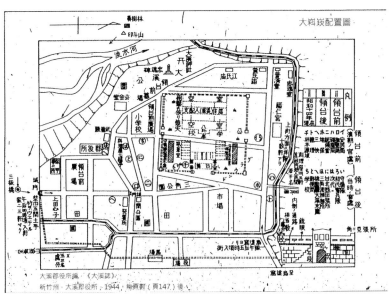

圖5　大嵙崁配置圖：1944年面貌（大溪誌）

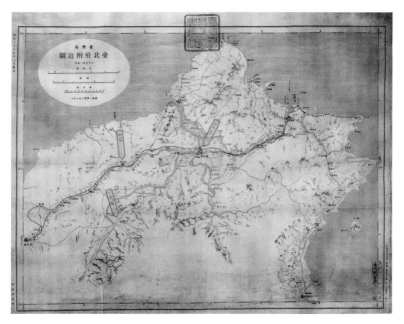

圖6　基隆至新竹鐵路線圖：1891年已通車（臺北府附近圖）

圖7　林朝棟長生祿位圖：供
　　　奉於苗栗大湖萬聖宮，
　　　感念其協助拓墾之功
　　　（林光輝提供）

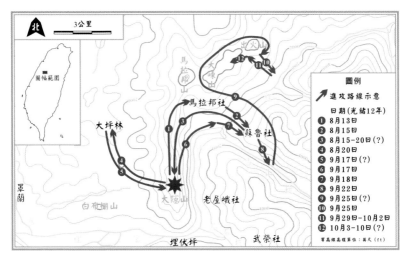

圖8　馬那邦之役圖：1886-87年林朝棟受困大隙山（黃富三文、李宗信圖）

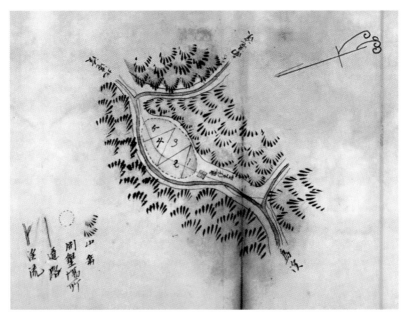

圖9　龜仔頭水圳圖：棟軍所築水圳，林合號開鑿（臺灣總督府檔案）

圖10　歸安橋今貌：位於苗栗縣卓蘭鎮，跨大安溪支流景安溪

圖11 歸安橋原貌殘蹟：兩旁刻字 光緒
十三年立 棟字正營（林光輝提供）

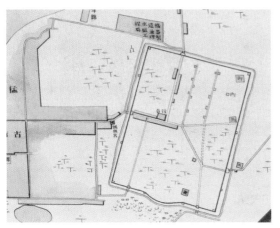

圖12　1895年臺北府城簡圖

圖13　臺灣總督府製圖部舊臺北府城圖：林公館位於西門外紅圈處（林光輝提供）

圖14　德同再造匾，懸於宮保第後棟門楣（林俊明提供）

霧峰林家的重振

從官紳對立到相互協力　　（1882～1895）

黃富三　著

自序

　　關於霧峰林家研究，最早做系統性研究者當屬美籍學者麥斯基爾（Johanna Menzel Meskill），其名著為 *A Chinese Pioneer Family*，探討林家在清代之發展史，在美國被譽為當時中國地方史研究的代表作之一。本書有甚多創見，然而其史料之利用與部分詮釋尚有不足者。因此，個人應林正方先生之邀，撰寫出版《霧峰林家的興起》、《霧峰林家的中挫》二書，前者介紹林家如何由一介貧民致富而躋身官僚與仕紳階級，後者論述林家在顛峰時期卻突遭官府壓制而家道中挫。此後如何脫離困境，再造新機呢？

　　無疑地，19世紀國際環境與島內情勢有重大變遷，由於臺灣外患之增加，而島內已經漢化而無內憂，導致清廷治臺政策之重大轉變，即加強建設臺灣，強化國防安全。因此林家重新被重用而獲得重振之機，其中之因應策略的調整，二書尚未論及，個人乃再接再勵，撰成本書《霧峰林家的重振》，探討至19世紀末期林家之曲折史。

　　實際上，本書之撰寫並非預定的，而是在研究、撰寫過程中挖掘大量林家文書，大多是前所未有的，極為珍貴。以往因欠缺足夠原始史料，霧峰林家之相關著作不免語焉不詳或輾轉抄襲，甚至以訛傳訛，有待大幅度補充與修正。筆者研究團隊所發掘的《林家訟案文

書》經筆者研究後，已發表為《霧峰林家的中挫》一書；另外尚有林朝棟相關文書，因數量大，又破損嚴重，因此筆者團隊耗費長達十年以上之整理、解讀，出版《霧峰林家文書集》六冊，方能以此為主要史料，撰寫本書《霧峰林家的重振》，填補林家歷史之缺口。如今總算能大略重現林朝棟領導下歷史，完成清代霧峰林家歷史之研究工作。然而，因林家史料中極多信函無日期，可能在論述時序上未必完全正確，在此必須說明。

另外，完成整體研究後，筆者感覺有必要從宏觀角度評估林家在清代臺灣史上之角色。因此以官紳關係之演變為論述中心，大致上分成抗衡（confrontation）、調適（coordination）、合作（cooperation）三階段，呈現其發展史之特色。按，清廷在1683-1684年將臺灣納入統治後，在政治上長期採取「為防臺而治臺」的嚴控政策，對經濟採用不鼓勵（discouragement）的消極策略，直至1875年後因臺灣外患嚴重方改弦更張。前期對移民採取「海禁」政策限制移民，對原住民地區採取劃界之「山禁」政策；至後期，則大開海禁，並廢除「山禁」，改為「開山撫番」政策。在前期之「山禁」時期（1684-1875），早期來臺發展的家族大多在平原地區和平發展精耕農業，但霧峰林家開臺祖林石則違抗禁令，在番界外拓墾而起家，也影響其族運之興衰與臺灣歷史走向，本書以宏觀角度檢討霧峰林家在清代臺灣歷史發展上的特色，揭開邊區豪族崛起之真相，顯示其於抗衡、調適、合作三階段的策略與作為。[1]

1　本書正文篇幅甚大，索引部分改採用電子形式，請所需讀者至聯經出版公司網頁下載參考。

誌謝

　　相較於《霧峰林家的興起》、《霧峰林家的興起》，本書所耗精力特大、時間特長，主因是重要史料林朝棟文書破損嚴重、解讀困難，最後方出版六冊《霧峰林家文書集》，此應感謝國史館館長呂芳上之支持與林光輝先生之同意刊印，而國史館何鳳嬌、林正慧、吳俊瑩則是最後整理定稿的大功臣，經費方面，主要由國史館支應，但其中一冊由林本源基金會補助。同時，林本源基金會亦支援一霧峰林家文書解讀班的經費，何鳳嬌、林正慧、吳俊瑩、劉亮吟等人長期參與，其間先後斷續參加的有許雅玲、許慈芳、莊宏年等，謹申謝忱。

　　有此批一手史料，個人方能在基礎上研究撰稿並完成，此應感謝國科會在行遠專案計畫下提供三年的經費補助。本書原本通過於臺史所出版，而後因各種考量，同意轉由聯經出版社接手出版。在此期間，臺史所林玉茹、曾品滄、林正慧三位研究員熱心分工協助校對工作，並提出不少改進建議，提升本書之品質。另外，劉亮吟、許慈芳、莊宏年、許仟慈在不同階段協助校對、修正，貢獻甚大。定稿交出後，聯經涂豐恩總編輯甚為認真、負責，對全書之編排、行文方式等亦提出專業建議，增進全書之可讀性。在林家資料與影像方面，林光輝先生全力協助，令人感銘不已。

　　最後，我仍須感謝霧峰林正方先生當年之力邀研究，個人方能獲

得大批珍貴史料，撰成清代霧峰林家完整歷史，如今其子宮保第園區林俊明董事長繼其餘緒，致力史蹟保存，熱心可佩。

想起當年亡妻嚴芳在接此一計畫時之任勞任怨，協助整理破舊文書，激勵我持續工作，真是感念萬分；而1986-88年在美國哈佛與哥倫比亞大學訪問時，更是全力協助整理、抄錄文稿，備歷艱辛，不幸在1992年離我而去，不及見計畫之完成，無限感懷與遺憾。

必須感謝的各界人士極多，如山區與港埠史蹟導覽、個別訪談等，無法一一列舉，在此一併致謝。

黃富三　2023.11.12

目次

導言

　　人類歷史的發展高度受其地理環境與歷史傳統的制約，關於文明的創新，英國史家湯恩比（Arnold J. Toynbee）於1934-1961年出版了12巨冊的《歷史研究》（*A Study of History*）探討世界21種重要文明的興衰，[1]提出挑戰與回應論，即人類不斷遭遇生存挑戰，而逆境刺激回應，成功則誕生新文明，[2]逆境包括自然環境與人文環境。[3]他也提出創新菁英論（Creative Minority），即統治菁英如屬於創新型則文明進步，如是支配型（Dominant Minority）則退步，亦即人類自身的動能更重要。[4]1949年，法國史家布勞岱爾（Fernand Braudel）出版《菲利普二世時代的地中海和地中海世界》，提出地理環境關係史（近乎靜止的歷史）、社會史（群體和集團史）、事件史（變動迅速的個別史）三階段論，宏觀性地說明文明受該地地理環境與以往歷史所孕育的社會環境的影響，而歷史事件即是當代人與其前之二大環境互動的結果。[5]以往無數宏觀性觀點均各有其根據，可做為歷史研究的參

1　Arnold J. Toynbee, *A Study of History* (Oxford: Oxford University Press, 1948).

2　湯恩比著，陳曉林譯，《歷史研究》（臺北：桂冠，1979，增修再版），冊上，頁12-15。

3　湯恩比著，陳曉林譯，《歷史研究》，冊上，頁195-196、521-544。

4　湯恩比著，陳曉林譯，《歷史研究》，冊上，頁195-196。

5　費爾南‧布羅代爾著，唐家龍、曾培耿等譯，《菲利普二世時代的地中海和地中海世界》（北京：商務印書館，1996），頁8-9。本書英文書名：*The*

酌。然而，不同國家的地理環境與歷史經驗不可能完全相同，而人類是目前所知智能最高的物種，其腦力有無限的潛能，因此經由主觀的努力，善用其生存之地理環境與歷史經驗，任何地方都可能創出新文明。老子說「道可道，非常道」，凡是被認定的「真理」往往不是恆久的，甚至自然科學也不例外。17世紀末牛頓發表萬有引力運動定律被認為是宇宙論的終極詮釋，但20世紀愛因斯坦的相對論出現後，經一番論證後，證明其正確性，大幅修正了牛頓學說。人類的歷史發展更是充滿不確定性，它既非必然，亦非偶然，而是一種或然（probability），即各地人類均可在其生存環境中尋出一條最佳道路，古代雅典在歐洲之興起與現代以色列在中東之獨樹一幟即是範例。筆者以為16世紀以來臺灣歷史的發展亦是具體案例，值得深入研究。

臺灣是孤立於歐亞大陸之東的島嶼，回顧其發展歷史，一方面受其獨特地理環境之左右，一方面高度受外在世界或強權的影響，島民在雙重挑戰下不斷地調適與回應，譜出極為曲折的歷史劇。如湯恩比所說，文明之發展受自然環境與人文環境之影響，因此本書先泛論臺灣在此種地理環境、世界史中顯現的特色，再論述霧峰林家在清帝國史與臺灣史上的發展及其角色。

一、獨特的臺灣史：pull（外力，政治）vs. push（內力，經濟）

無疑地，近五百年的世界是空前未見的變局，而歐洲是帶動世界

Mediterranean and the Mediterranean World in the Age of Philip II。另有一譯本為《地中海與菲利普二世時代的地中海世界》，亦為中國的商務印書館出版於2017年。

文明前進的火車頭，歐化（Europeanization）是今人的共同記憶，而
東亞文明古國是遭受衝擊最大的地區，19世紀1840-1842年的中英鴉
片戰爭、1853-1854年日本之遭受美船闖關，廣土眾民的滿清大帝國
竟為數千名英軍所敗，英勇揮刀咆哮的日本武士亦不敵美艦之船堅炮
利，均被迫開港通商，堪稱是近代世界史與東亞史的重要轉捩點。
1872年，李鴻章奏稱：

> 歐洲諸國百十年來，由印度而南洋，由南洋而中國，……合地
> 球東西南朔九萬里之遙，胥聚於中國。[6]

他認定是中國三千餘年一大變局。許倬雲評論梁啟超《中國史敘
論》，分中國的中國（秦統一）、亞洲的中國（東漢後）、世界的中
國（乾隆末年），但認為世界的中國（乾隆末年）之時間斷限應前推
至15世紀後大航海時代，[7]個人甚表同意。多數學者均認為，16-17世
紀才是歷史大變局的開端，自此進入世界經濟的全球化，先後將五大
洲、全人類都捲入其中。[8]

　　在此一大環境下，依筆者之樓層（Floor）論，世界史大致上
由舊與新石器，逐層上升至古農業文明、商業革命、工業革命等階
段。臺灣歷史之發展亦不例外，然而同中有異，原因是臺灣早期未

6　李伯重，《火槍與帳簿：早期經濟全球化時代的中國與東亞世界》（臺
　　北：聯經，2019），頁43。
7　許倬雲，〈尋找中國歷史發展的軌跡〉，收於氏著，《中國文化與世界文
　　化》（桂林：廣西師範大學，2006），頁1-8。
8　李伯重，《火槍與帳簿：早期經濟全球化時代的中國與東亞世界》，頁43-
　　48。

出現獨立主權國家，近世以來又經歷不同政權的統治，高度受其政策的影響，因此其發展型態是跳躍式的，即從17世紀初至今短短不到四百年內，由一新石器時代之自給自足型社會蛻變為今日之高科技國度。之所以如此，實與其獨特的地理環境、歷史遭遇有關。[9]

（一）空間舞臺：臺灣島的地理特色及其潛力

臺灣是位於歐亞大陸東方的島嶼，早期孤立於中國、日本等文明中心之外，因此長期停留於部落社會的自足經濟階段。但在16、17世紀大航海時代、商業革命來臨後，它因位於東亞島弧的中央位置，西通中國，北連琉球、日本、朝鮮，南接菲律賓、婆羅洲等地，成為東亞航路的商略與戰略要地，也在第一波全球化啟動下崛起。

其次，臺灣島屬於新褶曲山地，其特色是群山連綿、高峰聳峙，中央山脈縱貫南北，又由於北回歸線東西橫過島嶼中央，因此擁有熱帶、副熱帶及溫帶等多樣氣候，以及高山、峽谷、丘陵及平原之多種地形。中央山脈不但保護臺灣西部肥沃的平原免於颱風的過度踐踏，而且涵蓄了大量的雨水於山腹，形成遍佈全島的溪流，為農業發展提供豐沛的水源，因而臺灣可生產不同氣候帶的農作，如米、甘蔗（糖）、水果、蔬菜及山區的竹、木材、茶、樟腦等產品，可因應時代需要而產製。[10]

臺灣挾其地理上的優勢與豐富的農業資源，自大航海時代來臨

9　參考黃富三，「臺灣史地」（演講小冊，國家文官培訓所，2006年7月4日）。

10　黃富三，〈臺灣農商連體經濟的興起與蛻變〉，收於林玉茹主編，《比較視野下的臺灣商業傳統》（臺北：中央研究院臺灣史研究所，2012），頁17-25。

後，吸引各國政權先後來此立足，將它轉變成一座富裕之島，成為東亞的一顆雖小但閃耀的鑽石，甚至被華人譽為「寶島」。[11]

（二）歷史境遇：後來居上型

早期臺灣孤立於東亞文明區外，尚未出現國家組織，在經濟上則是自給自足的，僅有少數中、日商人造訪，進行以物易物（barter）交易。例如漢人定期或不定期以布、菸酒、鐵器等交易北部的硫磺、沙金，但量小而不固定。1602年，陳第「東番記」稱，漳、泉人以布、鹽等，交易鹿脯、皮、角，17世紀末來臺採硫的郁永河亦稱，原住民畢世所需，「罔非自為而後用之」。[12]它基本上只是被動式的回應外界需求，未出現穩定的成長經濟（sustainable growing economy），筆者喻之為候鳥型貿易。[13]

1624年荷蘭人之入主臺灣有如投下了一顆石頭，引起陣陣漣漪，走上由漸變而巨變之路。經濟扮演臺灣轉型的主要動力，在第一波全球化下，臺灣被納入世界經濟體系。此可說是挑戰的開始，所謂「動者恆動」，引發無數的反應，臺灣乃不斷向前推進甚至躍進。

11　黃富三主講，黃頌文譯，〈論學術新領域的臺灣研究——問題與展望〉，《臺灣風物》（臺北），69：1（2019.3），頁145-162。按，此原為專題演講 "Taiwan Studies as a New Academic Field: Problems and Prospects"。

12　陳第，〈東番記〉，收於沈有容，《閩海贈言》（臺北：臺灣銀行經濟研究所，臺文叢第56種，1959），頁25-27；郁永河，《裨海紀遊》（臺北：臺灣銀行經濟研究室，臺文叢第44種，1959；1697年原刊），頁35。

13　黃富三，〈第一波至第二波全球化：港市安平的興與衰〉（臺南：國立成功大學主辦「海洋古都：府城文明的形塑·臺灣史國際學術研討會」，2010年11月），頁6-8；黃富三，〈世界史中的臺灣史：學術生涯回顧〉，收於林玉茹主編，《比較視野下的臺灣商業傳統》（臺北：中央研究院，2012），頁560-561。

　　1. 啟動貿易導向經濟（Trade-oriented Economy）：1624-1662年，荷蘭統治臺灣時期實行重商主義（mercantilism）政策，1624年東印度公司興建熱蘭遮城（今臺南安平）做為中心，進行有利可圖的轉口貿易，其中至少有三樣主要商品：中國絲綢、印尼胡椒、日本銀。此舉意外開啟了貿易導向的政策，而且此為後人所遵循，形成根深蒂固的商業傳統。[14]

　　2. 本土自主成長經濟（Sustainable Economic Growth）的出現（1630's-1684）：1630年代，荷蘭人發現東亞三角貿易的絲綢掌握在以鄭芝龍為首的華商之手，難與競爭，而蔗糖是有利可圖的全球性商品，因而鼓勵數以萬計的華人移民來臺種蔗製糖，銷往日本、波斯等地；又因米是華人的主食，也鼓勵種稻。從此，糖、米在臺灣落地生根轉化為本土產業，甚至成為主要出口品，奠定本土自主經濟的基礎，帶動長期的經濟發展，影響更為深遠，筆者稱之為「農商連體經濟」。[15]

　　1661-1662年，鄭成功的閩南人政權取代荷蘭後，仍然繼承此一傳統，農商連體經濟進一步強化。蔗糖仍是重要貿易商品，但明鄭王朝採取軍國主義國策以「反清復明」，必須增產軍需與民食，因此稻米擴張加快，重要性逐漸追上蔗糖。

　　3. 自主經濟之擴張（1684-1895）：1683-1684年，清帝國消滅明鄭政權，將臺灣納入版圖，漢人移民大增，米糖為主的農產品大量輸出大陸，並由大陸輸入日用品，兩岸形成緊密的互補經濟體，農商連

14　曹永和，〈十七世紀作為東亞轉運站的臺灣〉，《臺灣早期歷史研究續集》（臺北：聯經，2000），頁125-133。

15　黃富三，〈臺灣農商連體經濟的興起與蛻變〉，頁3-36。

體經濟充分發揮。[16]

　　18-19世紀英國為首的工業革命啟動後,西方國家國力大增,大舉東來叩關,在1840-1842年之鴉片戰爭中打敗清帝國,簽訂南京條約,中國開放五口通商。1858-1860年,英法聯軍再敗清國,簽訂天津、北京條約,臺灣亦開港通商,山區新作物也加入貿易的行列,尤其是樟腦與茶。[17]加上,臺灣在1885年建省後,亦展開近代化建設,取得某種成果,被譽為「清帝國最進步的一省」。[18]因此,臺灣再度納入世界經濟體系,其發展深受外在環境的影響,而兩岸互補經濟體略微弱化。

　　4. 近代化經濟的興起:1895-1945年臺灣在日本統治下,近代化進展迅速,成為東亞僅次於日本的地區。戰後從1960年代開始,首先創設高雄加工出口區,貿易大增,隨後出現了遍佈各地的中小企業,經濟快速成長。至1980年代,新竹科學園區登場,科技產業勃興,產業升級,成為先進國家,產品「MIT」(Made In Taiwan)享譽國際。[19]經濟學家吳聰敏即指出,臺灣在1900-2000年間經濟成長率,全世界排名第一,有時高達10%以上。[20]如今臺灣已經蛻變為一個重

16　黃富三,〈臺灣農商連體經濟的興起與蛻變〉,頁15-17。

17　黃富三,〈臺灣農商連體經濟的興起與蛻變〉,頁17-25。

18　James W. Davidson, *The Island of Formosa, Past and Present* (London and New York: Macmillan & Co., 1903), p.246. 另可參閱達飛聲原著,陳政三譯註,《福爾摩沙島的過去與現在》(臺南:臺灣歷史博物館;臺北:南天書局,2014),頁301。

19　黃富三主講,黃頌文譯,〈論學術新領域的臺灣研究—問題與展望〉,頁145-162。按,MIT Made In Taiwan,與著名的麻省理工學院(Massachusetts Institute of Technology)簡稱相同。

20　吳聰敏,〈臺灣戰後的高成長〉(專題演講,中央研究院臺灣史研究所Room 802,2018年6月30日)。

要的高科技國家，成跨國企業產業鍊不可或缺的一環。

綜上，歷史上臺灣經歷不同政權的統治，即：荷蘭（1624-1662）、明鄭（1661-1683）、滿清（1683-1895）、日本（1895-1945）、中華民國（1945-），其政治命運極為坎坷，但在經濟方面，在17世紀商業革命時期，從自足式經濟越過精耕農業經濟而直接進入商業革命時代，筆者以樓層論比喻為跳躍式的進步，即從一樓的石器時代，直接登上三樓的商業革命時代，並同時發展二樓的精耕農業；進而在19世紀末逐漸進入四樓的工業革命時代以迄於今。從宏觀角度看，在短短不到400年內臺灣的發展極為快速，如今已轉型成一個現代化先進國家，有如麻雀變鳳凰的故事。[21]

回顧各歷史時期，臺灣在滿清統治的212年（1683-1895），是歷代政權統治時間最長的，同時也是漢人反客為主、承先啟後的關鍵時期，也可以說臺灣基層社會原型的形成期。按，福佬人在近世東亞交流史上扮演重要角色，鄭成功甚至在臺灣建立第一個福佬人統治的獨立國，顯現「大福佬文化圈」的影響力。[22]其後，清代漢人大量移民臺灣，並落地生根、茁壯，而形塑臺灣社會的原型（prototype），在此基礎上，經過日本殖民與戰後中華民國之統治，發展出臺灣現狀。

二、霧峰林家在清帝國史與臺灣史上的角色

臺灣是個不大不小、距離歐亞大陸不遠不近的島嶼，自古未與中國有密切關係，至康熙22至23年（1683-1684），清帝國消滅明鄭政權

21　Fu-san Huang, *A Brief History of Taiwan: A Phoenix Transforming from a Sparrow* (Taipei: Information Bureau, 2005).

22　翁佳音，《近代初期臺灣的海與事》（臺北：中央研究院臺灣史研究所，2022），〈緒論：重探近代初期東亞海洋史與臺灣史〉，頁4-8。

後方被納入版圖。如何統治此一邊陲島嶼呢？島民又如何因應呢？結果又如何呢？這些都是值得深入探討的問題。

清初曾有臺灣棄留之爭議，如棄地遷民、留地遷民，最後採取留地遷民，結果一度出現「人去業荒」、人口減少的現象。但18世紀以後，移民一波一波湧入，因此人口大增，政治社會制度逐漸中國化。

學界多認為傳統中國是一個以中央集權為核心，加上科舉官僚體制運作的大帝國，在清代，除了帝王與中央官僚掌管全國事務外，在地方則由官員與仕紳聯手執行政務，發展出官紳共治體制，各地也出現左右政治的紳家。官與紳的來源大多通過科舉或軍功獲得功名而任官，構成官僚體制的骨幹，而卸任後則為地方紳士，扮演協助執行政務的重要角色，進而產生世家大族。

中國最低層的地方政府是縣，據估計在18世紀末共有1,436個，每縣約300,000人，中央無法深入地方管轄，有賴地方菁英共同治理。「紳」（Gentry）在地方政治的運作如此重要，引起學界的研究熱潮，著名學者不少，如瞿同祖、張仲禮、何炳棣等，對出身科舉的進士、舉人、秀才之角色有極為廣泛深入的研究，並取得重要成果。[23]

有學者稱，明清社會建立於地主經濟基礎上，其結構如下：

1. 上層皇帝與宗室貴族等級。

2. 中層官僚縉紳等級：孝廉至未出仕的進士。

3. 下層紳衿等級。

4. 凡人等級：多而複雜，大地主至奴婢。

23　Joseph W. Esherick and Mary B. Rankin, "Introduction," in Joseph W. Esherick and Mary B. Rankin eds., *Chinese Local Elites and Patterns of Dominance* (Berkeley, Los Angeles, and London: University of California Press, 1990), pp.4-5.

5. 雇工人等。

6. 賤民等級。[24]

此種分法基本上可接受，大分是：第1級皇家，第2級官僚，第3級各地紳家，其下則是第4-6級被統治的萬民，由此產生皇權、官權、紳權的互動關係。然而，中國是廣土眾民的國家，各地的清況有不少的差異，國家與地方菁英的互動關係也極為複雜，不可一概而論。有些學者已指出，國家與地方菁英並非絕對的一面倒關係（zero-sum game），例如商業發達後，富商崛起為豪族，不必有科舉功名亦可介入政治。[25]事實上，清代地方領袖崛起之管道除了科舉考試之外，尚有軍功與捐納方式。臺灣乃後發展地區，科舉出身者較少，而內憂外患甚多，地方菁英大多先致富，形成豪族，再透過軍功、捐納而躋身官紳地位，重要者如施世榜家、板橋林家、霧峰林家、高雄陳家等。其中本書主角霧峰林家之崛起最具特色，其過程可說是另類的臺灣史縮影，兼具宏觀與微觀歷史研究的意義，因此筆者多年來即投入研究。

以往幾十年，筆者因挖掘出大批林家文書，在1980年代後陸續出版《霧峰林家的興起》、《霧峰林家的中挫》二書，論述18世紀至19世紀中葉林家之起伏過程。[26]林家中挫後，陷入低潮期，但至19世

---

24 馮賢亮，《明清江南的州縣行政與地方社會研究》（上海：上海古籍出版社，2015），頁11。

25 Joseph W. Esherick and Mary B. Rankin, "Introduction," p.7.

26 黃富三，《霧峰林家的興起：從渡海拓荒到封疆大吏（一七二九-一八六四年）》（臺北：自立晚報，1987，以下簡稱《霧峰林家的興起》）；《霧峰林家的中挫：一八六一～一八八五年》（臺北：自立晚報，1992，以下簡稱《霧峰林家的中挫》）。二書運用豐富的公私文書重建相當完整的林家早期歷史，頗受學界重視，也引起蒐集舊文書之風。如地契原本少人聞問，每張

紀末，林家逐漸脫離困境再度扮演要角而重振。其中之因緣涉及臺灣外患之增加、清廷治臺政策之轉變，以及林家之因應策略的調整，二書尚未論及。筆者又因蒐集到另一批林家文書，本書《霧峰林家的重振》乃以此為主，結合其它史料論述，以完成清代霧峰林家曲折歷史的研究工作。

另外，筆者亦整體評估林家在清代臺灣史上之角色，以官紳關係之演變為論述中心，大致上分成抗衡（confrontation）、調適（coordination）、合作（cooperation）三階段，呈現其發展史之特色。按，清廷在1683-1684年將臺灣納入統治後，在政治上長期採取「為防臺而治臺」的嚴控政策，對經濟採用不鼓勵（discouragement）的消極策略，直至1875年後因臺灣外患嚴重方改弦更張。前期對移民採取「海禁」政策限制移民，對原住民地區採取劃界之「山禁」政策；至後期，則大開海禁，並廢除「山禁」，改為「開山撫番」政策。在前期之「山禁」時期（1684-1875），早期來臺發展的家族大多在平原地區和平發展精耕農業，但霧峰林家開臺祖林石則違抗禁令，在番界外拓墾而起家，自始即具有抗衡精神（confrontation），因此塑造出獨特的拓邊家族（frontier pioneers）性格，也影響其族運之興衰與臺灣歷史走向。

三、相關研究與主要史料

關於霧峰林家研究，最早做系統性研究者當屬美籍學者麥斯基爾（Johanna Menzel Meskill），其名著為 *A Chinese Pioneer Family*，探討

最多數百元，其後價格節節攀升，高至數千或數萬元之譜，有的被當作文物蒐藏。兩岸媒體甚至據此改編拍製成《滄海百年》等多部電視劇。

林家在清代之發展史，[27]在美國被譽為當時中國地方史研究的代表作
之一。本書有甚多創見，然而其史料之利用尚有不足、部分詮釋亦有
欠妥者。其它則有不少先行研究之成果可供參考。[28]由於本書論述之
問題頗廣，直接、間接涉及之名著極多，實無法一一列舉，但將出現
於相關章節。

　　至於個人已出版之《霧峰林家的興起》、《霧峰林家的中挫》二
書，前者介紹林家如何由一介貧民致富而躋身官僚與仕紳階級，後者
論述林家在顛峰時期卻突遭重挫成為官府壓制的對象，為本書之研究
奠定紮實基礎。

　　創新史料方面，以往因欠缺足夠林家原始史料，霧峰林家之相關

27　Johanna Menzel Meskill, *A Chinese Pioneer Family: the Lins of Wu-feng, Taiwan,
　　1729-1895* (Princeton: Princeton University Press, 1979)。中譯本可參閱王淑璜
　　譯，《霧峰林家：臺灣拓荒之家（1729-1895）》（臺北：文鏡，1986）。

28　專書部分，如鄭喜夫編著，《林朝棟傳》（臺中：臺灣省文獻委員會，臺
　　灣先賢先烈專輯第4輯，1979）；黃卓權，《跨時代的臺灣貨殖家：黃南
　　球先生年譜（1840-1919）》（臺北縣中和市：國立中央圖書館臺灣分館，
　　2004）等；論文部分，如早期吳學明，〈「金廣福」墾隘與新竹東南山區的
　　開發（一八三四～一八九五）〉（臺北：國立臺灣師範大學歷史研究所碩
　　士論文，1984）；戴炎輝，〈清代臺灣之隘制及隘租〉，《臺灣銀行季刊》
　　（臺北），9：4（1958.3），頁38-73；王世慶，〈臺灣隘制考〉，《臺灣文
　　獻》（南投），7：3/4（1956.12），7-26。鄭喜夫，〈清代臺灣「番屯」考
　　（上）〉，《臺灣文獻》（南投）27：2（1976.6），頁111-130；鄭喜夫，
　　〈清代臺灣「番屯」考（下）〉，《臺灣文獻》（南投），27：31976.9，頁
　　59-89等，均有啟示作用。另有關割臺初期之論著甚多，可供引證者亦不少，
　　如翁佳音，《臺灣漢人武裝抗日史研究（1895-1902）》（臺北：國立臺灣
　　大學出版委員會，1986），對臺灣民眾抗日之組成與回應方式，論述甚詳。
　　H. J. Lamley, *The Taiwan Literati & Early Japanese Rule, 1895-1915*（PhD. diss.,
　　University of Washington, 1964），對仕紳之回應日本領臺有良好的分析，其
　　中亦述及林家之狀況；吳文星《日據時期臺灣社會領導階層之研究》（臺
　　北：正中書局，1992）對日人領臺初期仕紳之肆應亦有良好之分析。

著作不免語焉不詳或輾轉抄襲，甚至以訛傳訛，有待大幅度補充與修正。本書運用之史料範圍甚廣，主要為：

1. 官方檔案：故宮檔案、清代文獻（主要為《臺灣文獻叢刊》）、臺灣總督府檔案。

2. 當時報章：如《申報》、《臺灣日日新報》等。

3. 林家文書：各類家藏文書、地契等。

4. 訪談錄：主要為林家後人、相關耆老。

5. 實地勘查：主要為林朝棟與棟軍在開山撫番時期之史蹟。

其中最珍貴的是，筆者研究團隊所發掘的《林家訟案文書》與《林朝棟文書》。《林家訟案文書》經筆者研究，已發表為《霧峰林家的中挫》一書；《林朝棟文書》經筆者團隊長達十年以上之整理、解讀，目前已出版《霧峰林家文書集》六冊，[29]本書將以此為主要史料，填補林家歷史之缺口，即林朝棟領導下林家之重振歷史，完成清代霧峰林家歷史之研究工作。

四、全書架構

基本上，本書架構依照林家重要事蹟之時間順序，分章節論述，反映紳權與皇權、官權的相生相剋歷程。

第一章，霧峰林家重振之背景。清廷領臺後採取海禁、山禁政

29　黃富三等解讀，何鳳嬌、林正慧、吳俊瑩編輯，《霧峰林家文書集：墾務、腦務、林務》（臺北：國史館，2013）；《霧峰林家文書集：棟軍等相關信函》（臺北：國史館，2014）；《霧峰林家文書集：棟軍相關收支單》（臺北：國史館，2014）；《霧峰林家文書集：田業租谷》（臺北：國史館，2015）；《霧峰林家文書集：閩臺相關信函》（臺北：國史館，2016）；《霧峰林家文書集：補遺》（臺北：國史館，2017）。

策,開臺祖林石違犯禁令越界拓墾而致富,但因林爽文之亂而衰落,此形塑其抗衡皇權之武家族性(confrontation)。至其孫林甲寅因經商而小富、再至林甲寅之孫林文察,因在太平天國之役效命清廷而崛起為中部大家族。但不久,其弟林文明因派系鬥爭被誣以叛亂罪,就地正法,林家遭遇空前危機而中挫,面對驟起驟落的族運如何脫困、東山再起呢?這是一大考驗,反映紳權與皇權、官權之間的角力與調適能力(coordination)。

第二章,臺灣建省後之新政與林朝棟之新角色。介紹霧峰林家重振之契機。清朝在太平天國之亂與1884-1885年清法北台之役後,民窮財盡,藉助地方仕紳的力量維護治安、捍衛國防,而林家中挫後必須尋求出路,在林朝棟領導下改採合作(cooperation)策略,積極效忠清廷立功。1884-1885年,捐餉募勇,參加清法北臺灣之役立功,臺灣建省後,劉銘傳積極推動新政,有賴臺紳之協助,林朝棟更全力支持、推動,尤其在「開山撫番」方面,他出任要職,成為最重要之執行者,逐步走向林家重振之大道。

第三章,臺灣建省與林朝棟:中部山區之拓邊(1885-1895)。林朝棟主要負責中部山區的撫墾工作,首要任務是「撫番」,藉助其棟軍之力,強化原住民之控制,將清廷統治區由近山丘陵地區拓展至內山地區,其範圍北至苗栗,東至南投埔里等地。

第四章,北部山區之動亂與林朝棟之北伐:大嵙崁之役(1891-1892)。1886年以來,北部大嵙崁亂事時平時反,1891-1892年,亂事加劇,因而林朝棟又奉命帶兵北伐平亂,穩定北部山區之統治秩序。

第五章,林朝棟與撫墾新政:主導中部山區之開發(1885-1895)林朝棟主導中部山區之開發,包括拓墾、水利、築路及中路樟腦產銷

之管理，促成田園之擴張與樟腦王國之興起。林朝棟亦發展其它山區產業，主要是木材業，如枕木、黃肉枋，亦曾督導煤油業。

第六章，林家之經營樟腦業（1885-1895）。1892年臺灣取消樟腦專賣，開放自由買賣，林朝棟與外商公泰洋行合作出口樟腦，為林家帶來厚利，促成其蛻變為中部首富。

第七章，林家與其它新政。林朝棟涉及者包括：一、清賦與施九緞之役；二、鐵路相關工程；三、其它：如道路、臺灣省城、專祠之營建等。

第八章，晚清臺灣之新抑紳政策與林家宦途之再挫（1885-1895）。1884-1885年清法戰爭，官府修正重紳政策，包括一、頂厝林文欽之受挫與轉向；二、邵友濂之緊縮撫墾政策與對林朝棟之壓抑。

第九章，臺灣割讓與林家之回應（1894-1900年代）。1895年，清廷戰敗而割讓臺灣，林朝棟被迫需回應，包括：一、割讓與乙未之役；二、日本領臺與林家之肆應。

最後，本書將以宏觀角度檢討霧峰林家在清代臺灣歷史發展上的特色，揭開邊區豪族崛起之真相，顯示其於抗衡、調適、合作三階段的策略與作為，以及其家族特性與在臺灣歷史上的角色。

第一章 霧峰林家由中挫而重振之背景

霧峰林家與臺灣其他大家族之崛起方式有極大的不同，開臺祖冒險渡臺，深入番界山區拓墾起家，長年與自然環境搏鬥，並與官府、原住民、移民間有恩怨情仇的複雜關係，形成其武家族性與驟起驟落的族運。

第一節 拓邊武家之族性與族運：抗衡至調適（1684-1870年代）

清廷之所以征臺乃因鄭氏王朝之反清，非貪圖臺灣之地，因此並不期望臺灣發展太快。其治臺政策被稱為消極的、政治導向的，以大清帝國之國防安全與社會安定為主要考量，不以臺灣居民的福祉為依歸進行建設、發展經濟。[1]換言之，那是一種限制發展型（restrictive development）政策，因而與移民有各式各樣的衝突與調適關係。[2]

1　黃福才，《臺灣商業史》（南昌：江西人民出版社，1990），頁86。

2　Fu-san Huang, "The Conflicts and Compromises between Taiwan and the Qing

一、清初治臺之基本政策（一）：棄地遷民至留地遷民

康熙22年，清廷統一臺灣後，因納入版圖須派官駐兵，構成財政負擔，曾出現「棄地遷民」之議。[3]最後，康熙23年在施琅強烈建議下，將臺灣納入版圖，置於福建省轄之一府三縣，並由「棄地遷民」轉為「留地遷民」政策。[4]

官、兵方面：將鄭氏文武官員、兵勇遷往福建及大陸各地以消除後患；其他平民：鼓勵與遣送臺民回至福建及各地，減少可能的反亂力量，因而一時出現人口減少現象。[5]人口學家陳紹馨稱，1661年隨鄭成功來臺灣的3萬軍人與官吏中，十分之五、六單身；從1650年至1680年，人口由10萬增至20萬人，但又稱，應在12萬人左右。曹永和教授稱約在15-20萬人間。[6]即使以10-12萬人計算，清初人口頓減的幅度仍極大。此種人口政策深深影響清代臺灣的發展走向。

二、清代治臺之基本政策（二）：海禁，防臺而治臺

清廷為防止臺灣重演抗清歷史，並控制臺灣的經濟發展方向，對臺灣採取消極政策，不鼓勵移民，即採「海禁、山禁」政策。

Court in Economic Development"，發表於林本源中華文化教育基金會、中央研究院臺灣史研究所、社會學研究所合辦，「島嶼與帝國：比較視野下的臺灣、香港與愛爾蘭」國際研討會，（臺北：中央研究院，2014年9月12-13日）。

3　黃富三，〈清代臺灣移民的耕地取得問題及其對土著的影響（上）〉，《食貨》（復刊，臺北）11：1（1981.4），頁20。

4　黃福才，《臺灣商業史》，頁86。

5　黃福才，《臺灣商業史》，頁86。

6　盛清沂、王詩琅、高樹藩，《臺灣史》（臺中：臺灣省文獻委員會，1977），頁167。

「海禁」是僅開放廈門與安平港對渡，移民需通過嚴格申請手續獲得許可方能渡臺，康熙22年頒佈之「臺灣編查戶部則例」規定流寓之無產無業與犯徒罪以上者送回原籍，其主要規範為：

1. 渡臺者需先在原籍申請照單；
2. 不許攜眷；
3. 不許粵民（潮州、惠州）渡臺，以其地為海盜淵藪；
4. 違禁者以「兵律私出外境及違禁下海之例議處」。[7]

總之，凡違反禁令者，官、民均受嚴懲。[8]考其目的是僅容許忠誠的、順服的居民移入臺灣，且多為福建居民，並將臺灣列為福建省管轄下之一府，以便就近機動管理。此可說是「為防臺而治臺」的人口替換政策，目的是杜絕後患。

其中第三點對粵民影響甚大，施琅是否有此禁令呢？不少學者有爭議。按，此條出自康熙61年（1722），首任巡臺御史黃叔璥，在其所著《臺海使槎錄》引用「理臺末議」：

> 臺灣始入版圖，為五方雜處之地，而閩粵之人尤多。先時鄭逆竊距海上，開墾十無一二，殆鄭逆平後，招徠墾田報賦，終將軍施琅之世，嚴禁粵中惠、潮之民，不許渡臺，蓋惡惠、潮之地素為海盜淵藪而積習未忘也。琅歿，漸弛其禁，惠、潮民乃得越渡。[9]

7　伊能嘉矩著，臺灣省文獻委員會編譯，《臺灣文化志（中卷）》（臺中市：臺灣省文獻委員會，1991；1928年原刊），頁409。

8　黃富三，〈清代臺灣移民的耕地取得問題及其對土著的影響（上）〉，頁20-21。

9　黃叔璥，《臺海使槎錄》（臺北：臺灣銀行經濟研究室，臺灣文獻叢刊

黃叔璥在朱一貴之亂後即來臺視察，是首任巡臺御史，親履南北各地，可說最認識早期臺灣的官員，其說甚為可信。據此可知見施琅確曾有此海禁令，但不應誤解為所有廣東人，而是只限潮州、惠州人，更不宜解釋為客家人，而且施琅死後禁令也解除了。又，施琅平臺後，駐防廈門，握有控制臺灣大權，瞭解臺灣之發展潛力，當然設法照顧鄉親或利害共同體人士渡臺，例如施秉、施世榜之渡臺發展糖、米業而成大富豪。[10]而且，漳、泉地近廈門，與臺灣同屬福建省，有地理與政治優勢之便，易於申請印照渡臺。

施琅之禁令實有其歷史因素，即所謂「蓋惡惠、潮之地，素為海盜淵藪而積習未忘」。按，明代建國以來即遭倭寇之亂，嘉靖初年（1520年代），兩廣總督姚鏌鎮稱廣東惠、潮二府，「接連江西、福建二省，先年盜賊相繼為害，蓋由各處射利之徒廣置爐冶」，16世紀中期後，潮州出現不少盜商集團，多股實力強勁者縱橫海上，遍及東亞各要港，如林道乾、林鳳等甚至建立殖民地。[11]至嘉靖42年（1563）後倭亂漸平，但閩粵盜商繼之而起，形成不少相抗之集團。其中大盜吳平，是漳州詔安人，劫掠惠洲、潮州，經戚繼光勦平後，其黨羽曾一本、林道乾繼之而起。二人均潮州人，嘉靖45年（1565）後活躍於中國沿海及臺灣等東亞島嶼，曾一本被平後，林道乾仍存，而且又有同黨林鳳，也是潮州饒平人，二人加上其他群盜，縱橫東亞海岸。[12]

〔以下簡稱「臺文叢」〕第4種，1957；1736年原刊），卷4，〈赤崁筆談‧朱逆附略〉，頁92-93。

10　黃富三，《臺灣水田化運動先驅施世榜家族史》（南投：臺灣省文獻委員會，2006）。

11　李宏新，《潮汕華僑史》（廣州：暨南大學出版社，2016），頁76-77、85-89。

12　黃典權，〈明末福建漳泉之海盜〉，收於氏著，《海盜、香火、古港口》

天啟5年（1625）後，顏思齊、鄭芝龍據臺灣，侵犯沿海，另有李魁奇、鍾斌、劉香等廣東大盜崛起，形成相競之商盜集團。崇禎元年（1628），鄭芝龍為福建巡撫熊文燦所招降，因此效命明朝而勦平劉香、李魁奇、鍾斌等大盜，成為海上霸主。[13]

換言之，鄭芝龍代表官府，藉機消滅同安人之對手的潮州、惠洲商盜集團。施琅雖因私怨而消滅鄭氏王朝，但本身終歸屬於泉州集團，故禁惠、潮人渡臺實有其利害考量。再者，鄭成功起兵抗清初期，士兵多潮州人，又降服8個盜商集團中的6個，成為其部屬，不少人進入臺灣。其中潮陽人邱輝據達濠，專擅貿易獲利，並劫掠婦女入臺婚嫁，[14]固是施琅的敵人。

因此，清初施琅確有禁止廣東惠、潮人之令，但他們多為閩南語系盜商集團，並非客家人，而且他在康熙35年（1696）去世後，禁令也逐漸鬆弛了。事實上，客家人亦散居於福建汀州府與平和、南靖、詔安等縣，以及廣東嘉應州並不在禁令之列，而其民早有渡臺之事。林正慧之客家研究指出粵人之渡臺出現案例。[15]據黃釗之《石窟一徵》稱，廣東嘉應州鎮平縣鎮人：

> 以地狹人稠……，苦無以渡。邑令魏公燕昭請於上官，並移咨閩省准鎮人給照赴臺灣耕作，每歲資人無數。[16]

（臺南：臺南市政府文化局，2017），頁44-48。按，本文乃黃典權廈門大學歷史系1947年畢業論文，經整理出版。

13　黃典權，〈明末福建漳泉之海盜〉，頁52-58。

14　李宏新，《潮汕華僑史》，頁93-96、98-101。

15　林正慧，《六堆客家與清代屏東平原》（臺北：遠流、曹永和文教基金會，2008），頁162。

16　黃釗，《石窟一徵》（臺北：臺灣學生書局，1970，據清宣統元年重印本影

按，魏燕昭於康熙60年（1721）至雍正3年（1725）任職鎮平縣縣令，縣民感其恩德，塑其像祀於北門外的觀音亭。[17]

事實上，粵人移工自始即不少，但散佈各地，依附於閩人，如黃叔璥所說閩人稱他們「客仔」；藍鼎元指出他們都在歲終「賣穀還粵，置產贍家」，而在春初「又復之臺」，並不定居。[18]這可能才是影響閩客分布與客人居於劣勢的重要因素。然而，最好的土地掌握於漳泉人之手，粵人大多往邊緣地區發展。又，原鄉生活方式也是客家人選擇山區的主因。[19]不過，朱一貴之亂時，屏東客家族群組成「六堆」協助平亂，因此獲得封賞，並由閩浙總督覺羅滿保奏准「給與印照」，可以自由來往兩岸。[20]

結合前述領臺初期之「留地遷民」，清初只准許特定之移民，可說是一種人口換洗政策。但中國人口壓力至18世紀初期大增，閩粵山多田少，而臺灣則地曠人稀等因素，因此漢人採取各種合法與偷渡方式大量移殖台灣。偷渡盛行，形成臺灣人之冒險民性，黑水溝渡台悲歌甚多，如「在厝無路，計較東都」，「唐山過臺灣，心肝結歸丸」，「愛拼才會贏」，「六死三留一回頭」。而且男多女少，羅漢腳多，人口素質參差不齊，治安不佳。[21]總之，漢人採取各種合法與偷渡方式

印），卷3，〈教養〉，頁117。按，魏燕昭於康熙60年（1721）至雍正3年（1725）任職鎮平縣縣令，縣民感其恩德，塑其像祀於北門外的觀音亭。

17　林正慧，《六堆客家與清代屏東平原》，頁163-164。

18　黃叔璥，《臺海使槎錄》，卷4，〈赤崁筆談·朱逆附略〉，頁92。

19　如施添福，不贊同禁令之說法，認為原鄉生活方式才是決定客家移民選擇入墾山區的原因。施添福，《清代在臺漢人的祖籍分布和原鄉生活方式》（臺北：師大地理學系，1987）。

20　林正慧，《六堆客家與清代屏東平原》，頁45-46。

21　黃富三，《霧峰林家的興起》，頁11-27。

大量移殖台灣。日久他鄉變故鄉，許多番社變漢庄，原住民人口不增反減。《淡水廳志》載：

> 今自大甲至雞籠（基隆），諸番生齒漸衰，村墟零落⋯⋯語通番語者，十不過二、三耳。[22]

其結果是，漢人移民徹底改變了臺灣的人口結構，成為新新主人翁，至1896年達2,577,000人。[23]大批移民也促成經濟的變遷，其中最重大的變化是土地的拓墾與精耕農業的快速發展，在短短212年內，幾乎所有平原都開發殆盡，因此成為中國東南穀倉、糖倉，不但供養快速增加的人口，米糖更大量運銷大陸，紓解其糧食壓力。

三、清代治臺之基本政策（三）：山禁

清朝以「防臺灣而治臺」為基本政策，但清初並未提出特別的番政，僅區分為生番、熟番。藍鼎元稱「臺灣土番有生、熟二種，其居深山、未服王化者為生番，其雜居平地、遵法服役者為熟番」；《彰化縣志》稱「內附輸餉者為熟番，未服教化者為生番」。[24]清廷對熟番地的政策比較有彈性，有助於移民之拓墾。

漢人依法可申請墾照，開墾無主之荒地。如康熙48年（1709），

---

22 陳培桂，《淡水廳志》（臺北：臺灣銀行經濟研究室，臺文叢第172種，1963；1871年原刊），卷11，〈風俗考・番俗（附）〉，頁306。

23 黃富三，〈清代臺灣之移民的耕地取得問題及其對土著的影響（上）〉，頁20。

24 轉引自伊能嘉矩，《臺灣蕃政志》（臺北：民政部殖產局，1903-1904），頁72。

諸羅縣發給陳賴章墾照，開墾臺北盆地。[25]17、18世紀之交後，福建人口遽增，移民前仆後繼，湧進臺灣尋找生機，進而乃以各種方式取得土地，拙文〈清代臺灣之移民的耕地取得問題及其對土著的影響〉，分強力與和平方式論述其中之複雜過程。[26]無論如何，官府亦不斷放寬法令，容許購買或租典土地，大致上平原熟番地區的土地大多可和平取得。[27]

然而，生番散居的山區，清廷在朱一貴之亂後採取「山禁」政策，原因是由於生番凶猛難馴，易於引發漢番衝突，加上漢人不法之徒藏身其間，更易引起亂事。因此康熙61年，清廷採取劃界封山政策，即在沿山要口劃界立石，禁止漢人越界拓墾居留。清廷並發展出一套「分而治之」的策略，將漢人與原住民分隔，只准開墾無主荒地，禁止侵入番界引起紛爭。[28]但執行效果不佳，番界竟然成為進一步拓墾之據點。對於立界事，雍正5年（1727）諭稱，只分百姓、熟番、生番，「總各務生理，不容混雜為上策」；乾隆10年（1745），福建布政使高山進一步提出「生番在內、漢民在外、熟番間隔於其中」之三層式族群分布規劃。[29]但執行效果依然不佳，番界一再成為拓墾之新據點。每當問題出現時，清廷即派官員清理番界，但往往因墾地

25 伊能嘉矩，《臺灣蕃政志》，頁76-77。

26 黃富三，〈清代臺灣之移民的耕地取得問題及其對土著的影響（下）〉，《食貨》（復刊）11：2（1981.5），頁26-30；黃富三，〈清代臺灣的土地問題〉，《食貨》（復刊）4：3（1974.6），頁3-4。

27 伊能嘉矩，《臺灣蕃政志》，頁1-2。

28 柯志明，《番頭家：清代臺灣族群政治與熟番地權》（臺北：中央研究院社會學研究所，2001），頁149-169。

29 柯志明，《熟番與奸民：清代臺灣的治理部署與抗爭政治》（臺北：國立臺灣大學出版中心，2021），冊上，頁221-223。

已廣、居民已多，承認既成事實，並重劃新番界。[30]如此劃界、越界
拓墾，再劃界，再拓墾，形成一周而復始的循環鍊。[31]清廷先後有四
次清查番界外墾地，計為乾隆15年（1750）、乾隆25年（1760）、乾
隆49年（1784）、乾隆55年（1790），畫出紅、藍、紫、綠等界線。[32]
每次畫新界都反映漢人墾地之往內山擴張，原住民也不斷後退至內
山，而越界偷墾者不少，如林漢生、吳沙之入墾蛤仔難（今宜蘭）、
吳定連之入墾新竹大湖庄。[33]

　　如拙著《霧峰林家的興起》已述，霧峰林家開臺祖林石即是在嚴
酷的海禁、山禁期冒險偷渡臺灣海峽，並犯禁私越番界拓墾起家的。

第二節　霧峰林家之崛起與中挫：犯禁私墾與武家根性

　　霧峰林家是乾隆時代崛起之家族，其特色是開臺祖林石違反「山
禁」政策，冒險至番界外拓墾而迅速致富，崛起為大里杙（今大臺中
市大里區）地方頭人。

30　柯志明，《番頭家》，頁1-2；柯志明，《熟番與奸民》，冊上，頁223-
　　268，有詳細論述可供參考。
31　黃富三，〈清代臺灣的土地問題〉，頁3-4；黃富三，〈清代臺灣移民的耕
　　地取得問題及其對土著的影響（上）〉，頁31-32。
32　林玉茹，〈「臺灣田園分別墾禁圖說」與十八世紀末的臺灣〉，收於林玉
　　茹、詹素娟、陳志豪主編，李文良等解讀，《紫線番界：臺灣田園分別墾禁
　　圖說解讀》（臺北：中央研究院臺灣史研究所，2015），頁15。
33　廖漢臣編著，《臺灣省開闢資料・續編》（臺中：臺灣省文獻委員會，
　　1977），頁43-50。

一、開臺祖林石之拓邊與驟起驟落：初次抗官

　　清代臺灣曾出現不少大家族，最大的有施世榜、張達京、林本源家族等。他們大多在平原發展農、商業致富，唯獨霧峰林家一開始即在內山番界發展，因而與邊區原住民、官府產生衝突與磨合的複雜關係。

　　霧峰林家開臺祖林石出生於漳州府平和縣山區普通人家，為脫離貧困而偷渡至臺灣中部尋求出路。[34]當時沿海港市與平原沃土已為饒有資產之墾戶所有，並無財力或政治資源可在平原地區發展，乃冒險犯禁，轉向內山發展。乾隆19年（1754）他第二度來臺後，即選擇大里杙（今臺中市大里區）拓墾。當時大里杙因「逼近內山，溪嵌環抱」，至林爽文之役時，仍是「藏奸其中，吏不能問」的三不管地區。[35]林石顯然挑戰公權力，採取偷墾邊區的方式，這解釋了他何以需「負耒枕戈」、艱險拓墾，又何以在短期內竟能墾地約400多甲，擁有萬石之租，成為地方富豪。[36]關於林石之迅速致富，筆者在《霧峰林家的興起》一書曾推測林石可能佔墾不少番地。[37]近年出版之新史料「乾隆四十九年臺灣田園分別墾禁圖說」即證實此一論點，[38]茲附節錄圖如下：

34　黃富三，《霧峰林家的興起》，頁49-50。

35　周璽，《彰化縣志》（臺北：臺灣銀行經濟研究室，臺文叢第156種，1962；1836年原刊），卷11，〈雜識志‧兵燹〉，頁363。

36　黃富三，《霧峰林家的興起》，頁61-62。

37　黃富三，《霧峰林家的興起》，頁58-59。

38　林玉茹、詹素娟、陳志豪主編，《紫線番界》，頁144。

乾隆四十九年臺灣田園分別墾禁圖說節錄

上圖說明文顯示與林石相關之私墾地有：乾隆49年林石等被清查出二處界外侵墾地：

1. 黃竹坑[39]：連小地名北勢車籠埔：共園128.37877甲，其中民耕園有74.5694甲、番耕園有53.8973甲；另有荒埔206.672甲、石埔20.88甲。

2. 眉目義[40]：民耕田146.484甲、園12.68288甲。

圖說均稱二地「該處離生番尚遠，係屬應墾，以黃竹坑山山根為界，係柴坑仔社番業，原建隘寮壹座，[41]該社番把守，應歸番（分別）報陞」。可見林石侵墾之地屬於彰化柴坑仔社番業，即熟番地，並由社番駐防於隘寮；因離生番尚遠，故認定為「應墾地」，但應歸

39　黃竹坑：地名，約今臺中市大里區健民里一帶。柯志明，《番頭家》，頁205；劉澤民，〈從古文書看清代柴坑社與黃竹坑社之關係〉，《臺灣文獻別冊》（南投），4（2003.3），頁17。

40　眉目義：地名，疑為台中市大里區西湖里一帶。

41　原建隘寮壹座：指大、小黃竹坑隘，亦為乾隆25年（1760）閩浙總督楊廷璋在彰化縣設置的10座隘寮之一，由柴坑仔社、貓霧社撥丁10名，隘糧144石。但據「嘉慶11年柴坑社黃竹坑隘口糧丁首萬祿仝立給墾埔地字」，卻由柴坑社隘丁首萬祿，招墾烏樹林埔一帶埔地，由此規劃給兩社共同防守的黃竹坑隘，但可能因貓霧社衰微或遷徙等因素，一直是由柴坑社實際負責。

還給社番報陞。林石或許未訂約承墾，故判歸柴坑仔社，但未有後續資料，不知是否報陞？是否由林石等人承租？總之，林石確實是侵番地，此反映拓墾乃清初致富之捷徑，尤其是邊區。而林石亦適時掌握良機而暴富，成為林姓四大族長之一，並成為大里杙地方領袖。

不幸，乾隆51至53年（1786-1788）發生林爽文之亂，林石由於是大里杙林家四大族長之一，不論是否參與反清事件，但被官府連坐抄家，卒於獄中，子孫星散，流離失所。林家基業短期間內全毀，如同黃粱一夢，可見挑戰清廷政策具有高度危險性。[42]

二、林甲寅之再出發與林文察之晉身官僚

林家破敗後，約在乾隆54年（1789），林石長媳黃端娘輾轉移居阿罩霧（霧峰）。此地更近山區番地，她重起爐灶，茹苦含辛，養育二子，穩定家道。

18世紀後，臺灣農產日盛，大量米糖可供出口，並與大陸之手工業日用品形成互補關係，因此兩岸貿易日盛，海港之郊商應運而興，成為可與地主相抗衡的新富階級。此外，漢人之拓墾逐步推向山區，番社變漢莊，因此內陸交通便利之地出現不少二線商業市鎮，做為大港市與其周圍村莊商品交易之中繼站。大里杙有大肚溪可通舟船出海，東邊有不少拓墾前哨，因此在乾隆後成為重要的二線市鎮。次子林甲寅有商業長才，掌握時代脈動，在此經商致富。大里因有大肚溪可通舟楫，水陸交通便利，東有眾多拓墾前哨，成為貨物之集散中心，故商業興盛，成為內陸二線街市；而阿罩霧近山，富有山產，如籐、筍、木炭、野味等，可為商品，成為其市場圈之一。林甲寅

42　黃富三，《霧峰林家的興起》，頁80-82。

可能由小販而開店鋪，經營霧峰山產等，進而購地拓墾，成為中型地主，年有四千石之租穀，甚至「配米到大陸」。[43]因此林甲寅崛起為阿罩霧、大里的頭人之一，為日後子孫之發展奠定經濟基礎。

移民在中部拓墾日廣，並出現以家族為中心的聚落，各族間因土地、水源及社會性問題常有衝突甚至械鬥。霧峰林家與鄰近之草湖林家即有利害衝突，稱「前後厝鬥」，林甲寅有二子，長子林定邦為草湖林和尚（林媽盛）所殺。其後，定邦之二子文察與文明，追捕林和尚，以私刑於墳前剖心祭父，再度犯法，因此遭到官府通緝而四處逃生。[44]

然而，轉機出現了。19世紀中葉是清廷內憂外患時期，亟需地方領袖出錢出力效勞。清代進入官僚系統除科舉外，另有異途之管道，即捐納、軍功。林文察有將才，又家道富裕，正提供其上進道。咸豐4年（1854）廈門小刀會黃位大舉侵犯北臺之香山、噶瑪蘭、雞籠等地，臺灣鎮、道等長官乃赦免林文察之罪，令其捐資募勇成為義首，在獅球嶺敗小刀會立功。其後又助剿岡山、斗六匪亂，並於咸豐7年（1857）捐銀助餉。[45]咸豐8年（1858），獲賞六品翎頂，並以游（遊）擊分發福建，「歸籌餉例補用」，[46]乃開啟宦途之契機。

太平天國之役是清朝建國以來所遭逢之最大統治危機，因此不惜以優厚條件號召紳民協助平亂。咸豐9年（1859），林文察率臺勇渡

43　黃富三，《霧峰林家的興起》，頁93-108。

44　黃富三，《霧峰林家的興起》，頁132-148。

45　黃富三，《霧峰林家的興起》，頁165-175。

46　「咸豐8年6月6日奉上諭」，《長本上諭檔》（臺北：國立故宮博物院藏）。另見臺灣史料集成編輯委員會編，《清代臺灣關係諭旨檔案彙編》（臺北：行政院文化建設委員會，2004），冊7，頁367-369，「咸豐八年六月六日（上諭）」。

海西征，此後轉戰閩浙，弟文明與叔奠國亦參戰。由於他所率臺勇驍勇善戰，屢立戰功，官位迅速竄升，由游擊而參將、副將，至同治2年（1863），短短五年內躍升為福寧鎮總兵、陸路提督，堪稱平步青雲。[47]

同治元年（1862），臺灣爆發戴潮春之亂，此乃繼朱一貴、林爽文之後的大亂事，至同治4年（1865）方漸平息。同治2年6月，林文察升至陸路提督，帶兵返臺平亂，[48]弟林文明亦因功而升至副將，[49]堪稱一門雙傑。權與錢是不可分的，由於抗清領袖均係林家族敵，亂事漸平後，其他大族沒落，林家則蛻變為中部第一大家。[50]

三、林家之中挫：抑紳、鬥爭

同治9年（1870），林文明因屢次對抗臺灣地方官員以謀叛罪被處決於彰化公堂，林家家運中挫，陷入低潮。簡述如下。首先，太平天國之役後，漢人仕紳平亂有功，崛起為地方封疆，如曾國藩、李鴻章等。清廷一方面重賞，一方面亦提防，甚至抑紳，臺灣乃邊疆孤島，有明鄭抗清歷史，入清後亦以「三年一小反，五年一大反」聞名，因此霧峰林家之崛起引起福建官員之猜忌。其次，太平之役期間，林文察、文明兄弟與福建高官結怨，埋下禍因。其中又以林文明之犯上最為犯忌。

47　黃富三，《霧峰林家的興起》，頁181-206。

48　林文察奏，同治2年6月28日，「謝授福寧鎮並署陸路提督恩」，《軍機處奏摺錄副》（臺北：國立故宮博物院藏），92144號。

49　徐宗幹奏片，同治3年3月23日奉硃批，「為林文明等此次攻破四塊厝賊巢尤為戰功卓著請獎由片」，《軍機處奏摺錄副》，95239號，硃批內容：「林文明著免補參將以副將儘先補用先換頂戴餘依議欽此」。

50　黃富三，《霧峰林家的興起》，頁269-299。

　　太平之役時，同治元年林文明奉命招募臺勇2,750名赴大陸參戰，協議勇眷安家銀由臺灣府庫先墊三個月，但自2月1日起均未領到。而且，臺勇轉戰閩浙，一度積欠餉銀達二萬餘兩；林文察因各勇「請領軍前，無款可撥」，派林文明帶50名勇丁至福州，布政使丁曰健允酌給六千元；但實際上他以經費短絀，始終未付，最後林文明返臺時只領到一千元，雙方因而交惡。[51]

　　同治3年（1864）戴潮春之役結束後，林文明因平亂有功，晉升副將之職，並成為林家族長。他個性粗暴，與臺灣道臺丁曰健之對立加劇，而清廷亦啟動抑紳政策。按，林文察在平戴潮春亂時，曾勸捐或迫捐軍費，樹敵甚多；林文明又因管理叛產，進一步傷害族敵利益。臺灣道臺丁曰健等，遂鼓勵紳民以霸佔田產為由，對林家展開一波又一波的訴訟。

四、林文明之冤死公堂與家族危機

　　林文明性格暴烈，桀驁不馴，對於官府的壓制長期頑抗，官紳對立惡化為生死之鬥。最後，福建將軍、總督、巡撫決定予以嚴懲，派遣凌定國為專員來臺，與彰化縣令王文棨會審。同治9年2至3月，策劃「笨港天后宮進香事件」，並巧設「調虎離山」計，在彰化縣公堂以叛亂罪名就地正法。[52]辦案官員原以為林家會帶兵勇圍攻縣城，坐實叛亂罪名，如此將遭遇抄家滅族危機。未料林家隱忍而由林戴氏出面展開冤案訴訟，包括四次京控。[53]由於官紳互不相讓，形成剪刀、

51　黃富三，《霧峰林家的興起》，頁236-239。
52　黃富三，《霧峰林家的中挫》，頁206-219。
53　黃富三，《霧峰林家的中挫》，頁243-275。

石頭、布之局，即林家控訴官員冤殺林文明，官員避開此事，而以民間控訴林家霸佔田產審判加以抵制，如此周而復始，始終無解，成為當時著名之京控懸案。[54]

結果，林家又因對抗官權、皇權，蒙上叛亂罪名，族運中挫，且長期陷於纏訟之中。林家要東山再起，必須有一強力領袖突破困境、立下功業，林文察之子林朝棟即在晚清臺灣扮演復興的角色。

第三節　霧峰林家重振之契機：調適至合作（1870-1880年代）

如前所述，同治3年戴潮春事件平定後，清廷改採抑紳政策，對戰功赫赫之林家由重用轉為壓抑，在林文察戰死沙場後，同治9年其弟林文明竟慘死彰化縣公堂，且背負「叛亂」惡名，家運中衰，必須尋求脫困之道。[55]動亂經常是臺灣士紳建功進取之契機，19世紀臺灣日增之外患亦然，尤其是同治13年（1874）牡丹社事件與光緒10至11年（1884-1885）清法北臺之役，林家因此得以東山再起，蛻變為中部最大家族。

一、牡丹社事件：林朝棟與岑毓英之知遇

同治13年日本藉口琉球漁民漂至八瑤灣為原住民殺害，並採用「化外之地」不屬清朝領土之說，3月22日，西鄉從道率日軍在射寮

54　黃富三，《霧峰林家的中挫》，頁406-410。此案成為「壽至公堂」之民間故事。

55　黃富三，《霧峰林家的中挫》，頁405-410。

（屏東車城鄉射寮村）登陸，攻入石門（屏東縣牡丹鄉），並紮營於統領埔（屏東車城鄉統領埔村），企圖長據。[56]清廷聞訊，4月14日，任命福建總理船政大臣沈葆楨為「欽差大臣辦理臺灣海防兼理各國事務」，來臺督辦軍務與外交。[57]日軍鑑於李鴻章調派增援之銘軍善於洋槍，又因疫病流行，而開戰必造成更大傷亡，最後雙方議和，清廷賠償五十萬兩白銀，日軍退出臺灣。[58]

戰後，沈葆楨有鑑於清廷之「化外之地」說法引發外人覬覦，而且認為臺灣不再有內部叛亂之憂，外患才是問題，乃上奏大幅改變清廷行之多年的「防臺」政策，提出積極建設臺灣之新政。其建議為：原臺灣府之北部地區加設臺北府、移駐福建巡撫於臺灣、設置新式砲臺、發展近代事業、開山撫番等。[59]

面對此一新治臺政策，林家正處於族運中挫之低潮期，為改善與官府間的關係，乃極力配合，特別是協助執行開山撫番政策。同治13年9月10日，林文明次子林朝選（字紹堂）響應北路羅大春之號召，率領50名壯丁至蘇澳參與開山撫番工作。光緒元年（1875）2月2日，他率領花蓮泗波巒（秀姑巒）以南之隅眉坡、石關等十八社生番五、六百人歸化，立下功績。[60]此為林家之官紳對立問題走上化解之路的開端。

56　盛清沂、王詩琅、高樹藩，《臺灣史》，頁437-438。

57　蘇同炳，《沈葆楨傳》（南投：臺灣省文獻委員會，1995），頁180-181。

58　蘇同炳，《沈葆楨傳》，頁184。

59　蘇同炳，《沈葆楨傳》，頁184-201。

60　羅大春，《臺灣海防並開山日記》（臺北：臺灣銀行經濟研究室，臺文叢第308種，1972；原刊年不詳），頁49。參考黃富三，《霧峰林家的中挫》，頁378-379。

　　然而，真正轉變林家低潮命運的貴人當屬岑毓英。[61]光緒元年，沈葆楨奏准臺灣加設一府（臺北府）、福建巡撫半年駐臺，以強化對臺灣的統治，並推動國防及近代化建設。其後福建巡撫丁日昌、岑毓英等先後來臺視察，執行開山撫番政策，並開始近代化建設，如創設清代首座機器採煤之基隆煤礦、架設電報線等。其中岑毓英巡臺時結識林朝棟，並結為密友，一路協助他打開林家重振之路。

　　岑毓英於光緒7年（1881）4月，奉上諭由貴州巡撫調任福建巡撫。[62]光緒7年7月17日，由福州馬尾乘輪船出發，18日至基隆，並巡視防務，然後至臺北府，一路往南走至臺南，查勘各地軍政、民政。[63]8月回程，27日至基隆，準備回省。[64]11月14日，他再度渡臺抵達基隆，22日至大甲溪督促紳民築堤，並暫時駐紮；同時派墾戶黃南球、姜紹基在南北二路招安原住民。[65]

　　據上，其中岑毓英曾於光緒7至8年（1881-1882）二度來臺，擬建設中部橋仔頭（在今臺中市）為臺灣政治中心，並倡議興建大甲溪橋堤以聯絡臺灣南北兩地之交通，因此號召全臺士紳出錢出力協助，[66]從而結識臺灣地方領袖。其中林朝棟掌握時機，率領林家族

61　黃富三，「《霧峰林家的中挫》，頁387-389。

62　岑毓英，「謝調福建巡撫恩摺」，收於臺灣銀行經濟研究室編，《臺灣關係文獻集零》（臺北：臺灣銀行經濟研究室，臺文叢第309種，1972），頁103。

63　岑毓英，「渡海行抵臺灣府城日期片（八月初十日）」，收於臺灣銀行經濟研究室編，《臺灣關係文獻集零》，頁111-112。

64　岑毓英，「行抵基隆日間內渡片（八月二十九日）」，收於臺灣銀行經濟研究室編，《臺灣關係文獻集零》，頁114。

65　岑毓英，「〈再行渡臺片（十一月初四日）」，收於臺灣銀行經濟研究室編，《臺灣關係文獻集零》，頁122-123。

66　黃富三，《霧峰林家的中挫》，頁396-397。

人獻銀捐工，全力支援。岑毓英督工時，盛讚他奉公熱忱與領導能
力，稱「林朝棟在工效力，不時接晤」，知其為功臣林文察之後，深
加籠絡，同時「詢及此案（按：林文明被殺案）情節」，[67]雙方因此
建立良好的關係。光緒8年2月林朝棟致函在福州的堂弟林紹堂稱：

> 此次宮保〔岑毓英〕……情全知己，曾結金蘭，……諸多惠
> 愛，兄已受業其門。[68]

林朝棟竟然與岑毓英結為兄弟，並成為其門生，關係之密切非比尋
常，因此加意提拔任用。其中最重要的是，協助他掃除林家政治前途
的擋路石，即林家京控案。「林文鳳家傳」載：「巡撫岑毓英來臺，
召視案卷，知其誣，而訟始結」，[69]確實有根據。

　　按，光緒6至7年（1880-1881）間，總督何璟以下至臺灣道臺已
經決定了結此案，將原、被告等全部移至臺灣審理判決。光緒7年專
案委員朱幹隆，會同彰化縣令王楨進行審訊，6至7月間，首先將林戴
氏、林應時京控正案先判決結案，其它次要案件暫擱，並呈報。福建
巡撫岑毓英接到後，批示「林朝棟既遣孝孫赴案，懇求息訟，自應准
予完案，以清塵牘」。岑毓英批准先將此案奏結，並批示按察司與福
建省之司、道官員共同擬定文稿，時間當在光緒8年5月之前。光緒8
年5月，他與何璟奏結此案時稱「林朝棟在工效力，詢及此案情節，

67　黃富三，《霧峰林家的中挫》，頁385-386；何璟等奏，光緒8年5月28日，
　　「奏報審辦福建省林戴氏京控案」，《軍機處奏摺錄副》，123917號。
68　「貳月念捌日林朝棟致林紹堂信函」，收於黃富三等解讀，何鳳嬌、林正
　　慧、吳俊瑩編輯，《霧峰林家文書集：閩臺相關信函》，頁284-285。
69　黃富三，《霧峰林家的中挫》，頁389。

並無異詞」。[70]可見岑毓英協助解決纏訟十餘年之訟案，化解官紳對立問題，林朝棟等人得以重新出發。[71]

此外，他在卸任福建巡撫後，又推薦林朝棟予清法北臺之役督辦臺灣防務的新任福建巡撫劉銘傳，[72]此成為林家東山再起的另一轉捩點。

二、清法北臺之役初期保臺戰：光緒10-11年（1884-1885）

促成林家之東山再起有多種因素，但最重要的契機當是光緒10-11年清法北臺之役，當時林朝棟因受劉銘傳之徵召北上參戰，立下汗馬功勞，林家乃再度進入官僚體系。

光緒9-10年（1883-1884），法國入侵越南，與清兵發生衝突，戰火往北延燒，並派出二支艦隊，先攻海南島，再威逼臺灣、福建等地。臺灣孤懸海外，情勢尤其危急，臺灣最高行政長官劉璈道臺遂一再請兵，並奏請派遣大員，全權主持防務。光緒10年3月26日，清廷決定徵召由直隸提督卸任在家的劉銘傳，命其「速來京陛見，以資任使」；閏5月1、2日，二度晉見光緒皇帝，[73]對法軍之攻打臺灣，劉銘傳上摺提出各項防備策略，深受讚賞。[74]閏5月4日，他奉上諭「賞給巡撫銜，督辦臺灣事務；所有臺灣鎮、道以下各官，均歸節制」，[75]

---

70 黃富三，《霧峰林家的中挫》，頁388、389、397。
71 黃富三，《霧峰林家的中挫》，頁393-401。
72 鄭喜夫編著，《林朝棟傳》，頁20。
73 胥端甫，《劉銘傳抗法保臺史》（臺北：臺灣商務印書館，1967），頁40。
74 姚永森，《劉銘傳傳——首任臺灣巡撫》（北京：時事出版社，1985），頁94-95。
75 臺灣銀行經濟研究室編，《清德宗實錄選輯》（臺北：臺灣銀行經濟研究室，臺文叢第193種，1964），頁98。

即以巡撫頭銜全權領導臺灣文武官員，對抗法軍。他又於閏5月12日，晉見光緒帝請訓，並詳論海疆險要，隨後即束裝就道；閏5月14日馳抵天津，於16日啟用「巡撫銜督辦臺灣事務前直隸提督關防」，正式就任；並定於18日乘輪南下，規劃渡臺事宜。

由於法軍控制海上交通，劉銘傳赴臺之前即積極進行各項準備工作。他指出「臺灣駐防之兵，數雖二萬，操練不力、機械不精，必待選將嚴操，方能禦侮」。他為強化防務，奏稱：現值海防吃緊之時，此次路經上海，擬訂購槍礮；澎湖等處至臺須次第改修，請飭撥銀兩。劉銘傳是李鴻章愛將，且臺灣情勢危急，因此清廷立即同意，全力支援其臺灣防衛戰。閏5月18日，上諭何璟（閩浙總督）、張兆棟（福建巡撫），「迅即籌撥銀四十萬兩，解交劉銘傳，俾資應用。」[76]

然而，劉銘傳所能率領之軍力有限、裝備亦不足，他在天津面會李鴻章，並從原率領之「銘軍」，急調陸操教習百人、炮隊教習三十人、水雷教習四人，共134人同行；另外，銘軍提督王貴揚等人，攜帶毛瑟後門槍3,000桿及彈藥渡海；清廷亦令南洋大臣曾國荃籌撥前門砲10尊、後門小砲20尊，加上閩浙總督之40萬兩銀，供劉銘傳支用。[77]

由於法軍控制臺海，劉銘傳在上海經一番設「瞞天過海」之計，騙過法人而成功渡海。[78]閏5月24日，他抵達基隆，當即登岸查勘形勢

76　劉銘傳，「恭報自津起程日期並遵旨會商情形摺（光緒十年閏五月十六日天津發）」，收於氏著《劉壯肅公奏議》（臺北：臺灣銀行經濟研究室，臺文叢第27種，1958；1906年原刊），頁163-164。

77　姚永森，《劉銘傳傳——首任臺灣巡撫》，頁95。

78　姚永森，《劉銘傳傳——首任臺灣巡撫》，頁96-97。

數日；於28日移駐臺北府城，並擬再往滬尾察看形勢，相機布置。[79]
他對北部之防務深表不滿，認為缺失甚多，不足以禦敵，乃大肆更
張，並調淮軍來臺增援，但此也播下湘、淮衝突之火種。[80]他的布防
重點 是增築砲臺、調整兵力部署，主要策略是將劉璈之重南輕北，
改為強化北部防務。[81]他的判斷甚為正確，法軍之主要目標是產煤的
基隆與晚清臺灣第一大港淡水，不涉及南部。

清法北臺之役大分有二階段：一、初期保臺戰；二、法軍封鎖臺
灣、登陸基隆之血戰。林家在第二階段效命立功。

在此先簡述一、初期保臺戰，包括：（一）基隆首挫法軍；（二）
法軍再攻基隆與劉銘傳之「撤基保滬」；（三）滬尾「西仔反」之役
與法軍之受挫；（四）法軍之封鎖臺灣。

（一）基隆首挫法軍（光緒10年6月15-16日）

基隆是臺灣四大通商口岸之一，又盛產煤礦，乃成為法軍進攻之
首要目標。光緒10年6月，法國兵船駛至基隆口岸，6月15日不斷砲
轟，擊毀該處砲臺；16日，法兵上岸，直撲清軍營壘，經劉銘傳及總
兵曹志忠等督軍迎擊，法軍潰敗。

劉銘傳首戰勝利，清廷大加讚揚，光緒10年7月2日，上諭稱：
「劉銘傳調度有方，深堪嘉尚，著交部從優議敘」。同時，對有功將
士亦不吝獎賞。同時，慈禧太后特別傳旨，「於內帑節省項下，發出

79　劉銘傳，「恭報到臺日期並籌辦臺北防務摺（光緒十年六月初四日臺北府
　　發）」，收於氏著，《劉壯肅公奏議》，頁165。
80　許雪姬，〈二劉之爭與晚清臺灣政局〉，《中央研究院近代史研究所集
　　刊》（臺北），14（1985.6），頁143-148。
81　脅端甫，《劉銘傳抗法保臺史》，頁62-73。

銀三千兩，賞給此次出力兵勇；著劉銘傳查明尤為奮勇者，傳旨賞給」。[82]可見清廷對戰勝之振奮，立即撥宮中內帑賞賜。

（二）法軍再攻擊基隆與劉銘傳之「撤基保滬」

然而，法軍並不就此罷休，為斷絕臺灣外援，轉而攻擊福州。原來在沈葆楨任船政大臣時，在馬尾創立船政局，做為南洋艦隊基地，並造新式戰船。法軍企圖攻擊馬尾船政廠，摧毀艦艇，以消除攻臺的後顧之憂。此時福建主政者是「會辦福建海疆事宜」之張佩綸與船政大臣何如璋，但二人配合李鴻章主和意見，在清法戰爭期間對防務未加準備。光緒10年7月3日，法軍集結艦艇進攻，二人竟不戰潛逃，以致長年經營之南洋艦隊全毀。[83]法軍在解除海上威脅後，隨即再攻臺灣。

劉銘傳雖於基隆挫敗法軍，但法軍摧毀馬尾造船廠後，又回師攻臺。光緒10年7月9日後，法國遠征軍提督孤拔（Amédée Courbet）下令分兵進攻基隆、淡水二港，其目的在於取得煤礦之供應與礦山之經營權，[84]又，滬尾乃臺北府城門戶，可自此威脅劉銘傳。劉銘傳權衡

82　劉銘傳，「敵陷基隆礮臺我軍復破敵營獲勝摺（六月十六日臺北府發）」，收於氏著，《劉壯肅公奏議》，頁171。

83　林子候編，《臺灣涉外關係史》（嘉義：自刊，1978），頁432-433；胥端甫，《劉銘傳抗法保臺史》，頁432-433、116-117；格勞特（E. Garnot）著，黎烈文譯，《法軍侵臺始末》（臺北：臺灣銀行經濟研究室，臺灣研究叢刊第73種，1960；原刊名為 L' Expeditione Francaise de Formose, Paris: Ch. Delagrave，出版於1894年），頁15-16。

84　姚永森，《劉銘傳——首任臺灣巡撫》，頁105；「茹費理致顧賽爾（電報）巴黎一八八四年九月十五日」，收入中國史學會主編，《中法戰爭》（上海：上海人民出版社，中國近代史資料叢刊，1955），冊7，頁260。

輕重，決定採撤基隆、保滬尾之戰略。[85]光緒10年8月15日，劉銘傳上奏，說明「撤基保滬」的理由，可歸納幾點：

第一、臺灣兵力不足、軍紀欠佳。他上奏稱，僅有「親兵百餘人、文武員弁十餘人」，而且「臺兵素無紀律，恩信未孚」，因而只能靠「激勵將士苦戰」，集中兵力，保衛相對重要之疆土，即淡水、臺北首善之地。

第二、基隆近海，法軍船堅砲利，難以防守。他奏稱：「敵人船堅礮利，若再增兵、增船，曹志忠所守正營、中營，離海過近，難支敵礮」，因此「擬令移紮後山，以保兵銳」，以應付進一步的侵襲。

第三、燒毀煤礦以防為法軍所用。他奏稱：「八斗煤礦，已派擢勝營官楊洪彪督拆機器，移至山後，並將煤礦房屋一併燒毀」，以斷絕敵人之窺伺。[86]

第四、基隆至臺北府城距離較遠，且地形崎嶇，潮濕多雨，可阻法軍攻勢。反之，淡水距離府城近，又有淡水河水運之便，一旦淪陷，法軍兵臨城下，可要脅清廷。

換言之，他衡量輕重，認為與其在基隆無謂犧牲，不如保存實力，並集中力量保衛臺北府城門戶的淡水。因此，他下令曹志忠之正營、中營從基隆海岸移紮於後山，並炸毀基隆煤礦，將機器拆毀移至後山。

劉銘傳未戰而撤基保滬之策略引起爭議，湘軍系之臺灣道臺劉璈與左宗棠大加抨擊，並予以彈劾，引爆臺灣湘淮之爭，並種下二劉互

85　姚永森，《劉銘傳傳——首任臺灣巡撫》，頁106。

86　劉銘傳，「請將曹志忠移紮山後並拆移煤礦機器片（光緒十年閏五月十六日天津發）」，收於氏著，《劉壯肅公奏議》，頁172。

鬥之因。[87]

（三）滬尾「西仔反」之役與法軍之受挫（光緒10年8月10日）

的確，法軍在北臺灣有分軍進攻滬尾、臺北府城以要挾清廷之企圖，因此爆發滬尾之役。

滬尾原有沙崙舊砲臺與中崙小砲臺，劉銘傳並趕築一新砲臺（即今紅毛城砲臺前身）。光緒10年8月14日，法軍副提督李士卑（Sébastien Lespes）率五艘法艦環俟港外，開始砲轟，沙崙舊砲臺與中崙小砲臺中砲被毀，但法軍因兵單未登陸。[88]8月17日，孤拔又調派3艦支援，共計8艘。清軍為防法軍自淡水河進攻臺北城，以壓艙石船沈於河口。[89]劉銘傳「請獎洋員片」稱：

> 上年〔光緒10年〕法船窺犯滬尾，李彤恩始議填塞海口，各洋商以秋茶上市，恫喝阻撓。經淡水關稅務司法來格諭以利害，開導多方，始得沈船封塞，並羈縻引港洋人，不為法用。[90]

可知是李彤恩建議以沈船填塞海口，並扣押「引港洋人」，以阻止法船由淡水直攻臺北府城。按，李彤恩原係浙江知府，光緒11年1月，劉銘傳奏稱「素有幹才，勇於任事」，任用為滬尾通商委員，「兼辦

87　許雪姬，〈二劉之爭與晚清臺灣政局〉，頁130。
88　胥端甫，《劉銘傳抗法保臺史》，頁140-141。
89　James W. Davidson, *The Island of Formosa, Past and Present*, p.223; 格勞特（E. Garnot）著，黎烈文譯，《法軍侵臺始末》，頁25。
90　劉銘傳，「請獎洋員片」，收於氏著，《劉壯肅公奏議》，頁382。

滬尾營務，監修礮臺，辦理沉船塞口各事」。[91]法軍確有攻淡水，再威脅臺北的意圖，但並未如願。

當時淡水守將係湘軍孫開華，料法軍必將登陸，乃率各軍，包括劉朝祜、李彤恩所募土勇張李成一營，分別埋伏於假港、油車口、大砲臺後山及北路山間。[92]光緒10年8月20日上午，法軍猛轟岸上各要地，清軍亦還擊。法軍艦炮擊毀新築之滬尾砲臺，隨後陸戰隊登陸沙崙，進攻炮臺山。[93]清軍在孫開華提督指揮下，結合臺灣民勇奮勇抵抗，主要為張李成率土勇一營500人。[94]據稱，有相當多山區客家人亦加入官軍，使用火繩槍而不用西洋步槍，因長年與原住民作戰而精於射擊與使用小刀，[95]法軍登陸後，遭埋伏之清軍包圍，經血戰後被擊退，中外均稱是清朝對外戰爭中難得一見的勝利，張李成因戰功授予「五品軍功」。[96]據英商陶德（John Dodd）之日記，有相當多山區客家人（Hakka hillmen）應官府徵召加入抗法，使用火繩槍而不用西洋

91　劉銘傳，「奏參朱守謨片（十一年正月）」，收於氏著，《劉壯肅公奏議》，頁421。

92　胥端甫，《劉銘傳抗法保臺史》，頁141-142。

93　姚永森，《劉銘傳——首任臺灣巡撫》，頁108。

94　劉銘傳奏，「奏為左宗棠奏報臺北情形奉旨查辦知府李彤恩一案詳細具陳以明是非摺」，收於洪安全總編輯，《清宮月摺檔臺灣史料》（臺北：國立故宮博物院，1994-1995），冊5，頁4091。

95　James W. Davidson, *The Island of Formosa, Past and present*, p.223.

96　陳志豪，〈清法戰爭與北臺灣武裝集團的動員：以張李成為例〉，《漢學研究》（臺北），41：1（2023.3），頁219-220；姚永森，《劉銘傳——首任臺灣巡撫》，頁108-110；林君成，〈清法戰爭滬尾之役中的爭議與幾個觀察〉，收於林寬裕總編輯，廖文卿主編，《清法戰爭滬尾戰役130周年研討會成果集》（新北市淡水：新北市立淡水古蹟博物館，2014），頁46-47。

步槍，因長年與原住民作戰而精於射擊與使用小刀，且作戰凶悍。[97]
但據新近研究，山區人可能不是客家人，而是安溪人，因他們他們散
居臺北盆地周圍山區，多經營大菁、茶葉、樟腦等山產業。如張李成
之父乃木柵張姓宗族的張永甲，一說張李成土勇係三角湧人，但應是
以木柵地區之張姓為主，武裝拓墾此區。[98]此說甚有說服力，即使有
客家人，可能是應張李成之召募而加入者。

光緒10年8月24日，劉銘傳從臺北府上「敵攻滬尾血戰獲勝摺」，
奏稱：

> 法船分泊臺北、滬尾等處，八月二十日法兵猛撲上岸，提督孫
> 開華督軍分路迎擊，提督章高元等亦帶隊進勦。法兵挫而復進
> 者數次，我軍短兵相接，孫開華率隊直前，陣斬持旗法將一
> 名，並奪其旂，斃敵約三百名。敵勢不支，紛紛潰散，其退至
> 海邊爭渡覆溺者無算。[99]

可見孫開華智勇雙全，成功擊敗來勢洶洶之法軍。劉銘傳聞訊大
喜，報請嘉獎有功將士。

劉銘傳滬尾之役的捷報，不但化解對其放棄基隆之批評，甚且進
一步獲得重大獎賞，可說其保臺之役大致是成功的。關於此役，清朝

97　John Dodd, *Journal of a Blockaded Residet in North Formosa, during the Frenco-
　　Chinese War, 1884-5* (Hongkong: The Daily Pess Office, 1888), p.21-23; James W.
　　Davidson, *The Island of Formosa, Past and present*, p.223.

98　陳志豪，〈清法戰爭與北臺灣武裝集團的動員：以張李成為例〉，頁229-
　　233。

99　劉銘傳，「敵攻滬尾血戰獲勝摺（十年八月二十四日臺北府發）」，收於氏
　　著《劉壯肅公奏議》，頁178。

與法國皆有官方文獻，[100]另外英商陶德（John Dodd）亦有親歷之日記。[101]淡水人更留下不少「西仔反」故事，如落鼻祖師、媽祖顯靈之傳聞。

（四）法軍之封鎖臺灣

法軍雖進攻滬尾失敗，但仍加緊基隆方面之攻勢，不但占領基隆，且增兵南攻臺北府。據報，法軍帶機器挖掘煤礦，顯然志在取得源源不絕的燃料，以長期封鎖臺灣。[102]光緒10年9月2日，法軍提督孤拔宣布，自9月5日起，封鎖臺灣，以致於貿易中斷、外援困難。英商陶德稱：貿易停滯，北部的茶葉與煤礦、南部的糖幾乎停市。[103]自法軍封口後，基隆市場物資短缺，物價飛漲，尤其是食物，據報導：

> 埠中接濟艱難，食物騰貴，每蛋一隻，價值一圓；每雞一頭，價值四、五圓。惟鹹牛肉等尚可多得，然其價值亦倍於平時矣。[104]

100　格勞特（E. Garnot 著，黎烈文譯，《法軍侵臺始末》，對北臺之役有詳盡之敘述。中文之檔案亦甚多，如臺灣銀行經濟研究室編，《法軍侵臺檔》（臺北：臺灣銀行經濟研究室，臺文叢第192種，1964）；臺灣銀行經濟研究室編，《述報法兵侵臺紀事殘輯》（臺北：臺灣銀行經濟研究室，臺文叢第253種，1968）等。

101　約翰・陶德（John Dodd）著，陳政三譯，《泡茶走西仔反：清法戰爭臺灣外記》（臺北：五南圖書，2007），頁34-36。

102　胥端甫，《劉銘傳抗法保臺史》，頁197。引自「南洋來電（八月二十一日）」，收於臺灣銀行經濟研究室編，《法軍侵臺檔補編》（臺北：臺灣銀行經濟研究室，臺文叢第204種，1964），頁68。

103　約翰・陶德（John Dodd）著，陳政三譯，《泡茶走西仔反：清法戰爭臺灣外記》，頁68。

104　「光緒甲申（十年）・十二月初三日・臺灣近聞」，收於臺灣銀行經濟研究

日常必需品缺乏、價格飆漲，大大影響民心士氣。更嚴重的是，交戰後顯示清軍戰力之不足。第一、砲台營壘被毀，影響戰鬥力；第二，外援亦受阻，兵力、軍需不足，土勇之戰力有限；第三、糧餉嚴重不足，難以支撐；第四、音訊難通，內地未能及時救援。清廷亦知嚴重性，採取二對策：一是諭令南、北洋大臣「調撥兵輪，剋日前往援勦，並令閩浙總督楊昌濬將「兵餉軍火妥籌接濟」；二是諭令劉銘傳「務當激勵將士，聯絡紳民，妥籌戰守」，迅速奪回基隆。[105]

三、法軍由基隆南攻臺北之戰：林家之角色（光緒10年9月20日後）

臺灣於光緒10年9月5日法軍封鎖臺灣後，企圖造成外援斷絕之局，清廷不得已，鑑於情勢緊急，兵源、餉需均難以接濟，諭令聯絡臺灣紳民，捐餉募勇，協助禦敵，駐防北部的劉銘傳與南部的劉璈立即遵辦。換言之，清廷一反以往之抑制臺紳，採取重用之策。的確，劉銘傳渡臺後遭遇兵、餉俱缺之困境，自然大力執行重紳政策，並奏請厚賞捐獻效命有功者。此一新政策獲得全臺紳民之熱烈響應，林家族人即在此時應召協防，其中林文欽南下協助劉璈，而林朝棟則帶勇北上，立下汗馬功勞，成為東山再起之契機。

（一）劉銘傳與劉璈之防務佈局：林朝棟與林文欽之回應

當時南、北防務分由臺灣道臺劉璈與督辦臺灣防務之劉銘傳負

室編，《述報法兵侵臺紀事殘輯》，頁156。

105　前述內容，參見劉銘傳，「密陳臺疆危迫援餉俱窮片」，收於氏著，《劉壯肅公奏議》，頁180。

責。

　　首先，光緒10年9月11日，劉璈諭令彰化縣勸林朝棟、林文欽募勇二營助戰。內稱：

> 彰化縣轄之罩霧鄉迫近內山，悍禦生番，動資礮火，故居其地
> 者，素於火器均極精練。銃具係自製造，長約一丈零，腹大而
> 輕，善受鉛藥，兼能及遠。其中膂力精壯者，亦多可用。該縣
> 紳士林朝棟、林文欽等聚族於斯，素為一鄉信服；應飭該紳等
> 各募不吸洋煙、年力精壯土勇五百名，均須自備用熟、有準鎗
> 礮，編列「禮」字、「義」字兩營名。[106]

劉璈盛讚霧峰居民之善戰，精於火器，且「銃具係自製造」，射程遠
而威力強，而林朝棟、林文欽「素為一鄉信服」。按，劉璈計募土勇
5營，分別編為仁、義、禮、智、信字號。[107]考「義」字營係林文欽
所募者，「信」字營吳朝陽所募，[108]「禮」字營係林朝棟所募，[109]至
於仁、智二營中，其一應是張李成所募。

---

106 「分巡臺澎兵備道札飭彰化縣紳士林朝棟、林文欽招募土勇兩營」，收於臺
　　灣銀行經濟研究室編，《劉銘傳撫臺前後檔案》（臺北：臺灣銀行經濟研究
　　室，臺文叢第276種，1969），頁54。

107 劉銘傳，「嚴劾劉璈招（十一年五月二十六日）」，收於氏著，《劉壯肅公
　　奏議》，頁428。

108 錫珍、衛宗光，光緒11年10月18日，「為查明已革道員被參各款訊
　　有贓私實據按例定擬事」，《光緒朝月摺檔》（臺北：故宮博物
　　院藏）；國立臺灣大學，《臺灣歷史數位圖書館》，檔名：〈ntu-
　　GCM0022-0031100327-0000675.txt〉。

109 「分巡臺澎兵備道札飭彰化縣紳士林朝棟、林文欽招募土勇兩營」，收於臺
　　灣銀行經濟研究室編，《劉銘傳撫臺前後檔案》，頁54。

至於臺灣土勇之職銜、組織，劉璈稱：

> 委該紳（按：即林朝棟、林文欽）為正帶，另由本道委幫辦一
> 員；俟招齊後，送郡點驗成軍，歸高分統節制調遣。每營四
> 哨，設正哨長四員，概由該紳在本地選派。其副哨名色改為教
> 習，仍給副哨薪糧，由該紳等稟請在楚軍營內派往，俾得照楚
> 軍營制一律訓練，使該弁勇等漸知紀律，庶可為有勇知方之
> 兵，以開全臺風氣，免至將來借材異地。[110]

據上，其組織仿效楚軍，林朝棟、林文欽均為勇營正管帶，下有幫
辦，由臺灣道選派。每營下設四哨，設正哨長四員，由二人在本地選
派；至於副哨，改名「教習」，由其自楚軍選任，擔任軍事教官，負
責照楚軍營制訓練土勇，使其知軍紀。其基本原則是募勇之臺灣士紳
出任主官，官方派員擔任副手，協助辦理行政與訓練事宜，以提高戰
力與軍紀。其勇營編制為：

正帶（或稱管帶）→ 幫辦 → 哨長（4名）→ 教習（即副哨，4名）
→ 營勇（500人）。

其次，劉銘傳亦大力重用臺灣士紳。在光緒10年9月11日同時，
他升任福建巡撫，仍督辦臺灣軍務，因而成為臺灣道劉璈的上司，亦
札飭林朝棟北上，「會辦行營營務處」，統領臺北各路鄉團及棟字等
營；並且「自備資斧，招募彰勇一營助勦」，進紮臺北暖暖莊。[111] 二

110　「分巡臺澎兵備道札飭彰化縣紳士林朝棟、林文欽招募土勇兩營」，收於臺
　　灣銀行經濟研究室編，《劉銘傳撫臺前後檔案》，頁54。

111　楊昌濬奏，光緒14年2月27日，「頭品頂戴降四級留任閩浙總督兼管福建
　　巡撫事臣楊昌濬跪奏為查明兼襲世職恭摺仰祈聖鑒事」，《光緒朝硃批奏

人同時徵調林朝棟，是巧合還是有意相競呢？實耐人尋味。無論如何，此後二劉之爭與湘淮之爭愈演愈烈。

霧峰林家由於自同治9年林文明遇害後，家運重挫，亟思藉此良機效力清廷，以重建官紳關係，立即響應。其策略是頂厝（林奠國派下）林文欽應劉璈之徵召南下，而下厝（林定邦派下）林文察之子林朝棟，奉札後不久即率勇北上，而且林文明之子林朝昌亦參戰。[112]林朝棟的職務包括「會辦行營營務處」，並「統領臺北各路鄉團，兼統棟字等營」，駐紮於暖暖莊（今基隆暖暖），他不但可接近劉銘傳，而且擁有統兵權，此為「棟軍」之起源，亦成為日後不斷立功升遷之重要資本。而此亦影響北臺之役後林朝棟、林文欽二人天壤之別的命運。

（二）法軍之由基隆南攻與林朝棟之增援：第一次月眉山之役

法軍自滬尾之役失利後，再度企圖自基隆南攻臺北，因此不時騷擾其附近地區，包括暖暖、深澳、四腳亭、魚坑、六堵、七堵、八堵等處。此，劉銘傳號召地方紳士捐資募勇協防，其中練董武舉王廷理、周玉謙等人，捐資募勇300人，與深澳等處各董練丁扼守，「每處或數十、百人，憑險堵禦」。劉銘傳又恐民練力薄，飭曹志忠派營勇300人屯紮暖暖，「助之戰守」，並發款飭王廷理等增募土勇三百人，「撥發洋槍，參用土槍，以備風雨」。[113]也就是期望透過官兵與

招》（中國第一歷史檔案館，北京：中華書局，1995-1996），冊40，頁132-133。

112　劉銘傳，「奏雪林文明冤殺片（十一年）」，收於氏著，《劉壯肅公奏議》，頁384。

113　劉銘傳，「臺紳捐資募勇屢戰獲勝並各軍分守情形招（十年十一月初九日臺

土勇的結合，發揮互補的功能，對抗法軍。

光緒10年9月20日後，法軍由基隆攻暖暖3日。當地勇首周玉謙等嚴守山隘，予以擊敗，「斃法兵十數人，並斃其三畫兵酋一人」，土勇也傷亡十數人；由於有山險可恃，不但力守，而且不時宵入敵卡，斬敵立功，劉銘傳立即給賞，以示鼓勵。然而，10月25日黎明，法軍百餘人，突然自九弓山，分撲烏嘴峰營卡，練丁「悉力抵拒，勢且不支」，適逢各處營勇、練丁俱至救應，「槍傷敵眾十餘人，奪獲紅旗一面」，法軍始敗退。[114]可見基隆軍情甚為緊急，雙方短兵相接，血戰不停。

就在法軍由基隆節節向臺北進逼的危急時刻，林朝棟加入戰局。光緒10年11月9日，劉銘傳從臺北府奏稱，彰化紳士郎中林朝棟，「生長將家，急公好義，聞狀獨備糧餉兩月，募勇五百人助勦」；劉銘傳急撥軍械，令赴暖暖共圖守禦。[115]光緒10年12月13日，《清宮月摺檔》亦稱，郎中林朝棟急公好義，「自備資斧兩月，募勇五百名來助防勦」。[116]可見林朝棟在10月底至11月初之間，奉劉銘傳令，前往暖暖守禦。劉銘傳又稱：光緒10年時「寇事方亟，餉匱援絕」，林朝棟偕林文明之子林朝昌自備資財，募勇五百，「血戰前敵，艱苦備嘗，累

北府發）」，收於氏著，《劉壯肅公奏議》，頁181。

114　劉銘傳，「臺紳捐資募勇屢戰獲勝並各軍分守情形摺（十年十一月初九日臺北府發）」，收於氏著，《劉壯肅公奏議》，頁181。

115　劉銘傳，「臺紳捐資募勇屢戰獲勝並各軍分守情形摺（十年十一月初九日臺北府發）」，收於氏著，《劉壯肅公奏議》，頁181-182。

116　劉銘傳奏，光緒10年12月13日奉硃批，「督辦臺灣防務福建巡撫劉銘傳奏陳臺北紳民捐資募勇屢次禦敵獲勝並各軍現在分籌防守情形摺」，收於洪安全總編輯，《清宮月摺檔臺灣史料》，冊5，頁3995。

戰獲捷」，[117]可見林朝昌亦加入林朝棟勇營北上作戰，有藉立功以除去其父罪名之用意。又，劉銘傳因「暖暖孤危，飭令林朝棟並粵派總兵徐贊彪，各增土勇一營為助」，因此清法之役時林朝棟兵力已應增為二營，即1,000人，此營或可能交由林朝昌統帶，此乃日後「棟軍」之基礎。

此後，最艱苦的北臺保衛戰陸續展開。光緒10年11月23日夜間，法兵500餘人，分兩路自深澳坑、月眉山潛襲清軍。曹志忠得知情報，督飭各營分頭堵擊，並飛告劉朝祜、林朝棟往援。法兵直撲濠外，拔梅椿，清軍槍砲迭轟，戰至五鼓，法兵始潰退，隨後日夜對仗，戰況激烈；由於風雨連綿，劉銘傳飭令趕製油衣三千件供前敵分用。

然而，劉銘傳在增兵後發現缺餉更嚴重，因「百貨奇貴，軍無足餉」，各營月餉只能40日發一次，日後有餉再行補發。而且援軍湘軍王詩正、吳鴻源所部均須發給足餉；林朝棟並派總兵徐贊彪各增土勇一營，加上數營淮軍陸續抵達，用度更大增，臺南、臺北月各需餉銀11萬兩。[118]劉銘傳既怕軍力不足，又擔心增兵後糧餉欠缺，加上在廈門之北洋、閩省餉銀，無船東渡運補，不得已乞求臺北華洋各商協助，「貼息籌兌，期濟艱危」；其中林維源、林占梅、林朝棟、陳霞林等士紳特別重要。他特別指明林維源，報稱：

> 臺北紳士三品卿銜林惟〔維〕源認捐洋二十萬元，……本年可

117　劉銘傳，「奏雪林文明冤殺片（十一年）」，收於氏著，《劉壯肅公奏議》，頁384；參拙著，《霧峰林家的中挫》，頁401-402。

118　前述內容，參見劉銘傳，「密陳餉絀請令閩督早籌並法人封口劫殺商船片」，收於氏著，《劉壯肅公奏議》，頁184。

> 繳十萬元，……林惟〔維〕源早渡廈門，其友同知劉壽鏗陰相
> 勸助……。惟臺北商店現銀無多，不敷兌用，商令函致林維源
> 借資籌濟。

可見劉銘傳竭力動員臺灣可用之資源以濟急，其中以林維源認捐洋
二十萬元最多。

劉銘傳除了命林朝棟帶練助防臺北外，亦命新竹紳士郎中林汝梅
帶練至新竹協防；其餘紳士知府陳霞林等，皆令設局辦團，以期聯
絡，官民連成一氣，共同禦敵。

此外，臺灣因被封鎖也陷於信息傳遞困難之境。[119] 由於外援困難，
音訊難通，無法及時聯絡，臺灣陷於孤軍奮鬥之困境，劉銘傳心裡
「灼焦如焚」，迫切須地方紳士之捐餉募勇，以度過難關，其中林朝
棟捐餉募勇，又驍勇善戰，不辭辛勞，在法軍攻暖暖之役中立下不少
戰功，贏得劉銘傳之讚賞。

（三）法軍增兵南攻與林朝棟之苦戰：第二次月眉山之役（光緒
　　　10年12月10-20日）

法軍自光緒10年10月底至12月初旬，陸續增兵二千，自11月25
日以後，不斷尋戰。12月初，進一步南侵，5日，法軍100多人在暖
暖附近之大武崙探路，經團勇擊退；曹志忠見其地兵單難守，即撥
王三星、陳士貴2營前往助防。法軍繼續進兵，矛頭指向暖暖，10日
清晨，1,000餘人分攻大水窟、圓窗嶺；另一隻船載兵400自八斗子上

119　前述內容，參見劉銘傳，「覆陳封口後兵危餉缺勸紳捐助各情片」，收於氏
　　　著，《劉壯肅公奏議》，頁185-186。

岸，抄襲深澳坑後路，兩面夾攻，守隘民團寡不敵眾而潰散，法軍進至暖暖對河之月眉山。

林朝棟與桂占彪等分途截擊，營官張仁貴率勇二百衝入山下竹林中拒戰，勇寡被圍。11日清晨，林朝棟馳往援救，對仗間適逢曹志忠所部營官廖得勝、葉友勝亦各帶楚勇三百人至，乃奮力夾攻，法兵稍退，張仁貴始脫重圍。不久，法軍增兵1,000餘前來，以100人奪踞月眉山，再分犯大水窟、圓窗嶺一帶。月眉山綿亙數里，山勢最高，法兵居高臨下，廖得勝、張仁貴等奮力仰攻，槍斃敵兵十數人，血戰一日方奪踞山巔；分犯大水窟之法兵，亦經林朝棟擊退。但圓窗嶺僅有桂占彪楚兵1哨、蘇樹森土勇1營，蘇得勝命營官鄧長安，以土勇300，合練兵100餘人助之血戰，從早到晚大雨淋漓，夜戰終宵。

12月12日黎明，曹志忠親赴督戰，直至13日午後，法軍始敗退里許，仍伏於月眉山、圓窗嶺山下，清軍則堅守月眉山頂，互相槍擊。15日，曹志忠見敵不退，築壘月眉山待戰，法軍亦築壘於山下對陣。劉銘傳報稱：

> 自兩軍血戰，五日夕大雨不休，將士冒雨忍饑，目不交睫，徧身雰溼，凍餒〔餒〕堪憐。曹志忠、林朝棟皆跣足督戰泥淖中，險絕憂勞，言之淚下。

曹志忠、林朝棟跣足，冒雨血戰，不眠不休，真是艱苦萬分。此役雙方傷亡慘重，清軍死者90餘人，傷者100餘人；法軍死傷300餘人，並陣斃三畫、七畫兵、酋各1人。

12月16日夜間，曹志忠、林朝棟乘敵壘未成，會商攻襲。曹志忠親率廖得勝、鄧長安等四路往攻，攻佔首壘，但基隆法軍全隊死

爭，血戰至黎明方休，各死傷數十人。20日，法兵四百再犯大武崙，營官陳士貴、林則榮率隊奮擊，法兵死傷20餘人始退。此役雙方冒雨血戰，日夜不休，幸賴曹志忠、林朝棟督兵力保月眉山，得支危局。惟法軍又增兵，基隆岸上已達四千，並開山運砲，轟擊清營，難以抵禦。[120]

上為法軍在光緒10年12月10日至20日侵犯月眉山之役，深獲劉銘傳之讚賞，稱在12月10-14日，清軍與法軍惡戰三日夜，「將士忍飢冒雨，目不交睫，遍身淋濕」；而曹志忠、林朝棟與各營官「皆跣足督戰，泥淖滿身」。[121]臺灣北部不僅崇山峻嶺，交通困難，而且雨量豐富，又正值隆冬，東北季風強勁，潮濕寒冷，難怪陷於苦戰。劉銘傳向左宗棠報稱許：「林朝棟與王詩正之兵最為奮勇」，[122]因而獲得獎賞加道銜，並戴花翎。[123]劉銘傳並稱，他與堂弟林朝昌，即林文明長子，力守獅球嶺，勞苦功高，甚為讚賞，其後甚至上奏請雪林文明被殺之冤。[124]

---

120 前述內容，參見劉銘傳，「法攻暖暖月眉山連日獲勝並現在戰守情形摺（十年十二月廿四日臺北府發）」，收於氏著，《劉壯肅公奏議》，頁190-192。

121 「閩撫劉銘傳、提督孫開華奏臺防戰勝並戰守情形摺」，收於王彥威等撰，臺灣銀行經濟研究室選輯，《清季外交史料選輯》（臺北：臺灣銀行經濟研究室，臺文叢第198種，1964），頁160。

122 左宗棠，〈奏為援臺恪靖各營甫經抵防苦戰兩日獲勝因援斷退師見在扼紮六堵整備進取情形恭摺仰祈聖鑒事〉，收於楊書霖編，《左文襄公（宗棠）全集》（臺北縣永和鎮：文海，1964，據光緒16年本影印），奏稿卷64，頁20。

123 楊昌濬奏，光緒14年2月27日，「頭品頂戴降四級留任閩浙總督兼管福建巡撫事臣楊昌濬跪奏為查明兼襲世職恭摺仰祈聖鑒事」，《光緒朝硃批奏摺》，冊40，頁132-133。

124 劉銘傳，「奏雪林文明冤殺片（十一年）」，收於氏著《劉壯肅公奏

事實上，法軍亦陷入苦戰。1884年10月23日，孤拔電報稱，法軍受困於北臺山區之崎嶇地形與潮濕氣候，兵士不服水土，染上傷寒甚或霍亂，陷入苦戰中。11月間，法軍前線又報稱，風雨的打擊使患貧血與衰弱症的士兵健康加速惡化；9-20日間，16人死亡，至20日止，住院136人，休養229人，健康者僅餘1,200人。[125]

（四）林朝棟之死守基隆河南岸：大水窟、草蘭尖山（光緒11年1月）

光緒11年1月，清廷援軍終於抵達。王詩正所部於1月15日馳抵臺北，聶士成所部及陳鳴志新募土勇亦於16、17等日到防，劉銘傳當即「趕湊軍械，撥濟餉需」，命王詩正統帶恪靖五營，於18日即赴前線禦敵。

光緒11年1月18日，法人以4艦運兵自八斗登岸，突擊月眉山，曹志忠、劉朝祐共派700人堅守戲臺山，對戰終朝，並飛書告急。蘇得勝土勇兩營防守六堵，已派一營分守竹杷寮隘卡，因此以僅餘之一營500人馳援。19日清晨，法兵2,000自枕頭山、竹篙山、龍潭堵三路進逼，曹志忠以兩營分紮大武崙，又以300人守戲臺山，只能率領1,400人，分守月眉山、深澳坑的17里長牆，兵單地闊。法軍突以1,000兵自深澳坑抄襲長牆背面，截斷戲臺山，清軍腹背受敵，蘇得勝所部營官梁善明中槍陣亡，鄧長安亦被重創；曹志忠勇丁死傷更多，不能抵禦，乃退守一山，法兵遂攻破月眉山頭卡，並以大礮夾擊深澳坑，直犯月眉山巔。廖得勝之兵勇皆為曹志忠率去迎戰，守壘纔百人，適逢

議》，頁383-384；參拙著，《霧峰林家的中挫》，頁401-402。

125　格勞特（E. Garnot）著，黎烈文譯，《法軍侵臺始末》，頁38、47。

劉朝祜率勇300人至，合力拒守。血戰經時，法軍已包圍月眉山的三面，劉朝祜、廖得勝因勇丁死傷甚多，乃退至山下，合曹志忠、蘇得勝暫時駐紮於新煤廠。

此時，林朝棟駐防大水窟，蘇樹森駐防四腳亭，仍堅守未敗。然而，法軍繼續猛攻，劉銘傳擔心六堵空虛，如法軍自獅頭嶺攔截，則暖暖諸軍皆無歸路，乃於當夜即率聶士成所部400人馳赴六堵，策應前軍。另外，18日，王詩正至五堵，翌日即派威、良兩營疾赴六堵救援。20日夜間，王詩正率兵潛進；劉銘傳命曹志忠先據暖暖，夾河為營，保大水窟後路，並約21日夜間，親至暖暖商度機宜。法軍既集月眉山巔，居高臨下，日以巨礮轟擊，「林朝棟、蘇樹森營壘勢甚危岌」。21日黎明，王詩正各軍會合曹志忠，進攻月眉山巔，法軍集基隆水陸全軍對抗。王詩正向前猛攻，哨官胡少亭、羅國旺「屢次奮進，敵礮如雨」，中礮陣亡；哨官李經青、龍春芳「奪回兩屍，亦各受重創」，幸虧剛營營官申道發殿後軍死戰始退。清軍反攻終告失敗。

法軍繼續逼進，分兵兩道，一自月眉山襲擊暖暖之前方，一自鳥嘴峰襲大水窟之後，清軍前後受敵，乃退基隆河南岸，因此大水窟、四腳亭三面受敵，林朝棟、劉朝祜，「抵拒長牆敵兵，救出蘇樹森土勇，合同奪圍而出」。另外，西路「鳥嘴峯團勇俱潰莫能支」，晚間王詩正、曹志忠退回五堵。林朝棟救出蘇樹森土勇後，突圍而出，退守基隆河南岸據點。

劉銘傳在1月20日抵六堵後，目睹戰況慘烈，稱：

是役也，自卯至申，我軍靡不誓死血戰；奈敵勢過眾，槍礮過精，無能相敵。林朝祜〔棟〕、劉朝祜兩軍，死傷尤多，聞敵

> 亦傷亡四百餘人。自十九日以來，每戰敵輒以悍卒更番牆進，
> 前死後繼，屍棄不收，實為歷戰以來所僅見。

可見戰況激烈，林朝棟、劉朝祜兩軍死傷特多，法軍亦傷亡400餘人。

於是清軍悉退基隆河南岸抵抗，王詩正一軍屯五堵，曹志忠一軍屯六堵、小坑，林朝棟兩營屯小坑前之草蘭尖山頂，暖暖紳董王廷理等屯暖暖街後河，劉銘傳則親督聶士成、蘇得勝、劉朝祜屯駐六堵間，以扼守通往臺北的孔道。

劉銘傳鑑於各軍失利後，銳氣已傷，更擔心法軍「乘勢分窺滬尾，謀襲府城」，因此命孫開華督飭滬尾各軍，「築壘掘濠」，扼守淡水河「嚴備以待」，防止法軍自淡水夾攻臺北。

光緒11年1月30日，法軍數百自暖暖造橋，企圖渡基隆河南下，但被土勇白揚琛開槍擊退。劉銘傳重新部署防務，親自防守中路，令曹志忠、林朝棟防守南路，王詩正防守北路，並於陰雨之中，趕築營壘。劉銘傳擔心法軍自獅頭嶺直犯河北據山設砲，威脅六堵各營，因此令蘇樹森以土勇往守趙水坑，桂占彪、張仁照帶勇300人屯紮港孜。他又恐兵力過單，復令蘇得勝以一營移守河北、陳鳴志親率土勇千人與蘇得勝營相輔，防守火炭坑、馬陵坑一帶。[126]

總之，法軍節節進逼，清軍退守基隆河南岸後，繼續抵抗，而法軍受天候、地形之限制，亦無力南進，戰局乃陷於膠著。

126　以上戰役經過，詳見劉銘傳，「法攻月眉山大水窟一帶眾寡不敵各營退守河南摺（十一年二月初二日臺北府發）」，收於氏著，《劉壯肅公奏議》，頁193-196。

（五）清法戰爭結束後與林朝棟之獎賞

　　法軍原本計劃一支軍於佔領基隆煤礦後南下，另一支軍於攻佔滬尾後順淡水河進攻，兩面夾擊臺北府城。但一者敗於滬尾，二者基隆地區戰情膠著，計畫落空，法軍乃於光緒11年2月13日分兵攻擊澎湖，15日占領馬公，並擬築軍港。[127]不過，4月27日，清法雙方終於達成和議停戰，法軍撤兵，而孤拔亦病死澎湖。[128]

　　劉銘傳棄基隆保滬尾的戰略引起不少爭議，但確實完成使命，保住臺灣，因此甚受肯定。至於林朝棟，因抵禦法兵，戰績出色，大獲讚賞，被視為臺人英雄。民間有一「目少爺」傳說。據稱：

　　　「目少爺」原是一位將軍，因一目失明，故人都以「目少爺」或「目將軍」稱之，腳登草履，腰橫大刀，徒步赴陣，抵禦法軍。路經「四腳亭」，適「汐止」統領「蘇廟」，乘坐大轎往「瑞芳」閒遊，從後疾馳而來，隨員高聲喝道：「前面是什麼人？快滾開，讓轎通過」；「目將軍」回顧，質之曰：「轎上什麼人」？隨員答曰：「乃統領『蘇廟』呀！你還不曉得嗎？是不是故意攔路」！「目將軍」看到這個樣兒，大發脾氣，屬聲責斥：「什麼地方的蠢才？今天大敵壓境，你還這樣喪心病狂。我就是目將軍」？「蘇廟」聞之，大驚失色，立馬下轎，跪求恕饒，「目將軍」不理，想立地處決之，結果還是「周印頭」來，纔告倖免。所以暖暖地方，到今天還有「暖暖若無周

127　胥端甫，《劉銘傳抗法保臺史》，頁229-231。

128　胥端甫，《劉銘傳抗法保臺史》，頁254。

阿印，蘇廟頭顱配天津」的歌謠。[129]

又稱：

> 周印頭是「暖暖」的首富，……他出來抵抗法人，……清廷的
> 正規軍在「獅球嶺」，民軍的力量就在「暖暖」一帶，……法
> 人在此，吃虧不少。[130]

此為胥端甫之訪談紀錄。但他似乎不知「目少爺」就是林朝棟，蘇廟
應是蘇樹森，而周印頭即是周玉謙。另外，基隆有「朝棟里」，乃紀
念林朝棟而命名的，可見其聲望之高。

又，林家有一傳聞稱，光緒10年法軍攻打基隆，劉銘傳派林朝棟
守一山嶺，與法軍對峙，楊水萍夫人北上見林朝棟，商定計策後，再
面商劉銘傳定計，與林朝棟兩面夾擊，消滅法軍。[131]又稱，林朝棟被
法軍包圍時，林夫人率勇北上，身著白裙，乘白馬入山救夫。[132]《申
報》亦稱：「聞前年法人在暖鸞鄉擾亂時，林夫人亦曾帶兵接仗」。[133]
但此一傳聞有待考證確實，筆者在開山撫番章節中將予以深論，此處

129　胥端甫曾訪暖暖區公所秘書柯定邦記錄，胥端甫，《劉銘傳抗法保臺
　　　史》，頁282。

130　胥端甫曾訪暖暖區公所秘書柯定邦記錄，胥端甫，《劉銘傳抗法保臺
　　　史》，頁281-282。

131　〈林秀容女士訪問紀錄〉，收於許雪姬編著，許雪姬、王美雪紀錄，，
　　　《霧峰林家相關人物訪談記錄（下厝篇）》（臺中：臺中縣立文化中心，中
　　　縣口述歷史第5輯，1998），頁17。

132　林吳帖，〈附錄四：追念先伯母林朝棟夫人楊水萍女士勇禦法軍襲臺〉，收
　　　入鄭喜夫編著，《林朝棟傳》，頁149。

133　〈赤嵌紀要〉，《申報》，1886年11月2日，版2。

從略。

　　總之，林朝棟在北臺之役的危局中，挺身效命，立下出色戰功，在臺紳中首屈一指。在劉銘傳之保奏下，清廷論功行賞，光緒11年6月3日，「以道員，不論單雙月遇缺儘先補用」。[134]同時，他也被調委辦理臺灣中路營務處，統領棟字等營，兼辦撫墾事務。[135]此後在臺灣建省後深受劉銘傳重用，在新政中扮演要角，林家再度躋身官僚階層，走上重振之路。

134　劉銘傳，「基隆法兵全退臺北解嚴請獎戰守各員紳摺（十一年五月十二日臺北府發）」，收於氏著，《劉壯肅公奏議》，頁377。

135　楊昌濬奏，光緒14年2月27日，「頭品頂戴降四級留任閩浙總督兼管福建巡撫事臣楊昌濬跪奏為查明兼襲世職恭摺仰祈聖鑒事」，《光緒朝硃批奏摺》，冊40，頁132-133。

第二章　臺灣建省後之新政與林朝棟之新角色

　　光緒11年清法戰爭後，清廷益感臺灣之地理孤立性與戰略重要性，乃下詔建省，將福建巡撫改為臺灣巡撫，但最後定名為「福建臺灣巡撫」。建省乃清代的重要轉折點，首任巡撫劉銘傳迫於外力之壓迫與內部的需要，積極推動新政，並破格重用臺灣紳商以協助推行，雙方結合成「官紳共利體」。[1]霧峰林家即在此一政治背景下，主動或被動地執行官府政策，因此創造了家勢重振之新機運。

　　劉銘傳是位具有開創性的政治人物，任期也相當長，自光緒10-17年（1884-1891），達六年以上，其間大刀闊斧推動許多新政，包括清賦、開山撫番、交通建設、產業發展等政策，美國戰地記者、學者兼駐臺領事達飛聲（James Wheeler Davidson）竟譽臺灣為

1　黃富三，〈板橋林本源家與清代北臺山區的發展〉，《臺灣史研究》（臺北），2：1（1995.6），頁5-49；黃富三，〈從劉銘傳開山撫番政策看清廷、地方官、士紳的互動〉，收入中華民國史專題討論會秘書處編，《中華民國史專題第五屆討論會：國史上中央與地方的關係》（臺北：國史館，2000），頁1161-1189。

清帝國中最近代化的一省。[2]劉銘傳為推動新政，鑑於原有的行政體系難以發揮積極作用，特別創設許多任務型的機構，例如設立善後總局，統籌支援新政的財務及相關業務，並設立撫墾局、茶釐總局、腦務總局、鹽務總局、釐金總局、鐵路商務總局等，執行政策，由於目標明確，發揮了相當大的作用，其中最大的單位當是撫墾局。[3]以林朝棟為主的林家扮演極其重要的角色，尤其在開山撫番政策方面。

以下先分別論述：一、臺灣建省之新政與林朝棟的重用；二、撫墾制度的變革與林朝棟之崛起為重要仕紳：中路領袖。

第一節 臺灣建省之新政與林朝棟的重用：臺灣首度本土化嗎？

光緒11年9月5日，清廷下詔臺灣建省，將福建巡撫改為臺灣巡撫，而福建巡撫由閩浙總督兼管。[4]清廷對臺政策一向採取為防臺而治臺之策，以防重演明鄭抗清歷史，何以此時主動讓臺灣獨立建省呢？考其歷史背景，主要有二：一者是內憂問題之消弭，二是外患之威脅。清廷領臺至19世紀後半葉，經二百年之統治，漢化工作大致已完成，不再有反清思想，叛離的內憂問題已近乎消弭。另一方面，19世紀中葉以來外患日亟，除鴉片戰爭外，臺灣亦發生美船羅妹號（Rover）、大南澳侵墾、日軍侵臺、法軍侵臺等事件。其中同治13年之日軍侵臺，攻佔南臺灣，刺激最大，清廷被迫修改防臺為積極治臺

2　James. W. Davidson, *The Island of Formosa, Past and Present*, p.246.

3　黃卓權，《進出客鄉：鄉土史田野與研究》（臺北：南天，2008），頁127。

4　臺灣銀行經濟研究室編，《清德宗實錄選輯》，頁207。

政策，而僅僅十年後之1884-1885年，又有清法北臺之役，法軍不但進攻基隆、滬尾，而且封鎖臺灣數月，以致文報不通、外援受阻，甚至貿易停頓、物價騰貴，朝野益感臺灣問題的嚴重性。為維護在臺主權，清廷經詳加研擬後，決定另建一省，以強化臺灣自力防衛與自主經濟之能力。

　　劉銘傳是李鴻章愛將，抗法保臺亦有戰功，深受清廷倚重，奉詔出任首任巡撫後，即積極推動新政，並採取重紳政策，以提高執行效率，霧峰林家與板橋林家乃脫穎而出。

一、臺灣建省與劉銘傳之重紳政策

　　臺灣之建省曾經歷一段時間的醞釀。清代首先提議建省的是內閣大學士兼禮部侍郎吳金，在乾隆2年（1737）上「敬陳臺灣利弊請設專員彈壓以重海防事」摺，因臺灣海防戰略地位重要，建議另分一省，「專設巡撫一員，帶兵部侍郎銜」，統轄文武官員，如此「責任既專而就近稽查」；然因時機未成熟，清廷不准。[5]實際促成建省的先聲是同治13年年之日軍侵臺事件。戰爭結束後，光緒元年，欽差大臣沈葆楨奏請：在臺灣府之外，添設臺北府，形成南、北二府；同時福建巡撫駐臺，而福建巡撫事務由閩浙總督兼管。[6]然而，因福建巡撫常年駐臺，勢必影響省方公務，自光緒2年（1876）採取一折衷方

5　「內閣學士吳金奏摺」，收於中央研究院歷史語言研究所編輯，《明清史料》，戊編（臺北：中央研究院歷史語言研究所員工福利委員會，1972年再版），第1本，頁40。

6　沈葆楨、潘霨奏，同治13年12月11日，「為臺地善後勢當漸圖番境開荒事關胁始請旨移駐巡撫以專責咸以經久遠事」，《同治朝月摺檔》（臺北：故宮博物院藏）；國立臺灣大學，《臺灣歷史數位圖書館》，檔名：〈ntu-GCM0010-0015100156-0000353.txt〉。

案，即巡撫冬春駐臺，夏秋駐省。[7]此乃建省之先聲。

　　光緒11年清法戰後，廷臣對於臺灣善後問題議論紛紛。其中左宗棠、醇親王奕劻、李鴻章均力主建省，慈禧太后贊同，下詔將福建巡撫改為「臺灣巡撫」，常川駐紮，福建巡撫事，即著閩浙總督兼管。[8]然而，福建巡撫劉銘傳對臺灣建省卻有保留意見，指出兵源、軍餉、貿易等，有賴福建省之協助，閩、臺均有不可分的關聯性。[9]按，光緒10年9月11日劉銘傳已經升任福建巡撫，督辦臺灣軍務。[10]福建巡撫兼管閩、臺，如職銜改為臺灣巡撫，職權上略降，而且在過渡時期無法發揮二地互補互助功能，因此寧願以福建巡撫身分專辦臺灣事務，不願獨自建省。然而，清廷仍維持建省之議，只是將官職折衷改為「福建臺灣巡撫」。[11]無論如何，臺灣自此成為獨立之一省，唯閩、臺行政劃分工作至光緒13年（1887）方完全落實。

　　劉銘傳原本對自強運動即有強烈使命感，尤其是個強烈鐵道主義者，對大陸之新政甚為不滿，因此臺灣建省後提出一個遠大目標，即建設為清帝國之模範省，使它在國防、財經上能自足，以備危急

7　文煜、丁日昌奏，光緒2年8月8日，「為遵旨酌度省臺情形恭摺復陳仰祈聖鑒事」，《光緒朝月摺檔》；國立臺灣大學，《臺灣歷史數位圖書館》，檔名：〈ntu-GCM0012-0019000193-0000112.txt〉。

8　朱壽朋纂，臺灣銀行經濟研究室編，《光緒朝東華續錄選輯》（臺北：臺灣銀行經濟研究室，臺文叢第277種，1969），頁123。

9　「臺灣府轉行閩浙總督楊昌濬奏准臺灣添設藩司諭旨並摺稿」，收於臺灣銀行經濟研究室編，《劉銘傳撫臺前後檔案》，頁75-77。

10　楊昌濬奏，光緒14年2月27日，「頭品頂戴降四級留任閩浙總督兼管福建巡撫事臣楊昌濬跪奏為查明兼襲世職恭摺仰祈聖鑒事」，《光緒朝硃批奏摺》，冊40，頁132-133。

11　許雪姬，《滿大人最後的二十年：洋務運動與建省》（臺北：自立晚報文化出版部，1993），頁54。

時可獨力支撐。[12]按，清廷在19世紀中期後，經歷太平天國之亂、捻亂、西北回民之亂、西南各族之亂、兩粵閩臺各族之亂，耗去大量軍費，粗估僅正式奏銷之總額就達到422,295,959兩以上，即4億2千2百多萬兩；又，各地團練自籌之軍費，估算超過2億3千多萬兩，加上不列入奏銷之支出，估計總額約為8億5千萬兩，堪稱是財政大漏洞。[13]另外，外患方面先後經1858-60年之英法聯軍之役、1974-75年之日軍侵台、清法戰爭等，付出巨額賠款，真是雪上加霜，因此清廷極重視新政財源之籌措，而劉銘傳亦朝經濟自主的目標努力。

　　劉銘傳的新政包括擴張行政組織、改善國防設施、清賦以擴充稅源、開山撫番以鞏固國防與擴大拓墾，以及發展近代化事業等。其中很多項目事屬首創，而且規模宏大，僅以官方之人力、物力無以支應，於是創設不少任務型之機構，並大膽採取重紳政策，破格拔擢地方紳商，協助推行新政。在清法北臺之役期間，清廷與臺灣當局已深知並充分利用民力，依以往治臺慣例，和平來臨後會逐漸疏遠有功之非正途出身仕紳，但劉銘傳一反此一傳統，不但未改變，而且因事實需要，進一步重紳，即採官紳合作模式推動新政，霧峰與板橋二大林家乃脫穎而出。

　　如拙著《霧峰林家的中挫》一書所述，自同治3年後，霧峰林家遭受官民之聯手壓制，[14]如今在政策改變後，與官方關係大幅改善，

12　黃富三，〈劉銘傳與臺灣的近代化〉，收於曹永和、黃富三編，《臺灣史論叢》，第1輯（臺北：眾文圖書，1980），頁273-279。

13　彭澤益，〈清代咸同年間軍需奏銷統計〉，收於氏著，《十九世紀後半期的中國財政與經濟》（北京：中國北京人民大學出版社，2010），頁103-104。

14　黃富三，《霧峰林家的中挫》，頁405-407。

族運向上好轉。

劉銘傳為了確保臺灣的長治久安，光緒11年6月18日，提出施政大方針：設防、練兵、清賦、撫番四大政策。[15]在推行撫番政策方面，劉銘傳高度倚重臺灣紳民，板橋林維源與霧峰林朝棟因而成為其有力之佐助，筆者名之為「官紳共利體」模式。[16]林朝棟在開山撫番政策之決定過程中扮演要角，更是執行中路撫墾事務之主持人，推進山區之拓墾業務。他又統領棟軍，有武力做後盾，平時維持山區治安，有亂則率兵攻剿，立下汗馬功勞，成為山區最強有力的臺人領袖，也是林家重振的主導力量。他在「開山」與「撫番」二方面均舉足輕重，影響政策之成敗。

二、劉銘傳之撫墾政策與林朝棟之角色

19世紀首先提出開山撫番政策的是沈葆楨，自同治13年日軍侵臺事件（牡丹社事件）後即積極展開。然而其執行成效不佳，光緒10年4月，臺灣道劉璈即奏稱，十年來之開山撫番，因「傷人逾萬，糜餉數百萬」，無何成效而停辦。但他說失敗之因並非政策錯誤，而是執行問題，只要用人得當，應可成功，因而再奏請辦撫墾。他指出山中有不少資源，如木材、礦、茶、樟腦等，更有不少曠土可資農耕，解決餉源問題，然而廷議不准。[17]可見臺灣山區資源之價值已為不少地

15　劉銘傳，「條陳臺澎善後事宜摺（十一年六月十八日臺北府發）」，收於氏著，《劉壯肅公奏議》，頁146-149。

16　黃富三，〈板橋林本源家與清代北臺山區的發展〉，頁5-49。

17　劉璈，「稟陳臺防利害由（光緒十年四月初一日）」，收於氏著，《巡臺退思錄》（臺北：臺灣銀行經濟研究室，臺文叢第215種，1958；據國立臺灣大學圖書館所藏抄本整理排印，原刊年不詳），頁256。

方官員所認知，只是未獲清廷批准實施。

光緒11年（1885）清法戰爭後臺灣建省，6月18日劉銘傳即提出「設防、練兵、清賦、撫番」四大善後政策；[18]10月27日，他雖上〈臺灣暫難改省摺〉，卻力言撫番之重要。[19]其理由大致可歸納為治安、國防及經濟三方面。

第一、治安：劉銘傳認為，由於漢人移民日增，不斷侵入山區，難免有不良分子，「搶劫居民，或侵番族田廬，或誆番民財貨」，以致爭端時起，械鬥不休。然而，漢民被殺則「訴冤於官，官輒興師勦辦」，而番族被冤則「無官可訴，類多集眾復仇」，殺掠生番的肇事者置身事外，而為番殺掠者卻多為良民，因此雙方積怨日深，「終至民番俱斃」。[20]他又指出，生番每年殺害千餘人，匪盜「藉番地以為巢，聚眾搶劫」，而土豪「藉防番以斂費，養勇抗官」，以致「官令不行，民糧紛擾」，而官府對生番殺人「視如未　」。[21]對此一嚴重的族群衝突問題，劉銘傳引以為憂。

第二、國防：劉銘傳說，臺灣內有番怨、番亂，若「外寇猝臨，陰結番民，使生內亂」，必有「腹心之害」；如能招撫，則不但無內憂，而且有外患時，「尚可驅之禦侮」。[22]換言之，撫番不但可除內

18　劉銘傳，「條陳臺澎善後事宜摺（十一年六月十八日臺北府發）」，收於氏著，《劉壯肅公奏議》，頁148。

19　劉銘傳，「臺灣暫難改省摺（光緒十一年十月二十七日）」，收於氏著，《劉壯肅公奏議》，頁156。

20　劉銘傳，「條陳臺澎善後事宜摺（（十一年六月十八日臺北府發）」，收於氏著，《劉壯肅公奏議》，頁148。

21　劉銘傳，「勸撫生番歸化請獎官紳摺（十二年四月十八日臺北府發）」，收於氏著，《劉壯肅公奏議》，頁206。

22　劉銘傳，「條陳臺澎善後事宜摺（十一年六月十八日臺北府發）」，收於氏著，《劉壯肅公奏議》，頁148。

憂，亦可藉助原住民之力以抵抗外患。

　　第三、經濟：至19世紀後半葉，臺灣平地大致已開發完成，但廣大的山林仍在原住民手中，富源未能善加利用。劉銘傳認為，山區有可供造船、建屋等用途之木材，[23]曠地則可供拓墾生產穀物，高山上也可種茶。[24]事實上，還有一項奇貨，即樟腦，此產品在1885年時幾乎由日本壟斷世界市場。

　　然而，劉銘傳儘管力主推動撫墾，卻未將它列為優先工作，強調「設防、練兵、清賦三端」皆可及時舉辦，惟有撫番一項，須待其它三者「辦成之後」，方可議行。[25]可見他並不急於推動撫墾政策。事實上，他在光緒11年7月17日，還上摺彈劾臺灣道劉璈剿番之過失。原來南路之董底、率芒兩社在光緒11年4月間，殺害屯兵及番民，劉璈派軍攻剿；劉銘傳甚不以為然，上奏稱：二社已受安撫，其所以殺人，乃屯營管帶官潘高陞處理不當，不應加以攻剿。[26]

　　由上可見劉銘傳預知撫墾之困難度，並未列為優先工作，而且當時其他官紳反對重辦撫墾工作者亦不少，有謂「番情反覆，叛服無常」，有謂「山險難通，告藏無日」，而歷年之開山撫番，「虛糜鉅款，久無實效」，不應重蹈覆轍。[27]然而，僅僅二、三個月後，劉銘

23　劉銘傳，「條陳臺澎善後事宜摺（十一年六月十八日臺北府發）」，收於氏著，《劉壯肅公奏議》，頁148。

24　劉銘傳，「臺灣暫難改省摺（光緒十一年十二月二十七日）」，收於氏著，《劉壯肅公奏議》，頁156。

25　劉銘傳，「條陳臺澎善後事宜摺（十一年六月十八日臺北府發）」，收於氏著，《劉壯肅公奏議》，頁148。

26　劉銘傳，「道員攻勦已撫番社請旨懲辦副將摺（十一年七月十七日臺北府發）」，收於氏著，《劉壯肅公奏議》，頁434-439。

27　劉銘傳，「勦撫生番歸化請獎官紳摺（十二年四月十八日臺北府發）」收於氏著，《劉壯肅公奏議》，頁206-207。

傳於光緒11年10月間，即開始推動開山撫番政策，而且較沈葆楨時期
更積極。其故安在？筆者以為與番害之暴增、林朝棟之建議有關。

　　光緒11年10月間，彰化、新竹交界罩蘭（今苗栗縣卓蘭）地方
生員詹景星等聯名數十莊，以及道員林朝棟，先後稟報劉銘傳稱，
該地屢有番害，自光緒10年8月至11年9月一年內，「被割去男女頭顱
二十八級，槍斃四人」；另外，北部淡水縣屈尺庄（在今新北市新店
區境內）董事劉夙夜亦稟稱，拳山堡（在今臺北市公館以南，遍及今
臺北市文山區及新北市新店、深坑、石碇、坪林、雙溪等區）大溪一
帶，番害嚴重，自光緒11年1月至10月間，被殺男婦前後共14人；以
上二地均請求派兵剿撫。[28]因此，劉銘傳不得不提前處理撫番問題。

　　對於番害問題，劉銘傳有鑑於林朝棟「家居鄰近，熟悉番情」，
乃召見「面商勸撫之策」。他盛讚林朝棟「性情豪俠，不避艱苦，力
任其難」，並率所部之土勇一千人，一半駐防新竹、後壠兩處海口；
自率一營駐紮罩蘭（今苗栗縣卓蘭），並會同新竹道員林汝梅，相機
剿撫。劉氏又稱：「林朝棟甫經撥隊」、「俟林朝棟所部勸撫如何，再
行續奏」，此後即展開撫番工作。[29]

　　由上可見，從一開始劉銘傳的剿撫番政就與林朝棟有關。劉銘
傳上奏稱，當時反對重啟撫墾之官紳極多，惟有沈應奎（前貴州藩
司）、林朝棟（道員）與他，「力排眾議，一意經營」。[30]可見林朝棟

28　劉銘傳，「勦撫滋事生番現經歸化摺（光緒十一年十月二十九日臺北府
　　發）」，收於氏著，《劉壯肅公奏議》，頁199。

29　劉銘傳，「勦撫滋事生番現經歸化摺（光緒十一年十月二十九日臺北府
　　發）」，收於氏著，《劉壯肅公奏議》，頁200-201。

30　劉銘傳，「勦撫生番歸化請獎官紳摺（十二年四月十八日臺北府發）」，收
　　於氏著，《劉壯肅公奏議》，頁206-207。

在決策方面扮演要角，甚至是主要推動者。

　　然而，由於以往撫番無效，而建省後百廢待舉，需款孔急，清廷駐臺兵力有限，軍餉更不足，重啟開山撫番政策是否能獲清廷首肯是一問題。如何解決財源與兵力二大難題呢？關於經費方面，劉銘傳稱：光緒11年他到任時，福建每年解軍餉44萬兩至臺，並無開山撫番經費，[31]以往是由臺灣道在屯租項下撥用。[32]換言之，開山撫番缺乏固定經費，僅由臺灣道在屯租項下支應，嚴重不足，財源也不穩定。撫番除了經費外，亦必然要增加兵力，非政府所能獨撐。結果，劉銘傳提出一符合清廷需的模式，即官府「不增一兵，不增一餉」，推動此策。[33]

　　劉銘傳的構想有二。一是酌減屯兵，光緒11年他奏稱，撫番經費以往是由屯租項下撥用，今後撫番日多，將不敷所需，因此建議酌減屯兵「以濟實用」，亦即將減少屯兵省下之經費撥用，無須另籌經費。[34]另一是結合臺灣士紳之力，藉其財力、兵力及對山區環境的熟悉，負責執行政策，即筆者謂之「官紳共利體」。如此，一舉解決餉源、兵源二大難題，清廷因而同意重開撫墾政策，而臺灣二大士紳林朝棟、林維源即成為推行此策的要角。[35]

31　劉銘傳，「覆陳撫番清賦情形摺（光緒十四年十二月十六日臺北府發）」，收於氏著，《劉壯肅公奏議》，頁151。

32　劉銘傳，「勸撫滋事生番現經歸化摺（光緒十一年十月二十九日臺北府發）」，收於氏著，《劉壯肅公奏議》，頁201。頁

33　劉銘傳，「勸撫生番歸化請獎官紳摺（十二年四月十八日臺北府發）」，收於氏著，《劉壯肅公奏議》，頁207。

34　劉銘傳，「勸撫滋事生番現經歸化摺（光緒十一年十月二十九日臺北府發）」，收於氏著，《劉壯肅公奏議》，頁201。

35　劉銘傳，「獎賢略序九」，收於氏著，《劉壯肅公奏議》，頁37。

　　林朝棟何以願冒險出任艱鉅呢？筆者認為有政治、經濟、社會三方面的因素。

　　第一，政治：首先，林朝棟身為臺籍地方官紳，理應效忠清廷，為長官分憂分勞。其次，林家因林文明案而政治前途受阻，[36]林朝棟身為林文察的嫡長子與大家長，自然急於脫離此一家運困境。清法戰爭時，他已踏出一步，但仍不夠，如能結好當今政治紅人之一的劉銘傳，在撫番方面多立功績，必能提升自身的政治地位。

　　第二，經濟：19世紀後半葉，臺灣平地已開發殆盡，而且1842年五口通商後，南洋米大量進口中國，蔗糖也有新的供應地，臺灣米糖出口受到擠壓，前景受限。反之，1858-1860年臺灣開港後，山區產業勃興，樟腦與茶葉成為獲利最豐之出口貨，中北部逐漸取代南部成為經濟重心。[37]林家如能掌握山區之撫墾權，將可獲得龐大經濟利益，事後之發展確實如此。

　　第三，社會：林家在戴潮春之役時，因帶兵平亂，抄封叛產，與鄰近大族結下深怨，在平原地區的社會基礎動搖，而山區則提供另一可發展的空間。臺灣漢人之分佈是泉州人靠海，漳州人在平原，而客家人近山。其中客家人在山區聚落多，且與生番接觸頻繁，有極大的影響力，如能結好他們，可成為山區之社會領袖。按，林家故鄉福建平和縣原本即漳州、客家混居之地，彼此關係密切，而霧峰林家與客家人關係一向良好。甚至有一說稱，林家原本即是客家人，但在原鄉已漸同化為漳州人。[38]此說極有可能，因漳州有不少「漳州客」，

36　參考黃富三，《霧峰林家的中挫》。

37　黃富三，〈臺灣農商連體經濟的興起與蛻變〉，頁3-36。

38　1990年代，陳炎正先生訪問平和縣後，對筆者言。

即轉化為漳州人的客家人。[39]霧峰林家與客家人關係良好,有不少例
證。如戴潮春之役時,當霧峰為族敵圍困時,東勢羅冠英即率客家兵
勇馳救解圍。[40]雙方亦互通婚姻,甚為親密,如林文欽之母羅氏是客
家人,林文察之遺腹女林卓英出嫁客家進士丘逢甲等。[41]林朝棟如能
在開山撫番時擔當重任,即可起用客家大族,如黃南球等,結為利害
共同體成為山區領袖,重建中部豪族之地位。

　　據上,林家與劉銘傳有共利條件,自然一拍即合,積極協助推動
撫墾政策。光緒12年(1886)1月7日,劉銘傳奏准將已革按察使張學
醇留營,辦理臺灣撫墾事宜,正式展開撫墾工作。[42]2月18日,在劉
銘傳推薦下,清廷又諭令內閣侍讀學士林維源前往臺灣,擔任「欽差
幫辦臺北開墾撫番事務」;[43]至14年12月8日,林維源又因推行新政有
功,升為「幫辦臺灣開墾撫番事務」。[44]此舉一者酬庸林維源在清法
戰役時捐餉之功,二者欲藉其雄厚財力,投資開墾山地。同樣,劉銘
傳也重用林朝棟,由其負責中路撫墾重任。

39　1999年12月,經廈門大學之安排,由陳在正、鄧孔昭教授陪同筆者與林玉
　　茹、洪麗完、翁佳音勘查漳州山區,曾探訪呂秀蓮前副總統之南靖呂家,當
　　地人均已漳州化為「漳州客」,大多已忘卻客語了。

40　黃富三,《霧峰林家的興起》,頁230-232。

41　林朝棟之孫林光輝稱,林卓英是林文察遺腹女,戴潮春之亂時,丘逢甲之父
　　邱龍章曾協助平亂,互許訂婚而為丘逢甲之妻。其後丘逢甲三弟樹甲,13歲中
　　秀才,娶林堂妹金盞為妻,每年丘家人皆上林卓英墓。日治至戰後,丘逢
　　甲之子丘念台,與林獻堂有緊密關係,與此一親戚關係亦有關連。

42　臺灣銀行經濟研究室編,《清德宗實錄選輯》,頁212。

43　臺灣銀行經濟研究室編,《清德宗實錄選輯》,頁212;陳衍纂,臺灣銀行
　　經濟研究室編輯,《福建通志列傳選》(臺北:臺灣銀行經濟研究室,臺文
　　叢第195種,1964),卷5,〈林維源〉,頁301。

44　臺灣銀行經濟研究室編,《清德宗實錄選輯》,頁234。

三、林朝棟之出任撫墾要職

　　林朝棟除了參與撫墾政策之決定外，亦是重要執行者，特別是一手包辦中部之撫墾事務。他又領有棟軍，曾奉派北上參加平定大嵙崁番亂等，其影響力亦及於北部，可說是臺紳在臺灣山區之首腦。

　　光緒11年6月，劉銘傳調委林朝棟，辦理臺灣中路營務處、統領棟字等營、兼辦撫墾事務。[45]10月起，林朝棟因征中路之罩蘭、大湖等地生番有功，12年4月，經劉銘傳保奏，5月獲賞「勁勇巴圖魯名號，並加三品銜」。[46]故林朝棟的職銜是「欽加三品銜辦理中路營務處，中路撫墾事務，統領棟字等營遇缺儘先前選用道勁勇巴圖魯兼襲騎都尉林」。光緒12年（1886）12月，又因攻剿中、北兩路生番出力，經劉銘傳奏保，獲得給二品頂戴。[47]加上他又是殉難功臣林文察之嫡長子，循例得兼襲「騎都尉兼一雲騎尉世職」。[48]此後之新職銜為「欽加二品頂戴、辦理中路營務處、中路撫墾事務、統領棟字等營勁勇巴圖魯兼襲騎都尉、遇缺儘先選用道林」。[49]據此職銜，他可說

45　光緒12年8月27日，「辦理中路營務處中路撫墾事務統領棟字等營林為移知事」，《淡新檔案》（臺北：臺灣大學圖書館藏），17329-27號。

46　劉銘傳，「勤撫生番歸化請獎官紳摺（十二年四月十八日臺北府發）」，收於氏著，《劉壯肅公奏議》，頁204-205、208。

47　劉銘傳，「督兵勤撫中北兩路生番請獎官紳摺（十二年十一月十一日臺北府發）」，《劉壯肅公奏議》，頁211-217。

48　楊昌濬奏，光緒14年2月27日，「頭品頂戴降四級留任閩浙總督兼管福建巡撫事臣楊昌濬跪奏為查明兼襲世職恭摺仰祈聖鑒事」，《光緒朝硃批奏摺》，冊40，頁132-133。

49　光緒13年1月17日，「欽加二品頂戴、辦理中路營務處、中路撫墾事務統領棟字、勁勇巴圖魯兼襲騎都尉等營、遇缺儘先選用道林，為移知事」，收於臺灣銀行經濟研究室編，《臺灣私法商事編》（臺北：臺灣銀行經濟研究室，臺文叢第91種，1961），頁70-71。

是集中部山區撫墾大權於一身，故成為山區最有實力的官員。

（一）掌管中路營務處

臺灣營務處之由來與牡丹社事件有關，光緒元年欽差大臣沈葆楨提出「開山撫番」政策，並設立「營務處」。[50]原本沈葆楨委先交臺灣道臺黎兆棠辦理，[51]接著由劉璈接辦；劉璈在同治11年（1872）是浙江省候補道，至同治13年，經臺灣道臺夏獻綸推薦，沈葆楨於6月8日奏准調派來臺效力；9月22日，接辦「營務處」。[52]同年（1874）秋，劉璈即提出「開山撫番條陳」：

> 開路撫番，宜變通也。路不開通，番無由撫；番不通氣，路亦難開：此大較也。山後分南、北、中三路，每路設立「開撫善後局」，委員督辦。

可見劉璈首先提出臺灣山後分南、北、中三路，設立「開撫善後局」之議，但「惜未照行，致開撫迄無實效」。[53]光緒元年2月1日，劉璈因丁父憂返鄉，前後在臺僅4個多月。至光緒7年，他調任臺灣兵備

---

50 劉璈，「稟奉飭查覆營弊原委大致情形並呈各營截曠銀數清摺由（光緒九年八月十四日）」，收於氏著，《巡臺退思錄》，頁155。

51 黎兆棠，廣東順德人，同治八年（1869）出任臺灣道臺，九年設腦釐，取締洋商買賣樟腦，引發糾紛，導致英軍攻佔安平，最後，訂立樟腦條約，開放自由買賣，他因而離職。林偉洲、張子文、郭啟傳撰文，盧錦堂主編，《臺灣歷史人物小傳‧明清時期》（臺北：國家圖書館，2001），頁326。

52 蘇同炳，《劉璈傳》（南投：臺灣省文獻委員會，1996），頁40-41；羅大春，《臺灣海防並開山日記》，頁30。

53 劉璈，「開山撫番條陳」，收於氏著，《巡臺退思錄》，頁1。

道，因此兼管營務處。[54]

　　光緒11年清法戰爭後，劉銘傳欲改革兵政，在臺北設營務總處及設中路、南路二營務處，中路即由林朝棟掌管。[55]按，光緒10年9月30日，劉銘傳札署理臺灣府侯稱，林朝棟「志切同仇，勇於任事，應即留轅辦理營務，以資勷助」。[56]可見營務處是原已存在之幕僚、後勤組織，而林朝棟早在光緒10年已參與營務了。但建省後劉銘傳擴大營務處組織，除直轄之臺北營務總處外，分設中路、南路二營務處，分層負責，處理北、中、南三區的撫墾工作。

　　查劉銘傳光緒12年4月18日之奏報撫番情形摺中，軍隊分臺灣為北、中、南三路，北路由劉朝祜負責，中路由林朝棟負責，駐兵罩蘭，南路由臺灣總兵章高元負責，駐防嘉義，[57]因此在此時或其前已設北、中、南三路營務處。光緒12年8月4日，林朝棟移文新竹縣令方祖蔭時，其官銜即為「中路營務處總辦撫墾事宜林」。[58]光緒12年

54　蘇同炳，《劉璈傳》，頁41。

55　鄭喜夫編著，《林朝棟傳》，頁88；連橫，《臺灣通史》（臺北：臺灣銀行經濟研究室，臺文叢第128種，1962；1920年原刊），卷13，〈軍備志〉，頁309。

56　「臺灣府行知林朝棟留撫轅辦理營務」，收於臺灣銀行經濟研究室編，《劉銘傳撫臺前後檔案》，頁56。

57　劉銘傳，「勦撫生番歸化請獎官紳摺（十二年四月十八日臺北府發）」，收於氏著，《劉壯肅公奏議》，頁204-208；劉銘傳奏，光緒12年5月8日，「為各路生番歸化並陳開山勦撫情形所有尤為出力將領紳士援案懇恩給獎事」，《光緒朝月摺檔》；國立臺灣大學，《臺灣歷史數位圖書館》，檔名：〈ntu-GCM0023-0012900137-0000711.txt〉。

58　光緒12年8月5日，「新竹縣正堂方為咨呈事」，《淡新檔案》，17329-7號。同年8月27日，林朝棟移文新竹縣令方祖蔭時，其官銜為「欽加三品銜辦理中路營務處，中路撫墾事務，統領棟字等營遇缺儘先前選用道勁勇巴圖魯兼襲騎都尉林」。光緒12年8月27日，「辦理中路營務處中路撫墾事務統領棟字等營林為移知事」，《淡新檔案》，17329-27號。

9月，劉銘傳出曉諭飭知各墾戶將隘租向官府繳交，內有「移知林幫辦（維源），暨飭行中路營務處林道（朝棟）」字眼，[59]光緒13年11月1日劉氏奏摺亦提及「中路營務處道員林朝棟」。[60]由上可知，至遲光緒12年當是設置各路營務處之時間。

營務處之功能是辦理相關軍務，如作戰之規劃及軍需、餉銀、糧食等後勤事務之調配等，有助於所屬軍隊之獨立作戰能力。林朝棟出任辦理中路營務處後，至少有二幕友：梁成柟與葛竹軒掌財政與書函。[61]不過，事實上林朝棟日後職權不斷擴大，幕僚亦陸續增加。

（二）主導中路撫墾事務

林朝棟除了主持「中路營務處」外，也總辦中路撫墾事宜，這二種職務，權限劃分似不謹嚴，加以一身兼二職，其間關係更加混淆不清。

撫墾是劉銘傳的要政，設有撫墾總局、撫墾局及分局等，執行政策。但有關設局的原始資料卻未見，以致無法斷定設立年代，學者伊能嘉矩、連橫稱係光緒12年，而劉枝萬言係光緒13年。[62]其所以如

59　光緒12年9月，「頭品頂戴、督辦臺灣防務、福建巡撫部院一等男劉，為出示曉諭事」，收於臺灣銀行經濟研究室編，《臺灣私法物權編》（臺北：臺灣銀行經濟研究室，臺文叢第150種，1963），頁497。

60　劉銘傳，〈中北兩路化番滋事派兵勦復摺（十三年十一月初一日）〉，收於氏著，《劉壯肅公奏議》，頁222。

61　Johanna Menzel Meskill, *A Chinese Pioneer Family: The Lins of Wu-feng, Taiwan, 1729-1895*, p.186. 吳德功，〈讓臺記〉，收於羅惇 等撰，《割臺三記》（臺北：臺灣銀行經濟研究室，臺文叢第57種，1959；據臺灣省立臺北圖書館所藏抄本編印，原刊年不詳），頁49。

62　鄭喜夫編著，《林朝棟傳》，頁50-51；伊能嘉矩，《臺灣蕃政志》，頁265；連橫，《臺灣通史》，卷15，〈撫墾志〉，頁449-450；劉枝萬，《南

此，可能是劉銘傳並未正式奏請設立此一官式機構，但為了執行其政策，乃成立一半官半民的組織。再者，此名稱可能是因需要而逐步出現的，而非一開始就有正式的官定名稱。

最早出現的名稱是招撫局。林朝棟可能在光緒11年底至12年初間曾擬定一招撫局章程，並獲劉銘傳批准，成為日後撫墾局章程之藍本。查北路協屯兵營管帶兼中路撫民理番同知王九齡，曾擬有撫番章程八條呈報劉氏。第一條有云：

> 查生番以薙髮投誠，……自應安為招撫，以柔遠人。況教化犒賞，事務殷繁，尤賴得人經理，非專設招撫局總理其事，不足以一事權。卑職擬請查照中路營務處林道朝棟議，奉批准章程設立招撫局一所，由現任兼差，不領薪水，月支夫價銀九兩，以節糜費。[63]

據上，「請查照中路營務處林道朝棟議奉批准章程，設立招撫局」，可能最早提出 招撫局的就是林朝棟，而王九齡請求比照其法設立；進一步擬將全臺山區分為埔裡社以北、埔裡社以南、臺東等三區，分設若干招撫局及其分局，名義上皆轄於總局。[64]

招撫局之名可能是臨時的，正式的名稱何時出現首先出現？目前未有資料可斷言，但林朝棟在撫墾局出現前已負責中路撫墾事務了。最早的已知文獻是光緒12年3月7日，新竹縣令方祖蔭咨請林朝棟

　　　投縣沿革志開發篇稿》（南投：南投縣文獻委員會，1958），頁249。

63　轉引自鄭喜夫編著，《林朝棟傳》，頁50。

64　鄭喜夫編著，《林朝棟傳》，頁50。

派兵剿獅潭莊番害之文，其頭銜是「辦理中路撫墾事宜儘先前選用道林（朝棟）」。[65]惟此件係原稿，文中多有塗改，頭銜原為「總辦中路撫墾事宜林」，塗去「總」字，在「辦」字後加「理」字。原因可能有幾個，一是因筆誤而改正；一是本來對的，反而改錯了。另一可能是也許一開始劉銘傳並未授與確定職稱。無論如何，方祖蔭縣令在光緒12年3月20日批示黃南球稟告番害時，已正式稱為「總辦中路撫墾事宜林道臺」，[66]其後亦均稱「總辦中路撫墾事宜儘先補用道」，如光緒12年3月下旬，方縣令予林道之咨請文。[67]至8月間，此職稱與「中路營務處」相連。頭銜之更改固顯示職權之變動，但可能也意味著劉銘傳，原先並未給予此一半官民之機構一正式名號，因其亦是劉銘傳在正規行政系統外所創之任務型機構。

（三）統領棟字等營

林朝棟之正式官銜是道員，是文職，而統領棟字等營並非兵部之正式官職。如前所述，清法北臺之役時，光緒10年9月，林朝棟應召北上抗法時，係以參贊營務處而應徵的。戰後臺灣建省，林朝棟全權負責中路撫墾，亦管中路營務處，以支援棟軍作戰，地點在大墩（今臺中），主要由林拱辰師爺負責。光緒13年，林朝棟之官職是「欽加二品頂戴，辦理中路營務處、中路撫墾事務、統領棟字等營，勁勇

65　光緒12年3月7日，「新竹縣正堂方為咨請核辦事」，《淡新檔案》，17107-5號。

66　光緒12年3月20日，「總墾戶黃南球為疊遭番害殺去多命稟明電鑒事」，《淡新檔案》，17107-6號。

67　光緒12年3月，「新竹縣正堂方為咨請剿辦事」，《淡新檔案》，17107-7號。

巴圖魯兼襲騎都尉、遇缺儘先選用道」。[68]真正重要的職務是「辦理中路營務處、中路撫墾事務、統領棟字等營」，因此文書有多處運用此統領「棟字營」名稱。如光緒16年（1890）11月，有民人奉林朝棟令，與「棟字營」立約售墳地以埋葬張協台，稱：

> 立契字人廖仁海今因棟字營為奉中路林統領示就迅覓地埋　張協台忠櫬。仁海有父遺地，地名竹頭科甲子蘭，既由地師擇定，情愿讓歸棟字營掌管，開壙築墳。其地界四至帶同棟字營扞定立石為界，地價議定銀貳拾元。[69]

可見「棟字營」已是林朝棟之專屬軍了。如光緒17年6月15日，「本堂」發予「棟字營」對賬清單內，即稱「上　棟字營升照」。[70]按，「本堂」當是「林本堂」，乃霧峰下厝林家之家號。[71]

　　查「棟軍」來源與組織實源自湘軍、淮軍之營制。19世紀中葉太平天國興起後，清朝的綠營已經衰敗不堪，因此大舉徵召地方士紳就地捐餉募勇效勞，其中以曾國藩組成之湘軍最有名。咸豐2年12月13日，他創湘軍，設營制，以之為軍隊之基本單位。曾國藩又鼓勵李鴻

68　光緒13年1月17日，「欽加二品頂戴、辦理中路營務處、中路撫墾事務統領棟字、勁勇巴圖魯兼襲騎都尉等營、遇缺儘先選用道林為移知事」，收於臺灣銀行經濟研究室編，《臺灣私法商事編》，頁70-71。

69　「光緒十六年十一月廖仁海立契字」，收於黃富三等解讀，何鳳嬌、林正慧、吳俊瑩編輯，《霧峰林家文書集：田業租谷》，頁64-65。

70　「辛陸月十五日本堂致棟字營對賬單」，收於黃富三等解讀，何鳳嬌、林正慧、吳俊瑩編輯，《霧峰林家文書集：補遺》，頁140-141。

71　林家下厝之家號，係大房林定邦派下所居住，位於今霧峰鄉本堂村民生路一九號。

章於咸豐11年11月，創設淮軍，亦仿湘軍設營制。[72]其標準編制為：

1. 一營設一營官：下轄前後左右四哨，每哨設哨官、哨長各一員；下轄正勇八隊，每隊設什長、伙勇各一。

2. 每哨：合計哨官、哨長、什長、護勇、正勇、伙勇，共計432人。

3. 營官有親兵六隊：不置哨官、哨長，共72人。

以上總計，每營官統帶504人，其武力計有劈山砲2隊、抬槍8隊、小槍9隊、刀矛19隊，共計38隊。[73]

另外，後勤方面，設有長夫，擔任工兵與勤務兵，每營有180人，包括：

1. 營官及幫辦人員：48人

2. 搬運子藥、火繩及一切軍裝等：30人

3. 每一劈山砲隊：3人

4. 每一抬槍隊：3人

5. 每一小槍隊：2人

6. 每一刀矛隊：2人

總計，每營營官統帶轄下計兵勇504人，長夫180人，加上幕僚1人，共685人。[74]又有一說，統領之下有營官（一營之長，又名管帶）、哨官（百人之長，又名百長）、哨長（又名副百長）、什長、哨書、兵勇、伙夫等。[75]

72　王爾敏，《淮軍志》（臺北：中國學術著作獎助委員會，1967），頁73-75。

73　王爾敏，《淮軍志》，頁76。

74　王爾敏，《淮軍志》，頁78。

75　轉引自陳其南譯，〈清末的鹿港〉，收入氏著，《臺灣的傳統中國社會》

　　湘軍、淮軍以營為基本單位，營以上無固定編制，但透過連結它營方式，可組成更大單位，如統轄二營以上則設統領，其職權因人而異。[76]在光緒11年清法戰爭後，林朝棟轄有2營，分駐於中部，故稱統領。但光緒17至18年（1891-1892）大嵙崁之役時，他因全權指揮平亂各軍，故一度稱「總統」，其意是總統領。[77]林朝棟統轄之軍長年存在，亦號稱「棟軍」，有此武力為後盾，成為山區執行撫墾政策之主角。[78]

　　綜合上述，林朝棟由於一身兼管中路營務、中路撫墾事宜以及統領棟字等營三重身分，自然管轄中部地區之撫墾局，因此直接涉及與撫墾有關的事務。按，營務處本係巡撫的幕僚組織，掌管兵政，如兵勇的訓練、整頓等，如今卻發展出一獨立組織，職權自然擴大。很明顯地，劉銘傳針對撫番工作的艱鉅，賦予林朝棟相當大的決定權。再者，他轄有棟字等營，擁有兵權，對權力之執行具有強制作用，以此推行其撫墾事務，自然較他人得心應手，而隨著撫墾規模的擴大，他的地位日益重要。

第二節　撫墾制度的變革：經費與兵力

　　推動撫墾政策之支柱是經費與兵力，但劉銘傳如何執行「不增一

　　（臺北：允晨文化實業股份有限公司，1997年2版），頁192。

76　王爾敏《淮軍志》，頁80。

77　黃富三，〈林朝棟大嵙崁之役的後勤系統：棟軍後路轉運局（1891-1892）〉，《臺灣文獻》（南投），69：1（2018.3），頁42。

78　黃富三，〈清季臺灣大嵙崁之役中棟軍支應處的運作（1891-92年）〉，頁202-206。

兵，不增一餉」的策略呢？他的辦法是，在兵力方面廢除原有的隘防制度，代之以新創之隘勇營，經費方面是將原有的屯租、隘租及山產稅收移撥撫墾支用。林朝棟因掌握中路之隘勇營，創設一支武力——棟軍，扮演實際執行政策之要角，乃蛻變為山區最具實力的官員。以下分別述介撫墾經費之籌措、撫墾制度之變革、林朝棟之崛起為山區領袖。

一、撫墾經費之籌措：屯租與新稅

劉銘傳改變山區拓墾安全制度，以便開闢財源。一者裁屯兵，以減少此一支出，而將節餘屯租充撫番經費。然而，屯租極為有限，不足以支應大規模的撫墾工作，必須另闢財源。有二法，一是創造新財源，二是推動撫墾制度之變革，將隘租轉為經費。

第一，創造新財源：即將樟腦、硫磺、茶等分別課以稅釐，以充撫番經費。臺灣北部山區素產樟腦、硫磺兩項，民間私熬私售，每多械爭滋事，林維源、林朝棟建議劉銘傳，收歸官辦，以助撫番經費要需。[79]光緒12年9月22日，劉銘傳奏准清廷收歸官辦，並解除出口禁令，以其收益歸撫番經費。[80]因此，他創設腦礦總局，負責管理、課稅工作，執行方式是由民間生產，官方督導、徵稅。因硫磺一向歸通商委員李彤恩兼辦，於是命其籌議樟腦、硫磺章程。李彤恩等稟報如下：

1. 樟腦：他報稱：近來日本出產甚多，香港腦價日落，若歸官

79　劉銘傳，「官辦樟腦硫磺開禁出口片」，收於氏著，《劉壯肅公奏議》，頁368-371。

80　朱壽朋纂，臺灣銀行經濟研究室編，《光緒朝東華續錄選輯》，頁131-132。

辦，「每石可獲利二、三元，臺產每年約可出腦萬石。」據此，每年應可獲利2-3萬元，建議官辦。

2. 硫磺：他報稱，硫磺一項臺產最佳，之前經沈葆楨奏請開禁採礦以供應官方需求，每石成本洋一元，官買每石價洋三元，「每年出產六、七千石。上等硫磺，每年只出千石」，均解歸官用。換言之，每年一千石的上等硫磺，均供福建造船廠等官方機構運用，無利可言。但他又報稱，其它次等硫磺，積聚達三千餘石，官既不用，而因商禁不能出口，日久「愈積愈多」，虛糜經費，棄置尤為可惜；但島外有市場，香港年銷售日本硫磺至萬餘石，運至江南、天津一帶，民間用於「薰炙葵扇、草帽，蒸炊餑餑，製造爆竹」，銷路甚廣。這些次等硫磺不能出口，形同浪費，而且臺灣礦產甚佳，奸民往往違法「私煮販運出洋」，影響治安，因此建議官辦，設法經理，雖「獲利無多」，對於撫番經費不無小補。

劉銘傳採納李彤恩建議，自光緒12年11月起，樟腦、硫磺歸官辦。[81]

至於官辦樟腦收支情形，根據劉銘傳於光緒16年報告，第一期兩年多獲利4,600兩，第二期，僅一年內，即獲利9,600兩，增幅數倍之多。顯然專賣是有利的，且獲利大增。[82] 劉銘傳又報官辦硫磺收支情形，第一期兩年多獲利4,300餘兩，平均每年僅2,150兩，但第二期一

81　劉銘傳，「官辦樟腦硫磺開禁出口片」，《劉壯肅公奏議》，頁369-370。
82　光緒12年11月至14年12月：共採熱樟腦637,000觔。售出洋應618,000觔，得價銀61,500兩。除還本銀48,000兩，又局用、運資、保險等銀8,600，餘銀4,600兩。光緒15年1月至12月：共採熱950,300觔。售價銀85,500兩除還本銀71,800兩；除局用各款銀40,070四千七十兩，實餘銀9,600兩。劉銘傳，「官辦樟腦硫磺開禁出口片」，收於氏著，《劉壯肅公奏議》，頁369-370。

年內即獲利3,200兩,增幅接近1.5倍,顯然專賣是有利國庫收入。[83]
以上二款皆歸撫番用訖。

　　光緒16年,為增加收益,劉銘傳又奏請硫磺亦開放出口。[84] 因此
除樟腦外,硫磺亦開放出口,光緒17年邵友濂奏報稱其收益為:在硫
磺方面,光緒16年,據臺灣善後總局署布政使唐景崧報告,收支相互
抵,實盈餘3,572.88兩,交解「台防善後撫番案內」列收造報。[85]

　　另外,茶葉是山區一項獲利更豐富產業,劉銘傳亦設法課稅。在
清賦時,對山區新闢田園,採取「隨時報墾」方式徵賦,但因「土薄
力微」,墾民時種時停,因此光緒13年,就收成之豐歉「量抽撫墾經
費」,由包商「繳收」茶釐,光緒16、17年,每年約收6、7萬兩,隨
時撥充撫墾。[86]換言之,茶釐之徵收採取包商制,依據產量徵收。茶

83　光緒12年11月至14年12月:收舊管存硫磺,404,100餘斤,計成本銀 3,780
　　餘兩。共採煎硫磺 818,300餘斤,成本銀 7,659兩。管收共存硫磺 1,222,400
　　餘斤。除耗出售 880,300斤,得價銀 19,090兩。除還本並局用,餘銀 4,300
　　餘兩。仍存硫磺 250,400斤。收舊管存硫磺 250,400斤,計本銀 2,300餘兩。
　　光緒15年1月至12月:共採煮存硫磺 415,600斤,成本銀 3,890兩。管收共計
　　666,000斤。
　　除耗出售 407,000斤,得價銀 8800兩。除還本並局用,實餘銀 3,200兩。仍
　　存硫磺 254,000斤。劉銘傳,「官辦樟腦硫磺開禁出口片」,收於氏著《劉
　　壯肅公奏議》,頁370-371。

84　劉銘傳,「官辦樟腦硫磺開禁出口片」,收於氏著《劉壯肅公奏議》,頁
　　369。

85　「臺灣樟腦、硫磺……歸官收買出售,給照出口,就目前情形而論,每年可
　　獲利三萬餘元。以後若能產多銷暢,經理得人,日漸推廣,以自有之財,
　　供無窮之用,實於國計民生,兩有裨益。惟硫磺一項,雖經沈葆楨奏請開
　　禁,採歸官用,尚未准商運出洋。應請旨一體開禁,以暢銷路」。邵友濂
　　奏,光緒17年12月18日奉硃批,「邵友濂奏為設廠採煮銷售硫磺造冊請銷
　　緣由片」,收於洪安全總編輯,《清宮月摺檔臺灣史料》,冊8,頁6369-
　　6370。

86　劉銘傳,光緒17年1月22日,「創收茶釐片」,收於氏著,《劉壯肅公奏

葉主要產在北部山區，林本源家族在此有廣大墾地，林維源又是撫墾
局之首腦，是否扮演包商角色？可進一步探討。

在樟腦方面，因光緒17年1月起廢除專賣，開放自由買賣，然
而改徵防費、腦灶稅，代替其前之樟腦稅，這些均是撫墾經費之來
源。中部之樟腦相關稅收由中路撫墾局或中路腦務總局負責徵收，
而主其政者是林朝棟，因此得以掌握部分撫墾經費，裨益其執行能
力。然而，撫番所需經費龐大，遠不足以支應，仍須其它財源，主要
是改變撫墾制度，徵用隘租。

二、制度之變革：裁隘設隘勇營、徵收隘租

清代漢人移民多為農民，繼平原之後。亦往山區發展，引發漢
番衝突甚至藏匿罪犯之徒。因此，康熙61年，清廷下詔，在漢番交
界地由南而北立石為界，禁止越界侵墾。乾隆10年，進一步採取嚴
密的劃界政策，將番界分成三區，[87]即「使生番在內，漢民在外，熟
番間隔於其中」，[88]並設隘寮、建土牛溝、雇隘勇防守，[89]官府則扮演
監督管理角色，防止越界。[90]但番界往往不是界線，反而是進一步侵
墾的新據點，而官方在生米煮成熟飯情況下，不斷承認新墾地，因
此劃界、越界、劃新界的故事一再重演。清代至少有四次重大劃界

　　議》，頁371。

87　其演變過程，參見：施添福，《清代臺灣的地域社會：竹塹地區的歷史地
　　理研究》（新竹：新竹縣政府文化局，2001），頁65-116；柯志明，《番頭
　　家》。

88　高山，「陳臺灣事宜疏」，收於臺灣銀行經濟研究室編，《清奏疏選彙》
　　（臺北：臺灣銀行經濟研究室，臺文叢第256種，1968），頁41。

89　施添福，《清代臺灣的地域社會》，頁68-69。

90　柯志明，《番頭家》，頁1。

工作，[91]即乾隆15年、乾隆25年、乾隆49年、乾隆55年，分別以紅、藍、紫、綠畫線。[92]目前僅見紅、藍、紫三線圖，1790年綠線圖當係林爽文事件後清釐番界所劃之紫線圖的最後定界，其中顯示不少林亂之據點乃佔墾之地。[93]經清查後，界外番地共11,204甲，分成三種：民墾地距離生番部落較遠者，墾民須報陞課稅；生番地則免；其餘未墾地為熟番地，交與屯丁墾殖以養贍。[94]

由於臺灣在漢人山區拓墾過程中，常引發原住民之出草，墾民為維護安全，自行設立民隘。然而，山區廣大，防衛力有限，因此官府除有亂事時派兵撫平外，開始進一步介入以預防糾紛、衝突。乾隆33年（1768）淡水廳同知段介開始在要地設官隘，雇用隘丁首執器械駐防，並築「隘寮」，此為官隘。[95]乾隆53年，淡水廳亦增設官隘6座，募隘丁125名駐防；同治年間，彰化縣又設「隘寮十六處，守之以隘丁」，並撥給之以隘租以資供養。[96]

乾隆53年，林爽文之亂平息後，中、北部除了設立隘寮外，福康安為酬謝、獎賞效命之熟番，奏請創設番屯，將番界外清查出之

91　林玉茹，〈林爽文事件前的臺灣邊區圖像：以乾隆49年臺灣番界紫線圖為中心〉，《臺灣史研究》（臺北），19：（2012.9），頁48-51。

92　「閩浙總督伍拉納奏為籌議臺灣新設屯所分撥埔地事宜摺」，收於臺灣銀行經濟研究室編，《臺案彙錄甲集》（臺北：臺灣銀行經濟研究室，臺文叢第31種，1959），頁1、15；施添福，〈紅線與藍線：清乾隆中葉臺灣番界圖〉，《中央研究院臺灣史田野研究通訊》（臺北），19（1991.6），頁47-49。

93　柯志明，《番頭家》，頁248。

94　「閩浙總督伍拉納奏為籌議臺灣新設屯所分撥埔地事宜摺」，收於臺灣銀行經濟研究室編，《臺案彙錄甲集》，頁1-2。

95　王世慶，〈臺灣隘制考〉，收於氏著，《清代臺灣社會經濟》（臺北：聯經，1994），頁375。

96　王世慶，〈臺灣隘制考〉，頁377。

已墾、未墾地，撥出一部份做為番屯之養贍埔地，奏請將熟番挑募屯丁，「酌撥近山未墾埔地」，以資養贍，因此番界增加了屯防。[97]但亦有人質疑其必要性，乾隆55年，總督覺羅伍拉納等奏稱，擇地設屯，巡防已周密，而「附近山圍之處」，照舊捍禦，更覺嚴密，因此奏請毋庸輕事更張。[98]他進一步稱，臺灣近山之地，照舊「設立隘丁」，可與「營汛、屯丁」相為表裡，互相呼應，[99]更有助於邊界之安定，亦即隘丁因事實之需繼續存在，由養贍埔地供租。因此番屯制於乾隆56年（1791）正式實施後，原有之隘仍存，[100]山區乃有營汛、屯丁、隘丁三類防番武力。

官隘之管理隘防方式是由官選壯丁，扼要巡邏防禦，每隘多者二、三十人，少者六名、八名，名曰「隘丁」；並於通事、隘丁中公舉熟諳隘務者統率各丁，名曰「隘首」，其所需口糧、鉛藥、辛勞之費，准隘丁墾種「附近山麓之荒林磧土」，或一、二十甲或二、三十甲，列為「不入額之款」，即其地租可留用，不必上繳國庫。[101]至於民隘之隘首、隘丁由「承耕課地各佃及往山採樵諸人」選舉，或按田園或按收穫量，均勻支給口糧，名曰「隘租」、「隘糧」；每丁年給番銀30圓或粟30石；隘地附近通常搭建草寮，名曰「隘寮」，供隘丁

97　「軍機大臣會同兵部等部議奏福康安等奏請臺灣設置番屯事宜摺」，收於臺灣銀行經濟研究室編，《臺案彙錄壬集》（臺北：臺灣銀行經濟研究室，臺文叢第227種，1966），頁1；福康安，「議臺灣屯丁疏」，收於臺灣銀行經濟研究室編，《清奏疏選彙》，頁50；鄭喜夫，〈清代臺灣「番屯」考（上）〉，頁115。

98　轉引鄭喜夫，〈清代臺灣「番屯」考（上）〉，頁120。

99　王世慶，〈臺灣隘制考〉，頁377。

100　轉引鄭喜夫，〈清代臺灣「番屯」考（上）〉，頁122。

101　丁紹儀，《東瀛識略》（臺北：臺灣銀行經濟研究室，臺文叢第2種，1957；1872年原刊），頁48。

棲止防守。[102]早期民隘比官隘多，也較有效，隘丁常由墾戶或隘首選任。

乾隆55年後，官府基本上不再劃新界，只是加設番屯，協助防守邊界，但屯丁的熟番地不斷落入漢人之手，移民亦侵墾生番地。漢人侵入的原因仍是經濟性的。第一，18世紀中葉後，大部分平地已經拓墾，必然往山區擴張。第二，除了農田外，山產亦是一大利源，如藍、籐、樟腦、茶葉、竹等，至19世紀，樟腦、茶葉更躍升為獲利最高的出口品。[103]利之所在，即使界外番地有原住民出草危險，漢人仍然前仆後繼侵墾。由於熟番養贍埔地多租予漢人耕墾，往往短交甚至拖欠，積弊甚多，造成屯丁生計困難，清廷之山禁政策實際上並未成功，而劉銘傳實施「減四留六」清賦政策時，番地亦比照辦理，以致番丁收入更少，而且欠繳之弊有增無減。

光緒11年年底，劉銘傳開始執行開山撫番政策，僅由屯租項下之結餘款支應，不敷所需，乃改弦更張，廢除隘制，設立隘勇營負責山區防務，原有隘租改由地方官徵收做為撫番經費。其方式是原有之山區官隘、民隘，墾民所繳交墾首、隘首之隘租改繳官府，充當撫墾經費。

此一廢隘新制傷害原有之利益集團，引發新舊利益者之爭。[104]第一，墾戶權益受影響，抗拒繳租；第二，原有隘丁勢必失業而引發

102　丁紹儀，《東瀛識略》，頁48。

103　黃富三，〈臺灣農商連體經濟的興起與蛻變〉，頁17-25。

104　黃富三，〈板橋林本源家與清代北臺山區的發展〉；李文良，〈十九世紀晚期劉銘傳裁隘事業的考察：以北臺灣新竹縣為中心〉，《臺灣史研究》（臺北），13：2（2006.12），頁87-121。

經濟社會問題，因此業戶、隘丁均反對，抗不繳納。[105]光緒12年7月間，劉銘傳折衷核示，批准酌給隘丁薪糧，但不能「由隘首隨意開報」，而由林朝棟查明隘丁人數，「若並未守隘，不准給發」；7月14日，林朝棟移文知會新竹縣令方祖蔭執行。[106]因此，劉銘傳仍確認隘勇制如期實施，隘租需交予官府，再轉交隘勇營；但經官方認定的守隘隘丁可「酌給薪糧」。這是對廢除民隘的補救辦法。

　　光緒12年9月間，新竹縣樹杞林墾戶金惠成、獅潭墾戶黃南球、大隘墾戶金廣福等，又向劉銘傳訴怨、請願，並請求免繳本年分之隘租；但仍被批駁，只准酌給口糧予官方認定之隘丁。[107]9月15日，劉銘傳扎新竹縣（當亦包括彰化、宜蘭、淡水縣）稱，四縣沿山一帶之隘租改由「官折價查收」，充作撫番經費，不得復由隘首私收；俟清丈後，裁撤隘租而按則升科；並飭新竹縣將所附示諭遍貼沿山一帶。[108]此顯示劉氏決心斷然推動此一變革。其對四縣之曉諭如下：

　　　　照得新、彰、宜蘭、淡水沿山一帶，向由墾首抽收隘租，募僱
　　　　隘丁，以防番患。隘首任意苛派，藉公肥己，內佔番地，外抗
　　　　官糧，積習已久。本爵部院查從前番社與民毗連，未經招撫歸
　　　　化，地方官不得已，准其設立隘丁，任其侵佔仇殺，現在所有

105　光緒12年8月4日，「新竹縣正堂方為諭示遵事」，《淡新檔案》，17329-3
　　　號。
106　光緒12年7月14日，「幫辦中路剿撫事宜林為移知事」，《淡新檔案》，
　　　17329-5號。
107　光緒12年9月，「新竹縣樹杞林墾戶金惠成等為事有委曲不得不據情稟明懇
　　　恩俯賜察核舉辦事」，《淡新檔案》，17329-34號。
108　光緒12年9月15日，「督辦臺灣防務福建巡撫部院劉為扎發事」，《淡新檔
　　　案》，17329-38號。

> 沿山番社業經一律招撫歸化，番民自應從此相安，即需用隘
> 丁，亦必由官主持辦理，該墾首等不得仍舊私收隘租，侵佔番
> 地，為橫鄉里。現經飭令一律裁撤，除移知林幫辦（維源），
> 暨飭行中路營務處林道（朝棟），並彰化、新竹、宜蘭、淡水
> 等縣查明本年實有隘丁之處，酌給口糧，其餘隘租由官作價查
> 收，充作撫番經費外，為此示仰沿山墾戶人等知悉：嗣後每年
> 應完隘租，應向官照章完納，不得復由隘首私收，俟清丈完
> 竣，一律按則升科之後，即將此項隘租通行裁撤，以符定制，
> 決不至使爾等於科則之外，多完絲毫。該民人等亦不得藉口清
> 賦於未升之前遲疑觀望，欠完隘租。[109]

據此，原有民隘隘租改由官府「作價查收」徵收，充作撫番經費；至
清丈後，其田園取消隘租，按則升科。然而，部分防隘官方隘勇不及
駐紮，因此彰化、新竹、宜蘭、淡水等縣實有隘丁，經官府查明認可
後，「可酌給口糧，而納入官府管轄」。劉氏以表面上的小讓步，即
容許部分隘丁（多為番丁）領取必需之口糧，達成其改革隘制、徵收
隘租的實質目的。

三、林朝棟之崛起為中路新領袖：取代舊豪族

如前所述，劉銘傳為強化山區控制力，光緒12年全臺山區設隘勇
營，計為：

109　光緒12年9月，「頭品頂戴、督辦臺灣防務、福建巡撫部院一等男劉，為出
　　示曉諭事」，收於臺灣銀行經濟研究室編，《臺灣私法物權編》，頁497-
　　498；鄭喜夫編著，《林朝棟傳》，頁44。

　　1. 北路：甘指坪中營、外奎輝前營、五指山左營、三角湧右營、
水流東後營

　　2. 中路：大湖營、北港溪營

　　3. 宜蘭隘勇：叭里沙營

　　4. 恆春隘勇：恆春營[110]

其中，中路隘勇營應歸林朝棟管轄，大湖營管轄獅潭耀婆嘴至罩
蘭，北港溪營管轄水底寮、馬鞍寮至埔里社山區之地。[111]此後林朝棟
即取代原來的墾戶、隘首等地方豪強，崛起為中部山區最高領袖，完
全掌握撫墾權。

　　考中路之隘務在光緒12年廢隘前，原交竹塹士紳林汝梅經理，轄
區包括新竹縣與彰化縣兩地。按，光緒11年底後，林汝梅曾隨林朝棟
征剿罩蘭等地，其後出任「幫辦中路勤撫事宜、兼理隘務」之職，[112]
即林汝梅係「幫辦」，而林朝棟乃「總辦」。[113]光緒12年6月10日，彰
化縣令蔡麟祥與儘先選用道林汝梅，曉諭山區墾、隘業戶，將原額隘
租自本年份起提充撫番經費，並繳銷各墾戶前領之諭戳作廢，今正值
早稻登場，各業戶應納各墾、隘租數，須向林幫辦（即林汝梅）新
設「隘務公館」完納，發給印串。[114]換句話說，由林汝梅負責中路隘

110　王世慶，〈臺灣隘制考〉，頁383。

111　王世慶，〈臺灣隘制考〉，頁383。

112　光緒12年5月29日，「幫辦中路勤撫事宜、兼理隘務儘先選用道林，為移請
　　　會銜出示曉諭事」，收於臺灣銀行經濟研究室編，《臺灣私法物權編》，頁
　　　495。

113　光緒12年8月5日，「新竹縣正堂方為咨呈事」，《淡新檔案》，17329-7
　　　號；鄭喜夫編著，《林朝棟傳》，頁43-44，其中誤以為林朝棟是幫辦，應
　　　修正。

114　光緒12年5月29日，「幫辦中路勤撫事宜、兼理隘務儘先選用道林，為移請
　　　會銜出示曉諭事」，收於臺灣銀行經濟研究室編，《臺灣私法物權編》，頁

租的徵收工作，與彰化縣同屬中路之新竹縣亦然，由新竹縣令方祖蔭與林汝梅會印諭帖與三聯串單，分頭催征，再繳予林朝棟。[115]林汝梅查出新竹縣原有隘租二萬餘石，唯未見彰化縣的隘租額。[116]林朝棟向劉銘傳報稱，查收隘租，彰化縣「亦應由地方官代為徵收，以歸一律」。[117]可見中路隘租應由新竹縣、彰化縣地方官徵收，再移交撫墾局支用。因此，光緒12年7月21日，林汝梅奉巡撫札，並移文新竹縣，本人卸辦隘務之責，而新、彰兩縣隘租均由地方官徵收。[118]

何以林汝梅經辦隘務未久即卸任？據巡撫之扎示稱，收受隘租本係林道汝梅經手，但是「該道不明不白」，業已稟請交卸。[119]林汝梅「不明不白」之意為何？語焉不詳，難以考究。他卸任之官方理由是隘租改由地方官徵收，而林汝梅並非新竹縣令，不應負責收租。改變收租制度有其它原因，如未能如期徵繳隘租或未執行收隘租任務，但主要是要將隘租直接交官府，以供養新設之隘勇營，而此與林朝棟之職權有關，其間含有新舊士紳勢力之交替，[120]亦即山區大權換人掌控，由林汝梅移至林朝棟之手。

495-496；鄭喜夫，《林朝棟傳》，頁43-44。

115　光緒12年8月3日，「新竹縣正堂方為移請查照辦理事」，《淡新檔案》，17329-2號。

116　光緒12年8月4日，「新竹縣正堂方為諭示遵事」，《淡新檔案》，17329-3號。

117　光緒12年7月14日，「幫辦中路剿撫事宜林為移知事」，《淡新檔案》，17329-5號。

118　光緒12年7月21日，「幫辦中路剿撫事宜林為移批移知事」，《淡新檔案》，17329-6號。

119　光緒12年8月3日，〔稟〕，《淡新檔案》，17329-1號；光緒12年8月5日，「新竹縣正堂方為咨呈事」，《淡新檔案》，17329-7號。

120　黃富三，〈板橋林本源家與清代北臺山區的發展〉，頁5-50。

　　新竹縣令方祖蔭奉扎後，光緒12年8月3日稟報，定於8月4日接辦林汝梅之隘務，[121]並通知林汝梅將所有前派督收諭帖以及會印三聯串單，「分別追回，移送繳銷」。[122]方祖蔭深知徵收工作不易，8月4日移文林朝棟稱：

> 惟查前項隘租，向係民捐民收，今遽行提充公費，不免有掣肘之虞，若經理非人，難保無意外之慮。

他又稱，將傳集各墾首責成照繳，「倘敢抗違不遵」，再行文林朝棟，就近幫同辦理，以維大局。[123]

　　8月4日，方縣令又諭示縣下各墾首、隘佃等稱，隘租之徵收已改由縣專辦，「以順輿情」，責成該墾首將本年分隘租全數繳縣；但如有未派兵勇駐紮仍須墾戶雇丁防守者，飭分別報明，造冊姓名、年貌、籍貫名冊送縣，以會同林總辦（朝棟）查點呈報，酌給口糧。[124]在此之前，方縣令亦於8月1日諭示黃南球督收隘租，內稱該貢生「急公好義，辦事勤能」，堪派督收之任，飭其馳往各處墾戶等剴切勸諭，「迅將本年隘租，按數照繳」。[125]可見地方官人力有限，實須藉

121　光緒12年8月3日，〔稟〕，《淡新檔案》，17329-1號。

122　光緒12年8月3日，「新竹縣正堂方為移請查照辦理事」，《淡新檔案》，17329-2號。

123　光緒12年8月5日，「新竹縣正堂方為咨呈事」，《淡新檔案》，17329-7號。

124　光緒12年8月4日，「新竹縣正堂方為諭示遵事」，《淡新檔案》，17329-3號。

125　光緒12年8月1日，「新竹縣正堂方為諭遵事」，《淡新檔案》，17329-4號。

助地方士紳協助收取隘租。

由於隘租改為新竹縣（今新竹、苗栗）徵收，再轉交中路營務處，林汝梅之新竹林家遂退出山區，林朝棟取而代之成為中部新領袖，相關經費之收支由他決定，深深影響日後政治、經濟的變遷。

光緒12年9、10月之交，健勇營管帶鄭有勤經林朝棟轉稟劉銘傳，准許新竹縣五指山腳山化番社60名巡山壯丁，每丁日給米2升；劉銘傳飭新竹縣由隘租項下，撥洋銀一百元支給；[126]10月14日，新竹縣發予洋銀100元，移交鄭有勤。[127]11月間，鄭有勤又經由林朝棟稟請劉銘傳，准予金廣福墾戶48名番隘丁口糧；11月27日，劉銘傳亦飭新竹縣由隘租項下支給。[128]可見隘租已經確定由新竹縣徵收，再轉交林朝棟。

除支應部分隘丁口糧外，隘租大多充撫墾單位之用。光緒13年1月（按，11日之前），林朝棟稟報劉銘傳撥經費，內稱：

> 現在駐兵五指山〔位於新竹縣北埔、竹東、五峰鄉交界〕，招撫未降各社，將來接撫後山，需費尤鉅。上年冬月間雖曾領有二千兩，而各〔撫墾〕局疊次請領，加之東勢角起造局屋、官市，並發馬那邦米價及獅潭官塾等項，用費更多，以致分給各局領用後，敝處實無儲存。現職道擬懇憲恩，飭令新竹縣，由

126　光緒12年10月14日，「督辦臺灣防務福建巡撫部院劉為札飭事」，《淡新檔案》，17329-50號。

127　光緒12年10月19日，「管帶健勇營留閩儘先補用都閫府鄭為移復事」，《淡新檔案》，17329-53號。

128　光緒12年11月27日，「督辦臺灣防務福建巡撫部院劉為札飭事」，《淡新檔案》，17329-85號。

隘租項下提撥銀三千兩，交職道留儲備用，免致臨時掣肘。[129]

1月11日，劉銘傳批示新竹縣，解洋銀3000元予林朝棟支用。[130]1月15日，林朝棟派中路營務處委員葛鶴齡，攜帶印領（領據）一紙，備文至新竹縣請領3000元；[131]1月16日，新竹縣將款如數交東勢角撫墾局委員葛松齡領取赴營。[132]1月18日，林朝棟移文稱已將款點收清楚；[133]同日，新竹縣稟報劉銘傳與總糧臺沈應奎（布政使），已將銀如數撥交。[134]可見隘租已按照規劃交由林朝棟用於撫墾，包括「東勢角起造局屋、官市，並發馬那邦米價及獅潭官塾等項」。葛松齡有一函致林拱辰稱：「此次餉項弟處先留四百兩開發各項，祈即回明統帥」。[135]按，光緒12年奉命設立東勢角撫墾局。

129　光緒13年1月，「督辦臺灣防務福建巡撫部院劉為札飭事」，《淡新檔案》，17329-126號。稟文當在1月11日之前，因劉銘傳在此日批示。

130　光緒13年1月，「督辦臺灣防務福建巡撫部院劉為札飭事」，《淡新檔案》，17329-126號。又，劉銘傳批示日期，據光緒13年1月20日，「辦理中路營務處中路撫墾事務統領棟字等營林為移覆事」，《淡新檔案》，17329-128號。

131　光緒13年1月20日，「辦理中路營務處中路撫墾事務統領棟字等營林為移覆事」，《淡新檔案》，17329-128號。印領見光緒13年1月，〔印領式〕，《淡新檔案》，17329-124號。

132　光緒13年1月16日，「新竹縣正堂方為咨呈事〉，《淡新檔案》，17329-125號。

133　光緒13年1月20日，「辦理中路營務處中路撫墾事務統領棟字等營林為移覆事」，《淡新檔案》，17329-128號。

134　光緒13年1月18日，「臺北府新竹縣知縣為詳報事」，《淡新檔案》，17329-127號。

135　「二八早葛松齡致林拱辰信函」，收於黃富三等解讀，何鳳嬌、林正慧、吳俊瑩編，《霧峰林家文書集：閩臺相關信函》，頁372-373。推測可能是此時之函，內容係關於奉命設立東勢角撫墾局之事。

　　據林汝梅之調查，新竹縣隘租額有20,000餘石，1石1元，可收2萬餘元。但實際徵收數額卻有相當大的差距，據方祖蔭之光緒12年分隘租冊報，共收銀11,054.63元；光緒13年3月5日，又呈造送徵解光緒12年分隘租暨已未完花戶、姓名銀數清冊，稱前款扣除總墾戶黃南球先行墊繳續征歸還銀，實收10,654.63元；至12月29日，奉巡撫文寬免未繳之日止，又收953元，因此光緒12年份隘租收入為10,654.63元。[136]

　　因此，光緒12年份隘租收入幾乎僅有預估之半數，當是原額高估或催繳出問題。

　　關於林朝棟支出之撫番經費，光緒13年3月5日方祖蔭稟報巡撫劉銘傳稱：

　　1. 棟軍撫番經費：光緒13年1月，奉扎支應棟軍撫番經費銀3,000元。主要為棟軍餉銀與撫番之開支，如豬、酒禮物等。

　　2. 抵解隘租銀156元：墾戶吳定新應完隘租，由辦理中路撫墾事宜林（朝棟）免收谷156石，併銀156元，於棟軍應領月餉銀內劃扣歸款。

　　3. 其它相關雜支：如移解健勇營管帶鄭有勤隘勇口糧銀100元、林汝梅查隘川資500元等，共支出5,925.06元，結存5,682.57元。[137]

　　4. 未完隘租者：冊報中詳細列出名字與租額，共計欠谷11,297.885石。但據例貢生黃南球查報，向來無收谷有2,500石。[138]

據上，光緒13年年初之撫番支出數目並未大增，各項雜支僅為

136　光緒13年3月5日，〔清冊〕，《淡新檔案》，17333-3號。

137　光緒13年3月5日，〔清冊〕，《淡新檔案》，17333-3號之8至之10。按原件算成5,682.57元，似誤。

138　光緒13年3月5日，〔清冊〕，《淡新檔案》，17333-3號之11至之12。

5,925.06元，而且仍有結存5,682.57元，另外棟軍有3,000元之豬、酒之撫番贈禮，低於光緒12年之隘租收入10,654.63元。

另外，有關墾戶吳定新隘租事，光緒13年3月8日，方祖蔭稟報劉銘傳與總糧臺沈應奎稱，吳定新應繳539.9石，先後完繳折色銀324元；另外據稱有156石解交辦理中路撫墾事宜林朝棟處兌收，因此請總糧臺於棟軍應領月餉銀內扣還歸款。[139]光緒13年3月10日，劉銘傳批「候飭糧臺移知棟軍，在於月餉下扣還歸款」；[140]3月15日，方祖蔭縣令將批示申報糧臺辦理。[141]同日，方縣令將光緒12年份隘租收支情形，造具清冊，呈報劉銘傳。3月18日，劉銘傳批所有此項已收隘租銀元，「准候飭行糧臺照冊查核」；至於「未完銀兩」部分，按戶出示曉諭，「准其免繳」，但本年（光緒13年）隘租，則須全數催繳，不准「絲毫拖欠」。[142]3月18日，布政使沈應奎批，林營務處（朝棟）稱，兌收墾戶吳定新租谷，折銀160元，「應先移查，一面于下次發餉時」，就餉畫扣，以清款目。[143]關於林朝棟兌收吳定新隘租銀156元事，光緒13年4月16日，沈應奎批示新竹縣准由隘租項下提支。[144]

光緒13年4月22日，方祖蔭稟報劉銘傳隘租收支情形稱：至今共

139　光緒13年3月8日，〔稟〕新竹縣知縣方祖蔭），《淡新檔案》，17333-4號。

140　光緒13年3月12日，〔稟文批迴〕（福建巡撫劉銘傳），《淡新檔案》，17333-6號。

141　光緒13年3月15日，「臺北府新竹縣為錄批申報事」，《淡新檔案》，17333-7號。

142　光緒13年3月28日，〔副詳批迴〕（福建巡撫劉銘傳），《淡新檔案》，17333-16號。

143　光緒13年3月15日，〔副詳批迴〕，《淡新檔案》，17333-8號。

144　光緒13年4月16日，「奏辦全臺總糧臺捐借事宜沈為札飭事」，《淡新檔案》，17333-17號。

支銀7,673.6272元，實存銀3,934.0028元，此係撫番經費，理應專款解清，且又屆本年度開征隘租之際，應將年度款項清理，以免混淆，並請其指示該款應解至糧臺兌收或撥解何處營、局。[145]

4月23日，劉銘傳批示，所有征存上年隘銀兩，為免轉運之煩，飭糧臺「就近籌發中路」。[146]換言之，光緒12年新竹縣所收之隘租直接交給中路林朝棟支用。至此某種程度達到不增支公款而執行撫墾新政的目的。

然而，撫墾執行之始，經費常青黃不接。光緒13年4月19日，林朝棟移文新竹縣稱，正月間所領3,000元已用完，正值拔隊「回大湖防所之際」，不及請示巡撫，請先由隘租項下撥借洋銀2,000兩，交由葛鶴齡委員領回。[147]4月22日，方祖蔭稟報劉銘傳是否照數撥借。[148]23日，劉氏批示「並候飭知糧臺」，由該縣「先行照數撥發」。[149]25日，方祖蔭咨報林朝棟，已撥洋銀2,000兩，合庫銀2,777.778元，交葛鶴齡領解。[150]4月27日，沈應奎扎飭新竹縣，稱已於4月23日奉巡撫扎，准將光緒12年隘租存銀，就近籌發中路營餉，並准撥林朝棟所請

145　光緒13年4月22日，〔稟〕（新竹縣知縣方祖蔭），《淡新檔案》，17333-18號。

146　光緒13年4月23日，〔稟文批迴〕（福建巡撫劉銘傳），《淡新檔案》，17333-22號。

147　光緒13年4月19日，「辦理中路營務處中路撫墾事務統領棟字等營林為移請撥借事」，《淡新檔案》，17333-20號。

148　光緒13年4月22日，（稟），《淡新檔案》，17333-19號。

149　光緒13年4月23日，〔稟文批迴〕（福建巡撫劉銘傳），《淡新檔案》，17333-22號。

150　光緒13年4月25日，「新竹縣正堂方為咨送事」，《淡新檔案》，17333-21號。

2,000兩撫墾經費。[151]

　　按，光緒13年閏4月初，林朝棟曾稟劉銘傳稱撫番經費已用罄，各營局委員又相率請領，請撥銀3,000兩以備支應，並請示經費是否仍由新竹縣撥發。閏4月3日，劉氏批飭新竹縣，由隘租項下撥解2,000兩。[152]但劉氏所批其是否另再加撥2,000兩，意思含混，以致日後頗有爭議。閏4月3日，林朝棟移文新竹縣，表示葛委員已解所領2,000兩；[153]閏4月5日，又移文竹縣，言閏4月1日，巡撫已批撥解撫番經費2,000兩，請將前借之款改為撥解，並備具印領一紙。[154]閏4月5日，方祖蔭移文林朝棟，稱奉閏4月5日巡撫批示撥銀2,000兩，已交葛鶴齡。[155]顯然，方氏認為劉銘傳兩次所批撥銀2,000兩，實是一件事，而非二次撥款（即共四千兩）。閏4月8日，方祖蔭咨林朝棟稱已收印領一紙，並將借領一紙換回送還。[156]同日，方祖蔭詳報劉銘傳已支解2,000兩予林朝棟，16日，劉銘傳批交糧臺查核辦理。[157]閏4月8

151　光緒13年4月27日，「奏辦全臺總糧臺捐借事宜沈為札飭事」，《淡新檔案》，17333-26號。

152　光緒13年閏4月3日，「督辦臺灣防務福建巡撫部院劉為札飭事」，《淡新檔案》，17333-33號。

153　光緒13年閏4月3日，「辦理中路營務處中路撫墾事務統領棟字等營林為移覆事」，《淡新檔案》，17333-29號。

154　光緒13年閏4月5日，「辦理中路營務處中路撫墾事務統領棟字等營林為錄批移知事」，《淡新檔案》，17333-30號；光緒13年閏4月，〔印領式〕，《淡新檔案》，17333-31號。此係一紙領據。

155　光緒13年閏4月5日，「臺北府新竹縣知縣為詳報事」，《淡新檔案》，17333-34號。

156　光緒13年閏4月8日，「新竹縣正堂方為咨送事」，《淡新檔案》，17333-32號。

157　光緒13年閏4月13日，〔簡文批迴〕（福建巡撫劉銘傳），《淡新檔案》，17333-36號。

日，方氏亦呈報糧臺，11日代理全臺總糧臺臺北知府雷其達批示，候巡撫與臺澎道批示。[158]顯然，公款之支付不免會有延誤，影響撫番事務之運作。

事實上，林朝棟除稟請撥款外，甚至於需透過私人關係協調。光緒13年5月12日，臺北知府雷致函方祖蔭稱，大湖撫墾局每月領支委員薪水局用，無款支撥，巡撫批行糧臺籌款預發，如有款即照撥，免除日後領解之煩；如無款可撥，林朝棟前有化番巡路口糧，係按月隨同月餉至竹縣具領，今雖已裁撤，但既同為撫番公事，亦可備文請領，並請其早將款交付林朝棟。[159]5月29日，林朝棟收到方祖蔭10日回函，稱9日已具稟請領，由於此係獅潭撫墾局鄭紫濤專弁來請之急需要款，請即交所派原弁領回應用。[160]方祖蔭回函稱：(1) 隘租早季須在7、8月間，晚季在12月間方能收清；(2) 光緒12年結餘隘租尚有1,156.2248元，但未奉文，不敢私撥。[161]

光緒13年6月9日，林朝棟移文新竹縣，稱閏4月間，巡撫已批撥解2,000兩在案，今「經費告罄，各撫局亟待支領」，雖已請撥，尚未批下，請求自隘租項下撥備700兩。[162]光緒13年6月14日，方祖蔭咨林

---

158 光緒13年5月25日，〔簡文批迴〕「代理總糧臺雷其達」，《淡新檔案》，17333-38號。

159 〔信函〕，《淡新檔案》，17333-39號。此函不書致函人，但文件上書有「照臺北府內函抄」，當係臺北知府處所發。收信人為「樾廷仁兄大人」，樾廷乃方祖蔭字。此函亦無日期，但方祖蔭覆函稱「本月十二日奉臺鈞函」，查《淡新檔案》前後文件，當係5月〔稟〕，見《淡新檔案》，17333-40號。

160 光緒13年5月29日，〔信函〕（辦理中路營務處林朝棟），《淡新檔案》，17333-42號。

161 〔稟〕，《淡新檔案》，17333-40號。

162 光緒13年6月9日，「辦理中路營務處中路撫墾事務統領棟字等營林為移請撥

朝棟已撥借700兩（番銀972.22222元），交來弁領回，16日並呈報巡撫與代理總糧臺雷知府。[163]6月23日，劉銘傳批交總糧臺查照。[164]同日，代理全臺總糧臺臺北知府雷其達並批，如果以後該縣有款，「即隨時撥應」，無款則由林林朝棟具領。[165]光緒13年6月19日，方祖蔭復林朝棟私函稱，700兩已如數交來弁領解；[166]7月10日，又咨林朝棟稱，已奉巡撫批准解700兩，以後有款即「隨時撥應」，無款由其赴糧臺具領。[167]

光緒13年7月17日，林朝棟因全臺總糧臺已撥番經費4,000兩到營，乃移文新竹縣，將原備700兩送還。[168]7月18日，方祖蔭收到還銀後，21日回文並將借領一紙送回，[169]7月22日，林朝棟移文新竹縣稱

借事」，《淡新檔案》，17333-41號。

163　光緒13年6月14日，「臺北府新竹縣知縣為詳請咨送事」，《淡新檔案》，17333-43號；光緒13年6月20日，〔副詳批迴〕（福建巡撫劉銘傳），《淡新檔案》，17333-44號；光緒13年6月19日，〔副詳批迴〕（代理總糧臺雷其達），《淡新檔案》，17333-45號。

164　光緒13年6月20日，〔副詳批迴〕（福建巡撫劉銘傳），《淡新檔案》，17333-44號。

165　光緒13年6月19日，〔副詳批迴〕（代理總糧臺雷其達），《淡新檔案》，17333-45號，。

166　光緒13年6月19日，〔信函〕（新竹縣知縣方祖蔭），《淡新檔案》，17333-46號。

167　光緒13年7月10日，「新竹縣正堂方為錄批咨呈事」，《淡新檔案》，17333-47號。

168　光緒13年7月17日，「辦理中路營務處中路撫墾事務統領棟字等營林為移還事」，《淡新檔案》17333-48號。

169　光緒13年7月21日，「臺北府新竹縣知縣為詳報事」，《淡新檔案》，17333-50號；光緒13年7月21日，〔副詳批迴〕（福建巡撫劉銘傳），《淡新檔案》，17333-52號；光緒13年7月27日，〔副詳批迴〕（代理總糧臺雷其達），《淡新檔案》，17333-53號。

已收到送回之借據一紙。[170]9月9日，方祖蔭稟報巡撫，新竹縣隘租早季6成已徵完，「聽候撥用」；劉銘傳批示「即存儲」，等候交予善後局撥用，並飭其認真催繳晚季租谷。[171]

綜合上述，撥款程序是：

第一，新竹縣（含今苗栗）山區隘租原來委由林汝梅徵收，從光緒12年起改由地方官徵收。

第二，林朝棟棟軍之撫番經費多由隘租支應，由新竹縣、彰化縣徵收後繳交總糧臺，再撥交中路營務處。但為免往返解送之煩，常由巡撫批由二縣就近直接撥交支用。

第三，經費偶爾會青黃不接，林朝棟需請求借支。

無論如何，林朝棟因有固定經費之收入，可順利推動撫番工作。

光緒12年8月4日，方縣令移文林朝棟，稱已奉巡撫扎，由其收隘租再轉交隘勇營，因此請其就近查明駐防狀況，包括諸事：

1. 各隘口何處業已派勇？於何時填紮？

2. 何處尚未派勇，係由隘首雇丁防守？每丁應酌給薪工若干？[172]這是為統計隘勇營已駐防之兵力與未駐防之原有隘丁薪工數額。林朝棟乃飭管帶健勇營鄭有勤都司調查，並於光緒12年8月27日移文方縣令稱：[173]

170　光緒13年7月22日，「辦理中路營務處中路撫墾事務統領棟字等營林為移覆事」，《淡新檔案》，17333-51號。

171　光緒13年9月9日，〔稟文批迴〕（福建巡撫劉銘傳），《淡新檔案》，17333-55號。

172　光緒12年8月5日，「新竹縣正堂方為咨呈事」，《淡新檔案》，17329-7號。

173　光緒12年8月27日，「辦理中路營務處中路撫墾事務統領棟字等營林為移知事」，《淡新檔案》，17329-27號。

1.棟軍佈防情形：標下有1哨兵力，「4棚駐欄庄（南庄）」，為撫番之用；護衛親兵中，「抽2棚於7月18日開往都壢口」，填紮要隘；其餘親兵2棚，統率至「欄庄、都壢口一帶」，往來策應。

2.民番守隘之開銷：金廣福、獅潭各墾界內，「共有碉樓44座，守隘民丁均係佃戶兼充」，「或酌給糧食，或減免租籽，或虛設懸額」，辦理並無一定，苦樂亦屬不均；守隘番丁，每名「月給米5斗、豬肉4斤、旱煙4包，過年、端午、中秋三節，犒賞豬肉2或3三斤不等，七月半普度賞宴1日」，此為薪工，而勇力過人之番，也有「一丁兼食數丁之糧」；另外，同社番丁「閑游至村」，墾戶必供以酒食。

3.裁隘利國：指出以往之隘丁之設，「名為保障農民，實乃私肥墾戶」，裁撤後歸官，可消除「糧賦虛銷」，供國家正用。

4.後山未歸化者之對策：第一，須設隘。擬於內山長平、大坪、都壢口、獅里興口、大河底、哨高峰等六處要地，每處派勇4棚駐紮，如此則勇駐內山之內，民居內山之外，「前可禦未化之番越境傷人，後可鎮已化之番誠心不貳」，衛民之中寓撫番之意。第二，須解決生番歸化後之生活問題。其方法是：「壯者教之耕耘，衣食期無缺乏之虞；幼者訓以詩書文章，漸啟教化之機」。換言之，經濟與教育雙管齊下。

然而，新竹縣樹杞林墾戶金惠成、獅潭墾戶黃南球、隘墾戶金廣福等，光緒12年9月，又向劉銘傳請願修正隘勇營政策，指陳理由有三：

1.沿山墾隘乃向官申請，自力招股出力組成的，而隘丁口糧係先向大佃借出支給，如裁隘租，而改繳官府，則墊款無可措。

2.自招撫以來，不少墾戶、佃人被殺。由於隘勇未進駐，原隘不敢撤，自必收隘糧。墾戶既支隘丁糧，又要向官府繳糧，力無可措。

3. 一旦裁隘丁、隘糧，田園將荒蕪，農人流離失所。

然而，劉銘傳仍不接受，照舊推行隘勇營制度，至於各隘有無隘丁，由林朝棟查明，如確有，由縣與其會商，酌給口糧。[174]

林朝棟屬下健勇營管帶鄭有勤，又提出新辦法：隘丁之納入隘勇營、補助化番。他向劉銘傳稟請，將撤隘後之原來守隘番丁挑選部分，編入營伍。他的理由是：

1. 原有領糧之隘丁應善用：他說民隘裁撤後，「原充守隘番丁固未便令其枵腹，即歸化番目照章准給月糧」，兩項開支為數甚鉅」，因此應該只挑選符合資格者擔任協防任務並支薪。

2. 熟番有其優勢：他說苗栗獅潭等處原住民，已與民人漸通聲氣，不同於「上、下游桀驁無知者」；又說將來繼續撫後山原住民，必得假道熟番之社，「若不先行固結其心，何敢深入其境」？此外，山區道路崎嶇，臺灣土勇並不熟諳；而原住民言語獨異，通事難以轉達，因此須藉番以嚮導，並「用番以化番。」[175]

據上，鄭有勤認為既然原來守隘之番丁口糧支出不可少，應加以運用，而且熟番具有撫墾山區的地理、語言的優勢，亦應加以選用，才有益於撫墾之執行。鄭有勤又建議：

> 論番社之強弱，選壯丁之多寡，酌挑百名，編列十棚……，約計每月員弁丁糧等項，需洋三百數十元，僅及營制開銷之

---

174 光緒12年9月，「新竹縣樹杞林墾戶金惠成等為事有委曲不得不據情稟明懇恩俯賜察核舉辦事」，《淡新檔案》，17329-34號。

175 光緒12年9月5日，「督辦臺灣防務福建巡撫部院劉為札飭事」，《淡新檔案》，17329-31號。

半。[176]

據上，他建議「酌挑百名，編列十棚」，只須花費300多元，可節省一半營勇之經費。

他並擬定「營制及守隘章程」12條，稟報通行。

由於鄭有勤乃林朝棟屬下，理應經林氏轉稟，故劉銘傳一面批示「尚覺妥實」，飭行林朝棟核議回覆，一面飭其以後稟牘「須由林道轉詳，不得越位言事」。可見劉氏對撫墾之政策高度尊重林朝棟的意見。唯再查資料，事實上鄭有勤已報林朝棟。據林氏回覆稱：

> 該都司稟擬番勇編伍營制及守隘章程各條，先據具稟到罩蘭營次，因正爾進剿番社未及核辦。茲復細加參核，尚覺切實可行。應否飭即舉辦，實力奉行，仰候裁訊奪。[177]

據上，鄭有勤已經向率勇抵達罩蘭的林朝棟稟報，林朝棟亦認為可行。

劉氏雖同意選番丁入營之議，但經費來自隘租，乃於光緒12年9月5日扎新竹縣方，飭其查明經收隘租數目，再行核辦。[178]林朝棟於9月8日亦收到同樣扎示，乃於9月9日與16日，移文新竹縣，請求核

176　光緒12年8月27日，「辦理中路營務處中路撫墾事務統領棟字等營林為移知事」，《淡新檔案》，17329-27號。

177　光緒12年9月5日，「督辦臺灣防務福建巡撫部院劉為扎飭事」，《淡新檔案》，17329-31號。

178　光緒12年8月27日，「辦理中路營務處中路撫墾事務統領棟字等營林為移知事」，《淡新檔案》，17329-27號。

辦。[179]

　　總之，山區之官、民隘廢除後，所有隘租繳予地方官，由其徵完後再轉交撫墾局，在中路則指林朝棟轄下之撫墾局，供撫番之用。因此，中路撫墾經費之來源除樟腦與硫磺收入專賣、屯餉外，又加上隘租，基本上是充裕的，有助於維護山區秩序與拓墾開發。而有大型番亂時，官府仍會派兵協助平亂，不虞缺餉。

179　光緒12年9月9日，「辦理中路營務處中路撫墾事務統領棟字等營林為移會事」，《淡新檔案》，17329-49號；光緒12年9月16日，「辦理中路營務處中路撫墾事務統領棟字等營林為錄批移會事」，《淡新檔案》，17329-37號。

第三章　臺灣建省與林朝棟

——中部山區之拓邊

（光緒十一年至光緒二十一年；1885-1895）

　　林朝棟除了參與撫墾政策之決定外，亦是此政策之主要執行者。光緒11年6月，劉銘傳調委林朝棟，辦理臺灣中路營務處、統領棟字等營、兼辦撫墾事務。[1]因撫墾有功，經劉銘傳陸續保奏而升級，至光緒12年12月，新職銜為「欽加二品頂戴、辦理中路營務處、中路撫墾事務、統領棟字等營勁勇巴圖魯兼襲騎都尉、遇缺儘先選用道林」，[2]可說集中部山區撫墾大權於一身，成為山區最有實力的官員。其中最重要的是他領有棟軍，大大有助於執行其撫墾職權。事實上，光緒17年他還奉派北上，主導平定北部大嵙崁番亂任務，實質影響力超越林維源。

1　光緒12年8月27日，「辦理中路營務處中路撫墾事務統領棟字為移知事」，《淡新檔案》，17329-27號。

2　光緒13年1月17日，「欽加二品頂戴、辦理中路營務處、中路撫墾事務統領棟字、勁勇巴圖魯兼襲騎都尉等營、遇缺儘先選用道林，移文即補請軍府署彰化縣正堂李，為移知事」，收於臺灣銀行經濟研究室編，《臺灣私法商事編》，頁70-71。

　　林朝棟在拓展山地統治區與山區產業方面，均扮演重要角色。首
先介紹林朝棟與山區之拓邊，分論：一、棟軍之形成與中部山區秩序
之維護；二、中路原住民之反抗與林朝棟之平亂。

第一節　林朝棟與山區之拓邊

　　開山撫番政策比起早期之「劃界封山」，更進一步侵犯原住民生
活空間，不免招來更多、更大的反抗，因此非駐兵勇不足以防範、鎮
壓。中路之所以執行撫墾政策較北路、南路成功，主因是林朝棟擁有
一支武力，其統率之棟字營駐防於中部沿山各隘，維持漢人與原住民
間的治安，防止衝突及平定反亂。以下分論棟軍之崛起、接管山區防
務、維持山區治安、招撫原住民。

一、棟軍之形成

　　林朝棟統轄棟字等營，或稱棟字營，或逕稱棟軍。如前所述，清
法戰爭時，光緒10年9月11日，劉璈扎飭林朝棟、林文欽姪叔，召募
二營土勇，助官抵抗法軍侵臺，分別編為「禮」、「義」二營，每營
五百人。[3]但因9月30日，劉銘傳亦扎劉璈，徵召林朝棟至臺北撫轅會
辦營務，並在10月13日，再由臺灣扎知彰化縣辦理。[4]劉銘傳之所以
指名徵調林朝棟，當係前福建巡撫岑毓英之舉薦，如前所述。林朝棟
奉召後與堂弟朝昌自備糧餉兩月，率勇北上，並奉令開往暖暖，對抗

3　「分巡臺澎兵備道扎飭彰化縣紳士林朝棟、林文欽招募土勇兩營」，收於臺
　　灣銀行經濟研究室編，《劉銘傳撫臺前後檔案》，頁54。

4　「臺灣府行知林朝棟劉撫轅辦理營務」，收於臺灣銀行經濟研究室編，
　　《劉銘傳撫臺前後檔案》，頁56。

法軍。[5]

　　光緒11年清法戰爭結束後，劉銘傳照例裁減勇營，但林朝棟與張李成等營，因抗法立功仍留用。光緒11年6月，劉銘傳調委林朝棟，辦理臺灣中路營務處、統領棟字等營、兼辦撫墾事務，故至遲此時已有「棟字等營」之稱呼。其後此稱經常使用，如光緒12年8月27日，林朝棟予新竹縣令方祖蔭之移文中所列之全銜，有「統領棟字等營」稱號。[6]至9月間，林朝棟所部增為2營，共1,000人，1營駐紮後壠、新竹海口，自率1營駐罩蘭莊，相機剿番。[7]其後，由於撫墾任務之繁重化與長期化，林朝棟之勇營漸有自己的名號，曰「棟字營」、「棟營」。《臺灣通志》載有「李桂林……光緒十二年四月，渡臺投效棟營，奉統領棟字等營選用道林，札委棟字正營左哨哨長哨官」；又曰：「魏清榮……於光緒十二年，投入棟字正營左哨充當什長」。二項紀錄均有「統領棟字等營選用道」與「棟字正營」之正式稱呼，可證光緒12年4月「棟字營」已開始使用，而且已有「棟字正營」、「副營」之分了。至於另一資料稱，陳高於光緒10年「投效棟字營充當勇目」，可能是追述紀載，未必此時即有此名號。[8]

　　劉銘傳在光緒12年4月18日上奏時，曾分北、中、南三路報告剿

5　有曰朝選，鄭喜夫編著，《林朝棟傳》，頁85。但據前章所述，與朝棟並肩作戰者乃朝昌。

6　光緒12年8月27日，「辦理中路營務處中路撫墾事務統領棟字等營林為移知事」，《淡新檔案》，17329-27號。

7　劉銘傳，「劉撫滋事生番現經歸化摺（光緒十一年）十月二十九日臺北府發」，收於氏著，《劉壯肅公奏議》，頁200；鄭喜夫編著，《林朝棟傳》，頁88。

8　「勦平大嵙崁內山番社獎卹案」，收於蔣師轍等纂，《臺灣通志》（臺北：臺灣銀行經濟研究室，臺文叢第130種，1962；1895年原刊），頁921。鄭喜夫編著，《林朝棟傳》，頁88；鄭喜夫亦疑此為正式名號。

撫番亂情形,筆者疑在此時或稍早即分設三營務處,而「棟字營」稱號乃營務處設立後命名的。據連橫《臺灣通史》,光緒12年設營務處時,中路有棟字3營,[9]如此項記載可靠,則棟軍已有1,500人了,但未有資料來源,待考。有一說是新增1營是隘勇營,而林朝棟在設中路營務之先,已奉命幫辦中路撫剿事宜及兼理隘務,[10]但所舉之證據不確,因此待考。[11]另一可能是布署於中部的定海後營亦歸林朝棟指揮,[12]故兵力在3營以上。目前可確認的是負責中路的二營,棟字正營與副營。按,光緒12年劉銘傳下令撤銷隘首制,並解散隘丁而代之以官派隘勇,而將墾戶隘租交官府充撫墾經費,[13]於是棟軍後逐步接管中路隘防,乃有隘勇營之新設,設立年代當是光緒12年下半年。

林朝棟轄下有多少隘勇營呢?如上所述,應僅有中路棟字正營、副營2營,亦有可能3營。然而,隨著撫番戰爭之頻繁,棟軍規模隨之擴大,不同時間數目當有變化。據光緒18年臺東直隸州胡傳巡閱後的報告,共有6營,營名與管帶名字為:[14]

9　　連橫,《臺灣通史》,卷13,〈軍備志〉,頁309;鄭喜夫編著,《林朝棟傳》,頁88。

10　鄭喜夫編著,《林朝棟傳》,頁88。

11　鄭喜夫說,光緒12年6月10日,彰化正堂與「幫辦中路撫剿事宜、兼理隘務儘先選用道林」曾曉諭墾戶繳收隘租,認為此幫辦即林朝棟。但此說有誤,林朝棟的職銜是「總辦中路撫剿事宜林」,而「幫辦中路撫剿事宜兼理隘務儘先選用道林」是新竹紳士林汝梅。鄭喜夫編著,《林朝棟傳》,頁43-44。

12　洪安全總編輯,《清宮月摺檔臺灣史料》,冊7,頁6146-6147。

13　光緒12年8月4日,「新竹縣正堂方為諭示遵事」,《淡新檔案》,17329-3;光緒12年6月10日,「補用清軍府、署理彰化縣正堂蔡,幫辦中路勤撫事宜、兼理隘務儘先選用道林,為曉諭完納事」,《臺灣私法物權編》,頁496-497;鄭喜夫編著,《林朝棟傳》,頁43-44。

14　鄭喜夫編著,《林朝棟傳》,頁95。

　　棟字隘勇正營：把總鄭以金　　棟字隘勇副營：把總傅德生

　　棟字隘勇左營：參將陳尚志　　棟字隘勇右營：守備林建庸

　　棟字隘勇中營：軍功李朝華　　棟字隘勇前營：守備黃宗河

隘勇營不斷增加而成為棟軍主體，以上紀錄是林朝棟北上主導大嵙崁之役的情形，但光緒18年9月後撤回中路後，應僅有直屬的棟字隘勇正營、棟字隘勇副營，加上原本駐紮於中路的棟軍。

　　此外，有亂事時又會增募土勇，如光緒14年（1888）林朝棟平施九緞之亂時，添募土勇1,000人，當即林福濬率領棟字前營、林文榮率領棟字後營。[15]

　　據《臺中廳理蕃史》，稱隘勇營仿土勇營，行於北、中路計北路五營、中路二營，[16]即：

（甲）北路五營：中營（甘指坪）

前營（外加飛）

左營（五指山）

右營（三角湧）

後營（水流東）

（乙）中路二營：棟字隘勇營（大湖）

棟字隘勇營（北港口）

筆者疑北路五營即棟字隘勇前、後、左、右、中營，而大湖、北港口隘勇營即為正營、副營，共七營。總計光緒18年，棟軍兵力最多時有六、七營之多，以每營500人，共有3,000 或3,500人，數目相當可

15　鄭喜夫編著，《林朝棟傳》，頁62-63。

16　臺中廳蕃務課編，《臺中廳理蕃史》（臺中：臺中廳蕃務課，1914），頁120。

觀。然而，北路四或五營，當是光緒17-19年（1891-1893）大嵙崁之役時，林朝棟出任總統各營時所兼領的，戰後即卸任交由參將陳尚志接替，因此不屬於長期之部屬。光緒18年應有四營，棟字營名與管帶各如下：

> 棟字正營：統領林朝棟
> 棟字副營：總兵佘保元
> 棟字左營：都司賴進武
> 棟字右營：千總林超拔（光緒21年5月為謝天德）[17]

但各營管帶在光緒17至21年（1891-1895）間時又有更替，不贅。

二、棟軍官兵來源

開山撫番是艱險的任務，因此棟軍官兵來源相當複雜。1884-85年清法北臺之役時，林朝棟所募之土勇主要是中部當地人，推測佃丁當不少，其他可能有番丁、客勇。撫番期間棟軍的將弁兵丁來源則極為多樣化，除土勇外，也有綠營汛兵、屯番等。下厝左廂之「二十八間」即為棟軍之兵馬舍，據稱，經常駐有兵勇2、300人進行訓練，以補充傷亡。[18]土勇中據稱以客籍人為多，因其多住山區，熟悉地形，

17　鄭喜夫編著，《林朝棟傳》，頁95；黃富三等解讀，何鳳嬌、林正慧、吳俊瑩編輯，《霧峰林家文書集：棟軍等相關信函》，〈（一）林朝棟發信·信函內容簡介〉，頁7-10。

18　王世慶，〈霧峰林家之歷史〉，收入黃富三、陳俐甫編，《霧峰林家之調查與研究》（臺北：林本源中華文化教育基金會，1991），頁39。

也較勇敢善戰。[19]

　　至於棟軍官弁，自然有林氏族人、地方領袖。林氏親族，如林朝棟堂弟林朝昌、族人林文榮等，地方領袖如林超拔等。另有不少人來自大陸正規軍營。例如都司銜補用守備李桂林，湖南岳州人，同治6年（1867）入楚軍，轉戰各地，光緒12年4月渡臺投效棟營，受委為棟字正營左哨哨長，征剿內山番社，其後升任棟字正營幫帶，曾參加剿撫各路番社與施九緞之變；光緒17年10月，又隨林朝棟北上征剿大嵙崁社，12月11日在夾板山陣亡。又如藍翎儘先拔補把總陳高，廣東潮州人，光緒10年清法之役時，投效棟字營充目，後參加剿番、平施九緞之役，17年11月，充棟軍衛際左哨哨長，12月12日，在夾板山陣亡。[20]

　　值得注意的是，棟軍中甚至還收容投效之通緝罪犯。例如嘉義莊芋（莊豫）是「疊犯搶劫重案」者，在此特別予以簡介。

　　光緒2年，嘉義莊芋曾仇殺甘蔗崙民人吳登科一家多命，未曾捕獲，且與另一要犯薛國鰲勾結。嘉義營都司李連枝赴各鄉緝拿賭徒，薛國鰲竟糾眾搶犯，丁日昌接報後巡撫奏准緝拿，但始終未獲。[21]

　　光緒7年11月14日，福建巡撫岑毓英由福建至臺灣展開第二回之巡視時，[22]於光緒8年1月接嘉義知縣潘文鳳報稱：光緒7年12月25日

19　黃富三，《霧峰林家的興起》，頁177-178。

20　「勦平大嵙崁內山番社獎卹案」，收於蔣師轍等纂，《臺灣通志》，頁921。

21　劉璈，「稟嘉義線民江浮安等拏匪釀命一案應提府訊辦並請由省委員覆查由（光緒十年七月初十日）」，收於氏著，《巡臺退思錄》，頁74。

22　岑毓英，「到臺籌辦開山撫番等事片（光緒7年12月18日）」，收於臺灣銀行經濟研究室編，《臺灣關係文獻集零》，，頁123。

夜，莊芋、林阿淋、陳文嬰等土匪等，糾黨殺斃甘蔗畬民人吳登科及
其妻吳李氏，並傷及其他家人；又燒毀頂坪劉傳基等劉家住屋，擄
去8人；他聞報後，前往勘驗緝拿，但莊芋等竟聚集二百多人分占大
湖、甘仔寮等處抗拒。

　　岑毓英於接報後，諭令臺灣鎮、臺灣府查辦，並將親往懲辦。[23]
光緒8年2月間，岑毓英抵嘉義，3月6日奏稱，二月初四、五兩日
夜，將黨徒「占據之大湖、甘仔宅等處一律攻破」，但匪首莊芋等不
知下落。[24]同年6月1日，岑氏奏報交卸閩撫職赴雲南任總督時，仍稱
未獲而成懸案。[25]

　　光緒9年，臺灣道臺劉璈囑營官李德福繼續緝拿，10月間至阿連
莊圍捕，但莊芋仍逃脫。光緒10年2月，線民密告莊芋與另一黨徒薛
國鰲係至交，經常住宿其大埔林家，因此劉璈委派臺灣知縣祁徵祥前
往徹辦。祁徵祥回報稱：

　　　本年三月十三晚，線民江浮安（即江解）、簡兆禧（即簡六）
　　帶同簡老鴨及眾莊丁等前往。十四日天未大明，將薛國鰲家圍

23　岑毓英，「嘉義縣土匪莊芋等滋事情形片（光緒八年正月二十六日）」，
　　收於臺灣銀行經濟研究室編，《臺灣關係文獻集零》，頁127。另，劉妮玲
　　稱，12月26日，莊芋又立鄭氏旗號抗清，後被通緝逃逸。參見氏著，《清代
　　臺灣民變研究》（臺北：國立臺灣師範大學歷史研究所碩士論文，1983），
　　頁224。但未見檔案。

24　岑毓英，「攻克嘉義土匪莊芋等巢購掌匪首片（三月初六日）」，收於臺灣
　　銀行經濟研究室編，《臺灣關係文獻集零》，頁128。

25　岑毓英，「交卸福建撫篆起程赴滇日期摺‧六月初一日」，收於岑春蓂
　　刻，《岑襄勤公（毓英）遺集》（臺北：文海出版社，1976年，影印
　　版），奏稿卷18，頁10-11；國立臺灣大學，《臺灣歷史數位圖書館》，檔
　　名：〈ntu-1215394-0191701920.txt〉。

住，簡老鴨並江解之姪江周，首先破門而入。薛國鰲時臥正廳東房，聞聲起視，自屋後廚房乘空越竹籬逃出喊救。[26]

不但薛國鰲逃走，莊芋亦不見，因此仍然被通緝，最後在光緒11年投入棟字營為哨官，病歿於營。[27]

關於莊芋，不少史料卻有不同的描繪。

徐珂《清稗類鈔選錄》稱：

> 莊芋，臺灣劇盜也，劫取人財，以施貧乏。官捕既急，貧民恆以死衛之，終不可跡。[28]

《臺灣通史》在「勇士列傳」中列有莊豫，即莊芋，亦稱：

> 莊豫，嘉義人，疏財仗義為綠林豪，顧犯法，懸捕急，人多匿之，遂潛居梅仔坑。[29]

據上，莊芋在社會上被認定是一俠盜，疏財仗義，劫富濟貧，而且甚有膽識，曾經扮演英雄救美的角色。[30]《臺灣通史》載：

26　劉璈，「稟嘉義線民江浮安等挐匪釀命一案應提府訊辦並請由省委覆查由（光緒十年七月初十日）」，收於氏著，《巡臺退思錄》，頁75。

27　劉妮玲，《清代臺灣民變研究》，頁225；劉銘傳，「迭平土匪請獎官紳摺（十二年三月初四日）」，收於氏著，《劉壯肅公奏議》，頁392。

28　徐珂輯，臺灣銀行經濟研究室編，《清稗類鈔選錄》（臺北：臺灣銀行經濟研究室，臺文叢第214種，1965），〈莊芋為美人所困〉，頁129。

29　連橫，《臺灣通史》，卷35，〈列傳七・勇士列傳・莊豫〉，頁1005。

30　張菼，「莊芋事件始末」，《清代臺灣民變史研究》（臺北：臺灣銀行，

　　1. 英雄救美：莊豫（莊芋）鄉中有一豪強紀彪，其四子見近村郭琬「女美，欲妾之」，郭琬拒絕，但無力對抗，又不敢告官，有一路人建議找莊豫。在喜宴之日，莊豫出現，與紀彪及其子鬥，逼釋放此女，由他「負女於背」，揹送女家。

　　2. 劫富濟貧：嘉義某知縣「素貪墨」，罷官後行李數十件，中有小篋，莊豫推倒三名護勇，莊豫奪篋而去，並將巨金「散窮民，惠者眾」。[31]

　　由此可見臺灣社會認定是一俠盜，與官方立場有異，因此被緝拿時，鄉民保護、藏匿，始終未能緝獲，最後在光緒11年投入棟字營為哨官，病歿於營。[32]至於在逃之薛國鰲，亦於光緒12年9月投效章高元（後述）。[33]

　　由於剿番危險，瘴疫又可怕，亡命之途與窮民投軍是可理解的。事實上，清廷對罪犯入伍立功是鼓勵的。光緒4年（1878），後山噶瑪蘭之加禮宛社滋事，據查乃土棍陳輝煌屢次索詐，激變番眾。總督何璟奏准於10月22日嚴拏懲辦，[34]始終未拏獲。[35]然而，光緒8年6月22日，何璟卻又奏准在逃之陳輝煌投案效力，「隨同開路撫番」，戴

1970），頁164-165。

31　連橫，《臺灣通史》，卷35，〈列傳七・勇士列傳・莊豫〉，頁1005-1006。

32　劉妮玲，《清代臺灣民變研究》，頁225；劉銘傳，「迭平土匪請獎官紳招（十二年三月初四日）」，收於氏著，《劉壯肅公奏議》，頁392。

33　「臺灣府轉知巡撫劉銘傳批覆臺灣鎮稟報移營開辦東勢角至埔裏社路工暨薛國鰲投效贖罪等情」，收於臺灣銀行經濟研究室編，《劉銘傳撫臺前後檔案》，頁101-102。

34　臺灣銀行經濟研究室編，《清德宗實錄選輯》，頁50。

35　臺灣銀行經濟研究室編，《清德宗實錄選輯》，頁52。

罪立功。[36]

　　由此可見，參加撫番之將弁兵勇不少是罪犯或亡命之徒，不足為奇，林朝棟之父林文察不也是戴罪立功的嗎？的確，孫子說「兵凶戰危」，國家有緊急需要時，赦免罪犯以立功之例古今中外皆有，如法國早有外籍兵團為其效命。

第二節　林朝棟與中部山區秩序之維護

　　林朝棟幾乎壟斷了中部撫墾之全部職權，撫、墾二字充分顯示劉銘傳山地政策的精髓，即撫其人、而墾其地，由於高山族遠較平埔族強悍，且珍視其生存空間，自會引來強烈衝突。所謂撫番乃剿撫原住民，使其漢化，包括維持山區治安、征剿原住民二方面，在此先介紹維持山區秩序之維護，可分隘勇營之駐防、原住民之招撫。

一、隘勇營之駐防

　　棟軍源自清法北臺之役所募之土勇，戰後經劉銘傳之留用，佈署於後壠、新竹海口。光緒11年，由於有番亂，林朝棟留一營於原駐地，自率一營駐罩蘭，展開剿番工作。廢隘後，山區防務改由隘勇營負責，林朝棟主持中部撫墾工作，所轄二營當改就地為隘勇營。早年僅有一營駐紮於罩蘭，但隨情勢之變化，棟軍兵力亦擴增，平時駐防重要隘口，有事時則調赴各地征剿。目前並無棟軍駐防各地之詳細資料，惟光緒18年，胡傳奉巡撫邵友濂扎出任「全臺營務處總巡委員」，視察各地軍務與佈防情形，其報告提供了當時棟軍駐防狀況，

36　臺灣銀行經濟研究室編，《清德宗實錄選輯》，頁83。

或許據此可推知一二。茲簡列如下：

（一）雲林：

按，光緒12年建省，新設雲林縣於雲林（林屺埔，今竹山），以為縣城，並設撫墾局，因該地林木茂密，可砍伐竹木與熬製樟腦，[37] 因此棟軍分別駐紮於交通要點，棟字副營之前哨六、七、八隊及中路屯軍四、五、六、七、八隊，均駐於此。又，哨官劉得雲，帶領棟副前2隊，駐於清水溝雲林至集集之道路，即林屺埔（竹山）至集集。[38]

（二）集集街：

今日南投縣集集鎮。管帶棟字副營總兵佘保元「領中哨一、二、四、五、六隊及左哨一、四、六、八隊」，駐紮於此。[39]

（三）埔里、大坪頂、北港溪：

在今日南投縣境內，駐有棟軍與熟番屯兵。大坪頂之東為中路屯兵防地，之西為棟字隘勇副營防地。[40]中路屯兵後哨三隊分防之第四十八堡，可相接到棟字隘勇副營右哨七隊分防之第一堡，其間相距約半里。自坪西下嶺約5里至松柏崙，沿途有小營1、小堡12，皆隘勇副營右哨五、六、七隊所分駐。自松柏崙下嶺至北港約5里，沿

37 洪敏麟，《臺灣舊地名之沿革》，冊2下（臺中：臺灣省文獻委員會，1983），頁533。但光緒19年（1893）雲林縣城改設於斗六。
38 胡傳，《臺灣日記與稟啟》（臺北：臺灣銀行經濟研究室，臺文叢第71種，1960），〈光緒十八年五月十六日申〉，頁29。按，1920年林屺埔改名為竹山，洪敏麟，《臺灣舊地名之沿革》，冊2下，頁530。
39 胡傳，《臺灣日記與稟啟》，〈光緒十八年五月十六日申〉，頁29。
40 胡傳，《臺灣日記與稟啟》，〈光緒十八年五月十六日申〉，頁31。

途有小營1、小堡9，皆中哨三、四、五隊所分駐；該營管帶為傅德生把總，自領親兵及中哨一、二隊駐北港溪之南。北港溪之北5里至三媱埔，沿途有營1、小堡8，皆中哨六、七、八隊分駐。由水流東而北，上嶺10里至草崙，又10里至三隻寮，沿途有小營3、小堡21，皆隘勇副營左哨所分駐，水長流有小營及撫墾局在溪北。[41]自三隻寮至大甲溪南岸，沿途有小營3、小堡28，皆前哨分駐。

（四）臺北縣城：

原有棟字正營駐防，因光緒18年調赴大嵙崁剿番，另調棟字副營中哨三隊，前哨一、二、四、五隊，右哨二、三、七隊替代駐防。[42]光緒19年9月後，林朝棟大軍撤返中路時棟字正營又回防。

（五）苗栗縣：

管帶中路棟字隘勇正營把總鄭以金，自領中哨一、二、三、四、五、六隊及左哨四、五隊駐大湖；其左哨一隊分駐獅潭，二、七隊駐東勢角撫墾局，三隊駐十八灣，六隊駐竹橋頭，八隊駐大茅埔；其右哨一隊分駐大南勢，二隊駐老社場山頂，三隊駐番子路坑口，四、七隊駐老鷹嘴山腳，六隊駐老鷹嘴山巔，五隊駐小南勢山頂，八隊駐小南勢山腳。又，棟字隘勇正營尚有七、八兩隊駐大嵙崁頭。[43]但光緒19年9月後，林朝棟大軍撤返中路，駐大嵙崁頭之棟字隘勇正營之七、八兩隊亦隨之回防。

41　胡傳，《臺灣日記與稟啟》，〈光緒十八年五月二十九日申〉，頁35-36。
42　胡傳，《臺灣日記與稟啟》，〈光緒十八年五月二十九日申〉，頁36-37。
43　胡傳，《臺灣日記與稟啟》，〈光緒十八年六月初九日申〉，頁37-38。

（六）短暫駐防臺北：

此係光緒18年大料崁有番亂，林朝棟奉命征剿駐防狀況。林朝棟所統守備林建庸，管帶哨勇右營後哨，駐雙溪口、菜刀崙、濕水格等處，計6堡，另有2隊駐於宜蘭接界之金瓜寮一帶，計4堡。右哨駐四十股、大安崙一帶，計8堡。左哨駐交椅座、索微坑一帶，計8堡。林朝棟親兵駐於三角湧，前哨駐雞籠山，中哨駐分崙頂、插角一帶，計16堡。[44]

以上是光緒18年胡傳所見棟軍駐防情形，大致上，（一）至（五），應是棟軍常駐地，因林朝棟主管中路撫墾，但駐防臺灣縣（府）城者可能不屬於隘勇營。至於臺北地區僅是林朝棟領軍平定大料崁番變時之部署，光緒18年9月棟軍南撤回防中路後，已經交由陳尚志等其他將領統轄了。[45]

二、隘勇之任務

如上所述，臺灣山區早期設有民隘與官隘，光緒12年廢隘前，多由墾戶自雇隘丁，保護佃民。廢隘後改由官派之隘勇營擔任，平時負責維護山區之治安，中部由林朝棟主管。其任務如下：

第一，防原住民出草殺人：至清季，高山區原住民仍保持出草習俗，尤其對外來的漢人敵意頗深，不時有獵人頭事件發生，因此隘勇營需加防範。

第二，禁止漢人任意侵入番地：原來漢人除集團墾荒、熬腦外，也常私入番社採集山產，如樹籐、通草、柴木等。其中籐長於深

44　胡傳，《臺灣日記與稟啟》，〈光緒十八年八月初五日申〉，頁55-56。

45　洪安全總編輯，《清宮月摺檔臺灣史料》，冊8，頁6544。

山，粗如繩，長數十丈，用途甚多，漢人常冒險採伐而遭番害。[46]為保障原住民之生存權益，官府禁止漢人越界採伐，規定：

> 所有各番社樹、籐、通草，禁止附近民人入山採取，均令化番
> 自行採伐，由官收賣，使化番獲價。稍有贏餘，撥濟撫番經
> 費，俾各化番亦可藉資生計。[47]

據上，撫墾局只准歸化原住民自行採伐樹、籐、通草，交由官府按價收購，以保障其生計，而且盈餘可接濟撫番經費。

然而，漢人違禁侵入山區採伐山產者仍層出不窮。光緒12年2月18日，竹北二保鹹菜甕（今新竹縣關西）打牛崎庄百姓許阿十等10多人，砍籐出山，撫墾局勇丁截獲29擔，因遭到拒捕，於是將29擔籐砍碎。棟字副營管帶（兩江儘先即補協鎮都督府、隨帶加二級）袁某，移文新竹縣令方祖蔭，請求派差拏辦。其後雖有總理、墾戶、生員等為之求情，但2月27日，新竹縣仍批示予以重罰，以儆效尤。[48]

第三，緝拿罪犯：不少漢人犯罪逃往山區藏匿，林朝棟亦須緝拿。如粵人李九為大嵙崁番社通事，常煽惑番眾肇事，巡撫邵友濂傳檄林朝棟剿番，並緝拿索禍首，但李九逃匿不出，至光緒18年3月3日，方以免死的條件，誘其出面自首。[49]

46　徐珂輯，臺灣銀行經濟研究室編，《清稗類鈔選錄》，〈莊芊為美人所困〉，頁129-130。

47　戴炎輝編，《淡新檔案選錄行政編初集》（臺北：臺灣銀行經濟研究室，臺文叢第295種，1971），〈第二九四‧移〉，頁368。

48　戴炎輝編，《淡新檔案選錄行政編初集》，〈第二九四‧移〉，頁368-370。

49　蔣師轍撰，臺灣銀行經濟研究室編輯，《臺游日記》（臺北：臺灣銀行經濟

以上這些治安事件均由隘勇巡查緝拿，再呈報上級處理。

三、原住民之招撫

　　劉銘傳欲強化山區控制、吸引漢人開發資源，首先必須招撫原住民，以保障墾民之安全，因此「薙髮輸誠」乃撫墾成敗之關鍵。林朝棟獲劉銘傳重用的原因之一在於他深知番情，因此除了維護山區治安外，進一步積極進行招撫的工作。其方法大約可分四項，即：勸說輸誠、獎賞物資（如酒、布等日用品）、開通山路、研擬善後等。

（一）曉以利害、勸說輸誠

　　林朝棟除平時維護治安外，亦進一步主動招撫番社，勸說剃髮歸順，以根絕番害。光緒11年11月，林朝棟開始招撫駐防地罩蘭之番社，一面以兵勇鎮懾，一面遣「降番」勸諭不歸順者。[50]至於通事，因通番語、知番情，原本即應扮演溝通角色，但他們以往常壓迫剝削原住民，反而成為番害、番亂的禍首。如罩蘭詹阿祝亦是通事，以強力拓墾手段，與馬那邦社結怨，引發亂事。[51]雖然如此，推動開山撫番仍須藉助通事之通事力，例如彰化縣士紳林振芳，乃罩蘭通事，光緒11年即奉彰化知縣蔡麟祥令，隨同入生番出火社等社，辦理安撫事，並在光緒12年，出任東勢角撫墾委員，成為林朝棟重要屬下，對

　　　研究室，臺文叢第6種，1957），頁25。

50　劉銘傳，「勤撫生番歸化請獎官紳摺（十二年四月十八日臺北府發）」，收
　　　於氏著，《劉壯肅公奏議》，頁204。

51　連橫，《臺灣通史》，卷35，〈列傳七・勇士列傳・詹阿祝〉，頁1007-
　　　1008。

山區開發貢獻甚大。[52]

（二）成立社長（頭目）、供應薪餉、獎賞物資

　　撫墾局除招撫之策外，亦在番社設立社長，誘之以物資。光緒15年（1889）之「撫番開山善後章程」（下稱「善後章程」）指出歸化各番社，應設立頭目做為社長，「每月酌給薪水十元、八元，以示羈縻」；又說各社生番「宜勒令於一月內一律薙髮，並由官酌給粗布上下衣各一件」，引導就範。[53]換言之，官府提供薪資予番社社長，而由於原住民日常用品須向漢人購買，故常賞以酒、布等物品。賞物之有無與多寡會影響叛服，尤其是新開發地，因此林朝棟認真執行此一招撫政策，在此舉白毛社之例說明。

　　光緒12年（?）4月（?）6日，梁成枏（東勢角撫墾局）致函林拱辰、劉以專稱：

> 上年十二月內，弟飛稟請發白毛社栳 猪酒，未有奉批；又飛函請竹兄核復，亦未函示。至弟由北回，奉帥（按，林朝棟）面示猪酒與栳 分半給番，亦未發下洋元。因白毛社栳，弟實不知名姓，無從追討，正、二兩月內，該社追討猪酒，至于話不能入耳者實多，筆不能述。……十二月、正、二、三月，各番為栳 事到局不止十次，弟無以應，命辦出脚力一猪，栳 人打番辦出一牛。而各處舊設栳灶如內險坑、小中坑、大中坑，

52　陳炎正，〈林振芳先生年譜〉，《臺灣風物》（臺北），27：3（1977.9），頁135。

53　林衡立，〈劉銘傳特輯：撫墾〉，《文獻專刊》，4：1/2（1953.8），頁54。

> 直出頭班為止，開辦數年一共大豬五隻、赤牛五隻，除今早已
> 交定牛一隻，尚欠牛四隻、豬五隻，該番限至初十日豬、牛到
> 南市全交，如大水則要弟送到馬安館前哨。此事不得不答應，
> 以後新設灶份，另行議定，不在此數。[54]

此函顯示東勢角撫墾局主持人梁成枏在山區設腦灶，必須賞給栳
豬、酒、牛等物，而因林朝棟未準時供應，遭白毛社原住民緊緊追
討；梁成枏因經費不足，極為窘迫，懇請林朝棟幕僚林拱辰、劉以專
早日撥交。按，白毛社在原臺中縣和平鄉南勢村，林木茂密，屬於泰
雅族。[55]

事實上，不只白毛社而已，其它番社亦有同樣要求，他梁成枏報
稱，如裡冷社「亦不得不稍為應酬」。[56]裡冷社，在原臺中縣和平鄉
博愛村，其它，鄰近還有白冷社、阿冷社等，均屬於泰雅族。[57]這些
地區均有林木，必須招撫結好才能開發。

（三）研擬善後措施

光緒12年，劉銘傳上摺稱生番為虐，不難招撫，但重點是要在招
撫之後，「聲氣不相隔絕，地方官撫馭得宜」，方可無虞反覆。可見
劉銘傳已注意到僅藉兵威、利誘並非治本之計，妥適之善後工作方是

---

54 「初六日梁成枏致劉以專、林拱辰信函」，收於黃富三等解讀，何鳳嬌、林
　　正慧、吳俊瑩編輯，《霧峰林家文書集：墾務‧腦務‧林務》，頁14-19。
55 洪敏麟，《臺灣舊地名之沿革》，冊2下，頁216。
56 「初六日梁成枏致劉以專、林拱辰信函」，收於黃富三等解讀，何鳳嬌、林
　　正慧、吳俊瑩編輯，《霧峰林家文書集：墾務‧腦務‧林務》，頁14-19。
57 洪敏麟，《臺灣舊地名之沿革》，冊2下，頁216。

成敗所繫，因此在招撫後要擬定善後章程。如光緒11年10月，北部屈尺（今新北市新店）界外馬來八社受撫後，他諭令李嘉棠、劉朝祜議定規章十條，並飭令中部埔里社界外沙里興等七社受撫後，其章程亦比照辦理。[58]據道光3年（1823）鹿港之北路理番同知鄧傳安之親身勘查，稱埔里社「東通秀孤鸞，南連阿里山，北連未歸化之沙里興」，又稱沙里興社「嗜殺」，而鄰近之眉裏、致霧、安里萬社「皆強」，彼此經常來往，被認為是最難馴服者；[59]建議納入版圖拓墾，但未被接受。光緒元年，北路理番同知改為中路理番同知，建埔裏社廳於社址，並建大埔城，光緒12年改名埔裡廳，[60]並駐紮兵勇護衛，積極展開撫墾工作。

光緒13-14年間，在林朝棟主導下，管帶埔裏社兵備兼委辦廳治王九齡為招撫北番泰雅族，呈一章程予巡撫，擬於與北番接界之蜈蚣崙設置撫墾局（在虎仔山北）。[61]「埔裏社撫番章程」共8條，即：設招撫局、分設招撫局以杜番鬥、歸化各番宜善待、擬設剃匠而別化番、設立義塾以教化、設教化堂以移鄙俗、禁民私販以杜濟番、酌派番丁教其工作；光緒15年3月15日劉銘傳批稱，贊同王九齡所設撫局並擬之八條章程，但稱「壯丁四名應即撥予屯兵或營兵，無須別募，

58　劉銘傳，「勤撫滋事生番現經歸化摺（光緒十一年十月二十九日臺北府發）」，收於氏著，《劉壯肅公奏議》，頁200-201。

59　鄧傳安，「水沙連紀程」，收於氏著，臺灣銀行經濟研究室編輯，《蠡測彙鈔》（臺北：臺灣銀行經濟研究室，臺文叢第9種，1958；1830年原刊），頁6-7。

60　洪敏麟，《臺灣舊地名之沿革》，冊2下，頁482-483。

61　劉枝萬編著，簡史朗校註、導讀，《臺灣埔里鄉土志稿》（臺北：南天，2019），頁402。

剃髮匠准用一名」，其它均照議。[62]

各地的招撫善後章程不一，但主要內容相差不遠，大致可分三方面：經濟生活的改善、文教的感化、治安的維護。

1. 經濟生活的改善

光緒12年4月，劉銘傳在林朝棟、周鳴聲招撫沙里興七社後，指稱地方官須「教之耕耘，使饒衣食」，方可無虞反覆。[63]光緒15年之「善後章程」亦指出「靠山民番，除種值薯芋小米自給外，膏腴之土栽種無多，以致終身貧苦」，應令頭人與通事帶善種植之人，至各社「教以栽種之法」，「種植茶葉、棉花、桐樹、檀木以及麻豆、咖啡之屬」。[64]此外，對社丁亦給予勇糧，如北部馬來八社，並不許軍民侵犯其地界；或予番社（頭目）薪水，安定其生活以收其心。[65]

2. 文教之感化

北部馬來八社就撫後之章程，規定八社頭目「各選子弟一人至城讀書」。[66]光緒15年之「善後章程」，規定附近番社市鎮「均宜應設義學」，慎選塾師，「講說禮義、導以尊親，化其頑梗」，而其番社頭目

62　劉枝萬編著，簡史朗校註、導讀，《臺灣埔里鄉土志稿》，頁407。

63　劉銘傳，「勤撫滋事生番現經歸化摺（光緒十一年十月二十九日臺北府發）」，收於氏著，《劉壯肅公奏議》，頁201。

64　林衡立，〈劉銘傳特輯：撫墾〉，頁55。

65　劉銘傳，「勤撫滋事生番現經歸化摺（光緒十一年十月二十九日臺北府發）」，收於氏著，《劉壯肅公奏議》，頁200；臺灣史蹟源流研究會編，《劉銘傳專刊》（臺北：臺灣史蹟源流研究會，1979），頁178。

66　劉銘傳，「勤撫滋事生番現經歸化摺（光緒十一年十月二十九日臺北府發）」，收於氏著，《劉壯肅公奏議》，頁200。

「尤應勸令多送子弟入學，以資化導」。[67]光緒16年3月，臺北府設「番學堂」，選原住民子弟入學，給予衣食，教導漢文、官話、台語、算術、起居禮儀等，以移風易俗。[68]

3. 社會秩序之維護

光緒15年「善後章程」，明文列出二十條維護山區番民治安之規定。例如：

(1) 專設「公局」：各社番目隨時約束番民，不准生事。而在番民雜居之城鎮墟市，為維持公平交易，專設「公局」，以公正紳士出任，調處民番糾紛，不得欺壓番人，如有犯者，「准該番來局投訴，局紳即為稟官」，分別秉公追究。

(2) 簡化交易手續：番民交易，不准番割經手，商品「酌定劃一」，不許詐欺。

(3) 規範歸化社番言行：歸化番人可進市鎮，但不准「持銃帶刀」，也不准在市區行沽飲酒，以免「醉後行兇」。

(4) 嚴禁軍火買賣：不許兵勇、莠民等暗中「與該番販賣軍火」。

(5) 確保道路安全：新開之路，沿途左右相距百十丈之處所有樹木，「一律砍伐摧燒」，不讓番人有藏身之處。[69]

這些規範目的在消除衝突之根源，有一定效果，但執行上不易徹底，效果亦非一蹴可幾。

67　林衡立，〈劉銘傳特輯：撫墾〉，頁56。
68　臺灣省文獻委員會、中華學術院臺灣研究所合編，《臺灣省通志》（臺北：臺灣省文獻委員會，1968），頁103。
69　林衡立，〈劉銘傳特輯：撫墾〉，頁55。

4. 開路造橋

番人難以同化之主因是「番地多僻險」，不易接觸來往，因此撫番必先解決交通問題，開路造橋成了要政之一。[70]北路方面，光緒11年冬，劉銘傳命提督劉朝祜督帶張李成土勇一營，「造橋開路」，開通烏來地區馬來八社（屈尺莊）的入山道路；至12月計造石碇路百餘里，以通宜蘭。[71]南路方面亦進行開路與征、撫並進政策。[72]中路方面，棟軍所到之處亦開路，幾乎散佈臺中至苗栗山區、南投埔里。後述，不贅。

透過以上各種政策，林朝棟基本上能維護中路平時之社會秩序。然而，族群相處本非易事，亂事仍然難免，因此有討伐原住民之役。

第三節　原住民反抗與林朝棟平亂：擴張山地統治區

開山撫番新政勢必侵犯原住民生活空間而引起番亂，因此官府也發動平亂工作，林朝棟因統有棟軍而扮演要角，戰果甚佳，促成清廷統治區之逐步擴張至中北部內山地區，可說是官紳由調適（compromise）而進至合作（cooperation）之一大成果。

林朝棟平定原住民之戰役可分二階段：前期中部山區諸役與後期

70　劉銘傳，〈撫番略序四〉，收於氏著，《劉壯肅公奏議》，頁17。

71　劉銘傳，「勤撫滋事生番現經歸化摺（光緒十一年十月二十九日臺北府發）」，收於氏著，《劉壯肅公奏議》，頁200；劉銘傳，「勤撫生番歸化請獎官紳摺（十二年四月十八日臺北府發）」，收於氏著，《劉壯肅公奏議》，頁201；劉銘傳，〈撫番略序〉，收於氏著，《劉壯肅公奏議》，頁17。

72　劉銘傳，「勤撫生番歸化請獎官紳摺（十二年四月十八日臺北府發）〉」，收於氏著，《劉壯肅公奏議》，頁205-206。

北部山區之役，在此先介紹前期，分論：原住民反抗之因、北向中部山區之役、東向中部山區之役。

一、山區原住民反抗與亂事加劇之因

清廷原本採取劃界封山政策，高山原住民所受之威脅尚不大。光緒元年（1875）沈葆楨改採開山撫番政策後，開始感受壓力，衝突逐漸增加。光緒11年（1885）劉銘傳重推新政策，因執行得更徹底，衝突進一步惡化，特別是中部、北部山區，因此林朝棟的挑戰甚大，原因如下。

（一）利益衝突：山區生活資源有限，原住民除小規模農、漁業外，有賴狩獵以補充食物來源，因此須要廣大活動空間。早期官府實施劃界封山政策，仍有漢人入山伐木、抽籐、吊鹿，已經引發原住民之抵抗，經常造成番害。[73]劉銘傳之「撫墾」新政含有雙重目的：政治方面，清廷因外國質疑其山區之主權，因此必須招撫原住民，納入其統治領域，以宣示統轄權。經濟方面，山區有新資源可開發利用，劉銘傳指出「臺番……各社所佔膏腴之地，高山宜茶，平地宜穀」，[74]事實上，除茶外，還有樟腦、藍、籐等，利益豐厚，劉銘傳欲招引漢民加速開發。至於漢人，尤其是客家人，早已垂涎山區之富源，1860年臺灣開港後，國際市場更擴大，自然響應甚至自動執行撫墾政策，大舉侵入開發，原住民之權益遭到前所未有的威脅，因此雙

73　陳國棟，〈「軍工匠首」與清領時期臺灣的伐木問題（1683-1875）〉，收於氏著，《臺灣的山海經驗》（臺北：遠流出版事業股份有限公司，2005），頁320-334。

74　劉銘傳，「臺灣暫難改省摺(光緒十一年十月二十七日）」，收於氏著，《劉壯肅公奏議》，頁156。

方之衝突事件層出不窮，小者個別出草，大者發動叛亂。

（二）山區原住民族群意識較強：生物有「先占為主」的本能，山區原本是原住民的活動空間，對外來者必加排斥。其次，原住民地區屬於部落社會，高山地區較封閉，與外界往來較少，歸類為「生番」，同族意識較熟番強烈。他們相信部落地是祖靈所居，也是族人之最後歸宿，不容異族踏上一步。[75]因此排斥、敵視入侵之漢人，輕者獵首，重者發動大規模亂事。

（三）山地原住民強悍：山地原住民居於山區，體格強壯，性格慓悍，且狩獵是謀生之重要技能，習於用武，因此當漢人入侵即群起反抗。散居於北部、中部的泰雅族素以勇敢善戰著稱，是最難以馴服的族群。光緒元年福建巡撫王凱泰巡台時，履勘南北各地，即稱「南番不及北番強」。[76]

（四）山區易守難攻：臺灣山區地勢險峻，地質構造上大致是一個破裂而東西不對稱的複式背斜，地形陡峭崎嶇，交通極其不便，加上森林茂密，原住民易於藏身，征剿不易。[77]他們擅長叢林戰、游擊戰，漢人非其敵手。

在此情況下，積極的撫墾政策導致光緒年間的「番亂」頻繁而嚴重，平亂也成了劉銘傳的重要工作之一，故論者甚至評曰「以撫為

75　林衡立，〈撫墾〉，收入臺灣史蹟源流研究會六十七年會友年會編，《劉銘傳專刊》，頁166；黃富三，〈清代臺灣移民的耕地取得問題及其對土著的影響（上）〉，頁19-36。

76　王凱泰，「臺灣雜詠」，收於何澂輯，臺灣銀行經濟研究室編，《臺灣雜詠合刻》，（臺北：臺灣銀行經濟研究室，臺文叢第28種，1958），頁56。

77　陳正祥，《臺灣地誌》，（臺北：南天書局，1997年第二版），冊下，頁909。

名，實則勦之而已」。[78]林朝棟全權主導中部撫墾，展開其轄區原住民之順服是首要任務，以下分別介紹其拓展之地區與重要戰役：（一）北向中部山區之役：在光緒11、12年間，平服罩蘭、大湖、獅潭、蘇魯、馬那邦等社（苗栗）；石加碌社（新竹）；（二）東向中部山區之役：光緒13年（1887）間平服白茆（白毛）、裡冷等社（臺中、南投交界）。

二、棟軍北向中部山區之擴展

臺灣山區自康熙61年實施劃界政策後，漢人即以蠶食方式逐步拓墾番界隘防鄰近地區。[79]同治8-10年（1858-1860）開港後，茶葉、樟腦等有廣大國際市場，漢人大舉入侵山區，至1870年代後淺山地區樟樹採伐殆盡，必須深入高山地區方能取得。[80]然而，「生番」較凶悍，僅有少數客家人冒險拓墾展開長年生死鬥。光緒9年，彰化縣職員葉春霖等報稱，新竹縣大湖、彰化縣罩蘭一帶，屢遭兇番殺害，請求派勇駐防，臺灣道臺劉璈令南投縣丞馮廷桂查報。馮氏等報稱該地有開墾價值，葉春霖等集股在罩蘭設立公所，募勇數百名，準備開墾。但劉璈不同意，認為此舉乃「官與民通同一氣，專為強佔番地」，建請閩浙總督何璟駁回。[81]光緒10年3月8日，代理彰化知縣蔡麟祥卻又報

78　洪棄生，《寄鶴齋選集》（臺北：臺灣銀行經濟研究室，臺文叢第304種，1972），頁55。

79　林玉茹，〈林爽文事件前的臺灣邊區圖像：以乾隆49年臺灣番界紫線圖為中心〉，頁73。

80　黃富三，〈林朝棟與清季臺灣樟腦業之復興〉，《臺灣史研究》（臺北），23：2（2016.6），頁34-35。

81　簡志維，〈清代苗栗大湖墾隘的發展——國家與地方社會的互動〉（臺北：臺灣大學歷史研究所碩士論文，2005），頁95；劉璈，「詳明查議罩

稱，由於去年葫蘆墩街進駐營勇，生番疑懼，牽去耕牛3隻、槍殺邱阿統等3人；2月20日大湖、罩蘭庄民糾眾攻破蘇魯、馬那邦二社，殺生番13人，並騙出45名番人兜禁於於罩蘭，漢人亦被擊殺15人；葉春霖、吳定新等人稟請剿辦。[82]劉璈仍認係他們企圖強佔番地而「聳官剿辦」，乃提訊二人，並命令庄丁退出番社，查勘地界。[83]可見客家人一直在伺機侵佔番地以創造新財源，但地方官原本並不支持。然而，在新撫墾政策下，官軍開始主動出擊，因此出現一系列的撫番戰役。

（一）罩蘭之役：馬那邦社（光緒11年10-11月）

林朝棟根據地位於大甲溪南岸以阿罩霧（霧峰）為中心的臺中盆地，光緒11年底，開始越過大甲溪往北征討淺山地區的番社，有罩蘭、大湖、獅潭社與西里興社（均在今苗栗縣）及新竹縣石加碌社等地，並設立撫墾局以主導撫墾工作。

如前所述，光罩蘭附近之北勢番經常出草，光緒11年10月間，彰化、新竹交界罩蘭（今苗栗縣卓蘭）地方生員詹景星聯名數十莊以及道員林朝棟、淡水縣屈尺莊（在今新北市新店區）董事劉夘夜先後稟

蘭等處開路墾撫並委員總辦情形由（光緒九年八月二十七日）」，收於氏著，《尋臺退思錄》，臺文叢21，頁192-195。

82 劉璈，「移請恪靖仁營楊提督帶營會同中路廳及彰新兩邑文武彈壓解散大湖罩蘭等莊民番互殺由（光緒十年三月十三日）」，收於氏著，《尋臺退思錄》，臺文叢21，頁198。

83 簡志維，〈清代苗栗大湖墾隘的發展——國家與地方社會的互動〉，頁95-96；劉璈，「批彰化縣稟移委唐縣丞會營查辦大湖罩蘭等莊民番互殺情形由（光緒十年三月二十五日）」，收於氏著，《尋臺退思錄》，臺文叢21，頁204。

報劉銘傳稱，該地屢有番害，二地均請求派兵剿撫。[84]

　　劉銘傳接報後，召林朝棟商議面商，決定：林朝棟將所率之土勇一千人（二營），一營仍駐防新竹、後　二處海口，而自率一營駐柴罩蘭莊；並派新竹紳士道員林汝梅會同前往，「相機勸撫」；如有戰事，則加派駐防彰化總兵柳泰和楚勇助剿，並先令譯人（通番語者）入社勸導，如肯就撫，則按兵不動。[85]例如光緒11年間，罩蘭民番通事林振芳，曾奉彰化縣蔡麟祥命，進入中路山區出火社（在今苗栗縣）等生番社，辦理安撫事，[86]其後任職撫墾局，並入股「廣泰成」墾號參與拓墾事務。[87]按，林爽文亂後，林石後代星散，第四子林棣先遷塗城避難，其幼子林振芳再遷往太平另尋出路，同治元年自頭汴坑山區蝙蝠洞，鑿通數座山，引水灌溉頭科山西部田園，數百甲荒地化為良田，富甲一方。[88]林振芳亦名林五香，同治元年，戴潮春之亂時，應曾林文察之召，參與平亂立功，封軍功六品銜。[89]

　　前述之罩蘭生員詹景星是何人呢？筆者2021年12月間組團至中部山區查，發現卓蘭詹家「繼述堂」正廳有一匾額，文為：

84　劉銘傳，「剿撫滋事生番現經歸化摺（光緒十一年十月二十九日臺北府發）」，收於氏著，《劉壯肅公奏議》，頁199。

85　劉銘傳，「剿撫滋事生番現經歸化摺（光緒十一年十月二十九日臺北府發）」，收於氏著，《劉壯肅公奏議》，頁200。

86　陳炎正，〈林振芳先生年譜〉，頁135。

87　黃卓權，〈臺灣裁隘後的著名墾隘──「廣泰成」墾號初探〉，收入中華民國臺灣史蹟研究中心研究組編，《臺灣史研究暨史料發掘研討會論文集》（高雄：中華民國臺灣史蹟研究中心，1987），頁117。

88　林慶弧，〈林志芳家族與太平地區的開發〉，《臺灣文獻》，62：3（2011.9），頁231。

89　黃富三，《霧峰林家的興起》，頁89-90。

> 光緒己未年
>   世沐恩波
> 例貢生文炳率男庠生景星 月立[90]

據上，苗栗卓蘭確有詹景星其人。按，己未年為光緒21年，距光緒11年僅10年，此匾忠實反映其身份。他是例貢生文炳之子，是庠生，即地方生員。他與林朝棟請求劉銘傳啟動撫墾政策。

另外，《臺灣通史》載有一位「詹阿祝」者，稱：

> 粵族也，家住苗栗罩蘭莊。地近山，時與番鬥，故其人多勇。阿祝為木工，每單身入深林中，歷十數番社，番不敢害。既為馬臘邦社通事，數年，逋番食兼（歉？）頗多，番索之，阿祝憤，謀所以併其地。游說鄉里丁壯，得四百人，約共生死；皆曰「諾」。當是時馬臘邦族大勢強，為一方雄，而地又險隘，乃議潛襲之，擇勇者十數人，藏短刀，佯為伐木者。阿祝固與番狎，既至，番款之，出牛酒以犒，番歡飲大醉，席地臥。阿祝與十數人者亦雜處其間，夜半突起，持一木杵，自擊殺番，斃七、八人；眾亦出刀。番驚寤，欲格鬥，而天昏月黑，多被誅，流血濺地上。計所殲番六十餘人，餘悉驚竄；阿祝遂併其地，召子弟開墾。[91]

據上，詹阿祝住苗栗罩蘭莊，是客家木工，任馬臘邦（馬那邦）社通

90　2021年12月19日組團參訪林朝棟史蹟，由李宗信、鄭安晞二教授導覽，至卓蘭由詹憬佳協助參訪繼述堂。

91　連橫，《臺灣通史》，卷35，〈列傳七·勇士列傳·詹阿祝〉，頁1007。

事，與原住民關係密切。曾率勇者十數人，用計歡宴社番而殺害六十
餘人而兼併其地，召子弟開墾。

　　馬臘邦社被破後，求助於苗栗深山之「白毛、阿冷、大小南勢諸
社」，集合千人反攻，詹阿祝被圍數日，「食漸盡，力又不敵，乃率
眾出」，雙方互鬥，各死傷十數人。北路撫民理番同知獲報後，認為
是詹阿祝「貪佔番地，移彰化縣捕辦下獄」，後經其黨徒賄賂知縣方
免罪。當光緒11年劉銘傳推動新政時，詹阿祝「面求朝棟討番，而莊
人之遭害者亦日來告訴」。顯然，詹阿祝意圖藉中路撫墾要角林朝棟
的力量拓展其墾地，反之，林朝棟亦須借重山區客家豪族之力方能推
動撫墾政策，雙方一拍即合，形成利害共同體。光緒11年4月，林朝
棟率「棟軍千人至罩蘭，以鄭以金為副，統領柳泰和別率千人為後
援」，詹阿祝全力效命，「任偵探，出入番社，窺敵情」。林朝棟鑑於
群番聲勢頗大，不肯降服，乃於光緒11年5月三路進攻，8月7日至馬
臘邦，12日進擊，但遭到強力反抗而被圍，後經援軍解救。[92]

　　按，連橫生卒年為1878-1936年，而在光緒11年乙未之役時年方
17歲，即已蒐集史料，不少是自行訪聞者，因此此段歷史應該可信。

　　詹阿祝與詹景星是同時人，事蹟亦有相似之處，但他的家庭背
景不詳。據《繼述堂一百週年紀念特輯》，詹文炳有三子，即水發、
啟明、啟傳，不見詹阿祝或詹景星。[93]又，「堂上歷代詹氏始大高曾
祖考妣神位」，上有文炳公、其祝公等人之名，其祝是否就是詹阿祝

92　連橫，《臺灣通史》，卷35，〈列傳七・勇士列傳・詹阿祝〉，頁1007-
　　1008。

93　此為卓蘭詹憬佳小姐提供之資料。又，參考黃富三，〈晚清臺灣新撫墾政
　　策的推動與轉折──林朝棟與胡傳（1885-1895）〉，《臺灣風物》，71：4
　　（2021.12），頁39-41。

呢？[94]有一可能是，景星是某一子的官章，官章是有功名者另取的名字，但不知是指何人？此段歷史有待進一步釐清。無論如何，卓蘭詹家應是促成提前推動開山撫番政策之要角，而詹氏亦成為罩蘭最大家族，光緒11年之興建「詹氏宗族繼述堂」，即反映其地位之鞏固化。[95]因此林朝棟第一波撫番之役即從罩蘭開始，其中詹阿祝即追隨林朝棟平定中部山區部落。

光緒11年10月17日，駐兵罩蘭的林朝棟，得知附近的武榮社（在今苗栗縣）番殺害民夫劉阿古等數人，率數百人到河頭截斷水源，修築銃櫃，意圖對抗官兵，乃決定加以討伐。[96]11月2日，林朝棟飭令哨官蘇益元、莊啟川等潛入東勢角，繞出武榮社之後，自已親率本營勇丁直攻武榮社，開砲轟擊。[97]蘇益元等繞至東勢角、上新莊，武榮社與屋峨（老屋峨）社諸番目畏懼乞降，中有強悍的司馬限、馬那邦（今苗栗泰安）、老屋峨等十餘社，也先後受撫。但仍有帶目禾、蘆翁等二十餘社，自恃位於萬山之中，道路險絕，大軍難入，抗不就撫。[98]

94　此為卓蘭詹憬佳小姐提供之資料。

95　詹右吉撰，〈詹氏宗祠卓蘭繼述堂簡介〉，收於卓蘭繼述堂管理委員會編，《卓蘭詹姓祖廟繼述堂》（苗栗：卓蘭繼述堂管理委員會，2014），頁14-15。

96　(a).劉銘傳奏，光緒12年5月8日，「為各路生番歸化並陳開山剿撫情形所有尤為出力將領紳士援案懇恩給獎事」，《光緒朝月摺檔》；國立臺灣大學臺灣歷史數位圖書館，檔名：ntu-GCM0023-0012900137-0000711.txt。(b).劉銘傳，「剿撫生番歸化請獎官紳摺（十二年四月十八日臺北府發）」，收於氏著，《劉壯肅公奏議》，頁204。後者（即b文獻）係陳衍將原摺修飾，其中文字乃有小異，本文盡量用原摺以存真。

97　劉銘傳，「勤撫生番歸化請獎官紳摺（十二年四月十八日臺北府發）」，收於氏著，《劉壯肅公奏議》，頁204。民間傳說，林朝棟入山攻剿時，甲冑前有太子爺，可庇護其刀槍不入。

98　(a).劉銘傳奏，光緒12年5月8日，「為各路生番歸化並陳開山剿撫情形所有

　　劉銘傳見林朝棟兵力過單，檄飭駐彰化之總兵柳泰和率楚勇助剿。柳泰和即至罩蘭，會同林朝棟飭令降番「眉熟麻風」馳往勸諭未降番社，其中番目「油格」自恃人多，且高踞在危崖邃谷之間，易守難攻，不肯就撫，甚至阻扼蘇魯、馬那邦二社（在苗栗泰安）出降。但該社小頭目「蘇筆祿」率番丁三十餘人至營乞撫，林朝棟乃命他前往開導「油格」。11月30日，蘇筆祿率番目「善阿月」到營稟報稱，油格畏懼軍威已逃遁，巢穴空虛，而其餘諸社皆願受撫，各社隨即先後至營中薙髮輸誠。至此，罩蘭一帶番社全部就撫。[99]

　　林朝棟首次出征大功告成，前述有關詹阿祝隨棟軍效命當指此役，戰後其後在此設立罩蘭撫墾分局做為山區根據地之一，罩蘭並逐漸發展為漢庄。

（二）大湖之役（光緒11年12月至12年2月）

　　光緒11年12月6日，大湖地方（今苗栗大湖）莊民金協和、吳阿厓等向林朝棟稟報稱：該莊毗鄰番地，「迭遭慘害」，「生番搶殺不休」，11月9日，有四十多個原住民突出，燒燬枋寮莊民謝阿和、廖阿水屋宅，並鎗傷劉阿興、林阿庚、劉阿古三人；11日，又燬三叉頂

　　　尤為出力將領紳士援案懇恩給獎事」，《光緒朝月摺檔》；國立臺灣大學臺灣歷史數位圖書館，檔名：ntu-GCM0023-0012900137-0000711.txt。(b).劉銘傳，「勸撫生番歸化請獎官紳摺」，收於氏著，《劉壯肅公奏議》，頁204。其中，a文稱「屋峨社」，b文稱「老屋峨社」；又，a提及「志屋峨」，b未提。

99　(a).劉銘傳奏，光緒12年5月8日，「為各路生番歸化並陳開山剿撫情形所有尤為出力將領紳士援案懇恩給獎事」，《光緒朝月摺檔》；國立臺灣大學臺灣歷史數位圖書館，檔名：ntu-GCM0023-0012900137-0000711.txt。(b).劉銘傳，「剿撫生番歸化請獎官紳摺（十二年四月十八日臺北府發）」，收於氏著，《劉壯肅公奏議》，頁204。

莊民陳阿紅宅；17日半夜，放火劫掠八雁莊吳阿祿之屋；21日夜，又攻劫枋寮莊吳阿華之屋；因此，請求官兵急赴防剿。[100]

林朝棟聞報後，採取先開闢道路，以便利軍事行動之策，與柳泰和自罩蘭開道40里至大湖，並西通後龍。12月26日，林朝棟稟劉銘傳稱：當部隊行軍至大坪，方正開道築營時，即有大湖附近蘇武落社番丁至營就撫，於是派營官林機會率勇二百，同蘇武落社番目，先往大湖招撫；13日，下樓、八卦力、大木准等社至營乞撫。

光緒12年1月25日，林、柳二軍同柴於大湖，築營於田寮時，即有北港、下樓仔等七社番相率歸順。但有大南勢、小南勢、武城菓諸社不肯受撫，林、柳二人即飭令老屋峨社副目「眉熟麻風」，進入諸社開導。不久，通事帶引武城菓、打撈淮席二社到營薙髮；隨即以打撈淮席為嚮導，招撫其餘諸社。2月6日，打撈淮席率出流明卑、乃薄伏等社到營，薙髮受撫。至此，大湖之大南勢番眾「全行歸化」。

然而，大湖地方仍有小南勢、雪博學、油叭蓋等社不肯受撫，林、柳各率所部在七寮山頂，伐木開路，在山巔置砲，遙擊諸社。雪博學乘夜風雨交加之際，數度率番眾潛來劫營，殺害開路民夫陳阿發等五名，林、柳率隊擊，雪博學棄社逃遁。2月16日，該社副目「瓦丹」率領男婦到營乞撫。至此，大湖一帶番社全部就撫。[101]

100　(a).劉銘傳，光緒12年5月8日，「為各路生番歸化並陳開山剿撫情形所有尤為出力將領紳士援案懇恩給獎事」，《光緒朝月摺檔》；國立臺灣大學臺灣歷史數位圖書館，檔名：ntu-GCM0023-0012900137-0000711.txt。(b).劉銘傳，「剿撫生番歸化請獎官紳摺（十二年四月十八日臺北府發）」，收於氏著，《劉壯肅公奏議》，頁204。其中，b文無明確日期、人名。

101　(a).劉銘傳，光緒12年5月8日，「為各路生番歸化並陳開山剿撫情形所有尤為出力將領紳士援案懇恩給獎事」，《光緒朝月摺檔》；國立臺灣大學臺灣歷史數位圖書館，檔名：ntu-GCM0023-0012900137-0000711.txt。(b).劉銘

（三）獅潭社、西里興社之招撫（光緒12年3-4月）

光緒12年3月4日，獅潭墾戶黃南球稟新竹縣稱：「西里興生番數十成群，於夜間潛出獅潭東邊大窩隘縫，於二月二十九日黃昏，捕殺佃民楊阿茂，割去首級」，請求處理；[102] 3月18日清晨，又在獅潭尾大河底田田北，毗連崩山下隘縫，銃斃做木料工人三名，割去首級，並刃傷佃民一人，方祖蔭縣令乃咨請林朝棟剿辦。[103]3月23日，西里興生番又在大窩底隘縫潛出，殺佃民等三人，割去首級，方縣令再咨請林朝棟剿辦。[104]4月13日，方縣令詳報劉銘傳、林朝棟稱，殺人之生番乃潘登連、日阿拐（即張阿拐）所主唆，必須進兵剿辦。[105]

按，黃南球係獅潭墾戶，生於苗栗楊梅壢，字韞軒（或蘊軒），生於道光2年，是幼子，是山區客家大墾戶之一。[106]同治2年他移居南庄，入墾大坪；同治5年經理「金萬成」墾務十年，創辦糖廍，因而起家；同治10年合股組成「金協成」墾號，開闢十股、接隘仔等地；同治3年，出任「水戶」，拓墾上北灣地區；光緒2年承包「陸成安」隘務，入墾內獅潭；同年，招撫土著歸化及協辦大甲溪堤防，授「新

傳，「勳撫生番歸化請獎官紳摺（十二年四月十八日臺北府發）」，收於氏著，《劉壯肅公奏議》，頁205。

102　光緒12年3月7日，「新竹縣正堂方為咨請核辦事」，《淡新檔案》，17107-5號。

103　光緒12年3月20日，「總墾戶黃南球為疊遭番害殺去多命稟明電鑒事」，《淡新檔案》，17107-6號。

104　光緒12年3月25日，「總墾戶黃南球為番殺有因懇准存案查明補究事」，《淡新檔案》，17107-8號。。

105　光緒12年4月13日，「新竹縣正堂方為詳請咨呈事」，《淡新檔案》，17107-12號。。

106　黃卓權，《跨時代的臺灣貨殖家——黃南球先生年譜》，頁11-12。黃南球偏名很多，有黃滿、黃丑滿、丑子滿、黃尾子、黃阿尾子、黃萬等。

竹總墾戶」；光緒10年（1884），率土勇北上參加抗法之役，但戰後其勇營被撤，解甲返鄉，並入墾八角林地區。[107]同年11月，地方人士聯名向新竹縣保舉黃南球稱，承墾大坑口、中隘隘務最難防守，八角林、下湖仔一帶青山集眾商議，另舉「總墾戶黃南球」辦理。[108]縣令徐錫祉同意照辦，以其為墾首，墾號名稱為「八角林、下湖仔等處墾戶黃南球」，也簡稱「八角林墾戶」，也與「獅潭墾戶」並稱「獅潭、八角林墾戶」。光緒11年，他即因負責八角林拓墾隘務，與泰雅族有利害衝突，曾因深入內山視察，遭汶水番「圍困於隘寮多日」，11月中旬，八角林一帶又遭原住民圍攻殺人。[109]

黃南球拓墾區在獅潭等地，早就與番社有利害衝突，故請求剿辦番亂以開拓其墾區。光緒12年，林朝棟在平定大湖一帶番社後，又派弁隨降番探至玉山，查知已無一番社，乃派都司鄭有勤，率勇由大湖北入獅潭（今苗栗獅潭）、南浦一帶，招撫諸社，而與鹽菜甕（今新竹關西）相銜接，此當即是應黃南球之請而執行的戰役。至此，所有彰化、苗栗縣屬之前山番社一律歸化，[110]而黃南球亦因此與林朝棟建立密切的關係，包括樟腦的產銷。

光緒12年4月18日，劉銘傳上摺報告中路（即上述罩蘭、大湖之

107　黃卓權，《跨時代的臺灣貨殖家——黃南球先生年譜》，頁24-25。

108　黃卓權，《跨時代的臺灣貨殖家——黃南球先生年譜》，頁151。引自《淡新檔案》，17326-3號、17326-5號。

109　黃卓權，《跨時代的臺灣貨殖家——黃南球先生年譜》，頁154、158。

110　(a).劉銘傳奏，光緒12年5月8日，「為各路生番歸化並陳開山剿撫情形所有尤為出力將領紳士援案懇恩給獎事」，《光緒朝月摺檔》；國立臺灣大學臺灣歷史數位圖書館，檔名：ntu-GCM0023-0012900137-0000711.txt。(b).劉銘傳，「剿撫生番歸化請獎官紳摺（十二年四月十八日臺北府發）」，收於氏著，《劉壯肅公奏議》，頁205。

役）及北路、南路開山撫番之情形。[111]他很興奮地說，在光緒11-12
年半年間，已招撫四百多社，薙髮歸順者七萬餘人；而且前山已墾復
棄田地二萬餘畝，又重新墾成熟田，「既可開疆闢土，清賦分治」，
又「免民番仇殺之患」，極其有裨於「臺灣大局」。[112]劉氏又樂觀地
報稱，所剩未撫之後山生番，「居處零落，約計不足十萬人」，但因
值夏季，炎熱多瘴，已檄飭兵勇於四月底回營休息，俟秋末冬初再分
路辦理。[113]

　　劉銘傳又在附片中奏稱，以往生番招撫，不肯薙頭，故終無實
效，林朝棟建議發給番丁「男女衣褲」，但因無款可籌，乃由沈應奎
會商陳鳴志，東挪西湊，或勸官紳捐助，或將舊存旗號衣改做，備辦
衣褲七萬餘套；生番因極窮，聞說有衣褲，居深山窮谷之男女均相
率歸化薙頭，各路招撫乃得收實效。[114]可見林朝棟果真瞭解番人之需

111　(a).劉銘傳奏，光緒12年5月8日，「為各路生番歸化並陳開山剿撫情形所有
　　尤為出力將領紳士援案懇恩給獎事」，《光緒朝月摺檔》，國立臺灣大學臺
　　灣歷史數位圖書館，檔名：ntu-GCM0023-0012900137-0000711.txt。(b).劉銘
　　傳，「剿撫生番歸化請獎官紳摺）」，收於氏著，《劉壯肅公奏議》，頁
　　201-206。

112　(a).劉銘傳奏，光緒12年5月8日，「為各路生番歸化並陳開山剿撫情形所有
　　尤為出力將領紳士援案懇恩給獎事」，《光緒朝月摺檔》；國立臺灣大學臺
　　灣歷史數位圖書館，檔名：ntu-GCM0023-0012900137-0000711.txt。(b).劉銘
　　傳，「剿撫生番歸化請獎官紳摺（十二年四月十八日臺北府發）」，收於氏
　　著，《劉壯肅公奏議》，頁207，但文字經陳衍修飾而有異。

113　(a).劉銘傳奏，光緒12年5月8日，「為各路生番歸化並陳開山剿撫情形所有
　　尤為出力將領紳士援案懇恩給獎事」，《光緒朝月摺檔》；國立臺灣大學臺
　　灣歷史數位圖書館，檔名：ntu-GCM0023-0012900137-0000711.txt。(b).劉銘
　　傳，「剿撫生番歸化請獎官紳摺（十二年四月十八日臺北府發）」，收於氏
　　著，《劉壯肅公奏議》，頁207。

114　劉銘傳奏，光緒12年5月8日，「為請賞還沈應奎原銜花翎以示鼓勵事」，
　　《光緒朝月摺檔》；國立臺灣大學臺灣歷史數位圖書館，檔名：ntu-

要，能臨機提出解決問題的方案。

光緒12年4月18日，劉銘傳上奏報告中路（即上述罩蘭、大湖之役）及北路、南路開山撫番之情形，[115]特別述及北路劉朝祜軍與中路林朝棟軍之勞績，讚其披荊斬棘、鑿通山路，「顛踣于懸崖煙瘴之中，屢戰於風雨昏夜之際」，艱險萬分，請求給獎；其中劉朝祜請病假內渡，無須給獎，而選用道世襲騎都尉林朝棟與總兵柳泰和，則以「始終勤奮，不避艱苦，異常出力」，請賞給勇號，並請賞加三品銜。[116]光緒12年5月8日，清廷准奏，賞予林朝棟「勁勇巴圖魯」名號，並加三品銜。[117]

（四）新竹縣五指山石加碌社之招撫：原林維源轄區（光緒12年11月）

光緒12年11月間，鹹菜甕（新竹關西）分局委員葉家鈺接獲五指山通事蕭呵金稟報稱，11月9日夜，五指山民人因石加碌社土目由研納咋皮等四、五十人圍攻，焚燬房屋、殺害二命；接著又有麻哇犁通

GCM0023-0013800138-0000712.txt。

115 劉銘傳奏，光緒12年5月8日，「為各路生番歸化並陳開山剿撫情形所有尤為出力將領紳士援案懇恩給獎事」，《光緒朝月摺檔》；國立臺灣大學臺灣歷史數位圖書館，檔名：ntu-GCM0023-0012900137-0000711.txt。(b).劉銘傳，「剿撫生番歸化請獎官紳摺」，收於氏著，《劉壯肅公奏議》，頁201-206。

116 (a).劉銘傳奏，光緒12年5月8日，「為各路生番歸化並陳開山剿撫情形所有尤為出力將領紳士援案懇恩給獎事」，《光緒朝月摺檔》；國立臺灣大學臺灣歷史數位圖書館，檔名：ntu-GCM0023-0012900137-0000711.txt。(b).劉銘傳，「剿撫生番歸化請獎官紳摺（十二年四月十八日臺北府發）」，收於氏著，《劉壯肅公奏議》，頁207。

117 臺灣銀行經濟研究室編，《清德宗實錄選輯》臺文叢193，，頁214；朱壽朋纂，臺灣銀行經濟研究室編，《光緒朝東華續錄選輯》，頁218。

事蕭東興稟報稱：甲堰坪佃民許阿寮、李灶妹在田耕作時，被石加碌社「兇番土目打棍榮等三十餘名蜂擁兇殺，割去頭顱」。[118]按，五指山位於新竹縣竹東、北埔、五峰三鄉交界處，標高1,052公尺，形似五指而得名。本來新竹前山番社，劉氏奏報已歸化，惟有石加碌、今孩兒等百餘社，「素行兇悍，降番、墾民歷受其害」，以致仇殺不休。[119]此處位於北路，故葉家鈺呈報幫辦臺北撫墾事務內閣侍讀學士林維源，再轉報劉銘傳。劉氏在同時間亦已接到報告，批飭由中路營務處林朝棟轉飭都司鄭有勤，派勇丁百名，由合興莊以南，在扇仔排等處查勘形勢，扼要駐紮，並決定嚴懲。[120]

　　11月25日，劉銘傳扎飭林朝棟稱，石加碌社兇番男婦僅三百餘人，屢次「出草殺人，亟應嚴加懲創」，以儆頑兇，令其速將埔裏社路徑開通，然後「拔隊扼紮五指山」，督率所部勦辦；[121]並傳檄林朝棟，督同營官鄭有勤，率二營勦撫。隨後林朝棟率棟字正營，由十八孩兒社攻打石加碌南路，令鄭有勤率副營，由哇西熬攻打石加碌北路，各帶化番數十名當嚮導，深入內山七十餘里，節節「開路築

118　光緒12年12月29日，「辦理中路營務處移會彰化縣勦辦石加碌兇番」，收於臺灣銀行經濟研究室編，《劉銘傳撫臺前後檔案》，頁96。

119　(a).「奏臺灣各路生番歸化並開山招撫情形疏（光緒十三年）」，收於臺灣銀行經濟研究室編，《劉銘傳撫臺前後檔案》，頁267。(b).朱壽朋纂，臺灣銀行經濟研究室編，《光緒朝東華續錄選輯》，頁138。(c).劉銘傳，「各路生番歸化請獎員紳摺（十三年四月初四日）」，收於氏著，《劉壯肅公奏議》，頁219-220。按（a）與（b）文獻相同，而（c）似又經陳衍修改而有異。

120　光緒12年12月29日，「辦理中路營務處移會彰化縣勦辦石加碌兇番」，收於臺灣銀行經濟研究室編，《劉銘傳撫臺前後檔案》，頁96-97。

121　光緒12年12月29日，「辦理中路營務處移會彰化縣勦辦石加碌兇番」，收於臺灣銀行經濟研究室編，《劉銘傳撫臺前後檔案》，頁97。

卡」。石加碌五社及哇西熬、梅素霍、中明都郝等十七社，見官兵分道深入，畏威乞降，並願勸導京孩兒南界密拿栳社，一同歸化。林朝棟乃派鄭有勤帶化番親往京孩兒邊界，會見密拿栳、碧牙蘭布、南口等社土目，於是哇素老、哇油老、瓦丹打勞、邦朗等二十四社，一律招撫歸化。[122]按，石加碌社又稱石加鹿社；十八孩兒；麻哇犂社，又稱麻以哇來社；以上諸均在原新竹縣在五峰鄉。[123]

由上可見劉銘傳相當倚重林朝棟棟軍之作戰力，因而命他北上征討北路林維源轄區之石加碌社。

三、東向內山之擴展

林朝棟北向淺山地區的發展大致相當順利，但進一步東向內山之擴張卻遭遇強大的阻力。

（一）蘇魯、馬那邦等社之役（光緒12年6-10月）

罩蘭、獅潭地區經林朝棟平服後，東邊內山原住民並未真心降服。光緒12年6月22日，罩蘭莊墾丁在途中，突被內山之蘇魯社族人殺死四人，焚燬園寮二座。7月10日，林朝棟稟請劉銘傳派兵剿辦，劉氏批示，飭令蘇魯社交出兇手懲辦，否則即會同柳泰和，各率所部相機剿辦。然而，蘇魯社不但抗不交出兇手，而且勾結馬那邦等六社

122　(a).「奏臺灣各路生番歸化並開山招撫情形疏（光緒十三年）」，收於臺灣銀行經濟研究室編，《劉銘傳撫臺前後檔案》，頁267。(b).朱壽朋纂，臺灣銀行經濟研究室編，《光緒朝東華續錄選輯》，頁138。(c).劉銘傳，「各路生番歸化請獎員紳摺（十三年四月初四日）」，收於氏著，《劉壯肅公奏議》，頁219-220。按（a）與（b）文獻相同，而（c）似又經陳衍修改而有異。

123　洪敏麟，《臺灣舊地名之沿革》，冊2上，頁231。

一起背叛官軍，繳還歸化旗，以示決絕，並聚眾於馬那邦山，戕殺採煎樟腦居民。[124]

　　光緒12年8月11日，林朝棟、柳泰和率兵抵罩蘭之大隘山（今苗栗縣卓蘭大克山），自此越二嶺即馬那邦社，其東南則為蘇魯等社，欲剿蘇魯社，必先經由馬那邦社。[125]罩蘭頭人詹阿祝在營出任偵探，出入番社，窺取敵情。原來詹氏曾任馬那邦社通事，曾集丁壯十餘人，襲殺社人六十餘，併其地以墾，被補下獄，對該社情形自是瞭若指掌。[126]在他導引下，官軍分二路，林朝棟自大隘山上逼攻，柳泰和自山下進兵，然而馬那邦極為剽悍，全力抗拒。林朝棟等督兵擊退，抵其巢穴，燬其屋二十餘間。8月13日，林朝棟等分三路環攻馬那邦，其頭目也分兵迎敵，以千餘人潛伏林菁，扼守要隘。林朝棟等分兵前後夾攻，傷斃其眾十數人，餘眾方退遁，而棟字營勇陣亡六人，哨長林榮枝亦受槍傷。[127]同日，林朝棟又接到東勢角之稟報稱，在8月12日，分駐埋鶴坪（和平鄉埋伏坪）[128]之棟字營後哨被二百餘「兇番」圍攻，自晨至午，槍斃番眾十餘人方退去，而哨勇也戰死三人。

　　光緒12年8月15日，林、柳飭令兵勇伐木造橋，進攻蘇魯社；蘇

124　劉銘傳，「督兵勦中路叛番並就近巡閱地方摺（十二年九月初二日臺北府發）」，收於氏著，《劉壯肅公奏議》，頁209。

125　劉銘傳，「督兵勦中路叛番並就近巡閱地方摺（十二年九月初二日臺北府發）」，收於氏著，《劉壯肅公奏議》，頁209。

126　連橫，《臺灣通史》，卷35，〈列傳七・勇士列傳・詹阿祝〉，頁1007-1008。

127　劉銘傳，「督兵勦中路叛番並就近巡閱地方摺（十二年九月初二日臺北府發）」，收於氏著，《劉壯肅公奏議》，頁209。

128　洪敏麟，《臺灣舊地名之沿革》，冊2下，頁213-214。

魯社人埋伏於深林，開槍拒抗，春字營勇陣亡二人，棟字營勇死傷十餘人；後經合力奮擊，蘇魯山外番社全被攻燬，各番乃退聚山中。但在雙方接戰時，後路大隘山運糧勇夫十餘人又被截殺，經柳泰和督兵回擊，番眾方退，於是又移軍回駐大隘山，以顧後路糧道。8月20日，林朝棟移紮於大坪（今苗栗縣大坪林），以圖蘇魯內社，因番眾探知欲襲後路，乃伏兵待之，正午番眾果出劫運糧夫，春字副營管帶李惟義率所部前驅，與林朝棟前後夾攻，生番被槍斃二十餘人後敗走。

由於林朝棟、柳泰和二軍分防山海各要隘，地段長遠，而調攻番境之兵力不及千人，不敷剿辦，乃向劉銘傳稟請增調營勇，以竟全功。光緒12年9月日，劉銘傳認為：

1. 蘇魯、馬那邦各社番極為兇悍，經年與罩蘭墾民仇殺，雖經林朝棟招撫歸誠，卻仍反覆，仇殺依舊；且在大兵進山查辦之初，又勾結各社公然抗拒，殺傷官兵，可見「頑梗不靈」，不能只以「柔德」待之；

2. 中、南、北三路降番數萬，歸化未久，若不嚴剿蘇魯叛番，消息傳播，繼叛者必多；如經嚴示兵威後，「不獨已降之番不敢生心再叛，未降之眾亦易就我範圍」。

因此劉氏決定親自率軍助剿，定光緒12年9月3日自臺北南下，並檄調駐防澎湖提督吳宏洛回營，駐防滬尾提督朱煥明三營，各帶六成隊伍，乘輪至鹿港、後　登岸，馳赴罩蘭，聽候調遣。9月10日，劉銘傳親率大軍抵達罩蘭，增援林朝棟，吳宏洛、朱煥明二軍也乘輪抵達登岸。[129] 據稱，林文明之子林朝選於此役亦曾進謁劉銘傳，陳述

129　前述史事，參見劉銘傳，「督兵勦撫中、北兩路生番請獎官紳摺（十二年

撫番政策，劉氏壯之，為之改名福瀋（紹堂）。[130]又，前述罩蘭通事林振芳亦出辦軍糧、軍器之搬運工作。[131]當時林朝棟所帶土勇，駐大隙山（今大克山）山巔，逼近番社，後路隔絕，糧道不通，勢甚危迫，[132]亟需救援，其後即展開艱苦的戰鬥。

光緒12年11月11日，劉銘傳「督兵勦撫中北兩路生番請獎官紳摺」有關於此役之經過的詳細報告。[133]簡述如下。

9月13日，劉銘傳帶親兵百人至大坪一帶察勘地勢，發現罩蘭至蘇魯諸社30餘里，高山峻嶺，而柳泰和所開之路，「紮營於深林茂草之中，地勢低窪，兇番日事抄劫」，先後被殺勇夫七、八十人；他痛斥柳泰和平日營伍廢弛，督隊不力，予以撤職，另派記名提督李定明接替，改由甕子肚開路至大隙山頂。17日，朱煥明會同林朝棟，添僱民夫開通山道。

9月15日，劉銘傳移紮大坪，16日，令吳宏洛率部進紮白布棚山頂，由房裡溪邊前進。17日，劉銘傳由大坪進紮大隙山，官軍須「攀籐附葛，踰嶺數重，半係陡壁懸崖，林深箐密」，且有原住民暗鎗狙擊，但均被擊退。同日，林朝棟、朱煥明亦各率所部進紮溪底，直逼蘇魯、馬那邦兩社。劉銘傳到大隙山後，發現山勢險峻，糧道奇艱，兇番日劫後路，急須「開通房裏溪徑道，以便運糧」，當夜飛飭

十一月十一日臺北府發）」，收於氏著，《劉壯肅公奏議》，頁209-211。

130　林獻堂等修輯，《臺灣霧峰林氏族譜》（臺北：臺灣銀行經濟研究室，臺文叢第298種，1971；1935年原刊），頁63。

131　陳炎正，〈林振芳先生生年譜〉，頁135。

132　劉銘傳，「督兵勦撫中、北兩路生番請獎官紳摺（十二年十一月十一日臺北府發）」，收於氏著，《劉壯肅公奏議》，頁211。

133　劉銘傳，「督兵勦撫中、北兩路生番請獎官紳摺（十二年十一月十一日臺北府發）」，收於氏著，《劉壯肅公奏議》，頁211-217。

吳宏洛由白布棚，繞溪而進，並飭兼理彰化縣蔡嘉穀，挑選屯丁民夫開路搭橋；又飭化番老屋峨社番目白眉峰為嚮導，並調李定明新統春字三營，隨劉銘傳下山。

9月18日，劉銘傳由大隙山移紮房裡溪邊，吳宏洛親帶小隊，自溪底渡河前進；蘇魯番見官軍逼近，隔溪開槍，擊傷兵勇數人。林朝棟、李定明當即出隊過溪，攻擊蘇魯社；眾番緊扼山口，修築石卡，遍布竹籤，拼死頑抗；林朝棟率勇由左而入，李定明自山邊進攻，蘇魯番鎗法精嚴，發必命中，二軍傷亡50餘人，但仍奮勇直前，連破雪山坑（在今臺中市和平區）番卡二座，李定明面中三創，因已天黑而收軍。

9月19日，劉銘傳移紮老屋峨山巔，令朱煥明於蘇魯對面山巔築營安礮。20日，飭朱煥明、林朝棟各派百人，攜沙袋進紮雪山坑，以扼武榮社救援蘇魯之路。

9月22日，劉銘傳令各軍分三路進攻蘇魯社。春字副營營官李惟義先率三營攻擊石壘，吳宏洛一軍由溪東堵擊馬那邦等社援師，林朝棟自雪山坑堵擊武榮社援眾，蘇魯社恃有石壘而死拒。官軍自山頭礮擊番卡，李惟義率軍鼓勇而上，立破蘇魯社石營，奪獲刀槍多件，燒燬房屋數處，各番越嶺而逃。接著，馬那邦、武榮等社冒死來援，經吳宏洛、林朝棟兩軍擊退，營勇傷亡四十餘人，陣亡哨官一員；既克蘇魯社，番眾無家，乃聚屯於出火山。此山三面皆峭壁，只有後路可登，但此處為司馬限等七社出入要道，諸番壘石頑抗，為絕七社之聲援，必須攻破此山。事實上，武榮、司馬限等七社悍番不足七百人，「餘皆附近各社裏糧暗助」，於是劉銘傳飭化番白眉峰，召集近地大小南勢十餘社番長至營，剴切曉諭，「賜以酒食，不准幫助叛番」，各番長指天自誓，願奉約束。司馬限等社勢益孤單，惟死守出

火山，不敢攻劫後路。

9月25日，吳宏洛軍至，劉銘傳即令會同林朝棟，自東凍山繞出火山後攻擊。黎明時，吳宏洛進攻，連破凍山巔番卡二處；林朝棟下山，攻破一碉，隨即率營前槊；29日連破碉卡七所，齊抵出火山口。但諸番就山腰壘石築長墻一道，兩面深林茂草，處處埋伏；吳宏洛、林朝棟各率所部仰攻3日，死傷弁勇百餘人，未能攻破。

10月2日，劉銘傳派李惟義等開路逼山腰，分其兵勢，復調署臺灣鎮總兵章高元三營，自集集街前來助勦。3日，吳宏洛、林朝棟「帕首當先」，猛攻出火山腰長墻，用炸礮、火箭燒殺林內伏番，官軍一鼓而登，斃番甚眾，餘皆滾崖而逃。劉銘傳登山，發現「其山狀類馬鞍，約長五里」，吳宏洛等奪據東巔，番眾死守西面，中隔深澗，惟山脊一線可通，番築石礮五座死拒。於是吳宏洛自山脊鼓勇馳進，林朝棟亦自山邊並進。5日，李定明裹瘡督戰，進攻山腰，三軍會合，於6日破礮三座，造橋涉深澗，群番仍聚山頂死守石營。7日，章高元率副將萬國本一營及礮軍先到，於8日，自西面合攻。萬國本等破礮二座，遂將出火山三面合圍。9日，章高元所部全到，乃令吳宏洛等四面環攻，雙方激戰。營官鍾玉鏞率隊先登陣亡，自上午9時至中午，弁勇受竹籤傷者百餘人；鎮海營營官提督萬本華率勇60人，蛇伏於深林密草中，自竹籤稀疏處進逼石墻，揮舞軍旗大呼，各勇遂踰墻而入，擊斃百餘人，攻克出火山石營。

10月10日，蘇魯等七社番長哭求化番白眉峰代為乞降，劉銘傳見兵威已立，當即允許。12日，七社番長到營，罰誓歸化，但誓畢即痛哭稱「居民欺虐情狀，官抑不伸，發憤報仇，竟罹此禍」，請求官府除弊改進。劉銘傳稱「民番皆朝廷赤子，既經悔過，心實惻然」，於是撤換罩蘭撫墾委員，另派熟悉番情者代之；並清理民番積欠以息紛爭，

令林朝棟劃明地界。劉銘傳於10月13日返罩蘭，令章高元歸集集街，並闢後山、水尾道路，隨後於15日自罩蘭起行，18日返抵大料崁。

關於此役，劉銘傳奏報有功者之勞績稱：

> 此次攻勦中路叛番，林朝棟被困旬日，堅守不退；吳宏洛等苦攻惡戰，履險如夷；…提督吳宏洛有謀能戰，動合機宜，擬請賞穿黃馬褂；三品銜道員林朝棟，擬請賞給二品頂戴。

光緒12年12月12日，清廷准奏，賞給林朝棟二品頂戴榮銜。[134]

關於此役，特別值得一提的是：第一、林朝棟被困與楊水萍夫人救夫之事。

劉銘傳奏摺稱，此次攻勦中路叛番，「林朝棟被困旬日，堅守不退」，盛讚其英勇。[135]光緒12年10月7日，《申報》記載此次剿番之艱辛稱：

> 林蔭棠〔堂〕觀察統兵彈壓，忽被民番圍在垓心。幸觀察夫人智勇兼優，督率壯丁數百人，十決十盪，始得將觀察救出重

134 劉銘傳，「督兵勦撫中、北兩路生番請獎官紳摺（十二年十一月十一日臺北府發）」，收於氏著，《劉壯肅公奏議》，頁217；臺灣銀行經濟研究室編，《清德宗實錄選輯》，頁219-220。清制，頂戴一品是亮紅頂，二品涅紅頂，三品，亮藍頂，四品涅藍頂等而下之。黃卓權，《進出客鄉：鄉土史田野與研究》，頁117；《欽定大清會典》（臺北：文海，1991），頁1545。

135 劉銘傳，「督兵勦撫中、北兩路生番請獎官紳摺（十二年十一月十一日臺北府發）」，收於氏著，《劉壯肅公奏議》，頁216。

圍。[136]

11月3日，又載「幫帶官李君已受重傷，林蔭堂亦傷其足」。[137]可見此次戰役之艱險，而林朝棟確實曾經被原住民圍困，腳也受傷，夫人楊水萍督率壯丁數百人前往救援，經十次來回激戰，才救出林朝棟，的確是智勇雙全，堪稱為臺灣的花木蘭。

《臺灣通史》描述此役稱，光緒11年，林朝棟諭降原住民，不從，乃於五月，分兵三道進攻，「八月初七日至馬臘邦，十二日進擊。番力抗，棟軍不利，且陷圍，得援始免」。[138]所述大致無誤，但稱此役是光緒11年，顯然不確，應是光緒12年之事。

據林家又有一傳聞，林朝棟與劉銘傳在苗栗十六分被「生番仔」圍困七天，夫人楊氏聞訊後，親率丁勇救出。[139]按，十六分當是三義鄉聚落之一，居民多為客家人，以樟腦、茶業為主。[140]但此地離蘇魯社有一段距離，或許傳聞、記憶之地點有誤。

另外，林家又傳聞，林朝棟被法軍包圍時，林夫人率勇北上，身著白裙，乘白馬入山救夫。[141]然而，楊夫人救夫應指馬拉邦等社之役，而非法軍進攻基隆之役。按，上海《點石齋畫報》、《申報》所

136　〈赤嵌紀要〉，《申報》，光緒十二年十月七日（1886年11月2日），版2。

137　〈臺疆消息〉，《申報》，光緒十二年十一月三日（1886年11月28日），版2。

138　連橫，《臺灣通史》，卷35，〈列傳七・勇士列傳・詹阿祝〉，頁1008。

139　〈林秀蓉女士訪問紀錄〉，收於許雪姬編著，《霧峰林家相關人物訪談記錄（下厝篇）》，頁17。

140　洪敏麟，《臺灣舊地名之沿革》，冊2下，頁282-283。

141　林吳帖，〈附錄四：追念先伯母林朝棟夫人楊水萍女士勇禦法軍襲臺〉，收入鄭喜夫編著，《林朝棟傳》，頁149。

載之傳聞不盡正確。

（二）白茆與裡冷社之役（光緒13年8-9月）

光緒13年，中路營務處道員林朝棟稟報劉銘傳稱：5月22日，裏冷番社「潛殺墾民二人」；23日，白茆社番「復殺墾民一人」，於是捕獲兇手送至臺北，劉銘傳予以訊明正法。裏冷、白茆兩社乃化番，人眾勢強，聞訊不服，聲言背撫，8月11日復殺佃民、防勇八人，林朝棟乃請劉銘傳，調駐防彰化提督朱煥明所統武毅軍前來助勦。

林朝棟於8月15日進攻白茆社，奪踞山頂，白茆與裡冷社兩社五百餘人來攻，自黎明血戰至日落不休，經槍斃十餘人後方敗退。林朝棟帶兵前進，於20日夜襲破裏冷社，接戰竟日，燒毀其房屋多所。21日，朱煥明率隊會合林朝棟駐紮其隘口，雙方死戰不息。23日黎明，番人三百餘名圍攻林朝棟營壁，林朝棟、朱煥明分路接戰，斃番二十餘人，奪獲槍械多件，但幫帶營官遊擊張國理奮勇爭先，中槍陣亡。自8月15日至9月1日，無日不戰，官軍死亡三十餘人，社番死者更多，勢窮力竭，終於乞降。9月25日，林朝棟與該兩社議明：「地界有殺傷案件，惟該番目是問」，並埋石誓天，於是准予收撫，拔隊回至防地。[142]

按，白毛社（Mebasin）屬於泰雅族南勢群，在南勢社東方約二公里，大甲溪南岸白毛山（1,521公尺）低位河階面上，自光緒初派

---

142 劉銘傳，「中北兩路化番滋事派兵剿復摺（十三年十一月初一日）」，收於氏著，《劉壯肅公奏議》，頁222-223。

官經營番地，雙方殺虐事故頗多。[143]裡冷社亦屬於泰雅族南勢群，位於大甲溪上游南岸，裡冷溪注入大甲溪處，因位於白冷社之內面而得名。[144]

此役結束後，劉銘傳奏稱，「生番野性難馴，殺人為樂」，招撫後仍出殺人，經拿辦後不久仍背叛，「若不嚴加勦辦，烏足以儆兇殘？」又奏稱「此次中北諸番勸撫，尚為妥速」，林朝棟、李定明、朱煥明、余應璊等軍，請求分別記獎。[145]

裡冷社、白茆社位於今大臺中市之深山地區，是通往南投內山之要道，此顯示林朝棟之勢力進一步向山區擴張。

（三）埔里社廳之騷亂：光緒14、15年間

此後中部無何大番亂，僅光緒15年有埔里社廳小亂事。光緒15年2月13日，劉銘傳奏稱，中路埔里社廳所轄共數十社，惟北港、萬霧等社「素稱強悍」，歸化後，埔里社廳通判吳本杰為予以牽制，命「每社選精壯數人入營補勇」以助防。然而他們常酗酒滋事、畏罪逃去，而肆殺如故，吳本杰乃令墾民設關卡阻遏，一年中出劫案件達十數次，經吳本杰督勇擊敗，同時嚴禁食鹽、火藥入山；番眾困迫，屢次乞撫，但因吳本杰調任臺東而未辦。

143　白毛社名，昔作Meteziran，因其祖先移住埋伏坪西南方時，該地有大杉木（泰雅語Pasin），故以Me-basin為社名。洪敏麟則認為是漢人取客語譯音泰雅語而來，名稱來自Meba之客語漢字「毛白」（Mou-pa），倒換成「白毛」。參見洪敏麟，《臺灣舊地名之沿革》，冊2下，頁216。

144　洪敏麟《臺灣舊地名之沿革》則認為是漢人取客語譯音泰雅語而來，參見氏著，《臺灣舊地名之沿革》，冊2下，頁216。

145　劉銘傳，「中北兩路化番滋事派兵勦復摺（十三年十一月初一日）〉」，收於氏著，《劉壯肅公奏議》，頁223。

　　隨後北路協副將林福喜與接任之埔裏社通判李春榮處理此案。二人稟報劉銘傳稱：北港、萬霧四社長攜帶男女三百餘人到廳乞撫，心意甚誠，「願送番丁隸營勇，送子弟讀書」，請准予招撫。劉銘傳同意，於光緒15年2月13日，上奏「全臺生番歸化匪首就擒請獎官紳摺」，獲准獎勵。

　　劉銘傳特別指出林朝棟「所撫近埔、罩蘭三十餘社，久已相安，不復滋事」，[146]可見中路之撫番工作頗為順利，善後工作相當良好，裨益山區之開發工作。同時林朝棟為代表的林家，此後因掌握大量土地與山區資源，躍進為中部最有權勢的富豪。

　　以上為第一階段林朝棟中路轄區之平亂情形，由此可看出：第一，棟軍一方面向北發展至今日苗栗、新竹邊界，同時向東方之今大臺中市與南投之內山地區擴張，因而成為掌握中部山區軍政大權之首腦。第二，不少充當屯丁、隘勇之「熟番」納入隘勇營後相當順服，增強棟軍之實力。第三，中路番亂平定之後，「生番」很少再有亂事發生，可見他果真深諳番情，其獎懲策略相當有效，此大大有助於「開山」之執行，由日後中部樟腦業之超越北部山區可獲得印證。林家因獨家控制中路山區，從而進一步掌控拓墾之經濟大權，財富大增，直追北部林本源家族。

146　劉銘傳，「全臺生番歸化匪首就擒請獎官紳摺（十五年二月十三日）」，收於氏著，《劉壯肅公奏議》，頁230。

第四章 北部山區之動亂與林朝棟之北伐
——大嵙崁之役

（光緒十七年至光緒十八年；1891-1892）[*]

　　劉銘傳在臺灣推動的新政比起當時清朝其它省份堪稱極為出色，1895年來臺報導乙未之役的美國記者戴維遜（James W. Davidson），在其大作*The Island of Formosa, Past and Present*中，稱讚臺灣為清帝國最進步的一省。[1]然而，清代朝野對劉銘傳的評價卻兩極化，他的撫墾政策亦毀譽參半，因此清廷對他多有獎賞，但亦有不少懲處。光緒12年12月12日，他剿平中、北兩路生番案內，部議：「照二等軍功從優議敘例，給予軍功加二級」；但又說奏保「勦服中、北兩路生番出力人員請獎摺」內，有未將「各員籍貫、履歷另立清單」之缺失，因此「銷去紀錄一次，仍罰俸三月」。光緒13年，他奏辦商務摺內，

---

*　　筆者曾發表二文：〈林朝棟大嵙崁之役的後勤系統：棟軍後路轉運局（1891~1892）〉，《臺灣文獻》（南投），69：1（2018.3）；黃富三，〈清季臺灣大嵙崁之役中棟軍支應處的運作（1891-92年）〉，《臺灣文獻》（南投）70：1（2019.3），本章主要據以修正。

1　James W. Davidson, *The Island of Formosa, Past and Present*, p.246.

又因抬寫格式錯誤，4月10日「銷去紀錄二次」，但免罰俸。[2]光緒14年（1888），適逢「京察」，[3]上諭：著予開復原職，但「降二級留任」；15年，獲賞「太子少保銜」；16年，逢光緒皇帝二旬萬壽慶典，又獲賞加「兵部尚書銜」，並幫辦「海軍事務」。[4]因此劉銘傳除了是福建臺灣巡撫外，還兼有清廷中央的首長官銜，甚至擔任自強運動的重要機構「海軍事務」幫辦，可見他一直受重用，而這也是一生中的顛峰時期。

然而，此後劉銘傳官運即走下坡。光緒16年，他因基隆煤礦虧損嚴重，奏請交由外商、民人經營，結果被彈劾失職。8月15日，上諭稱：戶部、總理各國事務衙門會奏「臺灣煤礦招商承辦章程紕繆，請敕停辦」一摺，著將劉銘傳交戶部議處；[5]8月22日，奉旨革職留任。[6]至光緒17年4月23日，奉准開缺；4月28日，由沈應奎護理巡撫職。[7]於是劉銘傳離開了任職六年的臺灣生涯，告老還鄉。新任巡撫邵友濂於光緒17年10月21日抵達臺北，24日由護撫沈應奎移交印信接任。[8]

2　劉銘傳，「咨吏部履歷」，收於氏著，《劉壯肅公奏議》，頁81-82。

3　明、清定期考核官員的制度，明代六年一次，清代三年一次，京官謂京察，外官謂「大計」。參見教育部重編國語辭典修訂本網站，「京察」條，檢索日期：2021年1月24日，網址：http://dict.revised.moe.edu.tw/dictView.jsp?ID=95510&word=京察h。

4　劉銘傳，「咨吏部履歷」，收於氏著，《劉壯肅公奏議》，頁82-83。

5　劉銘傳，「咨吏部履歷」，收於氏著，《劉壯肅公奏議》，頁83。

6　「臺南府轉行上諭臺灣巡撫劉銘傳招商承辦臺灣煤礦種種紕繆著革職留任」，收於臺灣銀行經濟研究室編，《劉銘傳撫臺前後檔案》，頁209。

7　「臺南府行知卸任臺灣巡撫劉銘傳及護任巡撫沈應奎卸接日期」，收於臺灣銀行經濟研究室編，《劉銘傳撫臺前後檔案》，頁218-219。

8　邵友濂奏，光緒17年11月16日，「福建臺灣巡撫邵友濂奏報接印任事叩謝天恩摺」，收於洪安全總編輯，《清宮月摺檔臺灣史料》，冊8，頁6352-6353。

　　邵友濂接替劉銘傳之職後，仍然面對棘手的北路原住民反抗問題。他一方面延續劉銘傳開山撫番政策，而林朝棟亦被倚重而應徵北上平定大嵙崁之亂；另一方面，他也重新檢討、評估撫墾政策的得失。基本上，大嵙崁之役後撫番策略由積極的轉為溫和的、保守的，以安定為主要原則，林朝棟在初期甚受重用，在大嵙崁之役立下大功，但其後因政策改變漸受貶抑，其中有極為曲折的轉變歷程。

　　霧峰林家留下大批相關文書，經筆者帶團隊解讀十餘年完成，並出版《霧峰林家文書集》六冊。此批文書甚為珍貴，但大部分未書明時間，缺月日甚或年代，形成研究上的障礙，幸而經研究後可確定多為林朝棟在光緒17年底至18年北上主導大嵙崁之役的文書，因此得以重建此段歷史。但必須指出的是，因確切時序難定，僅能拼出一個大致史實，而非井然有序的完整故事。本章分五部分述介：一、大嵙崁之亂與林朝棟之北上參戰；二、棟軍之後勤系統：大嵙崁糧械所；三、棟軍之後勤系統：棟軍後路轉運局；四、棟軍之後勤系統：棟軍支應處；五、棟軍之戰功與獎賞。筆者已刊出二文，並據以為本章之藍本。[9]

第一節　大嵙崁之亂與林朝棟之北上參戰

　　光緒17年，大嵙崁番亂再起，難以平定，邵友濂接任巡撫後，第一件事就是平亂工作，林朝棟受重用而北上。

9　黃富三，〈林朝棟大嵙崁之役的後勤系統：棟軍後路轉運局（1891～1892）〉；黃富三，〈清季臺灣大嵙崁之役中棟軍支應處的運作（1891-92年）〉。

一、前期大嵙崁之役及其困局

　　劉銘傳推動之撫墾政策初期甚有進展，尤其在中部，但同時也引發不少番亂，其中北路之泰雅族屢屢平而復反，最為棘手。光緒12年1月7日，劉銘傳奏准將在臺之已革按察使張學醇留營，以便辦理臺灣撫墾事宜。[10]接著於2月18日，他又奏請清廷，飭令內閣侍讀大學士林維源返臺，協辦撫墾事宜。摺中稱，南雅地方介於淡、新、宜三縣間，多為「平坦膏腴之地，出產甚富」，將來聚集墾民，可分設一縣；而林維源「鄉望素著，勤謹篤實」，又曾經「開墾該地，熟悉狀況」，應諭令其由福建返回臺灣，幫同「辦理臺北撫墾事宜」。[11]按，南雅地方位於大嵙崁，林維源在此之前曾集股開墾此區，其後因無力禦番，墾成後又放棄。清廷認為此地確實具有發展為一縣之潛力，乃諭准林維源前赴臺灣，幫辦臺北開墾、撫番事務。[12]大嵙崁在原桃園縣（今桃園市）大溪鎮興和、福仁二里，現桃園市大溪區，其名取自宵裡社平埔族對大漢溪之稱呼為Takoham，初名大姑陷，同治初年月眉人李騰芳中舉，以「陷」字不祥，改稱大嵙嵌。光緒5年（1879）之《台灣地輿圖說》又稱為大姑崁；光緒9年成書之《淡水廳志》稱

10　臺灣銀行經濟研究室編，《清德宗實錄選輯》，頁212。
11　劉銘傳，光緒11年2月18日奉硃批，「為仰林維源回原籍幫同辦理臺北撫墾事」（附片），《光緒朝月摺檔》；國立臺灣大學，《臺灣歷史數位圖書館》，檔名：〈ntu-GCM0023-0006800069-0000690.txt〉。。
12　臺灣銀行經濟研究室編，《清德宗實錄選輯》，頁212；朱壽朋纂，臺灣銀行經濟研究室編，《光緒朝東華續錄選輯》頁127。

之為大姑嵌；光緒12年，劉銘傳又改稱為大嵙崁。[13]

　　林維源對撫墾新職興致高昂，奉旨後即馳赴廈門，於光緒12年5月16日附搭商船，抵達臺北；17日，領取劉銘傳咨送之木質關防一顆，文曰「幫辦臺北撫番開墾事務關防」；19日，啟用關防，並咨會各衙門，[14]日後林維源在官府文書來往所列之官銜為「欽差幫辦臺北開墾撫番事務三品卿銜 內閣侍讀學士林」。[15]從此以後，林維源展開政經雙棲、左右逢源的生涯，成為劉銘傳身邊炙手可熱的紅人，而且透過功勞與捐獻，官職步步高昇。換言之，在撫墾職務上劉銘傳是撫墾大臣，林維源是撫墾幫辦，是實質上的撫墾總主持人，有時直接稱「林欽差」或「林幫辦」。

　　劉銘傳新撫墾政策之基本原則是不增一兵、不增一餉，其方式是倚賴林維源、林朝棟等臺紳執行撫墾政策。如前所述，經費除取自原有之屯餉外，加上廢除原有之官隘、民隘，將其隘租撥歸新設之隘勇營，支應山區之防務。光緒12年，開始，在北路、中路及宜蘭、恆春一帶山區實施隘勇營制，北路轄於大嵙崁撫墾總局（林維源），中路轄於中路統領（林朝棟），宜蘭轄於北路宜蘭營，恆春轄於恆春營游

13　洪敏麟，《臺灣舊地名之沿革》，冊2上（臺中：臺灣省文獻委員會，1984），頁90；伊能嘉矩，《大日本地名辭書續編》（東京：富山房，1909），頁46；安倍明義，《台灣地名研究》（臺北：武陵出版社，2003；1938年原刊），頁149；陳培桂，《淡水廳志》，卷2，〈志一・封域志・山川・山〉，頁32；卷16，〈附錄3・志餘・紀地〉，頁457。

14　林維源奏，光緒12年7月9日，「為恭報馳抵臺北並啟用關防日期事」，《光緒朝月摺檔》；國立臺灣大學，《臺灣歷史數位圖書館》，檔名：〈ntu-GCM0023-0017100172-0000726.txt〉。

15　光緒12年12月17日，「臺北府新竹縣為批解事」，《淡新檔案》，17329-100號。

擊；隘勇營兵力包括隘勇、屯番、募勇等成份。[16]以往新竹、彰化、宜蘭、淡水縣沿山一帶番界，由墾首向墾民抽收隘租，以募僱隘丁防番，自光緒12年9月廢隘，墾民原有之隘租，改向官府繳納以充撫番經費。[17]依新規定，北路隘租由地方政府徵收後，解往大嵙崁撫墾總局，再由其發放予守隘之隘勇、通事、番目、番丁等。

茲舉一例說明。光緒12年12月，林維源補發咸（鹹）菜甕、麻里翁、南河等處番目、通事之15日份口糧，即由劉銘傳札飭新竹縣方祖蔭，將所收繳之隘租解繳撫墾總局；[18]此項口糧計值番銀2,169.06元，前由大嵙崁總局所墊付，[19]因此諭令新竹縣解往大嵙崁總局報納歸還。[20]番界隘租改由官府徵收後，其額度仿照歷年徵收屯租之例章辦理，即隘租谷1石，折征番銀1元；[21]而此款項多用於獎賞受撫番目與招撫生番有功者，如通事、番社頭目。[22]

總之，劉銘傳以徵收之撫番經費，對歸順生番撫之以恩，誘之以利，但對不服之番社不惜動武。林維源身為幫辦，駐紮大嵙崁總

16　參王世慶，〈臺灣隘制考〉，頁11。惟文中稱隘勇來自綠營兵，似不盡然，實際上，大多由募勇組成，加上舊隘之番丁改編者。

17　光緒12年9月，「頭品頂戴、督辦臺灣防務、福建巡撫部院一等男劉，為出示曉諭事」，《臺灣私法物權編》，頁497-498。

18　光緒12年12月15日，「督辦臺灣防務福建巡撫部院劉為札飭事」，《淡新檔案》，17329-97號。

19　光緒12年12月17日，〔稟〕（新竹縣知縣方祖蔭），《淡新檔案》，17329-98號。

20　光緒12年12月18日，〔稟文批迴〕（幫辦臺北撫墾事務內閣侍讀學士林維源），《淡新檔案》，17329-99號。

21　光緒12年12月22日，〔稟〕（新竹縣知縣方祖蔭），《淡新檔案》，17329-104號。內又稱，所征之番銀須「無穿無缺」，否則須照足重計算。

22　光緒12年12月19日，「奏辦全臺總糧臺捐借事宜沈為札飭事」，《淡新檔案》，17329-105號。

部，自然扮演要角。

（一）劉銘傳、林維源剿撫初期北路大嵙崁之亂：屢平屢反

如前所述，光緒11年10月間，罩蘭生員詹景星等、道員林朝棟，先後稟報劉銘傳稱，該地屢有番害，淡水縣屈尺莊董事劉夙夜亦稟稱，拳山堡（在今新北市文山區）大溪一帶，番害嚴重，自光緒11年1--10月間，被殺男婦前後共14人；請求派兵剿撫。[23]屈尺莊位於新店溪曲流之處，龜山村以北廣大山區是泰雅族散佈區，稱屈尺番，又因八社總目名馬來，亦稱馬來番。[24]此處離臺北城僅30里，生番有8社，男婦僅8百餘人，但番社總目馬來，「號稱鷙桀」，前福建巡撫岑毓英招撫不成，劉銘傳接任巡撫後，於光緒11年10月17日，派劉朝祜會同地方仕紳前往招撫，並定規章十條；但因內山每年3-9月「煙瘴過重」，不利用兵，乃令劉朝祜會同張李成土勇一營，趁隆冬休兵時造橋開路，至12月，開闢石碇路百餘里，自馬來通宜蘭。[25]

另外，大嵙崁、三角湧、新竹縣鹽菜甕一帶，生番仍出殺居民，紳民亦請剿。劉銘傳認為大嵙崁、鹽菜甕離臺北府城60、70里，三角湧僅35里，不能「任番殺掠」，其中大嵙崁一帶「久號悍強」，不肯

23　劉銘傳，「剿撫滋事生番現經歸化摺（光緒十一年十月二十九日臺北府發）」，收於氏著，《劉壯肅公奏議》，頁199。

24　洪敏麟，《臺灣舊地名之沿革》，冊1（臺中：臺灣省文獻委員會，1984），頁359、374-75。

25　劉銘傳，「剿撫生番歸化請獎官紳摺摺（光緒十二年四月十八日臺北府發）」，收於氏著，《劉壯肅公奏議》，頁199-201。

聽命，光緒12年1月13日，乃派劉朝祜、張廣居等率兵往剿；後因劉朝祜染病休養，2月3日，劉銘傳親赴督剿，並命章高元等率兵共同圍剿，各社先後就撫，9日回臺北，但命黃宗河率土勇一營駐守南雅，唐仁元代統劉朝祜一軍，修造石營以為久駐。[26]4月「盍文坪」亦反，8月甘指坪再反，於是兵分二路，大舉討伐。[27]此區乃竹頭角泰雅族散居地，位於桃園三層庄南部，包括舊阿母坪、舊柑坪、大溪坪等小村。[28]接者，三角湧、屈尺各撫墾局亦傳出生番出殺事件，命唐仁元往剿，開道直抵加九岸。[29]

然而，北路之平亂工作並不順利。因泰雅族擅長森林戰，兵勇難以對抗，死傷慘重，而且因水土不服病死者亦多，3營兵勇竟損其半，乃撤兵。[30]其他泰雅族如白阿歪等社等，繼續出草，自光緒12年8月中後，兩次劫殺防勇21名，林維源乃咨報巡撫劉銘傳。8月18日，劉銘傳奔赴大嵙崁，與林維源會商進勦事宜，決定派病癒來臺之提督劉朝祜統兵進勦。[31]

26　劉銘傳，「剿撫生番歸化請獎官紳摺（光緒十二年四月十八日臺北府發）」，收於氏著，《劉壯肅公奏議》，頁201-203。

27　伊能嘉矩，《臺灣蕃政志》，頁582。細節參考楊慶平，〈清末臺灣的「開山撫番」戰爭（1885-1895）〉（臺北：國立政治大學民族學研究所碩士論文，1995），頁31-38。

28　阿姆坪乃紀念墾殖先民呂阿姆而命名，原建有復興宮，因1961年築石門水庫而沒入湖底，乃遷至百吉（八結）；甘指坪，今稱舊柑坪，因在其西南西1.8公里處有新柑坪之形成，新柑坪在水庫南岸，舊柑坪在其斜對面。洪敏麟，《臺灣舊地名之沿革》，冊2上，頁97、112。

29　劉銘傳，「剿撫生番歸化請獎官紳摺（光緒十二年四月十八日臺北府發）」，收於氏著，《劉壯肅公奏議》，頁203。

30　伊能嘉矩，《臺灣蕃政志》，頁582。細節參考楊慶平，〈清末臺灣的「開山撫番」戰爭（1885-1895）〉，頁31-38。

31　黃富三，〈板橋林本源家與清代北臺山區的發展〉，頁20；劉銘傳，「督兵

由於白阿歪等社地險山深，十餘里之深溪懸崖，只有一羊腸小路可通，兵勇無用武之地，於是林維源採以番制番之策，即利誘其他化番助勦。他的辦法是密派差弁，攜帶重金至已歸附之竹頭角、加飛等社，召募化番為嚮導，自後方進入白阿歪社。[32]竹頭角、加飛等社散佈於原桃園縣復興鄉，崇山峻嶺，不易通行。[33]於是召募加飛社番丁引路，經由該社踰越數重山，直抵阿打歪社後。但由於路況不佳，崇山峻嶺轉運艱難，林維源乃竭力自南雅修路五十餘里，以達官軍，劉銘傳隨後亦至，指揮大軍前進。[34]

光緒12年8月29日，官軍直逼阿打歪山後；30日，劉銘傳亦到，社長馬來詩昧率妻子出降，並領卓家山等17社同來求撫；於是所有淡、宜交界未降諸番20餘社，一律歸化。9月3日，劉銘傳收兵回大嵙崁，5日返抵臺北。[35]

勦撫中北兩路生番請獎官紳摺（十二年十一月十一日臺北府發）」，收於氏著，《劉壯肅公奏議》，頁214-215。

32　劉銘傳奏，光緒12年12月12日，「為剿服中北兩路生番在事尤為出力員弁懇恩給獎事」，《光緒朝月摺檔》；國立臺灣大學，《臺灣歷史數位圖書館》，檔名：〈ntu-GCM0024-0002900037-0000748.txt〉；劉銘傳，「督兵勦撫中北兩路生番請獎官紳摺（十二年十一月十一日臺北府發）」，收於氏著，《劉壯肅公奏議》，頁214-215。

33　竹頭角在原桃園縣復興鄉（現桃園市復興區）長興村東北部，泰雅族自稱Kara，意為大社或樹枝，漢人因大漢溪在此形成樹枝狀，故名之竹頭角；加飛亦稱奎輝、雞飛、雞氣，在原桃園縣復興鄉奎輝村。洪敏麟，《臺灣舊地名之沿革》，冊2上，頁111。

34　劉銘傳，「督兵勦撫中北兩路生番請獎官紳摺（十二年十一月十一日臺北府發）」，收於氏著，《劉壯肅公奏議》，頁214-215；劉銘傳奏，光緒12年12月12日，「為剿服中北兩路生番在事尤為出力員弁懇恩給獎事」，《光緒朝月摺檔》；國立臺灣大學，《臺灣歷史數位圖書館》，檔名：〈ntu-GCM0024-0002900037-0000748.txt〉。

35　劉銘傳，「督兵勦撫中北兩路生番請獎官紳摺（十二年十一月十一日臺北

劉銘傳極度推崇林維源勸番功績，上奏稱「生番情勢，不難於撫降，而難於感化」，而林維源「辦事忠實，然諾無欺，北路撫墾設防，皆其承辦」，日後番情自可平服。[36]12月12日，劉銘傳也因勸撫有功「從優議敘」，其他員弁亦分別獲得獎勵。[37]林朝棟等人均列名獲獎。[38]

（二）新竹縣石加碌番殺害漢人事件

五指山通事蕭呵金呈交鹹菜甕（鹹菜甕）撫墾分局之報告稱，光緒12年11月5日夜晚，石加碌番土目由研納咋皮等四、五十人，圍攻五指山居民，燒毀房屋，並殺害二命；麻哇犁通事亦報稱：甲壢坪佃民許阿寮、李灶妹，被石加碌番土目打棍榮等三十餘名殺害；林維源接報後稟報劉銘傳處理；但11月25日，劉銘傳卻飭中路營務處林朝棟相機勸辦。[39]按，麻哇犁當即馬以哇來社（Maibarai），位於現新竹縣五峰鄉竹林村南部；五指山在現新竹縣五峰鄉；咸菜甕通常稱鹹

府發）」，收於氏著，《劉壯肅公奏議》，頁215；劉銘傳奏，光緒12年12月12日，「為剿服中北兩路生番在事尤為出力員弁懇恩給獎事」，《光緒朝月摺檔》；國立臺灣大學，《臺灣歷史數位圖書館》，檔名：〈ntu-GCM0024-0002900037-0000748.txt〉。

36　劉銘傳，「督兵勤撫中北兩路生番請獎官紳摺（十二年十一月十一日臺北府發）」，收於氏著，《劉壯肅公奏議》，頁215；劉銘傳奏，光緒12年12月12日，「為剿服中北兩路生番在事尤為出力員弁懇恩給獎事」，《光緒朝月摺檔》；國立臺灣大學，《臺灣歷史數位圖書館》，檔名：〈ntu-GCM0024-0002900037-0000748.txt〉。

37　臺灣銀行經濟研究編，《清德宗實錄選輯》，頁219。

38　朱壽朋纂，臺灣銀行經濟研究室編，《光緒朝東華續錄選輯》，頁133-134。

39　「辦理中路營務處移會彰化縣勸辦石加碌兇番」，收於臺灣銀行經濟研究室編，《劉銘傳撫臺前後檔案》，頁96-97。

菜甕，在現新竹縣關西鎮，日治時，1920年改名為鹹菜的同音字關西。[40]

如前所述，林朝棟奉調後，於光緒12年12月率棟字正營由十八孩兒社攻石加碌南路，令鄭有勤率副營由西熬社攻石加碌北路，石加碌等數十社乃乞降歸附。[41]這是他其後再度北上平亂之先聲，不贅。

光緒13年5月14日，林維源由於撫墾有功，獲補授太常寺少卿；6月23日，林維源接旨上摺謝恩，表示將更加努力報效。[42]

（三）平大壩（大埧或大豹）社番之役

光緒13年5、6月間，臺灣內、外山疫癘大作，番社受災極重。番俗一向以殺人禳災，因而大嵙崁、鹽菜甕、三角湧化番不斷出草殺人，劉銘傳乃商請林維源親至大嵙崁，檄令防勇紮防山內。他又查明殺人番社以大壩社番特多，8月24日，又命提督李定明以四營兵勇隨林維源就近勦辦；26日，林維源令守備陶麟徵先勦鄰近之褒懂社；9月1日，李定明自紫微坑勦大埧西面；林維源又令陶麟徵自東南西踰山二十餘里，直搗大埧番巢；5日，大埧七社總番目夭月舌率諸番目乞降，陶麟徵悉交予林維源議撫。其番目稱，番眾因無所屬而難以相安，請求徙置山外，另召墾農入山，「彼此交通，庶幾可治」。劉銘

40　洪敏麟，《臺灣舊地名之沿革》，冊2上，頁234、230、146。

41　「奏臺灣各路生番歸化並開山招撫情形疏（光緒十三年）」，收於臺灣銀行經濟研究室編，《劉銘傳撫臺前後檔案》，頁267；劉銘傳，「各路生番歸化請獎員紳摺（十三年四月初四日）」，收於氏著，《劉壯肅公奏議》，頁219-220。

42　林維源奏，光緒13年8月1日，「為恭謝天恩仰祈聖鑒事」，《光緒朝月摺檔》；國立臺灣大學，《臺灣歷史數位圖書館》，檔名：〈ntu-GCM0025-0003800039-0000815.txt〉。

傳甚表贊同，上奏稱：大嵙七社番丁男女不及千人，而此地「週圍數十里，土壤肥腴，以民墾之」，二、三年後即可以墾租供給七社口糧，而不必由官府籌資給食。[43]此乃以漢墾民取代番民之策，亦是一種遷移番社之策。惟番眾之請求遷出而將原住地讓與漢墾民，是否迫於形勢、是否實現？待考。至少部分社番可能仍留原地。按，1900年6月大嵙社反叛，8月，臺灣總督府派兵鎮壓，隨後予以監控，至1906年方平；至1921年，集體遷至桃園復興鄉詩琅、志繼一帶，[44]可見大嵙社仍留在三角湧，其後方遷離，造成原鄉部落之崩解。

（四）樹木繞社、食納社之剿撫

北路大嵙社經勸辦後，劉銘傳飭令隘勇開路紮隘，以防再生亂事。林維源亦招集墾民，將沿山內外荒地一律開墾，民番漸能相安。但大嵙崁東南山區的樹木繞社、食納社諸番仍有出草情形，光緒14年冬，劉朝帶領精兵攻入樹木繞社，臺北隘勇都司鄭有勤等人率隘勇、化番勸辦食納社，並飭宜蘭防軍合勤，至年底各社均已就撫。

此外，南路臺東地區、中路埔裡社方等地亦相繼就撫。至此，全臺生番至少暫時已就撫，劉銘傳乃於光緒15年2月13日，與卞寶第、林維源上摺請獎有功人員，3月5日，清廷諭准將有功人員分別給獎。[45]

43　劉銘傳，「中北兩路化番滋事派兵勦復摺（十三年十一月初一日）」，《劉壯肅公奏議》，頁221-222。

44　維基百科網站，「大豹社事件」條目，檢索日期：2023.1.17，網址：https://zh.wikipedia.org/zh-tw/大豹社事件。

45　劉銘傳、卞寶第、林維源奏，光緒15年3月5日奉硃批，「為全臺生番一律歸化逆首就擒請將在事尤為出力人員懇恩給獎以示鼓勵恭摺仰祈聖鑒事」，《光緒朝月摺檔》；國立臺灣大學，《臺灣歷史數位圖書館》，檔

　　林維源由於撫墾有功，歷年來已不斷獲得優獎。光緒13年，林維源由於撫墾有功，獲補授太常寺少卿。[46]光緒14年7月8日，又獲賞加二品頂戴；[47]11月15日，劉銘傳自臺北奏請將林維源升為「幫辦全臺撫墾事務」；12月21日清廷正式頒予「幫辦全臺開墾撫番事務太常寺卿」之關防；亦稱「欽差幫辦全臺開墾撫番事務林」，於光緒15年2月3日啟用關防，[48]又簡稱「幫辦全臺開墾撫番事務」。[49]

　　然而，劉銘傳、卜寶第、林維源合奏稱全臺生番歸化，事實上言之過早。其後仍不斷有番亂、番害。如光緒15年9月1日，統帶宜蘭防勇副將劉朝帶率領弁勇500人入山開路，在距蘇澳50里之光立嶺地方，遭生番伏擊，劉朝帶等273人均陣亡。清廷聞報後頗懷疑撫番成效，批示稱：既已奏報全臺「一律歸化」，何以發生宜蘭各社「設伏戕害」官兵之事？辦撫未能盡善，「已可概見」，並諭飭劉氏查明叛

名：〈ntu-2253038-0017500179-0000108.txt〉。《劉壯肅公奏議》亦收錄同件奏摺，但摺名更改為「全臺生番歸化匪首就擒請獎官紳摺」，文字亦稍有變動，上奏日期為光緒15年2月13日。參見劉銘傳，「全臺生番歸化匪首就擒請獎官紳摺（十五年二月十三日）」，收錄於氏著，《劉壯肅公奏議》，頁230-234。另參看楊慶平，〈清末臺灣的「開山撫番」戰爭（1885-1895）〉，頁40-41，圖6。

46　林維源奏，光緒13年8月1日，「為恭謝天恩仰祈聖鑒事」，《光緒朝月摺檔》；國立臺灣大學，《臺灣歷史數位圖書館》，檔名：〈ntu-GCM0025-0003800039-0000815.txt〉。

47　林維源奏，光緒15年1月21日，「為恭謝天恩仰祈聖鑒事」，《光緒朝月摺檔》；國立臺灣大學，《臺灣歷史數位圖書館》，檔名：〈ntu-GCM0026-0008900090-0000912.txt〉。

48　「臺南府行知巡撫劉銘傳奏准林維源幫辦全臺開墾撫番事務」，收於臺灣銀行經濟研究室編，《劉銘傳撫臺前後檔案》，頁165。

49　收於臺灣銀行經濟研究室編，《清德宗實錄選輯》，頁234；朱壽朋纂，臺灣銀行經濟研究室編，《光緒朝東華續錄選輯》，頁155。

番，加以勸懲，以儆效尤。[50]案經大嵙崁總局查訪後，知係宜蘭加九岸番所發動，並結合卓家山、樹木繞等社番，共同為亂；9月間，連殺隘勇40餘人，以致內山墾民，「懼而思徙」。若漢族墾民因安全無保障而遷離內山，撫墾成果豈不化為泡影，劉銘傳乃命澎湖鎮總兵吳宏洛，於11月16日，進軍宜蘭勦辦，至12月23日，終於平定亂事。[51]其它大小規模番亂、番害亦不少，此可自劉銘傳、卞寶第、林維源不時請求清廷獎勵撫番有功人士看出。根據故宮《光緒朝月摺檔》，在光緒15-16年間，至少請獎7次，依批示日期，分別為：光緒15年3月5日；6月18日；10月6日，及光緒16年2月22日；閏2月25日；3月6日；9月28日。[52]

綜合觀之，清廷原本極為信任劉銘傳，持續不斷予以獎賞，但最後竟發現所謂順服並非全然事實，尤其巡撫駐紮地之北部，經多次征勦，仍然發生大規模番亂。因此清廷懷疑其新政之成效，加上其它因素，最後導致劉銘傳之辭職。

二、大嵙崁番亂再起與林朝棟之應召參戰

如上所述，在光緒12至16年年間，北路陸續有番亂，但始終未能完全平服，光緒17年，劉銘傳去職，此乃原因之一。他辭職後，先由布政使沈應奎護理巡撫職，隨後清廷任命邵友濂接任巡撫職，而在此時竟又爆發嚴重的大嵙崁番亂。

50　劉銘傳，「副將開山戰沒摺（十五年九月二十四日）」，收於氏著，《劉壯肅公奏議》，頁235-236。文中提到的諭旨日期為光緒15年10月20日。

51　劉銘傳，「勦辦臺北內山番社獲兇正法移駐宜蘭摺（十六年正月二十五日）」，收於氏著，《劉壯肅公奏議》，頁237-238。

52　參見《光緒朝月摺檔》各日期之摺。

（一）大嵙崁番亂再起之因：地理、泰雅族善戰

光緒17年3、4月以來，強悍的泰雅族又開始騷亂，在大嵙崁、三角湧、雙溪口一帶，屢次出草殺人，自1、2人至10餘人不等。護理巡撫沈應奎乃飭令「統帶隘勇各營」總兵陳羅出兵，拿獲番犯，並焚毀馬速社；然而查辦大也甘、大熟加拉叭、加九岸等社番案則無功，陳羅等人遭撤換。9月間，三角湧等處出草事件愈演愈烈，公然「圍攻碉堡，肆行焚殺」，沈應奎乃另派駐守臺北府城的定海正、副二營之六成勇丁，加上土勇千餘人，共同進剿。[53]由於隘勇數目不足，林維源乃馳赴大嵙崁督勦，竹頭角、吶哮等處化番再歸順。然而，不久部分社番又勾結後山之內加輝各社反撲，隔絕糧道、水道，包圍隘勇前營，林維源乃派土勇應援。[54]其後，游擊鄭榮率土勇進擊，撫墾委員陳長慶與定海正、副營在後策應，方予以擊潰，鹹菜甕、五指山一帶歸於平靖。[55]但仍有淺山、水流東（今桃園縣復興鄉三民村之西部）各社仍然橫梗，須加剿辦，而僅有「定海正副營六哨及新募土勇」，

53　黃富三，〈板橋林本源家族與清代北臺山區的發展〉，頁24-25。邵友濂奏，光緒17年12月18日奉硃批，〈福建臺灣巡撫邵友濂奏為大嵙崁內山社番滋事籌辦剿撫大概情形摺〉，收於洪安全總編輯，《清宮月摺檔臺灣史料》，冊8，頁6362-6363。朱壽朋纂，臺灣銀行經濟研究室編，《光緒朝東華續錄選輯》，頁167-168。另參楊慶平，〈清末臺灣的「開山撫番」戰爭（1885-1895）〉，頁54-55。

54　朱壽朋纂，臺灣銀行經濟研究室編，《光緒朝東華續錄選輯》，頁167-168；邵友濂奏，光緒17年12月18日奉硃批，「為大嵙崁內山番社滋事籌辦勦撫大概情形事」，《光緒朝月摺檔》；國立臺灣大學，《臺灣歷史數位圖書館》，檔名：〈ntu-GCM0030-0012700129-0001176.txt〉。

55　邵友濂奏，光緒17年12月18日奉硃批，〈福建臺灣巡撫邵友濂奏為大嵙崁內山社番滋事籌辦剿撫大概情形摺〉，收於洪安全總編輯，《清宮月摺檔臺灣史料》，冊8，頁6363-6364。

兵力過於單薄，情勢危急。

何以大嵙崁原住民屢平而屢反呢？光緒12年9月，陳衍應劉銘傳之召，渡海至淡水入幕府。他先到大嵙崁，小住幫辦撫墾臺林維源（林時甫）行館，隨後入山，再進入山中之加九岸軍營會見劉銘傳，途中有一親身體驗之經歷。他指出難以平定之主因有二：[56]

第一、地理：清代大嵙崁以內山區因崇山峻嶺，無路可行，其中大嵙崁至白阿歪等社，地險山深，十餘里「深溪懸崖，一線羊腸」，必須攀藤而上。[57]陳衍由林維源及其幕客郭賓實同行，並準備轎子與轎夫6人輪流肩挑，及巡防兵20人荷鎗衛送。但行走數里即入山路，均崇山峻嶺，而輿夫已「喘息雨汗」；再漸進，因迎面高山，轎子直立，無法坐，土民稱即使劉銘傳至此，「亦下輿行」，於是「相率短衣」徒步行走。由此至加九岸凡六十里，更加艱險，陳衍說：

> 連峰仰刺，升向天、降入地，其層級皆泥塗濡滑，開路軍士以刀剗成者。至崩崖絕澗，山盡路斷，則伐此岸巨木仆至彼岸，使若橋然。

據上，沿途高山連綿，或直升向天，或垂直下地，其路徑均是兵勇用刀砍成的；遇上「崩崖絕澗」，則砍伐巨木，當作橋樑，「仆至彼岸」，而其下是「奔流」，膽怯者「不敢踐而渡」，驚險萬分。陳衍直到日將暮才望見大營，相距僅一里許，但兩腳已經疲痠，「木立不

56　陳衍，〈行抵臺北內山加九岸記〉，收於臺灣銀行經濟研究室編，《臺灣關係文獻集零》，頁140-141。

57　劉銘傳，「督兵勤撫中北兩路生番請獎官紳摺（十二年十一月十一日臺北府發）」，收於氏著，《劉壯肅公奏議》，頁214。

前」，至此方至軍營見劉銘傳，共進晚餐。[58]

　　由上可見北部山區崇山峻嶺，交通困難，加上潮濕多雨，「山深路險，糧運奇艱，地勢番情，尤難洞悉」，運補極為困難，乃官軍無法長期有效駐防之主因。[59]

　　第二，泰雅族驍勇善戰：本族尤其長於森林戰、游擊戰，憑藉地利，隨時隨地可伏擊攔截。陳衍稱：

> 路逢生番，率被髮露體，背負重物、腰揾兩刀，目獲，……中途竹頭角社，尤陰黑可怖，野番憧憧出沒。

據上，泰雅族人長年住在高山森林中，可背負重物，腰間掛著二刀，目露兇光而竹頭角社「陰黑可怖」，野番隨時出沒。[60]他們以逸待勞，隨時隨地可突擊，官兵防不勝防。[61]

　　確實，臺灣北部山區崇山峻嶺，又潮濕多雨，交通如此艱險，行走都困難，何況作戰？

（二）林朝棟之應召參戰

　　邵友濂於光緒17年10月24日接任巡撫職，[62]由於北路不靖，而撫

58　陳衍，〈行抵臺北內山加九岸記〉，收於臺灣銀行經濟研究室編，《臺灣關係文獻集零》，頁140-141。

59　楊慶平，〈清末臺灣的「開山撫番」戰爭（1885-1895）〉，頁49。

60　陳衍，〈行抵臺北內山加九岸記〉，收於臺灣銀行經濟研究室編，《臺灣關係文獻集零》，頁140-141。

61　黃富三，〈林朝棟大嵙崁之役的後勤系統：棟軍後路轉運局（1891-92）〉，頁42-43。

62　邵友濂奏，光緒17年11月16日，〈福建臺灣巡撫邵友濂奏報接印任事叩謝

墾幫辦林維源剿辦未成，於是決定調道員林朝棟，督棟字各營北上會勦。[63]光緒17年12月16日《申報》載：

> 臺北大嵙崁一帶生番滋事，經邵筱村（邵友濂）中丞商諸林時甫（林維源）星使，督率各軍親赴前敵剿辦各節，……一面檄委中路營務處兼統棟字全軍林蔭堂觀察朝棟總統前敵各軍，分投進剿。[64]

以下即簡介林朝棟率勇北伐事蹟。

1. 林朝棟參戰前官軍之受挫光緒17年11月30日

在光緒17年12月4日林朝棟抵達大嵙崁前線以前，官軍屢屢受挫。光緒17年12月16日《申報》載：

> 觀察〔林朝棟〕奉檄後，星夜馳赴中路，將本部所屬各營檢點進發。時猶未至崁境，有定海某營管帶楊文濤游戎，因奉調前往外加輝一帶扼守要隘，忽遇伏番突出，連發冷鎗，游戎猝不及防，當即被傷殞命，幫帶沈某亦受數傷，然猶督隊揮眾向前

天恩摺〉，收於洪安全總編輯，《清宮月摺檔臺灣史料》，冊8，頁6352-6353。

63 邵友濂奏，光緒17年12月18日奉硃批，〈福建臺灣巡撫邵友濂奏為大嵙崁內山社番滋事籌辦剿撫大概情形摺〉，收於洪安全總編輯，《清宮月摺檔臺灣史料》，冊8，頁6365；朱壽朋纂，臺灣銀行經濟研究室編，《光緒朝東華續錄選輯》，頁168。按星使指帝王使者，因林維源為欽差，幫辦撫墾事務。觀察是道臺別稱，指林朝棟。

64 〈剿番要錄〉，《申報》，光緒17年12月16日（1892年1月15日），版2。

□殺。[65]

據上，林朝棟從中路調兵未到前線之前，大嵙崁番勢猖獗，定海某營管帶係遊擊楊文濤，即楊春海，安徽人，光緒16年奉劉銘傳令來臺委帶定海中營營務，11月10日接任。光緒17年11月24日奉邵友濂令，赴大嵙崁剿番，30日進剿內加輝陣亡。另外，都司賴李春，廣東人，光緒15年渡臺，在撫標定字臺北隘勇各營充當隨員；17年，奉統領臺北隘勇等營鄭有勤札委幫帶土勇，巡查防營事務，11月14日，督勇進攻吶哮社被困，16日突圍而出；30日，奉飭率勇進援內加輝隘勇被圍各碉，攻至水井仔遇伏，鎗商頭腦等處陣亡。[66]二人均在光緒17年11月30日戰歿，全軍退回外加輝駐紮。[67]可見大嵙崁番亂極為嚴重，官軍死傷甚多。

2. 林朝棟之應召北上

光緒17年10月24日邵友濂接任巡撫職，12月18日上奏稱，他接任後，鑑於山區兵力僅有「定海正、副營」六哨與新募土勇，不足以平亂，乃飭調林朝棟督率所部棟字各營，「剋日馳赴會剿」。[68]林朝棟之職權原本為中路撫墾之主持人，邵友濂顯然須借重熟於山區作戰、撫

65　〈剿番要錄〉，《申報》，光緒17年12月16日（1892年1月15日），版2。

66　「勤平大嵙崁內山番社獎卹案」，收於蔣師轍等纂，《臺灣通志》，頁918-919。

67　參楊慶平，〈清末臺灣的「開山撫番」戰爭（1885-1895）〉，頁56。

68　邵友濂奏，光緒17年12月18日奉硃批，〈福建臺灣巡撫邵友濂為大嵙崁內山社番滋事籌辦剿撫大概情形摺〉，收於洪安全總編輯，《清宮月摺檔臺灣史料》，冊8，頁6365；楊慶平，〈清末臺灣的「開山撫番」戰爭（1885-1895）〉，55-56。

墾有成的棟軍平亂。

然而，林朝棟何時北上？如何回應？如何弭平大嵙崁亂事？官方僅有部分資料，有賴霧峰林家文書補其不足。

(1) 林朝棟之北上時間

據林家文書，林朝棟於光緒17年11月13日，曾由臺北發電報給臺灣縣（大墩，今臺中）的幕僚萬鎰稱：「我處敷用否？電覆」。[69] 可見林朝棟應在11月13日之前已奉召至臺北，而抵達臺北面見邵友濂時間，應在11月13日發電報前不久。邵友濂係於光緒17年10月24日接任巡撫職，可說接任後席不暇暖即予徵召，行動如此迅速，顯然他對林朝棟撫墾成績早有認識。

(2) 林朝棟之調兵遣將

兵貴神速，林朝棟與邵友濂商後，光緒17年11月13日後即開始調派棟字營軍北上平亂，甚至利用電報往返聯絡。同日，萬鎰回林朝棟電報稱，「台挪二千三給隘副，并梁、彰款允廿外，雲一千未至」。[70]按，電報費用甚高，因此用詞很簡略。此處梁，當指林朝棟幕僚梁成枏，「廿外」，外是台語左右之意。此電文的意思是：臺灣縣挪2,300兩給隘勇副營，彰化縣給梁成枏的款項承諾於11月20日左右撥付，雲林縣還有1,000兩尚未收到。顯然，林朝棟以當時最進步的通訊工具電報，調動棟軍、籌措軍費。

光緒17年11月18日，林朝棟又由臺北發予臺灣縣萬鎰電報稱：

---

69 《霧峰林家文書集》未刊之文書原編號780，光緒17年11月13日，林朝棟致萬鎰電報。

70 《霧峰林家文書集》未刊之文書原編號782-2，光緒17年11月19日，林朝棟致萬鎰電報。

　　邢統領一營及正營衛隊預備聽候調用，並飭賴弁調正營後哨回
大墩；子佳〔梁成柟〕處速給三百九十；由大嵙崁回。[71]

　　據上可知，光緒17年11月13日前林朝棟已應召至臺北，並赴大嵙崁
察看軍情，因軍令緊急，開始調動兵力。他命令副將邢長春統領一
營、正營衛隊聽候調用，賴弁（應係賴李春）調正營後哨回大墩，並
令其幕僚梁成柟迅速撥予390兩使用；而他也將由大嵙崁回大墩，籌
畫領兵北上之事。

　　按，邢統領應是副將邢長春，光緒18年5月28日，胡傳巡視彰化
縣時稱，「副將邢長春統領定海後、右二營駐此」，稱讚說「中路現
有防軍，以此營為最整練」，並稱其後營後哨及右營奉調赴崁剿番未
回。[72]可知「邢統領一營」即是副將邢長春統領之定海右營，而定海
後營後哨可能隨後以北上。「正營衛隊」是林朝棟直轄的棟字正營，
駐防臺灣縣城。5月27日，胡傳巡視臺灣縣城查閱時，駐防者卻是原
為衛腦丁而設的棟字副營，因「棟字正營赴大嵙崁勦番而代之守營
壘」。[73]可見駐守臺灣縣城者係棟字正營，而棟字副營則駐守山區，
保衛腦丁。賴弁應是賴李春，林朝棟調他統率正營後哨回大墩，但如
前所述，他在11月30日戰歿於大嵙崁之役。至於子佳是梁成柟，亦是
林朝棟之幕僚。

71　《霧峰林家文書集》未刊之文書原編號782，光緒17年11月19日，林朝棟致
　　萬鎰電報。

72　光緒18年5月28日，胡傳巡視彰化縣稱，副將邢長春統領定海後、右二營駐
　　此，其後營後哨及右營奉調赴崁剿番未回。胡傳，《臺灣日記與稟啟》，
　　〈光緒十八年五月二十九日申〉，頁36-37。

73　胡傳，《臺灣日記與稟啟》，〈光緒十八年五月二十九日申〉，頁36-37。

　　光緒17年11月19日，陳鴻英（陳傑夫）由臺北發臺灣縣萬鎰電報稱：「餉今回，統廿二日由崁轉湖（大湖）回營（位於大墩）。」[74]電文之意是：軍餉今日送回大墩；統是統領，即林朝棟，將於11月22日從大嵙崁轉大湖，回大墩軍營，準備點選所部棟軍北上。同日，萬鎰亦回覆陳傑夫電報，稱「請回統領，撥五千四百，代雲解糧。」[75]意思是要陳傑夫回覆林朝棟，撥5,400兩，代替雲林縣解運軍糧。此糧應是指送交北路棟軍使用之軍糧。

　　按，陳鴻英應即是陳傑夫，常駐臺北，光緒18年3月13日（1892年4月9日）《申報》載：「辦理後路棟、隘各軍糧餉事務陳傑夫大令，……謁見林蔭堂（林朝棟）總統」。[76]可見陳的職務為「辦理後路棟、隘各軍糧餉事務」，日後長年追隨林朝棟，包括帶兵與協助經營樟腦業等，成為林朝棟之重要部屬。

　　至於電報中出現之萬鎰是何人呢？無明確史料可稽。考臺北保安宮之捐獻人名中有「鄭萬鎰」者，是大稻埕人，內稱：

> 鄭萬鎰，台北大稻埕人，經營砂糖、米穀、麵粉等生意，商號「順成商行」。大正六年（1917）保安宮重修時，擔任三堡的管理人之一，並捐贈鐘樓。[77]

74　《霧峰林家文書集》未刊之文書原編號781，光緒17年11月19日，陳鴻英致萬鎰電報。

75　《霧峰林家文書集》未刊之文書原編號781-2，光緒17年11月19日，陳鴻英致萬鎰電報，但只見電報稿，亦無日期，推測為同日。

76　〈稻江春浪〉，《申報》，光緒18年3月1日（1892年4月9日），版2。

77　大龍峒保安宮網站，「重要領導人物誌」，檢索日期：2023年7月28日，網址：https://baoan.org.tw/article.php?id=60&lang=tw。

另外，昭和七年（1932）九月之臺中一中創校紀念碑捐款人名單，亦有鄭萬鎰。按，臺中一中之創校是：

> 大正三年（1914）甲寅三月廿四日，蒙佐久間督憲許准，於是委員等自投巨金以為眾率，不辭勞瘁，悉力於募貲鳩工等事，賴各方之踴躍捐輸，共募集金二十四萬八千八百二十圓。乃於大正四年（1915）五月開校，同年三月經始建築，至翌年十二月告成。[78]

按，保安宮之鄭萬鎰卒於1919年，台中一中創校紀念碑完工於1916年，故有可能是同一人。又，《台灣日日新報》有「萬鎰訃聞」，內稱「拜啟鄭坤木、得福等。令先君前清例授從五品銜，諱萬鎰，官章璞完，翁鄭府君，距生於同治元年十一月初八日，當大正八年舊曆三月二十三日酉時疾終正寢，享壽五十有二齡。」發啟人包括日人、台灣名紳多人，如林熊徵、林烈堂、李景盛、洪以南、謝汝詮等，可見應即鄭萬鎰。[79]按，棟字營之駐地在當時之臺灣府城，即今臺中公園旁。[80]萬鎰應是林朝棟之重要幕僚，協助他處理調兵補給事宜。

三、林朝棟之作戰部署：以阿母坪為指揮中心

78　臺中市立第一高級中等學校網站，「本校創立紀念碑」，檢索日期：2023年7月28日，網址：https://tcfsh.tc.edu.tw/p/426-1076-9.php。

79　感謝許雅玲女士提供此訊息，見《台灣日日新報》，大正8年5月9日，廣告欄。

80　2021年，筆者團隊實地勘查，判斷駐紮地應在今臺中公園山丘旁之寬廣處。

由於泰雅族善戰，山區路途遙遠而危險，林朝棟必須做好作戰規劃與部署工作。從整體看來，林朝棟之調兵遣將、作戰部署等方面之規劃良好，井然有序，顯示他是位經驗豐富、領導有方的出色將領。無怪僅約三個月的時間就將亂事平息。在此先介紹他初期的部署。

（一）設立指揮所：林朝棟駐紮阿母坪

光緒17年11月22日，林朝棟從大嵙崁轉大湖，回大墩軍營，不久即帶兵北上。邵友濂奏稱：

> 十二月初四日，林朝棟督率四營，前抵大嵙崁，議紮橫隘，節節進逼。經臣飭令節制前敵各軍，慎選將領，妥籌勦辦。一面商臣林維源駐辦後路轉運事宜，林朝棟進紮阿母坪。[81]

據上，林朝棟督率四營棟軍，於12月4日抵達大嵙崁，議紮「橫隘」，準備進兵。按，山區遼闊，為防止兵力分散，乃將各隘相互連結成一條防線，做為防守與攻擊之據點，故稱「橫隘」。[82]邵友濂並派林維源駐紮大嵙崁，辦理後路轉運事宜，而林朝棟更進紮阿母坪。可見二大林家均被動員，一個負責後勤任務，一個擔任作戰任務。

81　邵友濂奏，光緒18年4月13日，〈福建臺灣巡撫邵友濂奏為勦平大嵙崁內山番社請將在事出力暨陣亡員弁分別獎卹以昭賞勸摺〉，收於洪安全總編輯，《清宮月摺檔臺灣史料》，冊8，頁6419-6420。

82　橫隘應係新設之隘防線，參楊慶平，〈清末臺灣的「開山撫番」戰爭（1885-1895）〉。

（二）林朝棟之取得作戰總指揮權

邵友濂在上一奏摺中稱飭令林朝棟，「節制前敵各軍，慎選將領，妥籌勦辦」，即擔任全權指揮官。霧峰林家文書中有一公文封之標題即為「中路營務處統領棟字等營兼統臺北隘勇」，[83]顯然獲有統一之指揮權。其後之職稱又有「中路營務處兼統棟字全軍林蔭堂觀察朝棟，總統前敵各軍」，[84]因此亦簡稱「總統」，如光緒18年1月8日《申報》載：

> 聞去臘十二日，經林蔭堂總統督飭各軍。[85]

據上，林朝棟在光緒17年12月12日，「總統督飭各軍」。

又稱「林總統」陣斬一某社番頭，《申報》載：

> 日前由大嵙崁前敵解來生番首級一顆，云係某社番頭，為林總統陣斬所得。[86]

光緒18年3月13日《申報》亦載：辦理後路棟、隘各軍糧餉事務陳傑夫因公馳赴鴨母坪大營，謁見「林蔭堂總統。」[87]按，依照湘軍、

83　《霧峰林家文書集》未刊之文書原編號843之公文封套，無日期，推測為光緒18年參與大嵙崁之役所用。

84　〈勦番要錄〉，《申報》，光緒17年12月16日（1892年1月15日），版2。報導中稱邵友濂「檄委中路營務處兼統棟字全軍林蔭堂觀察朝棟總統前敵各軍」。

85　〈稻江春雁〉，《申報》光緒18年1月8日（1892年2月6日），版2。

86　〈稻江春雁〉，《申報》光緒18年1月8日（1892年2月6日），版2。

87　〈稻江春浪〉，《申報》光緒18年3月13日（1892年4月9日），版2。

淮軍制度，以營為單位，長官稱管帶，超過二營稱統領，因林朝棟是所有平亂軍的全權指揮官，故稱「總統」，意思是總統領，與今日之總統（president）不同。

綜上，林朝棟確實被賦予大嵙崁之役全權指揮官。這是邵友濂主動授予或林朝棟提出要求而協調出的呢？筆者懷疑是林朝棟提出者，因他深通兵法，瞭解統一指揮的重要性，也重視後勤補給，後述。

林朝棟為求勝算，又請求擴充兵力。光緒18年8月2日《申報》載：

> 東門外及大隴洞向有營基兩處，由撫標正、副兩管分投駐紮，去冬（光緒十七年年底）上憲以生番不 ，調往內山攻剿。嗣經總統林蔭堂（林朝棟）觀察稟明邵筱村（邵友濂）中丞，將兩營併為棟字左營。[88]

據上，臺北府東門外、大隴洞兩處，原有巡撫轄下之撫標定海正、副兩營駐防。光緒17年年底邵友濂，將兩營併為棟字左營，供林朝棟調用。直至光緒18年8月亂事平定後方裁撤歸建。光緒18年8月2日《申報》載：

> 今春番務肅清，各軍以次凱旋，遂札令棟字左營及定海右營仍駐紮東門外及大隴洞兩處，刻下又令將棟字左營裁撤，定海右

88　〈臺嶠秋痕〉，《申報》，光緒18年8月2日（1892年9月22日），版2。

營由大隴洞移駐東門外，以便就近調遣。[89]

據上，亂平後，棟字左營仍駐紮於東門外，定海右營仍駐大隴洞，但光緒18年8月又裁撤棟字左營，定海右營則由大隴洞移駐東門外。按，東門外之軍營營址即今中正紀念堂，大隴洞軍營在今大龍國小後方之土城上，今圓山捷運站前，設有一火藥庫。[90]

林朝棟轄下之軍隊，據「請領光緒十八年台北隘軍六月分大建薪費，並閏六月分棟字正、副衛礮隊；隘勇正、副暨台北隘勇中、左、右三營薪粮兼統費等項銀兩兌撥動數目」餉冊，[91]計有棟字正、副衛礮隊與隘勇正、副營計四營，此應即林朝棟督率北上之四營棟軍；另外加上台北隘勇中、左、右三營，總共應為七營，以每營五百人計算，共三千五百人，算是相當大的一支軍隊。因此職權提升為「總統前敵各軍」，簡稱「總統」，不僅兵力雄厚，而且事權專一，可發揮戰力。

（三）改善軍備：火器之增強

軍械之供應關係戰力，晚清官府已知運用近代武器作戰。棟軍原本即擁有其獨特之裝備，可對付原住民。然而北部崇山峻嶺、潮濕天候，加上泰雅族驍勇善戰，對清軍不利，為彌補傳統刀槍之缺點，必

89　〈臺嶠秋痕〉，《申報》，光緒18年8月2日（1892年9月22日），版2。

90　莊永明，《臺北老街》（臺北：時報文化，2012），頁82。

91　「光緒十八年八月陳鴻英造光緒十八年臺北隘軍六月分大建薪費並閏六月分棟字正副衛礮隊隘勇正副暨臺北隘勇中左右三營薪糧兼統費等項四柱清冊」，收入黃富三等解讀，何鳳嬌、林正慧、吳俊瑩編輯，《霧峰林家文書集：棟軍相關收支單》，頁90-107。

須強化新式火器，包括銃、炮、地雷、噴筒、火箭、火藥等，劉銘傳
在臺北所設機器局、軍械所，即負責製造這些產品。光緒16年正月14
日，《申報》載：

> 臺灣軍械所火器向由機器局製造，邇以攻剿生番急需軍火，劉
> 省三宮保因 命該局星夜趕造，以資應用。
> ⋯⋯

同日《申報》又載：

> 新製地雷十枚，其形圓，以鐵鑄成，高不盈尺，中實炸藥，上
> 有機關，四處機頭繫以銅絲，極為靈活，當派熟習工匠解赴軍
> 前安放。每日落暮於大稻埕江干〔墘〕演放噴筒、火箭，其噴
> 筒則以竹管製成，外縛以藤，實硝磺於其中。演放時有火球
> 二，隨火藥噴出，光作藍色，墜下可致數丈遠，俗呼為老虎帶
> 蛋。
> 火箭則以銅管製成，向空演放，直入層霄，墜地後作霹靂聲，
> 所謂開花箭者是也，一時觀者無不叫絕。[92]

可見至遲光緒16年正月，機器局已能製造所需之地雷、噴筒（老虎帶
蛋）、火箭（開花箭）等新武器，並於每日傍晚在大稻埕江邊演練，
震驚觀眾。這些新武器對於山區原住民即極有震嚇效果。

另外，軍械所則儲藏武器、彈藥等軍用品，亦設於北門外。《申

92　〈臺北郵書〉，《申報》，光緒16年1月14日（1890年2月3日），版3。

報》載：

> 去臘〔光緒15年12月〕十七日初更時，北門外草屋失慎，須刻
> 烟燄沖霄，是處逼近軍械所，府縣各官聞信，立時咸往彈壓，
> 幸即撲滅，僅焚去民房一進。[93]

可見軍械所鄰近機器局，今北門附近塔城街旁鐵路局臺北舊機廠。[94]
不解的是，軍械所附近居然有草屋，還發生火災。

邵友濂極關心剿亂狀況，亦延續此一強化火器政策，當光緒17
年12月林朝棟展開剿亂時，即派機器局總辦蔣丹如、太守蔣斯彤等
人，赴林朝棟軍營瞭解戰情，以便支援。光緒17年12月26日，《申報》
載：

> 機器局總辦蔣丹如、太守斯彤，前奉撫憲飭赴大嵙崁一帶查探
> 軍情，日昨已返郡銷差，前赴撫轅稟明一切後，回局照常供
> 職。

同時，邵友濂並自國外購入更新式火器，以增強火力。光緒17年12月
26日《申報》載：

> 邵筱村（邵友濂）中丞新由上海禮和洋行購得雲吉司砲六尊，
> 日前傳諭至南門城堙試放，屆期自藩司唐薇卿（即唐景崧）方

93　〈臺北郵書〉，《申報》，光緒16年1月14日1890年2月3日，版3。
94　此處已指定為國定古蹟。

伯以下，莫不前往伺候。惟所試之砲由德商某洋人及撫轅隨員
蔡輔臣，軍門試演數次，均經中靶，中丞確之色喜。[95]

據上，邵友濂積極支援林朝棟之前線作戰，不但供應機器局生產之火
器，而且購入精準的西洋新式「雲吉司砲」六尊。因此，棟軍在火
器方面佔上風，可彌補地利不如泰雅族之缺點。按，「德商某洋人」
應該是畢第蘭（A. Butler），開設公泰洋行（A. Butler & Co.），曾與
林朝棟合作經營樟腦出口，並在機器局任職，細節參看第七章。此
外，林朝棟與邵友濂特別重視後勤組織之強化，認定為成敗關鍵。

　　林朝棟的北伐穩住了清廷對北部部分山區的控制權，對樟腦、茶
葉、木材等山地資源的開發貢獻甚大。如前所述，1885-86年推動撫
墾政策後，漢人方敢入山採樟，因此樟腦產銷量由其前之大減而反轉
為猛增，至1892年後重回樟腦王國寶座。

第二節　大嵙崁之役及其善後

　　光緒17年11-12月初，林朝棟奉命指揮大嵙崁之役，兵貴神速，
他運用電報之近代科技，立刻調動棟軍北上，並建立一完善的後勤組
織以及作戰規劃。他隨即展開大嵙崁之戰約在光緒18年3月亂事大致
已平，因而獲得保獎，林家進一步確保其於臺灣的重要政治地位。以
下論述：一、大嵙崁之役的經過與戰功；二、大嵙崁戰役之善後。

一、大嵙崁之役的經過

95　〈臺垣臘鼓〉，《申報》，光緒17年12月26日（1892年1月25日），版3。

　　北路泰雅族及驍勇善戰，自光緒15、16年後即屢平屢叛，尤其是
大嵙崁番社。自林朝棟於光緒17年12月4日進駐阿姆坪後，經數次戰
役後，至光緒18年3月番亂逐漸平息，可說戰功彪炳。

　　如前所述，光緒11年底劉銘傳接獲北路、中路番民出草事，決定
啟動平亂工作，北路歸林維源負責，因此多次調兵協助，但屢平屢
反，甚至開啟了更嚴重的亂事。光緒17年12月16日《申報》載：

> 臺北大嵙崁一帶生番滋事，經邵筱村（邵友濂）中丞商諸林時
> 甫（林維源）星使，[96]督率各軍親赴前敵剿辦各節，……一面
> 檄委中路營務處兼統棟字全軍林蔭堂觀察朝棟總統前敵各軍，
> 分投進剿。[97]

據上，林維源、奉邵友濂之命赴前線督戰，在光緒17年12月4日林朝
棟抵達大嵙崁前線。但林朝棟從中路調兵未到前線之前，大嵙崁番勢
猖獗，利用山區地形，官軍仍然受挫，如前所述，楊春海、賴李春二
人率勇救援內加輝隘勇營被圍各碉，均在光緒17年11月30日戰歿，全
軍退回外加輝駐紮。[98]可見大嵙崁番亂極為嚴重，番勢仍強，有待林

96　林時甫即林維源。漢代後稱帝王的使者為星使，因天節八星主管使臣事，參
　　考羅竹風主編，《漢語大辭典》（上海：上海辭書出版社，1986），卷5，
　　「星使」條，頁672。按，林維源的官銜是「欽差幫辦臺北開墾撫番三品卿
　　銜內閣侍讀大學士林」，即以京官內閣侍讀大學士奉旨至臺灣協助劉銘傳
　　辦理開墾撫番事務，後因功升為幫辦臺灣開墾撫番二品卿銜。參考，黃富
　　三，〈板橋林本源家族與清代北臺山區的發展〉，頁18。又參考光緒12年12
　　月17日，「臺北府新竹縣為批解事」，《淡新檔案》，17329-100號。
97　〈剿番要錄〉，《申報》，光緒17年12月16日（1892年1月15日），版2。
98　參楊慶平，〈清末臺灣的「開山撫番」戰爭（1885-1895）〉，頁56。

朝棟之平定。

（一）林朝棟攻防戰之啟動：夾板山之役（光緒17年12月）

光緒17年12月4日，林朝棟率領四營兵勇進紮阿姆坪後，即布署各軍，分前、中、後三路，並「擇於月（十二）之初九日長驅直進」，[99]展開剿亂工作。邵友濂並調派駐防臺北之定海正、副兩營前往支援。《申報》載：

> 駐防臺北之定海正、副兩營，去冬以大科坎生番滋事，奉憲檄調往剿辦，嗣經邵筱村中丞，將前敵各軍概歸中路營務處林蔭堂總統節制。[100]

按，定海正、副兩營原隸屬巡撫轄下之撫標，分駐臺北東門外及大龍洞兩處，保衛臺北府城，[101]如今亦奉令赴前線，歸林朝棟指揮。

光緒17年12月12日，定海、正副兩營赴前線途中遇到伏番，幸虧予以擊退而趕至夾板山，等候林朝棟定期會剿。《申報》載：

> 〔十二月〕十二日，定海正、副兩營管帶陶碧軒參戎、姚松亭鎮軍督隊，由水流東長驅直進，不意路遇伏番多名，恃兇橫截。二君幸各有備，立即手持快鎗，身先士卒，斬殺無算。該眾見勢不敵，始各奔潰，二君始復整隊前進，現駐夾板山地

99　〈剿番要錄〉，《申報》，光緒17年12月16日（1892年1月15日），版2。
100　〈鹿耳春潮〉，《申報》，光緒18年1月29日（1892年2月27日），版2。
101　〈艋津春汛〉，《申報》，光緒18年2月11日（1892年3月9日），版3。

方，靜候林蔭堂總統示期會剿。[102]

按，管帶陶碧軒參戎應該是參將陶廷樑，《申報》載：「參將陶廷
樑前委赴澎湖統帶宏字副、左兩營來郡」。[103]可見他從澎湖統帶宏
字副、左兩營至臺北，並出任定海正營管帶。至於姚松亭鎮軍，待
考。定海正、副兩營駐紮於夾板山，亦歸林朝棟統轄，兵力更強。

　　光緒17年12月4日林朝棟進駐阿姆坪後，首先，派把總林超拔察
看地勢，分派各營築碉堡，構築「橫隘」，鞏固防線，並互相呼應。
接著部署其各軍如下：

　　1.隘勇新右等營：阻其北。

　　2.改定海正、副營為棟字左、右營：扼其西，而以定海右營翼
之。

　　3.都司戴國樑接帶鄭榮中營：南由竹頭角，與沈棋山定海中營相
犄角。

　　4.林朝棟：躬督棟字正營、衛隊，由中規取。[104]

據上，林朝棟分北、西、南三方向，形成包圍圈，本人則由中央領軍
進攻。

102　〈臺垣臘鼓〉，《申報》，光緒17年12月26日（1892年1月25日），版3。
103　〈赤嵌紀要〉，《申報》，光緒18年9月17日（1892年11月6日），版2。
104　邵友濂奏，光緒18年4月13日，〈福建臺灣巡撫邵友濂奏為剿平大嵙崁內
　　　山番社請將在事出力暨陣亡員弁分別獎卹以昭賞勸摺〉，收入洪安全總編
　　　輯，《清宮月摺檔臺灣史料》，冊8，頁6420。原文為「督守衛隊管帶把總
　　　林超拔察看地勢，分派各營，各築碉堡，穩紮穩進。以隘勇新右等營阻其
　　　北；改定海正、副營為棟字左、右營，扼其西，而以定海右營翼之；以都司
　　　戴國樑接帶鄭榮中營，南由竹頭角與沈棋山定海中營相犄角；林朝棟躬督棟
　　　字正營、衛隊，由中規取。」

　　首先是夾板山之役，約在光緒17年12月11-12日前後有一場激戰。邵友濂奏稱：

> 夾板山林深壁〔壁〕陡，兇番負險抵拒，槍彈宵旦不絕。我軍一鼓直入，大砲所及，流血成渠。管帶新募台勇軍功黃南球等，從後包抄，斃番五十餘名，斬其悍目孩容乃悅，奪獲槍械數十件，番勢稍殺。[105]

清軍動用大砲，佔了上風，而管帶新募台勇軍功黃南球等特別英勇，從後包抄，殺50餘人與頭目孩容乃悅，初戰旗開得勝。

　　光緒18年1月8日，《申報》亦載：

> 聞去臘十二日，經林蔭堂總統督飭各軍，四圍□□，斬殺番丁數十名，該眾始知長懼，羣相分竄。

據上，光緒17年12月12日，林朝棟展開反擊，「斬殺番丁數十名」，擊退番眾。

　　《申報》又載：

> 近聞內、外加輝及竹頭角一帶地方頗稱安靖，想從此大軍所指，當可立就肅清也。日前由大料崁前敵解來生番首級一顆，

105　邵友濂奏，光緒18年4月13日，〈福建臺灣巡撫邵友濂奏為剿平大料崁內山番社請將在事出力暨陣亡員弁分別獎卹以昭賞勸摺〉，收入洪安全總編輯，《清宮月摺檔臺灣史料》，冊8，頁6420。

云係某社番頭，為林總統陣斬所得，懲一儆百，該族其亦漸知
王法耶。[106]

據此，林朝棟參戰後，內、外加輝及竹頭角一帶逐漸平靖，而且他身
先士卒，陣斬一某社番頭，立下大功，威震番社，可見其英勇。

此役戰況日益激烈，計有4名軍官陣亡：

1. 李桂林：都司銜補用守備，湖南人，光緒12年4月渡臺，奉林
朝棟札委棟字正營左哨哨官，隨征各地叛番，升至都司銜補用守備；
光緒12年10月，隨同林朝棟進剿大嵙崁，12月11日，在夾板山接仗陣
亡。

2. 魏清榮：五品軍功，臺灣府臺灣縣人，光緒12年投入棟字正營
左哨，充當什長；15年，升為該營前哨哨長；16年，因效力平施九
緞、剿番等，賞五品軍功；17年，隨林朝棟剿番，12月11日，在夾板
山陣亡。

3. 陳高：藍翎儘先拔補把總，廣東人，寄籍彰化縣，光緒17年11
月，委充棟軍衛隊左哨哨長，12月12日，在夾板山戰死。

4. 劉新發：儘先拔補千總，安徽人，光緒17年7月，充當定海左
營中哨哨長；12月，隨營赴大嵙崁剿番陣亡。[107]

然而，由於山區崎嶇、林深、多雨，泰雅族佔地利，因此接著而
來的是苦戰，同時已屆農曆年節而暫停攻勢。

（二）林朝棟之內山推進（光緒18年1至2月）

106　〈稻江春雁〉，《申報》，光緒18年1月8日（1892年2月6日），版2。
107　「勦平大嵙崁內山番社獎卹案」，收於蔣師轍等纂，《臺灣通志》，頁920-
　　921。

　　林朝棟攻下夾板山後，接著在光緒18年1月，進攻吶哮、合脬，以為前進據點。然而自1月後，因久雨積水，各軍苦戰，其後邵友濂派員犒賞，士氣方大增，加上天晴，大軍大舉進攻吶哮。林超拔等人首先攻入，紮定碉堡，番人墜崖死者甚多；而新募勁勇、捷勇各營往來搜勤，「阻溪為橋，踞山架砲」，各軍因此聯成一氣，直逼合脬，形成一字形橫隘。橫隘是一道各營互相呼應的連鎖防線，更是前進據點，眾番不斷要求林朝棟暫緩進攻，然而經過勒令交出兇番，卻「遲延未繳」，乃繼續進兵。[108]

　　林朝棟再度調整其部署。光緒18年2月間，他將定海正、副兩營合為棟字一營，其管 則另委賴文甫參將擔任。[109]因此，陶碧軒、姚松亭二人卸去職務，其餘勇丁，按照入營日期「發給存餉」，遣令內渡。至於二營原本駐箚臺北東門外及大龍峒所空出之兩處營房，邵友濂擬將駐防於彰化之「定海後、右兩營」調往駐箚。[110]另外，前管帶大嵙崁隘勇等營之高楚珩軍門（提督），亦卸任回郡後，「乘坐駕時輪船」內渡。於是，林朝棟將所統轄之大嵙崁「前敵各軍」，調往內山，相機剿辦。[111]

　　在林朝棟領軍下，因戰事相當順利，士氣高昂，步步推進。光緒18年1月29日（1892年2月27日）《申報》載：

108　邵友濂奏，光緒18年4月13日，〈福建臺灣巡撫邵友濂奏為剿平大嵙崁內山番社，請將在事出力暨陣亡員弁分別獎卹以昭賞勸招〉，收入洪安全總編輯，《清宮月摺檔臺灣史料》，冊8，頁6420-6421。

109　〈鹿耳春潮〉，《申報》，光緒18年1月29日（1982年2月27日），版2。

110　〈艋津春汛〉，《申報》，光緒18年2月11日（1892年3月9日），版3。

111　〈鹿耳春潮〉，《申報》，光緒18年1月29日（1982年2月27日），版2。

> 刻聞首眾屢受我軍摧挫，相率逃遁，不敢越雷池一步。而總統〔林朝棟〕安不忘危，仍飭各軍守望相助，步步為營，密紮碉堡，晝夜巡防。

《申報》又盛讚林朝棟之領導有方，稱「有功必賞，有罪必懲」，麾下健兒一聞約束，「無不以一當百，勇氣百倍」。

為增強兵力，林朝棟又在彰化一帶，「添募土勇若干名，一俟挑選成軍後，即當定期會勦。」

同時，他也延聘運籌帷幄之參謀人才，強化作戰規劃工作。光緒18年1月29日（1892年2月27日）《申報》載：

> 素仰郡中有楊君虞臣，精嫻韜略，遂以重幣延入幕府，以收指臂之助。似此憐才重士，集益廣思，吾知楊君必當感激圖報，以副盛名也。[112]

（三）合脗之役的血戰（光緒18年3月）

楊虞臣是何人，待考，以「精嫻韜略」而被延攬入幕府，可見林朝棟亦甚重視參謀人才之吸收。

光緒18年3月10日後，又有合脗之役。邵友濂奏稱：

> 三月初十夜，隘勇前營猝入外加輝，焚燒番粮，眾番撲護，棟字右營守備賴進武馳扼內加輝隘口，終日接仗。林朝棟聲東擊

112　〈鹿耳春潮〉，《申報》，光緒18年1月29日（1892年3月9日），版2。

> 西，督同各營，搶溪飛渡，斬関直上，奪獲合脗砲台，登時踞紮。羣番呼嘯回攻，我軍槍砲環擊，死戰一日，番始退去，悍目牙畏阿甕等均殁於陣。

據上，林朝棟採取聲東擊西戰術，渡過溪流而奪佔合脗砲台，死戰一日，擊退群番，並擊斃悍目「牙畏阿甕」等。接著，各社「哀詞乞撫，情願繳還槍械，並將為首番犯李九、陳木、黃妹縛送懲辦。」[113]

關於此役，胡傳因奉命巡視各地駐軍營務，奉邵友濂札赴阿姆坪棟軍大營勞軍，因親臨戰場而留下較詳細的紀錄紀錄。3月9日黎明，他出城詣機器局邀陳實齋（陳長慶），在公泰行晤面，因趕不上火車，改搭第二班車，下午3 點到至桃仔園，換為乘轎，5點多到大嵙崁，寄宿於撫墾局陳實齋處。10日7 點多，由大嵙崁起程，中午到達阿姆坪大營，會見林朝棟，二人隨即一起赴夾板山營。此營駐紮於夾板山巔，居高臨下，視野極佳，望吶哮、水流東各營及合脗、加輝等處，歷歷如在眼前。

光緒18年3月11日，胡傳親身目睹一場戰鬥。他報稱，清晨2時，下雨，定海中營、棟字左營及棟字正營一哨、右營一哨、臺勇一哨、隘勇中營及勁勇合一哨，黑夜中作戰，冒雨渡溪，進駐合脗；天明後，生番直攻棟字右營，雙方激戰至黃昏，總計進攻合脗時，「臺勇陣亡三人、傷五人，定海中營渡水溺死一人；棟右接仗者陣亡三人、傷數人」。棟軍雖有傷亡，但攻下合脗獲勝。[114]

---

113 邵友濂奏，光緒18年4月13日，〈福建臺灣巡撫邵友濂奏為剿平大嵙崁內山番社請將在事出力暨陣亡員弁分別獎卹以昭賞勸摺〉，收入洪安全總編輯，《清宮月摺檔臺灣史料》，冊8，頁6422。

114 胡傳，《臺灣日記與稟啟》，頁7-8。

　　以上胡傳所見之作戰情形，自然不完整，但略可窺一二，即山區之叢林作戰，敵暗我明，相當艱困。然而，棟軍使用槍礮等進步的武器，組織較佳，後勤良好，可彌補地利欠佳的缺點，終於佔了上風。但據日治初期之泰雅族訪查資料，稱官軍常處於挨打狀況，犧牲慘重，甚至有泰雅族打敗官軍之各種傳說，[115]可能指某部分戰役之狀況。

　　其後，胡傳即離開戰場，光緒18年3月12日清晨，由阿姆坪起程，中午到大科崁，與陳實齋會面進午餐後，即動身出發，4點至桃仔園等候火車，但未等到，只好赴桃園街，尋一小客店過夜。13日，9點多，他搭火車，中午到臺北府，進入巡撫衙門進謁顧肇熙及邵友濂巡撫，面稟阿姆坪前線戰況狀，並致函林朝棟。[116]

　　接著，胡傳繼續巡視全臺營務。光緒18年3月21日，先與官員們「設席于考棚，為唐（景崧）方伯餞行」；再拜會林朝棟，並至各處辭行。然後，繼續往南巡視，不過，他對撫墾成效深表懷疑，認為「屢剿屢撫……歲虛糜防餉撫費」。[117]

　　至此，大嵙崁之役基本上告一段落，邵友濂遂奏稱「內山各路番社現已一律靜謐」。[118]林朝棟軍力雖頗有傷亡，但堪稱不辱使命，短

115　參楊慶平，〈清末臺灣的「開山撫番」戰爭（1885-1895）〉，頁57-58、72-76。

116　胡傳，《臺灣日記與稟啟》，頁8-9。顧廉訪，是顧肇熙，字鼎臣，江蘇人，光緒18至20年9月，任分巡臺灣兵備道，後升布政使。潘敬尉主編、鄭喜夫纂輯，《臺灣地理及歷史·卷九·官職志》，（臺中：臺灣省文獻委員會，1980），冊1，頁25。

117　胡傳，《臺灣日記與稟啟》，頁9；〈光緒十八年八月初五日申〉，頁57。

118　邵友濂奏，光緒18年4月13日，〈福建臺灣巡撫邵友濂奏為剿平大嵙崁內山番社，請將在事出力暨陣亡員弁分別獎卹以昭賞勸摺〉，收入洪安全總編輯，《清宮月摺檔臺灣史料》，冊8，頁6422。

短三個月左右即平定亂事，再立戰功。

二、大嵙崁戰役之善後與獎賞

　　大嵙崁戰役結束後，是否繼續追剿未平之番社？光緒18年3月13日，《申報》載：

> 辦理後路棟、隘各軍糧餉事務陳傑夫大令，近因前敵軍書旁午，日往來於郡城、大嵙崁兩處，披星戴月，昕夕不遑。日前又因公馳赴鴨母坪大營，謁見林蔭堂總統，稟商一切事宜，于昨遄返郡城。旋赴藩轅唐薇卿（唐景崧）方伯處，又以要公稟見，其中所稟何事，有關軍情，殊非外人所得而知。[119]

　　如前所述，陳傑夫（陳鴻英）在臺北行臺負責棟軍後路轉運事宜，經常往返見鴨母坪（阿姆坪）之大營與臺北城之間。3月初，又趕赴阿姆坪見「林蔭堂總統，稟商一切事宜」，於昨日趕回府城，隨即見布政使司唐景崧，以要公稟見。雖不知所為何事，推測當與戰後之役後之撫番政策、棟軍動向有關。

　　關於大嵙崁戰役結束後的撫番政策，巡撫邵友濂進行調查與檢討。首先，他終止進一步之軍事行動。光緒18年4月13日，他飭令林朝棟與林維源妥立民番界限，嚴禁通事搆煽，以弭釁端。[120]換言之，剿番戰爭停止，恢復和番政策，以發給口糧、酒食、衣物等物資獎賞

119　〈稻江春浪〉，《申報》，光緒18年3月13日（1892年4月9日），版2。
120　邵友濂奏，光緒18年4月13日，〈福建臺灣巡撫邵友濂奏為剿平大嵙崁內山番社請將在事出力暨陣亡員弁分別獎卹以昭賞勸招〉，收入洪安全總編輯，《清宮月摺檔臺灣史料》，冊8，頁6422。

方式換取邊界之安寧。[121]其次，邵友濂又下令「各軍勦辦事竣，仍飭回原防駐紮」，[122]可見他不欲進一步向內山推進，因此各軍包括棟軍應回到各自之防地駐守。同時，邵友濂正派遣胡傳進行全臺營務之巡視，以為修改劉銘傳新政策之參考，並奏請獎賞對此役有功者。

（一）獎賞

光緒18年4月13日，邵友濂對大嵙崁戰役有功與戰歿之將士，特別奏請獎賞，尤其是林朝棟。邵友濂奏請獎賞有功將士。大致如下：

1. 在事尤為出力二品頂戴道員林朝棟：調度各軍，悉心規畫，謀定後動，識略兼優，擬請交軍機處存記，以道員請旨簡放。

2. 把總林超拔：擬請免補千總，以守備留閩儘先補用，並賞加都司銜。

3. 參將銜補用遊擊沈琪山：擬請免補遊擊，以參將仍留原省儘先補用。

4. 都司銜候補守備黃宗河：擬請免補守備，以都司仍留原省儘先補用。

5. 藍翎儘先拔補把總鄭以金：擬請免補把總，以千總仍留原省儘先補用，並賞加都司銜。

6. 軍功五品貢生黃南球：擬請賞戴藍翎。[123]

121　參楊慶平，〈清末臺灣的「開山撫番」戰爭（1885-1895）〉，頁72。

122　邵友濂奏，光緒18年4月13日，〈福建臺灣巡撫邵友濂奏為勦平大嵙崁內山番社請將在事出力暨陣亡員弁分別獎卹以昭賞勤摺〉，收入洪安全總編輯，《清宮月摺檔臺灣史料》，冊8，頁6424。

123　邵友濂奏，光緒18年4月13日，〈福建臺灣巡撫邵友濂奏為勦平大嵙崁內

　　按，黃宗河，深坑人，經營茶業致富。光緒11-12年清法滬尾之役時，奉孫開華之命，與張李成率臺勇，擊退登陸法軍有功。戰後，劉銘傳實施開山撫番政策，納入劉朝祜營中，光緒12年，駐紮大科崁山區。[124]黃南球，生於道光20年（1840）淡水廳楊梅壢、[125]北臺之役時，奉臺北府知府之命北上協助守城四個月，戰後為劉銘傳裁撤。[126]二人均為地方領袖，帶領土勇效命。

　　邵友濂對其他戰歿者造冊呈報，亦奏請分別獎卹，有「花翎遊擊楊春海、遊擊銜都司賴李春、把總簡玉發；五品軍功林秀川、張拱福、蔣宏標」，均從優撫議卹。[127]光緒18年4月14日《申報》亦轉載撫卹詳情。[128]邵友濂在「剿平大科崁內山番社獎卹案」中，分別敘述每人之事蹟。然而，奏摺名單中只見楊春海、賴李春、簡玉發，卻不見五品軍功林秀川、張拱福、蔣宏標。原來，4月13日之上諭，對五品軍功林秀川、張拱福、蔣宏標等三人之資歷有疑問，應「查明報部，

　　　山番社請將在事出力暨陣亡員弁分別獎卹以昭賞勸摺〉，收入洪安全總編輯，《清宮月摺檔臺灣史料》，冊8，頁6422-6423。

124　參看許雪姬，〈武翼督尉黃宗河傳〉，收於中華民國臺灣史蹟研究中心研究組編輯，《臺灣史研究暨史料發掘研討會論文集》（高雄：中華民國史蹟研究中心，1986），頁484-485。

125　黃卓權，《跨時代的臺灣貨殖家：黃南球先生年譜（1840-1919）》，頁29。

126　黃卓權，《跨時代的臺灣貨殖家：黃南球先生年譜（1840-1919）》，頁149、151。

127　邵友濂奏，光緒18年4月13日，〈福建臺灣巡撫邵友濂奏為剿平大科崁內山番社，請將在事出力暨陣亡員弁分別獎卹以昭賞勸摺〉，收於洪安全總編輯，《清宮月摺檔臺灣史料》，冊8，頁6423-6424。

128　內稱「陣亡之遊擊楊春海、都司賴李春、把總簡玉發、五品軍功林秀川、張拱福、蔣宏標，均著交部從優撫卹。」〈本館接奉電音〉，《申報》，光緒18年4月14日（1892年5月10日），版1。

再行核議」。顯然確有問題，方會除名。

另外有：都司補用守備李桂林、儘先拔補千總劉新發、藍翎儘先拔補陳高、五品軍功魏清榮。[129]光緒18年9月17日《申報》載：

> 又由善後總局查悉，此外向有陣亡之守備李桂林、千總劉新發、把總陳高、五品軍功魏清榮、游世款五員，當時未經請卹，然亦皆入山剿辦，攻堅奪壘，奮不顧身，自應並予卹典以慰幽魂，因稟請中丞分別陳奏。[130]

據上，新補入者是善後總局查出再呈報的。但五人中又漏掉游世款，只剩下四人，不知何故？

（二）建昭忠祠

大嵙崁戰役慰殉難將士甚多，林朝棟稟請邵友濂建昭忠祠追念。光緒18年5月18日（1892年6月12日）《申報》載，林朝棟因追念陣亡各兵丁踴躍捐生，情殊可憫，遂稟請巡撫邵友濂「建祠崇祀，以昭忠烈」，所有建祠經費自行倡捐。換言之，即自行倡捐經費建昭忠祠。不久，邵友濂批稱：

> 建祠不動公款，實堪嘉尚，本部院捐廉五百兩，交該總統（林朝棟）辦理，餘仍由該總統倡捐起建。觀察祗領之下，即日鳩

129　「勦平大嵙崁內山番社獎卹案」，收於蔣師轍等纂，《臺灣通志》，頁913-922。

130　〈赤嵌紀要〉，《申報》，光緒18年9月17日（1892年11月6日），版2。

匠興工，此後廟貌巍峨，息魂安侑，貔貅猛士死如不死矣。[131]

據上，邵友濂捐養廉銀500兩，其餘由林朝棟倡捐，即日起建。光緒19年在大嵙崁建立昭忠祠，合祀戰死病歿及原住民死者，邵友濂題「俎豆同榮」匾。[132]昭忠祠位於大溪，已毀，此匾宜置於於大溪「忠魂堂」。[133]

三、棟軍之繼續協防北臺灣

劉銘傳在光緒18年辭職獲准，由溫和穩健的邵友濂接任巡撫職。戰後邵友濂固奏請獎賞林朝棟等有功將士，但也重新檢討、修正劉銘傳新政，開山撫番是其中之一。其基本政策是以和番為主，但林朝棟仍駐防北臺，穩定局面。此外，他透過胡傳之巡視山區防務，檢討開山撫番之得失，修正番政。

以下分述大嵙崁戰役後棟軍之駐防北臺與邵友濂之檢討撫墾政策。

（一）大嵙崁戰役後棟軍之駐防北臺灣

光緒18年4月大嵙崁戰役告一段落後，邵友濂奏報將命各軍返回

131　〈鯤洋郵簡〉，《申報》，光緒18年5月18日（1892年6月12日），版2。

132　邵友濂、林維源會奏，光緒19年4月4日，「為據情陳請將淡水縣屬大嵙崁昭忠祠列入祀典伏乞聖鑒事」（附片），《光緒朝月摺檔》；國立臺灣大學，《台灣歷史數位圖書館》，檔名：〈ntu-GCM0032-0009900100-0001314.txt〉。伊能嘉矩，《臺灣蕃政志》，頁582。

133　忠魂堂位於大溪普濟路，乃日式佛堂，內堂主神是釋迦牟尼佛，神桌旁有「清時代昭忠祠內諸士之靈位」，光緒19年所題「俎豆同榮」匾一面掛於堂上。

原駐地，但實際上並未立即執行。棟軍雖不再執行剿亂行動，但繼續駐紮北臺，直至光緒18年9月方回防中路。在此期間，棟軍調整部署，除繼續駐紮山區維護秩序外，並駐防臺北府城，協助維持首府之安全。

建省後，臺北府城東門外及大隴洞向有營基兩處，由撫標正、副兩營分投駐紮，維護安全。光緒17年年底，林朝棟將兩營併為棟字左營，參加大嵙崁之役。戰爭結束後，光緒18年8月2日《申報》載：

> 今春番務肅清，各軍以次凱旋，遂札令棟字左營及定海右營仍
> 駐紮東門外及大隴洞兩處。[134]

換言之，棟字左營及定海右營仍駐紮東門外及大隴洞兩處，協助防衛臺北府城，因此有事時必須出動兵力，執行任務。例如鎮壓6月23日申刻（午後3-5時），臺北艋舺鹽課總館之騷亂事件。光緒18年閏6月6日《申報》載：

> 六月二十三日申刻，臺北艋舺鹽課總館，不知因何驚動多人圍
> 繞館門，拋磚擲石，城門外文武各官立即親往彈壓，眾人猶恃
> 蠻不散。嗣經駐紮東門外之棟字左營營官帶隊前往，始各望風
> 而潰，免釀事端。

據上，6月23日申刻，臺北群眾包圍艋舺鹽課總館，拋擲磚石，官員彈壓不成，由棟字左營營官帶隊前往平息。

134　「臺嶠秋痕」，《申報》，光緒18年8月2日（1892年9月22日），版2。

　　關於此事件之緣由，事後「議論紛紛，莫衷一是」。[135]唯光緒18年閏6月6日《申報》載稱，[136]臺北鹽館自5月下旬經常遭竊，6月23日捕獲王為一名，以竹條抽打，但賊黨眾多，乘間哄同林、吳二姓劣夫，麕集館前，計圖擄掠艋舺營參將守備及衛隊中軍。淡水縣令葉意深聞訊，予以彈壓，但賊夫反抗，用石擲傷差保，湧進館內搶掠，失去本日賣鹽課釐銀錢及內外櫃家丁糧手等銀、洋衣箱各什物，所有護衛勇夫計受磚石傷者十餘人，該賊夫又蜂屯館內。幸請棟字左管賴（賴進武）管帶之隊赶到，各賊夫始望風潰散。可見棟軍發揮一定的鎮壓作用。

　　由於地方當局自覺無力維護鹽館安全，稟請鹽務總局，「飭縣會汛，及專札行令棟字左營派撥弁勇」，責成艋舺黃、吳、蔡、林、王五姓總理頭人，交出為首之賊人林打、林似、林連、林你、林窟、林海、林潭、林鼻及吳姓不知名各搶犯，一面飭拿研訊，按律嚴辦；並且請求「仍留棟字左營兩棚，暫駐四館防護」。

135　「臺疆案牘」，《申報》，光緒18年閏6月6日（1892年7月29日），版2。
136　「竊阜館 寓所自本年五月下旬以來，屢次被竊，移縣緝究未獲；六月二十三日申刻，在鹽館內倉撞獲曾經犯案之積賊王為一名，當訊前次揭屋頂竊去物件；據認不諱，以事非重大，交哨勇帶往館口，用竹篠薄責其背。正擬交捕領去間，詎意賊黨眾多，乘間哄同懷恨淡館不與挑鹽之林、吳二姓劣夫，麕集館前，拋石喧鬧，計圖擄掠艋舺營參將守備及衛隊中軍。淡水縣葉令聞報，率勇至館，會同彈壓。該賊夫用石擲傷差保，恃眾藐視，於戌初進館，肆行搶掠，失去本日賣鹽課釐銀錢及內外櫃家丁糧手等銀、洋衣箱各什物。外櫃許富上前攔阻，受傷被提，經阜職派勇奪回，所有護衛勇夫計受磚石傷者十餘人。該賊夫等因未滿所欲，蜂屯館內。幸請棟字左管賴（賴進武）管帶之隊赶到，各賊夫始望風潰散。」見「臺疆案牘」，《申報》，光緒18年閏6月6日（1892年7月29日），版2。按，淡水縣令葉：葉意深，光緒18年9月以前代理淡水知縣，12月調署新竹知縣。賴管帶是賴進武，6月24日裁撤回籍遣散。

鹽務總局批示：臺北府督同淡水縣葉令「確切查明，分別提訊，擬議詳辦」；並飭該委員亦補稟巡撫、布政使司、臺灣道臺查核。[137]

由此可見棟軍亦有支援臺北府維護社會治安之責任。但不久棟字左營又被裁撤，光緒18年8月2日《申報》載：「刻下又令將棟字左營裁撤，定海右營由大隴洞移駐東門外，以便就近調遣。」[138]換言之，棟字左營被裁撤，由駐紮大隴洞之定海右營移駐東門外接替，結束棟軍之臺北府任務。此時棟軍已奉命返防中路，可見邵友濂終止北臺討番之役後，逐步將棟軍之駐防單位裁撤。

（二）棟軍駐防問題

山區之棟軍繼續駐守至18年9月方返回中路，其間不免發生一些問題。

1. 違紀事件

由於山區生活單調，棟軍發生官兵違規出營事件。光緒18年閏6月6日《申報》載：

> 駐防營勇遇事外出，例須稟明該營上司，領取長籤，冀有稽查而免含混。大嵙崁隘勇前營什長李桂通、邱仁和等並不掛號，擅出營門，以致棚內勇丁王定新，無人約束，出外遊玩，被兇番殺害。[139]

137　「臺疆案牘」，《申報》，光緒18年閏6月6日（1892年7月29日），版2。

138　「臺嶠秋痕」，《申報》，光緒18年8月2日（1892年9月22日），版2。

139　「臺疆案牘」，《申報》，光緒18年閏6月6日（1892年7月29日），版2。

據上，大科崁隘勇前營什長李桂通、邱仁和等，擅出營門，以致棚內勇丁王定新出外遊玩，被原住民殺害。林朝棟接獲管帶林福喜之據情稟報後，批示云：

> 什長、勇丁擅自離營，該管帶漫無覺察，營務廢弛已極，殊屬荒謬，令將李桂通、邱仁和兩名年歲、籍貫、箕斗開單備文，移諸淡水葉令，請煩飭差查緝，務獲解送，以便盡法懲辦。[140]

可見駐山區之棟軍軍紀不易維持，因而有違規事件。

2. 林朝棟之臺北公館遭竊事件

林朝棟因首府在臺北，置有公館一所，做為短暫居住與相關官員等交往之所。此公館在何處呢？《申報》載：「統領棟字各軍兼中路管務處林蔭堂觀察公館向在西門外右首」。[141]西門外右首當在今日西門町附近。光緒18年6月29日，林朝棟因亂事平定，由營晉省，見邵友濂，籌畫「所有善後事宜」，因此「印委各員紛紛前往拜會」。[142]可見此公館充當臨時住所及與官員來往之地。

林朝棟公館何時建造或購置的呢？光緒18年7月25日《申報》載，林蔭堂觀察公館，「內有承辦後路糧械委員某君，寄居廊下已有年所。」[143]既然有後路糧械委員某君寄居「已有年所」，顯然公館已經存在多年。由於林朝棟於光緒11年奉劉銘傳之召帶勇北上，任職營

務處，並在基隆抗法，有可能在此時或稍後購置以供其居住。

《申報》所載寄居多年之「某君」是何人呢？可能是陳傑夫。光緒18年3月13日《申報》載：

> 辦理後路棟、隘各軍糧餉事務陳傑夫大令，近因前敵軍書旁午，日往來於郡城、往返大嵙崁兩處，披星戴月，昕夕不遑。日前又因公馳赴鴨母坪大營，謁見林蔭堂總統，稟商一切事宜，于昨遄返郡城。旋赴藩轅唐微□〔按，應是薇卿，即唐景崧，布政使〕方伯處，又以要公稟見。其中所稟何事，有關軍情，殊非外人所得而知。[144]

陳傑夫辦理後路棟、隘各軍糧餉事務，而且「往來於郡城、往返大嵙崁兩處」，又與林朝棟關係密切，因此寄居者當是他。

未料，林朝棟公館曾發生偷竊事件。光緒18年7月25日《申報》載：

> 某夜忽為梁上君子所算，由後垣穴壁而入，將衣箱二口盡攜以去。及次曉，某君始知失竊，開單呈請淡水縣飭捕踏緝，未知果能破案否也。[145]

寄居公館多年的「某君」（陳傑夫？），在七月夜間被小偷侵入，竊去衣箱二口，報請淡水縣緝辦。由上可知，林朝棟轄下之棟軍在大嵙

144　「稻江春浪」，《申報》，光緒18年3月13日（1892年4月9日），版1-2。
145　「赤嵌秋雲」，《申報》，光緒18年7月25日（1892年9月15日），版2。

崁之役後仍然駐防北臺山區，同時協助防衛首府安全，直至光緒18年
9月方返防中路。

　　總之，林朝棟在短幾個月內即平定大嵙崁之亂，堪稱戰功彪炳。
論致勝之因，一者兵貴神速，他利用電報、火車之近代交通工具，迅
速調兵，二者棟軍長於山區作戰，三者充分運用地雷、銃砲等近代武
器。此外，另一重要原因是建立一良好的後勤組織，且執行力強，因
此免於重蹈其父林文察因補給問題而發生官紳衝突事件。正好林家文
書留下甚多珍貴資料可重建史實，以下將論述大嵙崁之役的後勤組織
及其執行狀況。

第三節　棟軍之後勤組織（一）：大嵙崁糧械所

　　林朝棟北上進行山區作戰需糧餉與軍需甚多，而且補給極為困
難，後勤工作是決定成敗的關鍵。林朝棟深知此一道理，因此特別關
注此役的後勤工作。原因有幾個。

　　首先，北部山區崇山峻嶺、潮濕多雨，交通極為困難。如前所
述，光緒12年9月，陳衍應召來臺入劉銘傳幕府時，先至大嵙崁，再
進入山中之加九岸軍營會面，對其行程之艱險有生動描繪。[146]而「山
深路險，糧運奇艱，地勢番情，尤難洞悉」，乃官軍無法長期有效駐
防之主因。[147]

　　其次，泰雅族驍勇善戰，尤其長於森林戰、游擊戰，憑藉地利，

146　陳衍，〈行抵臺北內山加九岸記〉，收於臺灣銀行經濟研究室編，《臺灣關
　　係文獻集零》，頁140-141。引文之「巉嵲」，嵲疑即「嵩」，二字均形容
　　山勢高聳。
147　楊慶平，〈清末臺灣的「開山撫番」戰爭（1885-1895）〉，頁49。

隨時隨地可伏擊攔截。[148]泰雅族人長年住在高山森林中，以逸待勞，
官兵防不勝防。

　　第三，林朝棟統轄全部大嵙崁之役的作戰軍隊甚多，因此補給工
作甚為繁重。依照邵友濂於光緒17年3月11日戰役告終後之奏摺，計
有：

> 棟字正營、衛隊、左營、右營（原定海正、副二營），共四
> 營；台北隘勇中營、隘勇前營二營；新募臺勇（黃南球）一
> 營；新募勁勇、捷勇二營。[149]

按，隘勇中營管帶是蔡國樑、捷勇營是陳騰龍，勁勇營是黃宗河。[150]
以上共九營，一營編制50人，應有4,500人。另外，定海中營與右營
亦參戰，但應直轄於巡撫，不知是否亦歸林朝棟統轄？據後路轉運局
委員陳鴻英歷次呈報之各營薪費之四柱清冊，未見此二營，可能不歸
林朝棟直轄。[151]無論如何，四千以上之官兵駐於崇山峻嶺之山區，所

148　陳衍，〈行抵臺北內山加九岸記〉，收於臺灣銀行經濟研究室編，《臺灣關
　　係文獻集零》，頁140-141。

149　洪安全總編輯，《清宮月摺檔臺灣史料》，冊8，頁6420-6423。

150　「正月廿四夕陳鴻英致林拱辰、王泰嵩信函」，收於黃富三等解讀，何鳳
　　嬌、林正慧、吳俊瑩編輯，《霧峰林家文書集：棟軍等相關信函》，頁
　　237；「光緒十八年十月十三日福建臺灣巡撫邵友濂奏陳光緒十七年秋冬兩
　　季分臺灣防勇練各營更換管帶銜名並添募土勇成軍日期清單」，收於洪安
　　全總編輯，《清宮月摺檔臺灣史料》，冊8，頁6566；邵友濂奏，光緒19年
　　6月6日奉硃批，「福建臺灣巡撫邵友濂為光緒十八年春夏兩季分臺灣留防
　　勇練各營更換管帶銜名並調紮處所裁撤各營日期繕具清單恭呈御覽」（清
　　單），《光緒朝月摺檔》；國立臺灣大學，《臺灣歷史數位圖書館》，檔
　　名：〈ntu-GCM00320013800141-0001330-a001.txt〉。

151　如「光緒十八年八月陳鴻英造光緒十八年臺北隘軍六月分大建薪費並閏六月

需糧餉、軍火數量相當大，補給不易。

為解決補給問題，邵友濂與林維源、林朝棟規劃出相當有效的後勤組織。光緒10至11年清法戰爭後，劉銘傳設立善後局以統籌、執行新政，[152]包括支援開山撫番政策之運作。因此亦承辦棟軍作戰之各項補給工作，其下直接負責大嵙崁之役的後勤業務單位是棟軍後路轉運局。

光緒18年4月13日邵友濂奏稱：

〔光緒17年〕十二月初四日，林朝棟督率四營，前抵大嵙崁，……妥籌勦辦。一面商臣林維源駐辦後路轉運事宜，林朝棟進紮阿母坪。[153]

據上，林朝棟在前線作戰，而林維源則在大嵙崁「駐辦後路轉運事宜」。

後路轉運工作何以設在大嵙崁呢？第一，光緒年間大嵙崁已發展為北部山區撫墾重鎮，稻米、茶葉等產業勃興，漢人人口大增，可為據點。第二，大嵙崁有水路可通航，可與淡水河系中、下游之各河港交通，如新莊、板橋、艋舺、大稻埕、淡水等地，因此重載貨物，

分棟字正副衛礮隊隘勇正副暨臺北隘勇中左右三營薪糧兼統費等項四柱清冊」，收於黃富三等解讀，何鳳嬌、林正慧、吳俊瑩編輯，，《霧峰林家文書集：棟軍相關收支單》，頁90-105。

152 按清代後期，在有軍事的省份中，通常設有處理特殊事務的機構，稱「善後局」。督、撫可以不按常規，支款辦事。參見羅竹風主編，《漢語大詞典》，卷3，頁444。

153 邵友濂奏，光緒18年4月13日，〈福建臺灣巡撫邵友濂奏為勦平大嵙崁內山各社請將在事出力暨陣亡員弁分別獎卹以昭賞勸摺〉，收於洪安全總編輯，《清宮月摺檔臺灣史料》，冊8，頁6419-6420。

如米糧、蕃薯等，可運達此地存儲，再運至阿母坪等前線軍營。[154]第三，林家自林平侯開始即曾遷居大嵙崁，並營建私宅與大嵙崁城。[155]光緒12年林維源出任劉銘傳之「撫墾幫辦」時，即在其大嵙崁古宅設立「行館」，供辦公之用，具有地利人和優勢。閩人陳衍應劉銘傳之邀來臺為幕府時稱，「先至大嵙崁，小住幫辦撫墾臺人林時甫（維源）行館」。[156]第四，大嵙崁距離阿母坪棟軍大營不遠，支應所需物資比較方便。（參考附圖、大嵙崁之役路線圖）

　　關於大嵙崁之役的後勤工作，未見官方檔案。然據霧峰林家文書，常見棟軍支應處、棟軍後路轉運局文書，主要是光緒17-18年之相關信函或文件，可判斷係與此次大嵙崁戰役有關之文書，大有裨益於彌補此一缺環。據此，可知大嵙崁之役中的後勤單位有二處：一是大嵙崁後路糧臺（或大嵙崁後路糧械所）、二是棟軍後路轉運局。[157]其中大嵙崁後路糧臺（或大嵙崁後路糧械所）主要負責供應軍糧，就近交予林朝棟所統轄之前線作戰的棟軍及其它兼統之各軍；棟軍後路轉運局負責呈報向善後局申請棟軍之薪餉以及各類軍需。其後勤系統是：

　　善後局→大嵙崁糧械所、棟軍後路轉運局→棟軍支應處→前線各營

154　王世慶，《淡水河流域河港水運史》（臺北：中央研究院中山人文社會科學研究所，1998再版），頁34-35。

155　黃富三，〈板橋林本源家族與清代北臺山區的發展〉，頁13。許雪姬，《板橋林家：林平侯父子傳》（南投：臺灣省文獻委員會，2000），頁30-31。

156　陳衍，〈行抵臺北內山加九岸記〉，收於臺灣銀行經濟研究室編，《臺灣關係文獻集零》，頁140。時甫係林維源之字。

157　據稱，其址位於今大溪區市中心。

一、撫墾總局與後勤基地：大嵙崁撫墾總局

　　如前所述，邵友濂任命林維源負責棟軍後路轉運事宜，駐於大嵙崁，撫墾總局與林本源公館均在此，因此棟軍後路轉運總部當設於此處。但納悶的是，林家文書中僅見數件與林維源相關者，且多與後路轉運之資料無直接關係。為什麼？筆者推測有一可能，是林維源官職為二品京卿，又是全臺撫墾幫辦，職位僅次於劉銘傳，而在善後局之上，因此僅在其上做統籌協調工作，而前線棟軍之公文來往對象只至棟軍後路轉運局，未直接上呈至撫墾總局。目前僅見一件與棟軍相關。光緒18年正月24日，棟軍後路轉運局委員陳鴻英致棟軍支應處師爺林拱辰、王泰嵩函稱：

> 送上林幫辦（按，林維源）發黃、蔡、陳三委札，祈查收，飭（請）送幫辦收發委員及稿房人等，托代招呼少費，務祈妥為招呼。

上述他所發出之黃、蔡、陳三委札，蔡、陳應是光緒18年1月9日接帶隘勇中營的蔡國樑與捷勇營的陳騰龍；另一位是委札黃姓營官，應為光緒17年11月18日接帶勁勇營的黃宗河。[158]這3營應是林維源所招募

158　「正月廿四夕陳鴻英致林拱辰、王泰嵩信函」，收於黃富三等解讀，何鳳嬌、林正慧、吳俊瑩編輯，，《霧峰林家文書集：棟軍等相關信函》，頁237；「光緒十八年十月十三日福建臺灣巡撫邵友濂奏陳光緒十七年秋冬兩季分臺灣防勇練各營更換管帶銜名並添募土勇成軍日期清單」，收於洪安

之臺勇，用以增強林朝棟之兵力。其中黃宗河是文山堡人，大嵙崁之役後因功以都司進用；光緒18年6月6日，勁勇營裁撤後，接任林福喜為隘勇前營管帶。[159]林維源在此役中的實質角色為何？有待進一步探討。

二、大嵙崁後路糧臺（糧械所）：主持委員

大嵙崁之役時米糧、軍械等重載物資儲存於大嵙崁，以便就近運至阿母坪前線。依據林家文書，大嵙崁後路糧臺設有委員一職，負責軍糧等物之供應工作，前後任職的官員有薩臚芳、陳有文、陳長慶等三人。

（一）委員薩臚芳、陳有文

薩臚芳曾參加清法北台之役立功，屬於「轉運糧械各員」，光緒11年經劉銘傳奏請保獎，光緒14年職位為「守備儘先補用」，光緒15年又因功保獎為游擊「仍留原標儘先補用」，後又被派至台東直隸州任職於台東安撫軍。光緒17年12月後，他與陳有文二人出任大嵙崁後路糧臺委員，負責大嵙崁之糧械補給任務。

陳有文原為藍翎把總，光緒5年保獎為守備儘先補用，後因參

全總編輯，《清宮月摺檔臺灣史料》，冊8，頁6566；邵友濂奏，光緒19年6月6日奉硃批，「福建臺灣巡撫邵友濂為光緒十八年春夏兩季分臺灣留防勇練各營更換管帶銜名並調繁處所裁撤各營日期繕具清單恭呈御覽」（清單），《光緒朝月摺檔》，國立臺灣大學，《臺灣歷史數位圖書館》，檔名：〈ntu-GCM00320013800141-0001330-a001.txt〉。

159　黃富三等解讀，何鳳嬌、林正慧、吳俊瑩編輯，《霧峰林家文書集：棟軍等相關信函》，〈（四）黃宗河發信（信函內容簡介）〉，頁88-89，。按，黃宗河乃深坑望族黃家人。

加北台之役，光緒11年保獎為「以守備盡先補用並加都司銜賞換花
翎」。[160] 二人均出身軍職，光緒17年12月後，出任大嵙崁後路糧臺委
員，與薩臚芳負責大嵙崁之糧械補給任務。但光緒18年（1892）3
月，陳有文因故卸任。光緒18年3月11日，陳有文致林拱辰另一函
稱：

> 弟自初九日赴埕（按，大稻埕），今午後回崁料理，交卸糧械
> 差務……[161]

據上，陳有文是在3月9日至大稻埕，11日中午回到大嵙崁，辦理卸職
事務。（按，埕應指大稻埕，崁指大嵙崁）。同日，陳有文致林拱辰
另一函：

> 弟因奉文銷差，日內即須交卸，理應將經手銀項各事料理清
> 楚，移交陳石參兄接辦。去臘至今，弟代尊處支給零星雜用，
> 共銀參拾七元貳角三點四毫，又昨日買雞蛋并药料銀八角，日
> 前另列清單一紙已面交矣。[162]

據上，陳有文奉命銷差，3月11日回到大嵙崁清理未了事務，任期約

---

160 黃富三等解讀，何鳳嬌、林正慧、吳俊瑩編輯，《霧峰林家文書集：棟軍等
相關信函》，〈大嵙崁後路糧臺發信（信函內容簡介）〉，頁632。

161 「十三夕陳長慶、薩臚芳致林拱辰信函」，收於黃富三等解讀，何鳳嬌、林
正慧、吳俊瑩編輯，《霧峰林家文書集：棟軍等相關信函》，頁654-655。

162 「十一日陳有文致林拱辰信函」，收於黃富三等解讀，何鳳嬌、林正慧、吳
俊瑩編輯，《霧峰林家文書集：棟軍等相關信函》，頁650-651。

三個多月。接任者是陳石參（石齋），即陳長慶。

（二）委員陳長慶

陳長慶，字石齋，原為候選教諭，光緒15年因功經劉銘傳保獎為「以知縣不論單雙月遇缺儘先選用」。光緒17年，因清賦請獎為直隸州知州，後任職於銘軍營務處。光緒17年北路番亂爆發，10月，他奉派前往大嵙崁偵探軍情，11月，接撫墾總局委員，兼灶務委員；12月，奉林維源命，會同營員進山搜捕兇犯，奮勇督戰，斬殺無數，但亦中槍傷及腰脊腳趾。[163]光緒18年7月27日（1892年9月17日）《申報》載：

> 陳石齋直刺長慶，上年〔光緒17年〕奉委總辦大嵙崁撫墾局事。時值番社不靖，直刺親探前敵軍情，轉運後路糧餉，并深入內山督戰，身受重傷，曾經邵中丞榮列剡章，立邀上賞。嗣以撫墾規模已定，將後路轉運局裁撤。[164]

據上，於光緒17年奉派總辦大嵙崁撫墾局，屬於林維源之下的官員，並負責「轉運後路糧餉」。光緒18年3月11日接替陳有文之職，與薩臚芳共同負責大嵙崁後路轉運事宜，直至光緒18年7月大嵙崁之役結束後方裁撤卸任。

163　黃富三等解讀，何鳳嬌、林正慧、吳俊瑩編輯，《霧峰林家文書集：棟軍等相關信函》，〈大嵙崁後路糧臺發信（信函內容簡介）〉，頁634。

164　〈稻江秋語〉，《申報》，光緒18年7月27日（1892年9月17日），版3。

綜之，轉運糧餉、軍械至林朝棟軍營之任務初期由薩臚芳與陳有
文負責；但光緒18年3月11日，陳有文因故卸任，由陳長慶接任，與
薩臚芳負責。

另外，林朝棟有公館位於臺北府城西門外，除供林朝棟進城居住
外，亦有幕友、親朋短期居住。光緒18年閏6月26日，《申報》載：

> 總統大嵙崁一帶前敵各軍林蔭堂觀察……於〔光緒18年〕六月
> 廿九日由營晉省，謁見邵中丞，……旌節仍寓西門外府第。[165]

又，光緒18年7月25日，《申報》載：

> 統領棟字各軍兼中路營務處林蔭堂觀察公館向在西門外右首，
> 內有承辦後路糧械委員某君，寄居廡下已有年。[166]

據上，林朝棟公館位於西門外右首，即西門外之北，或許就在今漢中
街與峨嵋街、武昌街一帶。後路糧械委員某君長年寄居，可能藉此與
林朝棟保持密切聯繫，方便執行後勤業務，此人可能是陳長慶或陳鴻
英（陳杰夫）？

三、大嵙崁後路糧臺（或大嵙崁後路糧械所）之職責

軍不可一日無糧，因此大嵙崁設後路糧臺（或大嵙崁後路糧械
所）。一者它在緊鄰阿母坪之要地，二者該地亦是山區產糧重鎮，三

165　〈滬尾觀潮〉，《申報》，光緒18年閏6月26日（1892年8月18日），版2。
166　〈赤嵌秋雲〉，《申報》，光緒18年7月25日（1892年9月15日），版2。

者當與林維源之林家有關，林家築有大嵙崁城，且有廣大田園。

大嵙崁後路糧臺（或大嵙崁後路糧械所）之職責主要是供應軍糧，也兼及於其它補給品。茲據林家文書分述如下。

（一）按月運交軍米至棟軍支應處

據文書，主要為購米送交前線棟軍支應處，基本上按月，亦有零星運交者。光緒18年2月4日，薩臚芳、陳有文、陳長慶致函林拱辰：

> 謹查敝所第一次購米壹千石，每石價洋貳元柒角。第貳次購米柒百石，每石價洋貳元柒角伍點，除陸續發運各營不計外，實運到統帥大營，上年十二月初五起本年正月十貳止軍米，計共肆百玖拾柒石（以上係在第乙次乙千石之內，每石價洋貳元柒角正）。
>
> 又，自本年正月十三日起至貳月初四日止運上軍米，計共參百玖拾石（以上係在第貳次柒百石之內，每石價洋貳元柒角伍點正）。
>
> 現在兩次之米均已發罄，茲經購得第參次軍米壹千石，每石價洋貳元柒角，擬于明日起運送各軍……[167]

據上，已經運二次軍米，並將運出第三次軍米。

---

167 「貳月初四日薩臚芳、陳長慶、陳有文致林拱辰信函」，收於黃富三等解讀，何鳳嬌、林正慧、吳俊瑩編輯，《霧峰林家文書集：棟軍等相關信函》，頁638-639。

第一次：購米1,000石，每石價2.7元，從光緒17年12月5日至18年1月12日，共運497石。按，光緒17年12月4日林朝棟進軍阿母坪，此批軍米顯然是立即運交之軍米，正是「三軍未動，糧草先行」之明證。

第二次：購米700石，從光緒18年1月13日至2月4日，共運390石，每石價洋2.75元。此批正好接上個月，只是價格高出0.05元。

第三次：購入1,000石，每石價洋2.7元，預定2月5五日運交，價格同於第一次米。

第四次：購米亦是1,000石。光緒18年（3或4）月24日，陳長慶、薩臚芳致林拱辰函稱：

> 查陳英兄差內所辦軍米壹千石，現將運完。茲傳各該舖並幫辦憲管事江阿鳳，令其按照時價再添購壹千石，据云照原價2.7元。[168]

據上，第一，「陳英兄差內所辦軍米壹千石，現將運完」，當是三月份軍米，正好接上函二月份已運者。

第二，「茲傳各該舖並幫辦憲管事江阿鳳，令其按照時價再添購壹千石，据云照原價2.7元」，幫辦是林維源，由其管事與商舖負責購米，顯然林維源主導供應軍米事宜。因此，在大嵙崁之役期間，大約每月解運軍米1000石，以每石2.7或2.75元計算，共約2,700—2,750元

---

168 「廿四早刻陳長慶、薩臚芳致林拱辰信函」，收於黃富三等解讀，何鳳嬌、林正慧、吳俊瑩編輯，《霧峰林家文書集：棟軍等相關信函》，頁668-669。本文書僅列二十四日陳長慶、薩臚芳致林拱辰函，但判斷應為光緒18年3月，原因是陳長慶在此時接陳有文職務。

間。

第三，米商似有偷斤減兩之事。光緒18年3月（？）24日，陳長慶、薩臚芳致林拱辰函稱：

> 昨解米石，失重五斗，已勒令該舖補繳，並囑以後再敢如此舞弊，定必稟請究辦，以重軍食。[169]

綜上，大嵙崁後路糧臺（糧械所）從光緒17年12月5日至18年4月，按月運交軍米至阿母坪棟軍支應處，極為準時，而作戰期間林朝棟未有缺糧之事發生。

何以5月後無紀錄？可能是因亂事底定，不須按月運交軍米，而邵友濂裁撤後路轉運局與大嵙崁糧械所，並改採和番政策。因此光緒18年5月，陳長慶卸下撫墾局委員之職，轉任稽查大嵙崁、三角湧、雙溪等處腦灶事務，招商勸辦腦務。[170]

（二）零星運米

除了固定運軍米至棟軍支應處外，大嵙崁後路糧臺亦有零星運米之紀錄，這些零星購米有二特色：可能是將官所要求的好米，由挑夫直接運達。

169　「廿四早刻陳長慶、薩臚芳致林拱辰信函」，收於黃富三等解讀，何鳳嬌、林正慧、吳俊瑩編輯，《霧峰林家文書集：棟軍等相關信函》，頁668-669。

170　黃富三等解讀，何鳳嬌、林正慧、吳俊瑩編輯，《霧峰林家文書集：棟軍等相關信函》，〈大嵙崁後路糧臺發信（信函內容簡介）〉，頁635-636；〈稻江秋語〉，《申報》，光緒18年8月7日（1892年9月27日），版3。

1. 零星運米

此類零星米之購買運送多為上等好米，應是上級軍官之食米，而非一班兵勇之軍糧。（見附錄一）

據附錄一，編號（1），光緒18年2月19日，陳有文致函林拱辰：

> 前次運上頂上白米二十三石，茲據該米鋪開單前來，每石照常加銀五角，共需加銀拾壹元五角。弟思此項只好尊處賬房開銷，未便開與善後局在餉項劃扣。[171]

此為「頂上白米二十三石」，且每石照常加銀五角，又不能在善後局餉項劃扣，當是將官甚至是林朝棟所需之米。

編號（2），光緒18年3月（？）2日，陳長慶、薩臚芳致函林拱辰：

> 本早再運上白米參拾石……[172]

據上，光緒18年3月（？）2日運交上白米30石。

編號（6）光緒18年3月（？）19日午間，陳長慶、薩臚芳致林拱辰：

---

171 「二月十九日辰刻陳有文致林拱辰信函」，收於黃富三等解讀，何鳳嬌、林正慧、吳俊瑩編輯，《霧峰林家文書集：棟軍等相關信函》，頁642-643。

172 「初貳早陳長慶、薩臚芳致林拱辰信函」，收於黃富三等解讀，何鳳嬌、林正慧、吳俊瑩編輯，《霧峰林家文書集：棟軍等相關信函》，頁644-645。

承囑老紅酒，已嵩差赴枋採辦……。另購好米加舂頂白拾石，擬于明早運上。[173]

據上，加購之「好米加舂頂白拾石」，定於20日早晨運上。

由上可見零星之米乃好米，當是將官所需者。

2. 挑夫直運

這類米糧多由大料崁後路糧臺僱挑夫送至支應處或前線軍營。

編號（3），光緒18年3月（？）13日晚間，陳長慶、薩臚芳致函拱辰：

> 本午工首賴招財賫到手札，承囑由敝所發給米票，交該工首挑運至李朝華碉堡，交林營務處超拔點收，每石工洋壹元貳角伍點，仍由敝所照給該工首分發等因。當即据該工首先領去米票捌石挑運去後，第此項軍米是否歸入總統印領內扣除，抑係另由營務處林超拔協戍出具印領，所有夫價是否由敝所彙報善後局核銷，抑由敝所暫行代發。[174]

據上，挑夫「工首」賴招財持林拱辰手札，領去米票，以便運8石米至李朝華碉堡處，交營務處林超拔點收，每石工洋1.25元，總共應該是10元。又，陳長慶、薩臚芳請示林拱辰，一是米價林朝棟由何處開

---

173 「十九午陳長慶、薩臚芳致林拱辰信函」，收於黃富三等解讀，何鳳嬌、林正慧、吳俊瑩編輯，《霧峰林家文書集：棟軍等相關信函》，頁660-661。

174 「十三夕陳長慶、薩臚芳致林拱辰信函」，收於黃富三等解讀，何鳳嬌、林正慧、吳俊瑩編輯，《霧峰林家文書集：棟軍等相關信函》，頁656-659

銷，即由總統印領或營務處林超拔出具印領？二是夫價由糧械所彙報善後局核銷或由糧械所暫行代發？

編號（4）光緒18年3月14日，大嵙崁後路糧臺致函林拱辰：

> 錄運去吶哮棟字營務處米數所加夫價，計開：
>
> 二月十三日至二十五日止，共去米壹百五拾五石。
>
> 三月初一日至初六日止，共去米陸拾貳石。
>
> 二共計米貳百拾柒石，每石加價洋五角五點。
>
> 扣洋壹百拾玖元參角伍點。[175]

上為運交「吶哮棟字營務處米數」，一次是155石，一次是二次共計217石；每石加價洋0.55元，共計119.35元。

編號（7），光緒18年3月20日黃昏卯刻，陳長慶、薩臚芳致林拱辰稱：

> 如有再要頂上白米，並祈早示，以便定春運上。茲本日送上軍米參拾石，即請查照發單，給予回條，是所至禱。再，統帥于本早六點鐘啟程，趕搭頭班車晉郡。[176]

---

175 「三月十四日大嵙崁後路糧臺致林拱辰米數夫價清單」，收於黃富三等解讀，何鳳嬌、林正慧、吳俊瑩編輯，《霧峰林家文書集：棟軍相關收支單》，頁498-499。

176 「三月廿卯刻陳長慶、薩臚芳致林拱辰信函」，收於黃富三等解讀，何鳳嬌、林正慧、吳俊瑩編輯，《霧峰林家文書集：棟軍等相關信函》，頁664-667

上為糧械所本日運交之軍米30石。另外，林朝棟針對上述之函（3），裁示米價、夫價不須由糧械所報銷，可能是自用而不報公帳。其中又提到林朝棟於本日清晨6點即自大嵙崁啟程，前往搭頭班車至臺北府城，當係趕至桃仔園站搭車。此行極可能因大嵙崁之役已告一個段落，林朝棟應召至府城與邵友濂會商善後事宜。

另外，亦有直接運至前線者，如編號（5），光緒18年3月19日，大嵙崁後路糧械所致函林拱辰：

> 謹將卑所代墊米價、夫價銀洋數目開列清單：
> 一、二月二十一日計熟米拾石，代給加打工洋伍元。
> 一、二月二十二日代辦老國公酒貳拾觔每觔價1.1角洋貳元貳角。
> 一、三月初四日計熟米拾石，代給加打工洋伍元。
> 一、三月十三日計熟米拾石，代給加打工洋伍元。
> 一、二月分運至吶哮米壹百五拾五石，照章外加給夫價，洋捌拾伍元貳角伍辦。
> 一、三月分至初六日止運至吶哮米陸拾貳石，照章外加給夫價，洋參拾四元壹角。
> 以上合計代墊出洋壹百參拾陸元伍角伍辦。[177]

上為運交之三次零星米共30石，以及老國公酒拾觔，其米價、夫價共

177　「三月十九日後路糧械所致林拱辰代墊米價夫價清單」，收於黃富三等解讀，何鳳嬌、林正慧、吳俊瑩編輯，《霧峰林家文書集：棟軍相關收支單》，頁500-501。

計136.55元。

綜上，糧械所的主要業務是購米運至棟軍應處，有時直接運至前線碉堡。

（三）轉運年節賞品：豬隻、蕃薯

清代如同前朝，有勞軍獎賞之俗，尤其是年節。光緒17年12月正逢林朝棟率軍平亂之時，因此邵友濂巡撫撥交年節賞品豬100隻、蕃薯1萬觔，運交糧械所，再轉予棟軍支應處。光緒18年（2月），列有棟隘各營領賞（舊曆年）豬隻、蕃薯銀派分單，據此糧械所已將豬隻已交予棟軍支應處，轉發各營，但關於蕃薯，糧械所陳有文認為，挑夫挑送赴營，費用洋五十元，不如在大大嵙崁售脫計價，「開單送營，請派分各營自買」。換句話說，為省挑夫費，蕃薯壹萬觔在大嵙崁出售折成現銀發放，各營再赴支應處領回支用。如光緒18年2月14日有臺勇營鄭簽收條：「現收到撫院犒賞洋壹元，並錢五百六十文」。另外，其它各營亦有簽收條，如水流東定海右營、棟字左營等。[178]

（四）其他：代購物品

後路糧臺有時亦代林朝棟購買所需物品。光緒18年6月17日，陳有文致函林朝棟：[179]

---

178 「棟隘各營領賞豬隻蕃薯銀派分單」，收於黃富三等解讀，何鳳嬌、林正慧、吳俊瑩編輯，《霧峰林家文書集：棟軍等相關收支單》，頁489-495。

179 「壬辰六月十七日陳有文致林朝棟買物等項清單」，收於黃富三等解讀，何鳳嬌、林正慧、吳俊瑩編輯，《霧峰林家文書集：棟軍相關收支單》，頁502-503。

> 辛卯〔光緒17年〕九月廿七日，代台北行臺，去福州學士椅八
> 只、茶几四只，連工共銀拾玖元四角。
>
> 壬辰〔光緒18年〕四月二十日，代買外國酒六矸，去銀拾五元
> 正。
>
> 又，代辦呢衫褲全付，去銀玖元正。
>
> 壬辰四月廿六日，在崁收支應處林師爺來銀參拾陸元正。
>
> 除收外，淨代墊去銀柒元四角正⋯⋯

按，陳有文三月已經已離開糧械所之職，故此函應發自臺北。內稱光
緒17年9月代台北行臺去福州購學士椅與茶几；光緒18年4月代買外國
酒，代辦呢衫褲。可見陳有文回臺北任它職後，繼續為林朝棟採購物
品，這是公務或私務，難以釐清。

另外，陳有文也居間協調林朝棟購買皮甲仔問題。光緒17年12
月，林朝棟曾請「謙裕號」代訂購買「羊羔皮甲仔440件」、「皮甲
仔397件」，二次共「共皮甲仔837件」。[180]此時正值林朝棟率軍平亂
隆冬時，當是因山區寒冷，作為兵勇禦寒之軍用品。然而，奇怪的
是，該款似乎未由棟軍支應處報支，其後雙方為價格問題爭執不休。

光緒18年2或3月5日，陳有文致函林拱辰：

> 稻埕「謙裕號」來函，催取去臘代購羊羔甲仔銀項，其貨卻是
> 渠向北船代買，其價據云所開乃是實價，即欲減者，每件不過

180　「新卯年臘月念六日謙裕號致林朝棟兌貨單」，收於黃富三等解讀，何鳳
　　嬌、林正慧、吳俊瑩編輯，《霧峰林家文書集：棟軍相關收支單》，頁530-
　　531。

　　五點，斷不可多減。……祈即回明統帥。[181]

據上，光緒17年12月林朝棟委託謙裕號代購羊羔甲仔，希望減價；但回稱每件可減者不超過0.05元。

　　另一函又稱：

　　日前承囑轉給羊羔甲仔之銀，弟於次日專人送交謙裕轉給該貨客查收。茲接謙裕號專差來函，內云每件以八角照算，該貨客決計不肯。緣去臘向其言價，每件原是九角五點，台北買賣，一言為定，無可反悔。今該貨客定要向謙裕找足。[182]

據上，謙裕號稱原訂價錢是每件9.5角，如今以8角計算已是底線，必須付足。

　　此款至光緒18年12月26日仍未付清。光緒18年12月26日謙裕號致林朝棟兌貨單：

　　代向長春船採去：
　　每件價9.5角，臘月拾六日去皮甲仔440件，艮418.0元。
　　每件價9.5角，又，拾七日去皮甲仔397件，艮377.15元。
　　共皮甲仔837件，該艮795.15元
　　該船夥此年內欲回，……單到祈即將該項備付妥人帶來還

181　「初五日陳有文致林拱辰信函」，收於黃富三等解讀，何鳳嬌、林正慧、吳俊瑩編輯，《霧峰林家文書集：棟軍等相關信函》，頁646-647

182　「十一日陳有文致林拱辰信函」，收於黃富三等解讀，何鳳嬌、林正慧、吳俊瑩編輯，《霧峰林家文書集：棟軍等相關信函》，頁652-653

他。[183]

判斷其後不久，此款當將付清。

　　令人納悶的是，何以價碼談妥後付帳時要求減價？又何以欠賬長達一年？何以此款未向後路轉運局報支？按，皮甲仔係皮製袂子，指短袖皮襖，應是山區濕冷，用以禦寒，或許不被認定為軍需品，因此林朝棟須自行支付。按，謙裕號係板橋林家設於大稻埕之商號，經營進出口、匯兌等業務。[184]林維源原本即主持動軍後路轉運局，支援林朝棟之前線作戰，或許因而也協助購大陸商品，但卻發生欠帳未還事件。

第四節　棟軍之後勤單位（二）：棟軍後路轉運局

　　「棟軍後路轉運局」是另一重要後勤單位，或許因直屬林朝棟，因此留下甚多函件。

一、棟軍後路轉運局：委員陳鴻英（陳杰夫）

　　至遲從光緒18年年2月29日起，《文書》即出現棟軍後路轉運局致「棟軍支應處林、王師老爺」（林拱辰、王泰嵩）支銀單。本單內稱：

183　「辛卯年臘月念六日謙裕號致林朝棟兌貨單」，收於黃富三等解讀，何鳳嬌、林正慧、吳俊瑩編輯，《霧峰林家文書集：棟軍相關收支單》，頁530-531。

184　林玉茹，〈從屬與分立：十九世紀中葉臺灣港口的雙重貿易機制〉，《臺灣史研究》（臺北），17：2（2010.6），頁26。

開行台，十七年十二月及現年正、二月份辦公經費，洋貳拾壹
元，合庫平銀拾伍兩參錢參分。……

棟軍支應處林、王師老爺升（印：棟軍後路轉運局）單[185]

上函紅印為「棟軍後路轉運局」，因負責棟軍後勤事宜，光緒17年12
月開始有「行臺」辦公費。此行臺在臺北府府城內，或許因省城設在
新臺灣府府城（今臺中），但巡撫、布政使一直在臺北辦公，故稱行
臺。按，陳傑夫即陳鴻英，專責棟軍後路轉運事宜，造冊向善後局請
發各類軍需，如軍餉、棟軍個別官員之薪餉、軍需品、恤賞、節賞
以及各種日用品雜支。[186]因此，他經常經常往來於郡城、大嵙崁以及
阿姆坪（林朝棟大營）之間，[187]留下光緒18年1月至8月大嵙崁之役期
間，他所造報之棟軍薪餉清冊、各類開支表以及來往信函。[188]書中之
餉冊均稱「委員陳鴻英」，如光緒18年6月份餉冊標題為：

光緒十八年臺北隘軍六月分大建薪費，並閏六月分棟字正副
衛礮隊隘勇正副暨臺北隘勇中左右三營，薪糧兼統費等項銀
兩。[189]

185　「棟軍後路轉運局致林拱辰、王泰蔥支銀單」，收於黃富三等解讀，何鳳
　　　嬌、林正慧、吳俊瑩編輯，《霧峰林家文書集：棟軍相關收支單》，頁308-
　　　309。
186　黃富三等解讀，何鳳嬌、林正慧、吳俊瑩編輯，《霧峰林家文書集：棟軍等
　　　相關信函》，〈（一）陳鴻英發信（信函內容簡介）〉頁212-220。
187　〈稻江春浪〉，《申報》，光緒18年3月13日（1892年4月9日），版2。
188　黃富三等解讀，何鳳嬌、林正慧、吳俊瑩編輯，《霧峰林家文書集：棟軍相
　　　關收支單》，頁10-137。
189　「光緒十八年八月陳鴻英造光緒十八年臺北隘軍六月大建薪費並閏六月
　　　分棟字正副衛礮隊隘勇正副暨臺北隘勇中左右三營薪糧兼統費等項四柱清

各營薪糧、統費等項呈報後，即由善後局發放。

　　陳鴻英（陳傑夫）當是是林朝棟轄下派駐台北行臺辦公的委員，因與林朝棟關係極為密切，深受信任，因此擔任此一後勤要職。

　　再者，文書中有一件同時出現後路轉運局之函件陳傑夫（杰夫）之署名者。如光緒18年2月24日，棟軍後路轉運局陳傑夫致「總統前敵各軍支應處林、王師老爺」函中（林拱辰、王泰嵩），同時署名「傑夫手泐」。函中稱：

> 謹將點交陳差官智帶崁（按，大嵙崁）物件開列：
>
> 木蘭池壹拾瓶，洋16元。　　　　花旆洋餅10箱，洋12.5元。
>
> 膏粱酒拾劬，洋1.4元。　　　　　前後呢衣兩件，洋5.0元。
>
> 葉簍三卩，洋3.0角。　　　　　　厚元紙10張，洋2.5角。
>
> 三寸信封50個，洋1.5角。　　　　五寸八行格十張，洋6.0點。
>
> 補正月29日銅鎖三把，洋4.2角。　交顧道台送吳探花，去洋40元。
>
> 付陳差官智買物，去洋50元。
>
> 合共去洋126.08元。
>
> 又，寄還白衫樣一件。又，被面一幅。
>
> 又，公泰酒兩瓶。
>
> 總統前敵各軍支應處
>
> 林、王師老爺拱辰、泰嵩升傑夫手泐 二月十四日[190]

冊」，收於黃富三等解讀，何鳳嬌、林正慧、吳俊瑩編輯，《霧峰林家文書集：棟軍相關收支單》，頁90-105。

190　「二月十四陳鴻英致林拱辰、王泰嵩帶嵌物件單」，收於黃富三等解讀，何鳳嬌、林正慧、吳俊瑩編輯，《霧峰林家文書集：棟軍相關收支

按，陳鴻英在此處卻署名「傑夫手泐」？可能此為私函。又，送交物品有外國貨木蘭池（即白蘭地酒）、花旂洋餅（美國餅乾），以及中國大陸膏粱酒（即高粱酒）等，這些應是林朝棟私人所需物品，可見二人關係極為密切，雙方一直有來往直至林朝棟逝世。

二、棟軍後路轉運局辦事處：臺北行臺

陳鴻英在何處辦公呢？他大多在臺北行臺辦公，因此在後路轉運局函件中出現的名字。光緒17年11月19日，陳鴻英致函林拱辰、王泰嵩函中稱：「此請棟軍支應處 王、林師老爺升　臺北行臺具」。[191]光緒18年3月11日陳鴻英致林拱辰信函稱「此番在行臺，弟亦應酬不少，虧累情形實不堪為愛我告也。」[192]又，光緒18年8月，陳鴻英餉冊中稱：「行臺第一次遭風」。[193]因此，陳鴻英應當是在臺北行臺辦公。

行臺辦公經費由何處報支呢？光緒18年年2月29日，出現棟軍後路轉運局致「棟軍支應處林、王師老爺」（林拱辰、王泰嵩）支銀單，內稱：

單》，頁304-305。

191　「十一月十九日臺北行臺致林拱辰、王泰嵩付回物件單」，收於黃富三等解讀，何鳳嬌、林正慧、吳俊瑩編輯，《霧峰林家文書集：棟軍相關收支單》，頁294-295。

192　「三月十一夕陳鴻英致林拱辰信函」，收於黃富三等解讀，何鳳嬌、林正慧、吳俊瑩編輯，《霧峰林家文書集：棟軍等相關信函》，頁338-347。

193　「光緒十八年八月陳鴻英造光緒十八年臺北臨軍六月分大建薪費並閏六月分棟字正副衛礮隊隘勇正副暨臺北隘勇中左右三營薪糧兼統費等項四柱清冊」，收於黃富三等解讀，何鳳嬌、林正慧、吳俊瑩編輯，《霧峰林家文書集：棟軍相關收支單》，頁102-103。

2月29日過：

林如松兄壹單，去庫平銀肆伯〔佰〕貳拾柒兩陸錢貳分柒釐。……

給劉長清，十七年十二月及本年正、二月份薪，洋參拾陸元，合庫平銀貳拾陸兩貳錢捌分。

給吳福星，十七年十二月及本年正、二月份薪，洋拾捌元，合庫平銀拾參兩壹錢肆分。

給葉長榮，正、二月份薪，洋陸元，合庫平銀肆兩參錢捌分。

開行台，十七年十二月及現年正、二月份辦公經費，洋貳拾壹元，合庫平銀拾伍兩參錢參分。[194]

據上，棟軍後路轉運局所支出之薪餉中，列有「開行台，十七年十二月及現年正、二月份辦公經費，洋貳拾壹元，合庫平銀拾伍兩參錢參分」，可見棟軍後路轉運局於光緒17年12月，開始在臺北行臺辦公，因而有辦公經費，而此時正是棟軍抵達大嵙崁剿亂之時。可能當時未及報支，乃於光緒18年年2月29日追報，並包括18年1、2二個月份者；其辦公經費每月洋銀七元，三個月合計21元。

其後每月之薪餉單中均有「行台辦公經費，洋七元，合庫平銀五兩一錢一分」，分別為三月、四月、五月、六月、潤六月、七月、八月、九月份。[195]

---

194 「棟軍後路轉運局致林拱辰、王泰嵩支銀單」，收於黃富三等解讀，何鳳嬌、林正慧、吳俊瑩編輯，《霧峰林家文書集：棟軍相關收支單》，頁308-309。

195 「三月廿四日棟軍後路轉運局支銀單」、「壬四月廿四日棟軍後路轉運局致林拱辰、王泰嵩支銀單」、「壬五月廿四日棟軍後路轉運局致林拱辰、王泰

按，光緒18年9月棟軍撤離臺北，故未再有行臺經費。因此，臺北行臺當是棟軍後路轉運局設於臺北善後局旁之辦公處，大致上由陳鴻英負責辦理棟軍薪餉及其它支出等，再直接交付阿母坪棟軍支應處。

三、棟軍後路轉運局之業務（一）：軍餉之統籌與領發

棟軍後路轉運局之職責是支援棟軍支應處之軍需，包括呈報與供應棟軍之軍餉、軍火、其它軍需等，業務相當廣。

（一）每月餉需之請領方式：次月請領上月份

棟軍每月薪餉基本上由設在臺北行臺的棟軍後路轉運局向善後局請領，再請阿母坪棟軍支應處派弁至臺北押回，因此文書中有大量陳鴻英致林拱辰之相關函件。按，林拱辰乃棟軍幕僚，隨林朝棟轉戰各地，負責棟軍支應處事務。光緒17年12月19日，陳鴻英致函林拱辰稱：[196]

> 弟自十八午捭別登程，四點鍾〔鐘〕赶到大料崁，本擬赶搭三

蒿支銀單」、「壬六月二十八日棟軍後路轉運局致林拱辰支銀單」、「潤六月二十四日棟軍後路轉運局致棟軍支應處諸位師老爺支銀單」、「壬七月卅日棟軍後路轉運局致林拱辰支銀單」、「壬八月廿四日棟軍後路轉運局致林拱辰、王泰蒿支銀單」、「壬九月十八日棟軍後路轉運局致林拱辰、王泰蒿支銀單」，收於黃富三等解讀，何鳳嬌、林正慧、吳俊瑩編輯，，《霧峰林家文書集：棟軍相關收支單》，頁317、327、337、359、367、375、393、397。

[196] 「十二月拾九夕三鼓陳鴻英致林拱辰信函」，收於黃富三等解讀，何鳳嬌、林正慧、吳俊瑩編輯，《霧峰林家文書集：棟軍等相關信函》，頁224-229。

幫車回郡，因轎班云實來不及，即改雇船由水路，是日適值風
雨太大，船均不肯去，可恨。至十九午始可到郡，一切容當赶
辦為是，請勿介念。新勇餉及報銷各文件，務祈速催赶辦，太
遲恐來不及。……請新勇餉文務望赶派人送來，切要。至押餉
之什長，須廿三、四日即可派人來郡守候……

據上，陳鴻英於光緒17年12月某日至阿母坪棟軍支應處，商議勇餉等
事宜，18日離開到大嵙崁，準備赶回臺北城，但因陸路、水路均受
阻，改19日方回；並致函林拱辰，請求赶緊辦好申新勇餉及各項支
出之文件派人送至府城，並於23、24日派押餉之什長至府城守候領
餉。可見薪餉由棟軍支應處備文至臺北行臺，再向善後局申請，批准
撥下後再派什長往領。大致上是：次月請領上月份之薪餉；薪餉撥下
後，棟軍支應處再派員前往臺北行臺領回支用。今日通行之制是月初
即發餉，但清代不同，考其因當係須至次月才能確定上個月在營人
數、職位等，再據此核發薪餉，對會計單位計算較簡單、準確。

　　如光緒18年2月10日，陳鴻英致函棟軍支應處林拱辰、王泰嵩
稱：[197]

頃衛右八棚勇江清水□□□包封□□請領正月分餉文等件，均
一一收到，分別飭送無延。

197　「二月初十日陳鴻英致林拱辰、王泰嵩信函」，收於黃富三等解讀，何鳳
　　嬌、林正慧、吳俊瑩編輯，《霧峰林家文書集：棟軍等相關信函》，頁280-
　　281。

據上，陳鴻英於2月10日報稱收到棟軍支應處「請領正月分餉文件」，再向善後局請領。至光緒18年2月20日，陳鴻英致函棟軍支應處林拱辰、王泰嵩稱：

> 我軍正月餉已准由郡給發，……請即派妥人來郡護解……[198]

據上，棟軍正月餉請准由臺北府給發後，請棟軍支應處派人至府城護解回營。因此薪餉是由臺北行臺直接發給，並由支應處派人護解回阿母坪軍營。按，郡指的是臺北府城，而林朝棟此時正展開大嵙崁之役，每月均須軍餉供應。

同樣，3月報領2月餉，光緒18年3月11日，陳鴻英致函棟軍支應處林拱辰稱：

> 二月餉已准由郡給發，去年所借之五千兩，此番一定要扣，并扣米價，所剩不過六千金左右，應請尊處於十四、五日派妥勇前來候解，是為至要。屆時芝翁如已內渡，弟即同勇押餉銀來營，亦未可知。[199]

據上，3月報領2月餉。唯陳鴻英稱如果「屆時芝翁如已內渡，弟即同勇押餉銀來營，亦未可知」。按，芝翁是臺灣縣令黃承乙，此時卸任

---

198 「二月二十夕陳鴻英致林拱辰、王泰嵩信函」，收於黃富三等解讀，何鳳嬌、林正慧、吳俊瑩編輯，，《霧峰林家文書集：棟軍等相關信函》，頁288-289。

199 「三月十一卯陳鴻英致林拱辰信函」，收於黃富三等解讀，何鳳嬌、林正慧、吳俊瑩編輯，《霧峰林家文書集：棟軍等相關信函》，頁334-337。

經臺北回鄉。

（二）大嵙崁之役軍餉支領程序與總額

陳鴻英以棟軍後路轉運局委員身份，在臺北城辦理薪餉與雜支等支援棟軍的工作，可見這些大嵙崁之役軍餉支出之最高負責單位是善後局，而其上司是布政使司。如前所述，棟軍係光緒17年12月進駐前線，至於1月份後之薪餉均採次月請領上月之方式，至光緒18年9月，棟軍奉調回中路，因此餉冊亦終於光緒18年10月。[200]可見棟軍各月份之薪餉是由善後局委員陳鴻英在臺北行臺請領發放的，其方式是次月請領上月份的，唯有光緒17年12月份薪餉由陳鴻英另外請領，因棟軍初至臺北，不及報餉，因此日後補發。

至於收支餉冊，係由後路轉運局委員陳鴻英呈報，據林家文書，有大嵙崁之役期間之各月薪餉等四柱清冊。其標準型式為：舊管、新收、開除、實在，四大項。按，舊管是上月結存等，新收是本月請領者，開除是各項開支，實在是餘額。依慣例，次月造報前月之收支情形。

茲據林家文書，製成「光緒十八年一月至九月薪餉等四柱清冊簡表」（見附錄二）表中可見，大嵙崁之役軍餉總額估計為：棟軍在大嵙崁之役共計支用軍餉164,783.925兩，實際支出為164,622.69兩，結餘161.23502兩。（見附錄二）光緒18年1至9月，加上閏6月，共計10個月，平均每月支出為16,462.269兩，即約一萬五千兩以上。

可見大嵙崁之役期間，軍餉是充裕的，大多有結餘，僅有四月

200　「十一日陳鴻英致梅雪樵信函」，收於黃富三等解讀，何鳳嬌、林正慧、吳俊瑩編輯，《霧峰林家文書集：棟軍等相關信函》，頁392-411。

與五月份是不足的，但六月份即補足，此對前線兵勇當有穩定軍心
作用，有助於取得勝利。因此以山區作戰之艱辛，此一軍餉相當合
理，顯示棟軍之控管能力相當不錯，師爺林拱辰與王泰崧等幕僚之能
力值得肯定。

後路轉運局自善後局支領之軍費主要為薪費、恤賞或節賞、撫番
經費等。舉一例說明：

據「光緒十八年臺北隘軍六月分大建薪費，並閏六月分棟字正、
副、衛、礮隊、隘勇正、副，暨臺北隘勇中、左、右三營薪糧兼統
費等項銀兩」，共收庫平銀壹萬玖仟柒佰貳拾參兩參錢肆分七厘捌毫
肆絲（19,545.909兩），加上承上月結存之陸兩參錢貳分零貳毫陸絲
（6.32026兩）。其項目計有：[201]

(1) 撫番經費：請領撫番經費參千兩（3,000兩），除扣藩署款項
    貳千四百兩外，尚找來庫平銀陸佰兩（600兩）。

(2) 恤賞：請領王同德、陳永傳恤賞，折庫平銀五拾玖兩六錢七
    分七厘貳毫（59.6772兩）。

(3) 薪餉計有：

    a. 請領臺北隘勇六月分中、前、右三營薪糧并統費，共洋柒
       仟陸佰肆拾貳元四角柒分零捌毫，合庫平銀伍仟伍佰柒拾
       玖兩零零參厘六毫八絲（5,502.58兩）。

    b. 請領臺北隘勇左營六月分薪費，共通用洋貳仟五佰玖拾
       參元貳角七分四厘，合庫平銀壹仟捌佰玖拾參兩零玖分

---

[201] 「光緒十八年八月陳鴻英造光緒十八年臺北隘軍六月分大建薪費並閏六月
分棟字正副衛礮隊隘勇正副暨臺北隘勇中左右三營薪糧兼統費等項四柱清
冊」，收於黃富三等解讀，何鳳嬌、林正慧、吳俊瑩編輯，《霧峰林家文書
集：棟軍相關收支單》，頁90-105。

（1,867.16兩）。

c. 請領正副衛隊、砲隊、隘勇正副等營閏六月分小建薪費，
除扣第三次貳千五百兩（2,500兩）外，尚找領來庫平銀陸
仟壹佰零肆兩壹錢肆分零貳毫（6,104.1402兩）。

d. 請領臺北隘勇中、左、右三營閏六月分薪糧并統費，共洋
柒仟五百零捌元參角七分八厘八毫，合庫平銀伍仟肆佰捌
拾壹兩壹錢壹分陸厘五毫（5,406.03兩）。

e. 共計19,545.909兩。

據上，本月棟軍共請領庫平銀19,545.909兩，其中撫番經費3,000兩、
恤賞銀59.6772兩，二項共3,0596772，僅佔總額的15.6％，最大的項
目是薪餉類。

至於各級官兵之月薪，依光緒16年劉銘傳改革後之標準，管帶
官、幫帶官均50兩；文案官隘勇營為20兩，低於勇營與練營之30
兩；冊籍官、帳房，隘勇營為20與12兩，低於勇營與練營之24兩。然
而，營伍幫帶官、哨官以下至底層之正勇、伏勇，隘勇營均高於勇營
與練營，如營伍幫帶官，隘勇營為30兩，高於勇營與練營之9兩。[202]
大致上，較高層者無差別，隘勇甚至略低，然而自營伍幫帶官以下官
兵，則隘勇營高於勇營與練營。為何有如此差異？推測因隘勇駐防於
山區，生活條件差，且面臨生命危險，因此待遇較好以吸引勇夫。

這些軍餉大多由棟軍派差至後路轉運局支領，據「光緒十八年臺
北隘軍六月分大建薪費，並閏六月分棟字正、副、衛、礮隊、隘勇
正、副，暨臺北隘勇中、左、右三營薪糧兼統費等項銀兩」，其支出
有如下之紀錄：

---

202 新竹廳總務課，《新竹廳志》（臺北：臺灣日日新報社，1907），頁457-
458。

(1) 七月初一日：付志仔帶去一單，計洋貳拾捌元貳角九分，合庫平銀貳拾兩零陸錢五分貳厘（20.37兩）。

(2) 初二日：付老生帶去一單，計洋柒仟零零壹元陸角，合庫平銀伍仟壹佰壹拾壹兩壹錢陸分捌厘（5,041.15兩）。

(3) 初六日：付陳慶等去洋貳仟五百玖拾參元貳角柒分肆厘，合庫平銀壹仟捌百玖拾參兩零玖分（1,867.157兩）。

(4) 十七日：付什長張海風解墩去庫平銀肆仟壹百兩。

(5) 三十日：付葛竹軒解崁去洋陸仟壹百元，合庫平銀肆仟肆佰五拾參兩（4,392兩）。又付庫平銀陸拾兩。

(6) ？：支應處一單，去庫平銀捌拾捌兩玖錢五分七厘（88.737兩）。[203]

據上，請領之薪餉共計：庫平銀19,723.34784兩；支付棟軍之各費共計：15,619.414兩，尚餘4,103.93384兩。其它雜支之款，包括辦日用品、官員壽禮、各衙局賞節等，當是由結餘款支付。

又，各月領取之項目不盡相同，例如光緒18年正月份之四柱清冊，有「砲勇製辦旗幟、號衣、小口粮庫平銀柒拾柒兩參錢柒分六釐參毫」及「公泰十八年買腦押櫃庫平銀四仟兩」，[204]也就是除了砲勇之公費外，涵蓋公泰洋行之腦價銀與壓櫃銀。何以林朝棟與公泰洋行交易樟腦之收入亦列入報表？陳鴻英是否兼辦公私事務？這些疑點均

---

203 「光緒十八年八月陳鴻英造光緒十八年臺北隘軍六月分大建薪費並閏六月分棟字正副衛礮隊隘勇正副暨臺北隘勇中左右三營薪糧兼統費等項四柱清冊」，收於黃富三等解讀，何鳳嬌、林正慧、吳俊瑩編輯，《霧峰林家文書集：棟軍相關收支單》，頁93-94。

204 「光緒十八年二月陳鴻英造光緒十八年正月分各營薪費並公泰洋行押櫃銀兩四柱清冊」，收於黃富三等解讀，何鳳嬌、林正慧、吳俊瑩編輯，《霧峰林家文書集：棟軍相關收支單》，頁13，。

待考。其它月份不贅述。

四、棟軍後路轉運局之業務（二）：臨時性薪餉、辦公費等雜支

為支援棟軍等前線作戰，棟軍後路轉運局除按月供應全軍軍餉外，亦支應棟軍個別官員之薪餉。此應是臨時性的，如官員調動報到或離職者。另外，每月有固定性的行臺辦公經費及各項開支。

（一）開支項目：官員薪餉、行臺辦公經費等雜支

大部分資料是棟軍後路轉運局按月報予棟軍支應處幕僚林拱辰（或含王泰嵩）來往之支出，主要為支付棟軍官員等之薪餉、行臺辦公經費及各項開支。唯表中缺行台三月分辦公經費之函，當已遺失。支出項目有三種：官員及相關人員之薪餉、行臺辦公費，及陳傑記薪資。茲據林家文書，整理為「後路轉運局通報棟軍支應處各月支出表」。（見附錄三）

茲以附錄三（1）為例，計有三種費用：

(1) 軍官與相關人員之銀項、個別月餉

(2) 行臺辦公費

(3) 陳傑記（應即陳傑夫）薪資：陳傑記支薪水，洋庫平銀壹伯〔佰〕兩（100兩）。其它月份之內容大同小異。綜合附錄三，可進一步歸納如下：

(1) 後路轉運局轉發棟軍銀項：將領如佘初開、林如松、傅光華、鄭汝秋、林汝亮等，其數額支出多少不一，其性質待考；相關人員如王子宜、葛竹軒、王泰嵩、馬叔永；個別月餉，如吳福星、葉長榮等之個人薪餉。

(2) 臺北行臺辦公費：自光緒17年12月棟軍進駐大嵙崁開始支領，每月均編7元（15.33兩），直至光緒18年9月棟軍離開臺北為止。唯其中缺3月分，可能該月函件已遺失。（參見表中所列函件編號1-7）

(3) 陳傑夫、陳傑記薪水：

函（1）：光緒十八年2月，陳傑記支薪水，洋庫平銀壹伯〔佰〕兩。[205]

函（4）：光緒十八年6月 陳傑記支薪水，庫平銀壹百兩正。[206]

函（6）：光緒十八年8月，陳傑記借支，庫平銀壹百兩。[207]

據上，陳傑記應是每季支領庫平銀壹百兩之薪餉。

僅有此三函列出行台辦公經費與陳傑記薪水，並有「傑夫」之名，當即是陳傑夫，亦即陳鴻英。顯然，辦公經費即是陳鴻英負責之臺北行臺經費，每月七元。陳傑記可能即是陳傑夫之家號，二次各支領庫平銀壹百兩，但並非按月計算，或許以每季為準。奇特的是，報棟軍薪餉時以陳鴻英報，而在此卻以「陳傑記」報，其中曲折待考。

---

205 「棟軍後路轉運局致林拱辰、王泰崶支銀單」，收於黃富三等解讀，何鳳嬌、林正慧、吳俊瑩編輯，《霧峰林家文書集：棟軍相關收支單》，頁308-309。

206 「壬六月二十八日棟軍後路轉運局致林拱辰支銀單」，收於黃富三等解讀，何鳳嬌、林正慧、吳俊瑩編輯，《霧峰林家文書集：棟軍相關收支單》，頁358-359。

207 「壬八月廿四日棟軍後路轉運局致林拱辰、王泰崶支銀單」，收於黃富三等解讀，何鳳嬌、林正慧、吳俊瑩編輯，《霧峰林家文書集：棟軍相關收支單》，頁392-393。

（二）其他雜支

棟軍後路轉運局也處理不少雜務，主要協助金錢往來支付、歸還等，據林家文書，整理為「後路轉運局通報棟軍支應處各月雜支表（光緒十八年）」。（見附錄四）

如附錄四（1），光緒18年7月30日，棟軍後路轉運局致林拱辰支銀單中稱，「代萬午山劃 陳傑記，庫平銀18兩」。[208]陳傑記當是陳傑夫（陳鴻英）之家號或商號，但萬午山係何人？是否是萬逸呢？待考。

如附錄四（2），光緒18年8月24日，棟軍後路轉運局致棟、隘等軍文案處胡敏如稱：「代匯付上海交梅鼎記收，洋陸拾元。又付匯帖，洋貳元四角。二共代墊付洋62.4元，平45.625兩」。[209]可見也代辦匯款至上海事宜。

總之，轉運局在某種程度上是協助棟軍相關人員調度銀錢來往。其它，參考附錄四，不贅。

五、棟軍後路轉運局之業務（三）：其它軍需品等

前線作戰軍需品，包括火藥、軍裝等，亦由後路轉運局向善後局請領，再由棟軍支應處派勇至府城臺北領回，搬運之夫價亦是。林家文書有多件文書為證。

208　「壬七月卅日棟軍後路轉運局致林拱辰支銀單」，收於黃富三等解讀，何鳳嬌、林正慧、吳俊瑩編輯，《霧峰林家文書集：棟軍相關收支單》，頁378-379。

209　「壬八月廿四日棟軍後路轉運局致林拱辰、王泰嵩支銀單」，收於黃富三等解讀，何鳳嬌、林正慧、吳俊瑩編輯，《霧峰林家文書集：棟軍相關收支單》，頁394-395。

（一）火藥等軍需

軍火之領取有不少紀錄。棟軍已有砲隊，使用槍砲，故需補給火藥。如陳鴻英於光緒18年2月1日，致函棟軍支應處林拱辰稱：

〔一月，推測〕二十九日內差官陳智到，傳奉鈞諭，謹一一叩聆。前日所領藥料價值，當即轉詢該局，据云早由善後局領出。並復來一信，內并價值總單一紙，已交陳智帶上。[210]

又，（光緒18？）年（2？）月20日，陳鴻英另一函稱：

善後局發來藥料，迅祈派妥勇來郡護解，萬望勿延，至禱至禱。[211]

上二函件應相關，顯示後路轉運局陳鴻英向善後局請領藥料（火藥）後，再請棟軍支應處派妥勇來臺北護解回鴨母坪林朝棟棟軍支應處。另外，光緒18年1月20日，陳鴻英亦致函棟軍支應處林拱辰稱：

二十五日……付廖印雇夫運藥料至前敵，共洋肆元貳角五分，合庫平銀參兩壹錢零貳釐。[212]

210　「二月初一夕陳鴻英致林拱辰信函」，收於黃富三等解讀，何鳳嬌、林正慧、吳俊瑩編輯，《霧峰林家文書集：棟軍等相關信函》，頁254-255。

211　「二十日陳鴻英致林拱辰信函」，收於黃富三等解讀，何鳳嬌、林正慧、吳俊瑩編輯，《霧峰林家文書集：棟軍等相關信函》，頁234-235。

212　「光緒十八年二月陳鴻英造光緒十八年正月分各營薪費並公泰洋行押櫃銀兩四柱清冊」，收於黃富三等解讀，何鳳嬌、林正慧、吳俊瑩編輯，《霧峰林

據上，轉運局有時雇用人夫運送火藥至前線。

棟軍亦使用地雷，如光緒18年1月20日，陳鴻英亦致函棟軍支應處林拱辰稱：

> 二十日⋯⋯何琪祥運解地雷，支去開夫價洋捌元，合庫平銀伍兩捌錢肆分。[213]

據上，山區作戰亦使用地雷，亦由棟軍派何琪祥（勇夫？）運解。

運送軍火之夫價通常由轉運局報支。光緒18年1月27日，陳鴻英致函棟軍支應處林拱辰稱：[214]

> 頃晤 萬逸翁云及我軍隘勇副營去年領軍火，開夫價一節，計四、五十兩，辦文由尊處寄交弟處請領。

1月29日晚間，陳鴻英再致林拱辰信函：[215]

> 請領隘勇副營運軍火夫價一項，曾否查出？務望趕緊設法寄下投領。

家文書集：棟軍等相關收支單》，頁21。

213 「光緒十八年二月陳鴻英造光緒十八年正月分各營薪費並公泰洋行押櫃銀兩四柱清冊」，收於黃富三等解讀，何鳳嬌、林正慧、吳俊瑩編輯，《霧峰林家文書集：棟軍等相關收支單》，頁19。

214 「正月廿七晨陳鴻英致林拱辰信函」，收於黃富三等解讀，何鳳嬌、林正慧、吳俊瑩編輯，《霧峰林家文書集：棟軍等相關信函》，頁238-241。

215 「正月廿九夕陳鴻英致林拱辰信函」，收於黃富三等解讀，何鳳嬌、林正慧、吳俊瑩編輯，《霧峰林家文書集：棟軍等相關信函》，頁246-247。

據上二函，隘勇副營光緒17年領軍火所開搬運夫價，係由陳鴻英向善後局報領。

至於交通路線，淡水河水運是一種方式。光緒18年3月6日，陳鴻英致函棟軍支應處林拱辰稱：[216]

> 茲交船戶金振勝、出海鄭旺船運上軍火、紹酒等件，由陸棚勇鍾有明、陳英仔護解……

據上，陳鴻英經由水路運軍火、紹興酒等物至阿母坪棟軍大營。但因基隆新竹鐵路已經通車，可能亦由火車運至桃園，再由陸路運至大料崁。

（二）軍裝

另外，也有軍裝之解運，運費亦由臺北行臺報支，有數例。光緒18年2月10日，陳鴻英致函棟軍支應處林拱辰、王泰嵩稱：

> 頃衛右八棚勇江清水，……茲江清水旋營之便，付渠帶上竹軒兄所做炮隊號甲七十二件。[217]

據上，棟軍炮隊由葛竹軒所做之72件號甲，亦是由臺北行臺交予

---

216 「三月初六日陳鴻英致林拱辰信函」，收於黃富三等解讀，何鳳嬌、林正慧、吳俊瑩編輯，《霧峰林家文書集：棟軍等相關信函》，頁321。

217 「二月初十日陳鴻英致林拱辰、王泰嵩信函」，收於黃富三等解讀，何鳳嬌、林正慧、吳俊瑩編輯，《霧峰林家文書集：棟軍等相關信函》，頁280-281。

支應處。

某年光緒18年某月某日，陳鴻英致函棟軍支應處林拱辰稱：[218]

> 日前統帥〔按，林朝棟〕來電，要做洋布三角旗三十八面、洋布五色旗十六面，現已做就附上，務請轉交李幫帶桂林兄手收。

上述之三角旗、五色旗當是棟軍所用之軍旗。

又，光緒18年某月20日，陳鴻英致函棟軍支應處林拱辰稱：

> 日前傅光華兄來函要求，要支領朱總哨領軍裝銀一百兩。[219]

據上，棟軍傅光華請求支領軍裝銀一百兩。

綜上，棟軍之軍裝、藥料（火藥）等軍需品係由善後局撥交，由臺北行臺之陳鴻英請領，再由棟軍支應處派勇前往臺北領取解回或雇用人夫運解，夫價由後路轉運局報支。

（三）其他採購品

棟軍後路轉運局亦提供棟軍支應處衣、食及日用品等。據文書，有棟軍後路轉運局、陳鴻英代購者，可能公用與私用均有，其中更有為林朝棟個人採購者，大多是光緒18年3月24日之後採購的。當時大

218　「陳鴻英信函」，收於黃富三等解讀，何鳳嬌、林正慧、吳俊瑩編輯，《霧峰林家文書集：棟軍等相關信函》，頁222-223。

219　「二十日陳鴻英致林拱辰信函」，收於黃富三等解讀，何鳳嬌、林正慧、吳俊瑩編輯，《霧峰林家文書集：棟軍等相關信函》，頁234-235。

斛崁之役已近尾聲，判斷應是改善山區生活條件所要求的。原因是戰爭結束後，棟軍繼續駐紮山區以確保安全，直至同年九月林朝棟方奉命領軍返回中路，由於交通不便、物資缺乏，因此須要棟軍後路轉運局供應衣、食及日用品等。

茲據林家文書，製成「後路轉運局通報棟軍支應處採買日用品表（光緒十八年）」。（見附錄五）據附錄五，轉運局受託購買之日用物品極為廣泛，衣、飲食、用品均有，包括公用與私用，並有林朝棟囑購者。

（四）陳鴻英之代購品

陳鴻英亦以個人名義致函，報告代購之物品，茲據林家資料製成「陳鴻英通報棟軍支應處採買日用品表（光緒18.2-18.閏6）」。（見附錄六）

據附錄六，可知陳鴻英個人亦代購各種日用品。公用與個人私用皆有，包括林朝棟。如附錄六（1），光緒18年2月1日，陳鴻英致函棟軍支應處林拱辰稱：「買宏濟局藥一服，……《夜談隨錄》……《西廂記》」。[220]內有醫藥與書籍，判斷應是營官之私人用品。

附錄六（2），光緒18年2月8日，陳鴻英致函棟軍支應處林拱辰、王泰嵩稱：

> 月之初六日交黃新甫兄帶上……木瓜酒、馬薯、冬笋等件；……付上物件開列：吳吉記紙料一單……香末一包……葉

220　「二月初一夕陳鴻英致林拱辰信函」，收於黃富三等解讀，何鳳嬌、林正慧、吳俊瑩編輯，《霧峰林家文書集：棟軍等相關信函》，頁262-263。

簍一擔……王泰嵩兄精粉十包……林懋臣兄……怡包一個。[221]

上列物品大部分應是私用的，但紙料、香末、葉簍等可能是公用的。

　　附錄六（3）光緒18年2月10日，陳鴻英致函棟軍支應處林拱辰、王泰嵩稱：

> 代統帥〔林朝棟〕赴上海購來小呢，已做就一件先寄上，尚有一件另日寄上。又付上桃仔園地瓜十餘斤，祈查入轉呈帥收。[222]

據上，林朝棟委託赴上海買小呢二件以及桃園的地瓜十多斤。

　　附錄六（4），光緒18年2月21日，陳鴻英致函棟軍支應處林拱辰稱，有林拱辰委託購買高麗參、粉光參；而林朝棟亦委託購買不少食物類，包括洋麵粉一袋、白菜40觔、香油1斤半、葉簍1擔。[223]按，高麗參價甚昂，粉光參是美國盛產的野生參，價格亦不斐，出口至中國重要商品，通常是當醫藥或補品。

　　另外，有陳鴻英致林朝棟私函二件，均稱「統帥大人……卑職陳鴻英」，而未見「棟軍後路轉運局」印，當是私人委託購買者。如附

221　「二月初八陳鴻英致林拱辰、王泰嵩信函」，收於黃富三等解讀，何鳳嬌、林正慧、吳俊瑩編輯，《霧峰林家文書集：棟軍等相關信函》，頁270-271；278-279。

222　「二月初十陳鴻英致林拱辰、王泰嵩信函」，收於黃富三等解讀，何鳳嬌、林正慧、吳俊瑩編輯，《霧峰林家文書集：棟軍等相關信函》，頁280-285。

223　「二月廿一日陳鴻英致林拱辰信函」，收於黃富三等解讀，何鳳嬌、林正慧、吳俊瑩編輯，《霧峰林家文書集：棟軍等相關信函》，頁290-293。

錄六（6），光緒18年6月26日陳鴻英致林朝棟諭購各物，稱：

> 三彬酒、荔子；
>
> 白車仔線五盒、各色車仔線拾盒、羅通布六疋、烏油綢貳丈、
> 清水葛七丈五尺、各色蘇絲線拾壹兩、各色繡線六兩參錢、印
> 花洋手巾八條；
>
> 洋餅五盒、好桔汁四瓶；
>
> 三邊酒杯拾個、洋鮑魚拾貳瓶、更鼓壹面、換好桔汁三罐、葉
> 簍兩擔、布袋壹擔等[224]

據上，種類極多，衣物類最多，有布、綢緞、絲線、洋手巾等。飲食
類亦不少，有三彬酒，即香檳酒（shangpainge），可知林家已知飲洋
酒了；也喝洋桔汁，並吃洋鮑魚。這些高價品應是林朝棟所訂的。

又如附錄六（7），光緒18年閏6月6日，陳鴻英致林朝棟代買清
單有：

> 洋葡萄八瓶、香柴四劬、洋豆仁乙打、洋羊肉半打、鹽橄欖貳
> 斤、獨流醋參斤半、紅糟壹罐；
>
> 印花面布十貳條、白洋面布六條、大罐花露水、紅面桶乙個、
> 白面布十條、白手巾十條；香油五瓶、米通紗乙疋、雨傘燈乙
> 對、換轎後燈乙對、木蘭池兩瓶、水三打、酒樓兩次、紹酒乙

---

224 「棟軍後路轉運局致林拱辰、王泰嵩支銀單」，收於黃富三等解讀，何鳳
嬌、林正慧、吳俊瑩編輯，《霧峰林家文書集：棟軍相關收支單》，頁352-
355。

罈、酒杓貳個、火柴乙個、洋油壹桶、柴兩擔、酒杓乙個、八果碗壹付、上海書乙單等。[225]

據上，種類甚多，且有不少舶來品。如洋葡萄八瓶，應是洋葡萄酒，木蘭池兩瓶，應是法國酒白蘭地（brandy）。

再者，二函之時間均在光緒18年6月後，當時大嵙崁之役基本上已經結束，因此有不少物品並非軍需品，當是歡慶宴會之用品。

綜合言之，陳鴻英在臺北行臺亦代購各種公用、私用物品，可說兼具公私角色。

第五節　棟軍之後勤組織（三）：棟軍支應處

大嵙崁之役大本營在阿姆坪，設有棟軍支應處，負責向大嵙崁糧械所、棟軍後路轉運局、大請領所需之補給、薪餉等軍需，再專發予前線作戰營壘運用，是一直接支援前線的後勤單位。

一、棟軍支應處之設立

太平天國之亂爆發後，湘軍、淮軍等地方武力興起，為解決軍需供應問題，前線設有支應處負責調度資金、物資、軍火等事務，棟軍亦比照設立。

光緒17年至18年，林朝棟又奉新任巡撫邵友濂之徵召率軍北上，

---

225 「棟軍後路轉運局致林拱辰、王泰嵩支銀單」，收於黃富三等解讀，何鳳嬌、林正慧、吳俊瑩編輯，《霧峰林家文書集：棟軍相關收支單》，頁360-363。

全權指揮大嵙崁之役的平定任務。為此，邵友濂與他規劃一完整的後勤系統，其中棟軍支應處位於前線的大本營阿姆坪，扮演請領與發放軍需補給的要角，其由來為何呢？

1. 淮軍營制之特色

「棟軍」來源與組織實出自湘軍、淮軍之營制。19世紀中葉太平天國興起後，清朝的八旗、綠營已經衰敗不堪，因此大舉徵召地方士紳就地捐餉募勇效勞，其中以曾國藩組成之湘軍最有名。咸豐2年12月13日，他創設湘軍，並設營制，以之為軍隊之基本單位。他又鼓勵李鴻章於咸豐11年11月創設淮軍，亦仿湘軍，設營制。其編制為：

(1) 營：一營設一營官，下轄前後左右四哨；每哨設哨官、哨長各一員，下轄正勇八隊；每隊設什長、伙勇各一。

(2) 哨：每哨合計哨官、哨長、什長、護勇、正勇、伙勇，共計432人。

(3) 親兵：營官另外有親兵六隊，不置哨官、哨長，共72人。

總計，每營官統帶504人，其武力計劈山砲二隊、抬槍八隊、小槍九隊、刀矛十九隊，共38隊。

另外，後勤方面，設有長夫，擔任工兵與勤務兵，每營有180人，包括：

(1) 營官及幫辦人員：48人

(2) 搬運子藥、火繩及一切軍裝等：30人

(3) 每一劈山砲隊：3人

(4) 每一抬槍隊：3人

(5) 每一小槍隊：2人

(6) 每一刀矛隊：2人

總計，每每營營官統帶共685人，計兵勇504人，長夫180人，加上幕僚1人。

湘軍、淮軍均以營為基本單位，營以上無固定編制，但透過連結可組成更大單位，如統轄二營以上則設統領，其職權因人而異。[226]在光緒11年清法戰爭後，林朝棟轄有2營，分駐於中部，故稱統領。但光緒17-18年大嵙崁之役時，林朝棟因全權指揮平亂各營，故一度稱「總統」，其意是總統領。[227]

2. 臺灣中路營務處

林朝棟之職為「辦理中路營務處、中路撫墾事務、統領棟字等營」，全權負責執行中部之開山撫番政策，須有幕僚與後勤組織。有中路營務處、棟軍支應處、總統各軍支應處等名稱，其由來為何？職權之異同又如何呢？

臺灣營務處是牡丹社事件後，欽差大臣沈葆楨提出「開山撫番」政策，而於光緒元年所設。[228]原本沈葆楨委交黎兆棠辦理，[229]再由劉璈接辦。按，劉璈在同治11年卸任台州知府時，只是浙江省候補道；至同治13年，經臺灣道臺夏獻倫推薦，沈葆楨於6月8日奏准調派來臺

226　王爾敏《淮軍志》（臺北：中國學術著作獎助委員會，1967），頁73-80。

227　黃富三，〈林朝棟大嵙崁之役的後勤系統：棟軍後路轉運局（1891-1892）〉，頁42。

228　劉璈，「稟奉飭查覆營弊原委大致情形並呈各營截曠銀數清摺由（光緒九年八月十四日）」，收於氏著，《巡臺退思錄》，頁155。

229　盧錦堂主編，《臺灣歷史人物小傳》（臺北：國家圖書館，2001），頁326，「黎兆棠」條：「黎兆棠，廣東順德人，同治八年（1869）出任臺灣道臺，九年設腦釐，取締洋商買賣樟腦，引發糾紛，導致英軍攻佔安平，最後，訂立樟腦條約，開放自由買賣，他因而離職」。

效力；9月22日，接辦「營務處」。[230]同年（1874）秋，劉璈即提出「開山撫番條陳」：

> 開路撫番，宜變通也。路不開通，番無由撫；番不通氣，路亦難開：此大較也。山後分南、北、中三路，每路設立「開撫善後局」，委員督辦。

可見劉璈首先提出臺灣山後分南、北、中三路，設立「開撫善後局」之議，但「惜未照行，致開撫迄無實效」。[231]觀其內容，與沈葆楨之議大同小異，或許是其藍本。但他前後在臺僅4個多月，因光緒元年2月1日，就因父憂返鄉。直至光緒7年，他才調任臺灣兵備道，而兼管營務處。[232]

　　清法北臺之役時，劉銘傳亦自設營務處，林朝棟北上抗法時，即以參贊營務處之名應徵。光緒10年9月，劉銘傳札署理臺灣府侯稱：「林紳朝棟志切同仇，勇於任事，應即留轅辦理營務，以資助助。」[233]清法戰後臺灣建省，林朝棟全權負責負責中路撫墾，亦管中路營務處，以支援棟軍作戰，地點在大墩（今台中），林拱辰是主要師爺幕僚。光緒13年，林朝棟之官職是「欽加二品頂戴，辦理中路營務處、中路撫墾事務、統領棟字等營、勁勇巴圖魯兼襲騎都尉、遇缺儘先選

230　蘇同炳，《劉璈傳》，頁40-41；羅大春，《臺灣海防並開山日記》，頁30。

231　劉璈，「開山撫番條陳」，收於氏著，《巡臺退思錄》，頁1。

232　蘇同炳，《劉璈傳》，頁41。

233　「臺灣府行知林朝棟留撫轅辦理營務」，收於臺灣銀行經濟研究室編，《劉銘傳撫臺前後檔案》，頁56。

用道」。[234]真正重要的職務是「辦理中路營務處、中路撫墾事務、統領棟字等營」，因此文書有多處運用此統領「棟字營」名稱。如光緒16年11月某日，有民人奉林朝棟令，與「棟字營」立約售墳地以埋葬張協台，稱：

> 立契字人廖仁海今因棟字營為奉中路林統領示，就迅覓地埋葬張協台忠櫬。仁海有父遺地，地名竹頭科甲子蘭，既由地師擇定，情願讓歸棟字營掌管，開壙築墳。其地界四至，帶同棟字營扦定立石為界，地價議定銀貳拾元。[235]

上為目前最早的「棟字營」名稱，其後日益常見。光緒17年6月15日，「本堂」發予「棟字營」對賬清單，內稱「……上……棟字營升照」。[236]按，「本堂」當是「林本堂」，乃霧峰下厝林家之家號。[237]再如光緒17年9月7日，「本源」號發予林拱辰貨函稱：「棟字營林師爺全照 辛九月初七日胡日庄（今臺中烏日）」[238]。此函發出地點是「胡

234　光緒13年1月17日，「欽加二品頂戴、辦理中路營務處、中路撫墾事務統領棟字、勁勇巴圖魯兼襲騎都尉等營、遇缺儘先選用道林為移知事」，收於臺灣銀行經濟研究室編，《臺灣私法商事編》，頁70-71。

235　「光緒十六年十一月廖仁海立契字」，收於黃富三等解讀，何鳳嬌、林正慧、吳俊瑩編輯，，《霧峰林家文書集：田業租谷》頁64-65。

236　「辛陸十五日林本堂致棟字營對賬單」，收於黃富三等解讀，何鳳嬌、林正慧、吳俊瑩編輯，《霧峰林家文書集：補遺》，頁138-141。

237　林家下厝之家號，係大房林定邦派下所居住，位於今霧峰鄉本堂村民生路一九號。

238　「辛九月初七日胡日庄本源號致林拱辰押軍宗開支清單」，收於黃富三等解讀，何鳳嬌、林正慧、吳俊瑩編輯，《霧峰林家文書集：棟軍相關收支單》，頁522-523。

日庄」，即「烏日庄」，在今臺中市。「本源號」是板橋林本源之家號，但其活動地點在北臺，在中部有商號嗎？或者只是同名而已。

以上可見早期僅有「棟字營」之稱，而棟字營大營則駐紮於大墩，即光緒11年建省後名義上之臺灣省首府所在地，中路營務處設立於此。

所謂「支應處」或「支應局」當是指某單位之分支或臨時機構，例如《文書》中亦出現「臺南支應局」，[239]應是臺灣省善後局設於臺南之分支單位。林朝棟本有中路營務處做為後勤組織，何以又設立「棟軍支應處」呢？考其因與棟字營奉令北上主持大嵙崁之役有關。原因有幾個。

第一，棟字營遠離中部至北部山區作戰，設於中部的營務處鞭長莫及，難以有效支援前線作戰之軍隊，須隨統帥本營就近設立一臨時後勤組織。

第二，林朝棟又被賦予指揮所有平亂大軍之統帥權，包括臺北隘勇營等，補給責任重大。

此可自「棟軍支應處」出現之時間與林朝棟職銜之演變看出。何時出現「棟軍支應處」呢？《文書》留有甚多紀錄，其名稱至少有三種。

1. 棟軍支應處：出現頻率最高。首次出現在光緒18年2月29日，係棟軍後路轉運局致「棟軍支應處 林、王師老爺」（林拱辰、王泰嵩）支銀單。[240]按，光緒17年12月林朝棟率軍北上，12月4日即移至阿姆

---

239 「四月十四日抄雷太尊單底」，收於黃富三等解讀，何鳳嬌、林正慧、吳俊瑩編輯，，《霧峰林家文書集：棟軍等相關收支單》，頁146-147。。

240 「棟軍後路轉運局致林拱辰、王泰嵩支銀單」，收於黃富三等解讀，何鳳嬌、林正慧、吳俊瑩編輯，《霧峰林家文書集：棟軍相關收支單》，頁308-

坪設立大營，當於此時在中路營務處之外另設「棟軍支應處」，以辦理大嵙崁之役後勤事務。

2. 總統前敵各軍支應處：又有此稱呼，如光緒18年2月24日，棟軍後路轉運局陳傑夫致函，稱「總統前敵各軍支應處林、王師老爺」（林拱辰、王泰嵩）。[241]

3. 總統各軍支應處：如光緒18年7月，有「總統各軍支應處」各費清摺。[242]此應為「總統前敵各軍支應處」之簡稱。

其所以有「總統前敵各軍支應處」、「總統各軍支應處」稱呼，是由於林朝棟職權擴大之結果。光緒18年1月9日，他接統臺北隘勇各營。另外，駐防臺北府之定海正營、副營亦歸其指揮，1月15日改為棟字左營、棟字右營，後又併為1營。林朝棟又添募勇丁500、長夫100，編為臺營，連前共計土勇4營，[243]其前營管帶係黃宗河，[244]因此出現「中路營務處兼統棟字全軍林蔭堂觀察總統前敵各軍」的頭銜，職權超過統領而成為總統領。甚至動詞之「總統」竟變為專有名詞，不少函件逕稱林朝棟為總統。[245]如光緒18年3月13日《申報》，亦載：

309。

241　「二月十四日陳鴻英致林拱辰、王泰嵩帶嵌物件單」，收於黃富三等解讀，何鳳嬌、林正慧、吳俊瑩編輯，《霧峰林家文書集：棟軍相關收支單》，頁304-305。

242　「光緒十八年七月總統各軍支應處動用各費墊給賞番清摺」，收於黃富三等解讀，何鳳嬌、林正慧、吳俊瑩編輯，《霧峰林家文書集：棟軍相關收支單》，頁166-169。

243　黃富三等解讀，何鳳嬌、林正慧、吳俊瑩編輯，《霧峰林家文書集：棟軍等相關信函》，〈（一）林朝棟發信（信函內容簡介）〉，頁7。

244　「臺北隘勇七月分大建餉單」，收於黃富三等解讀，何鳳嬌、林正慧、吳俊瑩編輯，《霧峰林家文書集：棟軍相關收支單》，頁174-175。

245　黃富三，〈林朝棟大嵙崁之役的後勤系統：棟軍後路轉運局（1891-1892）〉，頁32。

> 辦理後路棟、隘各軍糧餉事務陳傑夫大令，近因前敵軍書旁
> 午，日往來於郡城、大料崁兩處，披星戴月，昕夕不遑。日前
> 又因公馳赴鴨母坪（阿姆坪）大營，謁見林蔭堂總統，稟商一
> 切事宜，于昨遄返郡城。246

按，蔭堂係林朝棟之字，此時達到官宦生涯中之最高職位；陳傑夫即
是陳鴻英，備受信任重用，在臺北行臺主持棟軍後路轉運事宜，247其
妹陳苓嫁予林朝棟之堂弟頂厝林朝璇（紀堂），二人有姻親關係。248
又由於其支應處不僅補給棟軍，而且涵蓋參戰各營，因此出現另一名
稱：「總統前敵各軍支應處」，或簡稱「總統各軍支應處」，249

　　如前所述，湘淮軍制度以營為基本單位，「棟軍支應處」應是基
本單位，直轄於林朝棟，「總統前敵各軍支應處」、「總統各軍支應處」
則是兼管其它臺北各營後勤事務之職稱，因此主管同為林朝棟之二師
爺林拱辰、王泰嵩。大致上，函件中冠以「棟軍支應處」者，內容只
限棟軍，冠以「總統前敵各軍支應處」、「總統各軍支應處」，事關所
有前線作戰之軍隊。

　　關於補給系統，拙文〈林朝棟大料崁之役的後勤系統：棟軍後路
轉運局〉已約略論及棟軍支應處之角色，主要為：派員至臺北府城支

---

246 〈稻江春浪〉，《申報》，光緒18年3月13日（1892年4月9日），版2。
247 黃富三，〈林朝棟大料崁之役的後勤系統：棟軍後路轉運局（1891-
　　1892）〉，頁59-63。
248 林紀堂著，許雪姬編註，《林紀堂先生日記（1915-1916）》（臺北：中央
　　研究院臺灣史研究所，2017），頁xxxix。
249 「光緒十八年七月總統各軍支應處動用各費、墊給賞番清摺」，收於黃富三
　　等解讀，何鳳嬌、林正慧、吳俊瑩編輯，《霧峰林家文書集：棟軍相關收支
　　單》，頁166-167。

領薪餉、軍火等、派員至大嵙崁支領軍米、節賞等物，再轉發前線諸營等。[250]然而，如何有效執行任務呢？因此棟軍支應處須擁有良好之主管與充足之補給人員。

(1). 棟軍支應處之主管（師爺）

棟軍支應處主管是林拱辰、王泰嵩二位師爺。他們極為能幹，長期兼管林朝棟各項事務，包括公與私，甚為忠誠、盡職。

北臺之後勤官員對林朝棟亦極為忠誠。陳鴻英（陳傑夫）乃派駐臺北行臺，負責申請各項補給業務委員，尤其是每月薪餉之請領，除了棟軍初至臺北而延後報支外，從未失誤，這是棟軍迅速戰勝的重要原因。此外，他兼辦各項採購業務，包括林朝棟私人物品，兩人建立良好而長期的關係。甚至於1895年臺灣割讓後，林朝棟回福建發展樟腦業時，於1901年特專函招他去協助，[251]且二人亦有某種姻親關係，因此備受信任重用。[252]

在大嵙崁糧械所任職之官員薩臚芳、陳有文、陳長慶，均甚盡職，從未延誤軍糧之補給。其中陳有文在光緒18年3月卸任回臺北後，仍然為林朝棟處理交代之事務，而陳鴻英或他可能是寄居臺北府城西門外之林朝棟公館者，顯現關係極佳。[253]2.補給人力：弁、長

250　參考黃富三，〈林朝棟大嵙崁之役的後勤系統：棟軍後路轉運局（1891-1892）〉，33-92。

251　黃富三、黃頌文，〈臺灣總督府樟腦專賣政策與霧峰林家〉，收於中國社會科學院臺灣史研究中心主編，《日據時期臺灣殖民地史學術研討會論文集》（北京：九州出版社，2010），頁347。

252　林紀堂著，許雪姬編註，《林紀堂先生日記》，頁 xxxix。

253　黃富三，〈林朝棟大嵙崁之役的後勤系統：棟軍後路轉運局（1891-1892）〉，頁49。

夫、轎夫、僱工等棟軍基本上採行淮軍式的營哨長夫制負責後勤。後勤工作亦需補給人力充足，方能順利運作。考清代之勇營源自湘軍，其軍制以營為單位，採用戚繼光束伍之法與長夫之制。1營360人，後增為500人，其下分4哨，統以營官；另外設長夫180人，擔任後勤工作。[254]李鴻章淮軍亦採行此制，其後勤組織包括後路糧臺、轉運總局分局、前敵支應所、善後局等。[255]劉銘傳屬於淮軍自不例外，棟軍亦然，因此亦設有類似組織，而派往領餉或米糧、軍火者當係長夫或弁勇。

光緒18年2月20日，陳鴻英致函棟軍支應處林拱辰、王泰嵩稱：「我軍正月餉已准由郡給發，……請即派妥人來郡護解」。[256]書函中所說派出領取與押運之員弁應是長夫，至於押解之長官是屬於長夫之弁勇或另外指派？待考。事實上，有時後方之長官亦親自押解餉銀，如光緒18年3月11日，陳鴻英致函棟軍支應處林拱辰稱：「二月餉已准由郡給發，……屆時芝翁如已內渡，弟即同勇押餉銀來營」。[257]按，芝翁指臺灣縣縣令黃承乙，此時正好卸任，在臺北等候內渡，陳鴻英特予接待，並稱，如薪餉發下，而黃承乙又已經內渡，準備帶同兵勇親自押解餉銀至阿母坪林朝棟駐軍處。

至於押解軍餉、軍糧、軍裝等之人力，主要為長夫弁勇外，但必

254　陸健㛃，〈晚清臺灣兵制的變化：以棟軍為例〉（臺南：國立成功大學歷史學系碩士論文，2006），頁15-16。

255　王爾敏，《淮軍志》，頁312-313。

256　「二月二十夕陳鴻英致林拱辰、王泰嵩信函」，收於黃富三等解讀，何鳳嬌、林正慧、吳俊瑩編輯，《霧峰林家文書集：棟軍等相關信函》，頁288-289。

257　「三月十一卯陳鴻英致林拱辰信函」，收於黃富三等解讀，何鳳嬌、林正慧、吳俊瑩編輯，《霧峰林家文書集：棟軍等相關信函》，頁334-337。

要時也雇用挑夫搬運重物，甚至雇用轎夫送官員。文書經常出現「挑工」、「夫價銀」等。如光緒18年6月，棟軍支應處報稱：

1. 正中又六月；正前六月；正左六月；正右六月：正後六月；炮隊，六月；共平2,086.338兩。

2. 衛隊；炮隊；諸人 銷差；計2,940兩。

3. 共150名，按五站，375元，平270兩；去平108兩、72兩、18.72兩。

大炮〔夫？〕9名。

正營夫39名。

篙夫17把，50名。

挑夫52名。[258]

據上3，有大炮夫、正營夫、篙（轎）夫、挑夫等人夫。其中大炮夫、正營夫當是營中長夫，湘淮軍已經使用西洋砲，棟軍亦有砲隊，因武器較笨重而有大炮夫專管搬運工作。正營夫則是一般長夫，負責則各項輕重物品之搬運與押解工作。至於篙夫（轎），應是因需要而臨時雇用充當官弁之腳力，挑夫則是雇用以挑重物。總數是共150名，按五站，375元，平270兩；去平108兩、72兩、18.72兩」。

又，光緒18年6月之函報稱：

> 袁幫帶，去正營夫價，平72兩；
> 炮隊曾，去大炮夫價，平18.72兩；

---

258 「棟軍六月分夫價等項收支單」，收於黃富三等，《霧峰林家文書集：棟軍等相關收支單》，頁186-187。

交蘭旂去夫價，平108兩。[259]

此應可補充上一件3，即：

袁幫帶：正營夫價平72兩，是正營夫39名之支出，等於：每名約1.85兩。

炮隊曾：大炮夫價平18.72兩，9名，等於：每名約2.08兩。

蘭旂：夫價平108兩，應是籌夫50名加上挑夫52名，共102名之工價。

等於：每名1.06兩左右。

據上，大炮夫工價最高，每名約2.08兩，其次是正營夫，每名約1.85兩，最低的是轎夫、挑夫。顯然，三者間所須技術、體力、任務重要性是不同的。

軍糧之領發方式亦然，大嵙崁糧械所任職之官員（薩臚芳、陳有文、陳長慶）發文至棟軍支應處，支應處再派人前往大嵙崁領回補給品。

綜上，支應處收到「後路轉運局」或「大嵙崁糧械所」公文後，即派弁勇前往領取薪餉或軍糧等補給，但有時後方之長官親自押解餉銀等前往阿姆坪大營。

二、棟軍支應處之補給方式與路線

淮軍是清軍中最近代化之軍隊，擅長使用西方新科技，棟軍原是當時臺灣土勇中較先進者，在大嵙崁之役中亦顯現出來，不但在軍

259　「棟軍六月分夫價等項收支單」，收於黃富三等，《霧峰林家文書集：棟軍等相關收支單》，頁183。蘭旂當是林蘭旗，棟軍之兵勇。

備方面已使用大砲、地雷等，補給方面亦運用新科技，如電報與鐵路。以下介紹：補給根據地、文書來往與通訊新科技、補給交通路線。

棟軍後勤主要根據地是大嵙崁、臺北行臺、阿姆坪。

1. 大嵙崁棟軍後路糧械所

棟軍後路糧械所設於大嵙崁，負責供應軍糧、軍用品、犒賞等。大嵙崁之役時，撫墾幫辦林維源負責後路轉運，由於林家在大嵙崁山區擁有田園，且築有大嵙崁城與林家公館，棟軍後路糧械所可能設於某處。根據日治初年之資料，1895年日軍攻大嵙崁時，大嵙崁城依稀可見，但砲擊毀部分建物。

根據1944年出版的《大溪誌》之「大嵙崁配置圖」，約略可看出日治初年與日後街市更新之演變情形。[260]大嵙崁城是三面有城牆、一面為河岸之市鎮，其內之林本源宅邸「通議第」，為長方形城牆所圍，佔地很大，其後方部分建物已被擊毀，但前方之糧倉室仍存。1920日治時，「通義第」變更為大嵙崁公學校，[261]1942年立有「林本源發祥地」紀念碑，[262]殘存之大嵙崁門仍依稀可見；[263]2013年曾挖掘

260　大溪郡役所編，《大溪誌》（新竹州：大溪郡役所，1944），頁147後附圖。

261　郭薰風主修，石璋如等纂，《桃園縣志》（臺北：成文，1983），頁61-62；薛琴，「桃園縣大溪鎮古城牆先期調查案成果報告書稿」，（2012年10月），頁22。

262　薛琴，「桃園縣大溪鎮古城牆先期調查案成果報告書稿」，頁24。

263　王國璠，《板橋林本源家傳》（臺北：祭祀公業林本源，1987），正文前之影像圖，註：清道光末葉候選道林公國芳建。

出疑似城牆之殘蹟。[264]

根據「大嵙崁配置圖」（見彩圖），日治初年遺留之清代重要之建物有：二、統領營所在地；口、撫墾局所在地，二者相鄰，均位於林本源宅邸外左下角。大嵙崁棟軍後路糧械所可能設於撫墾局內，而其旁有統領營，背後有「領臺前廣場」，當是駐軍之營舍等設施。但糧食亦有可能儲存於林本源城內之糧倉室，此有待考證確認。

2. 棟軍後路轉運局：臺北行臺

棟軍後路轉運局設於「臺北行臺」，由於建省於中部，但巡撫與部政使司一直在臺北辦公，因此稱行臺。其位置何在呢？

按，同治13年，因牡丹社事件，滿清朝廷改變對臺灣政策，光緒元年，親差大臣沈葆禎奏准北部另設「一府三縣」，在臺灣府外另成立臺北府，府城在艋舺地區。但府城與衙門未定，臺北府官員均在竹塹辦公。

光緒4年，首任（試署）知府林達泉至臺北盆地一帶探勘，決定於艋舺與大稻埕之間的荒地構築臺北城，但因積勞成疾而在任上去世，陳星聚接任知府。光緒5年3月，淡水、新竹二縣分治，臺北正式開府，陳星聚擇定在艋舺與大稻埕間之荒地建城，並公告興建街道、民房。光緒7-8年，福建巡撫岑毓英二度巡臺，督促建城，乃於光緒8年正月興工；[265]但未完工即調升雲貴總督，由臺灣道臺劉璈接手。劉璈因精通堪輿，更改規劃，至光緒10年11月方竣工。[266]由於臺

264　薛琴，「桃園縣大溪鎮古城牆先期調查案成果報告書稿」，頁35。

265　尹章義，《臺灣開發史研究》（臺北：聯經出版社，1989），頁412-415。

266　尹章義，《臺灣開發史研究》，頁417-418；維基百科網站，「臺北城」條目，檢索日期：2017年6月22日，網址：https://zh.wikipedia.org/wiki/臺北城。

北府、縣衙門未建成，官員仍駐在竹塹辦公，乃在臺北興建臨時官衙，名稱是「臺北行臺」，暫時供給駐留辦事。例如同時創立之恆春縣亦因縣城與衙門未建，官員仍駐於鳳山縣城，而在縣址設立恆春縣行臺。[267]

根據「臺灣光緒八年正月起至十年閏五月止，籌辦海防及開山撫番、養船經費收支各款銀數，開具清單」一摺，內有一條稱：

> 一、支給建蓋電報局工料銀，一千六百七十九兩一錢一分一釐四毫。
>
> ……………
>
> 一、支給修建行臺局所工料銀，一千八百兩一錢六分四釐三毫。[268]

上文之「修建行臺局所工料銀」，人工與材料之費用顯示行臺是在光緒8年正月起至10年（1884）閏五月間建成。此項經費或許亦包括在內同時設立之恆春縣行臺。

「臺北行臺」在府城何處？又在今何處呢？

上列清單所附之簡圖顯示有「行臺」，[269]當即臺北府行臺。

267　陳文緯主修，屠繼善纂修，《恆春縣志》（臺北：臺灣銀行經濟研究室，臺文叢第75種，1960；1894年原刊），卷2，〈建署〉，頁52。

268　閩浙總督卞寶第奏，光緒15年7月22日，「光緒八年正月至十年閏五月臺灣籌辦海防等項收支各款銀數」（清單），收於中國第一歷史檔案館、海峽兩岸出版交流中心，《明清宮藏臺灣檔案匯編》（北京市：九州出版社，2009年第一版），冊210，頁199-222；國立臺灣大學，《台灣歷史數位圖書館》，檔名：〈ntul-3052819-0019900222.txt〉。

269　閩浙總督卞寶第奏，光緒15年7月22日，「光緒八年正月至十年閏五月臺灣籌辦海防等項收支各款銀數」（清單），收於中國第一歷史檔案館、海峽

又，1895年日人所繪「始政當時臺北城平面圖」，顯示在今中山堂前後之地標示「布政使衙門行臺」。[270]按，光緒11年，臺灣省會原彰化縣橋子頭（今臺中市中心），但城郭衙門未建，而劉銘傳始終在臺北辦公，因此須設立省級行臺，計有巡撫、布政使司二處。至光緒18年，繼任之邵友濂奏請將省會移至臺北，因此行臺方改為正式衙門。[271]

因善後局專管清法戰爭後善後事宜，設於臺北行臺內，而棟軍後路轉運局亦是。光緒18年正月27日陳鴻英致函林拱辰稱：

> 我軍隘勇副營去年領軍火開夫價一節，計四、五十兩，辦文由尊處寄交弟處請領，敝處實未收到，當到善後局查明。[272]

據上，陳鴻英回棟軍支應處林拱辰稱未收到請領光緒17年夫價之文，「當到善後局查明」，可見行臺設於善後局內或其旁，就近申請供應薪餉、補給等。

兩岸出版交流中心，《明清宮藏臺灣檔案匯編》，冊210，頁199-222；國立臺灣大學，《臺灣歷史數位圖書館》，檔名：〈ntul-3052819-0019900222.txt〉。

270　井出季和太，《臺灣治績志》（台北：臺灣日日新報社，1936），頁217前之插圖。「臺北府之圖」，系統提供者標記製圖時間為1888年，收入中央研究院地理資訊科學研究專題中心「台北市百年歷史地圖」，檢索日期：2017年6月22日，網址：http://gissrv4.sinica.edu.tw/gis/taipei.aspx。

271　臺北市文化局與文化部將植物園之古蹟「布政使衙門行臺」修正公布為「欽差行臺」，參維基百科網站，「欽差行臺」條目，檢索日期：2017年6月13日，網址：https://zh.wikipedia.org/wiki/欽差行臺。大有問題，筆者數次請文化部新調查，卻不見下文，它日當另文考證。

272　「正月廿七晨陳鴻英致林拱辰信函」，收於黃富三等解讀，何鳳嬌、林正慧、吳俊瑩編輯，《霧峰林家文書集：棟軍等相關信函》，頁238-241。

3. 棟軍支應處：阿姆坪

棟軍支應處設於阿姆（阿母）坪，是大嵙崁之役的核心後勤單位，請領與發放軍需均由其統一負責，以便就近即時支援山區作戰之前線各營軍需等物。

阿姆坪屬於三層莊南部竹頭角泰雅族居地，地名源自閩人呂阿姆。他在同治8年與當地原住民訂約開墾，但三年後又被奪回；光緒16年再墾，又被奪；1909年，大嵙崁仕紳呂建邦等6人再鳩資懇成，改名復興里。阿姆坪乃紀念呂阿姆而命名，光緒12年劉銘傳征討大嵙崁原住民時即以此為據點。[273]林朝棟亦以此為大本營，指揮前線各軍，棟軍支應處自然亦設於此，以便就近支援前線。[274]

除了公文外，最特別的是採用新科技之電報與鐵路，提高補給效率。林朝棟在11月13日已致電在臺灣縣（今臺中）棟字營幕僚萬鑑查詢軍餉是否敷用。[275]其它尚有多處提到電報聯絡事，如光緒18年2月陳鴻英造「光緒十八年正月分各營薪費並公泰洋行押櫃銀兩四柱清冊」，稱：

> 正月初二日，代畢第蘭電囑葛洋人「切勿回北度歲」，報費洋貳元肆角，合庫平銀壹兩柒錢伍分貳釐。又，電請萬逸翁，「葛洋人電囑電局送霧」，報費洋元肆角，合庫平銀貳兩肆錢捌分貳釐。

273　洪敏麟，《臺灣舊地名之沿革》，冊2上，頁96-97。
274　黃富三，〈林朝棟大嵙崁之役的後勤系統：棟軍後路轉運局（1891-1892）〉，頁3。
275　黃富三，〈林朝棟大嵙崁之役的後勤系統：棟軍後路轉運局（1891-1892）〉，頁40。

> 電致萬逸翁,「雲、集腦自售赶運,南鐵官本早起程,蕮洋人
> 即留」,報費洋元柒角,合庫平銀貳兩柒錢零壹釐。[276]

據上,函中不少處提及電囑、電請、電致等通訊事,可見在近代新科
技的使用,臺灣並未落後世界太多。林家文書尚留下一些電報文,當
可提供更多資訊。可見棟軍已充分利用電報,大大提高訊息來往速度
與軍事效率。

大料崁是棟軍後路補給要地,有水路與陸路,他與其他官員等亦
已利用通車之鐵路。

1. 鐵路、陸路

此時最大之變革是鐵路的通車利用。臺灣鐵路於光緒13年動工興
建,至於通車時間,大多說是17年臺北通基隆、19年臺北通新竹路
段先後完工通車。[277]此說不盡正確,事實上光緒17年已經全線竣工通
車,光緒17年3月22日,劉銘傳批由善後總局公布「搭坐火車及裝載
官用貨物」章程,[278]而且已經有官民搭乘。光緒17至20年間,浙江溫
州人池志徵曾在先後在巡撫與臺東衙門任職幕府。[279]光緒17年10月23

---

276 「光緒十八年二月陳鴻英造光緒十八年正月分各營薪費並公泰洋行押櫃銀兩
四柱清冊」,收於黃富三等解讀,何鳳嬌、林正慧、吳俊瑩編輯,《霧峰林
家文書集:棟軍等相關收支單》,頁15、17。

277 渡部慶之進著,黃得鋒譯,《臺灣鐵道讀本》(南投:國史館臺灣文獻
館,2016),頁17-18;江慶林譯,《臺灣鐵路史》,上卷(臺中:臺灣省
文獻委員會,1990;1910年原刊),頁20-21。

278 唐贊袞,《臺陽見聞錄》(臺北:臺灣銀行經濟研究室,臺文叢第30種,
1958;1891年原刊),上卷,〈通商,車票〉,頁21。

279 池志徵,〈全臺遊記〉,收於張遵旭等撰,《臺灣遊記》(臺北:臺灣銀行
經濟研究室,臺文叢第89種,1960),頁1-2。

日上海至基隆上岸後，即「坐火車至臺北府城」，沿途為：

> 自雞籠山行二十里，……又二十里為八堵，又十五里為水返
> 腳，換車焉。又十里為南港，又十里為錫口，各有票房，為各
> 路貨客上下。再行十二里為大稻埕，下車焉。[280]

據上，他在大稻埕下車後，進入臺北府城。

接著，同年12月2日，他又從大稻埕「訪友人於新竹」，稱：

> 新竹……離臺北府城百五十里，遂復乘東路火車而去。十里至
> 新莊，大村市，居民二千家……。十里，坡角。十五里，龜崙
> 嶺。……十五里，桃仔園，亦大村市，有城堡……。十里，坎
> 子腳。十里，中壢，有汛市，換車焉。十里，頭重溪。二十
> 里，大湖口，一名糞箕湖。十里，鳳山畸……有大橋橫跨兩
> 嶺，車過其上……。再行十五里為新竹，下車焉。[281]

據上，他也可從臺北乘火車至新竹，下車訪友，可見至遲光緒17年12
月2日以前，臺北至新竹鐵路亦已通車，過去說是光緒19年，顯然不
確，光緒17年3月22日，善後總局公布「搭坐火車及裝載官用貨物」
章程後不久應即已通車。

至於通大料崁之鐵路交通大致上是由桃仔園站（桃園）上下車，
再由陸路通大料崁。同年12月，池志徵又說，他在二日後，即12月4

280　池志徵，〈全臺遊記〉，收於張遵旭等撰，《臺灣遊記》，頁4。
281　池志徵，〈全臺遊記〉，收於張遵旭等撰，《臺灣遊記》，頁6。

日,「坐火車至桃仔園」,下車渡過一晚,接著自陸路前往大嵙崁。
他說:

> 大山坷崁(即大嵙崁)在桃仔園北十五里,本野番出沒之區,
> 闊約三百里。此地開闢,可墾良田數十萬畝,足置一縣治,直
> 通後山。漫山遍野皆樟,大者合抱,氣甚芬烈,熬其質可為
> 腦,有腦寮、腦局在,歲出腦數百萬,近設腦務總辦理之。出
> 鹿亦甚多。出大山坷崁,仍由桃仔園坐火車至臺北府城。282

據上,池志徵在桃仔園下車一宿,並由陸路至大嵙崁一遊後,又回至
桃仔園,可見桃園、大嵙崁間之早已有道路可通,然後他再「坐火車
至臺北府城」。按,坷崁乃之誤,而其方位「在桃仔園北十五里」,
應在桃仔園之南方是。

此一路線為大稻埕與桃園、大嵙崁間鐵路、陸路交通之最佳描
述,由於方便,官民利用者日增。

1897年日本陸地測量部之地圖可看出大稻埕至新竹間之鐵路線與
車站,桃仔園位於中間位置,有一道路可通大嵙崁,約為今大溪通往
桃園之國道4路線。

關於車票,光緒17年3月22日,劉銘傳批由善後總局出示稱「搭
坐火車及裝載官用貨物,均須照章買票」,但有例外,即:

> 惟遇有更調兵勇,請撫轅中軍先期移知卑局,以便分飭票房火
> 車各司事,遵照辦理。

---

282 池志徵,〈全臺遊記〉,收於張遵旭等撰,《臺灣遊記》,頁7-8。

（一）官用貨物，⋯⋯無論何項貨物，均須照章買票裝車，以
希劃一。

（一）餉銀、軍械等項，凡有憲局提到大批銀兩及由外洋購來
機器、軍火，應請飭支應所、軍械所分給憑移，以便照辦。其
餘概不得免給載費，以重商務。[283]

據上，搭乘火車官民均須購票，僅有「餉銀、軍械等項」，並由「支
應所、軍械所」發給公文者，方可免費，亦即軍需品均免費。[284]因
此，棟軍支應處之餉銀、軍械等項當係由火車運送，不但快捷、安
全，而且免費，節約不少開支。

　　如前所述，棟軍每月薪餉基本上由臺北行臺向善後局請領，再通
知阿姆坪棟軍支應處派弁勇至臺北押回，因此文書中有大量陳鴻英致
林拱辰之相關函件。如光緒17年12月19日，陳鴻英致函林拱辰稱：

弟自十八午捭別登程，四點鍾〔鐘〕趕到大料崁，本擬趕搭三
幫車回郡，因轎班云實來不及，即改雇船由水路。是日適值風
雨太大，船均不肯去，可恨，至十九午始可到郡。[285]

據上，光緒17年12月某日，陳鴻英由臺北至阿姆坪棟軍支應處，商議
勇餉等事宜，定18日到大料崁，「本擬趕搭三幫車回郡」，即搭第三
班火車回臺北。查臺北、新竹間有桃仔園（今桃園）站、中壢站，應

283　唐贊袞，《臺陽見聞錄》，上卷，〈通商，車票〉，頁21。
284　江慶林譯，《臺灣鐵路史》，上卷，頁41。
285　〈陳鴻英發信〉，收於黃富三等解讀，何鳳嬌、林正慧、吳俊瑩編輯，
　　　《霧峰林家文書集：棟軍等相關信函》，頁224-229。

是陸路由大嵙崁至「桃仔園」（或中壢）站，再搭火車至大稻埕站。當時似乎每日僅有三班車，因此必須趕最後一班車才能回臺北。據稱，光緒19年臺北至新竹全線通車，每日往返6次，後減為4次，[286]此當是日後追加的。

上函又說「轎班云實來不及」，可知他要由大嵙崁陸路乘轎至桃仔園火車站。因此，薪餉等較輕或貴重物品，可能乘火車至「桃仔園」站，再雇轎夫或挑夫甚至徒步，押解至大嵙崁。至於大嵙崁與與阿坪大營及前線各營間，路程較短，原即有山路可通。

火車大大提高交通效率，林朝棟常乘火車來往臺北與軍營間。光緒18年3月20日，大嵙崁糧械所陳長慶、薩臚芳致林拱辰函中稱：

> 統帥〔林朝棟〕于本早六點鐘啟程，趕搭頭班車晉郡〔臺北府城〕。[287]

可見林朝棟亦利用此一新交通工具，而且一早從阿姆坪出門，趕至桃仔園搭頭班車至臺北。

2. 水路

清代淡水河系河床相當高，中下游之新莊、艋舺、大稻埕、關渡、淡水等地可通航至大嵙崁，因此河運乃運輸主幹。[288]《諸羅縣

286　江慶林譯，《臺灣鐵路史》上卷，頁33。

287　「三月廿卯刻陳長慶、薩臚芳致林拱辰信函」，收於黃富三等，《霧峰林家文書集：棟軍等相關信函》，頁664-667

288　王世慶，《淡水河流域河港水運史》，頁34-35。

志》載：「干豆門，從淡水港東入……西南由武嘮灣至擺接。」[289]《淡水廳志》載「擺接渡，往來新莊，上通大嵙崁三坑仔，下達淡水港。」[290]

清法戰爭法人繪有北部地圖，Takoham（台語之大姑陷，即大嵙崁）亦在內，向北可連接淡水河系沿岸重要市街。[291]在清代大嵙崁溪水位仍甚高，即由大稻埕或艋舺經由大嵙崁溪溯流而上，經新莊、三角湧等港至大嵙崁上岸。目前仍有大嵙崁碼頭遺址，[292]據1898年12月調查，至大嵙崁可行10─20石之紅頭船。[293]

如上所述，光緒17年12月18日，陳鴻英致函林拱辰稱，原訂是中午18日中午離開阿姆坪，四點到達大嵙崁，再乘轎由陸路至桃子園站，乘第三班火車至大稻埕站。但轎夫稱趕不及，乃改走水路，又因風雨太大，船夫拒開，延後一天方回到府城，見水路仍是一條可選的路線。[294]

三、棟軍支應處之運作

棟軍支應處扮演補給之關鍵性角色，即向後方請領補給品，再供應前線。

289 周鍾瑄，《諸羅縣志》（臺北：臺灣銀行經濟研究室，臺文叢第141種，1962，1717年原刊），冊1，卷1，〈封域志・山川〉，頁14-15；冊2，卷12，〈雜記志・外紀〉，頁287。

290 陳培桂，《淡水廳志》，卷3，〈志二・建置志〉，頁69-70。

291 格勞特（E. Garnot）著，黎烈文譯，《法軍侵臺始末》，附圖。

292 吳振漢總編纂，《大溪鎮志・地理篇、歷史篇、政治篇》（桃園：大溪鎮公所，2004），頁33。

293 王世慶，《淡水河流域河港水運史》，頁35。

294 〈陳鴻英發信〉，收於黃富三等解讀，何鳳嬌、林正慧、吳俊瑩編輯，《霧峰林家文書集：棟軍等相關信函》，頁224-229。

　　如前所述，光緒17年12月4日，林朝棟率四營進駐大嵙崁，光緒18年1月9日，進而接統臺北隘勇各營及添募之臺灣土勇營，[295]因此除「棟軍支應處」外，亦出現「總統前敵各軍支應處」之名，[296]其補給之單位就兼及於棟字營以外之參戰諸營。

　　統括棟軍支應處的補給系統有二種主要項目：1.派員至臺北府城支領薪餉、軍火等；2.派員至大嵙崁支領軍米、節賞等物，再轉發前線諸營等，拙文《林朝棟大嵙崁之役的後勤系統：棟軍後路轉運局》已約略論及。以下進一步細論其補給系統之運作情形，共分幾部分：（一）由大嵙崁糧所領發各營軍米、（二）由臺北行臺（轉運局）領發各營餉銀及支應各項雜支、（三）、採買商號物品等。

1. 由大嵙崁糧所領發各營軍米

　　如前所述，大嵙崁糧械所每月運交1,000石軍米至阿姆坪棟軍支應處，再由前線各營領回食用。林家文書有光緒18年2月起各月份、棟軍支應處從大嵙崁糧械所（糧局）收入與各營所支用之米糧清單。茲整理如下表：

	時間	支出各營白米	糧械所領來	上月結存	尚存	支領者
1.	光緒18.2.1	954.2石	1017石		62.8石	各營
2.	光緒18.3.18	614石	637石	62.8石	85.8石	各營
3.	光緒18.3.24	216.0石	217石		1.0石	各協臺

295　「臺北隘勇七月分大建餉單」，收於黃富三等解讀，何鳳嬌、林正慧、吳俊瑩編輯，《霧峰林家文書集：棟軍相關收支單》，頁174-175。

296　「光緒十八年七月總統各軍支應處動用各費、墊給賞番清招」，黃富三等解讀，何鳳嬌、林正慧、吳俊瑩編輯，《霧峰林家文書集：棟軍相關收支單》，頁166-167。

據上表，光緒18年2月份，支出各營白米954.2石；光緒18年3月份，光18.3.18，支出各營614石；18.3.24，支出各協臺216.0石，共820石，應是軍官與兵勇分計者。軍米總額似乎在減少中，且有結餘，當是大嵙崁之役基本上已結束之故。

其它，尚有其後各月份各營支領米糧之清單，如：（4）陷正營三哨支米、[297]（5）光緒18年潤6月25日支米、[298]（6）光緒18年潤6月25日支米、[299]光緒18年8月，致衛隊兩哨五月份小建暨支銀單、[300]光緒17（或18）年12月30日抄棟軍支米單。[301]不贅。

綜上，軍米之供應甚為充裕，當有助於林朝棟之迅速戰勝。

如前所述，臺北行臺轉運局委員陳鴻英負責呈報各月薪餉，再由支應處派勇前往領回，分成棟軍支應處、總統前敵各軍支應處二類，再函請各營派勇來領。

1. 棟軍支應處應發餉銀單

此應僅限於直屬之棟軍）之各營餉單，資料似乎不全，僅能舉例。如光緒18年年（7月？）之應發餉銀單，內容如下：

(1) 光緒18年年（7月？），「棟、陷各隊應發四至六月餉並臺中

297　「本營支應處造正營三哨支米銀單」，收於黃富三等解讀，何鳳嬌、林正慧、吳俊瑩編輯，《霧峰林家文書集：棟軍相關收支單》，頁160-161。

298　「閏六月廿五日支米單」，收於黃富三等解讀，何鳳嬌、林正慧、吳俊瑩編輯，《霧峰林家文書集：棟軍相關收支單》，頁162-163。

299　「又六月二十五日支米單」，收於黃富三等解讀，何鳳嬌、林正慧、吳俊瑩編輯，《霧峰林家文書集：棟軍相關收支單》，頁164-165。

300　「八月致衛隊兩哨五月分小建暨支銀單」，收於黃富三等解讀，何鳳嬌、林正慧、吳俊瑩編輯，《霧峰林家文書集：棟軍相關收支單》，頁172-173。

301　「十二月三十日抄棟軍支米單」，收於黃富三等解讀，何鳳嬌、林正慧、吳俊瑩編輯，《霧峰林家文書集：棟軍相關收支單》，頁150-151。

府來銀單」

a. 支出

隘正四月分應發，平1365.2213兩

隘付五月分應發，平1796.488兩

棟付五月分應發，平1372.5678兩（又付又六月、七月委員
湘124.5908兩）

炮隊六月分應找，平225.356兩，撥225兩

衛隊六月分應發平，900兩

共平5665.4771兩

b. 領來

台中府七月分應領，平8925.0313兩

又，付又六月、七月委員，湘平124.5908兩

c. 扣發外，尚存平3259.5542兩（囑以記撥900兩付衛隊，225
兩付炮隊）[302]

以上是光緒18年4-6月份林朝棟直轄之參戰棟、隘軍各營之薪
餉，由計隘正（隘勇正營）4月分、隘付（隘勇副營）5月分、棟付
（棟軍副營）5月分、衛隊6月分應發，及炮隊6月分應找，共計庫平
5,665.4771兩。依照慣例推測，此單應是光緒18年7月發出的。

值得注意的是，表中稱「台中府七月分應領，平8925.0313兩」。
令人納悶的是，建省後以中部橋子頭為省會，因此「臺灣府」由今臺
南移設於中部，何來「台中府」？又，如領來之平8,925.0313兩是來

302　「棟隘各隊應發四至六月餉並臺中府來銀單」，收於黃富三等解讀，何鳳
　　 嬌、林正慧、吳俊瑩編輯，《霧峰林家文書集：棟軍相關收支單》，頁178-
　　 179。

自中部，是否大嵙崁之役之軍費不盡由善後局支應？或棟軍直屬或部分軍隊之軍餉是由中部支應？而且減去支出之5,665.4771兩，尚餘3,259.5542兩，顯然數目過於龐大。

2. 總統前敵各軍支應處光緒十八年七月份之應支、實支餉單（兼統之軍）

此係包括棟軍以外之其它勇營，例如林朝棟兼統之臺北隘勇四營等，乃光緒18年7月份有較完整應支、實支紀錄，內容如下：

(1) 臺北隘勇四營等7月份應支餉銀單

此當是林朝棟直轄之臺北隘勇四營所應支給餉銀單。

　　a. 臺北隘勇四營

　　　隘前營 柒月 并舊在　應平1,656.287兩。

　　　隘中營 柒月　　　　應平1,574.4022兩。

　　　隘左營 柒月　　　　應平1,818.9158兩。

　　　隘右營 柒月　　　　應平1,687.2981兩。

　　　四營共平6,736.9031兩，伸七二，洋9,356.81元。

　　b. 其它

　　　鄧哨官 柒月　　　　應平135.166兩，七二洋187.73元。

　　　秦鱸魚 柒月　　　　應平43.2兩，七二洋60元。

　　　計共艮9,604.54元[303]

此為七月份臺北隘勇中營、前營、左營、右營等四各營之應支餉單，共平6,736.9031兩，伸七二，洋9,356.81元；另加上鄧哨官之洋

303　「臺北隘勇四營等支銀單」，收於黃富三等解讀，何鳳嬌、林正慧、吳俊瑩編輯，《霧峰林家文書集：棟軍相關收支單》，頁176-177。

187.73元、秦鱸魚之洋60元，共計艮9,604.54元。此當是呈報之預估
餉單，但實際支出會因狀況而有變動，下表乃實支餉單。

(2) 臺北隘勇4營7月份實支餉單（其它兼統之軍）

此為臺北隘勇四營實際支給之餉單。

　　a. 臺北隘勇4營實支餉單

　　中營除扣曠外，在洋2,249.167元，1619.4002兩；又病故4.0元，
平2.88兩，共平1,622.2802兩。

　　前營除扣曠外，在洋2,267元，七二，平1,632.24兩，共平
1,647.638兩 計共1,704.165兩。

　　左營除扣曠外，在洋2,251.3801元，七二平，1,620.9437兩；又病
故6名，24元，平17.28兩。

　　又，尖石等處隘勇，在洋316元，七二平，227.52兩，共平
1865.7938兩

　　右營除扣曠外，在洋2,253.766元，七二平，1,622.7121兩。

　　又，金瓜寮隘勇 148.2元，七二平，106.704兩，又病故2名，8.0
元，平5.76兩，共……〔按，缺字〕

　　共平6,870.8881兩，七二伸，洋9,542.9元

　　b. 其它

　　前營管黃宗河，前在平56.517兩，七二伸，洋78.472元。

　　計共 在平9,621.372元。[304]

　　上為7月份臺北隘勇中營、前營、左營、右營等四營之實際應支
餉單，共計平9,621.372元，略高於原估之9,604.54元。原因一是曠員

304　「臺北隘勇七月分大建餉單」，收於黃富三等解讀，何鳳嬌、林正慧、吳俊
　　瑩編輯，《霧峰林家文書集：棟軍相關收支單》，頁174-175。

或病故，如上述之左營：「除扣曠外，在洋2,251.3801元，七二平，1,620.9437兩；又病故6名，24元，平17.28兩」。另一是原估之鄧哨官、秦鱸魚之薪餉，實際上是由黃宗河支領。但兩相抵銷，大致上是收支是平衡正常的。

其它月份之餉單殘缺，但應大同小異。

除餉銀外，支應處也支付應一些雜項開支，包括日常生活必需品與賞番物品。如下例：

總統各軍支應處光緒十八年七月分各費清摺
謹將支應處自光緒十八年七月初一日起至三十日止所有動用各費以及墊給賞番數目造具呈鑒
計開：
各費項下
一、支給……。
一、支給雜費并零物共……。
一、支給文案、稿房伙食，共庫平銀16.416兩。
一、支給應酬賞號，共庫平銀36.72兩。
又，墊賞五指山勇殺番番牛猪酒，共庫平銀18兩。
一、支給買柴炭，共庫平銀9.92兩。
一、支給買金燭、水火油，共庫平銀7.56兩。
以上十二日起至三十日止，計共用庫平銀213.06兩。
又，祥手經用
一、支給買菜並辦席，共庫平銀17.767兩。
一、支給挑工路費、轎價，共庫平銀52.646兩。
一、支給……。

一、支給買柴炭，共庫平……。

一、支給買金燭、水火油，共庫平銀3.182兩。

一、支給買枋瓦，共庫平銀11.52兩。

以上初一日起至十一日止，計共用庫平銀157.834兩。

以上全月再統共用，庫平銀370.894兩。[305]

以上為光緒18年7月1日30日止，總統各軍支應處所有動用之各項費用，包括柴、炭、菜等日用品，以及工錢賞番款項，全月共用庫平銀370.895兩。此亦應是請款單。

棟軍支應處需採購物品，因此與某些商行有往來，有合興號、成元、新成元、謙裕等多家等多家。文書資料主要分佈於光緒18年3、4月大料崁之役結束後者，故多為日用品而非軍用品。採購商品種類相當廣，有食材、衣著、文具等，可能包括公務與私人用品。食材主要購自合興號、福泉豐號，衣著主要購自成元、新成元、謙裕等。[306]

1. 合興號

合興號似乎是經常來往的商號，有不少文舒適它呈報棟軍支應處之商品往來收支單。（參看附錄七）

據編號(1)，光緒18年瓜（7）月24日之物品有：「□□金33.0支，

---

305 「光緒十八年七月總統各軍支應處動用各費墊給賞番清摺」，收於黃富三等解讀，何鳳嬌、林正慧、吳俊瑩編輯，《霧峰林家文書集：棟軍相關收支單》，頁166-169。

306 黃富三等解讀，何鳳嬌、林正慧、吳俊瑩編輯，《霧峰林家文書集：棟軍相關收支單》，〈商號兌貨單（內容簡介）〉，頁508-510。

2.97元；經衣13.0斤，1.03元；生油24.12斤」。[307]金紙、經衣等當是支應處祭拜用品，生油當亦有關。

編號(2)，光緒18年8月三日，有：「金紙、盤、碗、豆皮、竹仔枝等」，當是支應處日常用品。又「加上烏司阜、挑工等工資」，[308]烏司阜可能是烏姓廚師或泥水匠，挑工當係挑運商品的工人工資。

編號(3)，光緒18年8月13日，有：幼麵干2.14斤，2.30角；幼笋絲? 一斤，8.5点；小骨3.0付，9.0点！猪肉七斤，1.0元。加上□白布4.0尺，8.0点。[309]按，臺語幼麵干，為細乾麵；幼笋絲，為細筍絲；又有小骨、猪肉，均為桌上食物。白布用途則較廣。由於數量有限，當非一般軍用品，而是林朝棟等上層人員所需之物品。

據上，合興號應該是日用雜貨店或批發商，為棟軍支應處採購日用品及支付相關工資。再者，此時棟軍仍在北部，合興號應位於北臺，可能在艋舺或大稻埕，但亦有可能在大嵙崁，確定地點有待考證。

2. 其它：錦華號、吳吉記

尚有多家來往商號，茲舉三例。（參看附錄八）

編號（1），光緒18年4月18日，錦華號致林拱辰兌貨單有：

307　「瓜月廿四日合興號致棟軍支應處兌貨單」，黃富三等解讀，何鳳嬌、林正慧、吳俊瑩編輯，《霧峰林家文書集：棟軍相關收支單》，頁562-563。

308　「壬辰桂月初三日合興號致棟軍支應處兌貨單」，收於黃富三等解讀，何鳳嬌、林正慧、吳俊瑩編輯，《霧峰林家文書集：棟軍相關收支單》，頁566-567。

309　「壬桂月十三日合興號致棟軍支應處兌貨單」，黃富三等解讀，何鳳嬌、林正慧、吳俊瑩編輯，《霧峰林家文書集：棟軍相關收支單》，頁568-569。

> 雪清官紗雙起線女衫一件，1.5元；湖色春羅全孔蘭杆單衫一
> 件，3.0元；雪青紡綢孔活落貢帶女褲貳條，1.0元；雪青西紗
> 全孔蘭杆單衫一件，3.0元；湖色西紗貢帶女褲一條，5.0角等
> 多項；以及洋扁扣三付，3.0角。白洋布蘭布褲腰六條，3.0
> 角。月洋布月洋布，1.4丈，每尺4.5點，6.3角。[310]

以上多為衣著類，包括絲綢與棉織品類，可能是官員及家眷訂購
者，而錦華號當是布商。

編號（2），光緒18年7月3日，吳吉記致林朝棟兌貨單：

> 9寸封并干100，艮5.0角。7寸封并干100，艮4.0角。5寸干封
> 200，艮6.8角。3寸干封100，艮1.4角。極品大單200，艮4.0
> 角。梅紅封套200，艮5.0角。極品大全50，艮1.0元。5寸7寸白
> 摺各50，艮3.2角。通天格2.0刀，2.2角。定製筆支，1.4元。
> 薛濤箋200，艮3.2角。白八行200，艮1.1角。極白六扣本100，
> 1.5元。白六扣本100，1.0元。上元甲1.0刀，艮6.5角。大申
> 封100，艮6.0角。大移封100，艮6.0角。極品中片500，艮6.0
> 角。小京片500，艮5.0角。又小申封100，3.5角。[311]

上列之貨品均為紙、信封等物，公私用均有，而吳吉記當是文具行。

---

310 「四月十八日錦華號致林拱辰兌貨單」，收於黃富三等解讀，何鳳嬌、林正
慧、吳俊瑩編輯，《霧峰林家文書集：棟軍相關收支單》，頁536-539。

311 「壬荔月初三日吳吉記致林朝棟兌貨單」，收於黃富三等解讀，何鳳嬌、林
正慧、吳俊瑩編輯，《霧峰林家文書集：棟軍相關收支單》，頁544-545。

編號（3），光緒18年4月7日，藝林苑致林拱辰裱工銀單：[312]

> 正月初二日，裱大天官乙幅，價工銀1元　全絹。又，代修補
> 破空，工銀2角。又，裱全絹大聯對乙付，下款亦章，工洋4
> 角。又，裱花鳥大卦屏四幅 全絹 下款鄭霽林，工銀1.0元。
> 又，裱孫傅衰中條幅四幅全絹，工銀6角。

藝林苑當是裱褙行，為棟軍官員或官衙服務。

其它尚有多家，不贅。

四、前線諸營的角色

棟軍支應處從後路糧械所或後路轉運局收到糧食、軍需品、薪餉後，即知會前線作戰之棟軍、隘勇各營前來領用，各營派員至阿姆坪棟軍支應處領回發放。林家文書亦留有不少紀錄。

棟軍支應處亦通知各營派勇往領軍米。前節已提及從光緒17年12月棟軍初至臺北時即已領取軍米，並轉交各營。如12月30日抄棟軍支米單，[313]支給棟軍支出正右、正中、正後、正左、炮隊、大旗棚、衛右之米，共770.4石。

其後棟軍支應處從大嵙崁糧械所（糧局）到來米，再由前線各營領回食用。如前所述，光緒18年2-9月份、棟軍支應處從大嵙崁糧械所（糧局）收入與各營所支用之米糧清單。不贅。

---

312 「壬四月十七日藝林苑致林拱辰單」，黃富三等解讀，何鳳嬌、林正慧、吳俊瑩編輯，《霧峰林家文書集：棟軍相關收支單》，頁534-535。

313 「十二月三十日抄棟軍支米單」，收於黃富三等解讀，何鳳嬌、林正慧、吳俊瑩編輯，《霧峰林家文書集：棟軍相關收支單》，頁150-151。

同樣，各營亦至棟軍支應處、各營支應處領賞。如前所述，光緒18年（2月），棟隘各營領賞（舊曆年）豬隻蕃薯銀派分單。[314]此年節巡撫賞品交予棟軍支應處後，各營再赴支應處領回。如光緒18年2月14日有臺勇營鄭簽收條：「現收到撫院犒賞洋壹元，並錢五百六十文」。[315]另外，其它各營亦有簽收條，如水流東定海右營、棟字左營等。[316]不贅。

各營管帶收到棟軍支應處通知後，即發出信票、差票等，交予勇丁攜帶前往阿母坪押解餉銀等回營。[317]林家文書留有派弁領餉之紀錄。（參看附錄九）

從中可見，棟軍支應處派弁由臺北行臺領餉押解回到阿姆坪後，通知駐防前線各營各營派員前往阿姆坪棟軍支應處領取薪糧等物。

314　「棟隘各營領賞豬隻蕃薯銀派分單」，收於黃富三等解讀，何鳳嬌、林正慧、吳俊瑩編輯，《霧峰林家文書集：棟軍等相關收支單》，頁482-485。

315　「棟隘各營領賞豬隻蕃薯銀派分單」，收於黃富三等解讀，何鳳嬌、林正慧、吳俊瑩編輯，《霧峰林家文書集：棟軍等相關收支單》，頁486-487。

316　「棟隘各營領賞豬隻蕃薯銀派分單」，收於黃富三等解讀，何鳳嬌、林正慧、吳俊瑩編輯，《霧峰林家文書集：棟軍等相關收支單》，頁489-495。

317　黃富三等解讀，何鳳嬌、林正慧、吳俊瑩編輯，《霧峰林家文書集：棟軍相關收支單》，〈手票、手照、信票（內容簡介）〉頁598。

第五章　林朝棟與撫墾新政
——主導中部山區之開發

（光緒十一年至光緒二十一年；1885-1895）

　　光緒11年，首任巡撫劉銘傳重新推動開山撫番政策，除了招撫原住民外，另一目的是「墾」，即開發山區。在執行方面，劉銘傳與沈葆楨不同的是，高度倚重臺灣紳民之力，因此霧峰林朝棟與板橋林維源因而成為其有力之佐助，此一官紳合作之撫墾方式，筆者名之為「官紳共利體」模式。為此，劉銘傳設立撫墾局，此為行政體系外特設的政策性專職機構，他本人出任名義上的總辦，而以林維源出任幫辦，為實質主管，又賦予林朝棟「辦理中路營務處、中路撫墾事務、統領棟字勁勇巴圖魯兼襲騎都尉等營」主導中部撫墾。[1]林朝棟職位雖較低，但全權主導、管理臺灣中部山區的開發，包括土地開發、樟腦業以及木材、茶葉等山區產業，加上他統有棟軍為執行政策之後盾，其實質影響力超過林維源，甚至劉銘傳。此外，林家也參與實際

1　光緒13年1月17日，「欽加二品頂戴、辦理中路營務處、中路撫墾事務、統領棟字、勁勇巴圖魯兼襲騎都尉等營、遇缺儘先選用道林為移知事」，《臺灣私法商事編》，頁70-71。

開發工作，擁有產業，蛻變為中部大富豪。然而，林家公私身分不免重疊，造成分析上的困難，須細心釐清，並檢討其功過得失。

第一節　中路山區之開發：道路、水利、拓墾

開山撫番在平定亂事之後，要長治久安必須有一套山區治理與發展策略。清代臺灣土地制度相當複雜，所有權往往不明，而且山區地形險峻、交通阻塞，拓墾困難，因此必須優先處理。林朝棟握有中部山區土地拓墾的決定權，同時也主持相關的公共建設，如造橋、修路、水利等，因此對開發工作有極大的影響力。

一、主持公共建設（一）：築路、造橋

開山撫番首要事項是開通山區道路，1874-75年沈葆楨即推動興築連通東西部之北、中、南三線橫貫道路。[2]然而，臺灣高山聳峙，颱風、暴雨多，維修困難，加上原住民經常出草，事實上並未發揮招引墾民之功能。光緒10年4月，臺灣道劉璈即奏稱，十年來之開山撫番，因「傷人逾萬，糜餉數百萬」，無何成效而停辦。[3]如前所述，光緒11年6月，劉銘傳提出「設防、練兵、清賦、撫番」四大治臺政策，其中「設防、練兵、清賦三端皆可及時舉辦」，又強調「設電、購輪、造橋、修路，以通南北之郵，理屯、興墾、開礦、取材，以

2　盛清沂、王詩琅、高樹藩，《臺灣史》，頁447-449；施添福，〈開山與築路：晚清臺灣東西部越嶺道路的歷史地理考察〉，《國立臺灣師範大學地理研究所地理研究報告》（臺北：臺灣師範大學），30（1999.5），頁65。

3　劉璈，「稟陳臺防利害由（光緒十年四月初一日）」，收於氏著，《巡臺退思錄》，頁256。

興自然之利」。[4]可見他認為造橋、修路之交通建設極為重要，攸關理屯、興墾、開礦、取材之產業發展。

在修路方面，北路以往只有一條陸路，即三貂嶺噶瑪蘭道通往後山。乾隆年間，漢人初至三貂社（今貢寮），有位白蘭者，開由暖暖入山、經瑞芳至頂雙溪之路。嘉慶中，臺灣知府楊廷理在白蘭路東加開經過四腳亭、蛇仔形、頂雙溪，越草嶺至噶瑪蘭之路，但此路難走，行者不多。咸豐6年（1856），板橋林國華再闢由基隆經柑仔瀨以達四腳亭新路之道路，行者方增加。[5]

光緒11年，劉銘傳認為臺北至宜蘭道路仍然迂迴遙遠，在馬來八社就撫後，命劉朝祜「闢石碇路百餘里」，自馬來通至宜蘭；自9月開鑿，由臺北經景尾、坪林尾，越金面山（在宜蘭縣）至頭圍（宜蘭縣頭城），成為另一條東西幹道，於12月竣工，[6]即今臺9線前身。光緒18年，又改築基隆至淡水的舊路，[7]當是今日之北部濱海公路前身。但這些都是重要幹道，至於內山，因地形複雜須進一步修路、造橋，墾民方能通往開發區。

林朝棟因主導之中路山區，面積廣大，乃因時因地之需而興建相

4　劉銘傳，「條陳臺澎善後事宜摺（十一年六月十八日臺北府發）」，收於氏著，《劉壯肅公奏議》，頁148-149。

5　盛清沂、王詩琅、高樹藩，《臺灣史》，頁446-447。按，馬來八社位於原台北縣新店鎮山區，乃泰雅族散居地，社番不時出草。

6　劉銘傳，「剿撫生番歸化請獎摺（十二年四月十八日臺北府發）」，收於氏著，《劉壯肅公奏議》，頁201。盛清沂、王詩琅、高樹藩，《臺灣史》，頁446-447。

7　蔡龍保，《殖民統治之基礎工程：日治時期臺灣道路是又事業之研究（1895-1945）》（臺北：國立臺灣師範大學歷史學系博士論文，2006），頁176。藤井恭敬，《臺灣郵政史》（臺北：臺灣總督府民政部通信局，1918），頁103-106。

當多的大小道路。如前所述，李鴻章於咸豐11年（1861）11月，創設
淮軍，亦仿湘軍，設營制，總計每營官統帶504人，計劈山砲二隊、
抬槍八隊、小槍九隊、刀矛十九隊，共38隊；另外後勤方面，設有擔
任工兵與勤務兵的長夫180人。[8]棟軍仿淮軍，亦設有長夫，其中任務
之一是擔當各種雜務，包括修路、造橋，棟軍隘勇營長夫即須逢山開
路、遇水架橋，負擔駐防地之交通建設。大致上，棟軍駐防地與墾殖
區均有大、小山路可通。但臺灣颱風、地震等天災頻繁，又高溫多
雨，草木茂盛，維修不易，因此道路經常變動，數量與地點難以確
認，僅能依據有限史料簡介。目前清代所留較完整可靠的資料與地圖
是光緒6年夏獻綸所履勘繪製的《臺灣輿圖》，[9]而林家文書留下一些
光緒12年開山撫番後的紀錄可茲與其對照。

中路山區主要涵蓋今苗栗縣、原臺中縣、南投縣，林朝棟在推
動撫墾政策時，大致上分北向苗栗，東向原臺中縣、南投縣山區發
展，範圍甚廣。以下僅舉較重要道路為證。

（一）罩蘭、大湖（及獅潭）之軍用道路：北向

北向路線是由東勢角越過大甲溪，直抵往苗栗山區，沿途或無路
或為小路，均需修築大路供駐防、開發。首先是罩蘭，它在林爽文之
亂後成為岸裡社屯番駐防地，乾隆末年，客人江福隆獲准招墾，乾隆
59年（1794），有高者、廖似寧等人先後前來承墾，墾成一部份；道
光年間，廖天送率民大事拓墾，漸興起為一市集。但光緒10年8月，

8　王爾敏《淮軍志》，頁75-78。

9　黃清琦編著，《臺灣輿圖暨解說圖研究》（臺南：國立臺灣歷史博物館，
　　2010），附圖。原版可參看夏獻綸，《臺灣輿圖》（臺北：臺灣銀行經濟研
　　究室，臺文叢第45種，1959；1879年原刊）。

泰雅族人襲擊罩蘭漢庄，雙方死傷慘重。[10]罩蘭附近之泰雅族北勢番相當凶悍，出草事件始終未絕。《劉壯肅公奏議》載：

> 林朝棟之壁罩蘭也，武榮十餘社番虐，克之，而帶目二十餘社不下；乃命提督柳泰和以師往，並克之，於是新竹大湖番迭出火民居，暴甚。兩將闢道四十里，深入拔之，中路彰、新前山番畢克。[11]

據上，林朝棟北上越大甲溪駐軍於罩蘭，因武榮10餘社番亂，出兵平定，提督柳泰和亦平定其它帶目20餘社。接著大湖原住民亦火燒民居，林朝棟、柳泰和二將乃開闢罩蘭至大湖40里的軍用道路，深入其地平定。同時，罩蘭、大湖山區是苗栗重要樟腦產地，亦需開路駐軍，以維護拓墾區的安全，因此繼續擴展至另一產腦據點：獅潭，此一軍路日後發展為民間通用道路（當是今日臺3線道路的前身）。其它，尚有因軍事需要臨時修築的大大小小山路，但維修不易，時通時不通，難以查考。

（二）東勢角至埔裡社道路：東南向

　　林朝棟之中路撫墾亦自東勢角向東南方之中部山區發展，因此也展開築路工作，主要目的是為伐木與製腦。

　　清代福建設有綠營八鎮，水陸各四鎮，臺灣屬於水師鎮，因此須伐木造船。雍正3年，諭准設立福州、漳州、臺灣軍工廠，採伐木

10　洪敏麟，《臺灣舊地名之沿革》冊2上，頁336-337。
11　劉銘傳，〈撫番略序四〉，收於氏著，《劉壯肅公奏議》，頁18。

料以造戰船。[12]臺灣廠由臺灣道監製，稱「軍工道廠」，或大廠、北廠。[13]各地山區設立軍工寮採木，中部岸裡社所轄者有阿里史（今臺中市北屯區）、舊社（今臺中市后里區）、朴仔籬（今臺中市東勢區）三處軍工寮。[14]

東勢角位於大甲溪與大安溪之間的平原與山地的接觸地，形成由東南向西南傾斜的河谷平原，其餘為東邊的丘陵與山地，適合樟樹之生長。[15]東勢角山區散佈泰雅族，計為北勢群8社、南勢群7社。8社為蘆翁、盡尾、得木巫乃、眉必浩、馬那邦、蘇魯、老屋峨、武榮；南勢群7社為沙布耶、希拉古、稍來、阿冷（裡冷）、白毛、貼字悠完、南阿冷。[16]東勢角之興起與軍工匠、木材業有關，因此成為撫墾重地。

乾隆32年（1767）貓霧捒巡檢司勘查東勢角山場，稱「山場樹木茂盛，堪以採辦軍料」。[17]乾隆35年（1770）2月，彰化知縣成履泰奉臺灣道令辦樟料造船。匠首鄭成鳳奉命至此採料，造草寮30餘間，匠人約8、90人，2月29日，岸裡社派朴仔籬壯丁20名護衛，草

12　「閩浙總督郝玉麟題本」，收於臺灣銀行經濟研究室編，《臺案彙錄戊集》（臺北：臺灣銀行經濟研究室，臺文叢第179種，1963），頁5-6。

13　林聖蓉，〈從番界政策看臺中東勢的拓墾與族群互動（1761-1901）〉（臺北：國立臺灣大學歷史學研究所碩士論文，2008），頁50。

14　林聖蓉，〈從番界政策看臺中東勢的拓墾與族群互動（1761-1901）〉，頁64。

15　林聖蓉，〈從番界政策看臺中東勢的拓墾與族群互動（1761-1901）〉，頁30-31。

16　溫振華，《大茅埔開發史》（臺中：臺中縣立文化中心，1999），頁11-12；《岸裡大社文書》，G111。

17　溫振華，《大茅埔開發史》，頁15-16；《岸裡大社文書》，G111。

寮在「巧聖〔魯班〕先師廟」附近。[18]但衝突不絕，7月8日，乃宴請屋鏊三社土目及白番安撫。[19]但自設廠以來，各方利害不一，衝突不絕。[20]乾隆40年（1775），潮州府大埔縣墾首劉啟東，領同籍曾安榮、何福興、巫良基等入墾，成立匠寮莊，即東勢街前身；道光年間，除木材外，腦業大興，發展迅速，成為內陸重要街市。[21]又，乾隆45年（1780），彰化知縣張東馨提及在水底寮辦軍功廠，軍功匠四、伍佰人。[22]

光緒12年，劉銘傳推動開山撫番政策時，梁鈍庵為棟軍掌書記，因其前之私牘主文者每辭不達意，至此面目一新，乃被賞識重用，掌管東勢角撫墾分局。梁鈍庵孰知番習，欲置產於此，因此闢罩蘭之野，墾草樹藝，「役諸番如家人，歲入可千金」，而番社亦漸漸馴服。[23]

東勢角並成為進一步拓墾的前進基地，除北向罩蘭擴張外，亦東向埔里社發展。原因是東勢角東南向至埔里社有廣大林木、平野，可供製腦、墾殖，是棟軍拓展的區域，因此亦開闢東勢角至埔里社大路。

埔里社雖居內山，但1663年漢人已入墾社寮（今南投縣竹山

---

18 溫振華，《大茅埔開發史》，頁27-28；《岸裡大社文書》，G111。

19 溫振華，《大茅埔開發史》，頁16-17；《岸裡大社文書》，G114；《岸裡大社文書》，G111。

20 溫振華，《大茅埔開發史》，頁31-35。

21 臺灣府知府程係程起鵬，臺灣道臺（陳）係陳鳴志。潘敬尉主編，鄭喜夫纂輯，《臺灣地理及歷史・卷九・官職志》，冊1，頁25；頁37。

22 溫振華，《大茅埔開發史》，頁24。

23 林資修，〈梁鈍庵先生傳〉，收於連橫編，《臺灣詩薈雜文鈔》（臺北：臺灣銀行經濟研究室，臺文叢第224種，1966），頁20-21。

鎮），1665年，林圮率兵開墾水沙連（今竹山）。清康熙61年，巡臺灣御史黃叔璥稱埔里「水沙連、集集、決里」等社曰南港。乾隆36年（1771）漢人入墾，40年開柴橋頭莊，45年屯田莊形成。[24]因此漢人從東勢角等地進入拓墾，除墾田外，因山區盛產木材，山產亦甚重要。

山產主要有樟樹、相思樹、杉木、楠木、破布子、油茶、竹類。光緒4年，苗栗客人林阿琴移居社子（水里鄉）設灶熬腦，腦業勃興。光緒10年，設腦務局於集集徵稅，16年，設兵營於吳厝（營仔），建營舍40餘棟，隘勇300多人巡灶。光緒10年，英商即派沈鴻傑來設立瑞興棧，但其後因虧損而轉讓英商怡記棧。按，沈鴻傑係連橫岳父，開設腦館，販售香港，廣盛宮有其贈匾「荷德如山」。[25]

光緒12年，德商聘高拱辰至集集，創設東興棧。又有英人之公慕棧、廣記棧、昌記棧、怡記棧、仁沙棧、公和棧、大川棧、美打棧等；臺人之定記棧、錦勝棧、大修棧等，腦館共13家。集集因腦業興盛而人口大增，形成街市，出現一座媽祖廟，即廣盛宮，又名天上宮。[26]

中路拓墾區亦向東往埔里內山擴展，入埔早有通路。埔里社或稱

24　黃炎明、林明溱主修，陳哲三總編纂，《集集鎮志》（南投：南投縣集集鎮公所，1998），頁66-67。

25　黃炎明、林明溱主修，陳哲三總編纂，《集集鎮志》，頁71-72、714-716；林文龍，〈沈鴻傑與集集樟腦業〉，《臺南文化》（臺南），36（1994.2），頁35-42。

26　黃炎明、林明溱主修，陳哲三總編纂，《集集鎮志》，頁638、723；林文龍，〈沈鴻傑與集集樟腦業〉，頁35-42。按，此廟乾隆58年楊東興捐資募款，建媽祖廟，12月完工；光緒18年颱風倒塌，林天龍首倡，沈鴻傑、高拱辰、林蔭勳、張大治等董事，向13家腦館募款400餘元重修，光緒20年10月28日完工。

水沙連，涵蓋埔里、五城、集集、沙連等堡（約為今日南投縣集集、魚池二鎮及埔里、竹山等鎮），有一路線是康熙中葉後所開，移民自斗六溯濁水溪上游進入日月潭一帶，郁永河稱：

> 自柴里社轉小徑，過斗六門，崎嶇而入；阻大溪三重，水深險，無橋樑，老藤橫跨溪上，往來從藤上行。[27]

據上，從彰化柴里社至斗六門有一條小路，之後，山路崎嶇，且逢三重深險大溪阻隔，且無橋樑，只能靠籐橋。可見雖有路，事實上很難通行。

其後，陸續有加開道路。據1842年姚瑩《東槎紀略》記載，有南北二條路線。[28]《埔裏社紀略》載，埔裏社在彰化東南山內，有二十四社，「距縣治九十餘里，中隔大山，路徑崎曲難通」，有二條入社之道路：

1. 南路：

> 自水沙連沿觸口、大溪東行，越獅仔頭山，至集集舖、廣盛莊，更越山東行十里，至水裏社之柴圍；又北逾雞胸嶺、芊蓁林、竹仔林，十五里而至水裏之頭社，地頗平廣，皆番墾成田，甚熟。更進八里，則為水社，中有大潭，廣可七、八里，潭中有小山，名珠仔山。番皆遶山而居，番俗六考所謂「青嶂

27　盛清沂、王詩琅、高樹藩，《臺灣史》，頁445-446；施添福，〈開山與築路：晚清臺灣東西部越嶺道路的歷史地理考察〉，頁65。

28　黃炎明、林明溱主修，陳哲三總編纂，《集集鎮志》，頁67-68。

白波，雲水飛動，海外別一洞天」者也。潭之東岸為剝骨社，西岸則水裏本社，其番頗饒裕，善種田，能織罽毯；番皆白皙佼好，府志稱之。遠潭更北行，逾山七里，至貓蘭社；又北五里，至沈鹿，地頗寬廣。迤西復入山，凡十里，谷口極狹，幾於一丸可封，最為險要，名曰鞏口。過此以北，始為埔裏大社，地勢平闊，周圍可三十餘里。南北有二溪，皆自內山出；南為濁水溪源，北則烏溪源也。

2. 北路：乾隆、嘉慶後，另闢由彰化溯烏溪入社道路

自彰化縣東之北投北行，過草鞋墩，至內木柵、阿發埔渡溪，東北行至火燄山下，五里過大平林，入山十里，逾內龜洋，至外國勝埔，更渡溪而南，二十五里至埔裏社。自水沙連入，可兩日程。

此二路均可通至埔里，北路較南路近為近，但常有「兇番出沒，人不敢行」，因此大多走南路，自水沙連進入。道光27年（1847）3月，閩浙總督劉韻珂親至埔里閱歷，即稱「雖平、險殊途，軍有道路可通」，但不甚平坦。[29]為執行開山撫番政策，仍須開闢大路，即東勢角至埔里大道。

此路的興修應是臺灣鎮總兵章高元首先提出的。據光緒13年3月

29　姚瑩，《東槎紀略》（臺北：臺灣銀行經濟研究室，臺文叢第7種，1957；1829年原刊），頁32-33；盛清沂、王詩琅、高樹藩，《臺灣史》，頁445-446；施添福，〈開山與築路：晚清臺灣東西部越嶺道路的歷史地理考察〉，頁65。

9日，臺灣府知府程（起鵬）奉臺灣道臺（陳鳴志）之札，再轉知恆春縣之文稱，轉知巡撫劉銘傳批覆「臺灣鎮稟報移營開辦東勢角至埔裏社路工暨薛國鰲投效贖罪等情」，內有一臺灣鎮章高元呈報劉銘傳有關興修此路之稟，敘述此路修築之必要與接受薛國鰲投效之原委。[30]按，章高元在9月6日之稟稱「上月（8月）二十日由罩蘭蕭稟，懇請鈞示飭遵」，但原文中未指明年代，據劉銘傳調章高元參與中路撫番之役之經過當可重現他提出修路之過程。又，光緒12年2月，劉銘傳至大科崁督師討伐番亂時，章高元即前去會見，並奉命督同張廣居、黃宗河協剿。另外，章高元除專駐嘉義，剿辦土匪，又派副將周鳴聲率練兵一營，屯紮埔裏社招撫罩蘭至後山之番社。[31]章高元因是臺灣總兵，在剿撫番社扮演相當重要的角色，因此此稟應是光緒12年8月20日呈上劉銘傳的。

　　光緒12年9月1日，章高元接到劉銘傳諭令：「飭即帶隊會同林道先由東勢角開工以通埔裏社，再接辦集集街以達水尾」，即命他會同林朝棟築路，路線定為：東勢角通埔里社，再接集集街通水尾之路。光緒12年9月6日章高元稟稱：

> 遵於初二日督率礮隊暨鎮海中軍前營「春」字副營調抵東勢角，適林道先期請假回里，專函會商去後。昨據覆稱：『須俟初十外，帶隊前來』。□□一面飭傳各通事並熟悉路徑之人，

30　「臺灣府轉知巡撫劉銘傳批覆臺灣鎮稟報移營開辦東勢角至埔裏社路工暨薛國鰲投效贖罪等情」，收於臺灣銀行經濟研究室編，《劉銘傳撫臺前後檔案》，頁100-103。

31　劉銘傳，「督兵剿撫中北兩路生番請獎官紳摺」，收於氏著，《劉壯肅公奏議》，頁205。

親同各營官連日周歷；各□形勢如何，就近之處詳細察勘。初
五日，通飭紫水底寮一帶，□□亦移駐工次，即於初六日督率
一律開工，迤邐南進以通埔裏路程，謹繪圖貼說，呈請憲覽。

據上，章高元即於9月2日帶隊至東勢角，但因林朝棟之前已請假回
鄉，回稱須至10日後方能帶隊前來會合。但章高元未等候即傳令各通
事、熟悉路徑者，親自與各營官詳細察勘各處形勢，於5日又命駐紫
水底寮一帶之隊伍，亦移駐東勢角工地」，於6日開工以通埔裏。

　　然而，光緒12年11月6日劉銘傳批示稱：

所擬開路地圖，何以不載明里數？林道（林朝棟）此時計已到
防，希即會同妥速辦理。薛國鰲案情重大，既願革面洗心、出
力報效，貴鎮須切實督令修路。一俟完工驗明，再行飭縣免予
拏辦、發還家產，以觀後效。[32]

據上，劉銘傳批章高元之規劃有缺失，一者未載明全線里程，要求填
報；二者，林朝棟負責中路撫墾，此時應已到防，應會同興建；三
者，請求赦免通緝犯薛國鰲投效開闢此路，必須確保他真誠投效。

　　章高元奉准薛國鰲自出投效贖罪後，即移營進紫水底寮開辦路
工，並報稱薛國鰲：「已自出陸續招集民夫，竭誠報效；並候購製
器具齊全，即遵赴集集開工修路」；他復經派弁催令從速興工，並確

32　「臺灣府轉知巡撫劉銘傳批覆臺灣鎮稟報移營開辦東勢角至埔裏社路工暨薛
　　國鰲投效贖罪等情」，收於臺灣銀行經濟研究室編，《劉銘傳撫臺前後檔
　　案》，頁100-101。

查「其所招民夫有無實數三百名」。[33]據上，此路之動工是由章高元提出，並首先帶隊至水底寮監工，由薛國鰲召集民工至集集開始興建，似乎有為他開罪之動機。

如前所述，薛國鰲與莊芋乃多年通緝要犯。光緒2年8月間閩浙總督文煜奏稱，「臺灣嘉義縣轄有棍徒開場聚賭、拒傷營官，該營、縣延不獲犯情事」，臺灣道夏獻綸確查稟覆稱：

> 本年二月間，據嘉義營都司李連枝稟報帶隊下鄉巡查，二月十八日縣轄大埔林地方，見有賭館多間，當場拿獲賭棍四名；被薛國鰲等糾眾將犯搶回，刀傷該都司頭額，兵丁亦皆受傷。當即由道會同臺灣鎮飭令署嘉義縣知縣楊寶吾、署嘉義營參將周善初兩次赴鄉拿辦，並無獲到正犯。[34]

據上，光緒2年2月間，嘉義大埔林有賭館多間，嘉義營都司李連枝拿獲賭棍四名，但被薛國鰲等糾眾將犯搶回，並被刀傷。

文煜鑑於臺灣「賭風甚熾」，下令嚴禁，但查知署嘉義縣知縣楊寶吾「並不認真遵辦，致釀奪犯、毆官之案」，其後「兩次會營拿辦而正犯迄無弋獲」，嘉義營外委雷飛鵬得規「庇縱」，而且楊寶吾還

33　「臺灣府轉知巡撫劉銘傳批覆臺灣鎮稟報移營開辦東勢角至埔裏社路工暨薛國鰲投效贖罪等情」，收於臺灣銀行經濟研究室編，《劉銘傳撫臺前後檔案》，頁101-102。

34　「兼署閩浙總督文（煜）奏為棍徒開場聚賭飭屬緝獲片（八月十九日京報）」，收於臺灣銀行經濟研究室編，《清季申報臺灣紀事輯錄》（臺北：臺灣銀行經濟研究室，臺文叢第247種，1968），頁638。

「縱容幕友挾妓飲酒」等情，[35]因此奏請將楊寶吾革職。[36]

然而，薛國鰲一直未緝捕到案。光緒10年7月10日，劉璈呈「稟嘉義線民江浮安等挐匪釀命一案應提府訊辦並請由省委員覆查由」，內稱，另一懸賞要犯莊芋與薛國鰲係至交，經常住宿大埔林，線民密告，因此3月13日晚間，嘉義營包圍薛國鰲家，但薛國鰲自屋後廚房脫逃，仍在通緝中。[37]

據上，顯然，薛國鰲為了擺脫罪名，求助於章高元獲准糾集民夫協助築路將功抵罪。在清代通緝犯以效命官府換取除罪似乎是官場常事，可說是一種「準梁山泊模式」，如薛國鰲之好友莊芋係屬懸賞要犯，亦加入棟軍而免罪。

最後此一工程如何進行？待考，但林朝棟棟軍隨後應有加入。查，章高元原即劉銘傳舊部，為「記名提督山東登萊青鎮總兵」，光緒9年奉調帶武毅各軍來台，10年5月移駐基隆、滬尾；11年秋接任臺灣總兵，曾辦理嘉義等處清莊緝私匪，以及剿番開路等任務。他在光緒13年9月稟報劉銘傳，因「輾轉內山，深受瘴濕，掣動風恙，手足麻木」，乃交卸職務請假回鄉就醫，再赴登萊青鎮總兵本任。[38]他當是與與林朝棟先完成東勢角通埔里之路，再開通往花蓮水尾的中路橫

35　「兼署閩浙總督文（煜）奏為棍徒開場聚賭飭屬緝獲片（八月十九日京報）」，收於臺灣銀行經濟研究室編，《清季申報臺灣記事輯錄》，頁638。

36　「兼署閩督文（煜）奏為特參謬妄不職之知縣摺」，收於臺灣銀行經濟研究室編，《清季申報臺灣紀事輯錄》，頁643-645。

37　劉璈，「稟嘉義線民江浮安等挐匪釀命一案應提府訊辦並請由省委員覆查由（光緒十年七月初十日）」，收於氏著，《巡臺退思錄》，頁75。

38　「臺灣府轉行巡撫劉銘傳具奏臺灣總兵章高元因病內渡就醫懇恩准赴登萊青鎮本任片稿」，收於臺灣銀行經濟研究室編，《劉銘傳撫臺前後檔案》，頁114-115。

貫路西半段後，因染病而請求卸任回山東。

（三）埔里、北港山路：大坪頂至桂竹林

隨著山區之拓墾，須有駐軍進紮，並修築軍用大路，大小不一，無法確認，但光緒18年胡傳的全臺營務巡視報告可提供線索。他在5月29日報告稱，埔里已有道路西北向，再往西通往平原街市，路線是：

> 埔里→小埔里→三條崙→大坪頂→松柏嶺→北港溪→三殮埔→草崙→三隻寮→頭櫃→二櫃→草排山→桂竹林→大甲溪→水底寮→葫蘆墩→臺灣縣城→大肚溪→彰化縣城。[39]

可見埔里經大坪頂，越北港溪至水長流，至桂竹林，越大甲溪至水底寮，即可通往葫蘆墩、臺灣縣城。當然，反方向亦可由葫蘆墩、臺灣縣城通往埔里，其中部分路段仍然狹窄，不易通行。但林木茂密，是伐木熬腦重地，因此在水長流亦設有撫墾局，位於在北港溪之北；其中由大坪頂至桂竹林有一條山路是棟軍所修築的。光緒18年5月29日，胡傳報稱：

> 查自大坪頂西南至北港溪，折而北至桂竹林，計程七十餘里，皆崇山峻嶺，向無居民，亦無路以通行旅。棟字副營以三哨六隊開此路，分紮小營十、小堡八十餘處，每營或一隊、或二隊，每堡或四人、三人不等，皆為衛新墾而設也。該營尚有右哨四隊、八隊分駐頂載、頂大溪灣等處，以衛腦丁。[40]

39　胡傳，《臺灣日記與稟啟》，〈光緒十八年五月二十九日申〉，頁35-37。
40　胡傳，《臺灣日記與稟啟》，〈光緒十八年五月二十九日申〉，頁36。

可見棟軍「棟字副營以三哨六隊」開這條路，以連通駐防各堡，任務是保護新墾地與熬腦之腦丁。

大坪頂似是一重要據點，有一獨特的祖師廟，祀「陰林山得道慚愧祖師」，原奉祀於今鹿谷鄉鹿谷村祝生廟，即大坪頂漳雅莊，各處居民入山必帶其香火，以防番害。據考，陰林山原是陰那山，在廣東大埔縣，祖師俗姓潘，自認未能如佛祖宏法度人，「心甚愧之」，圓寂後，其塔題額為「慚愧」。鹿谷村祝生廟分香所建之廟遍及竹山、埔里、魚池、中寮、南投、集集，光緒元年，中路統領吳光亮由廣東帶「飛虎軍」至此開路，亦崇祀「慚愧祖師」，而其弟吳光忠在鳳凰山寺題有「佑我開山」匾額。[41]可見此區多為嘉應州客家人拓墾開發區域，樟腦、木材當是主要產物，故分派棟軍駐防。

（四）龜仔頭山路

光緒18年8月9日，林超拔函報林拱辰、葛竹軒稱：

> 初六日展誦惠書，驚悉如松兄仙逝，⋯⋯弟擬一、二天入龜仔頭監修山路。[42]

據上，棟軍隘勇正營將領林超拔將進入龜仔頭監修山路。按，龜仔頭在今南投縣國姓鄉，林朝棟有駐軍，並築有龜仔頭圳，與其叔合營之

41　林文龍，〈揭開慚愧祖師之謎〉，收於氏著，《臺灣史蹟叢編》（臺中：國彰出版社，1987），冊上，頁2、6-7。

42　「八月初九日林超拔致林拱辰、葛竹軒函」，收於黃富三等解讀，何鳳嬌、林正慧、吳俊瑩編輯，《霧峰林家文書集：墾務・腦務・林務》，頁46-49。

林合號在此有廣大拓墾地，並因此有築山路連通外界之需。（參龜仔
頭圖）

（五）埔里南港：某地至南港打黷

　　光緒18年8月15日，林超拔呈林朝棟之稟稱，隘勇正營調撥六
棚：「修路造橋，直透南港打　」。[43]即派按60名隘勇築通往南港的山
路。南港指今日國姓鄉南港村，打黷應係其中一小地名，又稱「打
煎」。[44]埔里是中路駐防區之一，築此路之目的一者是軍事用途，二
者是經濟目的，因此區有樟腦、木材業，並有平地可供拓墾，林家在
此有重大利益。

　　事實上，中路山區重要拓墾地均有棟軍駐紮，以維護墾民、腦戶
之安全，亦築有大大小小的道路，有些是早期舊路，有些應是棟軍所
開。

　　按，胡傳自光緒18年3月19日，奉邵友濂派充「全臺營務處總巡
委員」，巡視各地營務，8月24日稟報銷差，26日獲准卸任。他的行
程遍及南部、東部、中部及北部山區，因此留下山區道路之重要資
訊，在此不贅。[45]

　　至於橋樑，由於中部高山、溪流甚多，棟軍當必然遇水架橋，其
數量相當可觀。推測大多為簡陋的軍用橋樑，但在過大溪之要點亦建
有良好橋樑，例如「歸安橋」，係光緒13年5月棟軍正營所立者，跨

43　「八月十五日申林超拔致林朝棟信函」，收於黃富三等解讀，何鳳嬌、林正
　　慧、吳俊瑩編輯，《霧峰林家文書集：墾務‧腦務‧林務》，頁40-41。

44　洪敏麟，《臺灣舊地名之沿革》，冊二下，頁502-503。

45　胡傳，《臺灣日記與稟啟》，〈光緒十八年八月二十四日陳請銷差稟〉，頁
　　60-61。

越苗栗縣汶水坑，應是馬那邦之役後所修建，原橋已經改建為水泥路面，但原題字仍存，破損數字。[46]

二、主持公共建設（二）：水利設施

拓墾離不開水圳，與林朝棟相關的至少有三條，即：新二八圳、龜仔頭圳、八寶圳。

（一）新修二八圳

康熙年間，中部大墾戶楊志申移居彰化柴坑仔莊（大肚溪口），進行拓墾。康熙58年（1719）與60年，施世榜與黃仕卿先後引濁水溪之水，分別築施厝圳（八保圳）與五十八莊圳，灌溉彰化平原。[47]其後，楊志申擴大拓墾區，亦在東螺保築「二八圳」，橫亙於施厝圳、十五莊圳間，由過貓兒高陂流出倒廊等莊，灌田千餘甲，[48]楊家乃崛起為彰化大族。其後人楊水萍即下嫁林朝棟，是林家主母。

臺灣建省後，中部新設臺灣府，並定為省會，光緒15年，程起鶚任知府，[49]16年發生大水災，茄投各莊漂沒甚眾，流屍塞溪下；他飭縣發銀收埋，田園崩壞者，勘實豁免租稅。更嚴重的是水圳破壞，影響農業生產，其中二八圳受損特別嚴重，史載「二八圳被災尤劇，圳路既塞，良沃千餘甲將為荒埔」。臺灣府（中部）程起鶚，急命士紳，「相地開新圳，耗帑三千餘金。工既成，一方之人，至今

46　黃富三、林光輝等中部山區勘查，2020年8月30、31日。

47　黃富三，《臺灣水田化運動先驅：施世榜家族史》，頁67-90。

48　周璽，《彰化縣志》，頁56-57。

49　鄭喜夫纂輯，《臺灣地理及歷史・卷九・官職志》，冊1，頁37。

利賴。」[50]林朝棟身為中部重要仕紳，即響應程起鶚的號召，開築新二八圳。霧峰林家文書載，葛松齡致林拱辰、劉以專稱：

> 瑞麟叔 交祝豐館之貳百元，曾否付來此項？年底二八圳之銀被扣，刻二八圳埤已翻好，工未發給，不日催取，奈何奈何。[51]

由上可見林朝棟參與水災後二八圳埤之翻修。此函僅提「十七日」，未見年月，然由於水災發生於光緒16年，修圳應在其後。霧峰林家文書大多在光緒17-18年間，因此「新二八圳」當在此一時間內修成。

（二）築龜仔頭圳

早在鄭氏時代，劉國軒曾駐紮半線，並剿平沙轆番，遷大肚番於埔里社，兵至北港溪屯駐，遂以國姓為名。約在道光年間，東勢客家人溯大甲溪進入埔里開發，形成龜仔頭聚落。[52]此地亦屬於林朝棟管轄之中路山區拓墾地，除駐軍外，林家在此墾田與經營樟腦，因此有築圳之需。水圳除供灌溉外，事實上亦是駐軍、居民取得飲水、洗滌之地，形成一生活共同體。

龜仔頭圳在今日的南投縣國姓鄉福龜村，[53]其興建經歷一番折衝

50　蔣師轍等纂，《臺灣通志》，〈列傳・政績・程起鶚〉，頁493。

51　「十七日葛松齡致林拱辰、劉以專信函」，收於黃富三等解讀，何鳳嬌、林正慧、吳俊瑩編輯，《霧峰林家文書集：墾務・腦務・林務》，頁116-117。

52　洪敏麟，《臺灣就地名之沿革》，冊2下，頁498-499。

53　圭子頭：即「龜仔頭」，為今日的南投縣國姓鄉福龜村。洪敏麟，《臺灣舊地名之沿革》，冊2下，頁500-501。

方定案。光緒11年8月9日，林超拔函報林拱辰、葛竹軒關於龜仔頭（或圭仔頭）築圳事宜：

> 龜仔頭水圳，早令好仁稟請帥〔按，林朝棟〕示，有無准行，統希示悉為慰。本日又接竹〔按，葛竹軒〕兄一函，諸情均悉，承示土項，擬由中路餉晁扣起，切不可行，緣前 七百兩迄未 款也。查以專〔按，劉以專〕處可過六百元，此條請商拱辰〔林拱辰〕兄撥付，餘望竹兄設法籌還為要。[54]

據上，此時林朝棟對築龜仔頭圳事未做決定，林超拔乃請求早日確定；又經費之支出亦未定案，「土項」可能指的是挖土築圳的銀項，他不贊同由「中路餉晁」扣支，請求另外撥付。

光緒13年，林朝棟隘勇營駐守水長流至北港溪一帶山區防番，漢人乃積極進入國姓鄉開發。光緒14年，林朝棟與林文欽合組「林合」號，招民入墾，並採製樟腦。光緒17年，林朝棟又引北港溪水築「國姓圳」，灌溉國姓莊。[55]此圳可能是由龜仔頭圳擴建而成的，地方上仍稱「龜仔頭圳」。

築圳事終於在光緒18年8月14日，獲准辦理；8月15日，林超拔乃回報林朝棟稱：

> 所有各處圳務，惟祈認真料理，以冀無負委任，而報恩憲撫綏

---

54 「八月初九日林超拔致林拱辰、葛竹軒信函」，收於黃富三等解讀，何鳳嬌、林正慧、吳俊瑩編輯，《霧峰林家文書集：墾務‧腦務‧林務》，頁46-49。

55 潘英海等編著，《國姓鄉志》（南投：南投國姓鄉公所，2022），頁268。

墾務之至意。[56]

可見林超拔決心認真築圳，以報答林朝棟之委以重任。然而，圳工承包事卻有波折。他報稱：「圭子頭圳工包開非輕，黃兄不敢保認銀項，惟薦人可用而已，需項隨工作處而措給」，可見原係交給黃姓匠師，但他不敢「保認銀項」，認為用款應根據需要而支給。林超拔認為他的顧慮有道理，報稱：

> 夫以官圳所關，倘開工不敷，伊胡了局。然標下視其前營圳務十分清楚，似乎可恃幹事，而欲他擇，恐無敵手，故且權詞答應，隨工二十餘人入山搭 。[57]

據上可知幾點：

第一，龜仔頭圳為官圳，即由中路撫墾局或營務處出資。

第二，築圳採取包工方式。在此之前已經由黃姓包工負責圳務，但因工作複雜、費用高昂而難估，他「不敢保認銀項」，只推薦可用人選，所需經費隨工作狀況而措給。

第三，由於黃姓包工圳務熟悉，林超拔答應其要求，尤其帶領工人「二十餘人入山搭 」；並稱「如圳工定局，即撥伍十元付王金興為呼工之用」，因此仍由黃姓包工辦理。[58]第四，施工當不只一處，因

56　「八月十五日申林超拔致林朝棟信函」，收於黃富三等解讀，何鳳嬌、林正慧、吳俊瑩編輯，，《霧峰林家文書集：墾務‧腦務‧林務》，頁36-37。

57　「八月十五日申林超拔致林朝棟信函」，收於黃富三等解讀，何鳳嬌、林正慧、吳俊瑩編輯，《霧峰林家文書集：墾務‧腦務‧林務》，頁36-37。

58　「八月十五日申林超拔致林朝棟信函」，收於黃富三等解讀，何鳳嬌、林正

函中說「所有各處圳務，惟祈認真料理」。

然而，築圳仍遇阻礙，林超拔在光緒18年11月14日致林拱辰之函稱：

> 林合圳工前代出者，容作後議，所有現阿桶止工之項，及傅水
> 司止工之項，計有壹佰餘兩，實屬至急之銀。祈吾兄轉稟統帥
> 〔林朝棟〕，陳明情形，先撥出洋平壹佰兩，付步仁帶下為
> 用。[59]

據上，第一、停止「阿桶……傅水司」二人之修圳工資，需付壹百餘
兩，此當是結算停工前實際之開支，不再續約。第二，開圳當是由下
厝林朝棟與堂叔頂厝林文欽組成「林合」號續辦。

最後負責開圳者是誰呢？光緒19年（？），梁成枏致劉以專、林
拱辰之函稱：「弟開水圳事，首先與番和好，泯其纖悉之嫌，方能辦
事」。[60]可見改由梁成枏負責開圳，但引水開圳須結好社番。他在同
函稱：

> 上年十二月內弟飛稟請發白毛社枋 猪酒，未有奉批；又飛函

慧、吳俊瑩編輯，《霧峰林家文書集：墾務・腦務・林務》，頁36-41。

59　「葭月十四日林超拔致林拱辰信函」，收於黃富三等解讀，何鳳嬌、林正
　　慧、吳俊瑩編輯，《霧峰林家文書集：墾務・腦務・林務》，頁42-43。

60　「初六日梁成枏致劉以專、林拱辰信函」，收於黃富三等解讀，何鳳嬌、
　　林正慧、吳俊瑩編輯，《霧峰林家文書集：墾務・腦務・林務》，頁14-
　　17。函中只寫「初六日」，而函中稱「上年十二月內」，可能是光緒18年12
　　月，「正、二兩月內該社追討猪酒」，而「十二月、正、二、三月，各番為
　　枋 事到局不止十次」，此函當是光緒19年4月由東勢角撫墾局所發。

請竹兄核復，亦未函示。至弟由北回，奉（林朝棟）面示：
豬酒与栳 分半給，亦未發下洋元。因白毛社栳，弟實不知名
姓，無從追討，正、二兩月內該社追討豬酒，至于話不能入耳
者實多。[61]

據上，梁成枏稱開水圳及設腦寮均須結好當地白毛社原住民，主要為
豬酒，但未撥下款項，以致於窒礙難行。按，白毛社居於臺中東勢入
山往大甲溪上游一帶，[62]龜仔頭圳引水處當在此山區。

又，光緒18或19年某月17日，劉以專又致林拱辰函稱：「梁子翁
（梁成枏）疊信來催局費、圳工」。[63]顯然，梁成枏因缺乏足夠經費而
催促撥下。

其它仍有與「圳工」相關之文書。如光緒某年某月某日，劉增榮
致林拱辰信函稱：「正月分腦……七百兩、枕木四百兩、撫 三百兩、
圳工二百兩」，[64]顯示須撥出水圳工資「二百兩」等。

綜言之，龜仔頭圳是配合撫墾政策而興築的官圳，由中路撫墾
局負責，自光緒18年開始興建，先是由林超拔負責聘請黃姓包工承
辦，但其間因林朝棟並未撥足款項等因素停工；光緒19年約4月間，
轉由林朝棟幕僚梁成枏代表林合號承辦。至於完工之確切時間，待
考。按，林家在此拓墾不少土地，因此全力興建此圳。日治後，林朝

61 「初六日梁成枏致劉以專、林拱辰信函」，收於黃富三等解讀，何鳳嬌、林
　　正慧、吳俊瑩編輯，《霧峰林家文書集：墾務‧腦務‧林務》，頁14-15。

62 番社名，原居於臺中東勢入山往大甲溪上游一帶。

63 「十七日劉以專致林拱辰信函」，收於黃富三等解讀，何鳳嬌、林正慧、吳
　　俊瑩編輯，《霧峰林家文書集：墾務‧腦務‧林務》，頁136-137。

64 「劉增榮致林拱辰信函」，收於黃富三等解讀，何鳳嬌、林正慧、吳俊瑩編
　　輯，《霧峰林家文書集：墾務‧腦務‧林務》，頁320-321。

棟將國姓、福龜及水長流地區土地售予辜顯榮家之「大和拓殖株式會
社」，辜家亦築圳，稱「國姓圳」，亦稱「大和圳」。[65]

（三）擴建八寶圳

八寶圳原是道光年間軍功寮莊林洪辰所興建的。光緒16年，林朝
棟於樸仔口附近修堤堰，並整理灌溉設施耗資2萬日圓，修築堤堰80
間長，並加開放屎溝作為連通聚興莊的圳路，光緒21年完工。[66]按，
光緒18-20年間，林朝棟曾投資5,000元，興建放屎溝至聚興庄一帶圳
路，此即八寶圳之下埤，[67]當是指此圳。唯農田水利會稱光緒19年林
朝棟投資工費為50,000元，並稱於明治28年（1895）日軍據台後方竣
工，當時灌溉範圍僅限於豐原潭子一帶。[68]

按，八寶圳築埤於原臺中縣新社鄉永居湖，自大甲溪取水，由石
崗水壩流下，一為和平里西勢溝；一則為通往軍功里的下埤支線，途
經石岡鄉、豐原市、潭子鄉、臺中市北屯區及太平鄉直至臺中市東
區，長約54公里。首由蔡正元於道光4年（1824）開鑿葫蘆墩街放屎
溝（今之豐原排水門）上游，之後將埤圳主權讓給軍功寮人士林秋
江，改名為「秋江圳」，但仍以八寶圳稱之。[69]

65　潘英海等編著，《國姓鄉志》，頁269。

66　賴志彰，《大甲溪流域聚落與民居》（臺中：臺中縣立文化中心，1998），
　　頁33。

67　高嶋利三郎，《台中廳水利梗概》（臺中：臺中廳公共埤圳聯合會，
　　1918），頁40-44。

68　維基百科網站，「八寶圳」條目，檢索日期：2023年7月22日，網址：
　　https://zh.wikipedia.org/zh-tw/八寶圳。

69　「八寶圳」，維基百科網站，「八寶圳」條目，檢索日期：2023年7月22
　　日，網址：https://zh.wikipedia.org/zh-tw/八寶圳。

三、主管山區拓墾：墾單之核發、承墾人之身份

平原地區拓墾須先請准墾照，由地方官負責，至於山區，因官力不及，由撫墾局主管開發事宜。撫墾總局設於大嵙崁，各地有地方撫墾局及其分局，主持該地業務。光緒14年，劉銘傳奏稱撫番三年，「收撫生番十餘萬，闢地數百里」。[70]其中，成果最豐碩的當屬中路，係由林朝棟一手掌控，民人需向他轄下之撫墾局申請取得「墾單」或「墾戳」方可拓墾，主要由罩蘭與東勢角撫墾局核發，目前所見共有六張墾區甚大的墾單，且承墾者多與林家有密切關係。茲舉數案例說明。

（一）墾單之核發

據目前所見資料，光緒13年中路罩蘭撫墾局委員梁成枬發出3張墾單，計為：

1. 墾單第一號：光緒13年5月20日，中路罩蘭等處撫墾局委員為造報事。勘丈墾地發給墾單，造具清〔冊〕，計開：東勢角大坑墾首羅德義勘丈墾地，東至大窠頭窠尖山頂倒水為界，西至軍工 橫坑水為界，西南各三坎頂接龍大龍為界，南至下橫坑水為界，北至水井科犁頭嘴龍頂倒水為界。

2. 墾單第二號：光緒13年10月15日，廍仔坑墾首賴序賓墾地，東至大窠尖山頂林鳳鳴墾界倒水為界，西至羅德義墾界為界，南至下橫坑水為界，北至石練湖林良鳳墾地為界。

3. 墾單第三號：光緒13年11月1日，罩蘭矮山仔墾戶詹金鵬墾

70　劉銘傳，「覆陳撫番清賦情形摺（光緒十四年十二月十六日臺北府發）」，收於氏著，《劉壯肅公奏議》，頁151。

地。[71]

　　光緒14年，中路罩蘭等處撫墾委員梁成枏、東勢角撫墾局各發出一張墾單，計為：

　　4. 墾單第四號：光緒14年3月，林良鳳請墾東勢角抽藤坑之地，中路罩蘭等處撫墾委員梁成枏發。[72]

　　5. 墾單第五號：光緒14年3月，中路營務處林朝棟，由東勢角撫墾局發給墾戶林鳳鳴墾單，承墾彰化縣轄境頭汴坑地區。[73]

　　光緒15年，中路罩蘭等處撫墾局委員選用分縣梁成枏發出一張墾單：

　　6. 光緒15年3月，辦理中路罩蘭等處撫墾局委員選用分縣梁成枏，發文給廣泰成墾戶黃南球、姜紹基等，准予開墾大湖八份坪、上蘆竹坪地區。[74]

　　以上為初期中路撫墾局發放之墾單，大致上先是罩蘭、東勢角山區，然後大湖山區，此後漢人墾戶大舉拓墾山區，原住民被迫往深山地區遷移。

71　以上三件墾單，參見光緒14年，〔清冊〕（中路罩蘭等處撫墾局委員梁成枏呈送勘丈墾地發給墾單），《淡新檔案》，17339-19號。

72　光緒14年，〔清冊〕（中路罩蘭等處撫墾局委員梁成枏呈送勘丈墾地發給墾單），《淡新檔案》，17339-19號；黃富三等解讀，何鳳嬌、林正慧、吳俊瑩編輯，《霧峰林家文書集：墾務、腦務、林務》，〈林良鳳發信（信函內容簡介）〉，頁382。

73　光緒14年3月1日，「欽命二品頂戴、辦理中路營務處、中路撫墾事務、統領棟字等營、遇缺儘先前選用道兼龍騎都尉勁勇巴圖魯林，為給發墾單事」，收於臺灣銀行經濟研究室編，《臺灣私法物權編》，頁239-240。

74　「辦理中路罩蘭等處撫墾局委員選用分縣梁，為諭飭遵照事」，收於臺灣銀行經濟研究室編，《清代臺灣大租調查書》（臺北：臺灣銀行經濟研究室，文叢第152種，1963；1904年原刊），頁11-12。

（二）山區新興墾戶之崛起：承墾範圍、條件

以上之墾戶有當地原本之墾戶，也有新興墾戶。推測第一、二、三號墾單應是當地原本之墾戶，即：東勢角大坑墾首羅德義、廍仔坑墾首賴序賓、罩蘭矮山仔墾戶詹金鵬墾地。新興之大墾戶有4、5、6三筆，均與霧峰林家有極密切關係，值得深入探討。

1. 墾單第四號：

光緒十四年三月，林良鳳請墾東勢角抽藤坑之地，中路罩蘭等處撫墾委員梁成枬發。[75]

光緒14年3月，林良鳳請墾沿山地區，開墾東勢角抽藤坑之地。他是客家人，與劉龍登等為東勢角、水底寮主要製腦商，熬腦交與林家公館，再售予公泰洋行出口。他一生設腦寮、開糖廍，「發跡於寮莊廍」，「振家聲於坑口」，卒於1914年。據中路罩蘭等處撫墾委員梁成枬所發東勢角抽藤坑墾首林良鳳勘丈墾地之墾單，其地界是「東至桂竹壂崁為界，西至矮山仔坑為界，南至林鳳鳴墾地為界，北至大河為界」。總計水田共參拾壹甲柒分零參毫（31.703甲）、旱埔共壹百零伍甲捌分肆釐（105.84甲），[76]二者合計共147.543甲。

總面積不算大，而且水田較少而旱埔較廣。此因山谷地形，僅能

75　光緒14年，〔清冊〕（中路罩蘭等處撫墾局委員梁成枬呈送勘丈墾地發給墾單），《淡新檔案》，17339-19號。黃富三等解讀，何鳳嬌、林正慧、吳俊瑩編輯，《霧峰林家文書集：墾務、腦務、林務》，〈林良鳳發信（信函內容簡介）〉，頁382。

76　光緒14年，〔清冊〕（中路罩蘭等處撫墾局委員梁成枬呈送勘丈墾地發給墾單），《淡新檔案》，17339-19號；黃富三等解讀，何鳳嬌、林正慧、吳俊瑩編輯，《霧峰林家文書集：墾務、腦務、林務》，〈林良鳳發信（信函內容簡介）〉，頁382。

開墾溪旁的小塊坡地。筆者曾履勘抽藤坑地區，溪旁僅有小片坡地可利用為田，大多為竹林、樟樹等林地，故熬製樟腦之利較高，可能林業發達而農業僅有自足性質。

2. 墾單第五號

光緒14年3月，中路營務處林朝棟，由東勢角撫墾局發給墾戶林鳳鳴墾單，承墾彰化縣轄境頭汴坑地區。內稱：

> 照得本處奉爵撫院劉委辦中路撫墾事宜，業於大湖、東勢角等處設立撫墾局，並經將稟定墾務章程出示曉諭招墾在案。茲據臺灣府彰化縣太平莊人，赴東勢角稟明承墾彰化縣轄境頭汴坑各處地方曠地一處，東至酒桶山橫龍直透茄冬坑水倒北止，計□弓；西至猴洞埔溪冬瓜山、頂埔腳豬哥湖山止，計□弓，南至竹仔坑扁擔山龍水流南止，計□弓；北至石館湖　部仔坑中坑，直透內城大潭山隆虎頭山腳止，計□弓。經委員勘明四至界址，丈量弓數，並取具般戶保結，合給墾單，以便開闢。
>
> 該墾戶林鳳鳴務須遵照稟定章程，限定一年期內，將承墾之地盡成田園，分上、中、下三則抽租；上者三成作官租，七成歸墾民；中者二成作官租，八成歸墾民；三年成熟之後，按則升科，即將此墾單繳還，換給縣印墾照，永遠收執。倘限滿未墾，即追回墾單，另行招墾，該墾戶不得抗違干究，切切，須至單者。
>
> 右仰墾戶林鳳鳴收執。光緒十四年三月初一日給。中路營務處

林。[77]

據上，林朝棟係奉巡撫劉銘傳之命，辦理中路撫墾事宜，於大湖、東勢角等處設立撫墾局，並公布墾務章程招墾；並以「欽命二品頂戴、辦理中路營務處、中路撫墾事務、統領棟字等營、遇缺儘先前選用道兼龍騎都尉勁勇巴圖魯 林」之名義發給墾單。可見中路之拓墾權掌握在林朝棟手中，由於19世紀臺灣平地多已開發，山區才有處女地，可提供創造新財源的機會。

至於請墾之相關規定可歸納如下：

(1) 公告：稟定墾務章程，出示曉諭招墾。

(2) 請墾手續：民人向撫墾局請墾，稟明地點（頭汴坑）、四至界限與長度。

(3) 發給墾單：撫墾局派委員「勘明四至界址，丈量弓數，並取具殷戶保結」，然後發給墾單，方能開闢。

(4) 限期墾成：墾戶取得墾單後，即可在墾區內開墾，限一年內墾成田園，「分上、中、下三則抽租：上者三成作官租，七成歸墾民；中者二成作官租，八成歸墾民。」

(5) 換發墾照：三年墾成後，正式按照等則課稅，並將「墾單繳還，換給縣印墾照，永遠收執」。

(6) 期滿失效：墾期限滿未墾，「即追回墾單，另行招墾」。

由上可見山區之拓墾手續與平原有異。平原地區民人請墾，經

77　光緒14年3月1日，「欽命二品頂戴、辦理中路營務處、中路撫墾事務、統領棟字等營、遇缺儘先前選用道兼龍騎都尉勁勇巴圖魯林，為給發墾單事」，收於臺灣銀行經濟研究室編，《臺灣私法物權編》，頁239-240。

官府勘查批准後即給墾照，成為「墾戶」，墾成後報陞甲數，即成為「業戶」，墾照僅有開墾權，墾荒時不徵田賦或官租，於墾成報陞後擁方有業戶權，墾照即失效。然而，在山區，先向撫墾局請墾，批准後核給「墾單」，且需股戶保結；經一年墾成後先抽二至三成之官租，三年成熟之後按則陞科，墾單換成縣印墾照，永遠收執。何以山區撫墾局之墾單可「換給縣印墾照，永遠收執」呢？墾照是否具有業主權呢？或僅有使用權呢？劉銘傳清賦目的是廢止大租戶，建立一田一主制，應不可能容許大小租戶再出現，其中仍有曖昧不明之處，是以1905年日人進行土地改革時仍面臨地權不明情形。

按，上述之頭汴坑在今臺中縣太平市，因1740年築有頭汴坑圳，在此設第一水閘而得名，同治年間，林志芳曾在此拓墾。[78]林志芳係林石四子林棣之三子，亦名五香，曾參與平定戴潮春事件，[79]林鳳鳴則是林志芳（林五香）之子，是林家之太平系親人，光緒14年為請墾頭汴坑之地的墾戶。[80]新開發區獲利率特高，此顯示林朝棟為有密切來往之林姓族人創造致富機會，而且背後林家仍握有實權，林鳳鳴可能是名義上的墾戶。

前述林良鳳墾地之南界與林鳳鳴之墾地相連，當屬於同一地理區，可能是墾區界址不清，以致發生抽收租谷爭議，光緒18年（推測）9月9日，他致林拱辰函稱：

78　洪敏麟，《臺灣舊地名之沿革》，冊2下，頁122-123。

79　黃富三，《霧峰林家的興起》。

80　黃富三等解讀，何鳳嬌、林正慧、吳俊瑩編輯，《霧峰林家文書集：墾務、腦務、林務》，〈林良鳳發信（信函內容簡介）〉，頁382。光緒14年，〔清冊〕（中路罩蘭等處撫墾局委員梁成柟呈送勘丈墾地發給墾單），《淡新檔案》，17339-19號。

因愚與鳳鳴抽收之事，茲經統帥（林朝棟）判斷，歸愚抽收，今又有勇二名，仍然至加東寮抽收穀石准折等情。但思此件反覆無常，具稟一道欲稟明統帥要如何發落，特專差前來，煩閣下代為將稟轉遞入統帥處。[81]

據上，他與林鳳鳴因抽收租谷有爭議，經林朝棟斷歸他抽收，但如今林鳳鳴又派二名營勇至加東寮抽收穀石事，乃要求林拱辰轉稟林朝棟。其因可能是拓墾工作不甚順利，中路罩蘭等處撫墾委員梁成枏即稱，自給墾後「年復一年，仍無起色」，光緒18年8月，建議改歸「林合」，以七兌銀1,000兩售予合記號。[82]

3. 廣泰成墾戶

光緒15年3月，辦理中路罩蘭等處撫墾局委員選用分縣梁成枏，發文給廣泰成墾戶黃南球、姜紹基等，准予開墾大湖八份坪、上蘆竹坪地區。內稱：

辦理中路罩蘭等處撫墾局委員選用分縣梁（梁成枏），為諭飭遵照事。

照得本局奉中路營務處諭飭，大湖八份坪丈出水田二十四甲，

---

81 「九月初九日林良鳳致林拱辰信函」，收於黃富三等解讀，何鳳嬌、林正慧、吳俊瑩編輯，《霧峰林家文書集：墾務、腦務、林務》，頁384-385。

82 黃富三等解讀，何鳳嬌、林正慧、吳俊瑩編輯，《霧峰林家文書集：墾務、腦務、林務》，〈林良鳳發信（信函內容簡介）〉，頁382；光緒14年，〔清冊〕（中路罩蘭等處撫墾局委員梁成枏呈送勘丈墾地發給墾單），《淡新檔案》，17339-19號。

上蘆竹坪丈出水田三甲零，插定地界，餘歸總墾開闢。至各處
地界，本局會營勘定，東至大小南勢、馬那邦、蘇魯公山大山
頂分水田龍，插落罩蘭大河為界；南至罩蘭大河，透至內灣古
昂二田頭，透上大坪嵌眉繞轉西邊小崑對過公館龍割牌，繞出
瀝西坪南嵌眉，透出松?林頭割牌，透至新三櫃由龍插落坑為
界；西至十份仔面小崠對過細草牌，由小龍透出乳孤崠，透至
藤寮崠對過王爺旗，由龍透至三叉崠對過烏石壁、對過八仔樹
崠、對過扁山、對過獅頭崠為界；北至獅頭崠，由龍透上打鶴
崠，透至頭寮崠，由小龍透至草崠，由小崑插落三寮坪立界，
透大河，由河透出王爺潭口大路，橫過八寮灣嵌腳大圳，透至
十寮坑口至水尾坪嵌腳，由大河透出汶水河夾水，又由汶水河
透入菁山水流內為界。[83]

此與上例類似，但亦有特別之處。第一，中路罩蘭等處撫墾局委員
梁成枏，奉中路營務處諭飭而核准開墾之諭飭。第二，並無上例之
墾單，僅有轉發之「墾戳」，效用應相當於墾單。給廣泰成墾戶黃南
球、姜紹基等。第三、本墾區面積廣闊，而四至界址相當籠統，稱
「大湖八份坪丈出水田14甲，上蘆竹坪丈出水田3甲零」，插定地界，
餘歸總墾開闢。亦即大湖地區除了已開之17甲水田外，全歸廣泰成開
墾，由其招攬其他拓墾者開墾。第四，「候新設苗栗縣列地移請，即
發墾照」。此文係由「辦理中路罩蘭等處撫墾局委員選用分縣梁成枏」
所發，而梁成枏乃林朝棟之屬下，承其命辦理。推測因此時大湖地區

---

83 臺灣銀行經濟研究室編，《清代臺灣大租調查書》，〈（一四）〉，頁11-
12。

原住民仍然活躍，故林朝棟可逕行權宜處置，可見其具有甚大之裁決
權。第五，廣泰成係客家墾戶組成的，他們如何與林朝棟建立關係而
獲得墾權？值得探討。其後黃南球成為林朝棟執行開山撫番政策之重
要部屬，在撫番戰爭中立下汗馬功，如前述之大嵙崁之役，同時也
是執行開山政策時之重要墾戶與腦戶。林朝棟與客家領袖之與密切結
合，極有利於山區之發展，雙方組成利益共同體。

四、新拓墾體制與山區豪族之消長

　　光緒12年，劉銘傳裁撤山區民隘後，新拓墾體制興起，林朝棟成
為中部山區拓墾之主導力量。此一變革引發舊墾戶、隘首之抗爭，
並導致山區地方勢力之消長，社會經濟階層重整。在新體制下，獲
得墾權之山區總墾戶負責開發管理廣大的土地與繳納田租，形同包
攬戶。換言之，官府（林朝棟）為方便管理與徵收隘租或田賦，選
擇大墾戶承攬，由其繳交隘租，做為撫番經費。此乃一大片土地之
開發案，如成功，其利潤極巨，因其包括山區產業與墾田的利益。結
果，出現山區豪族之消長，最大獲利者即竄起為地方領袖。一是霧峰
林家山區王國之建立，二是客籍豪族之崛起，尤其是黃南球。

　　林朝棟是劉銘傳開山撫番政策的最大受益者，成為山區之霸主；
另外，與其合作之客家豪族興起，取代舊有勢力，而且客家族群之聲
勢亦大增，與泉漳二族鼎足而立，堪稱是臺灣史上一重大社會經濟變
遷。

1. 林家墾地之迅速擴增：山區王國之形成

　　如前所述，光緒14年3月，林鳳鳴與林良鳳是二大墾戶，林良鳳

係開墾東勢角抽藤坑之地，[84]其墾權卻發生變化。「霧峰林家文書」有不少林良鳳資料，某年（光緒18年？）1月29日，梁成柟予林拱辰書信稱：

> 二十六日內山回，奉惠示，為水底寮旱埔事見詢，先奉憲飭，因多事未能速辦。查該處僅有彭姓未有定議，十七年分糧務未清，該族中有願捨者，有不願捨者。弟以〔已〕與訂約，限二月初六、七日，弟由大湖返局，即須定議，再行函布。惟弟有切商一事，希與茂公、汝秋各位轉達帥（林朝棟）聰，旱埔不患不成，頭櫃等處砲櫃不患不速，惟抽藤坑一墾，年復一年，仍無起色，傅德生欲墾而林鳳不願，弟欲抽出矮山一處開圳成田，而力不從心。林鳳不量其愚，先推番事不靖，繼推砲櫃不力。今本山安堵，砲櫃移築，渠無可推託，則以無官本可借為詞。今弟擬以旱埔既歸，砲臺既徙，即欲撤去林鳳之墾，另招墾首。惟就近實為無人，不若由弟下一諭帖，將此墾改歸林合。林鳳即如欉林、秀巧、如松之例，為林合佃首開圳，由林合領錢，弟代為招佃，於公私皆有裨益。將來旱埔管業較易，守隘亦得伸縮自如。惟抽收永遠一九五或二八之處，弟不敢擅為作主，希各位轉請上示。[85]

84　光緒14年，〔清冊〕（中路罩蘭等處撫墾局委員梁成柟呈送勘丈墾地發給墾單），《淡新檔案》，17339-19號；黃富三等解讀，何鳳嬌、林正慧、吳俊瑩編輯，《霧峰林家文書集：墾務‧腦務‧林務》，〈林良鳳發信（信函內容簡介）〉，頁382。

85　「正月二十九日梁成柟致林拱辰信函」，收於黃富三等解讀，何鳳嬌、林正慧、吳俊瑩編輯，《霧峰林家文書集：墾務‧腦務‧林務》，頁6-11。

上函應是光緒18年1月29日梁成柟所發，因函中稱「十七年分糧務未清，該族中有願捨者，有不願捨者。弟已與訂約，限二月初六、七日」。函中稱林良鳳抽藤坑一墾「年復一年，仍無起色」，而傅德生「欲墾而林鳳不願」；梁成柟想「抽出矮山一處開圳成田」，卻力不從心，批評林良鳳不斷推拖「先推番事不靖，繼推砲櫃不力。今本山安堵，砲櫃移築，渠無可推託，則以無官本可借為詞」。因此提出一解決辦法：

> 第一，撤去林鳳之墾，另招墾首。惟就近實為無人，不若由弟下一諭帖，將此墾改歸林合。
> 第二，林鳳為林合佃首開圳，由林合領錢，弟代為招佃，於公私皆有裨益，將來旱埔管業較易，守隘亦得伸縮自如。主佃收租之比例永遠訂為一九五或二八抽，即業主收15％或20％。

上函亦顯示林朝棟積極推動拓墾，梁成柟被詢問「水底寮旱埔事」，回稱有些技術問題須解決，但值得開發。技術問題是墾殖者僅有彭姓族人未定案，因有人願意捨棄，有人不願，但梁成柟已經訂約，「限二月初六、七日」，他由大湖返回撫墾局，即須定議。他又稱「旱埔不患不成，頭櫃等處砲櫃不患不速」，顯然正在設置頭櫃等處砲櫃，以維護安全。今日臺中仍有頭櫃、二櫃地名即其遺跡。

　　接著，光緒18年8月，梁成柟又建議林良鳳以七兌銀1,000兩售予「林合」號。[86]此中有蹊蹺，可能林良鳳亦是名義上的墾戶，經由其

86　參黃富三等解讀，何鳳嬌、林正慧、吳俊瑩編輯，《霧峰林家文書集：墾務、腦務、林務》，〈林良鳳發信（信函內容簡介）〉，頁382。光緒

手再轉至林朝棟與堂叔林文欽合組「林合」墾號之手。「霧峰林家文書」中尚有不少林良鳳資料，多為與樟腦有關者，可見這些地原為熬腦之地。[87]

　　林家文書中確有林合號之相關資料。光緒17年9月，有一「林合」永耕契，文如下：

> 立贌永耕字人林合，今有埔社昭忠祠田一段，址在圭仔頭莊，共田五甲，四至界址俱至石釘為界。今向昭忠祠承贌永耕，當日三面言定，自辛卯年起，每年認納租穀七十五石，永遠耕作，照數定納，其田合自耕或別贌，不得刁難。[88]

據上，林合取得圭仔頭（龜仔頭）莊的埔社昭忠祠田一段的永耕地，共田5甲。此亦可解釋林朝棟修築龜仔頭圳之因亦有私人利益的考量，可見林家在南投國姓鄉早有其拓墾地。按，筆者曾組團參訪，耆老談到霧峰林家某人在當地有田產，而且圳溝仍存，但日治時已建漸有新圳。光緒17年之前，林朝棟即已在此設有龜子頭館，管理此地之墾殖事宜，並蓋有大清光緒拾捌年立之「林合號」印記，其內容簡介如下：

　　(1) 內容是「光緒十七年龜子頭館全年開費置物以及佃戶往來錢

14年，〔清冊〕（中路罩蘭等處撫墾局委員梁成枏呈送勘丈墾地發給墾單），《淡新檔案》，17339-19號。

87　「林良鳳發信」，收於黃富三等解讀，何鳳嬌、林正慧、吳俊瑩編輯，《霧峰林家文書：墾務、腦務、林務》，頁384-399。

88　臺灣銀行經濟研究室編，《清代臺灣大租調查書》，〈（一〇二）〉，頁140。

銀租谷數項清冊」。

(2) 此清冊列有：「承舊館開去平3,476.025兩」，「承舊館抽來平377.402兩」，可見有一舊館，因此應在光緒17年前就設立龜子頭館。

(3) 有「開送修理內國聖館一座，平98兩」。

(4) 「開買水槽二支造內國聖圳，平9.8兩」。

(5) 「開內國聖谷倉枋，平5.2兩」。

(6) 支出有：營務處薪水、買風鼓、造土礱、林部爺來往打鹿伙食等、林統領來本館雜費、國聖館伙食、內國聖穀倉枋、挨谷、各類司傅工費，及各項日用品，另有安葬費，包括病死、被番殺死等。共計，平4,462.794兩。

(7) 收入則有：承舊館、霧峰館、棟軍、招（昭）忠祠、營務處、源興號、順昌號，及各地租谷，如本處、烏塗窟、東埔、內國聖等地。共平6,166.982兩。[89]

(8) 合計「原平（吉），收6,166.982兩，出平4,462.794兩，存平1,704.188兩。」

日本領臺後，1899年8月9月25日，下厝林輯堂、林季商與頂厝林文欽向兒玉原太郎總督陳情，請求追認清代「林合號」之墾地。大意稱：

> 其父朝棟因剿番有功，而由臺灣巡撫發給墾單開墾中部山地，其在頭汴坑地方以林鳳鳴之名義及抽藤坑地方以林良鳳之名義

89　以上參見「致林朝棟光緒拾柒年龜仔頭館全年開費置物以及佃戶往來錢銀租谷數項清冊」，收於，黃富三等解讀，何鳳嬌、林正慧、吳俊瑩編輯，《霧峰林家文書集：田業、租谷》，頁462-470。

開墾之土地，曾讓渡林紹堂，即為林家下厝之墾地。

又以林合（林家合同之組合號）之名義承墾之土地，計有原臺灣縣轄內之曠地八仙湳山一處（東至大橫屏為界，西至監土舊田界；連頂城舊田為界，南至石橋為界，北至山木叢坑崙為界），八屼山大針坪山一處（東至大崙為界，西至番仔吧頂城為界，北至水長流為界），及南投堡龍眼林山一處（東至二崁斗後分水為界，西至雙坑鈎為界，南至吃飯鋁崙頂分水為界，北至王山針為界）。綜合之，以林合之名義承墾者，其在臺中、南投兩辦務署轄內之主要開墾地為：黃竹坑、北溝坑、萬斗六坑、龜仔頭、粗坑、龍眼林、南港、北港、拔馬坑、竿蓁坑等，東至青山為界，西至舊墾為界，清里凡五十里；南至集集大崙為界；北至頭汴大崙清水為界，清里凡五十五里（烏溪之北平林，烏溪之南九芎林北二處為他人之界）。不論其暨墾及未墾之地，請日本政府繼續准予續墾，並承認其所有權。[90]

明治33年（1900）5月18日，以指令第1009號核准其所有權。[91]

據上，林家之山區墾地可歸納為：

(1) 文中稱「其父朝棟因剿番有功，而由臺灣巡撫發給墾單開墾中部山地，其在頭汴坑地方以林鳳鳴之名義及抽藤坑地方以林良鳳之

90 王世慶，〈霧峰林家之歷史〉，收於黃富三、陳俐甫編，《霧峰林家之調查與研究》，頁26-27；「臺中縣下林孝商及林允卿開墾許地所有認可願聞置ク」，收於《臺灣總督府公文類纂》（南投：國史館臺灣文獻館藏），第536冊，第10號，第13件。

91 王世慶，〈霧峰林家之歷史〉，收於黃富三、陳俐甫編，《霧峰林家之調查與研究》，頁27；林獻堂等修輯，《臺灣霧峰林氏族譜》，頁114。

名義開墾之土地，曾讓渡其父朝棟因剿番有功，而由臺灣巡撫發給墾單開墾中部山地，其在頭汴坑地方以林鳳鳴之名義及抽藤坑地方以林良鳳之名義開墾之土地，曾讓渡林紹堂，即為林家下厝之墾地。」可見二地均已轉讓給林紹堂，成為林家下厝之墾地。筆者甚至於疑當年可能是林朝棟為避嫌而以二人名義請墾，實際上只是管理人而已，其後轉讓予林朝棟堂弟林紹堂，林朝棟才是真正的地主。

(2) 林合之名義承墾之土地：計有原臺灣縣轄內之曠地，八仙湳山一處（東至大橫屏為界，西至監土舊田界；連頂城舊田為界，南至石橋為界，北至山檑坑崙為界），八屺山大針坪山一處（東至大崙為界，西至番仔吧頂城為界，北至水長流為界），及南投堡龍眼林山一處（東至二崁斗後分水為界，西至雙坑夠為界，南至吃飯鉎崙頂分水為界，北至王山針為界）。其面積極廣，並請求同時擁有所有權。

以上二地原是腦區，但伐樟後之地常轉為墾地，日治後，在1900年5月歸林家所有。至於林家山區之拓墾地有多大？恐難以確知。第一，林朝棟之山區職權相當廣泛，但不明確。第二，山區大多仍屬於邊區，地權甚為含糊，有漢墾地、隘墾地、界外地等。第三，即使有報陞，仍有大批隱匿未報地。第四，林家亦有自行購入之地。但由於林家地契不少，此有待進一步研究。

如前所述，光緒11年劉銘傳推動開山撫番後，中部山區之主導權即已開始易主，霧峰林家取代新竹林汝梅家成為山區主角。光緒18年5月，發生「新竹知縣沈 准全台腦礦總局移開腦長金恆勝匿灶不報欠繳防費，請差傳究追由」案，內即有「大嵙崁撫墾局陳長慶稟，腦長金恆勝匿灶不報、欠繳防費，請差傳究追」案件。[92]

---

92 淡新檔案校註出版編輯委員會編輯，《淡新檔案（八）：第一編行政：建

2. 客籍豪族之崛起：黃南球

山區社會階層亦因而變化，大家族重新洗牌，與林朝棟有合作關係之家族上升，否則下降甚至退出。主要變化為新竹林占梅、林汝梅家族衰退，而霧峰林家則崛起，北部板橋林家亦從平原深入山區。[93]光緒7年，福建巡撫岑毓英之興建大甲溪堤、橋工程，林朝棟等士紳捐款募夫協助，獲得賞識。[94]光緒12年，林汝梅升遷為「幫辦中路剿撫番事宜、兼理隘務儘先補用道」，清查新竹、彰化縣隘租，負責徵收隘租等事務。[95]但廢隘後，如前所述，林汝梅之山區領袖地位為林朝棟所取代。[96]

另外，苗栗黃南球、北埔姜家興起，舊墾戶黃定連家族則衰落。連橫《臺灣通史》闢有「貨殖列傳」，僅列開港後之四大商家，即陳福謙，李春生、黃南球、沈德墨，是唯一客家人。[97]黃南球，字蘊軒，淡水南莊人，今隸苗栗，《臺灣通史》簡述其事蹟如下：

> 苗栗近內山，群番伏處，殺人為雄。南球集鄉里子弟數十人討之，番害稍戢。會巡撫岑毓英視臺，聞其事，召見，委以撫番。及劉銘傳至，尤亟亟於番政，檄募鄉勇二百，從征大料崁。嘗一夜連破十八處，威震番界，以功賞戴藍翎，授五品

設類：鹽務、樟腦》，（臺北：國立臺灣大學圖書館，2001），〈〔稟〕（大料崁撫墾局陳長慶稟腦長金恒勝匪灶不報欠繳防費請差傳究追）〉，頁398-400。

93　黃富三，〈板橋林本源家族與清代北臺山區的發展〉，頁5-49。

94　黃富三，《霧峰林家的中挫》，頁384-386。

95　黃卓權，《跨時代的臺灣貨殖家》，頁166-167。

96　參看本書第三章第二節。

97　連橫，《臺灣通史》，〈列傳七‧貨殖列傳〉，頁1009-1012。

衛。南球既出入番地，知其士脈，請墾南坪、大湖、獅潭等
處，縱橫數十里，啟田樹藝，至者千家。已復伐木熬腦，售之
海外，產乃日殖。而番地亦日闢矣。[98]

據上，黃南球居於內山，智勇雙全，率鄉人攻擊原住民有功，為官府
器重，先後福建巡撫岑毓英與臺灣巡撫劉銘傳之賞識而崛起。其後代
黃卓權著有《跨時代的臺灣貨殖家：黃南球先生年譜（1840-1919）》
一書詳述其事蹟，考證翔實。以下主要據此書簡介。

黃南球原籍廣東省嘉應州長樂縣（現在的五華縣），道光20年生
於楊梅壢莊，後遷居雞籠莊（銅鑼），又遷居南庄，辦理墾務，36
歲時在獅潭創辦「黃南球墾號」。光緒2年，他承抱「陸成安」隘務
入墾獅潭、下撈一帶，將隘防東移，乃漢人首度大規模入墾獅潭地
區。[99]

光緒7年，春夏間，獅裡興等社番地爭墾，閩粵二籍移民因樟林
與製腦地之爭械鬥。閏7月，福建巡撫岑毓英來臺巡視，調查此案，
並約見他，相談甚歡，讚為奇才，「委司撫墾」；9月初，岑毓英回省
前決定築興建大甲溪堤，11月再度來臺，他與姜紹基率所招撫二百
多戶生番往見，獲得「新竹總墾戶戳記，專辦內山一帶墾務」，[100]留
有「新竹總墾戶黃南球戳記」。[101]11月22日，岑毓英抵大甲溪開工，
各地民夫約一萬人，全台臺仕紳均參與，包括林朝棟、林振芳、竹塹
林汝梅、中港陳汝厚、潭子墘林其中；亦頒與林汝梅南庄獅裡興荒埔

98　連橫，《臺灣通史》，〈列傳七‧貨殖列傳‧黃南球〉，頁1011-1012。
99　黃卓權，《跨時代的臺灣貨殖家》，頁102-103。
100　黃卓權，《跨時代的臺灣貨殖家》，頁123-126。
101　黃卓權，《跨時代的臺灣貨殖家》，圖版B13，頁xxxix。

墾批。[102]按，光緒7年林汝梅係向岑毓英請墾南庄獲准，組織「金東合」，開墾南庄獅頭驛；10月與黃祈英之子黃允明立約劃界，於是在獅裡興、獅頭驛建隘寮拓墾。[103]

光緒8年2月間，大甲溪大堤竣工，黃南球因功獲「五品軍功」、「例貢生」，拓墾獅里興；10月，林汝梅、黃允明代表閩粵雙方簽訂「分墾定界合約字」，並明訂地名為「南庄」，黃允明之子黃龍章亦是「在場」人之一。地方勢力妥協後，南庄之拓墾乃順利進行。[104]光緒9年，林場遭到各社聯合襲擊，林汝梅家被圍困，後經黃龍章等率隘丁佃民方解圍，勢力漸衰而為黃家取代。[105]

光緒10年6月，法軍攻台，臺北知府陳星聚調黃南球協助守城，前後四個月，9月解職，新竹知縣徐錫祉頒「保衛梓鄉」匾額。但劉銘傳奉旨來台後，陳星聚所招臺勇數千人在初旬以「鬧餉鼓譟」、「屢次滋事」等事件而遭裁撤，其中涉及二劉之湘淮之爭。10月16日，獲新竹知縣徐錫祉頒「八角林、下湖仔等處墾戶黃南球長行」，簡稱「八角林墾戶」，後常與「獅潭墾戶」並稱「八角林、獅潭墾戶」。[106]

光緒11年11月，黃南球稟報新竹知縣方祖蔭稱，奉諭墾闢八角林、獅潭、大湖，生番「攻圍民房、隘櫃」，請求嚴禁「以鉛藥禁物」接濟生番。按，八角林至桂竹林一帶乃中部主要樟木區之一，黃南球伐木後製腦、墾田，種植水稻、甘蔗以及苧麻、雜糧。[107]

102　黃卓權，《跨時代的臺灣貨殖家》，頁127。
103　賴盈秀，《誰是賽夏族？》（臺北新店：向日葵文化出版，2004），頁126-127。
104　黃卓權，《跨時代的臺灣貨殖家》，頁129-132。
105　賴盈秀，《誰是賽夏族？》，頁127。
106　黃卓權，《跨時代的臺灣貨殖家》，頁149-154。
107　黃卓權，《跨時代的臺灣貨殖家》，頁158-159。

　　林朝棟主持中路撫墾後，自然與苗栗之地方大族黃南球結合。按，光緒7年，岑毓英之興建大甲溪堤、橋工程，亦與林朝棟建立關係。光緒12年6、7月，「總辦剿撫事宜中路營務處」受委在營待命，此時正式與林朝棟有正式官職上的關係；9月15日，劉銘傳裁隘，他與其它墾隘稟請延後實施，但不被接受。至於舊墾戶黃定連家族在抗議廢隘無果後，遭遇挫折，儘管不斷抗爭，僅能保有部分實力，黃南球遂成為最重要勢力。[108]

　　光緒14年2月，林朝棟、梁成柟大湖、罩蘭籌辦招募民股合作開計畫，黃南球與姜紹基由林朝棟招攬入股。梁成柟稟稱：

> ……憲臺招到黃南球、姜紹基兩股，卑職招到蔡振玉、陳合成兩股……議名『廣泰成』公號；每股鳩集本洋三千元，合洋一萬二千元以為墾闢資本。[109]

據上，劉銘傳招到黃南球、姜紹基兩股，林朝棟招到黃南球、姜紹基兩股，組成廣泰成墾號，「借領官本洋四千元」為入股資金，進行山區拓墾。[110]

　　光緒14年3月1日，大湖撫墾局與罩蘭、東勢角撫墾局合併為「中路罩蘭等處撫墾局」，以統籌墾務，並解決分屬二縣問題。3月30日，擬定「墾務章程」，劉銘傳批准實施。其主旨是：

1. 原墾戶以三年為限可續收隘租；

108　黃卓權，《跨時代的臺灣貨殖家》，頁125-127、171、177-179、192-204。

109　《淡新檔案》，17339-1號、17339-2號等件。

110　黃卓權，《跨時代的臺灣貨殖家》，頁187-188；《淡新檔案》17339-1號、17339-2號等件。

2. 墾戶黃南球借官本四千元開墾，三年後歸還。

3. 大湖、罩蘭一帶，原墾戶「成田無日」，由黃南球、姜紹基等集資承墾，三年後升科。[111]

此一合股計畫涉及原墾戶之權益，如「金合成（吳定連）」等，糾紛不絕，此反映林朝棟藉助黃南球、姜紹基等客家豪族取代原墾戶，雙方建立合作關係，重建山區新秩序。[112]

光緒15年3月，為解決問題，林朝棟二度親往大湖督勘，會同吳定連定界，其它墾地亦由「罩蘭撫墾局」梁成枬、徐潤等，會同「管帶衛隊林青雲」履勘定界，由林朝棟發給「中路營務處林 給大湖、罩蘭等處總墾戶廣泰成之戳記」。9月訂合約，但因吳定連退出而由他人遞補，四股為：黃南球、姜紹組、林振芳及陳萬青與陳澄波合股。[113]此後，黃南球建立山區客家第一豪族地位。林朝棟亦與林文欽設「林合」號拓墾後龍溪與大甲溪山區，從獅潭到集集，乃19世紀晚期最重要樟腦產地，二家獲取龐大利益。[114]

林家與客家族群之關係一向密切，此後更加明顯。何故？一說林家原本是平和縣客家人，但在原鄉時已經閩南化了。[115]另外，林家自從開臺祖林石來臺後，一向在臺灣邊區拓墾發展，必須與客家人結合，自然形成利害共同體。在戴潮春之役時，東勢粵人羅冠英即曾率勇解除霧峰被圍之困境。[116]廣泰成墾號是一範例，雙方之結合是基於

111　黃卓權，《跨時代的臺灣貨殖家》，頁189-192。

112　黃卓權，《跨時代的臺灣貨殖家》，頁191-194。

113　黃卓權，《跨時代的臺灣貨殖家》，頁195-201。

114　黃卓權，《跨時代的臺灣貨殖家》，頁206-207。

115　陳炎正訪查平和等地後做此表示，但林家人從未表示意見。

116　黃富三，《霧峰林家的興起》，頁232。

互補作用。第一、由於山區的墾地甚為廣袤，又有番害問題，墾戶
須藉助林朝棟的官方力量方能順利拓墾。第二，林朝棟也須要地方
家族協助維護山區秩序、執行撫墾政策，包括剿番、拓墾、發展產
業（如樟腦、木材）。第三，山區豪族之崛起亦與新土地制度有關。
由於山區大墾戶承包之土地廣大，須另招人拓墾。但與平原地區不
同的是，總墾戶是否為業戶，似乎不清；亦未實施大小租制。光緒14
年，廣泰成在罩蘭（今苗栗卓蘭）招佃人開墾，直接抽收小租。墾
約內明訂：以5-10年開墾；依據難易，抽收田租，由「業一佃九」至
「業佃均分」不等；開墾期滿另招新佃時，概以五年為期，照小租1
石對1圓或1.2圓之比，徵收磧地銀。[117]

　　山區墾地未實施大小租制原因，可能有二。一是經濟條件，因山
區生產力較低，無法供養二層地主。由於墾戶擁有小租權，形同業主
權，其墾地即是所有地，可永久持有，因此成為山區超級地主。二是
政治因素，劉銘傳已經實施清賦政策，欲取消大租戶，因此新開發地
區不再有大租戶。

　　另外，臺灣在1958-60年開港後，樟腦、茶大量出口，而主要產
地是山區，長年拓墾其地的客家人經濟勢力猛增。臺灣移民的分布大
局一向是泉人靠海、漳人居其中、粵人靠山，在米糖時代泉州、漳州
人佔優勢，在樟腦、茶葉時代，實力驟增，漸可與前者鼎足而立。[118]
其中樟腦重要產地的苗栗蛻變為客家人的優勢地區，而與林朝棟之關
係甚密，雙方亦結合成次級的利益共同體，黃南球之崛起而壓倒其他

117　臨時臺灣土地調查局編，《臺灣土地慣行一斑》（臺北：株式會社臺灣日日
　　新報社，1905），頁30；黃卓權，《跨時代的臺灣貨殖家》，頁210。

118　林滿紅，《茶、糖、樟腦與臺灣之經濟社會變遷（1860-1895）》（臺北：
　　聯經，1997），頁176-180。

豪族是最大的變化。除黃南球外,亦有其它次級豪族之興起,如前述之罩蘭詹家,即詹景星(詹阿祝)家族。

第二節 中路樟腦產銷之管理(光緒12年至16年)

劉銘傳撫墾政策中之「墾」除土地拓墾外,還包括山區資源,如樟腦業、木材、茶葉等,林朝棟亦扮演主導之要角,尤其是樟腦業。

鴉片戰爭後,臺灣經濟發展方向有重大變化,由於臺灣平地的開發殆盡,且米、糖之外銷市場在19世紀中葉已受阻,前景有限;反之,山區之茶、樟腦則因世界市場廣大,出口猛增,利益優厚。[119]因此,不僅民間轉向山區之開發,官府亦重視,而經濟、政治重心隨之北移。樟腦是最早吸引外商來臺並促成開港之主因,例如1864年杜德(John Dodd)來臺之目的原本是採買樟腦,未料最後成為臺茶外銷之父。[120]樟腦是一特產,當時僅有臺灣、日本二地生產,而以臺灣最多,由於利益豐碩,1858-60年臺灣開港後一度收為專賣,但外商以違反自由買賣條約不斷抗議,1867-68年甚至發生英商怡記洋行在梧棲私運樟腦出口事件,英國駐廈門領事率領炮艦攻下安平,最後訂約,將樟腦開放自由貿易。[121]

臺灣建省後,為增加財源,光緒12年11月,林朝棟與林維源再建議改行樟腦專賣制,由政府統管統銷。然而,外商屢次抗議而且不斷

---

119 黃富三,〈臺灣農商連體經濟的興起與蛻變〉,頁3-36。

120 James W. Davidson, *The Island of Formosa, past and Present*, p.178;黃頌文,〈清季臺灣貿易與寶順洋行的崛起(1867-1870)〉,《臺灣文獻》(南投),61:3(2010.9),頁146。

121 James W. Davidson, *The Island of Formosa, Past and Present*, pp. 192-198.

走私對抗，引發一連串糾紛，光緒16年11月又決定回歸開放制，於光緒17年1月實施。林朝棟在此二時期均扮演要角，但任務則有不同。以下述介專賣時期之產銷管理（光緒12至16年）、開放時期之產銷管理（光緒17至21年）。

一、專賣時期之產銷管理（光緒12至16年）

林朝棟在實施樟腦專賣政策中扮演要角，包括政策之提出與中路樟腦產銷之管理等。

（一）專賣政策之提出：林朝棟

同治7年（1868）清國與英國簽訂樟腦條約後，樟腦即開放自由買賣，建省後劉銘傳卻又推出專賣政策。此固與開山撫番政策有關，但提出具體建議者實乃林維源、林朝棟二大臺灣仕紳，其中林朝棟的角色特別重要。《臺灣通志》載：

> 樟腦一宗，產自內山，民間煎作，業已有年。嗣因外山樟木砍伐殆盡，內山逼近生番，民不敢入，光緒八年以後，顆粒無出矣。撫墾設局，生番一律歸化，又復募勇防隘，居民方敢進山築灶。經幫辦臺灣撫墾林維源、儘先前選用道林朝棟，籌商收歸官辦，以取撫番經費。[122]

據上，可知光緒8年後樟腦「顆粒無出」，原因是外山「樟木砍伐殆盡」，內山「逼近生番」地區，人民不敢侵入；至光緒12年設撫墾局

122　蔣師轍等纂，《臺灣通志》，〈餉稅・雜稅・腦務〉，頁259-260。

後，「募勇防隘」，居民方敢入山築灶製腦。轉折的關鍵是林維源與林朝棟職司撫墾，為創造經費來源，提議樟腦官辦。

光緒12年9月22日，劉銘傳奏稱，臺灣產樟腦、硫磺兩項「民間私煮、私售，每多械爭滋事；經內閣學士臣林維源、道員林朝棟等籌商收歸官辦」，以助撫番經費。劉銘傳奏稱樟腦、硫磺兩項「歸官收買出售、發給執照出口，就目前情形而論，每年可獲利三萬餘元」，而生產多、銷路暢、日漸推廣後，以「自有之財供無窮之用」，可裨益國計、民生。[123]但硫磺只供官用，至光緒16年亦開禁出口，以充撫墾經費。[124]

光緒12年9月，劉銘傳為執行專賣政策，乃設立管理機構，委派通商委員浙江候補知府李彤恩、候補知府丁達意，會同設局收售；同時在北路之大嵙崁、三角湧、雙溪口，及中路之後龍、梧溪各設轉運局，由委員司事人等專駐秤收業務。各機構之設立設依序是：光緒12年，設北路大嵙崁分局、三角湧分局、雙溪口分局；光緒13年，臺北府設腦務總局，總管全臺腦務。[125]至於後龍、梧溪腦務分局（轉運局）當亦設於光緒12年，由中路撫墾主角林朝棟，他派人管理，並在二地設腦館，收集內山各館收來之樟腦，再轉交外商出口。

---

123 朱壽朋纂，臺灣銀行經濟研究室編，《光緒朝東華續錄選輯》，頁131-133。

124 劉銘傳，「官辦樟腦硫磺開禁出口片」，收於氏著，《劉壯肅公奏議》，頁368；《劉壯肅公奏議》（陳澹然編錄）原文並無年月日，查劉銘傳撰，馬昌華、翁飛點校，《劉銘傳文集》（合肥市：黃山書社，1997年），頁314-315，為光緒16年10月23日。二者有「樟腦一道」「樟腦一項」，標點斷句之不同。另外，《劉銘傳文集》並無官辦樟腦、硫磺收入數目。

125 蔣師轍等纂，《臺灣通志》，〈餉稅‧雜稅‧腦務〉，頁259-260。

（二）專賣政策之執行：包商制

專賣政策之產銷方式採取包商制，即政府統一管理、經手銷售，但不直接參與生產。究其原因，當是為了省卻產製費用與征稅手續之煩。其方式是，每年由商人競標當年之樟腦承辦價格與產量，熬製之樟腦則由官府以一定價格統購，再轉銷外商或外地。

（三）樟腦專賣之產銷管理與緝私

劉銘傳實施之樟腦專賣，事實上政府並未設廠生產，而由腦戶熬製樟腦，按照腦戶熬腦灶數徵收防費，做為撫番經費。[126]誰核准腦戶熬製樟腦之權利呢？理論上說，應由腦務總局發給執照，而林朝棟主持中路撫墾，亦有可能由他發出。此有待確查。

何人管理產銷與緝私工作呢？林朝棟主持中路撫墾，故應由他負責。樟腦既然專賣，官府必須取締走私，林朝棟是中路撫墾的最高長官，自然兼任查緝私販樟腦之工作。但依據1868年之樟腦條約，樟腦已開放自由買賣，因此外商以違反條約不斷抗議，並持續發生取締走私事件，引發外交糾紛。確實有多件是棟軍取締者取締的案件。其中有二大案，簡介如下。

1. 德商瑞興洋行案：光緒12年12月1日

為維護樟腦產銷秩序，必須嚴防走私。光緒12年8月，據劉銘傳據腦務總局之稟飭府縣之札，臺灣府正堂程（程起鵬）為防弊，訂出一賞罰辦法，轉飭各衙門遵辦。內稱：

---

126 鄭喜夫編著，《林朝棟傳》，頁72；連橫，《臺灣通史》，卷18，〈權費志・樟腦〉，頁506-507。

> 昨訪聞有種不法奸民，竟敢在於新竹縣屬之舊港一帶，魃賣樟
> 腦，係由鹹菜甕地方繞道而出，卑府當即遴派妥人前往密查，
> 一俟查有確實，再為詳請嚴懲。

據上，有奸民由鹹菜甕（今新竹縣關西）地方繞道，而至新竹縣屬之
舊港一帶販賣樟腦。按，舊港係原竹塹港，嘉慶18年（1813）轉至南
寮築新港故改名。

為維護官腦權益，在要口派巡丁查緝，仿照洋藥章程，訂出獎懲
辦法：

> 無論何色人等，挐獲私腦以及犯事之人者，按提四成、五成充
> 賞。今擬如有目丁夫役人等挐獲私腦，並及犯事，連貨連船一
> 併扣留充公處罰，隨將犯主暨該船戶統交地方官從重嚴究。勘
> 定腦之多寡，即改為六成充賞。[127]

據上，如有拿獲挐獲私腦或犯人，此前是「提四成、五成充賞」，如
今改為「連貨連船一併扣留充公處罰」，隨將犯主暨該船戶統交地方
官從重嚴究；並計算「腦之多寡」，改為六成充賞。換言之，鼓勵百
姓協助擒拿私犯。但主要還是靠隘勇緝拿，棟軍即扮演要角。

光緒12年12月1日夜，發生德商瑞興洋行案。據瑞興行控稱，本
年十二月初一夜，在「水底寮地方買運樟腦三百餘擔」，被林朝棟全

127　光緒13年1月17日，「欽加二品頂戴、辦理中路營務處、中路撫墾事務統領
　　棟字、勁勇巴圖魯兼襲騎都尉等營、遇缺儘先選用道林為移知事」，收於臺
　　灣銀行經濟研究室編，《臺灣私法商事編》，頁69-70。

數截留，經領事抗議，呈上劉銘傳。[128]查，此案是瑞興洋行買辦沈鴻傑至水底寮向當地腦商彭牛購買樟腦引起的。[129]

但劉銘傳、林朝棟予以反駁，稱：

> 水底寮奸民彭牛私熬樟腦，前經林道稟請嚴拿懸辦，當飭其一面緝拏，一面將私腦起出充公在案。此係自辦本國奸民，洋商瑞興何得干預？且水底寮毗連番境，海關執照載明洋商採買樟腦，不准迫近生番地界，瑞興洋商何得竟赴番境買腦，顯有奸民勾串包攬情弊。
>
> 查彭牛係熬煮私腦奸民，瑞興兩次在水底寮運腦，本屬不遵海關執照，擅赴番境，已與執照載約不符。該道前請派員同赴鹿港，督察瑞興採運已買之腦，當即批飭「不准將逼近番境之水底寮，混在鹿港一處」。[130]

據上，林朝棟認為，第一，水底寮奸民彭牛私熬樟腦，故予以緝拏，將私腦起出充公，與瑞興洋行無關。第二，瑞興洋行不遵海關執照，擅赴番境，兩次在水底寮運腦，與執照載約不符。

128　光緒13年1月17日，「欽加二品頂戴、辦理中路營務處、中路撫墾事務統領棟字、勁勇巴圖魯兼襲騎都尉等營、遇缺儘先選用道林為移知事」，收於臺灣銀行經濟研究室編，《臺灣私法商事編》，頁70-71。

129　林文龍，〈沈鴻傑與集集樟腦業〉，頁35-42；李佩蓁，〈依附抑合作？清末臺灣南部口岸買辦商人的雙重角色（1860-1895）〉，《臺灣史研究》（臺北），20：2（2013.6，頁60。

130　光緒13年1月17日，「欽加二品頂戴、辦理中路營務處、中路撫墾事務統領棟字、勁勇巴圖魯兼襲騎都尉等營、遇缺儘先選用道林為移知事」，收於臺灣銀行經濟研究室編，《臺灣私法商事編》，頁70-71。

　　瑞興洋行是資本有限的小型洋行，行東是Lauts & Haeslop，多次買辦沈鴻傑借款，劉銘傳也說「又無資本，僅恃包攬偷漏」。瑞興透過英國領事抗議，要求賠償，計損失350多擔，但德國公使巴蘭德（Max Aaugust Scipio van Brandt）要求500擔。[131]此事件可能造成瑞興的損失，並影響其經營能力與意願，最後將洋行轉給其它洋行而離開臺灣。

　　由於這類扣押樟腦事件層出不窮，洋商透過各國公使，以違反1869年之樟腦條約為由不斷抗議，向總理衙門申訴，要求恢復自由採買。光緒14年3月19日，李鴻章被迫曾致電劉銘傳，稱：

> 樟腦一事，同治間因官廠價貴，英商私運……，議定裁撤官廠，聽其采買，……立有章程。現又設官廠，彼之爭論不為無理。雖照來函屢與辯論，各使堅執，無論新開、舊有，總在臺灣境內，斷難兩樣辦法。彼已電知領事，仍令洋商自行采買，如截留即索賠。此事勢難再商，只好聽洋商領單完稅，自行采買。至內地如何徵收稅釐，另行設法辦理。[132]

據上，李鴻章承認同治8年之樟腦條約，致電劉銘傳，恢復樟腦自由採買，而如何徵稅可另訂辦法。然而劉銘傳並未遵辦，繼續查緝私腦，也不斷引發糾紛與外交上的抗議。

131　李佩蓁，〈依附抑合作？清末臺灣南部口岸買辦商人的雙重角色（1860-1895）〉，頁42、60。

132　李鴻章，「寄臺撫劉省帥」，收於氏著，吳汝綸輯，《李文忠公（鴻章）全集》，（臺北：文海，1962），〈電稿卷9〉，總頁3743。

2. 怡記洋行案：光緒16年

接著又發生一件大案。光緒16年又發生怡記洋行自集集運樟腦至鹿港，為彰化腦務總局勇丁查獲扣留事件，引起外交衝突。[133]《臺灣通史》載：

> 初，德人晦實祿在南，開設瑞興洋行，先至集集設館熬腦，自配香港。數年之間，獲利不貲。及歸官辦，頓失其益，去之汕頭，以腦業交英商怡記洋行承辦。十六年五月，怡記自集集運腦七百餘擔至鹿港，九月又運五百四十擔，彰化局丁以為走私，要而奪之。安平英領事照會巡撫索還，不聽。彼此相持，勢將決裂。駐京英公使乃與總理各國事務衙門交涉，而各國亦以有礙通商，請撤官辦。[134]

據上，樟腦官辦後，瑞興洋行因無利可圖，離臺赴汕頭，將腦業交英商怡記洋行承辦。光緒16年「五月，怡記自集集運腦七百餘擔至鹿港；九月又運五百四十擔，彰化局丁以為走私」而扣留，安平英國領事要求未果，英國公使向總理衙門抗議。同類的事件層出不窮，洋商與外國公使也以違反樟腦條約一再抗議，負責涉外事務的總理衙門不堪其擾，也奏請解決。

光緒16年，清廷為消除外交糾紛，正式諭令劉銘傳於17年（1891）1月後，廢止僅實施四年多的樟腦專賣政策，開放自由買

133　鄭喜夫編著，《林朝棟傳》，頁75。
134　連橫，《臺灣通史》，卷18，〈榷賣志‧樟腦〉，頁506-507。

賣，腦戶可自售，但按灶繳納防費。[135]

（四）專賣成果

如前所述，劉銘傳原以不必增加政府負擔為由，獲准重啟開山撫番政策，[136]其撫墾經費來源包括隘租之撥充、釐金、專賣收益等。事實上，廢隘引起很大反彈，其租銀亦有限，且定於清丈後廢除，必須擴大財源。光緒13年，劉銘傳以撫墾日廣，費用日繁，創茶釐。他奏稱，內山田園隨時報墾升利，至於「其高山巨嶺，地利宜茶，第土薄力微，墾民或種或輟，因就茶收豐歉，量抽撫墾經費，包商繳收。」光緒13年創辦茶釐之初，「收數未暢」，但至光緒15、16年，「每年約可收銀六、七萬兩」，數目大有增加，均「隨時撥充辦理撫墾之需」。[137]北部林維源對茶業之發展有相當大的貢獻，但林朝棟曾嘗試植茶不成，因此與茶業無何關係。

此外，光緒12年，樟腦、硫磺之收歸官辦亦是以其收益供助撫番經費之需。硫磺業務原係通商委員李彤恩兼辦，劉氏飭其籌議腦、磺二項章程。李彤恩稟稱，經官辦後，估計樟腦每石可獲利2.3元，臺灣年產萬石，當有2.3萬元之利。他又報稱硫磺成本1元，官買每石3元，年產六、七千石，上等年產千石，均歸官用，其次，積聚三千餘石，官既不用，又不開商禁，愈積愈多，而日本及江南、天津一帶須

---

135 「臺南府行知所有臺灣樟腦自十七年正月起由腦戶自行覓售按灶抽收防費」，收於臺灣銀行經濟研究室編，《劉銘傳撫臺前後檔案》，頁210-211。

136 劉銘傳，「官辦樟腦硫磺開禁出口片」，收於氏著，《劉壯肅公奏議》，頁369-370。

137 劉銘傳，「創收茶釐片（十七年正月）」，收於氏著，《劉壯肅公奏議》，頁371。

礦甚多，禁不出口，甚為可惜，何況又不能禁「奸民私煮」、「販賣出洋」；如設法經理，「雖獲利無多，於撫番經費不無小補」。因此劉銘傳稱樟腦官辦，硫磺開禁出口後，每年可獲利三萬餘元，如產量增加，獲利更大，有利國計民生。[138]

然而，其實施之成果如何呢？光緒14--15年公泰洋行承包之九個月期間，官府每擔獲得之差價是18元，[139]收入相當高，但必須算出行政費用與總出售量，才能得知總收益。

《臺灣通史》載：

> 十六年五月，臺北改歸蔡南生，而彰化由林朝棟，繳價三十圓，釐金防費在內。以十二圓給腦戶，餘入官。是年出口六千四百八十餘擔。十七年為一萬五千九百八十餘擔。十八年為一萬三千一百二十餘擔。而腦價亦漸起。蓋以歐美市場消用愈巨，化學日精，藉以製器合藥也。[140]

有關專賣之總收益，劉銘傳曾奏報光緒12年11月至15年12月之官辦樟腦收支簡表。不過，樟腦之收益應高於官方紀錄，原因是腦價不斷升高。1888年海關報告稱，因中南部有番亂，大軍被調去，影響山區安全與製腦數量，本年出口增加不如預期，否則承包商的利益更大。[141]1889年後，樟腦出口大增，唯仍僅約十年前平均數的四分之

138　劉銘傳，「官辦樟腦硫磺開禁出口片」，收於氏著，《劉壯肅公奏議》，頁368。

139　James W. Davidson, *The Island of Formosa, Past and Present*, p.407.

140　連橫，《臺灣通史》，卷18，〈榷費志‧樟腦〉，頁506。

141　黃富三、林滿紅、翁佳音主編，《清末臺灣海關歷年資料》，總頁790。

一。[142]1890年，出口大增，雖然無煙火藥所需之樟腦成分大減，但其它化學工業蓬勃發展，需要量大增，如賽路珞、煙火、藥材等，導致香港市場價格猛增，在一月每擔為40元，四月為65元，5月為33元，其後為35元。[143]

以上為專賣期間，樟腦之經營管理概況。

二、開放時期樟腦之產銷管理（光緒17年1月起）

由於專賣政策引起不絕之外商抗議，戶部經研議後上奏，請諭飭劉銘傳「即將樟腦一項改為民辦，官府但可徵稅」，廢除官辦。光緒16年12月，劉銘傳奉清廷諭令扎飭臺灣各級政府，自光緒17年1月起廢止專賣。文稱：

> 據臺北腦戶聯名稟請按灶納費，懇留防勇，即自光緒十七年正月起，所有臺灣樟腦由腦戶自行覓售；價值高低、出數多寡，地方官概不過問，惟設局彈壓稽查，按灶抽收防費。倘有奸民盜伐樟樹私熬、抗納防費或拖欠不繳，地方官應隨時查封懲辦，洋商不得干預包攬。[144]

據上，以上可歸納為：1. 自由買賣：自光緒17年正月起，所有臺灣樟腦由腦戶自行覓售；2. 官府設局設局彈壓稽查：不得私熬，按灶抽收

---

142 黃富三、林滿紅、翁佳音主編，《清末臺灣海關歷年資料》，總頁831。

143 黃富三、林滿紅、翁佳音主編，《清末臺灣海關歷年資料》，總頁869。

144 「臺南府行知所有臺灣樟腦自十七年正月起由腦戶自行覓售按灶抽收防費」，收於臺灣銀行經濟研究室編，《劉銘傳撫臺前後檔案》，頁210-211。

防費；3.外商：不得干預包攬。從此樟腦由腦戶自行生產、買賣，官府不再專賣，但設局管理，「按（腦）灶抽防番經費」。[145]

如前所述，樟腦專賣後，1.光緒12年，設北路大料崁腦務分局、三角湧腦務分局、雙溪口腦務分局；2.光緒13年，創設臺北府設腦務總局，或稱稱腦磺總局。[146]光緒17年1月，改歸商辦，調整為：

1.光緒17年：廢除專賣後，臺北府仍設樟腦總局，局務改歸磺務委員兼辦。

北路之大料崁設稽查委員，三角湧、雙溪、南莊分派司事；

中路之雲林、埔社、罩蘭設彈壓稽查委員。

同時，設雲林腦務分局、埔裏社腦務分局、罩蘭腦務分局。

2.光緒19年：2月，添設中路彰化稽查。[147]

其體系為：

腦務總局（腦磺總局）：

北路：大料崁設稽查委員－ 三角湧、雙溪、南莊分派司事

中路：雲林、埔社、罩蘭設彈壓稽查委員，三地又設腦務分局

中路彰化稽查

據上，中路之體系與北路略有不同，當是由於林朝棟全權主導中路撫墾事務。

據光緒19年之林朝棟文書，〈九月初二日辦理罩蘭等處腦務委員江威如諭陳裕豐、黃南球〉稱：「稽查中路罩蘭等處腦竈徵收防費委員江（威如）……奉中路腦務總局……准省會磺腦總局移開」，[148]顯

---

145 蔣師轍等纂，《臺灣通志》，〈餉稅‧雜稅‧腦務〉，頁260。

146 連橫，《臺灣通史》，卷18，〈榷費志‧樟腦〉，頁506。

147 蔣師轍等纂，《臺灣通志》，〈餉稅‧雜稅‧腦務〉，頁260。

148 「光緒十九年九月初二日辦理罩蘭等處腦務委員江威如諭陳裕豐、黃南

然礦務總局亦稱礦腦總局，而亦有中路腦務總局，其下設稽查中路罩蘭等處腦灶徵收防費委員，擔任稽查事務，名稱又略有異。林朝棟屬下與棟軍亦擔任重要的稽查任務。

林朝棟在開放期兼具公私二種身份，積極參與樟腦事業之發展，可分幾點述介：（一）中路製腦事業之規劃；（二）參與產銷管理：屬下之兼任撫墾局或樟腦局之成員；（三）協助執行腦務政策：貸放腦本；（四）查報腦灶等事務。（五）開放後樟腦之收益。

（一）中路製腦事業之規劃

林朝棟身負中路撫墾事務之重責，對轄區之製腦具有主動開發權與核准製腦權。光緒17（或18）年1月18日，棟軍部將鄭以金（拔補把總），[149]致林拱辰信函，查問議定山界熬腦事宜，稱：

> 弟前蒙統領大人面諭整椊之事，隨即招集椊戶派買缸鍋，併由撫墾局議定山界。現聞台北洋行亦該處整椊，議論紛紛，該椊腳亦是心身兩地。但本前初六日總辦委員與統領酌議，未知總歸何人舉辦，弟本欲親到稟見，因 統領駕臨台北，故特修前來問候，但東勢與罩蘭總歸一手舉辦，抑或而洋行分辦，煩祈賜悉。[150]

球」，黃富三等解讀，何鳳嬌、林正慧、吳俊瑩編輯，《霧峰林家文書集：墾務‧腦務‧林務》，頁408-409。

149　「鄭以金造報光緒十七年十月份罩蘭等處腦灶份數、鍋數暨腦長姓名、出腦數劦數清冊」，黃富三等解讀，何鳳嬌、林正慧、吳俊瑩編輯，《霧峰林家文書集：墾務‧腦務‧林務》，頁156-203。

150　「元月十八日致林拱辰信函」，黃富三等解讀，何鳳嬌、林正慧、吳俊瑩編輯，《霧峰林家文書集：墾務‧腦務‧林務》，頁420-421。

此函乃林朝棟棟軍部屬鄭以金請示有關產腦之事，可見他已正式出面參與製腦事業，可歸納數點：

第一，文書時間：上一文書未註出年代，推定是光緒17-18年間，即開放自由買賣後。光緒17年可能性較高，因文書內容似乎是有關開辦時之狀況。

第二，製腦區：由「撫墾局議定山界」，又稱1月「初六日總辦委員與統領酌議」。但「總辦委員」是誰呢？總辦如是位於大嵙崁的撫墾總局，則是林維源派委員與林朝棟研商山界，確定伐木製腦區，林朝棟管轄中路對製腦區當有決定權。

第三，林朝棟之角色：文書顯示產腦係由林朝棟面諭其棟軍屬下鄭以金，「招集栳戶，派買缸鍋」，可見林朝棟具有主動開發權。

第四，製腦區：東勢角、罩蘭二地原乃撫墾局分局與腦務分局所在地，故林朝棟劃為製腦區，並設立腦館，方便就地管理，而且撫墾局局員往往兼腦務委員二職，甚至兼林家產腦組織的一員。

又，光緒17（或18年）某月21日，鄭以金致林拱辰之函稱：

> 茲各腦長遵奉帥（林朝棟）諭，前往八卦力履勘山場腦樹。頃接回稱，該處樟木稀少，產腦無幾，縱使置 熬腦，不耐久遠，必然罄盡耳。現各腦長未敢擅行開辦。既李湘衡已議至貳百餘份之舉，無如許其商議，合貳章程價值總須相若，不能高增厚價，庶免工人無他圖之意。或每擔則加之數角，事屬無碍，亦無不可。惟我們腦丁不得私自收用。[151]

151　「廿一早鄭以金致林拱辰信函」，黃富三等解讀，何鳳嬌、林正慧、吳俊瑩編輯，《霧峰林家文書集：墾務・腦務・林務》，頁264-267。

上函說明：腦長奉林朝棟之諭，前往苗栗縣南庄八卦力地方履勘山場。按，八卦力社屬於賽夏族，居於苗栗縣大湖社東北、汶水溪右岸、八卦力溪右岸山腹。[152]惟因該地腦樹有限，未敢開辦，但鄭以金建議林朝棟允許已議開之李湘衡200餘份腦灶。可見林朝棟在南庄地區主動推動製腦計畫。

（二）產銷管理：屬下兼任撫墾局或腦務局之成員

關於腦務管理制度，光緒17年12月18日，邵友濂上「為十六年分樟腦收支數目轉造清冊並腦務改章事附片」，稱：

> 據臺灣善後局司、道詳，據樟腦總局委員申稱，……自光緒
> 十七年起，改由腦戶自行買賣，按竈月收防費銀八角，每年
> 正、七、十二等三個月，各准停竈半月，照數減收。如腦價跌
> 至二十五圓以內，減抽三角，以恤商艱。
> 分別委員於中路集集街、林圯埔、罩蘭；北路大料崁、三角
> 湧、雙溪口等處設局，彈壓稽查，竈數增減開停，隨時報由總
> 局彙核辦理。應需局用等項，援照釐金成案，按收數一成開
> 支，不得逾溢。所收防費，仍歸臺防善後案內，列收造報。[153]

據上可知其管理體系為：

---

152 賴盈秀，《誰是賽夏族？》，頁104。八卦力：地名，位於今日苗栗縣南庄鄉一帶，是賽夏族散居地。

153 邵友濂奏，光緒17年12月18日，〈為十六年分樟腦收支數目轉造清冊並腦務改章事附片〉，《光緒朝硃批奏摺》，冊102，頁501-503。

1. 臺灣善後局、樟腦總局、樟腦分局。

2. 樟腦分局：設在中路之集集街、林圯埔、罩蘭，及北路大料崁、三角湧、雙溪口等處，負責稽查工作。

3. 緝查工作：由樟腦分局稽查竈數，其增減開停，隨時報由總局彙核辦。應需局用等項，援照鹽金成案，按收數一成開支。

4. 徵收防費：自光緒17年起，改由腦戶自行買賣，按竈月收防費銀8角，每年1、7、12等三個月，各准停竈半月，照數減收。如腦價跌至25圓以內，減抽3角，以恤商艱。

5. 防費用途：仍歸臺防善後案內，列收造報。[154]

　　至於各地腦務局之管理，由腦務委員主持，以撫墾分局委員兼任，負責征防費，[155]其下設司事、執秤、查灶、勇丁，協助執行查緝工作。[156]

　　林朝棟與中路樟腦局的關係又如何呢？是隸屬之下的單位或平行的獨立機構呢？

　　查林朝棟屬下多有任職中路撫墾局或樟腦局者，兼具有公家身分，因而可掌控樟腦產銷事宜。如光緒17（或18）年，「十月廿日陳傑夫致葛竹軒收條」，稱「代李夢梅兄兌付泰和號庫平銀貳百五拾兩。中路稽查腦務委員　葛大老爺竹軒甫」，可見林朝棟幕僚葛竹軒

154　邵友濂奏，光緒17年12月18日，〈為十六年分樟腦收支數目轉造清冊並腦務改章事附片〉，《光緒硃批奏摺》，冊102，頁501-503。

155　鄭喜夫編著，《林朝棟傳》，頁75-76。

156　連橫，《臺灣通史》，卷18，〈榷費志・樟腦〉，頁506；鄭喜夫編著，《林朝棟傳》，頁72。

（松齡）兼任「中路稽查腦務委員」。[157]按，陳傑夫即是陳鴻英，亦
是棟軍重要幕僚，光緒17年因參與清賦完竣有功，護理巡撫沈應奎提
報稱「五品頂戴文童陳鴻英請以從九品」，取得江蘇候補縣丞資格。[158]
而且葛竹軒（松齡）還設一腦棧，收購樟腦，轉交林朝棟設於後龍、
梧棲之腦館，再轉售公泰洋行。詳情後述。

另外，光緒17（或18）年某月某日，腦商林良鳳致林拱辰信函，
稱：

> 承尊命意欲整 灶之事，因愚於本月初一日飭往大湖繳防
> 費，與腦務總局江大老面商欲停熱，端午前後三日之防費若議，各
> 腦丁遇有吉凶事，病疾風雨年節，並大小月健各件，俱不能准
> 報，如果欲報，欲停半個月等因。現愚之腦腳因此端節無無可
> 報停，各腦丁議論紛紛，難以處之。以愚思之， 閣下欲整且
> 看防費如何准行，可辦則辦，容後再議，未為遲也。[159]

此函顯示林良鳳亦遵從幕僚林拱辰之命，至大湖整腦灶。按，腦務總
局江大老即江威如，主持中路腦務總局，他在光緒19年9月2日文書中
稱「葛前委員未有移交卷宗，卑局無案可稽，莫從查考」，[160]可知江

---

157 「十月廿日陳傑夫致葛竹軒收條」，收於黃富三等解讀，何鳳嬌、林正
慧、吳俊瑩編輯，《霧峰林家文書集：墾務・腦務・林務》，頁404。

158 ，「元月十八日致林拱辰信函」，收於黃富三等解讀，何鳳嬌、林正慧、
吳俊瑩編輯《霧峰林家文書集：墾務・腦務・林務》，頁350；「臺灣保
案」，《申報》，光緒17年10月15日（1891年11月16日），版3。

159 「林良鳳致林拱辰信函」，收於黃富三等解讀，何鳳嬌、林正慧、吳俊瑩編
輯，《霧峰林家文書集：墾務・腦務・林務》，頁396-397。

160 「光緒十九年九月初二日辦理罩蘭等處腦務委員江威如諭陳裕豐、黃南

威如係接葛竹軒之缺，故林良鳳向他報告端午節停熬腦以減少防費之繳納。由於屬下任職於樟腦局或（撫墾局），林朝棟自然對產銷有直接的影響力。綜觀之，林朝棟被授權主導中路撫墾，幾乎獨攬權大權，堪稱是山區霸主，[161]林家也成了開山撫番政策的最大受益者。

（三）協助執行腦務政策：貸放腦本

由於腦商整灶熬腦須覓地開山，而設寮整灶，甚耗資金，加上天候難測、原住民出草等問題，可說是一風險甚高的產業，因此常須貸款周轉。相應的，官府為鼓勵開發山產，早期亦貸放官本銀予腦戶、腦長，俟售腦後再清還；而林朝棟可能亦有貸款之舉，但是公款或私款，有待探究。然而，樟腦撤廢官辦後，清廷即欲收回貸放之資金。

1.官本之貸放與繳回

光緒19年，「稽查中路罩蘭等處腦灶徵收防費委員即補分縣江（威如）為諭催事」稱：

本年八月二十六日，奉中路腦務總局札開：案准省會礦腦總局移開：

竊查中路腦戶設灶借給官本，原為開辦之初招徠起見，本屬權宜之計。現在不乏殷商自備資本，入山築灶，前項官本亟應停

***

球」，收於黃富三等解讀，何鳳嬌、林正慧、吳俊瑩編輯，，《霧峰林家文書集：墾務・腦務・林務》，頁408-409。

161　民間有稱呼他為「山大王」之傳聞。

借，陸續收回，以免日久延欠無著。當經稟奉　撫憲，諭令轉
飭停借收回等因。奉此，所有罩、雲、埔三分局以前借出官本
銀兩，亦應限令掃數繳回，以重公款。[162]

據上，第一，光緒17年開放自由買賣後，為在初期為招徠腦戶，中路
腦務總局奉准腦戶借給官本設灶，可見官方扮演獎勵熬腦的角色。

第二，光緒19年，因不少乏股商自備資本，入山築灶，因此決定
停借前項官本，陸續收回，因此，8月26日，中路腦務總局轉省會礦
腦總局，移文至中路罩蘭等處稽查腦灶委員江威如，要求罩蘭、雲林
（今竹山）埔裏等三分局限期繳回其前貸放予腦戶之官本銀兩。

然而，江威如委員接文後，回稱稱葛竹軒前委員未有移交卷宗，
「無案可稽，莫從查考」，但他查知光緒16年分「腦戶黃龍章、陳阿
連欠繳官本庫平銀貳百伍拾玖兩柒錢（即259.7兩）」，因此光緒19年
9月2日，諭腦戶陳裕豐、黃南球等，「即便遵照，將前借過官本除繳
外尚欠之數，務要按月繳完，以便轉解歸款」。[163]按，陳阿連當是陳
禎祥，他在光緒元年，即招得獅里興等社十餘社到城薙髮歸化，光緒
6年又以120元，與獅里興、獅頭驛社番目簽訂「立給山埔契約」，開
墾其地，因此向新竹縣請准開墾，但光緒9年社番多次襲擊陳禎祥、
林汝梅墾地，以致於墾業衰落。[164]

---

162 「光緒十九年九月初二日辦理罩蘭等處腦務委員江威如諭陳裕豐、黃南
　　球」，收於黃富三等解讀，何鳳嬌、林正慧、吳俊瑩編輯，，《霧峰林家文
　　書集：墾務・腦務・林務》，頁408-409。
163 「光緒十九年九月初二日辦理罩蘭等處腦務委員江威如諭陳裕豐、黃南
　　球」，收於黃富三等解讀，何鳳嬌、林正慧、吳俊瑩編輯，《霧峰林家文書
　　集：墾務・腦務・林務》，頁408-409。
164 賴盈秀，《誰是賽夏族？》，頁104、126-128。

光緒19年9月2日，江威如諭腦戶陳裕豐、黃南球稱：第一，光緒17年3月以前所借官本，均已繳還清款；第二，光緒17年3月4日黃南球、陳裕豐借領官本洋6,000元（七兌），計庫平銀4,200兩；第三，光緒17年10-18年12月，黃南球、陳裕豐共繳還官本1,736兩，尚欠2464兩；第四，光緒16年腦戶黃龍章、陳阿連欠繳腦本，庫平銀2,559.7兩，由新竹縣提追在案，但未據冊報。[165]

可見官府早期借予腦商之熬腦開辦費有陸續繳回，顯然腦商有獲利，故能還款，並能自力發展。按，陳裕豐、黃南球均為林朝棟所經營腦館之重要腦戶，詳情後述。

2. 私本：林朝棟

除官本外，林朝棟也出借腦本給腦戶。據稱林家應劉銘傳之囑，墊付臺灣縣、苗栗縣及埔里社方之熬腦戶，而資金來源一說是林家支付，一說是由德商公泰洋行（A. Butler）貸放45,000元，而由林朝棟轉貸予臺灣府轄內之腦戶。[166]此將於下章討論，此處不贅。

（四）棟軍角色之調整：查報腦灶、徵收防費

棟軍角色在樟腦開放期上亦略有改變，一是負責中路腦灶之稽查，二是防費之徵收，三是協調、管理外商之樟腦買賣。

樟腦改制開放後，設立稽查委員，定期查報腦灶數量藉以徵收防

---

165 「光緒十九年九月初二日辦理罩蘭等處腦務委員江威如諭陳裕豐、黃南球」，收於黃富三等解讀，何鳳嬌、林正慧、吳俊瑩編輯，《霧峰林家文書集：墾務‧腦務‧林務》，頁406-407。

166 王世慶，〈霧峰林家之歷史〉，收入黃富三、陳俐甫編，《霧峰林家之調查與研究》，頁50-51。

費，供養駐防兵勇及相關開支。然而，山區遼闊，交通困難，又有番害與熬腦糾紛，誰能負責查報呢？駐紮山區的棟軍即擔任起查報腦灶增減數目及腦額之重責。

光緒17年（？）9（菊）月17日，中路棟軍鄭以金致林拱辰信函稱「茲專勇送上貳月分樟腦冊共貳本，到請代為面呈帥（林朝棟）督」，[167]即向林朝棟呈報二個月份樟腦冊，當是7、8月份，可見棟軍兼任查報之職責。

茲舉二件完整的查報表為例。

1. 光緒17年，棟軍拔補把總鄭以金呈「造報光緒十七年十月份罩蘭等處腦灶份數、鍋數暨腦長姓名、出腦數觔數清冊」。

計為：

(1) 盈豐棧名下：舊灶318份、新灶4份，合共322份，內長鍋68口，停熬104份，份，新灶6份，合共80份，內長鍋4口，停熬13份，實熬67份，本月分總共出腦3,478觔。實熬218份，總共出腦14,552觔。

(2) 裕豐棧名下：舊灶91份、新灶10份，合共101份，內長鍋12口，停熬15份，實熬86份，本月分總共出腦4,068觔。

(3) 黃南球名下：舊灶74。[168]

2. 光緒18年3月，鄭以金呈報「造送卑營奉餉中哨正哨官鄭朝成

---

167 「菊十七日鄭以金致林拱辰信函」，收於黃富三等解讀，何鳳嬌、林正慧、吳俊瑩編輯，《霧峰林家文書集：墾務・腦務・林務》，頁258-261。

168 「鄭以金造報光緒十七年十月份罩蘭等處腦灶份數、鍋數暨腦長姓名、出腦數觔數清冊」，收於黃富三等解讀，何鳳嬌、林正慧、吳俊瑩編輯，《霧峰林家文書集：墾務・腦務・林務》，頁156-203。按，此表為林正慧據原檔製作，並做統計。

呈報巡查本年二月分罩蘭等處腦灶份數出腦觔數清冊」。清冊中詳列熬腦之腦棧與其下之各腦長名稱，以及其所設之腦灶份數、鍋數、停熬份數。

光緒18年2月分，計為：

(1) 盈豐棧名下：合共319份，內長鍋68口，停熬141份，實熬278份，總共出腦10,440觔。

(2) 裕豐棧名下合共灶105份，內長鍋12口，停熬51份，實熬54份，總共出腦2,527觔，

(3) 黃南球名下共灶98份，內長鍋8口，停熬33份，實熬65份，總共出腦2,960觔。[169]

此二案例，均顯示有盈豐棧、裕豐棧、黃南球三等腦商，而前二者規模較大。由上可見棟軍有巡查報告中路各地之樟腦生產情形的職責，即調查腦長、腦戶、腦灶等之異動情形，供徵收防費之依據，推測應是定期之查報。

可見為因應樟腦自由化，設有稽查腦務委員、腦灶徵收防費委員，分別負責查點腦灶與徵收防費，棟軍則擔任稽查腦灶任務。

（五）開放後樟腦之收益

光緒17年1月，在外商抗議下，又歸商辦，改成「按（腦）灶抽防番經費」。到底官方實收山費多少？用於撫墾的經費多少？是否有

---

169 「鄭以金造送光緒十八年二月分罩蘭等處腦灶份數、鍋數暨腦長姓名、出腦觔數清冊」，收於黃富三等解讀，何鳳嬌、林正慧、吳俊瑩編輯，《霧峰林家文書集：墾務・腦務・林務》，頁204-205：「沐恩鄭以金為造報事。遵將卑營奉飭中哨正哨官鄭朝成呈報巡查本年二月分罩蘭等處腦灶份數、鍋數暨腦老長姓名、出腦觔數，按列造具清冊」。

餘或不足？這些問題均有待探究。無論如何，這些收入對充實撫墾
經費必然甚有助益，方能長期支持棟軍及其它隘勇營之長期駐防山
區，維持一定的秩序與安全，讓腦戶與墾戶得以經營其產業。

　　光緒17年1月廢除樟腦官辦，撤防勇，但再設隘勇而征收防費，
費率為百斤徵8元，腦丁每10灶徵8元，出口者海關稅1,155元，釐金
0.55元。[170] 腦、磺之利較劉氏之記錄為高，《臺灣通志》載，「中北
兩路腦灶日興月盛，能熬腦六、七十萬斤，收納防番費銀五、六萬
兩；支局用一成銀外，盈餘四萬餘兩。樟腦遂為臺產一大宗」。[171]另
外，硫磺「歲出……硫磺六、七十萬斤，收贏餘銀三、四千兩」。[172]
二者數目均較劉銘傳專賣時期為高，因為後期產量增加，對開山撫番
經費有相當助益。

　　綜上，劉銘傳開山撫番之成敗正反意見皆有，但不可否認，清廷
統治權與漢人之開發進一步向內山擴張。一方面有更多土地拓墾成
為良田，為缺地之家族創造新機，尤其與林家有關之家族。另一方
面，樟腦、茶葉等重要山產得以增產，增進中、北部之繁榮，其中樟
腦之發展主要歸功於林朝棟之掌控中路撫墾權。原因是清季不僅平地
多已開發，淺山之樟木亦採伐殆盡，若非向生番所在之內山擴張，
產量必大減，遑論增加。因此，就經濟角度看，確有豐碩成果。同
樣，茶業之擴張亦然。當然，對山林的破壞、水土的流失等問題，亦
值得重新評估。

170　臺灣銀行經濟研究室編，《臺灣通史》，卷18，〈權賣志・樟腦〉，頁
　　507。
171　蔣師轍等纂，《臺灣通志》，〈餉稅・雜稅・腦務〉，頁260。
172　蔣師轍等纂，《臺灣通志》，〈餉稅・雜稅・磺務〉，頁257。

第三節　主持其它山區產業的開發：木材、煤油等

臺灣山地多、地勢高，有相當豐富而多樣的森林資源，除茶葉、樟腦外，尚有木、竹、籐等，可製作為日常生活的用品，原住民早已利用，如木家具、竹屋、籐籃、籐索等。漢人移民進一步擴大其用途，發展為重要產業，如柴火、木炭、建材、家具等。[173]林朝棟主管中路山區產業，除樟腦外，亦配合新政，兼管其它山產，如枕木、木材、煤油。此處僅介紹鐵路興建後枕木、木材、煤油等資源之發展。

光緒（17或18）年8月2日，（陳汝舟？）致林拱辰信函稱：

> 若鉄路緊要枕木，務祈吾兄就各節情形代回 統帥（林朝棟）。…大湖煤油井被大水流作溪路，現時無油可出，諒必統帥方能報銷。[174]

上函印證林朝棟掌管伐木局，亦稱枕木局，腦戶陳澄波亦負責山區伐木，製作鐵路枕木、橋料，同時掌管「大湖煤油井」。

一、臺灣第一條鐵路之興建

1842年五口通商後，上海迅速興起成為大都市，外商積極推動鐵路之興建，終於築成第一條鐵路，即吳淞鐵路，但因官紳反對，最

173　陳國棟，〈軍工匠首與晚清時期臺灣的伐木問題〉，《臺灣的山海經驗》（臺北：遠流，2005），頁327-328。

174　黃富三等解讀，何鳳嬌、林正慧、吳俊瑩編輯，「桂月初二陳澄波致林拱辰信函」，《霧峰林家文書集：墾務・腦務・林務》），頁288-289。

後由官府購回拆除。[175]劉銘傳深知鐵路之利，光緒6年曾經條陳具奏鐵路之利，力主興建，但有志難伸；[176]1885年臺灣建省，他出任巡撫後即籌劃興建臺灣鐵路以貫通南北。光緒13年（1887）3月20日，他在臺北府城奏稱，當年「風氣未開，不無異議」，現在開平煤礦之鐵路業經辦有榜樣，可釋群疑；又指出臺灣與內地情形不同，「興修鐵路，商民固多樂從，紳士亦無異議」，[177]並稱當此分省伊始，亟宜講求生聚，以廣招徠，但現在貿易未開，「內山貨物難以出運，非造鐵路」，不足以繁興商務，因此正式奏請擬修鐵路，「創辦商務，以興地方而固海防」。[178]他指出鐵路除便於驛務、墾物、商務不計外，有三大利益：[179]

1. 有裨於海防：臺灣四面皆海，除後山無須辦防外，其餘防不勝防。基隆、滬尾、安平、旗後四口「現已購礮築臺，可資守禦」；其

175　王家儉，〈吳淞鐵路補遺〉，《臺北市耆老會談專集》，頁369-375。

176　劉銘傳，「擬修鐵路創辦商務摺（十三年三月二十日）」，《劉壯肅公奏議》（臺北：臺灣銀行經濟研究室，臺文叢第27種，1958），頁270。「臺灣巡撫劉銘傳咨呈臺灣擬修鐵路創辦商務摺片並海軍衙門議覆一摺抄件」，《臺灣海防檔》（臺北：臺灣銀行經濟研究室，臺文叢第110種，1961），頁116-123。

177　劉銘傳，「擬修鐵路創辦商務摺（十三年三月二十日）」，《劉壯肅公奏議》，頁270。「臺灣巡撫劉銘傳咨呈臺灣擬修鐵路創辦商務摺片並海軍衙門議覆一摺抄件」，《臺灣海防檔》（臺北：臺灣銀行經濟研究室，臺文叢第110種，1961），頁116-123。

178　「臺灣巡撫劉銘傳咨呈臺灣擬修鐵路創辦商務摺片」，《臺灣海防檔》，頁116-123。劉銘傳，「擬修鐵路創辦商務摺」，《劉壯肅公奏議》，頁268-273。

179　「臺灣巡撫劉銘傳咨呈臺灣擬修鐵路創辦商務摺片」，《臺灣海防檔》，頁116-123。劉銘傳，「擬修鐵路創辦商務摺」，《劉壯肅公奏議》，頁268-273。

餘新竹、彰化一帶海口紛歧，萬無兵力處處設守。如遇海疆有事，敵船以旱隊猝然登岸，隔絕南北聲氣；內外夾攻，立見危迫。若修鐵路，「調兵靈便，何處有警，瞬息即至」，無虞敵兵由中路登岸。

2. 有裨省城之建設：臺灣分省後，須由中路建設省城，以便控制南北。前任撫臣岑毓英察看地形，認為彰化橋孜圖地方可以建省。劉銘傳於光緒13年9月復察後，深表贊同，稱該處「地勢平衍、氣局開展，襟山帶海，制全臺，實堪建立省城」。但此地接近內山，不通水道，不獨建造衙署、廟宇運料艱難，且恐建省之後商賈寥寥，雖有城垣，空無人居。如果能興建鐵路，則「商務立見繁盛，於建造各項工程轉運之費，節省尤多。」

3. 節省築橋樑工程費：臺北至臺南六百里，中隔大溪三道，春夏之交，山水漲漫，行人隔絕。其中大甲、房裏兩溪，每年「必淹斃數十人，急須造橋，以便行旅」。大甲、房裏、曾文三大溪，寬達十里或八里；其次小溪20多條，寬約百餘丈或、數十丈。大甲溪最寬，前任巡撫岑毓英督修石壩以阻漫流，並未修橋，耗費費洋30餘萬元，而數月之後就被洪水沖刷淨盡。劉銘傳研商於「上游窄處議修，統計大小溪橋工」，需銀亦是30餘萬兩。如由商人承辦鐵路，亦須二十餘處橋橋樑，如此，公家可省「橋工銀數十萬兩。」[180]

此外，他又奏稱：安平、旗後兩口「限於海湧，自春至秋不便泊船」，而滬尾「日漸淤淺，來往候潮耽擱時日」，只有基隆一口「無須候潮，便於泊船」，若能就基隆開修車路以達臺南，不獨全臺商務

---

180 「臺灣巡撫劉銘傳咨呈臺灣擬修鐵路創辦商務摺片」，《臺灣海防檔》，頁116-123。劉銘傳，「擬修鐵路創辦商務摺」，《劉壯肅公奏議》，頁268-273。

繁興，大大有助於海防。[181] 因此，他主張鐵路應自基隆直通臺南，並奏請飭令內閣侍讀學士林維源「督辦鐵路、商務」，[182]盛讚其「端謹忠實，為商人所欽信」，而且自奉旨回籍幫辦臺北撫墾以來，不獨撫墾得力，如清賦、抽釐等事均資臂助」，特別是對「理財一道」，尤為精實，建議凡遇鐵路商務，「准由該學士專摺奏事」。[183]海軍衙門於光緒13年（1887）4月28日奉旨批准辦。[184]也就是由林維源全權主持鐵路工程，並直接向清廷奏辦，不須經過他，可見倚重之深。

　　然而，因林維源事後卻以身兼撫墾、清賦等要職，不克分身而請辭，光緒13年10月16日，劉銘傳奏請改歸官辦，隨後即展開興建工程。[185]如前所述，光緒17年完工通車。

二、鐵路枕木之供應：林朝棟負責

　　劉銘傳興建鐵路，機關車、鐵軌購自英國、德國，但枕木、橋料基本上取自盛產樟樹的臺灣山區，伐木任務則由林朝棟擔任。

　　光緒13年3月20日，劉銘傳在臺北府城具奏「商辦臺灣鐵路章

181　「臺灣巡撫劉銘傳咨呈臺灣擬修鐵路創辦商務摺片」，《臺灣海防檔》，頁116-123。
　　　劉銘傳，「擬修鐵路創辦商務摺」，《劉壯肅公奏議》，頁268-273。
182　劉銘傳，「擬修鐵路創辦商務摺」，《劉壯肅公奏議》，頁268-273。
　　　「臺灣巡撫劉銘傳咨呈臺灣擬修鐵路創辦商務摺片」，《臺灣海防檔》，頁116-123。
　　　劉銘傳，「擬修鐵路創辦商務摺」，《劉壯肅公奏議》，頁268-273。
183　「臺灣巡撫劉銘傳咨呈臺灣擬修鐵路創辦商務摺片」，《臺灣海防檔》，頁116-123。
　　　劉銘傳，「擬修鐵路創辦商務摺」，《劉壯肅公奏議》，頁268-273。
184　「臺灣巡撫劉銘傳咨呈臺灣擬修鐵路創辦商務摺片」，《臺灣海防檔》，頁116-123。
185　劉銘傳，「臺路改歸官辦摺」，《劉壯肅公奏議》，頁273-275。

程」，稱：[186]

一、商人承擔興建費用：基隆至臺灣府城，擬修車路六百餘里，所有鋼質鐵路並火車客車、貨車以及一路橋樑，「統歸商人承辦」。議定工本價銀100萬兩，分「七年歸還，利息按照週年六釐」。

一、臺北至臺南地價由官方發給：為恐沿途土地暴漲，「所有地價，請由官發」，修築工價，則由商自給。

一、兵勇協助：由於基隆至淡水、貓裏街至大甲，中隔山嶺數重，臺灣人工過貴，因此「官派勇幫同工作」，以期迅速。

一、官輪代運枕木：因所須枕木為數過多，現在商船訂購未到，「先派官輪代運」，免算水腳工費。

一、官督商辦：鐵路造成之後，「由官督辦、由商經理」，鐵路火車一切用度，皆歸商人自行開支。所收腳價，「官收九成償還鐵路本利；商得一成並於搭客另收票費一成」，做為鐵路用度。除火車應用收票司事人等，由官發給薪水外，其餘不能支銷公費。

一、官修造車房：鐵路經過城池街鎮停車之處，「由官修造車房」；但是所有站房、碼頭，「均由商自行修造」。

一、官員督同修造鐵軌、橋樑：鐵路現雖商辦，但將來即係官有物，所用鋼質鐵軌「每碼須三十六磅」，沿途橋樑必須「工堅料實」，並由官派員「督同修造」。

一、鐵路工本銀：計需工本銀一百萬兩，內有鋼條、火車、鐵橋等項約需「銀六十萬兩」，商人在德廠或英廠訂購，須分年歸還。

---

186 「臺灣巡撫劉銘傳咨呈臺灣擬修鐵路創辦商務摺片」，《臺灣海防檔》，頁116-123。劉銘傳，「擬修鐵路創辦商務摺」，《劉壯肅公奏議》，頁268-273。

　　此為商辦鐵路之原始規劃，唯因林維源不願承辦，其他商人亦觀望，最後仍歸官辦，所有上述經費、所須人工等，均由官府統籌辦理，也因此成為臺灣重大負擔。

　　鐵路興辦後除由外國進口機關車、鐵軌外，所需枕木、橋料甚多，如何取得呢？因臺灣森林茂密，沿途附近樟樹「多取為鐵路枕木」，[187]因此設立枕木局（伐木局），於光緒12年設在臺北大稻埕，以機器切鋸材木為鐵路枕木，歸機器局兼辦，並配售上海。[188]

　　關於鐵路器材，《臺灣通史》載：

> 「工師多用粵人，如淡水鐵橋則張家德所築者，技亦巧矣。鐵路所過之地，大小橋梁七十四、溝渠五百六十八，其軌條雖購之英國，而枕木則皆用臺產，故別設伐木局，以統領林朝棟辦其事，入山採取。凡松一片為價三角五尖，樟四角五尖，由溪運往，而樟較耐用，且取之不盡。」[189]

　　據上，林朝棟因主管中路廣大山區，擁有最多林地，且原漢關係較佳，故奉命負責伐木，成為鐵路枕木的主要供應者，並主持臺北府城所設立的伐木局，亦稱枕木局。《臺灣通史》又稱，光緒15年，煤務局收入有40萬兩，而伐木局有10萬兩。[190] 這些受益應歸官府，而林朝棟等供應枕木者必享有其利益。

187　唐贊袞，《臺陽見聞錄》，頁23-24。

188　連橫，《臺灣通史》（臺北：臺灣銀行經濟研究室，臺文叢第128種，1962），城池志/局所，頁476-480。

189　連橫，《臺灣通史》，頁523。

190　連橫，《臺灣通史》，頁197-。

為供應枕木，林朝棟建立製作、運輸體系，執行伐木、轉運任務。據林家文書，其體系如下：

山區伐木主持人→西岸港口運木主持人→ 淡水港、臺北府城枕木局主管

陳汝舟（山區）→楊吉臣（梧棲）→林朝棟、陳鴻英（臺北）

梁成柟（山區）→劉以專（大安）→林朝棟、陳鴻英（臺北）

　　　　　　　→楊淵卿（後龍）→林朝棟、陳鴻英（臺北）

（一）淡水港、臺北府城枕木局主管：林朝棟、陳鴻英

林朝棟之主管枕木事宜可在林家文書找到不少史證，至於實際負責人當是任職於臺北行臺的陳鴻英（陳傑夫）。

（光緒18年？）8月24，名心（陳鴻英）致林拱辰、王泰嵩信函稱：

> 台北鉄路停工，我處承辦枕木，隻船無到，上憲甚不為然，昨方伯密告，即擬委員到地密查，并察究各處情形。昨經密告竹兄（葛竹軒），修函專差通知陳（陳澄波，即陳汝舟）、楊（楊淵卿）兩君并萬逸翁妥為趕辦。[191]

按，名心乃陳鴻英（即陳杰夫）別名，一直在臺北行臺負責棟軍轉運

---

191 黃富三等解讀，何鳳嬌、林正慧、吳俊瑩編輯，「八月廿四夕陳鴻英致林拱辰、王泰嵩信函(3)」，《霧峰林家文書集：墾務・腦務・林務》，頁370-373。按，依字跡判斷，名心應是陳鴻英。

局事宜。據上，他說「我處承辦枕木」，證明林朝棟主管枕木局，而他在臺北行臺接收中部山區枕木事務，是實際執行者。如上所述，鐵路至新竹已停工，但仍有後續之維修工作，因此上憲要求繼續供應枕木、橋料。

又，某年（光緒18或19年）4月5日，陳鴻英致林拱辰、劉以專信函稱：

> 陳雲從（陳騰龍）橋料向伐木廠查明，截至本日初三日止，已繳壹千五百八十一件，尚欠四百零九件尚未繳也，今年枕木共收一萬六千八百五十七根。[192]

據上，陳鴻英在臺北向伐木廠，查明陳雲從運橋料尚有不足，而中路運交之枕木共16,857根。按，陳雲從即陳騰龍，曾參加清法北臺之役有功，後升至都司，參與山區防務，並奉林朝棟之命，駐紮大嵙崁都辦橋料繳交伐木局。[193]大湖、獅潭山區伐木主持人，當是陳汝舟，除熬腦交林家外，亦運交枕木、木材等山產，而東勢角伐木主持人當是梁成枬。[194]

運輸枕木不免有問題發生，均須請示林朝棟處理。如光緒（18？）年某月12日，萬鎰致林拱辰信函：「大安枕木弟已疊次催運，

---

192 黃富三等解讀，何鳳嬌、林正慧、吳俊瑩編輯，「四月初五日陳鴻英致林拱辰、劉以專信函(1)、(2)」，《霧峰林家文書集：墾務・腦務・林務》，頁378-381。

193 參黃富三等解讀；何鳳嬌、林正慧、吳俊瑩編輯，《霧峰林家文書集：墾務・腦務・林務》，頁564。

194 溫振華，《大茅埔開發史》，頁24。〈梁鈍庵先生傳〉，收於《臺灣詩薈雜文鈔》，頁20-21。

前日 將起運及在港數目開單，寄呈統帥（林朝棟）矣。」[195]萬鎰是駐紮於大墩的幕僚，參與催運大安港之枕木，此時林朝棟仍駐紮於大嵙崁，故發函給幕僚林拱辰。本件另有一對帳單：

樟栳銀共兌8,400兩

十弍月 賬房支	700兩	付 雲林防費1,200兩
付 定記支	720兩	付 吉臣枕木200兩
付 買鉛条	240兩	付 汝舟枕木200兩
付 厘稅船費	500兩	三大人 銀3,700兩
統領 買物並付子佳	600兩	
友買物送	500兩	共8,560兩[196]

據上，萬鎰付楊吉臣枕木200兩，當係中路（大安、梧棲）運轉主持人轉運枕木至臺北之經費，付陳汝舟枕木200兩當係內山採木之費用，再由萬鎰向駐紮於大嵙崁的林朝棟幕僚林拱辰報帳。

另外，有特別事故時亦須請示林朝棟決定。如光緒（18？）年某月某日，梁成柟致文弟（？）信函稱：

頃據廣福奎木商說稱，去年所採運廣東杉料，…當經飛函請楊吉翁推情放行…請將此情形面懇統憲，恩準知會枕木局，免封

195　黃富三等解讀，何鳳嬌、林正慧、吳俊瑩編輯，「十二日萬鎰致林拱辰信函（1）」，《霧峰林家文書集：墾務‧腦務‧林務》，頁342-343。

196　黃富三等解讀，何鳳嬌、林正慧、吳俊瑩編輯，「對帳單(1)」，《霧峰林家文書集：墾務‧腦務‧林務》，頁436-437。

廣福奎所雇陳舵之船。[197]

　　據上，當是港口運木主持人楊吉臣，為讓運船隻能迅速運輸枕木至臺北而封港，不准其它船隻進出，以致於廣福奎木商所雇陳舵之船，無法出港運輸去年所採運「廣東杉料」，因此梁成枏請求林朝棟知　枕木局，「免封廣福奎所雇陳舵之船」。

　　由上可見林朝棟主管枕木局，而陳鴻英在臺北府城負責點交。

（二）中路（大安、梧棲）枕木運轉主持人：楊吉臣

　　林朝棟在中部港口派駐主持人，負責接收內山之木料輸往淡水，再轉交臺北枕木局，有楊吉臣、楊淵卿等人。

　　但相關信函大多無時間，由於光緒13年4月28日清廷方准興建鐵路，光緒17年後完成，而北伐時間是光緒17-18年間，因此信函時間當是此期，在此只能概略拼出基本樣貌如下。

　　楊吉臣（楊吉翁）是港口主持人。[198]他是彰化人，林朝棟夫人楊水萍之弟，且曾參加北臺大嵙崁之役，獲劉銘傳保舉五品頂戴，甚為林朝棟倚重。[199]有一些文書可證。

　　1.光緒（18？）年？月17日，〈十七日楊吉臣致林拱辰信函(3)〉：

197　黃富三等解讀，何鳳嬌、林正慧、吳俊瑩編輯，「梁成枏致文弟信函」，
　　　《霧峰林家文書集：墾務・腦務・林務》，頁30-31。

198　黃富三等解讀，何鳳嬌、林正慧、吳俊瑩編輯，「梁成枏致文弟信函」，
　　　《霧峰林家文書集：墾務・腦務・林務》，頁30-31。

199　參黃富三等解讀，何鳳嬌、林正慧、吳俊瑩編輯，《霧峰林家文書集：墾
　　　務・腦務・林務》，頁540。

統領函催陳汝舟火速迅造枕木，以資接濟，以免貽悞，並劃款
付他，給發陳汝舟核至七月底，抵去年式萬之數清楚，今年再
領三萬之數，當須催迫。[200]

據上，楊吉臣報稱，因枕木急需，林朝棟催陳澄波（陳汝舟）「火速
迅造枕木，以資接濟」；至7月底核發2萬根枕木之款。

2. 光緒（18？）年3月某日，楊吉臣致劉以專、林拱辰函稱：

茲於本月初二日，金晉順船裝配枕木壹仟柒百四拾根，即於早
揚帆，諒不日就可抵淡。又配小船二號，計枕木六百四拾根。
而梧棲港各船出海來安，面約近日有三、四號大船前來配運，
至於前處往北之船，亦經陸續回安。此幫配運亦有成萬之數，
現在銀項甚乏，而葫蘆墩公館門庭若市，……代為稟明統領，
請速撥佛洋千餘兩……。[201]

葫蘆墩公館是收發枕木之重要集散地，當為林朝棟所屬，但亦可能是
楊吉臣所有。

3. 光緒（17或18？）年某月某日，楊吉臣致（劉以專？）、林拱
辰信函：

---

200 黃富三等解讀，何鳳嬌、林正慧、吳俊瑩編輯，「十七日楊吉臣致林拱辰信
函(3)」，《霧峰林家文書集：墾務・腦務・林務》，頁552-553。

201 黃富三等解讀，何鳳嬌、林正慧、吳俊瑩編輯，「桐月初三日楊吉臣致劉
以專、林拱辰信函(1)」，《霧峰林家文書集：墾務・腦務・林務》，頁542-
545。

> 日昨天氣晴朗，該大船六隻，經已展椊，諒必到淡可卜。至於
> 梧棲五、六帆，亦經陸續而來，其枕木亦隨裝配，如配便之
> 時，就可開帆。現在儎資尚缺，而且內山放水等項，俱皆需
> 用，況在外際又甚乏，幸祈□備洋銀壹仟兩，遣妥仝楊首攜出
> 以 需用。否則時當春□□初，萬一綿雨溪流暴漲，臨時欲項
> 不得，將若之何。[202]

據上，楊吉臣因儎資、內山放水等銀項缺乏，請求林朝棟籌備發
放。此函當是三月前所發，因內稱「時當春□□初，萬一綿雨溪流暴
漲」，缺字當與春季有關，

　　4. 光緒（14？）年4月22日，〈梅月念二夜楊吉臣致林拱辰信函
(1)〉：

> 自南風一起，儎運至現 ，計運到台北枕木式萬肆仟九百餘
> 根，尚存枕木在大安者，亦有壹萬伍仟餘根；而前所云在港
> 之商船六號，亦鮮運二號，餘四號有貨物在船，尚未出清，俟
> 一、二日亦可陸續起運。[203]

　　綜上，陳汝舟等山區腦館製作枕木送至葫蘆墩公舘，再運至梧棲
港，交由船戶依照數量以大船或小船，候風運至淡水港，再以河運至
臺北府城交予陳鴻英或枕木局。楊吉臣可能在葫蘆墩或大安港主持收

202　黃富三等解讀，何鳳嬌、林正慧、吳俊瑩編輯，「楊吉臣致□□□、林拱辰
　　信函」，《霧峰林家文書集：墾務‧腦務‧林務》，頁560-561。
203　黃富三等解讀，何鳳嬌、林正慧、吳俊瑩編輯，「梅月念二夜楊吉臣致林拱
　　辰信函(1)」，《霧峰林家文書集：墾務‧腦務‧林務》，頁554-555。

集內山林朝棟部屬運下之枕木，再交由大安、梧棲港之船戶運往淡水，再運至臺北城交由伐木局製成枕木，以供鋪設鐵軌之用。

（三）楊淵卿：後龍港負責人

後龍溪是苗栗最重要的溪流，道卡斯族分布地，有後龍社、新港社。苗栗地區有大甲社、後龍社、竹塹社群。[204]明鄭時期曾有征剿。康熙年間漢人入墾。藍鼎元《平臺紀略》：「後龍港…由海口直通後龍社，可容戰艦出入」。[205]康熙51年，設立淡水分防千總，設七塘汛，其一後龍塘在此，目兵十五名。[206]雍正9年（1931），開為島內貿易港，雍正11年，以千總一員，兵一百名駐紮後龍汛。[207]雍正9年，開為島內貿易港，3月吹東南風，至此貿易，直至8月。[208]乾隆時期，移民大增，內山產製樟腦、種植茶葉，在此出口，形成後龍街。樟腦1、2千擔出口。光緒12年，設立樟腦轉運局，派委員秤收，[209]後龍街設立檢驗卡站。[210]也設立鹽館。[211]郊行林立。[212]

枕木、木材、樟腦等山產，由大湖、獅潭等地運至後龍港，楊淵卿即是派駐此地配運枕木至淡水港的主要負責人。光緒17（或18？）年4月11日，有一支銀單稱：「三月初，請給陳汝舟三百兩、楊吉臣

204　黃丙煌主修，《後龍鎮志》（苗栗：苗栗縣後龍鎮公所，2002），頁86。

205　《後龍鎮志》，頁90-91。

206　《後龍鎮志》，頁91-92。

207　《後龍鎮志》，頁92。

208　《後龍鎮志》，頁293。劉良璧《重修福建臺灣府志》，頁69。

209　《後龍鎮志》，頁293。《臺灣通志》，頁293。

210　《後龍鎮志》，頁260。唐贊袞，《台陽見聞錄》，頁72。

211　《後龍鎮志》，頁293。《淡水廳志》，頁108。

212　《後龍鎮志》，頁293。《淡新檔案行政編初集》，頁565。

三百兩、後龍楊添二百兩」。[213]按，陳汝舟（陳澄波），在大湖設有裕豐號腦館，為林家製腦；[214]楊吉臣則為林朝棟之屬下，後龍楊添可能是楊淵卿，似乎與林家關係密切。

光緒18（壬辰）年7月22日楊淵卿致林拱辰信函稱：

> 此次裝配兩船計共枕木壹仟弎佰壹拾根，在港守候風信。突於十兩日狂風大作，…狂浪滔天，後壠汕頭民房倒壞及飄流數拾餘間，…忝職轉運，責成攸關，故特專函奉達，到祈將此情形稟明統帥，俯准報銷。[215]

據上，「忝職轉運，責成攸關」，又提及「後壠汕頭民房倒壞及飄流數拾餘間」，可見他在後龍負責枕木轉運事宜。他也呈請報告林朝棟准予報銷風災損失。

又，光緒18年3月4日，楊淵卿致林拱辰信函稱：

> 客冬尚存大安枕木柒佰餘根及本港現存肆佰餘根，於弎月十五、六日均已配船，至廿一日揚帆。[216]

213 黃富三等解讀，何鳳嬌、林正慧、吳俊瑩編輯，「四月十一日領銀單」，《霧峰林家文書集：墾務・腦務・林務》，頁434-435。

214 黃富三等解讀，何鳳嬌、林正慧、吳俊瑩編輯，「光緒十七年十一月鄭以金呈報造報光緒十七年十月份罩蘭等處腦灶份數、鍋數暨腦長姓名、出腦數觔數清冊」，《霧峰林家文書集：墾務・腦務・林務》，頁185-194。

215 黃富三等解讀，何鳳嬌、林正慧、吳俊瑩編輯，「壬辰七月廿二日楊淵卿致林拱辰信函」，《霧峰林家文書集：墾務・腦務・林務》，頁520-521。

216 黃富三等解讀，何鳳嬌、林正慧、吳俊瑩編輯，「壬桐月初四日楊淵卿致林拱辰信函」，《霧峰林家文書集：墾務・腦務・林務》，頁514-515。

因此，他可能在光緒17年冬季已經運枕木了。

楊淵卿在後龍執行運交枕木任務，由林家支付薪水。光緒18（？）年3月6日，楊淵卿致林拱辰信函稱：

> 弟本擬是月欲趨謁臺階，但枕木尚未清，俟辦俊〔竣〕時，當赴墩聆教一切。日前家出要項，在壠無從可給，懇祈仁兄將弟薪水項下撥交家弟芳田帶付家用。[217]

後龍位於後龍溪口，當是收集大湖陳汝舟所放流之枕木，可能也兼管大安港所收枕木，再運往淡水。他留下不少信函，也都標出光緒18年催解枕木，內容多關於轉運枕木所遭遇之問題，主因是天候，如暴風雨、翻船導致枕木流失等。例如光緒18（？）年（7？）月3日，楊淵卿致林拱辰信函稱：

> 閏六月四日，風雨交作，相連兩日始得晴霽，其枕木被洪水沖去弍佰伍拾四片，現在溪流已退，在山尚有三千餘根，不日放出。[218]

可見光緒18（？）年閏6月4日之風雨帶來的洪水沖走枕木254片。

又，光緒18年7月22日，〈楊淵卿致林拱辰信函〉：

---

217 黃富三等解讀，何鳳嬌、林正慧、吳俊瑩編輯，「三月初六日楊淵卿致林拱辰信函」，《霧峰林家文書集：墾務‧腦務‧林務》，頁510-511。

218 黃富三等解讀，何鳳嬌、林正慧、吳俊瑩編輯，「初三日楊淵卿致林拱辰信函」，《霧峰林家文書集：墾務‧腦務‧林務》，頁516-517。

此次裝配兩船計共枕木壹仟弎佰壹拾根，在港守候風信。突於十六、七兩日狂風大作，驟雨淋漓，是夜海漲丈餘，水狂浪滔天，後壠汕頭民房倒壞及飄流數拾餘間，大小商船打碎五六隻，其金得記船幸得丟水平安，只剩枕木半儎，其金成發被水沖壞，枕木漂流四散。迨至水退，隨即派勇僱倩工人沿海邊四處收拾，或給賞工資，向莊取贖，花費不少。統計失去枕木弎佰八十六根，此乃天作之災，防不及防，實在無可奈何。[219]

據上，光緒18年7月16、17二日因驟雨淋漓，海漲丈餘，以致於失去枕木286根，[220]因此請求林朝棟予以報銷。尚有其它案例，不贅。

綜合觀之，楊淵卿之執行狀況可歸納如下：

1. 職責與地點：常駐苗栗後龍港，負責將枕木配船運至淡水、臺北府城枕木局。

2. 時間：據信函，自光緒17年冬天起至18年12月。

3. 枕木來源問題：自大湖山區陳汝舟處放流後龍溪至港口。時因資金不足，影響山區伐木與放流數量，減少枕木之配運。

4. 運輸問題：雇用木船裝運，但逢暴風雨船隻難以行駛，甚至有有翻船損失枕木之問題，特別在冬季東北季風盛行，配運完全受阻。一度有派輪船裝載之議，但未實施。

219 黃富三等解讀，何鳳嬌、林正慧、吳俊瑩編輯，「壬辰七月廿二日楊淵卿致林拱辰信函」，《霧峰林家文書集：墾務‧腦務‧林務》，頁520-521。

220 黃富三等解讀，何鳳嬌、林正慧、吳俊瑩編輯，「壬辰七月廿二日楊淵卿致林拱辰信函」，《霧峰林家文書集：墾務‧腦務‧林務》，頁520-521。

（四）山區伐木主持人：陳澄波（陳汝舟）

在大嵙崁之役時，黃南球曾募臺勇一營隨林朝棟出征立功，戰後在家鄉伐木，其「廣泰成」股伙陳澄波每月供應五千根枕木，光緒17--18年間，包辦14萬根，每月5,000五千根。[221]

楊吉臣在光緒（18？）年某月17日致林拱辰信函稱：

> 統領（林朝棟）函催陳汝舟火速迅造枕木，以資接濟，以免貽悮，並劃款付他，給發陳汝舟核至七月底，抵去年式萬之數清楚，今年再領三萬之數，當須催迫。[222]

由上可證陳汝舟奉林朝棟之命製作枕木供應鐵路之需。林家文書亦有陳澄波本人所發信函，不時為為供應枕木焦頭爛額，一是經費供應不及，一是山區洪水之流失。

光緒18（？）年8月2日，陳澄波致林拱辰信函稱：

> 山內匠工回家過七月半，至今無夥食可進山新採尚且勿論，兼之洪水重疊，木料屢層流失者不少，弟實屬無材料理。若鉄路緊要枕木，務祈吾兄就各節情形代回總統帥。[223]

---

221 黃卓權，《跨時代的臺灣貨殖家：黃南球先生年譜（18840-1919）》（臺北縣中和市：國立中央圖書館臺灣分館，民93），頁216；217。
黃富三等解讀，何鳳嬌、林正慧、吳俊瑩編輯，「十四早陳澄波致林拱辰信函」，《霧峰林家文書集：墾務‧腦務‧林務》，頁280-281。

222 黃富三等解讀，何鳳嬌、林正慧、吳俊瑩編輯，「十七日楊吉臣致林拱辰信函(3)」《霧峰林家文書集：墾務‧腦務‧林務》，頁552-553。

223 參黃富三等解讀；何鳳嬌、林正慧、吳俊瑩編輯，《霧峰林家文書集：墾務‧腦務‧林務》，光緒18（？）年8月2日，〈桂月初二陳澄波致林拱辰信

據上，陳澄波在山區擔任繳交枕木、樟栳任務，但面臨7月中元普渡，山內匠工回家，手頭未受到伙食費可可進山新採；加上，多次洪水流失不少枕木，無法供應，請求呈報林朝棟。

另外，光緒18（？）年（？）月，〈十四（日）二鼓陳澄波致林拱辰信函〉

> 因奉帥（林朝棟）示封船一節，十一日三义河宿宵，十二日到苗栗，立即將公事帶到署內知會，沈大老（沈茂蔭）答應派差仝往封船。十三日弟先往後壠查看駁船多寡，聽候縣差封條。本日下晚派二人，差勢無帶封條，實在後壠口無駁□□封阻延不防。如是有船，被其苗栗縣封條有礙，聞是門首作□，殊屬可惡。務祈吾兄速請統帥函知苗栗縣指教門下之人，星火之公事膽敢如此，余有另事可免辦理。[224]

據上，陳澄波呈林朝棟要求苗栗縣令封後　港，以便有空出船隻趕運枕木至淡水，但苗栗縣並未執行，影響僱船進行運交枕木任務。按，苗栗縣令沈大老當是沈茂蔭，光緒17年9月由代理新竹知縣調任。[225]

其它，尚有栳腳（腦工）脫逃問題等，均影響枕木之供應。

函〉〈桂月初二陳澄波致林拱辰信函〉，頁274-275。

224 黃富三等解讀，何鳳嬌、林正慧、吳俊瑩編輯，「十四（日）二鼓陳澄波致林拱辰信函」，《霧峰林家文書集：墾務‧腦務‧林務》，頁290-291。

225 鄭喜夫，《臺灣地理及歷史：卷九，第一冊》（臺中：臺灣省文獻委員會，1980），頁177。

三、 橋料之供應：林朝棟督導

如前所述，光緒13年3月20日，劉銘傳奏擬修鐵路創辦商務摺，[226]然而，因招商不順，鐵路仍由官府建造，橋料與枕木相同，亦由官府供應，亦由林朝棟負責。

（一）大嵙崁橋料督辦：陳雲從

鐵路所需橋料較枕木少，且橋樑多在北部，因此由大嵙崁山區就近採伐供應。

光緒18年（？）10月18日，葛松齡致萬鎰、林拱辰信函稱：

> 大科崁之橋料到者不多，四百兩傑夫已交陳雲從，查此人尚在崁，日內即往查。[227]

可見陳雲從在大嵙崁督辦橋料，而陳傑夫已經交給他四百兩橋料費。按，陳雲從，即陳騰龍，曾參加清法北臺之役有功，後升至都司，參與山區防務，並奉林朝棟之命，駐紮大嵙崁督辦橋料繳交伐木局。[228]

光緒（18？）年11月5日，陳騰龍致林拱辰信函亦稱：

226　劉銘傳，「擬修鐵路創辦商務摺」，《劉壯肅公奏議》，頁268-273。

227　黃富三等解讀；何鳳嬌、林正慧、吳俊瑩編輯，「十月十八日葛松齡致萬鎰、林拱辰信函(4)」，《霧峰林家文書集：墾務‧腦務‧林務》，頁70-71。

228　參黃富三等解讀；何鳳嬌、林正慧、吳俊瑩編輯，《霧峰林家文書集：墾務‧腦務‧林務》，頁564。

> 此次已荷閣下（林拱辰）提拔督催橋料，而弟自知朽木 堪匠
> 用，是以再四不敢謬承責任。旋因統帥美意　，於是駐崁督
> 催，惟有竭力盡心，以冀報効於萬一也。[229]

可見陳騰龍（陳雲從）是師爺林拱辰推薦，又經林朝棟信任重用的。

（二）供應橋料之難題

　　大嵙崁雖離臺北府城不遠，有有大嵙崁溪通至艋舺、大稻埕，按
理，橋料之督辦並非難事，但實際上遭遇不少難題，常被追繳。如
（光緒18年？）4月5日陳鴻英致林拱辰、劉以專信函稱：

> 陳雲從橋料向伐木廠查明，截至本日初三日止，已繳壹
> 千五百八十一件，尚欠四百零九件尚未繳也。[230]

據上，雖已繳1,581件，仍欠409件。

　　為什麼呢？有各種原因。光緒（18？）年11月5日，陳騰龍致林
拱辰信函，解釋承辦橋料之困難稱：「先因天作霪雨，溪道損坏」，[231]
也就是山區因久雨導致溪道損壞，無法運送；再者，「番出肆擾，工

229　黃富三等解讀；何鳳嬌、林正慧、吳俊瑩編輯，「十一月初五日陳騰龍致林
　　　拱辰信函」，《霧峰林家文書集：墾務・腦務・林務》，頁566-573。

230　黃富三等解讀；何鳳嬌、林正慧、吳俊瑩編輯，「四月初五日陳鴻英致林拱
　　　辰、劉以專信函(1)、(2)」，《霧峰林家文書集：墾務・腦務・林務》，頁
　　　378-381。

231　黃富三等解讀；何鳳嬌、林正慧、吳俊瑩編輯，「十一月初五日陳騰龍致林
　　　拱辰信函」，《霧峰林家文書集：墾務・腦務・林務》，頁566-573。

匠奔逃」，[232]無法採木，至九9月底，他着令料長「自備猪牛各一，與私和」，工匠方敢上山做料。[233]可見山區除多雨影響作業外，還須送禮與原住民結好，方能工作。

另外，陳騰龍加緊腳步，另外分一股往三角湧幫同趕製，並稟請帥（林朝棟）恩准舉行，又經備文移封「三角湧局」。[234] 但當各處橋料鳩齊，陸續運繳各局放行，卻因手續技術問題遭遇阻礙，即路引「無填中路」字樣，伐木局不肯驗收而未能運繳；而且橋料甚長，俱早沈水，在溪中必須在樟木竹排前方，另外配搭「一、二剪短」木料，方能轉緩順流放行，但厘金局不准「配用牌頭短料」，以致於無法運出，因此請求將此情形轉達林朝棟解決難題。[235]

此外，偶遇一些意外問題。光緒（18？）年12月13日，陳騰龍致林拱辰信函稱，他在10月時與大嵙崁料長會面，據稱屢遭疊被「風颱虧本」，而難以供應，只好又請三角湧工匠幫忙趕作。[236]

經費之撥放亦是問題，他說自11月初旬，不斷求請統帥（林朝棟）撥款，以便多派工匠製作，但陳傑夫堅持等「前領之款交清」，然後再發，以致於影響作業[237]。陳騰龍再稟報林朝棟稱，僅獲得「陳

232　黃富三等解讀；何鳳嬌、林正慧、吳俊瑩編輯，「十一月初五日陳騰龍致林拱辰信函」，《霧峰林家文書集：墾務・腦務・林務》，頁566-573。

233　黃富三等解讀；何鳳嬌、林正慧、吳俊瑩編輯，「十一月初五日陳騰龍致林拱辰信函」，《霧峰林家文書集：墾務・腦務・林務》，頁566-573。

234　黃富三等解讀；何鳳嬌、林正慧、吳俊瑩編輯，「十一月初五日陳騰龍致林拱辰信函」，《霧峰林家文書集：墾務・腦務・林務》，頁566-573。

235　黃富三等解讀；何鳳嬌、林正慧、吳俊瑩編輯，「十一月初五日陳騰龍致林拱辰信函」，《霧峰林家文書集：墾務・腦務・林務》，頁568-569。

236　黃富三等解讀；何鳳嬌、林正慧、吳俊瑩編輯，「十二月十三日陳騰龍致林拱辰信函(1)」，《霧峰林家文書集：墾務・腦務・林務》，頁574-575。

237　黃富三等解讀；何鳳嬌、林正慧、吳俊瑩編輯，「十二月十三日陳騰龍致林

傑夫洋兩百兩、公泰洋壹佰伍拾元」，請求林朝棟12月半，先撥給洋銀「陸佰兩，⋯借壹佰兩」，以濟燃眉之急；並指出官府催運15日「壹仟餘根」，其餘在年終「解交四、五百根」。[238] 最後，款項總算播下，光緒（18？）年12月24日，陳騰龍致林拱辰信函報稱：

> 統帥已飭傑夫籌洋七百兩，前日經收四百兩，本日再派妥勇往領三百兩，以合前款。惟是橋料數目盡此，月杪撿籌確寔，另行錄招具報。[239]

至此陳騰龍大致完成繳交橋料任務。

四、其它山區產業之經營：木材

臺灣山區森林密佈，除原住民外，漢人移民也入山採伐，康熙61年（1722）劃界，禁止入山。雍正3年（1725）臺灣設造船廠，為了供應船料，在南北路設立軍工廠，容許軍工匠首入山伐木。[240] 中部山區除有樟樹用以製造樟腦外，亦可製作樟木供給兵工廠做船料，故設有軍工寮，由官府核可之軍工匠負責生產。林朝棟負責中路撫墾，因此除主管樟腦外，亦兼及木材之產銷，這可能是公務外之私人商業行為，因往來者俱是是商人。

拱辰信函(1)」，《霧峰林家文書集：墾務‧腦務‧林務》，頁574-575。

238 黃富三等解讀；何鳳嬌、林正慧、吳俊瑩編輯，「十二月十三日陳騰龍致林拱辰信函(2)(3)」《霧峰林家文書集：墾務‧腦務‧林務》，頁576-579。

239 黃富三等解讀；何鳳嬌、林正慧、吳俊瑩編輯，「十二月廿四日陳騰龍致林拱辰信函」，《霧峰林家文書集：墾務‧腦務‧林務》，頁580-581。

240 陳國棟，〈軍工匠首與清領時期臺灣的伐木問題〉，《臺灣的山海經驗》，頁328-330。

（一）木材

臺灣山區有不少山產，除籐、麻外，有各種樹木，有樟、杉、檜及相思樹等，各有不同用途。林朝棟所轄之中路山區是主要產地，其中黃肉枋是僅次於樟木的重要商品。

1. 黃肉枋

黃肉枋是樟科的一種，產於臺灣低至中海拔的乾燥向陽丘陵地，臺北、苗栗、臺中、南投、屏東、臺東，。木材堅硬呈現黃色，原木可做小型器具。[241]林朝棟與蔡燦雲曾合作經營，林家文書留下一些資料。

蔡燦雲名振聲，字燦雲，中部葫蘆墩人，於汴仔頭（臺中市大肚區）開設「勝記」商號。根據1901年前後日人調查，蔡為臺中重要資產家，與吳鸞旂、林允卿（林文欽）、蔡蓮舫、楊澄若等同列擁十萬元以上資產之豪紳。蔡青筠曾受雇於蔡燦雲，在汴仔頭「勝記」商號情形，在未做樟腦時，主要經營米業。他自述稱：

> 每早如五張犁、田中央、烏日庄之米船躉至，及午米客會賬後，再料理配船；晚飯後整理賬條，並泉、獺、淡、廈諸處之書信，且有布帛、藥材、雜貨、鴉片等。[242]

可見蔡燦雲甚有經營能力與經驗，勝記號來往商號遍及兩岸「泉、

---

241 臺灣黃肉楠或黃肉樹，屬於樟科。

242 蔡青筠，〈鹿港綠香居主人自述——菜耕紀事〉，《臺灣風物》30:2（1980.6），頁89。

獺、淡、廈」各港，商品類亦多，因此與林家建立合作關係。

　　林家文書所收錄之蔡燦雲「勝記」為名發出的信函，共25件，對象主要為林拱辰、林如松兩人，時間集中於光緒15-17年（1889-91）年間。文件中常見鈐蓋「勝記棧 住辦採兌粮穀」等印記，由往來書信可一窺其於經營腦業大發利市前的營業情況。

　　黃肉枋之交易是勝記棧受委辦理之一，其業務基本上是將山區運來之黃肉枋集中於梧棲、大安港，再交船配運淡水發售，為此亦在梧棲的上帝公宮設有枋棧。[243] 東勢角是山區重要集散地，木材在此集中後，[244]再運至汴仔頭。另外，勝記還代林家採買米穀、腦缸、烏蔴、絲煙等物，鴉片亦是重要採買物件。[245]光緒20年（1894）林朝棟之所以與蔡燦雲等合資成立「福裕源」，可說其來有自。[246]

　　勝記棧發予林拱辰的信中，不時回報黃肉枋在臺北、臺南、泉州、香港等地價格，視枋價與品質高低，有時「另覓別消」，亦留意枋木之庫存，以免「餘存之枋尅本」。茲列舉於下。

　　（1）光緒15年1月20日，蔡燦雲致林拱辰信函：

> 茲在彰回辦（按，汴仔頭），與興記易黃肉196片，抵杏菜子肆擔、幼蔴仔壹擔，該貨經挑 寄在蔡仔莊，祈閣下如大甲回

243　黃富三等解讀，何鳳嬌、林正慧、吳俊瑩編輯，〈蔡燦雲發信〈信函內容簡介〉〉，《霧峰林家文書集：墾務・腦務・林務》，頁446。

244　陳國棟，〈軍工匠首與清領時期臺灣的伐木問題〉，《臺灣的山海經驗》，頁340。

245　黃富三等解讀，何鳳嬌、林正慧、吳俊瑩編輯，〈蔡燦雲發信〈信函內容簡介〉〉，《霧峰林家文書集：墾務・腦務・林務》，頁446。

246　黃富三，〈林朝棟與清季臺灣樟腦業之復興〉，《臺灣史研究》23：2（2016.6），頁28-30。

家，切抵兌。其黃肉枋時因瑞盛欲採100片，價按9角，甲小土
一半。思此價太賤，暫觀在即南風配淡發脫。但枋仔再囑阿橫
兄放多少前來，餘候招兌至大安交繳。[247]

據上，蔡燦雲從彰化回到汴仔頭勝記棧，「与興記易黃肉196片，抵
杏菜子肆担、幼麻仔壹担，該貨經挑寄在 仔庄」。又，「黃肉枋時因
瑞盛欲採100片」，但因每片9角，搭配土鴉片一半，他認為價錢太低
廉，因此等南風起時再配至淡水港出售。他並要求工匠阿橫放流一些
黃肉枋來，其餘的運至大安港交繳，已便配運可見他受林朝棟師爺林
拱辰委託代辦黃肉枋之買賣。[248]

又，光緒15年3月9日，勝記棧致林拱辰信函稱：

> 茲所委代設法黃肉枋，昨日馱船往裝200片，被梧棲口厘金局
> 罰無先報，似此費神至甚。今夜要進淡，見信備一文書，殼蓋
> 統領印，交公館以防生端…但際南風當盛，在內之枋，務要放
> 出，如稍延，恐本年又消不得去[249]

247　黃富三等解讀，何鳳嬌、林正慧、吳俊瑩編輯，「己元月二十日蔡燦雲致林
　　　拱辰信函」，《霧峰林家文書集：墾務・腦務・林務》，頁448-449。

248　參見蔡懋棠，〈簡介清季臺灣樟腦業概況〉，《臺灣風物》30:2
　　　（1980.6），頁74。按，「辦」、「辨」是汴仔頭，位於臺中大肚車站以西
　　　約三公里處，面臨大肚溪，清末時為貨物集散地，可利用船舶往來沿海各
　　　處；「甲」，臺語之意是搭配；「小土」，中國鴉片；仔庄，在臺中市大
　　　肚區寮仔里；淡是淡水港，大安是大安港。

249　黃富三等解讀，何鳳嬌、林正慧、吳俊瑩編輯，「己丑叁月初九日午勝記棧
　　　致林拱辰信函」，《霧峰林家文書集：墾務・腦務・林務》，頁450-451。

據上，蔡燦雲勝記棧稱，可見從梧棲港運木材出港需先申報，文書殼須蓋林朝棟統領印。可知運木材須靠水路帆船，並候南風方能北運，誤期即貽誤銷貨商機。

又，光緒15年4月7日，蔡燦雲致林如松、林拱辰信函稱：

> 刻接福來兄來玉箚，…囑備佛艮100元，隨備佛艮22元，平15.3兩；又會錦順單，艮28.328元，到祈註部〔簿〕。但配淡之黃肉枋，聞寄棧於義隆號未兌，為枋次所致，料倆枋之船今、後天必回辦。[250]

據上，配運淡水之黃肉枋，因品質較差以致於未售清，「寄棧於義隆號」。

其它，尚有多件相關文書，不贅。綜觀蔡燦雲函件，可知早在光緒15年就與林朝棟合作出口黃肉枋，為光緒18年和夥開「福裕源」商號出口樟腦埋下伏筆。歸納如下：

1. 商號名稱是「勝記」號，地點在汴仔頭（臺中市大肚區）；
2. 黃肉枋配運地：大安港、梧棲；
3. 運輸工具：傳統木船；
4. 銷售地：主要是臺北，有時運至臺南。
5. 銷售方式：寄放淡水等地貨棧，依照市價議定，品質是貴賤之主要標準，因此質劣者有減價或滯銷之虞。

---

250 黃富三等解讀，何鳳嬌、林正慧、吳俊瑩編輯，「己丑年四月初七日蔡燦雲致林如松、林拱辰信函」，《霧峰林家文書集：墾務‧腦務‧林務》，頁452-453。

但勝記棧與林家如何訂約合作？盈虧由何方負責？尚待釐清。

五、煤油業；林朝棟

林朝棟因主持中路撫墾，其轄區之苗栗山區有煤油，因此參與管理。煤油俗稱火水，舊稱火油，是一種通過石油之分溜後獲得的碳氫化合物。公元9世紀波斯鍊金術師已記載提煉煤油的方法，中國明朝時，廣東已發現煤油，因像水，點火可燃，故稱為火水。1851年，美國商人塞繆爾·奇爾（Samuel Kier）開始銷售煤油，並出售所發明的煤油燈。[251] 1853年，波蘭人伊格納齊.武卡謝維奇所發明近代的煤油燈。舊式煤油燈使用棉繩燈芯，燈頭通常銅製，而燈座和擋風用的燈筒則用玻璃製成。現代煤油燈又稱汽燈，在加熱管道內的煤油加以蒸發成蒸汽，不斷地供給燃燒，其亮度遠大於舊式煤油燈，且不產生黑煙。[252]煤油燈是電燈普及之前的主要照明工具。

（一）臺灣石油之發現與Dodd投資案

煤油燈傳入中國後大受歡迎，進口量日增。李仙德在《臺灣番事物產與商務》「論廈門入口貨物」中稱：

> 某前年所寄報單，已將去年洋貨進口甚夥，詳細開列，皆係由
> 香港轉運到 廈門。…麵粉、麥、煤油、鋼鑽等貨，則由美國
> 運來。[253]

251　煤油，《維基百科》，2019.8.5。

252　煤油燈，《維基百科》，2019.8.5。

253　「論廈門入口貨物」，《臺灣番事物產與商務》（臺北：臺灣銀行經濟研究室，臺文叢第46種，1960），頁48-49。

可見煤油多由美國進口至廈門，亦自此運至臺灣，或直接運臺灣。

臺灣開港後，煤油進口量日增。連橫《臺灣通史》載：

> 煤油或稱石油，其利溥，而前人未知也。臺人燃燈多用豆油，
> 及西人發見煤油以來，運入臺，其始僅見於城市，不十數年遍
> 村野，以其價廉而光倍也。[254]

傳統的豆油燈或蠟燭亮度差，又容易吹熄，價格亦昂貴，因此煤油燈
傳入後大受歡迎。至於來源，以「美國彗星標者為最多，次為俄、
奧之產」，每年多達數十萬圓。[255]開港後漢人大舉進入山區種茶、熬
腦、拓墾，山區陰暗多風，更須要煤油燈。

清代臺灣亦發現石油，《淡水廳志》載：「礦油出貓裡溪頭內
山，……照舊封禁」，[256]礦油即是石油，產地在苗栗山區，但官府禁
採。連橫《臺灣通史》載：

> 咸豐末年，粵人邱苟，通事也，勾引生番殺人，官捕之急，遁
> 入山。至貓裏溪上流，見水面有油，味殊惡。時乏燭，燃之絕
> 光，竊喜，以告吳某。某以百金贖之，而不知用。[257]

254　連橫，《臺灣通史》，頁503-504。
255　連橫，《臺灣通史》，頁503-504。
256　陳培桂，《淡水廳志》（臺北：臺灣銀行經濟研究室，臺文叢第172種，
　　　1963），頁338。
257　黃嘉謨，《美國與臺灣》（臺北：中央研究院近代史研究所，1961），頁
　　　328-329。
　　　連橫，《臺灣通史》，頁503-504。

此段話大致無誤，但過於簡略。按、嘉慶22年（1817），苗栗出礦坑後龍溪畔發現自石縫有油跡滲出；咸豐11年（1661），通事邱苟在後龍溪上游貓裡溪發現水面有浮油，乃掘一約3尺之井，日採油3加侖，同治3年（1863），租予吳某，收100餘元；同治4年（1865），他又以1,000餘元租予英商杜德（J. Dodd），招來吳姓租戶之糾眾互爭。[258]按，當地客家人早已採集石油點燈與治傷痛，1865年杜德承租土地，親訪油田，留下1865年油井旁、淡水住家之照片。[259]《臺灣番事物產與商務》載：

> （石油）係代理淡水領事官約翰多卓（John Dodd）覓得，產在「烏蘭」東南二十洋里，屬於土人境內，及一帶高山皆有之。該領事曾於一千八百六十八年在奎隆砂石中測驗煤炭者。據云：此石油從山腳罅中流出，下甲人以六尺徑之大水桶承之，或於樟樹根旁掘得之。彼鄉居民，以此燃燈，兼醫輕重各傷。其油件前曾寄回本國，存於紐約之博物院。現中國官禁止開掘，及裝運出口，產在「烏蘭」東南二十洋里，屬於土人境內，及一帶高山皆有之，該領事曾於一千八百六十八年在奎隆砂石中測驗煤炭者。據云：此石油從山腳罅中流出，下甲人以

---

258 黃嘉謨，《美國與臺灣》，頁328-329。連橫，《臺灣通史》，頁503-504。黃富三編，《臺灣近代史：經濟篇》（南投：臺灣省文獻委員會，1996），頁184。

259 陶德，《北福爾摩沙高山部落的風俗習慣略覽》（A Glimpse of the Manners and Customs of the Hill Tribes of Formosa），收於費德廉、羅效德編譯，《看見十九世紀臺灣》（臺北：大雁，2006），頁241-242。費德廉・蘇約翰主編；羅效德・費德廉中譯，《李仙得臺灣紀行》（臺南：國立臺灣歷史博物館，2013），頁59；46。

六尺徑之大水桶承之，或於樟樹根旁掘得之。彼鄉居民，以此
燃燈，兼醫輕重各傷。其油件前曾寄回本國，存於紐約之博物
院。現中國官禁止開掘，及裝運出口。[260]

按，「烏蘭」即後龍，「下甲」音Hakka，指客家人，約翰多卓即英商
杜德（John Dodd），他與當地原住民關係良好，其中一原住民酋長常
派數名女子隨其深入叢林，免除被番人殺害，並說可以娶他的孫女們
為妻。[261]

美國駐廈門領事李禮讓（Le Gendre）稱杜德是他的代表，爭取
開採權，但因官府不許外商經營，僅將石油樣品送至紐約博物館化
驗。[262]同治9年（1870）2月，淡水廳逮捕邱苟，就地正法，並封禁油
田。263 杜德租地採油計畫流產，否則對臺灣的貢獻除烏龍茶外，可
加上煤油。

然而，杜德之投資雖不成，卻引起官方對石油的注意，因而在
1875年後有籌辦採油之規劃。

（二）官府之採油籌劃

光緒元年（1875）牡丹社事件後，清廷開始建設臺灣與開發資
源，煤礦是首要的，但尚有硫礦、黃金，而石油也被注意到。光緒2

260 臺灣銀行經濟研究室，《臺灣番事物產與商務》（臺北：臺灣銀行經濟研究
室，臺文叢第46種，1960），頁36。

261 J. Dodd, "Formosa", *The Scottish Geographical Magazine*, Vol. XI, 1895, p.562.

262 陳政三譯著，《泡茶走西仔反：清法戰爭臺灣外記》（臺北：五南圖書，
2007），頁153-154。黃嘉謨，《美國與臺灣》，頁328-329。連橫，《臺灣
通史》，頁503-504。黃富三，《臺灣近代史：經濟篇》，頁184。

263 連橫，《臺灣通史》，頁503-504。

年（1876）8月閩浙總督文煜奏稱：

> 臺灣…硫磺、磺油、樟腦悉為地產，…外人…垂涎久矣，…年
> 來必格林（Pickering）私運樟腦之案、味士達私暎磺油之案，
> 層見疊出。…與其棄而不取，…何若攬而兼收。[264]

按，必格林（Pickering）即是畢麒麟，味士達應是味土達（John
Dodd），可能譯錯或印錯。據上，閩浙總督已知臺灣產油，而味土達
（John Dodd）也私自租地開發，為防利權外流，乃推動採油計畫。

1. 丁日昌、葉文瀾：美國技師（1876-78）之聘僱

光緒2年〈1876〉8月24日，閩浙總督文煜等奏請專派葉文瀾住臺
督辦煤廠與開採磺油，稱：[265]

> 磺油產於淡南之牛頭山石罅中，與泉水並流而下，初每日不過
> 湧出四、五十斤，同治元年即有華商、英商爭賕之事。嗣美領
> 事李讓禮潛踪到彼，託奸民招引生番為罔利計，幸奸民被獲，
> 事乃中弭。據洋人云：此油若用機器疏通，日可得萬斤。然無
> 徵不信，必先有熟悉其事者購小機、僱洋工，開鑽試驗，但使

---

264 「閩浙總督文煜等奏請專派葉文瀾駐臺督辦煤廠等件並察看硫磺、磺油、樟
　　腦、茶葉各情形設法開采摺（光緒二年八月二十四日）」，《清季臺灣洋務
　　史料》（臺北：臺灣銀行經濟研究室，臺文叢第278種，1969），頁4-5。
265 「閩浙總督文煜等奏請專派葉文瀾駐臺督辦煤廠等件並察看硫磺、磺油、樟
　　腦、茶葉各情形設法開采摺（光緒二年八月二十四日）」，《清季臺灣洋務
　　史料》，頁4。

工本之外略有贏餘，即可舉行，以贍海外之窮民，即以杜奸徒
之妄念。[266]

接著，光緒2年〈1876〉福建巡撫丁日昌奏請在臺灣開礦，8月24
日，兩江總督沈葆楨等奏「臺灣煤礦，自有權輿，所出之煤，即可
收其贏餘以開硫礦、煤油、樟腦諸利」，請派道員葉文瀾督辦。[267]因
此，光緒2年乃在基隆設立清代第一座機器煤礦局，同時也籌劃開採
苗栗之煤油。[268]

光緒3年（1877），福建巡撫丁日昌以道員葉文瀾督辦礦務局，3
月25日回報稱：

煤油一項，據查淡水屬牛琢山地方有井一區，礦油與泉水並從
石罅流出；土人盛以木桶，另由桶底開竅放水，水盡則全為
油。其色黃綠，氣味與洋油相埒。井之左右有十餘窟，亦有油
浮水面。其附近四、五里有小沼數處，望之則似沸湯，即之仍
為冷水；引以火，則烈焰飛騰，勢難撲滅。詢之土人云：該處
現在自出之油，日不過百十斤；而洋人前曾有云：「此油若用
機器開鑽，日可得百擔左右。[269]

---

266 「閩浙總督文煜等奏請專派葉文瀾駐臺督辦煤廠等件並察看硫礦、礦油、樟
腦、茶葉各情形設法開采摺（光緒二年八月二十四日）」，《清季臺灣洋務
史料》，頁4-5。

267 沈葆楨，「籌商臺灣事宜疏（光緒二年）」，《道咸同光四朝奏議選輯》
（臺北：臺灣銀行經濟研究室，臺文叢第288種，1971），頁82-83。

268 黃嘉謨，《甲午戰前之臺灣煤務》（臺北：中央研究院近代史研究所，
1961），頁119-120

269 「福建巡撫丁日昌奏報臺灣煤務、硫礦、煤油情形片（光緒三年三月二十五

丁日昌同意葉文瀾之報告，並指示先行購買小機器一副，並雇一熟悉洋匠前來鑽試開辦，「庶可冀出油日多，獲利日厚」。

因此，新竹縣官府聘請美國技師前來指導。1877年（光緒3年）11月，美國技師簡時（A. Port Karns）、絡克（Robert D. Locke）來臺裝機開採。可惜規劃不週，因語言不通、飲食衛生差，又被安置在無足夠供給品的荒野之地，以及原住民威脅等問題，1878年海關報告稱他們巴不得及早離開稱，[270]一年約滿，二人即於1878年（光緒4年）11月5日即離職，採油計畫失敗。[271]

《苗栗縣志》亦有類似的記載稱：

> 光緒丙子（按，二年，1876）冬，淡地奉檄開採煤油；役久而功不就，罷之。初，貓裏內山有石穴，產煤油可佐燈燭，歲鬻紅夷以為常；久之，夷與夷交閧，幾釀大釁。上憲惡其生事也，封之。適因開闢臺山，當事重議開採。起營汛，募夷人為工師。其法：就該地鑿一井，徑僅尺許；鑄鐵管如煙　口，每段長丈餘，逐層銜接；用鐵錐重可千斤，旁以木架、繩索為轆轤轉之。令錐下擊，所遇粗沙大石，俱糜碎成泥，真巧思也。其井深數十丈，油日所出數百斤。未幾，井底鐵管被敲擊逼切，氣閉塞不復通一竅；水齧石沏，鐵錐中斷，萬夫拔之莫

日）」，《清季臺灣洋務史料》，頁27-28。

270　Tread Reports, 1878, 收於黃富三、林滿紅、翁佳音主編，《清末臺灣海關歷年資料》I（臺北：中研院臺灣史研究所籌備處，1997），P. 220，總頁349。

271　Tread Reports, 1878, 收於黃富三、林滿紅、翁佳音主編，《清末臺灣海關歷年資料》I（臺北：中研院臺灣史研究所籌備處，1997），P. 221，總頁350。陳政三，《出磺坑鑽油日記》（臺北：歷史智庫，2005），頁16。

能起，夷人目眙氣結，口噤吢不能出一聲而休焉，後遂無敢問
津者。[272]

據上，官府企圖聘請二名美國技師在苗栗開採石油的規劃至此宣告失
敗。

但，光緒4年8月26日，福建臺灣北路各處地方協鎮都督府樂，發
出曉諭給隘勇邱阿玉，容許掌管油井，取油出售，以抵隘費。[273]

在清末以每月30元稅金繳納給撫墾局，撈取油井湧出之油販賣，
平均每日達60餘斤，提供後龍各村莊照明之用，有二張收條為證。[274]

（三）臺北府新竹縣之設局採油

光緒7年（1881），臺北府正堂陳（星聚）為行知事稱，外洋火
油流販中國「不過十年，現竟各口暢銷，不啻利市三倍」，臺北有油
山，之前開辦失敗，理應設法重辦。[275]他又說，有英國著名油師本年
3月來閩，因此邀同到臺履勘。按，英國著名油師當即瑪士，於光緒
7年3月間應臺北府之力邀來臺勘查，認定「油源本旺，油質亦高」，
值得開採。[276]另外，光緒7年（1881）4月間，福州招商局稱：

272　吳子光，《臺灣紀事》（臺北：臺灣銀行經濟研究室，臺文叢第36種，
　　　1959），頁20-26。
　　　沈茂蔭，《苗栗縣志》（臺北：臺灣銀行經濟研究室，臺文叢第159種，
　　　1962），頁251-254。
273　，《出礦坑：南北寮礦業生活史》，頁25。
274　，《出礦坑：南北寮礦業生活史》，頁25-26。
275　光緒七年「職員唐培香等集股承辦油井章程」，《淡新檔案》，臺大，
　　　ntul-od-th14408_002_00_00_1.jpg
276　光緒七年「職員唐培香等集股承辦油井章程」，《淡新檔案》，臺大，
　　　ntul-od-th14408_002_00_00_1.jpg

訂請英國開礦洋師名瑪士者到閩，言定每月薪水銀二百五十
兩，以二年為期，擬往臺灣奎隆地方開採煤油、礦油等物。瑪
士現居馬江日意格洋樓內，一俟各商領取札照、置備傢伙、雇
齊工匠，當即啟行同往。聞須菊花（九月）開候（後），始能
東渡云。[277]

據上，計畫聘請「英國開礦洋師瑪士」約9月後來臺勘查。但據前述
陳星聚文，瑪士3月已經來臺勘查，認為可行。之後，陳星聚原本擬
「官帑稍裕」後，再為設法整頓，[278]但因職員唐培香、蔡維岳、梁玉
成、許繼賢，「情願領諭試辦」，[279]光緒7年7月8日，他同意，札新竹
縣稱，關於試辦油井一事之章程，無論事成與否，「機器房屋一切舊
物如有損壞，仍應令認還原估之價」，並擬由唐培香等「集股承辦油
井章程」，「設局立名，畫一事權」，[280]因此局於台北油山地方，專為
採辦煤油。[281]

　　然而執行效果似乎並不理想，其後，臺北府又試圖開採。光緒15
年劉銘傳所稱：「臺北新竹縣轄牛頭山地方，舊產煤油，曾經前福建

277　「光緒七年/閏七月十五日（西曆九月初八日—禮拜四）／擬開煤礦」，
　　《清季申報臺灣紀事輯錄》（臺北：臺灣銀行經濟研究室，臺文叢第247
　　種，1968），頁995。
278　光緒七年「職員唐培香等集股承辦油井章程」，《淡新檔案》，臺大，
　　ntul-od-th14408_002_00_00_1.jpg
279　光緒七年「職員唐培香等集股承辦油井章程」，《淡新檔案》，臺大，
　　ntul-od-th14408_002_00_00_1.jpg
280　光緒七年「職員唐培香等集股承辦油井章程」，《淡新檔案》，臺大，
　　ntul-od-th14408_001_00_00_1.jpg
281　光緒七年「職員唐培香等集股承辦油井章程」，《淡新檔案》，臺大，
　　ntul-od-th14408_001_00_00_1.jpg

撫臣丁日昌奏委道員葉文瀾開採，旋以虧本停止」。[282] 可見官府二度
企圖自行採油計畫均歸失敗。

（四）林朝棟之主管煤油局：范嘉士（Cass）洋行之嘗試

清法戰後，光緒11年（1885）巡撫劉銘傳擬開發資源，光緒13年
（1887），設官商合辦之臺灣礦務局，經營基隆煤礦。[283]然而，開採
工作不順。光緒13年5月，設立礦油局於苗栗，[284]亦稱煤油局，委「棟
軍統領林朝棟兼辦」；[285]然而，「出產未多，入不敷出」。[286]

然而，臺灣煤礦與油礦始終無起色，虧損甚大，光緒15年
（1889）6月22日，劉銘傳奏稱：

> 查臺灣產煤，係地方自然之利，官辦限於資本，不能擴充，且
> 積習太深，驟難盡革。從前歲虧銀十萬兩，自臣經理以來，糜
> 費雖少，每年仍虧銀四、五萬兩。⋯新竹縣轄牛頭山地方，舊
> 產煤油，曾經前福建撫臣丁日昌奏委道員葉文瀾開採，旋以虧
> 本停止。[287]

---

282 劉銘傳，「英商承辦基隆煤礦訂擬合同摺（附合同二件十五年六月二十二
　　日）」，《劉壯肅公奏議》，頁356-363。
283 黃嘉謨，《甲午戰前之臺灣煤務》，頁216-217。
284 林熊祥主修；陳世慶纂修，《臺灣省通志》，卷首（下）（臺北：臺灣省文
　　獻委員會，1951），頁102。
285 連橫，「榷賣志／煤」，《臺灣通史》，頁504。
286 連橫，「榷賣志／煤」，《臺灣通史》，頁504。
287 劉銘傳，「英商承辦基隆煤礦訂擬合同摺（附合同二件十五年六月二十二
　　日）」，《劉壯肅公奏議》，頁356-363。

據上，煤礦與油礦，每年均虧損，官府不堪負荷。

　　光緒15年（1889）6月22日，劉銘傳奏請稱：

> 據該英商范嘉士並請開辦，事同煤礦，一律並由該商另訂合
> 同，並乞一併飭發核議。[288]

范嘉士擬定一合同，[289]經劉銘傳呈報。[290]換言之，劉銘傳擬轉由英商
范嘉士（Hankerd）承辦，包括苗栗煤油。[291]

　　光緒15年8月7日，上諭駁回劉銘傳改由英商承辦案，傳旨申飭，
「該撫欲思補救，不於所用官商實力講求，輒與英商訂擬合同」，「辦
事殊屬粗率」。[292] 結果官煤局仍照舊法，由候選知縣黨鳳岡管理。[293]
光緒16年擬再改為官商合辦，由候補知府蔡應維等認民股30萬元，為
期20年。[294]然而，再為清廷駁回，劉銘傳被「革職留任」，煤務由委
員安炳文接辦。[295]

　　顯然，林朝棟管理煤油局並不成功，有不少經營上的困難。

288　劉銘傳，「英商承辦基隆煤礦訂擬合同摺（附合同二件十五年六月二十二日）」，《劉壯肅公奏議》，頁356-363。

289　劉銘傳，「英商承辦基隆煤礦訂擬合同摺（附合同二件十五年六月二十二日）」，《劉壯肅公奏議》，頁356-363。

290　「第四節　官辦／第五　奏議」，《臺灣私法商事編》（臺北：臺灣銀行經濟研究室，臺文叢第91種，1961），頁64-66。

291　黃嘉謨，《甲午戰前之臺灣煤務》，頁216-217。

292　「上諭臺灣巡撫劉銘傳奏請基隆煤礦改由英商承辦殊屬粗率著傳旨申飭（光緒十五年八月初七日）」，《清季臺灣洋務史料》，頁77。

293　黃嘉謨，《甲午戰前之臺灣煤務》，頁230。

294　黃嘉謨，《甲午戰前之臺灣煤務》，頁231。

295　黃嘉謨，《甲午戰前之臺灣煤務》，頁234-235。

（一）、產油量不具經規模，且不穩定。（二）、設備不完善，效率不佳。（三）、交通不便。（四）、天候與地形不佳，易遭暴風雨侵襲，造成土石流，摧毀煤田。（五）、官府政策不定。（六）、產量有限，不易獲利。林朝棟僅因煤田位於其搭湖轄區而兼管，並未費心經營。

　　光緒17年（1891），巡撫邵友濂裁撤，[296]但此話不盡正確，因林朝棟仍然管理油田。光緒18年（？）8月2日，陳澄波致林拱辰信函稱：

> 大湖煤井被大水流作溪路，現時無油可出，諒必統帥方能報銷。[297]

據上，大湖煤油井因位於苗栗山區，容易遭受土石流，以致於「現時無油可出」，請求林朝棟報銷，可見仍歸他主管煤油。此函未標年份，但光緒17年12月18年9月，林朝棟出任大嵙崁之役全權指揮官，稱「總統」，因此「十七年（1891），巡撫邵友濂撤之」，不盡正確。

　　再者，在清末隘勇邱阿玉，以每月30元稅金繳納給撫墾局，撈取油井湧出之油販賣，平均每日達60餘斤，提供後龍各村莊照明之用，有二張收條為證。[298]

　　在清末以每月30元稅金繳納給撫墾局，撈取油井湧出之油販賣，

296　連橫，「榷賣志/煤」，《臺灣通史》，頁504。

297　黃富三等解讀，何鳳嬌、林正慧、吳俊瑩編輯，「桂月初二陳澄波致林拱辰信函」，《霧峰林家文書集：墾務・腦務・林務》，頁288-289。

298　《出磺坑：南北寮礦業生活史》，頁25-26。
　　「石油礦業人淺野一郎出願」書件，《臺灣總督府公文類纂》，1904，永久保存，冊992。

平均每日達60餘斤，提供後龍各村莊照明之用，有二張收條為證。[299]

另外，林朝棟似乎有意種植鴉片煙草。光緒（18？）年4月3日，林超拔致林拱辰信函：

> 月前奉到烟秧赴圭子頭，令各佃播種，又付來司阜教習。現以臺北下來風霜所雕，濕壞幾多，而各佃散種，零丁寫遠，教習實難徧而滋培也，月計口糧徒虛，撫墾不明，令佃自培而司阜撤回。祈吾兄面稟本帥，以各佃散種無多，虛費口糧，將黃養撤歸於路費，請主裁而行。[300]

據上，林朝棟送烟秧赴圭子頭，並派師傅教習各佃播種，然而執行困難，一者烟秧送達時有濕壞情形，二者，佃人散居各地，難以完全教導，結果每月虛耗口糧，難以達到撫墾目的，部屬林超拔建議撤回。可見林朝棟在南投龜子頭墾區有意發展烟草業，但計畫受挫。

綜上，林朝棟掌管中路之撫墾工作，範圍甚廣，其中之一是主持枕木局，因此建立一個山區採伐、西部港口轉運、臺北製材之系統，供應鐵路所需之枕木、橋料。另外，民間亦有一說，即黃祿嫂經營之艋舺料館，建立一個木材王國，供應木料給沈葆楨打造的南洋艦隊外，亦製作枕木供應劉銘傳時的鐵路，搬運工為艋舺苦力。[301]按，

299　《出磺坑：南北寮礦業生活史》，頁25-26。

300　黃富三等解讀，何鳳嬌、林正慧、吳俊瑩編輯，「四月初三日林超拔致林拱辰信函」，《霧峰林家文書集：墾務‧腦務‧林務》，頁34-35。

301　柯景瀚，《萬華世界特集》（臺北：忠泰建築文化，2021），頁40。唯有文中稱「沈葆楨打造的南洋艦隊」，應是「南洋艦隊」之誤，北洋艦隊是李鴻章建立的。又，陳瑤華所著歷史小說《浪花》，即以黃阿祿嫂事蹟為腳本，描繪這位化名吳帆的女企業家的身世，見《萬華世界特集》，頁44-

世上盛傳之艋舺三富是「第一好張德寶，第二好黃阿祿嫂，第三好馬俏哥」，黃阿祿嫂甚能幹，擴大亡夫黃阿祿（黃昭祿）萬順行事業，成為二號富豪。[302]是否她也承接枕木、橋料之製作呢？有可能，但事實如何仍有待進一步考證。

45。

302　參考柯景瀚，《萬華世界特集》，頁40。

第六章 林家之經營樟腦業

（光緒十一年至光緒二十一年；1885-1895）[*]

19世紀，外商早已認識臺灣山區資源之重要性，1874年牡丹社事件後，清廷朝野均熱烈討論其開發之潛力。同治13年《申報》有一文稱日軍離臺後，因北路「崇爻〔今花蓮〕山後北路一帶與噶瑪蘭毗連之處，概是高山曠野」，應積極開發，稱：

> 該地極為膏腴，一歲三豐，更可種茶，較勝府屬諸處，刻下臺陽歲出烏龍茶十餘萬箱，大都皆係附近北路所產。其山之巔盡是菁林巨樹，有用之材，宜及早招商開辦，惟必須備購一火鋸機器，可敵百人之力者，方為合用。且林多樟樹，又可用蒸樟腦之法蒸為樟腦。[1]

據上，輿論已知臺灣山區有茶葉出口、有樟樹可用，建議購買「可敵

* 本章主要內容曾發表於黃富三，〈林朝棟與清季臺灣樟腦業之復興〉，《臺灣史研究》（臺北），23：2（2016.6），頁1-64。

1 客閩蓮塘生，〈台灣北路生番亟宜招撫及招商開墾論〉，《申報》，同治13年11月9日（1874年12月17日），版1。

百人之力」的「火鋸機器」，即以機器伐木，效率更高，而樟木又可製樟腦，利益更大。

因此林朝棟在光緒12年力贊開山撫番策與建議樟腦歸官辦，除了公的理由外，亦含有私利動機，即積極投入樟腦業，尤其在開放時期。林朝棟在專賣時期是負責緝私，管理中路之樟腦產銷秩序；光緒17年1月樟腦廢官辦後，仍然如此，而且因開放民辦而能直接參與樟腦之產銷，可說兼具公私雙重身分，創造更大利益。林家一方面與商民合作，整理腦灶製腦，在淡水、梧棲、後龍等地設腦館，收購樟腦，一方面與外商訂約銷售樟腦。[2]由於樟腦是19世紀後半葉僅次於茶葉的重要出口品，利潤豐厚，不但為臺灣轉取外匯，林家也因此一巨大財源崛起為中部第一家，並與北部林本源家並列為清代二大家族，其中之因果值得深入探究。

目前述及林家經營樟腦業的作品相當多，詳略不一，且大多輾轉抄襲，說法也相當籠統，且未明確指出其歷史沿革，有待確認與補充史實。

據蔡青筠文，林朝棟因抗法、撫番有功，劉銘傳酬以山林特權，自水底寮經二櫃、三櫃、水波樓至白葉嶺，下至南港山止，皆屬林家勢力範圍，整栳、抽藤、打林、作料之收益，皆歸所有；林家並募有424名隘勇防衛。[3]王世慶之文亦稱，劉銘傳為獎賞林朝棟之功，授予中部沿山曠野與近海浮復地之開墾權，並樟腦專賣權，而林朝棟則與

2　蔡懋棠，〈簡介清季臺灣樟腦業概況〉，《臺灣風物》（南投），30：2（1980.6），頁74。

3　蔡青筠，〈鹿港綠香居主人自述〉，頁93-94；蔡懋棠，〈簡介清季臺灣樟腦業概況〉，頁74-75。

堂叔林文欽組「林合」墾號承墾。[4]關於「林合」號之開發山區、經營樟腦業，《臺灣通史》、《林朝棟傳》均提到，[5]《臺灣霧峰林氏族譜》更說劉銘傳賦予樟腦專賣特權。[6]以上說法均有其依據，但不夠明確，亦未說明何年，因而不盡是史實，有待進一步釐清。

　　筆者發掘之霧峰林家文書留有相當數量的樟腦相關資料，唯手稿破損嚴重，字跡難認，且多數函件未書年代，僅有月日或日，甚至全無，造成研究上的大難題。幸而經文書解讀班多年之解讀、建檔、註釋，並利用相關函件與史料進行比對，終於推出大致時間，可拼出一概略樣貌。

　　光緒17年1月開放民辦後，林朝棟仍然掌握山區大權，可說是係兼具管理權與經營權之官商。一方面他代表官府，主導中路撫墾局，並率領隘勇防番，查報腦灶數目與徵收防費，另一方面，他本身也投資經營樟腦產銷業務，二者兼具產生乘數效應，極有利於其政績與事業。茲根據相關史料與新出土林家文書，論述以下之問題：建立生產組織；籌措製腦資金；林家與與公泰洋行合作出口；樟腦之繳交公泰洋行問題；林家之自製自銷。筆者已有一文論述，茲據以整理、修正，融入本書。[7]

4　王世慶，〈霧峰林家之歷史〉，收於黃富三、陳俐甫編，《霧峰林家之調查與研究》，頁19；林獻堂等修輯，《臺灣霧峰林氏族譜》，頁114。

5　連橫，《臺灣通史》，卷13，〈軍備志・隘勇〉，頁371；鄭喜夫編著，《林朝棟傳》，頁901。

6　林獻堂等修輯，《臺灣霧峰林氏族譜》，頁120。

7　黃富三，〈臺灣史研究林朝棟與清季臺灣樟腦業之復興〉，頁1-64。

第一節　建立生產組織

在開放時期，樟腦由民間申請設灶產製，林家為建立有效的產銷系統，即劃分腦區，在產腦區設置設腦館，收購樟腦，再轉銷外商或自行出口。

一、圈劃產腦區：以腦館為中心

劃分產腦區，包括東勢角、罩蘭、大湖、集集、雲林等地，並設立腦館，由屬下或相關人員主持，再運至港口之腦館出口，主要為後龍、梧棲。

（一）東勢角腦區：梁子嘉（梁成枏）

東勢角從清初就是軍功料重要供應地，也是重要產腦區，因此成為林朝棟首先矚目之地，其幕僚梁成枏是開發前鋒。光緒17（或18）年某月28日，鄭以金致葛竹軒、林拱辰函稱：

> 本日又接梁子嘉函……云：東勢角議整四百分、罩蘭三百餘
> 分，共約整一千零份，聞正月初十邊前來設館開辦，另議章程
> 各等語，未知確否。[8]

按，梁子嘉即梁成枏，據上，他擬在東勢角議整400分、罩蘭300餘

8　「廿八日鄭以金致葛竹軒、林拱辰信函」，收於黃富三等解讀，何鳳嬌、
　　林正慧、吳俊瑩編輯，《霧峰林家文書集：墾務・腦務・林務》，頁268-
　　269。按，東勢角在原臺中縣東勢鎮。

分，共約整一千多份腦灶，並訂於1月10日左右前來設館開辦，可見是整灶之先鋒。鄭以金，係林朝棟棟軍屬下，均參與東勢角撫墾局事務，負責查報山區製腦事務。

（二）罩蘭腦區：葛竹軒（葛松齡）

由東勢角往北延伸至罩蘭山區，亦是產腦區，因此設有樟栳局（樟腦局）。光緒17（或18？）年4月11日，有一支銀單稱：

> 三月初，請給陳汝舟三百兩、楊吉臣三百兩、後龍楊添二百兩（此項須專差送交）。三月半，請給罩蘭樟栳局七百兩、賴炎五百兩、種竹三百一十五兩（此項交阿火收給）。[9]

按，陳汝舟（陳澄波），在大湖設有裕豐號腦館，為林家製腦，[10]楊吉臣則為彰化大墾戶楊志申後人，係林朝棟之屬下，而其堂姊楊水萍係林朝棟夫人，有姻親關係。後龍楊添可能是楊淵卿（後述）。葛竹軒（葛松齡）係林朝棟重要幕僚，在罩蘭則設有盈豐號腦館，東勢角、大湖亦有，在產銷方面是最重要的人物。[11]

9　「四月十一日領銀單」，收於黃富三等解讀，何鳳嬌、林正慧、吳俊瑩編輯，《霧峰林家文書集：墾務·腦務·林務》，頁434-435。

10　「光緒十七年十一月鄭以金呈報造報光緒十七年十月份罩蘭等處腦灶份數、鍋數暨腦長姓名、出腦數勛數清冊」，收於黃富三等解讀，何鳳嬌、林正慧、吳俊瑩編輯，《霧峰林家文書集：墾務·腦務·林務》，頁185-194。

11　「光緒十七年十一月鄭以金呈報造報光緒十七年十月份罩蘭等處腦灶份數、鍋數暨腦長姓名、出腦數勛數清冊」，收於黃富三等解讀，何鳳嬌、林正慧、吳俊瑩編輯，《霧峰林家文書集：墾務·腦務·林務》，頁156-203。

（三）大湖腦區：葛竹軒、陳汝舟共管

由罩蘭在向北即至大湖山區，是一更大產區。光緒17（或18）年某月5日，葛竹軒致林拱辰信函稱：

> 適大湖各惱〔腦〕長來彰，談及清水坑、薛都甿等處番已議
> 妥；又聞魯林〔麟〕之惱〔腦〕腳，而今皆以〔已〕進山煎
> 熬。是以渠見十三分着急，擬即明早赴墩。但不知懋臣兄可在
> 彼處否，如有他往，希即專勇速請來墩，須可晤時面議是禱。
> 然汝秋〔鄭以金〕兄如在彼處，煩為轉致。[12]

據上，大湖腦長向葛竹軒提到清水坑、薛都甿等處已與原住民議妥採腦。按，清水坑[13]、薛都甿[14]均位於苗栗大湖山區，樟樹茂密，故腦長與生番議妥條件伐木製腦。又稱，聽聞德國魯麟洋行的腦腳已前往熬腦，可能損害林家權益，因此打算前往大墩，並請林拱辰通知林朝棟部將林懋臣速往大墩商議此事。按，懋臣是林超拔，汝秋是鄭以金，均棟軍之部屬。

光緒17（或18）年某月28日，梁成柟致林拱辰函稱：

> 接手書知竹軒大湖須項甚急，欲再借五百兩。查竹軒前次已借
> 過五百兩，現若再借，豈非一千。然不付，又恐其柁丁逃散，

12 「初五日葛竹軒致林拱辰信函」，收於黃富三等解讀，何鳳嬌、林正慧、吳
　　俊瑩編輯，《霧峰林家文書集：墾務·腦務·林務》，頁130-131。
13 清水坑：地名，可能是今日苗栗縣泰安鄉洗水坑。
14 薛都甿：地名，今日苗栗縣大湖鄉一帶。

欲照付，我處實乏艮。思經至再，甚費躊　，必不得已，如新
餉到時，即撥出三百兩付其支去。[15]

按，梁成柟負責東勢角撫墾局，葛竹軒在大湖辦理腦務，並設有盈
豐號腦館，因缺銀，原已向梁成柟借500兩銀，欲再借500兩，合計
1,000兩。梁成柟怕如不付，大湖館腦丁可能逃散，但手頭乏艮，等
新餉到時先從中支出300兩應急。

　另外，陳汝舟亦在大湖發展，與葛松齡發生利害衝突。光緒17
（或18）年某月17日，葛松齡致林拱辰、劉以專信函：

大湖各腦長來墩被汝舟所哄，回湖時，汝舟要他百二担，如此
作事，寔在巧及萬分。各腦長本意不歸裕豐，再如此不公，自
然不伏〔服〕。致至今未得成議，鄙意此事弟用許多心神，方
變出此局，若不聽此，洋商未動，速為定議，恐又生出枝節。
前日弟本親謁台端，並面稟商統帥，奈各親友不肯與弟出門，
致請夢梅兄前來。昨据回稱，帥諭俟喚汝舟前來，從中再為添
減等情。[16]

可見葛松齡對陳汝舟有不滿，認為他欺騙大湖腦長，而他們原本不願
歸陳汝舟「裕豐」棧轄下。二人對大湖之樟腦產銷權有爭議，其後平

15　「廿八午梁成柟致林拱辰信函」，收於黃富三等解讀，何鳳嬌、林正慧、吳
　　俊瑩編輯，《霧峰林家文書集：墾務·腦務·林務》，頁22-23。
16　「十七日葛松齡致林拱辰、劉以專信函」，收於黃富三等解讀，何鳳嬌、
　　林正慧、吳俊瑩編輯，《霧峰林家文書集：墾務·腦務·林務》，頁112-
　　117。

分腦權，但葛松齡獨佔罩蘭之腦權。

（四）獅潭：黃南球

如前所述，黃南球與林朝棟關係密切，則掌管其拓墾地獅潭之產腦事宜。鄭以金在光緒17年11月呈報之「造報光緒十七年十月份罩蘭等處腦灶份數、鍋數暨腦長姓名、出腦數勦數清冊」，即列有：黃南球：獅潭腦長黃阿連、龍阿義、陳阿妹等多人。[17]

（五）臺中山區（水底寮等）：梁成枏

林朝棟亦向大甲溪以南之山區發展，如白毛社，裡冷社等，由梁成枏負責。光緒17（或18）年某月6日，梁成枏致林拱辰、劉以專信函，稱：

> 上年十二月內弟飛稟請發白毛社栳蓁豬酒，未有奉批；又飛函請竹（萬竹軒）兄核復，亦未函示；至弟由北回，奉帥（林朝棟）面示，豬酒與栳蓁分半給番，亦未發下洋元。因白毛社栳弟實不知名姓，無從追討，正、二兩月內該社追討豬酒，至于話不能入耳者實多，筆不能述。而栳又有打銃、打番子事，各番更氣上加氣，而弟開水圳事，首先與番和好，泯其纖悉之嫌，方能辦事。十二月、正、二、三月，各番為栳蓁事到局不止十次，弟無以應，令辦出腳力一豬，栳蓁人打番辦出一

牛，而各處舊設梌灶，如內險坑、小中坑、大中坑，直出頭
班（頭汴坑）為止，開辦數年，一共大豬五隻、赤牛五隻，除
今早已交定牛一隻，尚欠牛四隻、豬五隻，該番限至初十日豬
牛到南市全交，如大水則要弟送到馬安館前哨，此事不得不答
應，以後新設灶份另行議定不在此數，又止白毛社而已。如裡
冷社[18]亦不得不稍為應酬。[19]

此函乃梁成柟奉林朝棟之命，向大甲溪以南山區發展製腦事業之報
告，說明其欠缺經費之困境。可歸納幾點：

　　1. 此區在原台中縣新社鄉、太平市、霧峰鄉山區，如內險坑、小
中坑、大中坑，頭班〔汴〕，當係歸東勢撫墾局梁成柟管轄。

　　2. 白毛社追討豬酒費，裡冷社亦需提供，可見需支應社番之物資
需求方能進行製腦工作。

　　3. 梁成柟稱「奉帥面示，豬酒與〔予〕梌藔分半給番」、「上年
局費亦未領到」，顯示製腦係奉林朝棟之命進行的，而經費來自「局
費」，應即是中路撫墾局或腦務局，可知早期之開發由公款供應。

（六）南投：集集與雲林（今竹山）

　　林朝棟繼續向東擴展至雲林（今竹山）、埔里，設有集集與雲林
腦館。

　　光緒17（或18）年某月28日，鄭以金致葛竹軒、林拱辰函稱：

18　裡冷社：今裡冷部落，位於臺中市和平區。
19　「初六日梁成柟致劉以專、林拱辰信函」，收於黃富三等解讀，何鳳嬌、林
　　正慧、吳俊瑩編輯，《霧峰林家文書集：墾務‧腦務‧林務》，頁14-21。

> 聞李湘衡在北有信回云：勞水〔濁水〕、清水溪兩處，現有人
> 在北稟奉撫憲〔劉銘傳〕批准整腦，新正必來，並派員監督開
> 辦等語。[20]

據上，臺北傳來之消息稱，南投埔里濁水、清水溪兩處，有人取得劉
銘傳之同意，在此區之鄰近地區製腦，可見林朝棟之開山事業進一步
向內山擴張，亦因此在此區布置腦棧，經營產銷事宜。如光緒17（或
18）年某月28日，梁成枬信函：

> 頃茂臣來云：本月腦艮即祈算清給付，另要再借艮二百兩。又
> 龍眼林地方新整腦灶十五份，應艮三百元，現欲先支乙百元，
> 見字即為照付，其數可紀〔記〕茂臣名下，將來龍眼林之灶份
> 應歸其一手經理也。[21]

按，「茂臣」即林超拔，乃林朝棟部屬，設立「如山」號腦棧，龍眼
林在今日南投縣中寮鄉龍眼林，由他「一手經理」。

南投之雲林（今竹山）、集集設有腦館或腦棧。光緒17（或18）
年某月18日，萬鎰致林拱辰信函稱：

> 頃又接雲局……信謂雲、集兩棧，以三月十五日止，付交公泰

20　「廿八日鄭以金致葛竹軒、林拱辰信函」，收於黃富三等解讀，何鳳嬌、
　　林正慧、吳俊瑩編輯，《霧峰林家文書集：墾務‧腦務‧林務》，頁268-
　　269。

21　「廿八下午梁成枬信函」，收於黃富三等解讀，何鳳嬌、林正慧、吳俊瑩編
　　輯，《霧峰林家文書集：墾務‧腦務‧林務》，頁26-27。

椪一萬……二斤，內雲局6,642斤、集集一萬斤。……緣日前
接集集王桐翁來信云，椪工以我處乏銀，往往挑□……現銀，
今蔡君來函如此之急，囑速籌一善策。[22]

據上，雲林（今竹山）、集集設有腦棧（腦館）收集樟腦，交付公泰
洋行。

光緒17（或18）年3月8日，臺灣縣縣令謝壽昌致林拱辰信函，表
示雲林腦館透支200兩銀，稍後會再結算清楚。稱：

雲林腦館已撥去貳千柒百兩，除此次兌收貳千五百兩外，尚透
借貳百兩，其前後數目統俟回雲林後結算清楚何如。[23]

由上諸例顯示證明林朝棟幾乎獨攬中路製腦大權，從苗栗至臺中、南
投、雲林山區均有其製腦區與腦館，處理產銷事宜。

第二節　製腦資金

腦戶製腦必須解決資金問題，富裕者自有資金，但有資本不足
者，須先借銀，再熬腦抵還。借貸資金來源有官方、公泰或林家
的，林朝棟身為中路撫墾主腦均有直接或間接介入。以下分論：製腦
費用、資金來源、腦商之資金調配問題。

---

22 「十八日萬鎰致林拱辰信函」，收於黃富三等解讀，何鳳嬌、林正慧、吳俊
瑩編輯，《霧峰林家文書集：墾務・腦務・林務》，頁334-337。

23 「桃春初八日謝壽昌致林拱辰信函」，收於黃富三等解讀，何鳳嬌、林正
慧、吳俊瑩編輯，《霧峰林家文書集：墾務・腦務・林務》，頁412-413。

一、製腦費用

山區製腦，自然條件方面，山區交通不便，雨量多，不利製腦；人文方面有原住民出草之威脅，因此風險大，生命財產無保障。此外，製腦之相關費用亦高。製腦所需之費用包括：（一）申請腦區相關資本、（二）租稅等費用、（三）其它。

（一）腦區整灶的相關資本

關於製腦，首先須籌足資金申請獲得製腦地，由林朝棟審核。有一例可說明。光緒17（或18、19）年，蔣士栢致潘雪仁信函，稱：

> 閣下至大湖，請先詢吳定連，並為帶他仝行到林統領處立約是也。查公泰、魯仁二洋行在大湖急於晉山，此次播弄，概是陳亞猷一人勾引，懇乞先將此人拿禁，而公泰、魯仁不散而自散也，……煩閣下代為稟明統帥大人（林朝棟）施行，並呈前日寶珍公司批語，並去歲林有批語，計二爺，其詞中之意，先到為主，後到另擇餘地。以弟鄙思，先用人入山訂，先號定為佳是也。[24]

據上，蔣士栢希望潘雪仁至大湖結合吳定連，趕緊與林朝棟立約欲至大湖製腦，以便與與公泰、魯仁二洋行競爭；另外，有一家「寶珍公司」亦提申請，而林朝棟已經批示先到先到者獲得製腦優先權，後到者須另選它地，因此須搶先入山簽約。

24　「蔣士栢致潘雪仁信函」，收於黃富三等解讀，何鳳嬌、林正慧、吳俊瑩編輯，《霧峰林家文書集：墾務‧腦務‧林務》，頁416-417。

　　按，瑞記洋行設於大稻埕，蔣士栢為寶珍公司買辦或經理人，[25]潘雪仁乃士林潘公籌家族後人，光緒18年下半年，在淡水有5大戶以以「金寶泉」商號之名承辦採金事業，其股東為瑞記洋行代表蔣樹柏（即蔣士栢）、紳士蘇秀冬、王廷理（同治12年之武舉，居暖暖之東勢坑）、潘成清（光緒元年舉人，芝蘭堡之豪族）、林英芳等五商。[26]

　　至於寶珍公司資金，採取分股方式。同上之蔣士栢致潘雪仁函稱：

> 每股先挪出本資4,000元，應得二股，應備八仟元；其整灶六百份，每份20元，應12,000元。

據上，每股先挪出本資4,000元，二股應備8,000元，亦即一開始投入之資金。其計畫是整灶六百份，「每份20元，應12,000元」。此乃一筆不小的資金，而且尚未計算其他費用。

　　又稱：

> 前日陳傑夫翁手挪去1,300兩，又竹翁手挪去一千兩，共2,300兩，另對吳定連780元，三共大略四千左元。弟來新竹已久，是否如此之額？另日会明就是。[27]

25　黃富三等解讀，何鳳嬌、林正慧、吳俊瑩編輯，《霧峰林家文書集：墾務·腦務·林務》，〈（九）其他（信函內容簡介）〉，頁402；〔函〕（夫首紀春紀吉業已聞信趕到請即將簽吊銷免予勾提），《淡新檔案》，31413- 3號。

26　TAIWANUS.net臺灣海外網，「臺灣人的臺灣史－郭宏斌編著」，檢索日期：2015年6月10日，網址：http://www.taiwanus.net/history/3/63.htm。

27　「蔣士栢致潘雪仁信函」，收於黃富三等解讀，何鳳嬌、林正慧、吳俊瑩編

據上，推測其意是陳傑夫（陳鴻英）、竹翁（葛竹軒）、吳定連三人已經支領約4,000元，做為首批整灶製腦用費。

（二）租稅等費用：防費、山費等

在專賣時期，腦戶須繳交隘租、釐金，但光緒17年開放後則改交防費，供撫番經費之需；另外還有山費、酒食等和番費用。

關於防費，在光緒17年1月，樟腦解除專賣，改為自由買賣後，山區仍須隘勇駐防以維護製腦安全，因此改徵防費支應，按灶徵收。[28]每腦穴土灶每月徵銀8圓，交予臺灣道臺。[29]據清末統計，雲林、埔裏社、罩蘭等分局，設於光緒17年，歲出6、70萬斤，納防費5、6萬兩。[30]

林家文書有一賬單稱：「樟栳銀共兌8,400兩。十貳月，賬房支700兩，付雲林防費1,200兩。」[31]由此可知製腦需繳防費，在光緒17或18年12月，某腦商支付雲林腦務局（？）1,200兩銀。此時雲林指的是今南投縣竹山，是木材、樟腦產地之一，故設有雲林腦務局。

光緒17（或18）年10月月25日，葛松齡致林拱辰信函：

輯，《霧峰林家文書集：墾務‧腦務‧林務》，頁416-417。

28　「臺南府行知所有臺灣樟腦自十七年正月起由腦戶自行覓售按灶抽收防費」，收於臺灣銀行經濟研究室編，《劉銘傳撫臺前後檔案》，頁210-211。

29　鄭鵬雲、曾逢辰纂輯，《新竹縣志初稿》（臺北：臺灣銀行經濟研究室，臺文叢第61種，1959；1898年成稿），卷2，〈賦役志‧釐金‧腦釐〉，頁84-85。

30　蔣師轍等纂，《臺灣通志》，〈餉稅‧雜稅‧腦務〉，頁259-260。

31　「對帳單」，黃富三等解讀，何鳳嬌、林正慧、吳俊瑩編輯，《霧峰林家文書集：墾務‧腦務‧林務》，頁436-437。

樟栳……擬月初打算公太〔泰〕款抵解善後借款五千，並防費抵九月餉，尚短千餘兩，與任君籌商，就十月餉扣抵。台北籌款實見為難，九月餉可否就台縣先挪，並集集防費先行安頓，十一月半後，栳項諒可應手。[32]

據上，葛松齡報稱以「防費抵九月餉」、「集集防費先行安頓」，顯示製腦需繳交防費，而棟軍可能餉源不足，而以防費先充抵。

（三）其它

另外，製腦尚須繳交山費，亦稱山工銀。原因是製腦侵犯原住民領域，必須繳交山費或贈送酒肉等物資予原住民，方能順利進行。[33]光緒18年10月2日，腦商林良鳳致林拱辰信函：

弟現年蒙統帥之山費300元尚未繳完，煩宗兄撥駕至統帥尊前代言奉說，祈將此山費記在腦簿按月繳完，其作栳本與前時所借栳本，一切扣清。[34]

他在光緒18年10月20日，又致林拱辰信函：

32　「廿五夕葛松齡致林拱辰信函」，黃富三等解讀，何鳳嬌、林正慧、吳俊瑩編輯，《霧峰林家文書集：墾務‧腦務‧林務》，頁80-85。

33　「初六日梁成枬致劉以專、林拱辰信函」，黃富三等解讀，何鳳嬌、林正慧、吳俊瑩編輯，《霧峰林家文書集：墾務‧腦務‧林務》，頁14-21。

34　「壬拾月初貳林良鳳致林拱辰信函」，黃富三等解讀，何鳳嬌、林正慧、吳俊瑩編輯，《霧峰林家文書集：墾務‧腦務‧林務》，頁386-387。

> 弟於初六日到貴館與統帥結算上賬，并功料、山杉以及腦本暨
> 既抵扣清款，只有山費300元尚未抵扣，該項弟與統帥尊前面
> 說分明。

據上，林良鳳需繳山費而未繳，請求將帳目記載腦簿上，按月以樟腦
清償，可見山費亦是一大負擔，常需先借貸，再以樟腦分期清償，以
致於林良鳳會拖欠。

其它尚有「功料、山杉以及腦本」等開支。同函又稱：

> 茲初七算賬之後，經向劉師爺〔劉以專〕撥出佛艮100兩，此
> 項按作十一、十二月繳栳抵扣清楚，十七日專工前來繳腦單14
> 碼，此三、四又繳五碼，計共19碼尚未領艮。似此以來月結中
> 出腦，必有具勝〔剩〕。因此現下無艮開，腦腳難以招呼，其
> 栳勢必稀少，見片煩閣下代言，與劉師爺台前稱說要撥出洋平
> 100兩，前抵之賬按月扣完，再無失約。[35]

按，劉師爺當即劉以專，負責林家在南投山區之山產業務。林良鳳因
製腦資金不足，恐怕腦腳離去，熬腦量減少，請求林拱辰勸劉以專撥
銀支用。

另外，實際製腦亦須大筆資本，如整地砍伐樟木、建腦寮、築腦
灶、購買腦鍋，以及雇用腦工，需要相當的資金。而且山區生產風險
大，如降雨、天冷會損害作業，影響產量，因此腦商須要相當大的資

---

35 「壬十月廿林良鳳致林拱辰信函」，收於黃富三等解讀，何鳳嬌、林正
慧、吳俊瑩編輯，《霧峰林家文書集：墾務・腦務・林務》，頁388-389。

金。如何取得足夠資金呢？

二、資金之來源

製腦成本相當高，腦商除自籌外，有二管道：官方資金之貸放、公泰洋行之腦款。

（一）官方資金之貸放

劉銘傳為推動撫墾政策，鼓勵熬腦，初期採取貸放官本銀政策。光緒19年9月2日，辦理罩蘭等處腦務委員江威如諭稱：

> 竊查中路腦戶設灶借給官本，原為開辦之初招徠起見，本屬權宜之計。現在不乏殷商自備資本，入山築灶，前項官本亟應停借，陸續收回，以免日久延欠無著。

可見早期官方為招徠中路腦戶設灶，乃借給官本。何時官方貸與資金呢？上文稱：

> 十六年分腦戶黃龍章、陳阿連欠繳官本庫平銀貳百伍拾玖兩柒錢，此案已否提追完款，未據冊報，著即查明稟覆，以便移查辦理。

據上，至遲光緒16年即有官貸資金。

光緒17年開放後亦繼續官貸資金，但光緒19年9月2日後，政策開始修正，江威如諭令陳裕豐、黃南球，繳還光緒17-18年積欠之官本

銀。[36]

可見至遲光緒16年即有官貸資金，甚至可能從光緒12至13年實施樟腦專賣時即已開始。原因是，一者獎勵製腦，二者官府藉此可以控制腦戶，取得穩定的供應。光緒17年開放樟腦買賣後，延續官貸資金，各腦戶借出官銀以熬腦，其後則如上文所示，按月繳還官本，當是售腦後方償還。

（二）公泰之腦款：押櫃銀、借銀等

另外，公泰（或林家）亦提供資金熬腦，包括押櫃銀、腦款等，收到腦戶繳交之樟腦後即分期支付腦款。通常由林家依據各方需要，要求公泰提供資金，再以樟腦抵帳或還本。不管公或私，林家因而掌握樟腦之供應權。

光緒17（或18？）年某月9日，葛松齡致林拱辰、劉以專信函稱：

> 大湖腦長既愿盈、裕豐每月繳栳百五拾担，理應何日起歸何人總包？或由各栳長各其約字各應攤若干？腦價由何人發給？或由公泰給發，每担扣本若干？[37]

36　「光緒十九年九月初二日辦理罩蘭等處腦務委員江咸如諭陳裕豐、黃南球」，收於黃富三等解讀，何鳳嬌、林正慧、吳俊瑩編輯，《霧峰林家文書集：墾務‧腦務‧林務》，頁408-409。

37　「初九早葛松齡致林拱辰、劉以專信函」，收於黃富三等解讀，何鳳嬌、林正慧、吳俊瑩編輯，《霧峰林家文書集：墾務‧腦務‧林務》，頁122-127。

據上，大湖腦長願意每月繳樟腦150擔給盈豐號（即葛松齡）、裕豐號（即陳汝舟），葛松齡請求林拱辰、劉以專確認幾件事，一是由他或陳汝舟包辦？二是各腦長分攤之腦額多少？三是腦價由誰發放？四是是否由公泰洋行直接發給腦商、腦長？五是每擔腦價須扣除多少成本金？無論手續如何，腦價銀是由公泰洋行支付的。

光緒17（或18？）年1月27日，劉增榮致林拱辰信函稱：

> 交公泰腦數先將十二月分列呈，正月分當即分別飭勇往查，……以後如在北向公泰支銀若干，煩為示悉，以便按算腦售何價。[38]

據上，林朝棟屬下劉增榮呈報光緒17（或18？）年12月分交公泰腦數，並飭勇往查1月分腦數以計算腦價，可見雙方根據所繳腦數支付腦款。

1. 公泰洋行之分期支付腦款

根據文書判斷，公泰先付一年之押櫃銀，然後分期支付所收到之樟腦款項，如下列函件所示。

(1) 光緒17（或18）年10月18日，葛松齡致林拱辰、萬逸翁（萬鎰）報稱：

> 公泰至九月底止，在〔再〕來洋貳千壹百餘兩，又付楊淵卿

38　「正月廿七劉增榮致林拱辰信函」，收於黃富三等解讀，何鳳嬌、林正慧、吳俊瑩編輯，《霧峰林家文書集：墾務・腦務・林務》，頁296-297。

三百兩，現再交柒千五百兩，計壹萬。[39]

萬逸翁即是萬鎰，如前所述，他是林家之管家。楊淵卿生平不詳，但據文書，他主要負責採買枕木運往臺北供修築鐵路之用。[40]根據訪談推測，公泰繳來之銀，「付楊淵卿三百兩」可能是採買枕木之款；但交付劉以專者，當是樟腦款項。

(2) 某年約10月，劉增榮致林拱宸函，並呈上公泰由台北來銀數目，計有：

> 五月初五日來平6,200兩，五月廿九日來平2,000兩，六月初三日來平2,000兩，八月分腦價交傑夫來平4,000兩，九月分腦價來平4,000兩。[41]

據上，某年5-9月份公泰共來銀18,200兩。

(3) 光緒18年10月18日，葛松齡致林拱辰、萬逸翁信函，稱：

> 公泰至九月底止，在〔再〕來洋貳千壹餘兩，又付楊淵卿

39　「十月十八日葛松齡致萬鎰、林拱辰信函」，收於黃富三等解讀，何鳳嬌、林正慧、吳俊瑩編輯，《霧峰林家文書集：墾務‧腦務‧林務》，頁64-73。

40　黃富三等解讀，何鳳嬌、林正慧、吳俊瑩編輯，《霧峰林家文書集：墾務‧腦務‧林務》，〈（二）楊淵卿發信（信函內容簡介）〉，頁506；頁508-539相關信函。

41　「拾貳早劉增榮致林拱辰信函」，收於黃富三等解讀，何鳳嬌、林正慧、吳俊瑩編輯，《霧峰林家文書集：墾務‧腦務‧林務》，頁322-323。

三百兩，現再交柒千五百兩，計壹萬。[42]

據上，某年至9月底公泰共來銀10,200兩。

(4)　？年？月26日，梁成枏致林拱辰信函，稱：

> 聞台北餉文及公泰之乙千兩，已由北寄來，確否。如確，請速
> 辦文赴台府請領勿延。[43]

據上，公泰由臺北記來銀一百兩，當係腦款。

綜上，公泰於收到樟腦後，定期支付腦款。林家有時亦向公泰洋
行借銀支用，光緒17或18年12月16日，陳鴻英致林拱辰信函稱：

> 奉到手書并向公泰假銀一單，均照收悉；公泰之洋貳萬元，計
> 庫平壹萬四千四百兩。

此款解交林拱辰用於各項開支，如「台灣八千三百兩、雲林四千兩、
萬逸翁參百六十兩、竹軒兄約壹千兩、陳雲從約七百兩、梅雪樵約壹
百餘兩」等。[44]

42　「十月十八日葛松齡致萬鎰、林拱辰信函」，收於黃富三等解讀，何鳳
　　嬌、林正慧、吳俊瑩編輯，《霧峰林家文書集：墾務‧腦務‧林務》，頁
　　64-65。

43　「廿六梁成枏致林拱辰信函」，收於黃富三等解讀，何鳳嬌、林正慧、吳俊
　　瑩編輯，《霧峰林家文書集：墾務‧腦務‧林務》，頁24-25。

44　「十二月十六夕陳鴻英致林拱辰信函」，黃富三等解讀，何鳳嬌、林正
　　慧、吳俊瑩編輯，《霧峰林家文書集：墾務‧腦務‧林務》，頁374-377。

2. 特殊支付狀況

除正常支付外，亦有特殊支付狀況發生，舉例如下。

(1) 光緒18年10月27日，楊淵卿致林拱辰信函：

> 此廿七日接來成帶到瑤函，內銀單壹紙，併洋銀參拾六兩三錢
> 八分；又來成支銀乙元7.25錢，均已收楚。領悉之下，立向公
> 泰支取。據云際此年終，恐難措備，候一、二日設法，尚未定
> 規。[45]

此函當是楊淵卿回覆林拱辰、萬逸翁（萬鎰）之函，表示收到「銀單
壹紙，併洋銀參拾六兩三錢八分；又來成支銀乙元7.25錢」。但公泰
洋行表示因已是年底（應指陽曆），難以立即支付。

(2) 光緒17（或18）年10月（？）廿五日，葛松齡致林拱辰信
函：

> 樟栳……擬月初打算公太〔泰〕款抵解善後借款五千，並防費
> 抵九月餉，尚短千餘兩，與任君籌商，就十月餉扣抵。台北籌
> 款實見為難，九月餉可否就台縣先挪，並集集防費先行安頓，
> 十一月半後，栳項諒可應手。[46]

---

45 「壬辰年納月廿七日楊淵卿致林拱辰信函」，收於黃富三等解讀，何鳳
嬌、林正慧、吳俊瑩編輯，《霧峰林家文書集：墾務‧腦務‧林務》，頁
538-539。

46 「廿五夕葛松齡致拱辰信函」，收於黃富三等解讀，何鳳嬌、林正慧、吳
俊瑩編輯，《霧峰林家文書集：墾務‧腦務‧林務》，頁80-85。

據上，葛松齡擬以公泰款項支付「抵解善後借款五千」。

(3) 光緒18（？）年某月18日，萬鎰致林拱辰信函，稱：

> 頃間後壠來函云，我處在北已收公泰二萬元，故後壠不肯付
> 銀，特令天生來墩取銀五百兩，以濟桅本。……帥諭姑俟問
> 明，即行籌寄。頃又接雲局……信謂雲、集兩棧，以三月十五
> 日止，付交公泰桅一萬……二斤，內雲局6,642斤、集集一萬
> 斤。……緣日前接集集王桐翁來信云，桅工以我處乏銀，往往
> 挑□……現銀，今蔡君來函如此之急，囑速籌一善策。

上函稱後壠腦棧來信表示，因我方已收公泰洋行2萬元，故不肯付
銀，而由林朝棟（在大墩？）支銀500兩，以濟此款。可見腦棧有資
金問題時常求助於公泰洋行，但此次不被接受。另外，王桐翁、蔡君
均表示，集集腦棧因乏銀，以致腦工工作意願低落。如前所述，萬鎰
是林家管家，而蔡君應是勝記蔡燦雲，與林朝棟合作經營木材、樟
腦，但「王桐翁」待考。又稱，現在需款甚急，已設法取存於臺灣知
縣黃承乙處之300金交劉以專，十九日派人送交曾君定以應急需。[47]
曾君定是阿罩霧人，在集集設有定記腦棧，為林家之樟腦供應商之
一。據上，每當腦戶資金有周轉問題時，亦會商請公泰洋行支援。

三、腦商之資金周轉問題

腦商製腦常有周轉不靈問題，可見經營相當不易。由於林家文書

---

[47] 「十八日萬鎰致林拱辰信函」，收於黃富三等解讀，何鳳嬌、林正慧、吳俊
瑩編輯，《霧峰林家文書集：墾務・腦務・林務》，頁334-337。

大多缺明確日期，無法詳述其歷史，在此僅能拼出大致圖像。

光緒17（或18）年8月10日，劉增榮致林拱辰稱：

> 台縣之項至今僅領來乙千，雨少旱久，勢難均霑；又兼梁子佳〔梁成枏〕推〔催〕迫局費，殊覺無米難炊。[48]

劉增榮，生平不詳，但據文書，擔任林家在中部的管家職務，包括與公泰或臺灣縣來往銀項、樟腦之收受、餉銀、圳以及林文察專祠之興建等，尤其是雲林、集集的腦務，主要在光緒18年。[49]他的角色與萬鎰類似，或許他接替萬鎰之職。此函顯示中部製腦資金不足，難以推展腦務。

光緒17年10月20日，埔里腦戶林良鳳致林拱辰信函稱，手上缺銀，「腦腳難以招呼」，產腦必少，請他與劉師爺（劉以專）商量撥出洋平100兩。[50]

鄭以金負責查報大湖、獅潭等地腦灶數量，光緒17（或18）年某月8日，致林拱辰、葛竹軒信函稱，腦館新年需款，其隘勇營「亦甚拮据」，懇請設法多少寄來。[51]

48　「八月初十日劉增榮致林拱辰函」，收於黃富三等解讀，何鳳嬌、林正慧、吳俊瑩編輯，《霧峰林家文書集：墾務‧腦務‧林務》，頁316-317。

49　黃富三等解讀，何鳳嬌、林正慧、吳俊瑩編輯，《霧峰林家文書集：墾務‧腦務‧林務》，〈（五）劉增榮發信（信函內容簡介）〉，頁294；頁296-327之相關函件。

50　「壬十月廿林良鳳致林拱辰信函」，收於黃富三等解讀，何鳳嬌、林正慧、吳俊瑩編輯，《霧峰林家文書集：墾務‧腦務‧林務》，頁388-389。

51　「八日鄭以金致林拱辰、葛竹軒信函」，收於黃富三等解讀，何鳳嬌、林正慧、吳俊瑩編輯，《霧峰林家文書集：墾務‧腦務‧林務》，頁256-257。

　　光緒17（或18）年某月30日，陳澄波致林拱辰、劉以專信稱「栳務初接，未有周全，……帥節（林朝棟）指示：現下樟栳降價，壠（後龍）館乏項，山內難以招呼」。[52]陳澄波即陳汝舟，設有裕豐棧，稱接辦腦務，林朝棟告知後龍林家腦館款項缺乏，難以支應製腦費用。

　　光緒17（或18）年某月27日，葛松齡亦致林拱辰信函稱，其親人魏禹臣要求再送較五百兩至大湖，懇請統領（林朝棟）「賞借數百兩」方能照付。[53]可見葛松齡資金並不雄厚，故需借銀經營。光緒17（或18）年某月28日，梁成栯致林拱辰信函即稱，葛松齡須款甚急，前已借500兩，又要加借500兩，請求即撥出300兩應急。[54]

　　光緒17（或18）年某月26日，梁成栯致林拱辰信函稱，大湖裕豐棧陳汝舟來阿罩霧，要再借腦長100兩，連前200，共300兩，[55]前後合計欲借腦銀300元。

　　葛松齡與陳汝舟乃林家最大的腦戶，均需向林家貸借以供經營，可見資金不足。事實上，他們可能是名義上腦戶，林家才是真正所有者。

　　其他人亦有類似情形。光緒18年10月2日，南投地區腦戶林良鳳，致林拱辰信函稱「山費300元尚未繳完……祈將此山費記在腦簿

52　「卅夜陳澄波致林拱辰信函」，收於黃富三等解讀，何鳳嬌、林正慧、吳俊瑩編輯，《霧峰林家文書集：墾務・腦務・林務》，頁286-287。

53　「廿七午葛松齡致林拱辰信函」，收於黃富三等解讀，何鳳嬌、林正慧、吳俊瑩編輯，《霧峰林家文書集：墾務・腦務・林務》，頁92-93。

54　「廿八午梁成栯致林拱辰信函」，收於黃富三等解讀，何鳳嬌、林正慧、吳俊瑩編輯，《霧峰林家文書集：墾務・腦務・林務》，頁22-23。

55　「廿六梁成栯致林拱辰信函」，收於黃富三等解讀，何鳳嬌、林正慧、吳俊瑩編輯，《霧峰林家文書集：墾務・腦務・林務》，頁24-25。

按月繳完。」[56]腦戶林良鳳請求欠繳山費（山工銀）亦會，日後以所產樟腦抵繳。

　　光緒17（或18）年某月28日，梁成枬致（林拱辰？）信函稱：

> 頃茂臣來云：本月腦艮即祈算清給付，另要再借艮二百兩。又龍眼林地方新整腦灶十五份，應艮三百元。現欲先支乙百元，見字即為照付，其數可紀〔記〕茂臣名下，將來龍眼林之灶份應歸其一手經理也。[57]

按，「茂臣」（懋臣）即林超拔，設有「如山」腦棧，經營南投地區腦業。他顯然資金不雄厚，因此需向林家借銀，連他要一手經營的龍眼林地方，要「新整腦灶十五份」所需之300元，都要預支100元。

　　光緒17（或18）年某月18日，萬鎰致林拱辰信函，稱：

> 頃間後壠來函云，我處在北已收公泰二萬元，故後壠不肯付銀，特令天生來墩取銀五百兩，以濟棧本⋯⋯帥諭姑俟問明，即行籌寄。
> 頃又接雲局⋯⋯信，謂雲、集兩棧，以三月十五日止，付交公泰棧一萬⋯⋯二斤，內雲局6,642斤、集集一萬斤，現在待款甚急。寄去之印領二千兩，不但澍翁（按：雲林知縣謝壽昌）赴北未歸，即使回來，目前糧銀寥寥，無款可付，囑速籌數百

56　「壬拾月初貳林良鳳致林拱辰信函」，收於黃富三等解讀，何鳳嬌、林正慧、吳俊瑩編輯，《霧峰林家文書集：墾務・腦務・林務》，頁386-387。

57　「廿八日下午梁成枬信函」，收於黃富三等解讀，何鳳嬌、林正慧、吳俊瑩編輯，《霧峰林家文書集：墾務・腦務・林務》，頁26-27。

金以濟亟需。弟詢之以專，帳房內又無存儲，不得不另行設法，於芝翁（按：臺灣知縣黃承乙）寄存項內暫挪三百金交以專，明日派妥人送交君定兄，以濟一時之需。緣日前接集集王桐翁來信云，桅工以我處乏銀，往往挑□……現銀，今蔡君來函如此之急，囑速籌一善策。[58]

上函稱後壠腦棧來信表示因我方已收公泰洋行2萬元，故不肯付銀，而由林朝棟（在大墩？）支銀500兩，以濟此款。雲林（今竹山）、集集兩棧，至三月十五日止，已付交公泰洋行16,642斤。可見先收公泰洋行定銀，再交樟腦。萬鎰在文書中亦稱「逸翁」、「萬師爺」，可能是阿罩霧林家之「管家」，在他致林朝棟、林拱辰之多封信函中，顯示掌管收租、採買、官府來往等多種事務。[59]而蔡君當是勝記蔡燦雲，與林朝棟早有木材方面的交易關係，後又經營樟腦，在集集設有腦棧。又稱，現在需款甚急，已設法取存於臺灣知縣黃承乙處之300金交劉以專，十九日派人送交曾君定以應急需。[60]

光緒17（或18）年2月18日，劉增榮致林拱辰信函稱，因「腦本過多」，恐年底缺款，欲借二、三百兩以備接濟。[61]劉增榮可能為林家之管家，經管各項收支，腦務、枕木、撫番、圳工、專祠修建

58　「十八日萬鎰致林拱辰信函」，收於黃富三等解讀，何鳳嬌、林正慧、吳俊瑩編輯，《霧峰林家文書集：墾務・腦務・林務》，頁334-337。

59　黃富三等解讀，何鳳嬌、林正慧、吳俊瑩編輯，《霧峰林家文書集：墾務・腦務・林務》，頁330-349。

60　「十八日萬鎰致林拱辰信函」，收於黃富三等解讀，何鳳嬌、林正慧、吳俊瑩編輯，《霧峰林家文書集：墾務・腦務・林務》，頁336-337。

61　「花月十八日劉增榮致林拱辰信函」，收於黃富三等解讀，何鳳嬌、林正慧、吳俊瑩編輯，《霧峰林家文書集：墾務・腦務・林務》，頁302-303。

等，[62]甚至雜項收支，[63]他因腦本過多而需借貸。

葛松齡亦曾向善後局借款，光緒17（或18）年10月25日，致林拱辰信函稱，擬於月初以公泰款抵解「善後借款五千」，並以防費抵九月餉，仍短千餘兩，將以10月餉扣抵。[64]

官府亦曾提供公帑周轉。光緒17（或18）年3月8日，雲林知縣謝壽昌致林拱辰信函稱雲林腦館已撥去2,700兩，如今兌收2,500兩，仍然欠200兩。[65]謝壽昌當時應為雲林知縣，其轄下有雲林、集集二腦館，因而與林家有資金之往來，互相支援。

第三節　與公泰洋行合作出口樟腦

臺灣樟腦主要為外銷，且大多經由香港轉銷西洋各國，因此外商掌握市場大權。早期英商是主角，但1880年代後期開始，德國商人後來居上，取得主導權。此與德國化學工業之蓬勃發展有關，而樟腦乃其重要原料，德商公泰洋行（Butler & co.）與林朝棟之來往當是此一背景下的自然發展。以下分別論述：一、林朝棟與德商合作之歷史背景；二、林朝棟與公泰洋行之訂約；三、匯銀易腦；四、資金之運

62　「劉增榮致林拱辰信函」，收於黃富三等解讀，何鳳嬌、林正慧、吳俊瑩編輯，劉增榮致林拱辰信函」，《霧峰林家文書集：墾務‧腦務‧林務》，頁320-321。

63　「對帳單」，收於黃富三等解讀，何鳳嬌、林正慧、吳俊瑩編輯，《霧峰林家文書集：墾務‧腦務‧林務》，頁436-439。

64　「廿五夕葛松齡致林拱辰信函」，收於黃富三等解讀，何鳳嬌、林正慧、吳俊瑩編輯，《霧峰林家文書集：墾務‧腦務‧林務》，頁80-85。

65　「桃春初八日謝壽昌致林拱辰信函」，收於黃富三等解讀，何鳳嬌、林正慧、吳俊瑩編輯，《霧峰林家文書集：墾務‧腦務‧林務》，頁412-413。

用；五、合約之終止。

一、林朝棟與德商合作之歷史背景

　　樟腦傳統上用於驅蟲、燻蓆等，但十九世紀化學工業興起，成為重要原料之一。十九世紀中葉是個創新發明時代，人們期待尋找稀少而昂貴的象牙與龜甲的替代品，[66]1845年德裔瑞士化學家Christian Schonbein教授以硝酸纖維素（cellulose nitrate），將普通紙製成堅韌而防水的用品。[67]1865年，一英國工程師與化學家Alexander Parkes首先將樟腦加入硝酸纖維素而製成可塑物，[68]1866年4月，進而設立工廠製造，但因易燃.與使用劣質原料以致品質不穩定，1868年因虧損而倒閉。[69]雖然如此，其他人前仆後繼，終於製出賽璐珞（celluloid），此乃以硝化纖維素、酒精、樟腦，加上著色劑、填充劑合成之產品，經加熱軟化後可塑造各種創新產品，[70]因而日用品種類與產量大增，日後蛻變為塑膠業，生產多樣與大量的日用品，人類生活品質日益提高。

　　此外，又有二種產品亦須樟腦。（1）、無煙火藥：乃煙火與彈藥

66　S. T. I. Mossman, "Parkesine and Celluloid," in S. T. I. Mossman and P. J. T. Morris eds., *The Development of Plastics* (Cambridge: The Royal Society of Chemistry, 1994）, p.10.

67　Quoted from, G. W. A. Kahlbaum & F. V. Darbishire, *The Letters of Faraday and Schoenbein, 1836-1862* (London: Williams & Norgate, 1899), pp.155.

68　R. D. Friedel, Men, Materials, and Ideas: A History Celluloid (PhD diss., John Hopkins University, 1976)

69　Plastics Historical Society Archive, undated note by Parkes, Inverness, c. 1881.

70　"Celluloid." *Wikipedia*, Retrieved August 23, 2015, from https://en.wikipedia.org/wiki/Celluloid/

之成分，及硝化纖維素（nitrocellulose，炸藥用）之可塑劑。[71]1887
年，瑞典工業家諾貝爾（Alfred Bernhard Nobel，1833-1896）發明無
煙火藥，樟腦乃必需原料，用途大增。[72]（2）、顯影片：1888年前
15-inch-wide之顯影片問世，1889年出現更柔軟的膠捲，啟動日後影
片之發展，樟腦乃此種顯影片不可缺的成分。[73]

　　因此，隨著化學工業的快速成長，樟腦的世界需求量與日俱增。
英國是18世紀工業革命的發源地，塑膠工業亦誕生於此。至於德
國，相對乃後進國，在1860-1870年間方全力發展化學工業，但反而
得以選取更經濟而近代化的生產技術，1914年前，在多數合成生產領
域居獨占性地位。其因素有幾點，第一是德國碳酸鉀儲藏量豐富，第
二是擁有大量訓練優良之技工，第三是專利法僅規範生產技術而非產
品，故同樣產品的技術迅速更新，生產效率提升。[74]因此德國化工業
後來居上，樟腦需求量大增，躍居最大消費國。

　　1893-1897間各國每年平均樟腦消費量（參見表一），德國為
2,240,917磅，穩居世界第一。1898年，德國亦領先美國、英國，達
2,915,000磅；且幅度拉大，甚至高於美、英二國總和之2,411,000磅，
顯示其消費量增加的速度亦世界第一（參見表二）。

　　世界經濟的演變也反映在臺灣樟腦外商的消長，早期英商是主

71　"Camphor." *Wikipedia*, Retrieved August 23, 2015, from https://en.wikipedia.org/
　　wiki/Camphor/

72　維基百科網站，「樟腦」條目：檢索日期：2015 年 8 月 23 日，網址：
　　https://zh.wikipedia.org/wiki/樟腦。

73　"Celluloid." *Wikipedia*, Retrieved August 23, 2015, from https://en.wikipedia.org/
　　wiki/Celluloid/

74　Alan S. Milward and S. B. Saul, *The Development of the Economies of
　　Continental Europe, 1850-1914* (London: George Allen & Unwin, 1977), p.32-34.

角，但1880年代後期開始，德國商人後來居上，取得主導權。由於德
國是樟腦最大市場，且需求量與日俱增，再加上臺灣和日本是僅有的
樟腦生產地，德商乃積極來臺尋求供應。公泰洋行即一例，必須尋找
最有力的供應商，以取得穩定貨源，在此背景下林朝棟自然成為第一
選擇。

表6-1　1893-1897間各國每年平均樟腦消費量表（pound, 磅）

Germany（德）	2,240,917
United States（美）	1,835,533
England（英）	1,722,664
France（法）	1,204,847
India（印）	1,002,155

資料來源：James. W. Davidson, *The Island of Formosa, Past and Present*, p.443.

表6-2　1898年各國樟腦消費量表（pound, 磅）

Germany（德）	2,915,000
United States（美）	2,017,000
England（英）	0,394,000

資料來源：James W. Davidson, *The Island of Formosa, Past and Present*, p.443.

二、林家與公泰洋行之訂約售腦出口

　　林朝棟之與德國商人公泰洋行合作產銷樟腦，堪稱為林家崛起為
新富豪的重要原因，但以往作品對此大多籠統帶過。清水商人蔡青筠
曾與林朝棟合作產銷樟腦，自述稱：林朝棟自整南港山腦灶，經由葛

竹軒（松齡）之手，與梧棲公泰行（法人畢地蘭經營，沙拔地主任）
立約，押櫃銀4萬元，每月交腦4萬斤，按月結帳。[75]此雖為蔡氏親身
經歷所寫的直接史料，但並未說出何時林朝棟自整南港山腦灶、何時
與公泰行訂約；內容亦有差錯，如「法人畢地蘭」，應為德人畢地蘭
（畢第蘭），即Count A. Butler。

畢第蘭的確在1890年代活躍於樟腦業，並出任德國領事，[76]也擔
任臺北機器局工廠第二任監督。[77]他在機器局內設有辦公室，1893年
9月，向機器局租用局內洋樓，隔年（1894）2月成為其私產，只需
繳交土地租金。[78]此樓位於北門附近，在日治時期鐵道部臺北機廠
內。[79]光緒19年2月10日《申報》載：

> 稽察臺北腦灶事務之徐心田大 ，由大料崁差次赴郡謁見撫、藩
> 兩憲，暫假公泰洋行為寓所，連日拜謁各當道，樽酒言歡。[80]

75　蔡懋棠，〈鹿港綠香居主人自述〉，頁89-90。

76　James M. Davidson, *The Island of Formosa, Past and Present*, p.305; Harold
　　M. Otness, *One Thousand Westerners in Taiwan, to 1945*: A Biographical and
　　Bibliographical Dictionary (Taipei: Preparatory Office, Institute of Taiwan
　　History, Academia Sinica, 1999), p.24.

77　畢第蘭，Butler，德國人，清末臺北機器局工廠第二任監督，約為1888年左
　　右開始擔任此職，直至1895年日人來臺為止。 見俞怡萍撰，〈畢第蘭〉，
　　收於許雪姬總策畫，《臺灣歷史辭典》（臺北：行政院文化建設委員會，
　　2004），頁1244。

78　陳文添，〈談臺灣總督府早期購買土地實例〉，《國史館臺灣文獻館電子
　　報》（臺北），81（2011.6.30），檢索日期：2015年8月23日，網址：
　　http://w3.th.gov.tw/www/epaper/view2.php?ID=81&AID=1117。

79　在今忠孝西路上，但已改建。鐵道部原址，已分別列為市定古蹟或歷史建
　　築，由國立臺灣博物館管 。

80　〈臺嶠魚書〉，《申報》，光緒19年2月10日（1893年3月27日），版
　　3。

據上，臺北腦灶事務委員徐心田進臺北城見巡撫與布政使，居住公泰洋行多日，可見畢第蘭與官府官員關係甚佳，故能順利經營樟腦業，也常參與採購西方軍火與工業品工作，如1890年11月，向德國漢堡（Hamburg）一家公司（P. P. Sander & Co.）購買10包鑽油工具。[81]

　　然而，公泰與林家何時訂約？內容為何？以往作品均語焉不詳，此有賴林家文書之補強。

（一）訂約時間

如上所述，1886-1890年，劉銘傳實施樟腦專賣政策，採行包商制，有些作品稱1890年6月至年底稱，承包商是公泰洋行，但由林朝棟具名。[82]據此，專賣末期，林朝棟已與公泰洋行合作，但查海關報告原文並未明言是二者；[83]且在專賣期間，林朝棟身為官員依法可出面擔任承包商嗎？在此暫時存疑。然而，林朝棟與公泰洋行之合作，確實在林家文書可找到證據，時間至遲應在光緒17年1月開始的樟腦開放自由買賣時期。新出土之林家信函有不少相關資料，可惜大多缺乏日期。在此舉例說明，其中「某年某月某日」者即是缺日期者。1. 某年某月29日，葛松齡（盈豐號）致林拱辰信函稱：

81　"Invoice of 10 Packages Boring Tools shipped from Hamburg per? 〔按：字跡不清，應係船名〕to Hong Kong for account of Mr. A. Butler," Tamsui, from Hamburg, P. P. Sander & Co., 1st November, 1890. 林朝棟文書第753號。又，此洋樓位於忠孝西路，鄰近北門，今已拆除。

82　林滿紅，《茶、糖、樟腦業與臺灣之社會經濟變遷（1860-1895）》，頁129。

83　"Tamsui Trade Report, 1890," p. 319，收於黃富三、林滿紅、翁佳音主編，《清末臺灣海關歷年資料》，總頁869。

公泰合約已立，便付上，請即轉呈總統憲〔林朝棟〕收存為
要。[84]

可見林朝棟與公泰洋行確實訂有合約。此函未列時間，但筆者判斷可
能是光緒17年或18年。原因是：第一、函件中有「總統」之稱呼。
按，林朝棟於光緒17年12月至隔年8月底領兵參與大嵙崁之役時，
巡撫邵友濂賦予「總統各軍」之職，成為所有參戰各軍統帥，亦簡
稱「總統」。如光緒18年3月13日《申報》載：「辦理後路棟、隘各軍
糧餉事務陳傑夫大令……謁見林蔭堂（林朝棟）總統。」[85]第二，有
年代之信函：細查林家文書，與樟腦相關者，有列年代者幾乎都是
「壬」，如壬（光緒18年）10月20日林良鳳致林拱辰函；[86]亦有少數列
「癸」者，如癸（光緒19年）3月7日林良鳳致林拱辰函。[87]因此，雙
方合作之時間當在光緒17-19年間。由於光緒17年1月1日重新開放樟
腦自由買賣，林朝棟極有可能自本年與公泰洋行訂約合作。

　　2. 某年某月18日，葛松齡致林拱辰信函稱：

84　「二十九日葛松齡致林拱辰信函」，收於黃富三等解讀，何鳳嬌、林正
　　慧、吳俊瑩編輯，《霧峰林家文書集：墾務、腦務、林務》，頁 96-97。
　　按：葛松齡、林拱辰均林朝棟之幕，葛松齡號竹軒，為棟軍賬房，並於罩
　　蘭設立葛盈豐腦棧，其下有腦長、腦丁，負責製腦。此時林拱辰可能隨林朝
　　棟出征，住在大嵙崁前線。

85　〈稻江春浪〉，《申報》，光緒 18 年 3 月 13 日（1892 年 4 月 9 日），版
　　2。

86　「壬十月廿林良鳳致林拱辰信函」，收於黃富三等解讀，何鳳嬌、林正
　　慧、吳俊瑩編輯，《霧峰林家文書集：墾務、腦務、林務》，頁 388-389。

87　「癸三月初七林良鳳致林拱辰信函」，收於黃富三等解讀，何鳳嬌、林正
　　慧、吳俊瑩編輯，《霧峰林家文書集：墾務、腦務、林務》，頁 392-393。

本年樟栳合約，祈照抄壹張擲下為要。[88]

此函亦提及合約，同樣未有年、月，應係光緒18年或其前後之函。

　　3. 光緒17年12月12日，劉增榮致林拱辰信函稱：

> 台縣所差四千兩，本應無從查核，謹將公泰在北來數逐條列
> 名，請查傑夫〔陳鴻英〕月報冊底提付台灣縣幾回幾兩，便知
> 清楚。不然黃公抵北亦可再會，總無不明也。……日來費用係
> 台縣對隆恩租289.19元與我們徵收，經收來貳百元，所以有可
> 應用。……承云初三日進兵，如果出陣，必勢如破竹，奏凱不
> 遠也。倘有保案，敢祈代懇總統格外恩賜弟名。[89]

此件時間只說「拾貳早」，判斷應是12日早上，而完整時期應該是光
緒17年12月12日之函。第一，查林朝棟係於光緒17年12月4日領軍抵
達大嵙崁，函中稱「承云初三日進兵」，12月3日大軍從臺北出發，
4日抵達大嵙崁，極為合理。第二，函中稱「倘有保案，敢祈代懇總
統格外恩賜弟名」，「總統」係林朝棟於光緒17-18年北上參加大嵙崁
之役時的職銜簡稱。第三，函中提及「黃公在近交卸，恐不及追收清
楚」，查臺灣縣知縣黃承乙任期為光緒16年7月至18年春，此時即將
卸任。第四，函中又稱「台縣（臺灣縣，今臺中）單內十二月初一日

88　「十八夕葛松齡致林拱辰信函」，收於黃富三等解讀，何鳳嬌、林正慧、吳
　　俊瑩編輯，《霧峰林家文書集：墾務、腦務、林務》，頁120-121。

89　「拾貳早劉增榮致林拱辰信函」，收於黃富三等解讀，何鳳嬌、林正慧、吳
　　俊瑩編輯，《霧峰林家文書集：墾務、腦務、林務》，頁322-325。

200兩」，[90]顯示此函當在12月，此時正是林朝棟至北臺進軍大科崁之時。

據上，林朝棟與公泰洋行合作出口樟腦時間至遲自光緒17年1月起，亦即在樟腦開放自由買賣後開始。

（二）合約內容：押櫃銀、合約價

雙方訂約時，公泰須先交出「押櫃銀」，並訂腦價。

1. 押櫃銀

據稱林朝棟與梧棲公泰行立約，押櫃銀4萬元。[91]林家文書未見具體之合約書，但有不少信函提及押櫃銀。如某年2月1日，葛松齡致林拱辰信函稱：

> 公泰行，弟查上年交來押櫃銀千兩，我們立有收條；現公泰收條無可撥出，弟向其再立收條付上，請查收存查。又，本年分千兩，要我們立收字與他，弟立付，將字底付上。[92]

此文書未書年代，不知「上年」是何年，惟由於樟腦開放民辦是在光緒17年1月，故本件可能為光緒18年之函，追述前一年訂約取得「押櫃銀千兩」之事。如係光緒17年之函，則公泰在前一年已與林朝棟訂

90　「拾貳早劉增榮致林拱辰信函」，收於黃富三等解讀，何鳳嬌、林正慧、吳俊瑩編輯，《霧峰林家文書集：墾務、腦務、林務》，頁324-325。
91　蔡懋棠，〈鹿港綠香居主人自述〉，頁89-90。
92　「二月一日葛松齡致林拱辰信函」，收於黃富三等解讀，何鳳嬌、林正慧、吳俊瑩編輯，《霧峰林家文書集：墾務、腦務、林務》，頁62-63。

約，以為其製腦供應，但因收條遺失，乃予以補發，本年分陸千兩押櫃銀，亦立收字交付。可見雙方在一年前先訂下年度之交易合約，並預付定額之「押櫃銀」做為訂金；林家收到定銀時，立一收條交公泰為證。據此，上一年已付千兩，但因收條遺失，乃予以補發。但每年之押櫃銀是否為6,000兩？如是，合七二銀，僅有8,333.33元，並非4萬元。或許此為部分押櫃銀或每年之數目不同。

2. 合約價（訂腦價）

訂合約時，需同時訂該年度腦價，雙方為爭取彼此利益，此需不斷協議。例如某年，可能是光緒18年或19年，公泰行東畢第蘭認為次年腦價必跌，要求減價，並可能不續約。光緒18（？）年10月18日，葛松齡致林拱辰、萬逸翁信函稱：

> 公泰……畢第蘭在上海未回，……明年樟腦……據言畢云：明年腦價必定降疊〔跌〕，照原價必須再減。他之意見價總不能少，借款諒須明年俟畢回再議，弟答其價須加增。

據此，畢第蘭認為明年腦價會降，故「照原價必須再減」，而葛松齡則認為「其價須加增」，顯示雙方因訂價而有爭執，並預感「明年有變局之舉」，[93] 合作關係開始動搖。

至於交易之腦價，資料不多。據統計，樟腦每擔價格，1888-

93　「十月十八日葛松齡致萬鎰、林拱辰信函」，收於黃富三等解讀，何鳳嬌、林正慧、吳俊瑩編輯，《霧峰林家文書集：墾務、腦務、林務》，頁64-73。

1890年之專賣價分別為：12元、13至20元及30元；而1891-1895年升為：36.50元、41.75元、44.85元、41元、68.50元。[94]因此林家與公泰洋行所訂之價格應是這上列數字。

另外，光緒17（或18？）年某月27日，葛松齡致林拱辰信函稱「昨接舍親魏禹臣兄來函云……腦價已定廿二元」。[95]腦價22元可能是林家與腦戶間之購買價。林家以22元購入，以36.50元以上賣出，將近1.6倍，其利潤極為優厚。按，葛松齡在大湖、東勢角設有腦棧，經銷樟腦轉交林家，訊息理當正確。又，「懋臣」亦稱「茂臣」，即林超拔，乃林朝棟部屬，設立「如山」號腦棧。三、林家之收繳樟腦予公泰洋行

林家訂約後需繳交樟腦予公泰洋行，其程序大致是：林家在港口或重要產地設立腦棧或腦館，承購腦商產製之樟腦，再交公泰洋行出口。茲分別述介：腦商之集腦、腦商之繳腦、繳交樟腦爭議、腦價問題。

（一）腦商之集腦

林朝棟主導之產腦區主要有二：苗栗地區、臺中與南投山區，因此腦商（腦戶）所設之腦棧亦散布於此，如大湖、獅潭、罩蘭、東勢角、集集、雲林（林圯埔，今竹山）等。他們均與林朝棟有密切關係，方可能取得產銷權，甚至可能僅是名義上代理者。腦商與林家訂約出售樟腦後，在產地設立腦棧，與當地腦長訂約，收繳樟腦；再依

94　James W. Davidson, *The Island of Formosa, Past and Present*, p.442.
95　「廿七午葛松齡致林拱辰信函」，收於黃富三等解讀，何鳳嬌、林正慧、吳俊瑩編輯，《霧峰林家文書集：墾務、腦務、林務》，頁92-93。

照合約數將樟腦運至梧棲、後龍二港口之林家腦館，再交予公泰；唯集集、雲林之腦亦可能由臺南或打狗運出。

1. 大湖、獅潭腦商

主要有葛松齡（葛竹軒）之盈豐棧、陳澄波（陳汝舟）之裕豐棧、黃南球之錦輝號。

(1) 大湖：盈豐號（葛松齡，即葛竹軒）、裕豐號（陳澄波，即陳汝舟）

林朝棟原來將大湖經營權給予葛松齡設立之盈豐號，但其後陳澄波設立之裕豐號亦爭取，雙方發生爭執。某年某月17日，葛松齡致林拱辰、劉以專信函：

> 大湖各腦長來墩，被汝舟所哄，回湖時汝舟要他百二担，如此作事實在巧及萬分。各腦長本意不歸裕豐，再如此不公，自然不伏〔服〕，致至今未得成議。……昨据回稱，帥〔林朝棟〕諭俟喚汝舟前來，從中再為添減等情。[96]

據上，大湖各腦長來墩（大墩或葫蘆墩），稱被陳汝舟所哄，而「本意不歸裕豐」；葛松齡對陳汝舟之爭大湖製腦，頗有不滿，等後林朝棟欲之協調爭議。

雙方爭執不下，某年4月2日，鄭以金致林拱辰信函：

---

96 「十七日葛松齡致林拱辰、劉以專信函」，收於黃富三等解讀，何鳳嬌、林正慧、吳俊瑩編輯，《霧峰林家文書集：墾務・腦務・林務》，頁112-117。

> 盈豐、裕豐及今交接不清，未知何故。查盈豐則謂各腦長不願
> 歸腦於裕豐，聞裕豐則告盈豐館欲出腦於公泰。兩館各執條
> 理，未知是何立意。

鄭以金因與二人均為好友，不知如何，乃函請林拱辰轉達林朝棟裁
決。[97]

其後，林朝棟決定陳澄波裕豐號亦承購樟腦。？年（3？）月29
日，陳澄波致林拱辰信函稱：

> 盈豐腦長各節章程業經議定，俟四月初一日歸弟運交後壟。琴
> 軒老不在大湖，其栳長吳阿康、朱阿淵二人思欲自運，後與汝
> 秋兄商議，歸弟理，栳丁、栳長免致因秤多言等情。該栳長
> 結算合賬若干，每月十中歸一還賬，弟之欠項每月繳還一百
> 元，連統帥所長之款，由弟照月一概繳清。魏羽臣兄追繳三月
> 份之防費，如是照繳，務祈吾兄代為回明統帥。若肯照辦，順
> 請帥諭公泰行，照來栳盡價算歸月底，方可按繳各款。[98]

據上，盈豐腦長各節章程業經議定，4月1日歸陳澄波弟運交後壟，因
此他也參與大湖樟腦之經銷；另外，栳長吳阿康、朱阿淵二人思欲自
運，已經與鄭以金（即鄭汝秋）商議亦歸陳澄波料理。因此最後，盈
豐、裕豐平分大湖樟腦。某年某月9日，葛松齡致林拱辰、劉以專信

---

97 「四月初二日鄭以金致林拱辰信函」，收於黃富三等解讀，何鳳嬌、林正
慧、吳俊瑩編輯，《霧峰林家文書集：墾務‧腦務‧林務》，頁270-271。

98 「廿九日陳澄波致林拱辰信函」，收於黃富三等解讀，何鳳嬌、林正慧、吳
俊瑩編輯，《霧峰林家文書集：墾務‧腦務‧林務》，頁276-279。

函稱：

> 大湖腦長既願盈、裕豐每月繳栳百五拾担，理應何日起，歸何
> 人總包，或由各栳長各其約字，各應攤若干，腦價由何人發
> 給，或由公泰給發，每担扣本若干。……弟已函令舍弟將各栳
> 長欠本當面結算，設立總簿，令其各蓋圖章前來，弟即繳上，
> 請尊處過賬，敝腦館亦令撤散就是。

據上，此顯示大湖腦長同意每月繳栳150擔給盈豐號、裕豐號，葛松
齡同意撤除自己的腦館。[99]

據鄭以金在光緒17年11月呈報之「造報光緒十七年十月份罩蘭等
處腦灶份數、鍋數暨腦長姓名、出腦數觔數清冊」，[100] 列有：

盈豐棧：罩蘭腦長合盛號、邱阿興、邱貴龍等多人。[101]

大湖腦長徐阿文、黃阿貴、黃順丁等多人。[102]

---

99 「初九日葛松齡致林拱辰、劉以專信函」，收於黃富三等解讀，何鳳嬌、
林正慧、吳俊瑩編輯，《霧峰林家文書集：墾務・腦務・林務》，頁122-
127。

100 「光緒十七年十一月鄭以金呈報造報光緒十七年十月份罩蘭等處腦灶份
數、鍋數暨腦長姓名、出腦數觔數清冊」，收於黃富三等解讀，何鳳嬌、
林正慧、吳俊瑩編輯，《霧峰林家文書集：墾務・腦務・林務》，頁156-
203。

101 「光緒十七年十一月鄭以金呈報造報光緒十七年十月份罩蘭等處腦灶份
數、鍋數暨腦長姓名、出腦數觔數清冊」，收於黃富三等解讀，何鳳嬌、
林正慧、吳俊瑩編輯，《霧峰林家文書集：墾務・腦務・林務》，頁156-
174。

102 「光緒十七年十一月鄭以金呈報造報光緒十七年十月份罩蘭等處腦灶份
數、鍋數暨腦長姓名、出腦數觔數清冊」，收於黃富三等解讀，何鳳嬌、
林正慧、吳俊瑩編輯，《霧峰林家文書集：墾務・腦務・林務》，頁175-

　　裕豐棧：大湖腦長黃仕添、溫傳福、邱宜帶、謝阿六等多人。[103]
據上，可知裕豐棧則僅掌管大湖，而盈豐棧除掌管罩蘭外，亦包含大
湖他們是大腦戶，與林朝棟關係密切。

　　(2) 獅潭：黃南球

　　黃南球則掌管獅潭之產腦事宜。

　　據鄭以金在光緒17年11月呈報之「造報光緒十七年十月份罩蘭等
處腦灶份數、鍋數暨腦長姓名、出腦數觔數清冊」，[104]列有：

　　黃南球：獅潭腦長黃阿連、龍阿義、陳阿妹等多人。[105]

2. 罩蘭、東勢角：盈豐號（葛松齡，葛竹軒）

　　據鄭以金在光緒17年11月呈報之「造報光緒十七年十月份罩蘭等
處腦灶份數、鍋數暨腦長姓名、出腦數觔數清冊」，[106]列有：

184。

103　「光緒十七年十一月鄭以金呈報造報光緒十七年十月份罩蘭等處腦灶份
　　　數、鍋數暨腦長姓名、出腦數觔數清冊」，收於黃富三等解讀，何鳳嬌、
　　　林正慧、吳俊瑩編輯，《霧峰林家文書集：墾務‧腦務‧林務》，頁185-
　　　194。

104　「光緒十七年十一月鄭以金呈報造報光緒十七年十月份罩蘭等處腦灶份
　　　數、鍋數暨腦長姓名、出腦數觔數清冊」，收於黃富三等解讀，何鳳嬌、
　　　林正慧、吳俊瑩編輯，《霧峰林家文書集：墾務‧腦務‧林務》，頁156-
　　　203。

105　「光緒十七年十一月鄭以金呈報造報光緒十七年十月份罩蘭等處腦灶份
　　　數、鍋數暨腦長姓名、出腦數觔數清冊」，收於黃富三等解讀，何鳳嬌、
　　　林正慧、吳俊瑩編輯，《霧峰林家文書集：墾務‧腦務‧林務》，頁194-
　　　202。

106　「光緒十七年十一月鄭以金呈報造報光緒十七年十月份罩蘭等處腦灶份
　　　數、鍋數暨腦長姓名、出腦數觔數清冊」，收於黃富三等解讀，何鳳嬌、
　　　林正慧、吳俊瑩編輯，《霧峰林家文書集：墾務‧腦務‧林務》，頁156-
　　　203。

盈豐棧：罩蘭腦長合盛號、邱阿興、邱貴龍等多人。[107]

（參考附錄）

3. 雲林（竹山）、集集

如前所述，林朝棟亦向大甲溪以南之山區發展，由梁成柟負責。光緒17（或18年）某月6日，梁成柟致林拱辰、劉以專信函中稟請撥交豬、酒、赤牛等物，除了供應「舊設栳灶如內險坑、小中坑、大中坑、直出頭班」之原住民外，進一步取得白毛社、裡冷社同意設置栳製腦。[108]

關於各地樟腦經營情形，林家文書亦殘存部分資料。

(1) 雲林、集集：葛松齡之查報

光緒18年（4？）月某日，葛松齡致林朝棟信函稱：

> 晚叩別後，因途次阻雨，至初九日抵彰。查樟腦銀項，蒙諭發給各款，前已付賬房支用，及部爺並過臺灣縣之額外，不敷開發，自應另單呈電。十一日晚往大墩，知統帥捷音……前飭雲、集之腦運南，延擱至今尚未發去，晚著人催其速發，至十三日共運二百餘箱。其公泰承辦雲、集腦務之友，至今未到，晚候其前來，當與同往交接。[109]

107　「光緒十七年十一月鄭以金呈報造報光緒十七年十月份罩蘭等處腦灶份數、鍋數暨腦長姓名、出腦數勦數清冊」，收於黃富三等解讀，何鳳嬌、林正慧、吳俊瑩編輯，《霧峰林家文書集：墾務・腦務・林務》，頁156-174。

108　「初六日梁成柟致劉以專、林拱辰信函」，收於黃富三等解讀，何鳳嬌、林正慧、吳俊瑩編輯，《霧峰林家文書集：墾務・腦務・林務》，頁14-21。

109　「葛松齡致林朝棟信函」，收於黃富三等解讀，何鳳嬌、林正慧、吳俊瑩編

此件全無日期，但提及「十一日晚往大墩，知統帥捷音」，當是光緒
18年4月者，因林朝棟大嵙崁之役勝仗是在此時。據上，葛松齡在大
嵙崁辭別林朝棟至彰化，調查腦銀與樟腦運銷之事。內又稱：「雲、
集之腦運南，但被延擱」，可見二地之腦係運至臺南安平出口，仍由
公泰經銷。

(2) 集集、雲林：劉增榮之查報

光緒18年（2？）月4日，[110]劉增榮報告1月份後龍、集集、雲林
腦棧所收之腦數稱：「後龍腦數，派勇往查，……茲將正月分各腦長
出腦斤數，並公泰十二月分來往數目統列呈覽。」又稱集集、雲林腦
棧：「集棧來信稱正月分收腦2千836斤，雲棧諒亦無加。」[111]

光緒18（？）年3月3日，劉增榮致林朝棟信函稱：

> 查雲、集正、二兩月共計收腦萬餘斤，尚存己棧。因公泰棧司
> 事糧不公，迴異尋常，交腦過踏，吃虧太多，故未交付。[112]

據上，1、2月雲林、集集一帶樟腦共收萬餘斤，但公泰洋行的樟腦買
賣似有不公，請林朝棟去函公泰交涉。

輯，《霧峰林家文書集：墾務·腦務·林務》，頁104-111。

110　文書中有「茲將正月分各腦長出腦斤數，並公泰十二月分來往數目」，故本
　　　件當在二月後。「初四日劉增榮致林拱辰信函」，收於黃富三等解讀，何鳳
　　　嬌、林正慧、吳俊瑩編輯，《霧峰林家文書集：墾務·腦務·林務》，頁
　　　298-299。

111　「初四日劉增榮致林拱辰信函」，收於黃富三等解讀，何鳳嬌、林正慧、吳
　　　俊瑩編輯，《霧峰林家文書集：墾務·腦務·林務》，頁298-299。

112　「上巳後一日酉刻劉增榮致林朝棟信函」，收於黃富三等解讀，何鳳嬌、
　　　林正慧、吳俊瑩編輯，《霧峰林家文書集：墾務·腦務·林務》，頁306-
　　　307。

又，某年8月10日，劉增榮致林拱辰信函稱「念九、初三、初六計上三函，七月分腦數一單，不日想齊送覽。」[113]

　　以上這些零星文書顯示劉增榮負責集集、雲林（今竹山）之樟
　　腦產銷。

（二）腦商之運繳至梧棲、後龍等港口

大湖、獅潭、罩蘭、東勢角、集集、雲林（林圮埔，今竹山）等山區腦商匯集樟腦後，大多運至梧棲、後龍二港口之林嘉腦館，再依照合約數交付公泰行，由其運至淡水出口至香港；但集集、雲林之腦亦可能由臺南或打狗運至香港。

1. 腦商運交予林家：梧棲、後龍

有一文書顯示腦商將其所集之腦運往梧棲、後龍，交予林家腦館。

　　遵將十一月分各腦長交壠、棲腦勊數列明呈鑒。計開：

　　一　盈豐[114]交壠腦，15,060斤

　　一　裕豐交壠腦，5,159斤

　　一　錦輝[115]交壠腦，3,840斤

113　「八月初十日劉增榮致林拱辰信函」，收於黃富三等解讀，何鳳嬌、林正慧、吳俊瑩編輯，《霧峰林家文書集：墾務・腦務・林務》，頁316-317。

114　盈豐：葛竹軒之腦館。

115　錦輝：此為黃南球之腦館。

一　恆豐交壠腦，417斤

以上四號共計交壠腦，24,476斤

一　如山交棲腦，6,314斤

一　林鳳交棲腦，2,346斤

一　元記交棲腦，779斤

一　如玉交棲腦，653斤

一　新試交棲腦，428斤

一　輝舍交棲腦，419斤

以上六號共交棲腦，10,939

十一月份棲、壠合繳腦，35,415斤[116]

按，林朝棟與公泰訂約按月繳腦，本年11月份棲、壠合繳腦35,415斤，可能是每月的通常數額。據上，梧棲、後龍之林家腦館或腦棧負責搜集、統計各腦商運來之樟腦。後龍有盈豐15,060斤、裕豐5,159斤、錦輝3,840斤、恆豐417斤，共24,476斤，此當是大湖腦商所繳交者，因屬於葛盈豐、陳裕豐、錦輝（黃南球）、恆豐。梧棲有如山交6,314斤、林鳳2,346斤、元記779斤、如玉653斤、新試428斤、輝舍419斤，共交10,939斤。

　　另一件之內容與此相同，但不完整。某年12月某日，呈報「十一月分查明各腦長出梌斤數」單，報告盈豐、如玉等各號腦長出梌斤數如下：

116　「收盈豐等棧腦單一」，黃富三等解讀，何鳳嬌、林正慧、吳俊瑩編輯，《霧峰林家文書集：墾務‧腦務‧林務》，頁426-427。

盈豐出栳15,060斤。裕豐出栳5,159斤。錦輝出栳3,840斤。恒
豐出栳417斤。以上四號共交後壠腦24,476斤。

如山出栳6,314斤。振裕出栳2,346斤。元記出栳779斤。如玉
出栳653斤。錦順出栳428斤。碧峰出栳419斤。以上六號共交
梧棲腦10,939斤。十一月分壠、棲共交腦參萬五千肆百拾伍
觔。[117]

據上，內容相同，但交至梧棲之腦商名稱不盡相同，不知何故。

另有一腦單，乃12月分交後壠、梧棲腦數，內列舉各腦商所交之
腦數如下：

十二月分交後壠腦數：盈豐21,526斤；錦輝6,290斤；裕豐
6,396斤；恆豐922斤。共35,134斤。

十二月分交梧棲腦數：如山8,787斤；振裕2,946斤；如玉977
斤；碧峰312斤；錦順424斤；元記357斤。共13,803斤。[118]

上為不完整之殘件，應該是同一年12月份各腦商交至後壠、梧棲之腦
數。

林家腦館收到樟腦後，根據繳交公泰的腦數，支出腦款予腦商，
下為「公泰十一月分來往數目」：

117　「十一月份樟腦清單」，收於黃富三等解讀，何鳳嬌、林正慧、吳俊瑩編
　　　輯，《霧峰林家文書集：墾務‧腦務‧林務》，頁430-431。
118　「收盈豐等棧腦單二」，收於黃富三等解讀，何鳳嬌、林正慧、吳俊瑩編
　　　輯，《霧峰林家文書集：墾務‧腦務‧林務》，頁432-433

一、對盈豐、如山等7號交去腦，25,999斤，七兌，24，平
4,367.83兩。

一、對恆豐、裕豐、錦輝等3號交去腦，9,416斤，七二，25，
平1,694.88兩

十一月分，共腦平6,062.71兩

一、對盈豐、裕豐、錦輝、恆豐，過來平1,714.66兩

一、對楊添、汝舟，過來平600兩

一、對台北交杰夫，來平5,400兩

共來平7,714.66兩

十一月分扣外，在平1,651.95兩。[119]

十二月分按後壠（盈豐150擔；裕豐、錦輝、恆豐作100擔），
合的價（每扣代發十元外），實平2,570兩

又，按梧棲如山等6號，作出腦150擔，的平2,520兩

合平5,090兩

按至十二月分總除外，尚應支平3,438兩（此大略按算也，押
櫃在平2,000兩未算）。[120]

據上，某年11月份，林家收到腦戶之樟腦交予公泰後，計收到來
款7,714.66兩，支給腦戶腦款6,062.71兩，仍餘1,651.95兩；12月份，
需支給腦戶5,090兩，因此仍欠3,438兩待支，不過手中有公泰押櫃
2,000兩。

119　「收盈豐等棧腦單一」，收於黃富三等解讀，何鳳嬌、林正慧、吳俊瑩編
　　輯，《霧峰林家文書集：墾務・腦務・林務》，頁428-429。

120　「收盈豐等腦單二」，收於黃富三等解讀，何鳳嬌、林正慧、吳俊瑩編
　　輯，《霧峰林家文書集：墾務・腦務・林務》，頁432-433。

2. 林家之繳腦予公泰：梧棲、後龍、雲林

公泰在梧棲、後龍設有腦棧，收存每月林家腦館應交之樟腦以供出口。

(1) 梧棲、後龍

1892？年8月6日，劉以專報林拱辰函稱：

> 七月分腦數因溪水漲阻，迨昨始乃查回，栖、壟僅出腦貳萬貳千零斤，緣風雨大作，冷灶少熬故也。[121]

意即7月分，梧棲、後壟僅出腦貳萬貳千零斤，是因風雨大作，冷灶少熬。

某年8月6日，劉以專報林拱辰函稱：

> 茲將七月分四處出交公泰腦數列單送呈，到請查核，轉呈　帥〔林朝棟〕鑒可也。[122]

上為7月分四處（後龍、梧棲、雲林、集集）交公泰之腦單。

某年1月27日，劉增榮致林拱辰信函，報告上年12月份樟腦數量稱：

121　「八月初六日劉以專致林拱辰信函」，收於黃富三等解讀，何鳳嬌、林正慧、吳俊瑩編輯，《霧峰林家文書集：墾務・腦務・林務》，頁144-145。

122　「八月初六日劉以專致林拱辰信函」，收於黃富三等解讀，何鳳嬌、林正慧、吳俊瑩編輯，「八月初六日劉以專致林拱辰信函」，《霧峰林家文書集：墾務・腦務・林務》，頁144-145。

交公泰腦數先將十二月分列呈，正月分當即分別飭勇往查，俟回並錄總單，交原使帶上，毋庸錦注。以後如在北向公泰支銀若干，煩為示悉，以便按算腦售何價，並祈指南是盼。[123]

據上，劉增榮呈報林拱辰（1892或1893？）年12月份繳交公泰洋行之樟腦交易數，並繼續查報次年1月分之數額。

某年（2月？）4日，劉增榮再報稱：

後龍腦數派勇往查，回至大甲溪水阻隔，迨今晚始到，致延兩天。茲將正月分各腦長出腦斤數，並公泰十二月分來往數目統列呈覽，希為覆核是禱。[124]

此函顯然是上函之續，報告正月份後龍所收各腦長所交之腦數，以及上一年十二月份與公泰來往之數。

(2) 雲林、集集兩棧

林家之樟腦業亦向內山擴張，雲林、集集亦崛起為製腦重地。

（1892？）年（4？）月18日，萬鎰致林拱辰信函稱：

頃又接雲局……信謂雲、集兩棧，以三月十五日止，付交公泰栳一萬……斤，內雲局6,642斤、集集一萬斤。……弟詢之以專，帳房內又無存儲，不得不……於芝翁寄存項內暫挪三百金

---

123 「正月廿七日劉增榮致林拱辰信函」，收於黃富三等解讀，何鳳嬌、林正慧、吳俊瑩編輯，《霧峰林家文書集：墾務・腦務・林務》，頁296-297。

124 「初四日劉增榮致林拱辰信函」，收於黃富三等解讀，何鳳嬌、林正慧、吳俊瑩編輯，《霧峰林家文書集：墾務・腦務・林務》，頁298-299。

交以專，明日派妥人送交君定兄以濟一時之急。[125]

據上，雲林局來信表示雲林和集集兩棧，至3月15日止，已付交公泰洋行一萬餘斤樟腦；而現在腦棧需款甚急，不得已暫挪將臺灣縣黃承乙寄存之300兩，交劉以專，19日派人送交腦戶定記之曾君定以應急需。按，君定即曾君定，乃林家之腦戶。

　　某年某月4日，劉增榮又向林拱辰報告集集、雲林腦棧稱：

> 集棧來信稱：正月分收腦2千836斤，雲棧諒亦無加，雖公泰尚未派人到收，如要向支腦價亦可。按額現年腦售公泰何處、何價？敢煩示悉。嗣後開單俾好核算雲、集之腦。弟經請逸翁電催公泰速派人設棧到收矣。如逢順便，祈再函追為是。但腦消耗甚多，不堪久積，故有此請耳。[126]

據上，集集棧1月分收腦2千836斤，雲林棧諒亦無加。而公泰已經在後龍設棧收腦，但集集、雲林仍未設，因樟腦容易揮發，請公泰早日往設。可見訂約後，後龍、集集、雲林腦棧所收之腦數每月繳交樟腦。

　　集集位於深山內，較晚興起為樟腦重要產地。乾隆36年，漢人入墾；40年，開柴橋頭莊，45年，屯田莊形成。[127]山區滿佈樟樹、相思

125　「十八日萬鎰致林拱辰信函」，收於黃富三等解讀，何鳳嬌、林正慧、吳俊瑩編輯，《霧峰林家文書集：墾務・腦務・林務》，頁334-337。

126　「初四劉增榮致林拱辰信函」，收於黃富三等解讀，何鳳嬌、林正慧、吳俊瑩編輯，《霧峰林家文書集：墾務・腦務・林務》，頁300-301。

127　黃炎明、林明溱主修，陳哲三總編纂，《集集鎮志》，頁67。

樹、杉木、楠木、破布子、油茶、竹類。[128]光緒4年，苗栗客人林阿琴移居社子（水里鄉）設灶熬腦，其後腦工商賈雲集，腦業大興。[129]光緒10年，一英商派沈鴻傑至此設立瑞興棧，次年更多客家人進入製腦，而瑞興棧遭災轉讓英商怡記棧。光緒12年，德商聘高拱辰來，創設東興棧；此外，又有英人之公慕棧、廣記棧、昌記棧、怡記棧、仁沙棧、公和棧、大川棧、美打棧等，以及臺人之定記棧、錦勝棧、大修棧等，腦館共13家。[130]沈鴻傑亦開設腦館，販售香港，在廣盛宮有其鎖贈之「荷德如山」匾。[131]按，廣盛宮又稱天上宮，乾隆58年（1793），楊東興捐資募款，建媽祖廟，12月完工。光緒18年颱風倒塌，林天龍首倡，沈鴻傑、高拱辰、林蔭動、張大治等董事，向13家腦館募款400餘元重修，光緒20年（1894）10月28日完工。[132]

　　光緒12年，臺灣府經歷陳世烈，駐紮於斗六，劉銘傳命築城雲林坪，13年2月3日完成。又設雲林撫墾局，自任委員，招撫沿山郡番16社、生番37社，共丁四千餘人，又奉臺澎道臺陳鴻志之命，募民拓墾集集埔，在此題「化及蠻貊」碣。[133]

　　由於腦業興盛，光緒10年，設腦務局於集集徵稅，16年設兵營於吳厝（營仔），建營舍40餘棟，勇300多人巡灶。中路腦務總局設四腦務局，徵銀排名為：大嵙崁；大湖（罩蘭）、集集街、林圯埔。集

128　黃炎明、林明溱主修，陳哲三總編纂，《集集鎮志》，頁714-716。
129　黃炎明、林明溱主修，陳哲三總編纂，《集集鎮志》，頁71。
130　黃炎明、林明溱主修，陳哲三總編纂，《集集鎮志》，頁723。
131　黃炎明、林明溱主修，陳哲三總編纂，《集集鎮志》，頁72；林文龍，〈沈鴻傑與集集樟腦業〉，頁35-42。
132　黃炎明、林明溱主修，陳哲三總編纂，《集集鎮志》，頁638；林文龍，〈沈鴻傑與集集樟腦業〉，頁35-42。
133　黃炎明、林明溱主修，陳哲三總編纂，《集集鎮志》，頁858。

集街灶，伍佰餘份，月實徵銀二千餘元至三千餘元。[134]

由上可見，林家與公泰在後龍、梧棲、雲林、集集四處設有腦館或腦棧交易樟腦。

樟腦之交易通常是公泰收腦後支付腦金。如某年有一案例稱：

> 茲將公泰由台北來銀數目列呈：五月初十日來平6,200兩。五月廿九日來平2,000兩。六月初三日來平2,000兩。八月分腦價交傑夫來平4,000兩，九月分腦價來平4,000兩。[135]

據上，雙方每月交易樟腦與支付腦金。

（三）繳交樟腦之爭議

然而，顯示繳交予公泰行之樟腦在經手過程曾有爭議，如支付、品質及秤量問題。

1. 支付製腦費用問題

如前所述，腦商常向官府或林家預借腦本，再以樟腦抵還。

某年（4？）月18日，萬鎰致林拱辰信函稱：

> 項間後壠來函云，我處在北已收公泰二萬元，故後壠不肯付銀，特令天生來墩取銀五百兩，以濟桄本……帥諭姑俟問明，

134　黃炎明、林明溱主修，陳哲三總編纂，《集集鎮志》，頁714。

135　「拾貳早劉增榮致林拱辰信函」，收於黃富三等解讀，何鳳嬌、林正慧、吳俊瑩編輯，《霧峰林家文書集：墾務・腦務・林務》，頁322-323。

即行籌寄。[136]

據上，腦本不足，向公泰借支遭拒，但公泰洋行因已先付2萬元，故不肯付銀，只得至大墩林朝棟軍營取銀500兩。

又有貼挑工問題，光緒18年某月29日，葛松齡致林拱辰信函稱：

> 公泰合約已立，便付上，請即轉呈總統憲收存為要。維〔惟〕有雲、集之銀項，令貼挑工不肯，約可由後壟交繳，仰〔抑〕或在台北交繳，經聽憲截〔裁〕。[137]

據上，公泰已簽立合約，但雲林、集集之挑工銀項，不肯另外貼補。原因當是二棧在內山，需加挑工費用，顯然公泰不願支付，因此葛松齡建議由後壟或台北繳交樟腦。

2. 腦耗

某年（2月？）4日，劉增榮報告正月份後龍、集集、雲林腦棧所收之腦數，稱：

> 集棧來信稱：正月分收腦2千836斤，雲棧諒亦無加，雖公泰尚未派人到收，如要向支腦價亦可。按額現年腦售公泰何處、何價，敢煩示悉，嗣後開單，俾好核算雲、集之腦。弟經請逸翁

136　「十八日萬鎰致林拱辰信函」，收於黃富三等解讀，何鳳嬌、林正慧、吳俊瑩編輯，《霧峰林家文書集：墾務·腦務·林務》，頁334-335。

137　「廿九日葛松齡致林拱辰信函」，收於黃富三等解讀，何鳳嬌、林正慧、吳俊瑩編輯，《霧峰林家文書集：墾務·腦務·林務》，頁96-97。

電催公泰速派人設棧到收矣，如逢順便，祈再函追為是。但腦消耗甚多，不堪久積，故有此請耳。[138]

此件顯示公泰已經在後龍設棧收腦，但集集、雲林仍未設，請公泰早日往設收腦，以免樟腦積久揮發，造成損失。

3. 品質爭議

某年某月6日，陳澄波致林拱辰信函稱：

> 其樟栳一節，敢煩我兄代弟回明統帥，春栳如何，煩為賜示來知，弟方可料理，免致公泰行貴夥刁難。因為新缸初出，栳有些少缸灰，他云是腦腳栳腳曾重□幼砂粉，年廿九日挑到廿余担，不收挑工。初四日來湖報知情形，弟隨即函請，若些少新缸之砂不害於栳，亦可仍然照收。是否至今未有回信，未知如何定奪。[139]

陳澄波是大湖裕豐腦館負責人，其腦送至梧棲、後龍交予公泰。他報稱春栳因新缸初出，裡面有些砂粉，遭公泰行夥刁難，乃致函稱對樟栳無害，請其照收。結果如何，未有資料。

---

138 「初四日劉增榮致林拱辰信函」，收於黃富三等解讀，何鳳嬌、林正慧、吳俊瑩編輯，《霧峰林家文書集：墾務・腦務・林務》，頁298-301。

139 「初六日陳澄波致林拱辰信函」，收於黃富三等解讀，何鳳嬌、林正慧、吳俊瑩編輯，《霧峰林家文書集：墾務・腦務・林務》，頁282-284。

4. 公泰行經手者詐欺問題

另外，公泰行經手者亦有詐欺問題。某年3月3日，劉增榮致林朝棟信函：

> 查雲、集正、二兩月共計收腦萬餘斤，尚存己棧。因公泰棧司事木量不公，迴異尋常，交腦過踏，吃虧太多，故未交付。公泰司事異常辦〔辨〕法，似勒我腦無門發售，非蒙統帥函請公泰行總辦，飭該司事照約交收，則吃虧有日，食甘無期，必至腦腳散去矣。[140]

劉增榮向林朝棟報梧棲、後龍腦棧出腦數額，並稱「雲、集，正、二兩月共計收腦萬餘斤，尚存己棧」，原因是「公泰棧司事木量不公，迴異尋常，交腦過踏，吃虧太多，故未交付」。他並請林朝棟「函請公泰行總辦，飭該司事照約交收，則吃虧有日，食甘無期，必至腦腳散去矣」。

某年8月20日，劉以專致林拱辰報稱：

> 昨據君定兄來函稱，集集公泰繳腦屢次虧失太多，甚為不解，著棧夥細查，窺見木量鎚偷粘鉛片半斤，所以然也，飭腦暫儲不繳等語。務祈回明統帥，通飭公泰行總辦，設法交關之

---

140 「上巳後一日酉刻劉增榮致林朝棟信函」，收於黃富三等解讀，何鳳嬌、林正慧、吳俊瑩編輯，《霧峰林家文書集：墾務・腦務・林務》，頁306-309。

誼。[141]

據上，劉以專已查出集集公泰繳腦之弊端。按，君定即曾君定，乃林家之腦戶。

（四）雙方合作之終止：原因、時間

林朝棟與公泰之合作最後中斷了，但確切原因、時間一直未經考證。

1. 雙方合作終止之原因

蔡青筠是林朝棟合組商號的合夥人，稱林朝棟與公泰終止合作的原因，是林朝棟在樟腦增產超過 4 萬斤後欲漲價，而公泰不同意，乃將溢額之腦，與蔡燦雲合資成立「福裕源」號，配腦至香港。按，蔡青筠，原任職於蔡燦雲設在鹿港的「勝記」號，光緒20 年5 月半，應其聘至汴子頭負責相關業務，直至日人領臺後實施樟腦管理政策之1896 年為止，前後 7 年，因此熟知此一合夥商號之歷史。[142]

其它作品大多沿襲此說，如鄭喜夫之《林朝棟傳》。[143]然而，另一可能是公泰洋行希望減價而協商破裂。蔡青筠亦稱，光緒 20 年香港腦價腰斬，「從前每一百斤可售洋銀六、七十元，近則因出腦過多，洋商有意貶價，祇得三十餘元」。[144]而如上所述，光緒18年10月

141　「八月廿日劉以專致林拱辰信函」，收於黃富三等解讀，何鳳嬌、林正慧、吳俊瑩編輯，《霧峰林家文書集：墾務‧腦務‧林務》，頁152-153。

142　蔡懋棠，〈鹿港綠香居主人自述〉，頁 89-90。

143　鄭喜夫編著，《林朝棟傳》，頁 77。

144　蔡懋棠，〈鹿港綠香居主人自述〉，頁 87。

18日，葛松齡致林拱辰、萬逸翁信函稱：公泰行東畢第蘭認為次年香港腦價會降，故「照原價必須再減」。[145]因此主因當是公泰認為須減價，而林家不允。

光緒20年，果如畢第蘭所言，香港腦價大跌。當年5月12日（1894年6月15日）上海《申報》報導稱，[146]光緒20年5月香港腦價腰斬，每一百斤從洋銀六、七十元，跌至三十餘元。可見主因是臺灣樟腦增產太多，以致價崩，而公泰要求降價，林家卻不肯。

此外，光緒18（？）年7月18日，楊淵卿致林拱辰信函稱：

> 林倬雲於十七日病故，諒畢地蘭必再撥他人接辦，其咱樟腦數目定必會對，見字務祈就緊預備，庶免臨時周章。[147]

林倬雲應是公泰行買辦，於7月17日病故，事務由他人接辦，此或許亦影響雙方之合作。

2. 合作終止之時間

據上所述，公泰認為光緒19或20年腦價看跌，可能不再續約或修改合約而降價，因此合作關係終止時間當是光緒19年12月30日。原因是：

---

145 「十月十八日葛松齡致萬鎰、林拱辰信函」，收於黃富三等解讀，何鳳嬌、林正慧、吳俊瑩編輯，《霧峰林家文書集：墾務、腦務、林務》，頁64-73。

146 〈臺嶠採風〉，《申報》，光緒20年5月12日（1894年6月15日），版2。

147 「七月十八午楊淵卿致林拱辰信函」，收於黃富三等解讀，何鳳嬌、林正慧、吳俊瑩編輯，《霧峰林家文書集：墾務、腦務、林務》，頁518-519。

(1) 林家文書最遲年代為光緒 19 年（癸巳），合約是前一年先訂，因此當終止於光緒 19 年 12 月 30 日，換算陽曆為 1894 年 2 月 5 日。[148]

(2) 如前所述，公泰洋行認為腦價將下降而要求減價，而林朝棟不允。當光緒 20 年腦價陷於低谷時，林朝棟為尋找出路，同年 5 月轉而自設商號，即與蔡燦雲、曾君定合資組「福裕源」號，配售樟腦至香港。[149]換句話說，光緒 19 年 12 月 30 日林朝棟終止與公泰洋行合作後，方設立「福裕源」號。

另外，日治時，1899 年林季商（林朝棟之子）呈報稱，1894 年公泰行與葛盈豐、林如松、陳裕豐、黃錦輝、曾慶豐因香港腦價跌至原約之下，乃「各停舊約，另議新章」，三個月內不受漲跌影響。[150]按，葛盈豐（葛竹軒）、林如山（林超拔，懋臣）、陳裕豐（陳汝舟）、黃錦輝（黃南球）、曾慶豐（曾君定）均係林朝棟轄下之山區腦商主持人，如林季商所述屬實，則林朝棟至少部分樟腦可能仍與公泰洋行訂有合約，由其出口。此有待蒐集更多史料確認。

總計，林朝棟與公泰洋行雙方的合作時間，可確定的是從光緒 17 年 1 月 1 日起至光緒 19 年 12 月 30 日，前後三年。但1894 年林朝棟轄下部分腦商可能仍與公泰洋行另訂合約，由其出口。

148　薛仲三、歐陽頤編，《兩千年中西曆對照表》（臺北：華世出版社，1977），頁378-379。

149　蔡懋棠，〈鹿港綠香居主人自述〉，頁87。

150　黃富三等解讀，何鳳嬌、林正慧、吳俊瑩編輯，《霧峰林家文書集：墾務、腦務、林務》，〈（五）劉增榮發信〈信函內容簡介〉〉，頁 294-295。〈臺中縣下林孝商及林允卿開墾認許地所有認可願聞置ク〉，《臺灣總督府公文纂》，第536冊，第10號，頁 1。

第四節　林家之自製自銷：自設商號、洋行之競合

　　林朝棟與德商公泰洋行在光緒19或20年間結束合作後，自組商號經營外銷，以產銷一貫型態經營，亦與其它洋行或本地商人有競合關係。以下分論：一、投資創設「福裕源」商號；二、其他洋行之競合；三、與本地商人之關係。

一、投資創設「福裕源」商號：光緒20年5月—21年3月

　　林朝棟與與公泰洋行結束合作關係，時間可能是光緒20（或19）年，並創設商號直接經銷樟腦，終止合作的原因有不同說法。據說是，林朝棟原本與公泰洋行簽約，押櫃銀4萬元，每月交樟腦4萬斤；其後熬腦增至4萬斤以上，欲漲價，不被公泰接受，乃將溢額之腦，與蔡燦雲合資配售香港。[151]然而，據林朝棟文書，光緒18年10月18日，葛松齡致林拱辰、萬逸翁信函卻稱，公泰洋行畢第蘭云「明年腦價必定降疊〔跌〕，照原價必須再減」，而葛松齡回稱「價總不能少」、「其價須加增」，[152]因此是畢第蘭要求減價而葛松齡不答應，林朝棟乃與公泰結束合作。

　　光緒20年，如畢第蘭所言，香港腦價大跌。5月12日，上海《申報》報導稱：

　　　　從前每一百斤可售洋銀六、七十元，近則因出腦過多，洋商有

151　蔡青筠，〈鹿港綠香居主人自述〉，頁89。

152　「十月十八日葛松齡致萬鎰、林拱辰信函」，收於黃富三等解讀，何鳳嬌、林正慧、吳俊瑩編輯，《霧峰林家文書集：墾務‧腦務‧林務》，頁64-71。

意貶價，祇得三十餘元，……[153]

香港腦價每百斤從60、70元，腰斬至30餘元，林朝棟為了尋找出路，光緒20年5月，轉而與蔡燦雲、曾君定合資組「福裕源」號，配售樟腦至香港。[154]

　　林朝棟之所以與蔡燦雲合作是因雙方早有來往，林家文書留有部分相關資料，大多是光緒15-17年有關木材、米等雜貨之運銷業務。[155]「福裕源」號原先設在集集（今南投縣集集鎮），光緒20年遷設於汴子頭，可能因此地接近梧棲，方便運交樟腦出口。蔡青筠原任職於蔡燦雲設於鹿港之「勝記」號，於光緒20年5月半應蔡燦雲之聘至汴子頭，負責相關業務，直至1899年日人實施樟腦專賣為止，前後7年。他原本之任務主要是售米、木材等雜貨，接「福裕源」樟腦業務後，極為忙碌。不過，時運不佳，清廷在甲午之戰失敗，光緒21年割讓臺灣，命令官員內渡回大陸，包括林朝棟。蔡青筠稱：

乙未之春，林朝棟……割地既定，二月中使劉以專來汴，停止福裕源生理，三月結算清楚，始換勝記枑館口麥頭，而生理歸燦翁統一矣。

可見光緒21年2月，林朝棟派劉以專至汴子頭與蔡燦雲商議，並於三月結束「福裕源」之業務。

153　〈臺嶠採風〉，《申報》，光緒20年4月8日（1894年5月12日），版2。
154　蔡青筠，〈鹿港綠香居主人自述〉，頁87
155　黃富三等解讀，何鳳嬌、林正慧、吳俊瑩編輯，《霧峰林家文書集：墾務‧腦務‧林務》，〈（一）〉蔡燦筠發信（信件內容簡介），頁446。

然而，不久香港腦價竟然大漲。蔡青筠稱：

> 日軍……七月初九抵彰化，香港栳價大起，百斤由七十元疊升
> 至百元左右，……故其年得利十六萬餘元。苟非蔭堂心虛抽回
> 生理，則林得利十之七五，何能專歸於燦翁？

據上，光緒20年7月，「香港腦價，每百斤由70元猛增至100元左右，當年得利16萬餘元。林朝棟的股份高達七成五，因脫手反而錯失賺取厚利時機。

臺灣腦價亦水漲船高，由23元被增至47、48元，因此增加許多樟腦商號，蔡燦雲進一步與三家合組行號，即：
(1) 錦勝號：與允卿（即萬安舍），即林文欽
(2) 勝山號：林懋臣（即烏九頭），即林超拔
(3) 勝春號：林慶生
三家商號均在汴子頭，由他經理。三行均有「勝」字，代表蔡燦雲之股東身份，但不知其持股比例。而三家至少二家均與林朝棟有關，允卿（萬安舍），即林文欽，乃堂叔，林懋臣即林超拔，又號烏九頭，乃其部屬；但林慶生，不詳，應與林家亦有關係。[156]

蔡燦雲結束與林朝棟之合作後，勝記「自整栳於南港山，計栳寮六百餘，栳社（灶）四百有奇」，[157]擴大經營規模。

1895年，日本領臺初期，由於無力兼顧山區事務，故僅發布管理規章與稅則，如1895年10月31日，發布官有林野及樟腦製造業取締規

---

156 蔡青筠，〈鹿港綠香居主人自述〉，頁89-90。
157 蔡青筠，〈鹿港綠香居主人自述〉，頁92。

則，[158]其它大都維持舊慣。總督府甚至承認林家的權益，林家仍有相當廣大的產腦區，並許保留隘丁，維護山區生產秩序。[159]在此不贅。

二、其它洋行之競合

由於樟腦有國際市場，除公泰行外，亦有其它洋行欲分一杯羹，如魯麟（魯仁）洋行、瑞記洋行及珍寶公司等，文書顯示他們與林家有競合關係。

（一）魯麟（魯仁）洋行之競爭

某年1月18日，鄭以金（？）致林拱辰信函，請示林朝棟，有關東勢、罩蘭整栳之事：

> 茲弟前蒙統領大人面諭整栳之事，隨即招集栳戶派買缸鍋，併由撫墾局議定山界。現聞台北洋行亦該處整栳，議論紛紛，該栳腳亦是心身兩地。但本前初六日總辦委員與統領酌議，未知總歸何人舉辦，弟本欲親到稟見，因統領駕臨台北，故特修前來問候。但東勢與罩蘭總歸一手舉辦，抑或而洋行分辦，煩祈賜悉。[160]

158　〈官有林野及樟腦製造業取締規則〉，日令第26號，1895年10月31日發佈，參見《臺灣樟腦專賣志》，頁92；「官有林野及樟腦製造業取締規則」，《臺灣總督府公文類纂》，第8冊，第1號，甲種永久保存。

159　黃富三，〈臺灣總督府樟腦專賣政策與霧峰林家〉，頁6-7。

160　「元月十八日致林拱辰信函」，黃富三等解讀，何鳳嬌、林正慧、吳俊瑩編輯，《霧峰林家文書集：墾務‧腦務‧林務》，頁420-421。

可見除公泰外，台北其它洋行亦至中部山區尋找商機，而且撫墾局總辦（林維源）亦派委員與林朝棟商議，可見垂涎於樟腦之利者甚多。但其後無下文，中部腦務仍是林朝棟獨攬大權。

某年某月5日，葛竹軒致林拱辰信函稱：

> 又聞魯林〔按：麟〕之惱〔腦〕腳，而今皆以〔已〕進山煎熬。是以渠見十三分著急，擬及明早赴墩，但不知懋臣兄可在彼處否，如有他往，希即專勇速請來墩，須可晤時面議是禱。[161]

可見魯麟洋行的腦腳已入山熬腦，因此葛竹軒甚為緊張，打算前往大墩，並請林拱辰通知林懋臣（林超拔），速來大墩商議製腦事宜。

某年某月29日，陳澄波致林拱辰信函：

> 但盈豐腦長各節章程，業經議定，俟四月初一日歸弟運交後壠。……。雪都翁之樹香樟無多，將來整灶無幾，清水坑庄番未定，兼之魯麟爭整大湖之栳，難以興旺，初一日定然接辦，萬望賜示來知，就可照行。[162]

據上，陳澄波（陳汝舟）已經取得大湖樟腦運銷權，但稱「清水坑庄番未定，兼之魯麟爭整，大湖之栳，難以興旺」。可知競爭對手乃魯

161 「初五日葛竹軒致林拱辰信函」，黃富三等解讀，何鳳嬌、林正慧、吳俊瑩編輯，《霧峰林家文書集：墾務‧腦務‧林務》，頁130-131。
162 「廿九日陳澄波致林拱辰信函」，黃富三等解讀，何鳳嬌、林正慧、吳俊瑩編輯，《霧峰林家文書集：墾務‧腦務‧林務》，頁276-279。

麟洋行，可見林朝棟與公泰解約之後，不少人想分樟腦業一杯羹。按，清水坑位於原桃園縣龍潭，「雪都翁」是何人？待考。

（二）其它合作之洋行：瑞記洋行

林家與公泰解約後，亦有其它合作之洋行，文書中出現一家，即瑞記洋行。

如前所述，某年某月某日，蔣士栢（柏）致潘雪仁信函稱，公泰、魯仁二洋行在大湖急於晉山製腦，勸他先入山訂約。[163]按，潘雪仁是潘光松（1852-1896），字雪人，又號霜。父潘永清與板橋林維源合作在馬武督、大料崁等北部山區造林、墾田、製腦等，與霧峰林家亦有密切來往。因此潘光松亦林朝棟開山撫番工作，因而與棟字各營官員受保獎，獲得五品功牌；曾任廣東試用巡檢、武弁統帶鎮守南崁；士林名紳潘永清之子日治之初任士林街保良分局正主理，葬於內湖。[164]蔣士栢（柏）是瑞記洋行代理人，與潘家關係密切，並合作經商。他與潘永清之弟潘成清等五人，曾組成五人公司「金寶泉」承包金沙業務。[165]上述之「寶珍公司」是否即是「金寶泉」，待考。

（1894？）年某月16日，葛松齡致林拱辰、林如松信函稱：

> 爹厘士輪船[166]本日進口，腦已上船，□□等定明早上船，四點

163　「蔣士栢致潘雪仁信函」，黃富三等解讀，何鳳嬌、林正慧、吳俊瑩編輯，《霧峰林家文書集：墾務・腦務・林務》，頁416。

164　黃富三等解讀，何鳳嬌、林正慧、吳俊瑩編輯，《霧峰林家文書集：棟軍等相關信函》，〈（八）潘光松發信（信函內容簡介）〉，頁140-141。

165　TAIWANUS.net臺灣海外網，「臺灣人的臺灣史－郭弘斌編著」，檢索日期：2015年6月10日，網址：http://www.taiwanus.net/history/3/63.htm。

166　爹厘士輪船：指名為Thales的輪船，為道格拉斯汽船公司之輪船，主要為往

鐘開，諒二十可抵香港，回墩總須十二月望後也。總領未知何日回營，年內款甚急〔拮〕据。但年內之腦未悉若何，現香港腦價只有卅八元，但此昇降不定。現台南有人要採？倘憲意有欲售之見，祈電知，弟方可設法。香港住瑞記棧洋行，下幫輪船諒在廿六日可到安平……大湖館中諸事，伏祈關照為盼。[167]

據上，林家已自行運銷樟腦至香港，而合作的對象是瑞記洋行，葛松齡至香港即住在此處。瑞記洋行的買辦或負責人是蔣士柏，林家需與他聯絡以瞭解樟腦運銷香港情形。

瑞記洋行代理人蔣士栢與林家亦有密切往來。某年3月16日，陳鴻英致林拱辰信函：

到瑞記，蔣士栢往枋橋〔今板橋〕陸自牧家中未回，俟明早再行往晤。通挪一節，適該行戶赴廈〔廈門〕採貨未回，大約三、五日可歸，俟商妥即行飛告清聽。[168]

返香港、安平間，每月航行三次。推測為西元1883-1902間。張麗芬，〈日本統治下之台灣樟腦業（1895～1919）〉（台南：國立成功大學歷史語言研究所碩士論文，1995），頁74。

167　「十六夜葛松齡致林如松、林拱辰信函」，收於黃富三等解讀，何鳳嬌、林正慧、吳俊瑩編輯，《霧峰林家文書集：墾務‧腦務‧林務》，頁100-103。

168　「三月十六夕四鼓陳鴻英致林拱辰信函」，收於黃富三等解讀，何鳳嬌、林正慧、吳俊瑩編輯，《霧峰林家文書集：墾務‧腦務‧林務》，頁358-361。

又，某年3月17日，陳鴻英又致林拱辰函：

> 囑往瑞記探詢我處雲、集腦係二月間起運，至今曾否到港？現
> 今香港腦價是否39元？當即往查。緣瑞記行蔣士栢先往枋橋，
> 繼往大嵙崁未回，詢諸伊夥均不得而知，容俟專信大嵙崁問明
> 蔣士栢，抑吾兄就近函詢，均無不可。[169]

據上，陳鴻英（陳杰夫）訪瑞記之蔣士柏，以瞭解「雲、集之腦曾否
到港」，以及「現今香港腦價是否39元」。前述及蔣士柏希望潘雪仁
至大湖，與林朝棟訂約，當已成功訂約，合作運銷樟腦至香港。可惜
資料太少，無從進一步瞭解。

三、旗下之腦戶（腦商）

（一）林良鳳：腦戶

如前所述，光緒14年3月，林良鳳請墾東勢角抽藤坑之地，中路
罩蘭等處撫墾委員梁成 發林良鳳請墾沿山地區，開墾東勢角抽藤坑
之地。據中路罩蘭等處撫墾委員梁成栴所發東勢角抽藤坑墾首林良鳳
勘丈墾地之墾單，其地界是「東至桂竹壟嶺為界，西至矮山仔坑為
界，南至林鳳鳴墾地為界，北至大河為界」。他是客家人，與劉龍登
等為東勢角、水底寮主要製腦商，熬腦交與林家公館，再售予公泰洋
行出口；一生設腦寮、開糖廍，「發跡於寮莊廍」，「振家聲於坑口」，

---

169 「三月十七夕陳鴻英致林拱辰信函」，收於黃富三等解讀，何鳳嬌、林正
慧、吳俊瑩編輯，《霧峰林家文書集：墾務・腦務・林務》，頁364-365。

卒於1914年。[170]

　　光緒18年10月2日，林良鳳致林拱辰信函：

> 弟現年蒙統帥之山費三百元尚未繳完，煩 宗兄撥駕至統帥尊
> 前代言奉說，祈將此山費記在腦簿，按月繳完，其作椪本與前
> 時所借椪本，一切扣清。[171]

光緒18年10月20日，林良鳳又致林拱辰信函稱：

> 弟於初六日到貴館與統帥結算上賬，并功料、山杉以及腦本暨
> 既抵扣清款，只有山費300元尚未抵扣該項，弟與統帥尊前面
> 說分明。茲初七算賬之後，經向劉師爺〔劉以專〕撥出佛銀
> 100兩，此項按作十一、十二月繳椪抵扣清楚，十七日專工前
> 來繳腦單14碼，此三、四又繳五碼，計共19碼尚未領銀。似此
> 以來月結中出腦，必有具勝〔剩〕。因此現下無銀開，腦腳難
> 以招呼，其椪勢必稀少。見片煩閣下代言，與劉師爺台前稱說
> 要撥出洋平100兩，前抵之賬按月扣完，再無失約。[172]

170　光緒14年，〔清冊〕（中路罩蘭等處撫墾局委員梁成枏呈送勘丈墾地發給墾
　　單），《淡新檔案》，17339-19號；黃富三等解讀，何鳳嬌、林正慧、吳俊
　　瑩編輯，《霧峰林家文書集：墾務、腦務、林務》，〈（八）林良鳳發信
　　（信件內容簡介）〉，頁382。

171　「壬拾月初貳林良鳳致林拱辰信函」，收於黃富三等解讀，何鳳嬌、林正
　　慧、吳俊瑩編輯，《霧峰林家文書集：墾務·腦務·林務》，頁386-387。

172　「壬十月廿林良鳳致林拱辰信函」，收於黃富三等解讀，何鳳嬌、林正
　　慧、吳俊瑩編輯，《霧峰林家文書集：墾務·腦務·林務》，頁388-389。

據上，林良鳳需繳山費，並繳腦單，當是林家之腦商無疑。

　　林良鳳亦需林朝棟之助，方能維持其生產秩序。光緒18年11月28日，林良鳳致林拱辰信函稱：

> 此廿六日愚挐獲陳大清[173]一名，乃是前時之腦腳，計欠三十餘元，自去歲正月間逃走下山，從別腦戶煎腦，未有回家。此次回家遇見，向討前欠，置之罔聞，投明鄉長指交向追，聲稱欲請官押放等情。愚具稟一道，懇　大人飭勇解營追辦。[174]

據上，林良鳳是腦戶，對腦腳陳大清之欠30餘元，從上一年1月逃走至其它腦戶煎腦，被他拿獲追討欠款被拒，因此請林朝棟「飭勇解營追辦」。

（二）定記：腦戶

　　定記乃霧峰人曾君定之商號，係林家合作之對象，腦館設立地點應該是集集。

　　光緒18年3月2日，劉以專致林拱辰信函：

> 本處雲、集腦本，承示由謝公[175]通挪，但竹兄廿七日雲回稱，

173　陳大清：從本件文書可知為東勢腦腳之一，欠債於林家，遭林家告官追債。

174　「十一月廿八日午刻林良鳳至林拱辰信函」，收於黃富三等解讀，何鳳嬌、林正慧、吳俊瑩編輯，《霧峰林家文書集：墾務‧腦務‧林務》，頁398-399。

175　謝公：指雲林知縣謝壽昌。

謝公為乏項就延赴北。定記觀其拮据，自未敢啟齒，祇得窮困
莫可言宣等因。[176]

據上，曾君定之商號欠缺腦本，林拱辰原擬由雲林知縣謝壽昌挪
借，但謝也乏項，曾君定因而不便啟齒。

又，光緒18年8月20日，劉以專又致林拱辰信函稱：

定記前對雲邑貳千借領，已領清楚。此去買腦乏項，請回帥聽
或仍付領字向雲邑通挪，或籌現銀，希速為妙。[177]

據上，定記是林家合作甚至是林家安排之在集集設館之腦商，雙方有
生意往來。

（三）振裕號：腦戶

振裕號是另一腦戶，光緒18年12月22日，振裕號致林拱辰信函
稱：

刻付工人繳出栳單五碼，祈為注賬。速即望為再撥出洋平100
兩，攜交向哥帶入，切勿失悞。其往來之賬，該項或長或短，
侍〔待〕至新春繳腦抵扣。[178]

---

176 「上巳前一夜劉以專致林拱辰函」，收於黃富三等解讀，何鳳嬌、林正
　　慧、吳俊瑩編輯，《霧峰林家文書集：墾務・腦務・林務》，頁138-139。
177 「八月廿日劉以專致林拱辰信函文書」，收於黃富三等解讀，何鳳嬌、林正
　　慧、吳俊瑩編輯，《霧峰林家文書集：墾務・腦務・林務》，頁152-153。
178 「壬十二月廿二日振裕號致林拱辰信函」，收於黃富三等解讀，何鳳嬌、

振裕號向林家繳樟腦，應是腦戶無疑，但其背景待考。

（四）林靜雲、協順昌

此外，尚有其它關係較遠之商行。光緒20年8月（？）月25日，葛松齡致林拱辰信函：

> 樟栳之事近有洋商及林靜雲、協順昌等號來商明年之議。弟云已有人按押櫃四萬元，價增多少未定，先各號先後計按押櫃萬元，借款萬元，弟全不理會。[179]

據上，有洋商及林靜雲、協順昌等號，欲與林家訂次年買腦之約。

葛松齡又於光緒20年某月7日，致林拱辰函稱：

> 昨夕接靜雲兄來電，催電覆定期立約。……。[180]
> 今午靜雲處已出押櫃貳萬元，價加乙元，弟尚未允約，廿七日定議，大約靜雲成盤大面矣。明年茶厘亦係他包辦，照舊價加壹萬六千兩，已批准。[181]

林正慧、吳俊瑩編輯，《霧峰林家文書集：墾務・腦務・林務》，頁390-391。

179 「廿五夕葛松齡致林拱辰信函」，收於黃富三等解讀，何鳳嬌、林正慧、吳俊瑩編輯，《霧峰林家文書集：墾務・腦務・林務》，頁80-81。

180 「初七午葛松齡致林拱辰信函」，收於黃富三等解讀，何鳳嬌、林正慧、吳俊瑩編輯，《霧峰林家文書集：墾務・腦務・林務》，頁74-75。

181 「廿五夕葛松齡致林拱辰信函」，收於黃富三等解讀，何鳳嬌、林正慧、吳俊瑩編輯，《霧峰林家文書集：墾務・腦務・林務》，頁82-85。

據上，林靜雲亦一腦商，似乎可成交，但其後未見下文。

（五）謙裕（林維源？）

此外，林維源似乎亦是有意買腦。光緒20年8月25日，葛松齡致林拱辰信函稱：

> 至廿早突有郭賓翁來片請弟，云有事奉商，到時云係幫辦交代要商中路樟栳，乃謙裕要買。弟答以前係 大人不受，現有人出押櫃四萬元價未定，據謙裕家長只按押五千元，後添乙萬元，價照舊。弟云如此查〔差〕太多，再四籌思，決辭伊議。恐 我帥又與結怨，此番風波皆由此君而起，若允他，我門〔們〕吃虧不少，總以大局先催〔顧〕，伺後對賓實談商。此番 統領之緊手又兼開空許多，難瞞清聽，現時情願將田出借，幫辦尚不肯應允，如此為難，挪有無利之押櫃，我不代其設法也。照謙裕之議，大人訓示豈敢不遵，奈眼前現打不開，謙裕乃公股之生理，統領係 大人至親，如統領不好看，大人亦有些不雅，煩代碗〔婉〕商。倘不依人所議，虧些亦無防〔妨〕。至次早，弟又往討信，據云只允押櫃、借款各一，價照舊，以為弟言乃虛詞也。弟如別家無多，總不能答應別人，如查〔差〕太多，勿怪與人成盤。[182]

幫辦指的是撫墾幫辦林維源，但似乎未成交。

---

182 「廿五夕葛松齡致林拱辰信函」，收於黃富三等解讀，何鳳嬌、林正慧、吳俊瑩編輯，《霧峰林家文書集：墾務·腦務·林務》，頁80-83。

（六）其它

另外，還有其它競爭之商號，寶珍公司是其一。光緒20年某月某日，蔣士栢致潘雪仁信函。稱：「並呈前日寶珍公司批語，並去歲林有批語，……先用人入山訂，先號定為佳是也。」[183]寶珍公司亦是爭取買腦之腦戶，但不知結果如何。

（七）林家族人

另外，林家亦有不少族人亦欲分一杯羹。？年？月？日致林拱辰信函稱：「諸叔多招腦丁添熬，加借腦口（銀？）」[184]可見林朝棟之叔父輩亦參與製腦。其中最重要的是林朝棟堂叔林文欽，雙方合組「林合號」拓墾山區與製腦。

林朝棟於光緒2年5月內渡後，在漳州辦「樟腦局」，與漳紳陳祖貽（垂我）合作，一度派人來臺雇桮工；[185]據說1915年9月6日被日人處死的「噍吧年事件」烈士林元在大陸曾任腦長。[186]至於林文欽、林紹堂，則留在臺灣繼續經營樟腦業，[187]不贅。

183　「蔣士栢致潘雪仁信函」，收於黃富三等解讀，何鳳嬌、林正慧、吳俊瑩編輯，《霧峰林家文書集：墾務・腦務・林務》，頁417。

184　「致林拱辰信函」，收於黃富三等解讀，何鳳嬌、林正慧、吳俊瑩編輯，《霧峰林家文書集：墾務・腦務・林務》，頁422-423。

185　蔡青筠，〈鹿港綠香居主人自述〉，頁75。

186　鄭喜夫編著，《林朝棟傳》，頁83。

187　黃富三，〈臺灣總督府樟腦專賣政策與霧峰林家〉，頁341-353。

第七章 林家與其它新政
——清賦與營建省城

　　以林朝棟為首的霧峰林家在清法戰爭後，除了在「開山撫番」新政中扮演最重要角色外，亦對其它新政之執行有相當大的貢獻，包括清賦新政之實施、公共工程之推動，如省城之營建。

第一節　清賦新政之實施與施九緞之亂：林朝棟之平亂

　　劉銘傳欲求臺灣財政獨立與推動雄心萬丈的新政，必須廣闢財源，田賦之增加是第一個目標，於是推動清賦政策。林朝棟之態度如何未有具體資料，但基本上並無反對意見，甚至配合執行。然而，因涉及地主之利害，竟引發施九緞之亂，林朝棟扮演平亂角色，而且某種程度影響清賦政策之修正，以及林家與地方社會關係之改善。以下即探討清賦之背景與施九緞之亂前因後果，以呈現林朝棟與林家之角色。

一、清賦之背景：財政、善後總局

　　建省後劉銘傳之新政需款孔急，然而臺灣財政收入嚴重不足，因

此首先請求清廷補助。光緒12年（1886）5月7日，劉銘傳奏稱，臺
灣現在整頓海防，「撫番、招墾，百廢待舉」，而經費「支絀萬分」；
以往福建每年提供「臺餉六十萬」兩，但積欠至「三百餘萬」兩之
多，從上一年5月至今「毫無協濟」，以致財政廢竭。他繼續奏稱，
全臺防軍經裁定為35營、練軍營3營，每年糧餉需約須銀120萬兩，
加上「養船製造員弁薪水、各官津貼」等一切開支，總共須銀150餘
萬兩；而現在「外辦防務，內撫生番」，營勇既無可裁，餘款更難酌
減，而全臺歲入僅約100萬兩。總計缺少50餘萬兩。

因此，劉銘傳奏請由釐金項下每年協銀「二十四萬兩」；閩海關
照舊協銀「二十萬兩」；粵海、江海、浙海、九江、江漢五關，每年
協銀「三十六萬兩」。光緒12年5月26日，上諭：自本年起將議定每
年協濟「臺灣餉銀四十四萬，兩季按先期撥給」，以應要需。[1]據上，
他請求之釐金與各海關協銀共計80萬兩，但清廷只准44萬兩，仍缺
36萬兩。而如前所述，原本有一財源管道是紳民捐輸，但清法之役
結束與分省後，雖然「需款尤煩」，捐輸已停，此一財源亦中斷了。[2]
總之，建省後劉銘傳有多項新政之推動，而財政窘困，至少仍缺36萬
兩，因此須盡力節流開源，乃有各種對策之推出。

（一）節流：簡化行政組織以節省支出

一般說，行政衙門越多，人員越多，薪餉、雜務等支出必增，甚
至因政出多門，產生官僚主義，效率反而變差。這在中國政治體系屢

1　劉銘傳，「陳請銷假到閩會商分省協款情形摺（十二年五月初七日）」，
　　《劉壯肅公奏議》，臺文叢27，頁277-278。
2　劉銘傳，「擬撤糧臺設善後局仍留沈應奎經理片（十三年四月）」，收於氏
　　著，《劉壯肅公奏議》，頁349-350。

見不鮮，劉銘傳似乎意識到這個弊病，因此簡化行政組織。光緒10年12月24日，他會同提督孫開華奏設一個衙門，即糧臺，由沈應奎（前貴州布政使），辦理一切「善後、釐金、鹽務、工程、籌防、清賦」等政務，每年經費僅編8,300餘兩，比起內地各省「一事另開一局」，節省殊多。[3]換言之，他僅設立一個糧臺總管各項新政，均未另開新的衙門，開支自然大減。

然而，光緒13年布政使邵友濂即將到臺任職，而沈應奎因而稟請於閏4底撤銷糧臺，以後收支款目即歸布政使司經理。光緒13年4月，劉銘傳仍然為節約經費，奏請緩撤，理由是：

第一，邵友濂尚無渡臺之期，即便到臺，臺灣「新設省分，不獨書吏全無，亦無辦公住所」。

第二，減少官署與員額：他說因經費有限，屬行節約，「不獨書吏全無」，亦「無辦公住所」，自己渡臺數年，因陋就簡，暫住於淡水縣署，而其中「半係草房」，非地方至急至要之務，「不敢浪用一錢」。因此，他奏請等邵友濂到任布政使後，再裁撤糧臺，並仿照福建「設立善後總局」，統一管理新政，以節省經費。[4]

第三，建省後，劉銘傳亦不設按察使司。按，一省最重要官衙是巡撫、布政使司、按察使司，布政使司管民政、財政等，按察使司則管司法。由於以往臺灣道臺被授予按察銜，兼管民事與輕刑訴訟案件，劉銘傳為節約開支，不另設按察使司，繼續由臺灣道臺兼任。

由上可見的策略是精簡行政機關，減少支出以供新政之用。

3　劉銘傳，「擬撤糧臺設善後局仍留沈應奎經理片（十三年四月）」，收於氏著，《劉壯肅公奏議》，頁349-350。

4　劉銘傳，「擬撤糧臺設善後局仍留沈應奎經理片（十三年四月）」，收於氏著，《劉壯肅公奏議》，頁349-350。

二、改革土地制度、增加田賦：清賦之推動

　　當然，更重要的是開源。由於劉銘傳有雄心建設臺灣為模範省，以求自給自足，[5]光緒12年4月，他奏稱：值此財用坐匱乏之際，百廢待舉之時，不能不就地籌劃，期於三、五年後，「以臺地自有之財，供臺地經常之用」，庶可自成一省。[6]如何開源呢？田賦一向是傳統中國政府之主要稅收來源，自然成為劉銘傳改革之首要目標，因此積極推動清賦新政。

　　荷蘭人1624年領臺後即推動重商主義的三角貿易政策，1630年代，進一步獎勵漢人移居臺灣發展以米糖為主的農業，並形成農商連體經濟，直至戰後1960年代方逐漸轉變為工商經濟。[7]其中統治臺灣長達212年的清代是農業全面開發的黃金時代，西部大平原迅速由「鹿場」化為田園。首先，臺灣農業條件佳：擁有熱帶至溫帶的多元地形、高溫多雨的氣候，有利農業之長期發展。其次，政治社會條件亦有利，臺灣位於清帝國之新的邊陲，有較自由的發展空間，中國高度發展的精耕農業，移民透過水田化運動，迅速創造成農業天堂，產生豐厚的財富。[8]因此增加田賦是擴大財源的首要管道。

　　其次，臺灣二百多年的快速發展，土地與賦稅制度也產生不少流弊，亦有必要改革。劉銘傳為改革土地制度與增加賦稅收入，乃提出「清賦」政策，其主要項目可歸納為：改革土地制度、清丈田園、修

5　黃富三，〈臺灣史上第一次土地改革〉，《中華文化復興月刊》（臺北），93（1975.12），頁31。

6　劉銘傳，「量田清賦申明賞罰招（十二年四月十八日）」，收於氏著，《劉壯肅公奏議》，頁303。

7　黃富三，〈臺灣農商連體經濟的興起與蛻變〉，頁1-2。

8　黃富三，《臺灣水田化運動先驅：施世榜家族史》，頁62-67。

正統一稅率。

（一）改革土地所有制以擴大稅基：廢大租、一田一主

清代自18世紀之初，大陸人口壓力大增，缺糧嚴重，而臺灣地曠人稀，移民大舉入臺。為了迅速發展農業，他們發展出合墾式的「墾戶制」，即墾戶擔任土地取得與主導拓墾規劃之責，佃戶則從事實際的開發工作。

首先，土地開墾權由墾戶取得。按，臺灣之土地，依所有權分民有地、官有地、番地三類。民有地乃明鄭漢人已開墾之地，入清後歸民所有，大多在南部；番地為原住民生活領域，官有地則為無主之地，大多在中、北部，移民須取得之地主要為中、北部的番地與官有地。因所有權不同，其取得方式亦有異。

1. 官有地

對官有荒地，人民須申請墾照，取得墾戶資格。第一道手續是報墾。順治元年（1644），規定「地方官招徠流民，……開墾無主荒田，給以印信執照，永准為業」，因此有能力者可向官府申請墾荒。接著，官府接受申請後須派員查勘，條件是墾地須是無礙民番之所有地，並在有關地方公布5個月無異議者，方發下「墾照」給申請人，成為「墾戶」。[9]最後，限年墾成課稅（陞科），建立「業戶」。通常墾地範圍極廣，四至面積亦未確定，須俟墾成後報稅，方定甲數；至

9　臨時臺灣土地調查局編，《大租取調書》（臺北：株式會社臺灣日日新報，1904），頁4-5；臨時臺灣土地調查局編，《清國行政法：臨時臺灣舊慣調查會第一部報告》（臺北：台灣舊慣調查會，1910-1914），頁339。

限期未墾成，則喪失墾權，官府可另行招墾。雍正元年（1723）前之墾成年限，田、園一律10年，後改為水田6年、旱田10 年，不等。墾戶墾成田園報稅後，繳交田賦（正供）即為「業戶」，方擁有土地所有權，其後發展為大租戶，承擔繳納田賦之責。[10]

2. 番地

絕大部分墾地取自原住民，其方式最複雜。取地之合法方式是買賣、租典，但清初有護番政策，禁止租典、買賣番地。至雍正2年（1724），方准租典，乾隆53年，方准已賣斷漢人之番地登記陞科。因此早期漢人以各種手法取得番地，包括強力、和平二方式，引發不少漢番衝突事件。[11]

漢人合法取得之墾地有早期已墾之民有地，但主要為官有地或無主荒地，亦即向官府申請墾地，執行墾戶制。此制含有強烈的合作性質。原因是開墾荒地須要相當大的資金，多數墾戶並非大富豪，而且墾業成敗難卜，獲利時間也不定，多數墾戶採合資式的，以墾號向官府登記。如康熙48年開墾台北盆地的「陳賴章」墾號，由6家合作組成。又如新竹竹東一帶山區的「金廣福」墾號，乃客家人（姜秀鑾）與閩南人（林德脩、周邦正）在道光14年（1834）後組成者。[12]亦有獨資者，例如施世榜（施長齡）、張達京（張振萬）等，而即使獨資

10　黃富三，《臺灣水田化運動先驅：施世榜家族史》，頁339。

11　黃富三，〈清代臺灣之移民的耕地取得問題及其對土著的影響（上）〉，頁19-36；〈清代臺灣之移民的耕地取得問題及其對土著的影響（下）〉，頁72-92。

12　蔡淵絜，〈合股經營與清代臺灣的土地開發〉，《歷史學報》（臺北），13（1985.6），頁275-302。

亦常是家族合資者。

再者，墾戶所申請開發的荒地極其廣闊，並無足夠的資金、人力
進行開墾工作，如何解決此一難題呢？先民創造了另一合作模式。辦
法是墾戶將荒地分成小塊，招承墾者，自備資金、勞力，負責實際的
開發工作，稱為「佃戶」；他們在墾成的田園擁有永耕權（永佃權）。
如此一來，墾戶底下有無數的佃戶分頭拓墾，不須多費力氣，而佃戶
因有永耕權，為早日創造利益，自然全力以赴，進行拓墾。這是一種
上下位階的合作型態。初步估計，採用此種分工合作者佔七、成以
上，此可說是臺灣迅速開發的祕訣所在。例如康熙48年台北盆地墾戶
陳賴章之墾照稱：「招佃開墾」。[13]雍正11年（1733）彰化縣楊秦盛「給
佃批」稱：「付佃（王及歡）自備牛車、種子前去耕作」。[14]換言之，
佃戶自始即付出勞力、資金，因此擁有強有力之永耕權，久之發展為
準所有權，而可自由處置，如買賣、租、典等，一田二主的大小租制
乃出現。大致上，原墾戶變為業戶，再變為大租戶；原佃戶另招現耕
佃人，變為小租戶，成為第二個地主。事實上，大租權最後演變為收
租權，失去土地處置權，小租戶反而成為實質上的地主。清代臺灣土
地所有權（大小租制）之演變史大致如下：

第一階段：墾戶（墾權）──佃戶（使用權）

第二階段：業戶（所有權，納稅，收租）──佃戶（永耕權，繳
租）

第三階段：大租戶（收租權，納稅，收大租）──小租戶（處置

13　臺灣銀行經濟研究室編，《清代台灣大租調查書》，冊1（臺北：國史館台
　　灣文獻館，1994），頁2-3。

14　臺灣銀行經濟研究室編，《清代台灣大租調查書》，冊1，頁61-62。

權，納大租，收小租）──現耕佃人（耕權，納小租）

　　此外，也有一種變形的業戶（大租戶）。有一些早期開墾者為了避免與官府打交道，如取得業戶權、繳賦等手續，請有力人士充當業戶，代辦一切手續，因此他們名為佃戶，實際上自始即為土地的開墾者與所有者；至於業戶只是掛名的，形同稅務代理人。在彰化地區有不少這類業戶。推測其產生之因是，資力較少、地位較低之自墾者佔墾番地後，尋找有力人士充當業戶，解決法令上的難題。如霧峰林家開台祖林石及其他番界拓墾者。[15]

　　目前所見最早的大租記錄是雍正10年（1732）12月，彰化縣給貓霧 六館業戶之一的陳周文之墾照，內稱，承番開墾地界，址在貓霧 東堡，「所完大租乃業戶陳周文自收；供、耗採業戶應完」[16]，即業戶陳周文應該繳納正供與耗羨之田賦，而自收小租戶（佃戶）所繳之大租。

　　「小租」名稱的出現較晚，其中一個原因是水田化後，佃戶可將多餘的田出租，坐收其利，稱「小租」。所見最早的小租記錄是乾隆18年（1753）鍾復興所立「蒸嘗合同文」，內稱，此田預立為蒸嘗，遺下與弟瑞若兄弟管收耕作，三面言定，供納小租「一十二石，大租係瑞弟耕作之事」。[17]

　　由於官府只認定業戶（大租戶）為土地所有人，負責繳納正供（田賦），而小租戶則僅繳交大租給大租戶，卻享有收受現佃人小租之權，且可自由買賣，形成一田二主制，也造成地權之混亂與田賦收

15　黃富三，《霧峰林家的興起》，頁82。
16　臺灣銀行經濟研究室編，《清代臺灣大租調查書》冊1，頁8-9。
17　臺灣銀行經濟研究室編，《清代臺灣大租調查書》冊1，頁195。

入之不足。

　　光緒12年，劉銘傳奏稱：

> 臣渡臺以來，細訪民間賦稅，較之內地，未見減輕，不勝驚愕
> 久之，察所由來，皆係紳民包攬。如某處有田可墾，先由墾首
> 遞稟承包，然後分給墾戶。墾首但呈一稟，不費一錢，成熟
> 後，墾首每歲抽租一成，名曰「大租」；又有「屯租」、「隘
> 租」諸名，不可枚舉。究之正供糧課，毫無續報升科，如臺
> 北、淡水，田園三百餘里，僅征糧一萬三千餘石，私升隱匿，
> 不可勝窮。[18]

據上，租稅除正供田賦外，尚有「屯租」、「隘租」等各色名目，而
官府所徵收田賦卻極為有限，如北臺廣大地區只征糧「一萬三千餘
石」，隱田甚多。

　　大小租制也累積不少問題。[19]

　　1.業主權的糾紛：田籍混亂，人田不符。依原始的定義或以法律
的觀點看，土地的業主權應歸大租戶，但後來的演變是土地的控制權
已操在小租戶手中。《諸羅縣志》載：久之，「佃丁自居於墾主，逋
租欠稅，業主易一佃，則群呼而起，將來必有久佃成業主之弊」。又
載：「佃丁以田園之典兌下手，名曰田底，輾轉授受，有同買賣，或
業已易主，而田仍虎踞，將來必有之弊。納戶可移甲作乙，胥必飛張

18　劉銘傳，〈量田清賦申明賞罰摺（十二年四月十八日）〉，收於氏著，
　　《劉壯肅公奏議》，頁304。
19　黃富三，〈清代臺灣的土地問題〉，頁20；黃富三，〈臺灣史上第一次土地
　　改革〉，頁29。

作李，田籍日淆，虛懸日積」。[20]

　　據上，原本佃丁之點兌田園不斷私自買賣，有形成「一田三主」之可能。地權如此複雜，應予改革。

　　2. 納稅僅限大租戶：以往官府只認大租戶為業主而納稅，然小租戶已經成為實質地主，且收益日增，卻不必納稅。這不但影響稅收，也不公平。

　　3. 一田二主，增加佃農與社會的負擔：佃人須負擔兩個地主的地租，不勝負荷，而社會平白多了一群不耕而食的寄生階級，全賴他人供養。

　　不論小租戶之形成方式為何，歷史發展促成他們演變為實質地主，可自由買賣與調整租額，而大租戶只剩收租權。況且，道光20年田賦由納穀改為納銀制後，大租戶之實質所得大減，因而逐漸沒落，而小租戶所得仍增加。[21]

　　清賦政策的目的之一是廢除大租戶而以小租戶為唯一地主，負擔田賦，因小租戶人數遠高於大租戶，稅基擴大，稅額方能大增。

（二）清丈土地：清查隱田以增加課稅

　　清領臺灣後，田園一直沒有全面清丈整理過，田園確數多少無由得知，墾多報少情形相當普遍；而小租戶勢力日漸膨脹，往往將土地私相典賣，以致業戶不明，造成地籍混亂，甚至有豪強之輩，霸佔兼併，有田而無賦；力耕小民，有賦而無田。[22]避稅之主要方法有三

20　周鍾瑄，《諸羅縣志》，卷6，〈賦役志・戶口土田・田園賦稅〉，頁95-96。

21　黃富三，《臺灣水田化運動先驅：施世榜家族史》，頁229-230。

22　劉銘傳，「整頓屯田摺（十三年八月初二日）」，收於氏著，《劉壯肅公奏

種：

　　1. 墾多而報少：這種情形由來已久，初賦率極高，墾戶不得不如此以減輕負擔；且當時臺灣乃海外孤島，官力有所不逮，管理調不易，故墾戶得以欺瞞。雍正4年（1726），尹秦在「臺灣田糧利弊疏」上說：「將成熟之田以多報少，欺隱之田，倍於報墾之數」，原因是臺灣賦率太高，現徵科則「計畝分算，數倍於內地之糧額，若非以多報少，不能完納正供。」[23]但也有心存欺隱以逃賦者，劉銘傳奏稱：「自道光初年報升之後，續墾田園，輩相欺隱。」[24]墾多報少在新開發地區可說是不可避免的現象，臺灣隱田特多。

　　2. 冒番業：番社常將土地私租予漢民耕作而收番大租，而漢民也樂於如此以逃避田賦義務。

　　3. 虛報流失：臺灣地處亞熱帶，夏秋多大風雨，甚至颱風雨，熟田常有一夜之間化荒壤者。逢此情形，可向官府報流失，免科稅，有些佃棍常藉水沖沙歷名義欺騙，報以避稅。[25]

　　光緒12年4月18日，劉銘傳「量田清賦申明賞罰摺」奏稱：

　　　　道光間，通計全臺墾熟田園三萬八千一百餘甲，又
　　　　三千六百二十一頃五餘畝，穀種折地一千四百三十餘畝，年

議》，頁306。

23　「雍正四年御史尹秦臺灣田糧利弊疏」，收於臺灣銀行經濟研究室編，《福建通志臺灣府》（臺北：臺灣銀行經濟研究室，臺文叢第84種，1960），頁158。

24　劉銘傳，「臺畝清丈將竣擬仿同安下沙定賦摺（十三年九月二十四日）」，收於氏著，《劉壯肅公奏議》，頁308。

25　劉銘傳，「整頓屯田摺（十三年八月初二日）」，收於氏著，《劉壯肅公奏議》，頁306。

> 征粟二十萬五千六百餘石，餘租番銀一萬八千八百餘元。至
> 今數十年，墾熟田園，較前已多數倍。統計全臺額征銀八萬
> 五千七百四十六兩，洋銀一萬八千六百六十九元，穀十九萬
> 八千五十七石，久無報丈升科。[26]

據上，從道光年間，「墾熟田園，較前已多數倍」，卻無報丈升科，
因此劉銘傳採取清丈隱田工作。

如何清丈呢？辦法是由大陸內地選調廳縣佐雜三十餘人，分派至
南北各縣，然後，「各縣選派正紳數人，先行會查保甲，就戶問糧」，
向各戶主課徵糧餉，接著清丈田園面積。為執行清丈工作，劉銘傳委
派臺灣府知府程起鶚、臺北府知府雷其達，各設「清賦總局」，督率
其下各級衙門推行；至於賦稅輕重，清丈後再議定。[27]

（三）修正、統一稅率以維公平

清賦前臺灣存在着複雜的租稅問題，既不易管理，也不公平，須
予以統一訂定。[28]

1. 臺灣民田稅：重而賦率不一

清代臺灣賦率在劉銘傳賦前凡經三變。

第一期、康熙23年至雍正7年：清統一臺灣後，將鄭氏田歸民

---

26 劉銘傳，「量田清賦申明賞罰摺（十二年四月十八日）」，收於氏著，
    《劉壯肅公奏議》，頁303-304。
27 劉銘傳，「量田清賦申明賞罰摺（十二年四月十八日）」，收於氏著，
    《劉壯肅公奏議》，頁303-304。
28 黃富三，〈臺灣史上第一次土地改革〉，頁29。

業，並定賦率：上則田每甲徵粟8.8石，園徵4石；中則田每甲徵粟5.5石，園徵2.4石，[29]與鄭氏時期相較加重了，與內地相比更是苛重。康熙年間，首任諸羅知縣季麒光稱：

> 臺灣有三大患……一曰賦之重大也……況田租之嚴重者莫如蘇松二府，每畝輸納一斗五、六升至二斗止矣：今田園一甲計十畝，徵粟七、八石，折米而計之，每畝計四斗、三斗五、六升矣。[30]

據上，臺灣田園一畝徵4斗或3.5、3.6斗，遠高於蘇州、松江二府之每畝1.5斗、1.6斗至2斗，亦即2倍以上。何況蘇、松二府是江南土壤肥沃的魚米之鄉，是清朝財稅的最重要來源。

《諸羅縣志》亦載：

> 內地上則田一畝，各縣輸法不一，約徵折色五、六分以極一錢一分而止，而以最重者而論，田十一畝三分一釐（按即一甲）不過徵銀一兩二錢二分零。臺灣之田，上則每甲每年徵粟八石八斗，即穀價最賤時而論，每石不下銀三錢，凡徵平色二兩六錢四，……不止加倍於內地矣。[31]

29　高拱乾，《臺灣府志》（臺北：臺灣銀行經濟研究室，臺文叢第65種，1960；1696年原刊），卷5，〈賦役志・田賦・臺灣府〉，頁126-127。

30　「康熙中諸羅縣知縣季麒光條陳臺灣事宜文」，收於臺灣銀行經濟研究室編，《福建通志臺灣府》，頁155-156。

31　周鍾瑄，《諸羅縣志》，卷6，〈賦役志・戶口土田・戶口土田考〉，頁87。

據上，經換算以一甲論，內地最重者徵銀1.22兩，臺灣上則田徵2.64兩，可見田賦比內地高一倍以上。

第二期、自雍正7年至乾隆9年：雍正9年論：自7年以後，田園依據福建同安則例陞科，故賦率輕。[32]其率：田科1.7583石，園科1.7166石。

第三期、自乾隆9年至光緒7年：此期所墾田園悉照同安則例，分上、中、下定額徵賦。

三個不同時開墾之田園存在不同稅率，甚不合理。

2. 官租名目繁多：管理、徵收困難

官租有官莊租、隆恩租、屯租、養贍租等，複雜無比。康熙年間，全臺官佃墾成的官莊田園共9,765甲，每年徵銀28,527兩。由於是官租，每年都要奏銷，但自嘉慶之後，「墾不報陞，坍不請豁」，制度大壞，而徵額日虧。[33]

劉銘傳之改革是依據田園之地點、肥瘠統一，照「同安下沙成例，分則配征」。光緒13年9月24日，他上「臺畝清丈將竣擬仿同安下沙定賦摺」稱：

> 悉照同安下沙成例分則配征，化甲為畝，以一甲作十一畝……
> 凡地丁糧耗等款併入正供，並化穀價折征，提供正供。每十一
> 畝，上田征銀二兩四錢六分零，中田征二兩零，下田征一兩六

32　范咸，《重修臺灣府志》（臺北：臺灣銀行經濟研究室，臺文叢第105種，1961；1747年原刊），卷5，〈賦役志・戶口・鳳山縣〉，頁167。

33　劉銘傳，〈釐定全臺官莊田園租額摺（十五年十二月十九）〉，收於氏著，《劉壯肅公奏議》，頁321-322。

錢六分零；上園視同中田，中園視下田，其下園及下下之田，
土地貧瘠，下下園照下下田遞減。此外，沿山、沿海及墾荒未
熟各田園，暫時予剔除。[34]

據上，將地積計算化甲為畝，以一甲作十一畝，依照等則徵如下：

上田：2.46兩　　中田：2.0兩　　下田：1.66兩
上園：2.0兩　　中田：1.66兩　　下園、下下田：依照貧瘠度地減

　　綜上，劉銘傳溫和的土地改革方案有其合理性，且田賦收入也
大增。光緒13年12月出告示，公布一完整賦率表，包括補水、平餘
銀，[35]並以光緒14年為起徵年，全臺年徵銀5,129,696兩，加上補水
平餘銀128,242兩、官莊租額28,000餘兩，總共674,468兩，較舊額
之183,366兩多徵491,502兩，除補水平餘之128,242兩，實增363,260
兩。[36]所增之稅額極大，對財政有甚大之助益，而且土地制度由一田
二主逐漸走向簡明的一田一主型態，實是一大進步。

34　劉銘傳，〈臺畝清丈將竣擬仿同安下沙定賦摺（十三年九月二十四
　　日）〉，收於氏著，《劉壯肅公奏議》，頁308-310。

35　岡松參太郎、臨時臺灣土地調查局，《臺灣舊慣制度調查一斑》（臺北：臨
　　時臺灣土地調查局，1905），頁73-74；程家穎撰，《臺灣土地制度考查報
　　告書》（臺北：臺灣銀行經濟研究室，臺文叢第184種，1963），頁17-18。
　　參考黃富三，〈臺灣史上第一次土地改革〉〉，頁34。

36　劉銘傳，「全臺清丈給單完竣覈定額徵摺（十五年十二月十九）」，收於氏
　　著，《劉壯肅公奏議》，頁320；黃富三，〈臺灣史上第一次土地改革〉，
　　頁36。

三、清賦引發之事件：施九緞之役與林朝棟之平亂

如上所述，光緒12-14年，清賦工作大致上順利完成，只餘繳交2兩丈費、發放丈單工作，未料在彰化鹿港突然爆發施九緞之亂。劉銘傳被迫調兵平亂，林朝棟在此役中扮演要角，立下大功，對林家在中部地方社會之角色的蛻變與清賦之結果產生重大影響。

（一）施九緞之亂的爆發

劉銘傳之奏摺與《臺灣通志》留下不少施九緞案卷。[37]另外，《戴施兩案記略》之「施案記略」亦有詳盡紀錄，敘述其經過，可重建史實。[38]

光緒14年，全臺各地陸續完成清丈後發放丈單，但在中部因彰化知縣蔡麟祥病死，乃調淡水知縣李嘉棠接任執行，結果引發施九緞之役。光緒14年6月間，「後山番變」，劉銘傳乃調派南北各軍往勦，因此人心浮動。此時適有「嘉義鄉民械鬥」，以致謠言紛起；他又飛飭統帶武毅軍提督朱煥明，由彰化帶勇300名前往督同所部駐防，以及嘉義武毅右軍右營守備朱家齊巡緝彈壓，「拏辦著名積匪數名」。然而，嘉、彰沿海一帶，「民貧而悍，一夫倡率，群相蟻附」。光緒14年8月29日，彰化縣報稱鹿港鹽館被劫，盜匪「多至數百人，聲言剋期攻城」。此時中路只有武毅右軍提督朱煥明一營，已經調往駐嘉義，留彰防勇無多；道員林朝棟3營分布於內山，劉銘傳乃飛檄飭調

37　蔣師轍等纂，《臺灣通志》，〈施九緞案〉，頁879-882。

38　吳德功，「施案記略」，收於氏著，《戴施兩案紀略》（臺北：臺灣銀行經濟研究室，臺文叢第47種，1959），頁97。

500名出紮彰化。[39]

朱煥明一營至嘉義後，匪首李達、李盤、吳教等一經懲創，即潛蹤逃來彰化，並勾結在逃著匪楊中成，糾約逆首王煥、郎慶章、施九緞，及邀鳳山案匪陳蕃薯等，自稱「順天會主」，嘯聚匪徒謀為不軌，數日後遍地皆匪。[40]

9月1日，彰化土匪愈聚愈多，不下數千人，「圍攻縣城，南北電線俱為毀斷」。劉銘傳檄令林朝棟由葫蘆墩星夜赴援，並飭駐防基隆總兵寶如田，率帶銘軍3營6成隊伍、都司鄭有勤抽帶隘勇500名，均由後壟至大甲會援；又電商閩浙督臣楊昌濬、卞寶第，派撥福寧鎮總兵曹志忠所部4營，乘輪船來臺助勦。[41]同日，署彰化縣知縣李嘉棠專報稱，賊匪佔踞東門外八卦山頂，「分路攻城，勢極洶湧」，他當即招勇粵勇200名，會同棟字正營幫帶林超拔、北路中營署都司葉永輝，協力守禦，並飭已革前署都司洪磐安招集義勇200名助守。[42]

9月1日，朱煥明在嘉義得知彰化被圍後，立即回援，但所帶僅300人。[43]9月2日行抵離彰30里許時，遭匪徒前後被圍，身受重傷，但仍然奮勇衝擊，鏖戰2餘里，因眾寡不敵，血戰至離城5、6里許之白沙坑口捐軀。[44]

關於此後亂事之大致過程是：從光緒14年9月1日起，施九緞以索

39　蔣師轍等纂，《臺灣通志》，〈施九緞案〉，頁879-882；劉銘傳，「彰匪圍城劫館派兵勦平摺（十四年九月二十四日）」，收於氏著，《劉壯肅公奏議》，頁402-406。

40　蔣師轍等纂，《臺灣通志》，〈施九緞案〉，頁883-884。

41　蔣師轍等纂，《臺灣通志》，〈施九緞案〉，頁879-882。

42　蔣師轍等纂，《臺灣通志》，〈施九緞案〉，頁883-884。

43　蔣師轍等纂，《臺灣通志》，〈施九緞案〉，頁879-882。

44　蔣師轍等纂，《臺灣通志》，〈施九緞案〉，頁883-884。

焚丈單為名，率眾圍攻彰化縣城，9月2日朱煥明自嘉義回防，中途被圍殺，9月5日縣城方解圍。

《施案紀略》對此變亂有更詳細敘述。[45]簡言之，即是城外起事者包圍彰化城，李嘉棠在城內帶領文武官員、清丈委員等則分發兵勇，盡力防守，同時札飭各保紳、董，每保召二百名勇丁救援，情勢仍然危急，棟字營副帶林超拔亦在城中協助防守，等待救援。

（二）亂事之因：執法弊病、稅額大增

何以會發生此一亂事？主因是清賦後稅額之大增等，引起紳民之反對，而導火線則是清丈丈費之收繳。茲分數點論述：1.清丈執行弊病、2.執法之過當、3.稅額之大增。

1. 清丈執行之弊病

光緒12年實施清丈，以一條鞭辦理，彰化縣蔡麟祥率巡檢黃文瀚、吳雲孫等，先從橋仔頭起手，大約每甲田「止長加一」，隨丈隨算，若有錯誤者改之，民無怨色。然而，蔡麟祥病逝，李嘉棠接任後，因上游催迫，為加速清丈工作，各保派員清丈，「不先計田之肥瘠，任意填寫」，一年之間，盡行丈完，引發民怨，[46]終於引發亂事。劉銘傳接報後亦稱李嘉棠辦事粗率，紳民嘖有煩言，布政司邵友廉「屢請調委，因地方煩劇，一時擇人未定」，[47]因此特派沈應奎詳細查

45　吳德功，「施案記略」，收於氏著，《戴施兩案紀略》，頁98-101。

46　吳德功，「施案記略」，收於氏著，《戴施兩案紀略》，頁97。

47　劉銘傳，「彰匪圍城劫館派兵剿平摺（十四年九月二十四日）」，收於氏著，《劉壯肅公奏議》，頁405。

辦是否「丈田不公，任聽委員需索」。[48]

　　光緒14年（1888），沈應奎至彰化查案，鹿港紳士進士蔡得芳並各堡紳士報稱，彰化縣知縣李嘉棠性情剛愎，不洽輿情；且「丈田不公，任聽委員需索，因失民心」。因此，在仕紳號召之下，亂民聚集圍城，原本不足千人，9月1日2、3日間，沿海百餘莊暴增至5、6千人。[49]

　　但李嘉棠稟覆沈應奎，反駁稱：「奉飭丈田清賦，各保業戶人等，俱皆踴躍輸將，均願自封投櫃，完納新糧」；惟有鹿港一保紳士疊抗，而施九緞等「謀為不軌」，於是飭令緝拏，但鄭榮、施家珍等人卻「力保其為善人，斷無不法情事」。他並反控稱：8月19日，他自己因公繞道施九緞所居之鏡水莊，觀其動靜，鄭榮、施家珍等官紳「猶為包庇」；9月1日，匪眾圍城，施家珍等仕紳又請求將「丈田圖冊送去賊營燒燬，所有搶劫鹽館圍城各犯從輕辦理」；縣城解圍後，沈應奎、吳宏洛等到彰諭令他們交出首犯，卻反而先行通知告鏡水莊賊匪，「令其遠颺」，然後請兵進勦，兵到時「僅存空屋數椽」。因此他認亂事係「施家珍等主使」。[50]

　　按，施家是鹿港大姓，施家珍是生員，是所謂「紳士訓導」，是當地名紳。[51]他熱心參與地方事務，如道光2年（1822），鹿港文祠中殿毀，他是董事，「施家珍等鳩資重修」，並添建兩廊，光緒4年完

48　蔣師轍等纂，《臺灣通志》，頁881-882。

49　蔣師轍等纂，《臺灣通志》，「施九緞案」，頁881-882；劉銘傳，「彰匪圍城劫館派兵勦平摺（十四年九月二十四日）」，收於氏著，《劉壯肅公奏議》，頁402-406。

50　蔣師轍等纂，《臺灣通志》，〈施九緞案〉，頁884-886。

51　蔣師轍等纂，《臺灣通志》，〈施九緞案〉，頁884-886。

成。[52]

沈應奎調查後，回覆劉銘傳平亂過程如下：

李嘉棠自到彰化，因該縣民氣強悍，以嚴刑峻法遏抑其風，一切詞訟「多以己意斷結，未能悉得其平，輿情因而不洽」。但承辦清丈事務委員各書役則「查無需索實據」。沈應奎又稱：匪犯施九緞等輾轉潛逃，「鹿港營遊擊鄭榮、紳士訓導施家珍、廩生施藻修等具限拏交」，但他們在撤兵之後託詞違抗，「顯係有心庇護，請即一體參革」。[53]

換言之，官方認定施九緞亂事之發生而能潛逃主因是以施家珍為首的地方官紳之包庇，應加革職懲罰。按，施、黃、許號稱鹿港三大姓，尤其是施姓，人多財富而地位高。除施家珍外，「廩生施藻修」亦是要人。施藻修，字悅秋，事件後於光緒14年同遭革職。而後改名施葵，捐監生，光緒19年應試中舉。[54]官方與鹿港地方仕紳之說堪稱南轅北轍，但可確定的是，施九緞起事絕非個別行為，主因應是紳民之反對清賦。

2. 田賦之大增

李嘉棠接任彰化縣令後，因上級催趕完成清丈任務，一年之間，盡行丈完，並催各保領取丈單，繳交丈費每甲銀2元。清丈後，彰化

---

52 「重修鹿港文祠碑記（光緒八年）」，收於臺灣銀行經濟研究室編，《臺灣教育碑記》（臺北：臺灣銀行經濟研究室，臺文叢第54種，1959），頁55-56；「重修文祠碑記（光緒八年）」，收於臺灣銀行經濟研究室編，《臺灣中部碑文集成》（臺北：臺灣銀行經濟研究室，臺文叢第117種，1962），頁59-60。

53 蔣師轍等纂，《臺灣通志》，〈施九緞案〉，頁884-886。

54 林文龍，《臺灣的書院與科舉》（臺北：常民文化，1999），頁168。

彰化縣原賦額三萬多兩，清丈後暴增至「二十餘萬兩」，因此眾委員在縣署西花廳分給丈單，「領者寥寥」。[55]的確，田賦暴增至約七倍，當然引起民怨，尤其是地主。

3. 執法之過當

光緒14年，李嘉棠接任彰化縣令後，為了加速清丈，將二死刑犯釘死北斗、西螺兩處，又將未詳辨之犯人簡燦釘死鹿港大橋，藉以示威。未料誤傳是許貓振，其弟許得龍謀奪，發現不對，但「乘間入街，擁搶鹽館，從者有湖仔內揚中成、番薯莊施慶並餘匪二百餘名」。詳情如下：

> 時彰邑迫領丈單，承領者無多；至於二林、馬芝一帶，或居海濱，或界溪邊，沙埋土瘠，承領更少。邑令李嘉棠見嘉義縣羅建常收繳丈費起色，為上游優擢，因此倍加操切。戊子八月，將稟准在案正法之犯林武、林蕃薯二名帶往北斗、西螺兩處釘死，又將未詳辨之簡燦，捏報病故，帶到鹿港大橋，依樣釘死，將以示威。

8月28日，李嘉棠回彰至鹿港勘查事實真相，許得龍、施慶等人糾眾準備在大路仗截，當時他在鹿港遊擊鄭榮（紹興人）署中，請鹿港紳士為嚮導，由小路回彰化，但施家珍卻以一時召勇不及未協助，因此李嘉棠恨之。[56]

55　吳德功，「施案記略」，收於氏著，《戴施兩案紀略》，頁98。

56　吳德功，「施案記略」，收於氏著，《戴施兩案紀略》，頁97-98。

四、林朝棟之平亂與處理的策略

如前所述，光緒14年8月29日劉銘傳接到彰化縣報告鹿港鹽館被劫，後即飛檄駐防山區的林朝棟調派五百營勇出紮彰化。9月1日後，林朝棟遂展開平亂工作。[57]

（一）林朝棟之平亂

光緒14年9月8日，林朝棟稟報劉銘傳稱：9月6日，他添募土勇1000名，即2營，分別由「從九林福濬、縣丞林文榮」率領，並由彰化縣招集練勇800名，偃旂息鼓，步步為營，紮營於距離北門約一里許的「市仔尾」；當夜亂民攻城，各帶竹梯扒牆，經城頭槍礮抵禦退卻；林朝棟乘其無備，親督林福濬於五更時出擊，管帶棟字副營副將余保元、管帶衛隊把總林青雲兩面接應，城內林超拔聞號開城夾擊，亂民逃奔西門，最後「生擒賊匪六名，陣斬賊首一十七級」，立解城圍，並乘勢奪回八卦山要隘。

接著，李嘉棠飭令洪磐安等督率義勇、粵勇，分頭奪回馬祖廟、番社口各莊；但施九緞、王煥、李達、楊中城等糾合餘黨3000餘人，屯聚離城不足十里的西南角；林朝棟等分兵扼紮要隘，整飭隊伍，會商進勦。

9月11日，李嘉棠專守城內，林朝棟則督帶各營出城攻勦，先派洪磐安及練首李定邦、陳志曾等各率練勇分勦南路浦尾、大岸、頭尾等莊；知縣龍贊綱等率帶粵勇分勦中路頂畬平等莊；北路磚仔窰及中路平和厝兩莊是亂民的重地，「匪悍槍多，匪首俱聚」，林文榮帶領

棟字後營進攻磚仔窯，已革甘肅知縣張紀南隨同林青雲帶隊策應；林福濬帶領棟字前營攻取中路，由三塊厝等莊而至平和厝，文童林朝瑞隨同林超拔帶隊策應；王煥屯駐平和厝，出圍接仗。

林朝棟督催林超拔向北包抄，並令余保元由後掩襲，「環戰兩時之久，陣斬先鋒鄭心丁一名、賊匪三名，奪獲偽旂偽令」；哨官鄭以金異常奮勇，首先衝殺，匪黨棄莊奔潰。磚仔　亦經林文榮、林青雲等同時攻破；並由各營乘勝連破竹圍21處，「陣斬賊首四十一級，生擒八賊，隨時梟示，奪獲竹梯數具，洋鐵籐牌及各項器械無算」，殘餘者向西奔逃。以上為林朝棟平亂之概況。[58]

另外，劉銘傳徵調之南北各路援軍亦陸續到來，竇如田、鄭有勤兩軍初七日至大甲，聞報城圍已解，於9月8日會同牛馬頭（清水）紳士，解散鹿港以東之脅從36莊，13隊到彰化城。15日，吳宏洛一軍，亦會同開復藩司沈應奎馳抵彰城。曹志忠一軍於14日乘輪船抵後壠，但風大未能登岸，17日，另由基隆起早前進，進駐大甲溪、牛馬頭兩處；萬國本一軍，12日由臺南府率隊啟行，進駐嘉義。

劉銘傳又令沈應奎會商吳宏洛乘勢勦辦，務獲首逆，解散脅從。「賊首施九緞、王煥等，屯聚該匪所居鏡水莊，黨羽只數百人」，22日黎明，吳宏洛督帶所部並銘軍、土勇，分三路往攻，及至該莊，餘黨已逃遁，沈應奎出賞購拏，所有脅從全行解散」。[59]

劉銘傳對林朝棟之迅速平亂甚為讚賞，光緒14年9月24日，會同總督卞寶第奏稱：「彰化城垣低薄，素稱難守，道員林朝棟未及

58　蔣師轍等纂，《臺灣通志》，臺文叢130，頁880-881。

59　蔣師轍等纂，《臺灣通志》，〈施九緞案〉，頁879-882；劉銘傳，「彰匪圍城劫館派兵勦平摺（十四年九月二十四日）」，收於氏著，《劉壯肅公奏議》，頁402-406。

旬日，一力解圍破賊，大局即定，實屬忠勇血性，不顧嫌怨，仗義
急公」，因此懇請「將二品頂戴候選道林朝棟賞穿黃馬褂，以示優
異。」[60]按，黃馬褂係帝王之服，林朝棟獲賞是一極大榮譽。

（二）林朝棟之亂事處理策略

亂事平定後，林朝棟之處理基本上採取寬大策略，一反同治年間
林文察對戴亂餘黨時之高壓策略。

1. 對「二十四莊」民不加追究

如上所述，9月11日林朝棟率軍迅速解彰化城之圍後，立即乘勝
追擊，奪回各莊，各軍僅受傷17名，餘眾盡奔浸水莊而去。林朝棟收
軍回城，即日備文稟報劉銘傳獲勝情由，並請為首者偽號公道大王施
九緞、偽號大都督李達「罪在不赦，其脅從罔治」[61]，即絕大部分餘
黨不予究辦。

2. 對首犯施九緞等輕縱

林朝棟雖繼續追捕施九緞等犯，但事實上並未盡全力，因此施九
緞竟安然躲過死罪，最後在光緒16年病死浸水莊。[62]林朝棟可能記取
林文察、林文明在戴潮春之亂後變成地方公敵且幾乎抄家之教訓，轉
而採取與地方仕紳和諧共處之策略。而且可能是主角。按楊氏出身彰
化望族楊志申之後，學養膽識甚高，如前所述，光緒12年曾率莊丁至

60　蔣師轍等纂，《臺灣通志》，〈施九緞案〉，頁881-882。

61　吳德功，「施案記略」，收於氏著，《戴施兩案紀略》，頁101-102。

62　吳德功，「施案記略」，收於氏著，《戴施兩案紀略》，頁100-101；鄭喜
　　夫編著，《林朝棟傳》，頁66。

大隙山（大克山）救援受困的林朝棟，與彰化、鹿港泉州人關係密切，自然不願見他們遭殃。因此，「二十四莊」免遭戰火，喪失身家生命，楊夫人亦力贊。因此光緒15年4月，燕霧保（彰化花壇、大村全部及秀水、員林一部）「二十四莊」紳董共同獻立「德同再造」匾，充分反映感恩之情。此匾仍掛於下厝宮保第第二落堂屋門上。[63]

的確，林家此後不僅蛻變為清廷之順臣，亦成為中部地區政治、經濟以及社會地位最高的家族，深受尊敬愛戴，民間流傳一句話「第一盡忠林朝棟」。

五、施九緞之亂對清賦政策的影響

清賦是劉銘傳重要新政，達到增加賦稅至少40萬餘兩的財政目的，也改革部分土地制度。他自認為是在不增加人民負擔情況下達成，未料引發亂事，甚至引起清廷之究責，不少官員對此一政策有苛評。光緒14年12月13日，軍機大臣字寄11月11日之上諭稱「有人奏疆臣不勝職任據實糾參」一摺：

> 劉銘傳於撫番、清丈，徒事鋪張，致有埠南激變之事；並任用非人，漫視民瘼，以致奸民土匪乘機作亂，官激民變，確有明徵，用人辦事，顛頇竭蹶各節。又片奏彰化各處因科派單費，一鄉盡逃，臺南尤甚；及投效函招各員委署鳳山等缺，變通補署，未免偏私各等語。

據上，有官員痛批其撫番、清丈新政造成番變與民亂，但清廷似未完

63　鄭喜夫編著，《林朝棟傳》，頁65-66。

全聽信，稱劉銘傳自簡任臺灣巡撫以來，辦事尚為得力，「惟恐操之過急，任用或不得人，措置不無失當，以致民心未協，激成近日番變」；但批稱「參摺所陳，均不為無因」，部國將此摺鈔寄劉銘傳閱看，只是希望他「仰體朝廷開誠訓誡、示以謗書之意」，「於摺內所陳，平心省察，據實覆奏」，並期望他「一面清釐正賦，禁革規費，並嚴查貪吏，從重懲辦，勿稍瞻 。」

然而，劉銘傳對這些批評一一反駁，於光緒14年12月16日，上「覆陳撫番清賦情形摺」稱：

一、清丈激變事：對於「甫報升科，旋有埤南激變之事，彰化等處如果官民相安，何忽遍地皆賊？官激民變，確有明徵」之指控，辯稱：

第一，埤南呂家望番變是番民之爭，與清丈無關。

第二，彰化圍城事件是「紳激民變」，鹿港不肖仕紳引起的，並非「官激民變」，地方知名官紳林朝棟、蔡占鰲、洪磐安、楊春華均帶兵勇、團練出力平亂可為證明。

二、任意科派：對於「委員實未丈量，不過意為科派，單內賦額，官可輕重，富者幾罄其家，彰化一鄉盡逃，臺南尤甚，是以升科經久之規，加為官吏勒派之罪」一節，他辯稱：

> 不知清丈圖冊可憑，原契可驗，非將分數、坵段、壤則、戶名，逐一清查，單不能填，賦何由定？若謂隨意科派，轉瞬上下忙，例限綦嚴，縱能欺飾於目前，豈能彌縫於日後？十三年十月，臣已片陳各屬田畝溢額概免究追，由藩司發給丈單為執業之據，仿照江蘇等省，酌收丈費每畝不及二百文，以償經費，各屬清丈給單業將竣事。不料嘉義、鳳山兩縣貽誤事機，

先據清賦局司道詳請二縣先徵新糧，緩收丈費；又值本年夏
秋，臺地穀遭蟲毀，臣即奏明丈費一律緩收，已繳者准抵新
糧，以昭公允。丈費微末，就令照舊抽收，何至罄富民家產？
即尋常小戶亦何至棄田而逃？既謂一鄉盡逃，何又聚數千眾圍
攻縣城，脅令縣官焚燒丈冊？若謂臺南尤甚，臺北單糧收數最
多，追呼更急，何又不肯逃亡？

他又指出臺灣田賦改革之必要稱，臺灣自隸版圖，田賦從未清理，
「臺南糧賦，皆沿鄭氏成規，上則田每甲徵供粟至八石八斗，每石折
收洋銀二圓，其餘徵粟、徵銀，參差不一，兵屯、民畝」，輕重差別
極大；而南北新闢田園，有「大租、隘租、番租、香燈租、通事口
糧」，乃土豪私納之名目，甚為不合理。總之，劉銘傳不認為清賦政
策及其執行有缺失，是中部仕紳存心抗拒，鼓動亂民造成的。

不過，經此事變與清廷之究責，劉銘傳亦妥協修改其清賦政
策。[64]

第一，減低賦率，一律按同安下沙則升科。他奏稱：「此次一律
清丈，仿照同安下沙則升科，計上則田每甲僅完銀四圓零，於臺南固
大為輕減，即臺北亦有減無增。」

第二，由廢除大租戶改為「減四留六」。臺灣大租等項，劉銘傳
稱「初由紳士認墾收租，毫無資本，名為代完正供，其實並無完納，
數十年來，官不清查」，以致於成為各家之世業。他又稱，顧慮就田
間賦、由業戶完糧，恐原大租戶失去田園所有權後，收不到大租，

<hr />

64　前述內容，參見劉銘傳，「覆陳撫番清賦情形摺（光緒十四年十二月十六日
　　臺北府發）」，收於氏著，《劉壯肅公奏議》，頁149-153。

因此飭令臺北府縣商同紳士會商，提出一個折衷辦法：「大租酌扣四成，貼業戶完糧，餘仍照納」，也就是原大租戶仍可收6成地租。至於其它四成貼予新業戶（原小租戶），正供田賦則改由他們承擔。此即「減四留六」。

因此，他奏稱改革後，「紳民鼓舞，上下翕然」，而政府則「綜計全年賦額溢出四十萬」，而民不勞，原因是減重賦之糧，「受惠者咸存餘粟」；徵無糧之地，則執業者獲得所有權，「永杜爭端」；因此是清丈真相之是雙贏或三贏之策。

劉銘傳清賦事業之所以在到達完成階段時推出「減四留六」等政策，是倉促應變或既定政策，有學者認為主要是基於土地、稅收之行政管理的考量，而不是屈就於大租戶反抗的結果。[65]此論基本上無誤，但更正確地說，劉銘傳清賦目的原本就是要增加財政收入以供應其推動新政之需，而他找到臺灣土地與賦稅制度之缺失，企圖改革。然而，做為官員亦須考慮所付出之政治代價，無疑地，亂事是促成具體政策之修正，為消除民怨即以「同安下沙則」之低賦率一體徵收，同時以「減四留六」，保留大租戶之收租權。

至於稅率下降何以仍有人不滿？一者隱田被清出，稅基擴大，課稅面積激增，二者小租戶承領成為納稅戶，因此繳稅的人數增加，負擔亦增加。

不過，土改仍保留大租戶收租權，「一田二主」問題未完全消失。據1899年之統計，大小租戶數如下：[66]

65　李文良，〈晚清臺灣清賦事業的再考察——「減四留六」的決策過程與意義〉，《漢學研究》（臺北）20：1（2006.6），頁387。

66　陳其南，《家族與社會》（臺北：聯經，1990），頁75；臺灣總督府總督官房文書課，《臺灣總督府第三統計書》（臺北：臺灣總督府，1901），卷3。

	臺北	臺中	臺南	宜蘭	合計
大租戶	1,172	8,375	9,131	-	18,698
小租戶	23,153	59,593	56,66	4,296	143,708
佃戶	42,717	72,702	69,654	7,229	192,302
其它	10,201				10,201
合計	77,201	140,290	135,451	11,525	264,867

　　據上，全臺灣大租戶有18,698戶，小租戶143,708，亦即小租戶是大租戶得7.7倍左右，因此納稅戶大增後，稅基擴大，總稅收亦增。就增稅目的來說，清賦也達成其主要目的。至於林朝棟，因迅速平亂，並採取善待亂民的策略，重建在地方社會的良好關係，亦間接有助於清賦事業之完成。

第二節　林朝棟與臺灣省會之營建

　　清代臺灣的發展史大致上是由南而北，政治、經濟、文化中心先在臺南，直至光緒元年北臺灣添設臺北府方北移迄今。然而，為什麼臺中位於西部平原南北交通的樞紐未成為政治中心？事實上，此議早在清末已提出並且幾乎實現，並促成臺中之崛起而取代彰化為中部政治最重要都會，此與臺灣之建省並規劃以臺中為省會有關。

　　光緒11年清法戰爭結束後，清廷下詔臺灣建省，任命劉銘傳為首任巡撫。建省後必須設置省會，經一番爭議後決定設於中部大墩（或橋子頭，今臺中市），設臺灣府與臺灣縣，並在此營建臺灣省城以為全臺之政治中心。霧峰林朝棟在此一政策上亦扮演重要角色，其中因緣值得探討。

　　關於臺中設省會與營建省城問題，一般著作僅約略提及，僅有少數作品有進一步的深論，如《從省城到臺中市：一個城市的興起與發展（1895-1945）》、《臺中公園百年風華》、《臺中公園百年風華》等。[67]然而，因省城、衙門等設施之營建頗多波折，而一手史料有限，有待補充史實。筆者因解讀霧峰林家文書，發現不少相關史料，爰加以引用論述，以瞭解林朝棟在省城之設立與營建中扮演的角色，重構臺中興起之曲折歷史。

一、臺灣省城之決定：岑毓英、劉璈至劉銘傳、林朝棟

　　臺灣歷史發展與貿易港口之興起有關，故有「一府二鹿三艋舺」之說，但何以臺灣省會定於中部大墩（今臺中市）？此與福建巡撫岑毓英、臺灣巡撫劉銘傳有關。

（一）岑毓英之提升中部地位：大墩（橋子頭）之崛起

　　同治13年牡丹社事件後，日本雖退兵，但光緒5年，日本廢琉球改設沖繩縣，對中國海防構成威脅，清廷與日本進行交涉，但始終無結果。清廷為防日本再度動武，因此調貴州巡撫為福建巡撫，主要目的是加強彈灣防務。[68]光緒7年4月岑毓英接任福建巡撫，[69]閏7至8月

67　陳靜寬，《從省城到臺中市：一個城市的興起與發展（1895-1945）》（臺南：國立臺灣歷史博物館，2012）；林良哲等，《臺中公園百年風華》（臺中：臺中市文化局，2003）；沈征郎等，《細說臺中》（臺北：聯合報社，1979）。

68　許雪姬，〈岑毓英來臺背景及其理臺措施之研究〉，收於王國璠總纂，《臺北市耆老會談專集》（臺北：臺北市文獻委員會，1980），頁309。

69　朱壽朋纂，臺灣銀行經濟研究室編，《光緒朝東華續錄選輯》，頁43；黃富三，《霧峰林家的興起》，頁283-284；林文龍，〈清末大甲溪架橋築堤考

來臺巡視，並提出對臺灣防務總體看法。

第一，中部宜建為政治中心：原因是臺灣島嶼狹長，中部居臺灣之中，為國防安全宜建為政治中心，方便策應南北。[70]他對臺灣府（在臺南）知府袁聞柝提議將巡道移駐彰化縣，極表贊同，8月28日奏稱，彰化縣既可居中調度，「又為蓄勢地步，比起「鎮、道、府偏駐臺南一郡」，實更為合宜。[71]

第二，他對中部的防務亦甚憂慮，9月26日奏稱：

> 臺灣防務與內地不同，內地各省僅一、二面臨海，所備者寡；臺灣則一島孤懸、港汊紛歧，乃四面受敵之區。今安平、旂後、基隆、滬尾各口先後雖設有礮臺，而備禦難周。兵法多出其不意、攻其不備，恐敵人由無礮臺之處舍舟登陸，抄襲後路，則中路之彰化、鹿港等處，不可不防。

簡言之，地理上，臺灣四面環海，南北港口設有砲台，但中路彰化、鹿港等處則無，為國防安全之破口。

第三，中部多亂，須強化鎮撫力量：他說臺灣亂事多，朱一貴、林爽文、戴萬生大案「皆起於彰化」；而且彰化、嘉義一帶，「械鬥、搶殺之案層見疊出，往往逃匿番地，鮮有獲案；被其勾引敵人乘虛竄

略〉，《臺灣風物》（臺北）34：1（1984.3），頁30。

70 岑毓英，「興修大甲溪河堤片」，收於臺灣銀行經濟研究室編，《臺灣關係文獻集零》，頁116-117；黃富三，《霧峰林家的興起》，頁283-284；林文龍，〈清末大甲溪架橋築堤考略〉，頁30。

71 劉璈，「稟覆籌議移駐各情由（光緒七年九月十五日）」，收於氏著，《巡臺退思錄》，頁5-6。。

擾，則全臺尤危」，因此必須強化中部防務。

他既然認為政治中心應設在中部，立即劍及履及，9月26日後進行實地勘查。他發現彰化、新竹兩縣交界之大甲溪，「地當衝要，每遇春夏之交，溪水汜濫異常，田地多被衝沒，行人遭溺斃者亦復不少」，影響南北交通，一直是地方之患。他緣溪踏勘後奏稱：

> 查此溪（大甲溪）離海不遠，兩旁背山，寬有六百二十餘丈，
> 地段過闊，既不能建橋梁，盈涸無定，又不能行舟楫；再三審
> 度，惟有開挖河道，即以溪中亂石用篾籠間雜鐵籠，裝築長
> 隄，形如八字，各股溪水束歸河中，流入於海，可用舟過渡，
> 不致為害。另開堰溝，以溉田畝，將兩岸荒地，招佃開墾，民
> 生實有裨益。[72]

簡言之，大甲溪夾於兩山之間，河面寬廣，不能行船，也不能造橋，因此規劃在溪中「亂石用篾籠間雜鐵籠，裝築長隄」，形狀仿照八字，將「各股溪水束歸河中，流入於海」，可以行船過渡；甚至可開堰溝，引水灌溉兩岸荒地，有益民生經濟。

關於大甲溪河隄，他說「須築三、四丈寬，中間雜種竹木，年後根深蒂固，可期堅久」，地方官紳、耆老亦均表贊同，並願於冬季農隙之時「捐助夫役，聽候分派」。至於所需篾籠、鐵籠等物，由臺灣、臺北兩府舊存海防經費開支，並派附近防軍「協力相助」，並訂

72　前述內容，參見岑毓英，「渡臺查明情形會籌防務摺（九月二十六
　　日）」，收於臺灣銀行經濟研究室編，《臺灣關係文獻集零》，頁114-
　　115。

於仲冬再度渡臺，親督開築。因此，他立即號召全臺紳民捐助，興建大甲溪橋樑、堤防。[73]

此外，岑毓英在此前即指示臺灣道臺劉璈勘查堤防之適當地點。劉璈於光緒7年8月29日赴大甲溪上撲子口勘查，12月4日回到臺灣府，12月6日稟報稱：撲子口與土名翁仔地方毗連之間，「兩岸均有石腳，原係沙石結成，雖不甚堅，溪水從未衝塌，似尚可靠，自南至北，計長一百零四丈」，擬建一座104丈的石拱橋，以連通南北岸。[74]按，撲子口在原臺中縣豐原市朴子里，翁仔在豐原市翁明、翁子、翁社等里，位於大甲溪南岸。鄉耆稱，「該處溪口較窄」，可行。其作法是：「分作十數甕，每甕約寬六、七尺，高五丈之譜」，但須僱內地慣造拱橋之石匠到地審量方可定局。[75]建材方面，「橋裏陪石，本地尚可採辦，其作甕披尖露面各石料，須赴內地採運」，工料經費約十數萬兩，須再詳勘。[76]

建橋須大陸材料，但往往不如意。光緒7年12月19日，《申報》報稱：「由船政局代製之鐵籠……每次輪船渡臺只能載十餘個，到奎隆後，無船接運……以民船陸續載赴大甲溪邊」，極為費事；岑毓英

73　岑毓英，「興修大甲溪河堤片」，收於臺灣銀行經濟研究室編，《臺灣關係文獻集零》，頁116-117；黃富三，《霧峰林家的興起》，頁283-284；林文龍，〈清末大甲溪架橋築堤考略〉，頁30。

74　劉璈，「稟奉查勘彰化撲子口等處地形由（光緒七年十二月初六日）」，收於氏著，《巡臺退思錄》，頁6-7；黃富三，《霧峰林家的興起》，頁283-284；林文龍，〈清末大甲溪架橋築堤考略〉，頁30。

75　洪敏麟，《臺灣舊地名之沿革》，冊2上，頁74-75。

76　劉璈，「稟奉查勘彰化撲子口等處地形由（光緒七年十二月初六日）」，收於氏著，《巡臺退思錄》，頁6-7；黃富三，《霧峰林家的興起》，頁283-284；林文龍，〈清末大甲溪架橋築堤考略〉，頁30。

不斷催運，但年底船政局陸續停工，勢必影響工程進度。[77]因此光緒8年岑毓英又渡臺督工。[78]

劉璈對於中部建新都會一事，極力贊同說，大甲溪大肚山以內，周圍數百里，平疇沃壤，山環水繞，最為富庶，「而貓霧捒、上橋頭、下橋頭、烏日莊四處」，尤為鍾靈開陽之所，又有「內山南、北兩水交匯」，通至梧棲海口，而且民船「可通烏日莊」。因此建議在「貓霧捒、上橋頭、下橋頭、烏日莊四處」，擇地建城。他又建議將原奏擬移埔裏社之中路同知，改為「臺灣直隸州知州」，而臺灣巡道、北路副將亦移駐彰化，原彰化縣署改設於鹿港；並改臺灣府為「臺南府」，專轄臺、鳳、嘉、恆四縣」。[79]綜合言之，他建議在彰化設立「臺灣直隸州」，成為中部政治中心，為未來之臺灣政治中心鋪路。

然而，隨後因颱風、暴風雨沖毀大甲溪橋堤，以致於功虧一簣。[80] 從劉璈之建議似乎可看到日後建省之藍圖，但岑毓英在光緒8年調任雲貴總督，計畫遂告中斷。岑毓英在臺灣時間雖短，但影響不小，大甲溪橋堤工程雖失敗，興修期間，結識並提拔臺灣士紳，促成地方豪族之消長，例如林朝棟與黃南球之崛起，而其以中部為臺灣政

---

77 「建橋待料」，收於臺灣銀行經濟研究室編，《清季申報臺灣紀事輯錄》，頁1028。

78 「閩撫駐工」，收於臺灣銀行經濟研究室編，《清季申報臺灣紀事輯錄》，頁1040。

79 劉璈，「稟奉查勘彰化撲子口等處地形由（光緒七年十二月初六日）」，收於氏著，《巡臺退思錄》，頁6-7；黃富三，《霧峰林家的興起》，頁283-284；林文龍，〈清末大甲溪架橋築堤考略〉，頁30。

80 「臺事彙錄」，收於臺灣銀行經濟研究室編，《清季申報臺灣紀事輯錄》，頁1058-1059。

治中心之構想亦其後劉銘傳所傳承。

（二）劉銘傳之定橋孜圖（東大墩）為臺灣省會：彰化、鹿港之爭

　　光緒13年3月20日，劉銘傳在臺北府城具奏稱，臺灣擬修鐵路，「創辦商務，以興地方而固海防」，請旨遵行；內稱，臺灣既經分省，須由中路建設省城，以便控制南北，而「彰化橋孜圖地方」，經前任巡撫岑毓英察看地形，可以建省。按，光緒12年9月，劉銘傳曾經親往察看，認為該處「地勢平衍、氣局開展，襟山帶海，控制全臺」，實堪建立省城。[81]因此定為省會。

　　消息傳出後，彰化鹿港紳民，包括前廣東新興縣知縣蔡德芳、職員鄭茂松、吳朝陽、吳恩波、舉人黃玉書、黃炳奎、莊士勳、訓導劉鳳翔、鄭景奇、吳鴻賓、廩生吳德功等，共22人，呈稟彰化知縣李嘉棠轉呈劉銘傳，請求改設於鹿港。稱：

> 臺灣一島孤懸，南北縣互千餘里，東盡橫山，西臨瀚海；重以土浮民靡，動輒生變；無事則耕漁亦足相安，有事則請兵籌餉，在在仰需內地。伏思開臺之初，建設郡、廳、縣多從海口，意殆為是。獨嘉義一縣城離海稍遠，每遇揭竿，四面受困；歷徵前事，可為寒心。至如彰化城，西離鹿港，不過十餘

81　「臺灣巡撫劉銘傳咨呈臺灣擬修鐵路創辦商務摺片並海軍衙門議覆一摺抄件」，收於臺灣銀行經濟研究室編，《臺灣海防檔》（臺北：臺灣銀行經濟研究室，臺文叢第110種，1961），頁116-123；劉銘傳，「擬修鐵路創辦商務摺（十三年三月二十日）」，收於氏著，《劉壯肅公奏議》，頁268-273。

里，其奈東延內山、平洋遼闊，伏莽滋擾；兼之溪多林雜，防
禦難施。即如同治元年戴逆自內一發，城池立陷；城之西面只
一橋被斷、一竹圍被踞，雖內地大兵數千接屯鹿港，經年莫能
前進。洎乎南北大兵夾擊，收復後猶爭。爰乾隆年間貴西道趙
翼議移彰城於鹿港之說，懇恩入告，事雖未行，要其大意總以
設城距海越近越是也。

此稟之要旨是，臺灣多亂，「請兵籌餉，在在仰需內地」，省會應設
於港口，「距海越近越是」，方便大陸之支援。然而，劉銘傳不同
意設於鹿港之請求，光緒3年4月予以批駁稱，臺灣建立省城控制全
臺，必得形勢可觀，方能建城，「臺灣府為興創之始基，臺北府物產
最富，滬尾、基隆兩口為全臺之要隘」，若該二府紳士於此兩處請建
省城，「尚非謬論」；至於說鹿港，此處「瀕海，地勢低下，水口沙
淺」，不能泊船，蔡德芳等忽請建立省城，「非為控制全臺起見，特
為本地貿易起色耳」；統論全臺局勢，豈有棄中、南、北、前、後
三千里地方，「獨重鹿港一鎮之理」。

　　劉銘傳又批稱：「查該紳士等始議建省必就彰化縣城，繼又稟在
大墩地方，現又稟請於鹿港建省，侈然自大，隨意指陳，直臺灣地方
只有鹿港一鎮最重、臺灣紳士亦只有鹿港最大」，斥為殊屬荒謬。[82]

　　劉銘傳駁回蔡德芳等鹿港仕紳之請，確定建省會於彰化縣橋仔
頭。光緒13年8月17日，他奏稱，彰化橋仔頭地方「山環水複中開平
原，氣象宏開，又當全臺適中之地，擬照前撫臣岑毓英原議，建立

82　「臺灣府行知巡撫劉銘傳批駁彰化縣紳士蔡德芳等請建省會於鹿港議」，收
　　於臺灣銀行經濟研究室編，《劉銘傳撫臺前後檔案》，頁102-105。

省城」；並在彰化東北之境設首府，稱為「臺灣府，附郭首縣曰臺灣縣」。[83]但最後省城座落確定地點是在橋仔頭之東北的東大墩街鄰近地區。

　　臺中盆地原為岸裡社之地，由於漢人之移入、拓墾，逐漸水田化，街庄紛紛出現。最早的街市是犁頭店街（今南屯），雍正4年已有二千餘人，雍正10年，駐紮貓霧束巡檢署，乾隆2年，已經出現犁頭店街之名 。[84]另外，大墩街亦隨之而起，雍正10年，駐紮千總一名，[85]在小山丘上建砲台，故稱大墩。[86]但乾隆51年，林爽文之亂時毀於戰火；但有「慎齋堂」遷此，乾隆54年，街中建「萬春宮」，乃復興；道光4年重修，香火鼎盛；東大墩出現「超然社」文祠，又稱「孔孟堂」。同治元年戴朝春之亂時又毀，淪為廢墟。同治7年後復興，同治13年，林奠國、林朝棟、林志芳等林家人與地方仕紳20餘人倡導，重修「超然社」。[87]至同治12年（1873）出現頂街、中街、下街，並向東擴展，因而出現東大墩街。[88]省會即定於此。

83　劉銘傳，「臺灣郡縣添改撤裁摺（十三年八月十七日）」，收於氏著，《劉壯肅公奏議》，頁284-285。

84　賴志彰，〈臺中市的開發與台中城的闢建〉，《臺中文獻》（臺中），3（1993.10），頁4；岡田隆正編，〈臺中沿革志〉，收於臺中州教育會編，《臺中概況》（臺中：臺中州教育課，1937），頁731-732。

85　賴志彰，〈臺中市的開發與台中城的闢建〉，頁6。

86　張勝彥，《臺中市史》（臺中：臺中市立文化中心，1999），頁27。

87　賴志彰，〈臺中市的開發與台中城的闢建〉，頁7。

88　岡田隆正編，〈臺中沿革志〉，收於臺中州教育會編，《臺中概況》，頁27；氏平要、原田芳之，《臺中市史》（臺中：臺中市政府，1933），頁56；張勝彥，《臺中市史》，頁27-28。

二、省城之規劃：林朝棟之議築土城

劉銘傳決定省會後，因省城尚未營建，仍在臺北府辦公，但由於建省後百廢待舉，省城之營建雖是要政之一，卻歷經延宕與波折。

（一）省城規劃：林朝棟之建議（光緒14-16年）

光緒14年10月16日，劉銘傳因鐵路改歸官辦，經費短絀，奏請挪用原訂用於興建省城之經費104萬兩，俟完工後以鐵路所收腳費歸還，建城時程因此延後。然而，某些官衙已開始興建，光緒15年春，建臺灣府考棚與宏文書院於新臺灣府治。8月，劉銘傳奏請臺灣府城規劃為八門四樓，即：東門為靈威，樓曰朝陽；西門為兌悅，樓曰聽濤；南門為離照，樓曰鎮平；北門為坎孚，樓曰明遠；加上小東門銀安、小西門坤順、小南門巽正、小北門乾健。[89]

光緒16年3月27日，劉銘傳奏准「為臺灣新設郡縣籌撥款項陸續興辦城垣衙署工程請旨飭部立案」，內稱：

> （臺灣）郡縣既設，各工可緩，而城垣保障攸關，衙署、監獄為辦公、羈禁之所，實不可緩。……其臺灣省城並雲林、苗栗兩縣似宜陸續興建。

因此決定臺灣省城城垣及各衙署、監獄。然而，省城基址周圍有11里多，若立即起造磚城，「經費浩繁，一時無從籌集」，怎麼辦呢？為解決經費問題，林朝棟會同代理臺灣縣知縣黃承乙研商，建議先築土

89　李汝和主修，盛清沂等纂修，《臺灣省通誌》，卷首下・大事記（臺北：臺灣省文獻委員會，1968），頁205。

城，其方式是：

> 就地搬運卵石，掘地填基，先築土城。一面開掘城濠，牆外遍
> 栽刺竹，八方四隅，應建城樓、砲臺、水關、閘壩一併陸續估
> 造。[90]

中國城通常是以夯土、磚石築成，但竹城卻是臺灣的特色。[91]清領臺後大多在設治一段時間後方築磚石城，而且多以莿竹、木柵為城，或築土城。[92]按，臺灣遍地產竹，其中刺竹盤根錯節，根部有尖刺，郁永河發現「竹根迄稇以至於葉節節皆生倒刺，往往牽髮毀肌」，稱為惡竹。[93]一般村莊周圍以刺竹圈圍，清領初期亦多以莿竹為防禦工事築城。林朝棟之建議即以夯土興建城垣，其外遍植莿竹，乃是一省錢省工之辦法。事實上，清代築城絕大部分都是民間紳民捐獻建成的，如鳳山石城、彰化縣磚城、淡水廳城、嘉義縣磚城等。[94]

　　劉銘傳並令各縣衙署、監獄先行起蓋，但其知府、武營及院司各衙署，則「俟經費有著，再行接續，分年起建」；至於祠廟、試院，「飭由府、縣邀集紳富，先盡民捐民辦，如果力有未逮，不能全造，

90　劉銘傳，「為臺灣新設郡縣籌撥款項陸續興辦城垣」，收於臺灣史料集成編輯委員會編，《明清臺灣檔案彙編》（臺北：遠流出版公司，2004-），第5輯，冊97，頁188-190。

91　劉淑芬，〈清代臺灣的築城〉，《食貨》（復刊，臺北），14：11&12（1985.3），頁40-41。

92　蕭道明，〈民間社會與臺灣的築城運動（1810-1836）〉，《臺灣風物》（臺北）52：3（2003.9），頁17。

93　郁永河，《裨海紀遊》，頁15。劉淑芬，〈清代臺灣的築城〉，頁44。

94　蕭道明，〈民間社會與臺灣的築城運動（1810-1836）〉，頁25-37。

屆時查看情形，再行籌助辦理」，[95]並盡量「民捐民辦」，如有不足再由官府補助。由此可見他雖重視中部，但仍在臺北辦公，並不急於遷入。

（二）經費：清賦之增額

關於築城經費，劉銘傳奏稱：「查臺灣清賦之後錢糧較舊額現有盈餘」，自光緒16年起，即在錢糧項下分年提撥應用，[96]即以清賦新增之錢糧支應。於是開始展開「臺灣新設郡縣，籌撥款項陸續興辦城垣、衙署工程」，並於光緒16年3月27日獲准報銷；6月22日，閩浙總督卞寶第箚交各屬下辦理，內稱：「臺灣新設郡縣，籌撥款項陸續興辦城垣、衙署工程，請飭部立案一摺，……令將前項工程需費自光緒十六年起，在於錢糧項下每年提撥若干兩，先行按年專案報部，仍於地糧奏銷案內另冊造報，以備查核。」[97]

據上，關於城垣、衙署工程之經費自光緒16年起，由清賦所增之錢糧項下分年支應。

三、林朝棟之主持省城營建：省垣工程支應處

如前所述，劉銘傳先建亟需之城垣、衙署，其他善用地方紳民

95　劉銘傳，「為臺灣新設郡縣籌撥款項陸續興辦城垣」，收於臺灣史料集成編輯委員會編，《明清臺灣檔案彙編》，第5輯，冊97，頁188-190。

96　劉銘傳，「為臺灣新設郡縣籌撥款項陸續興辦城垣」，收於臺灣史料集成編輯委員會編，《明清臺灣檔案彙編》，第5輯，冊97，頁188-190。

97　「臺南府轉知巡撫劉銘傳奏准臺灣新設郡縣興辦城垣衙署工程需費准在錢糧項下提撥奏銷」，收於臺灣銀行經濟研究室編，《劉銘傳撫臺前後檔案》，頁202-203。

力量協助推動工程，「先儘民捐民辦」。[98]至於最重要的城垣，光緒16年，他檄林朝棟督棟軍築臺灣府城牆，紳士吳鸞旂等董其工。[99]按，吳鸞旂之父吳懋建，字景春，曾加入林文察之臺勇，西征太平軍與平定戴潮春之亂，立下不少戰功，因此與林朝棟亦建立密切之部屬關係。[100]吳景春出身府城望族，開台祖吳郡山（又名吳清文、吳敦實），為吳家第十一世，漳州府龍溪縣人，住府城竹仔街。[101]第十五世孫吳景春，娶林奠國之妹林純仁，係林甲寅女婿，移居臺中新庄仔，隨林文察出征，係十八大老之一，戰死漳州，追贈四品藍翎知府。死後由林純仁承管家業，入祀彰化節孝祠，子吳鸞旂繼承，業戶名為「吳樂園」。[102]吳嘉土地甚多，日治時期，估計臺紳財產，依序為板橋林本源、阿罩霧林烈堂、新竹何如、新庄仔吳鸞旂，有地800甲，位居第四位；母林純仁死後入祀彰化節孝祠。[103]

臺灣府城之規劃城址佔地375甲6分多，東邊新莊仔多為吳鸞旂之地，南門附近與考棚東南側係霧峰林家之地，城中央為樹仔腳林家之地，城北與西門外有12甲抄封田。[104]營建之人力主要是運用林朝棟屬

98　劉銘傳，「為臺灣新設郡縣籌撥款項陸續興辦城垣」，收於臺灣史料集成編輯委員會編，《明清臺灣檔案彙編》，第5輯，冊97，頁188-190。

99　李汝和主修，盛清沂等纂修，《臺灣省通誌》，卷首下‧大事記，頁206。

100　黃富三，《霧峰林家的興起》。

101　曾慶國，《吳郡山租館：吳氏家族結社成村的故事》（臺北：臺灣古籍出版公司，2006），頁29。

102　曾慶國，《吳郡山租館》，頁43-44。李毓嵐，〈日治時期霧峰林家的婚姻圈〉，《臺灣文獻》（南投），62：4（2001.12），頁239-240。

103　曾慶國，《吳郡山租館：吳氏家族結社成村的故事》，頁107-109。

104　陳靜寬，《從省城到臺中市》，頁35；岡田隆正，〈臺中沿革誌〉，收在臺中州教育會編，《臺中概況》，頁9。

下的當地棟軍，[105]加上雇用之工匠，據稱由上海招募50名泥水工。[106]
不知泥水工指的是何種工匠，因規劃的是以莿竹環圍的土城，需要的
應是木匠類。林家文書顯示自光緒16年11月6日起即留有不少相關訊
息。[107]

　　劉銘傳奏稱在彰化橋子頭建省城，但實際位置是在東大墩街，有
邱厝溪（今柳川）與大溪（日治時改築為台中公園）相夾。[108]林朝棟
為進行工程，設立「省垣工程支應處」，負責相關業務，並聽取工作
報告。林家文書有數件文書可證。

　　1. 光緒17年3月27日，省垣工程支應處呈報林朝棟之「辛卯（光
緒17年）三月廿七日單」：[109]

> 庚〔光緒16年〕11月初6日起12月初2日止：車春做橋枋，共51
> 工，銀40.8元，平28.56兩；12月18日起至現年〔光緒17年〕2
> 月23日止，車春做橋枋，共60工，銀54元，平37.80兩。共平
> 66.36兩。

105　劉銘傳，「為臺灣新設郡縣籌撥款項陸續興辦城垣」，收於臺灣史料集成編
　　輯委員會編，《明清臺灣檔案彙編》，第5輯，冊97，頁188-190。

106　陳靜寬，《從省城到臺中市》頁35；岡田隆正，〈臺中沿革誌〉，收在臺中
　　州教育會編，《臺中概況》，頁9；「為臺灣新設郡縣籌撥款項陸續興辦城
　　垣」，收於臺灣史料集成編輯委員會編，《明清臺灣檔案彙編》，第5輯，
　　冊97，頁188-190。

107　「辛卯三月廿七日省垣工程支應處致林朝棟對賬單」，收於黃富三等解
　　讀，何鳳嬌、林正慧、吳俊瑩編輯，《霧峰林家文書集：補遺》，頁136-
　　137。。

108　沈征郎等，《細說臺中》，頁8-9。

109　「辛卯三月廿七日省垣工程支應處致林朝棟對賬單」，收於黃富三等解
　　讀，何鳳嬌、林正慧、吳俊瑩編輯，《霧峰林家文書集：補遺》，頁136-
　　137。。

庚納〔光緒16年12〕月廿貳日，來銀41.0元，平29.9兩。共平29.9兩。

籌除外，尚欠去平36.46兩。

桐〔光緒17年3〕月十三日，對求仔，車枋仔樑327支、黃肉柱6.0支，計工銀46.0元，平32.2兩。 共平32.2兩。

桐月十三日，對求仔，來銀5.0元，平3.65兩。共平3.65兩。

對除外，尚欠去平28.55兩。

貳月十一日，對榜仔，車 黃肉料，計車工銀94元，平65.8兩。

貳月十一日，對榜仔，來銀10元，平〔下缺〕

上

統領大人（林朝棟）升辛卯〔光緒17年〕三月廿七日單【印】

　　據上，至遲光緒16年11月6日已開工興建省垣，春應是木工，製作橋枋。東大墩街有邱厝溪（今柳川）與大溪（日治時改築為台中公園）相夾，橋枋當是用以舖設橋樑，方便交通。[110]自11月6日至12月2日，春共做51工，銀40.8元，平28.56兩。按，閩南語一工亦一日之意，此期共計26日，推測一日有2工，即是51工左右；計每工0.8元，每日1.6元。

　　又，光緒16年12月18日至光緒17年2月23日，計64日，但扣除年假，共約60日，計60工，銀54元，平37.80兩。每日、每工0.9元，比起上一筆，每工增加0.1元，但每日僅有1工，僅有0.9元。何以上一筆每日有二工而此筆僅有一工？或許前者有二人做，後者僅有一人。

　　二筆支出共平66.36兩，但光緒16年12月22日，僅收到來銀41.0

110　沈征郎等，《細說臺中》，頁8-9。

元，平29.9兩，尚欠平36.46兩，因此請林朝棟撥補。

2.（光緒17年？）年8月6日，省垣工程支應處開黃肉枋工銀單：[111]

> 通仔辛〔光緒17年〕8月初6日來黃肉～樑長1.9丈、頭尾8寸，
> 33.0支。
> 又長1.35丈、頭尾8寸，46.0支。
> 又長1.35丈、頭尾7寸，20支。（往大館工銀10元。）【印】
> （價2.0元）又枋長2.6丈、闊1.2尺、厚8寸，4.0片。
> （價1.0元）又長2.6丈、頭尾7寸，4.0支。往罩霧工銀12元。

上為光緒17年8月6日省垣工程支應處向林朝棟呈報通仔（推測為木工）所做之黃肉枋尺寸、數量，及運輸至大館、罩霧二處之運費。但文中之罩霧應是阿罩霧，大館應是林朝棟辦公處，是否在大墩？待考。

3. 光緒16或17年某月28日，林五合致林拱辰信函稱：「拱辰師爺閣下：承統帥〔林朝棟〕面諭，城工之項先支貳拾元付阿火兄開發。」[112]

按，林五合係林朝棟與林文欽合組之墾號，奉林朝棟面諭，函請林拱辰將「城工之項先支貳拾元付阿火兄開發」，林拱辰係幕僚與師爺，處理棟軍相關事務。城工當是築城之工程，而阿火當是工匠。

---

111 「省垣工程支應處開黃肉枋及工銀單」，收於黃富三等解讀，何鳳嬌、林正慧、吳俊瑩編輯，《霧峰林家文書集：補遺》，頁184-185。

112 「廿八晚五合致林拱辰支銀單」，收於黃富三等解讀，何鳳嬌、林正慧、吳俊瑩編輯，《霧峰林家文書集：補遺》，頁248-249。

四、臺灣省城之結局與影響

　　臺中建為省城雖經岑毓英、劉璈、劉銘傳、林朝棟等人的努力，美夢卻未成真，其中因緣與影響如何呢？

（一）臺灣省會的夢幻

　　光緒16年12月，臺灣省城牆基陸續完成，計周圍650丈，工程費19萬兩。[113]至光緒17年2月，「臺灣府城略成，周650丈，費款215,000兩」。[114]然而，光緒17年4月劉銘傳卸任巡撫職，由沈應奎護理，10月邵友濂接任後，並未進駐省會，[115]為節約開支而緊縮新政，繼續在臺北辦公而不積極營建省城，進而在光緒20年1月15日，在臺北府城會同閩浙總督譚具奏稱「臺灣省會要區地利不宜，擬請移設以定規模」，指出彰化縣橋孜圖地方建立省城，原為「當全臺適中之區，足以控制南北，且地距海口較遠，立省於此，可杜窺伺，意誠深遠」；然而有甚多缺點：

　　第一，氣象荒僻：他說「該處本係一小村落，自設縣後民居仍不見增，良由環境皆山，瘴癘甚重，仕官商賈託足維艱」。換言之，那是個四處環山、瘴癘嚴重的小村落，未能吸引官商與居民。

　　第二，陸路交通困難：他說「由南、北兩郡前往該處，均非四、五日不可；其中溪水重疊，夏秋輒發，設舟造橋，頗窮於力，文報常阻，轉運尤艱」。的確，臺灣島嶼狹長，高聳的中央山脈縱貫南北，

113　鄭喜夫編著，《林朝棟傳》，頁89。

114　陳靜寬，《從省城到臺中市》，頁35；李汝和主修，盛清沂等纂修，《臺灣省通誌》，卷首下‧大事記，頁206。

115　黃富三，〈林朝棟大嵙崁之役的後勤系統：棟軍後路轉運局（1891-1892）〉，頁38-39。

横切之溪流甚多，尤其是夏秋有暴雨、颱風，造橋行船均有困難，南北至中部竟費時四、五日，陸路交通竟不如海路。

第三，海港不佳：他說「臺中海道淤淺，風汛靡常，難於駛進輪船，不獨南北有事，接濟遲滯，即平日一切造辦運料，亦增勞費」。

第四，營建耗資：他說「省會地方，神廟、衙署、局所在所必需，用款浩煩，無從籌措」；因此分治多年迄未移駐該處，自今以往亦恐舉辦無期。

最後，邵友濂指出臺北府的優勢稱「為全臺上游，巡撫、藩司久駐於此，衙署、廟局次第粗成舟車兩便，商民輻輳；且鐵路已修至新竹，俟經費稍裕，即可分儲糧械，為省城後路」，奏請即以臺北府為臺灣省會。[116]光緒20年3月2日，邵友濂透過行政系統通告所屬行政單位省會改設於臺北府，[117]至此臺中做省城之虛銜亦告終，有如夢幻。

（二）臺中建立省城之影響

走過的必留下痕跡，也會造成影響，臺中建立省城亦然。

第一、霧峰林家之努力大大提升大墩之地位，中部雖未立即登上最高峰，卻也開啟了日後的光榮史。日治後，於1896年改名為臺中縣，1920年又設臺中市，正式取代彰化、鹿港為中部政治、經濟、文化中心。[118]它甚至成為臺人文化抗日的大本營，也被稱為文化城。如

116　前述內容，參見「臺南府轉行巡撫邵友濂具奏『臺灣省會要區地利不宜擬請移設以定規模』摺稿」，收於臺灣銀行經濟研究室編，《劉銘傳撫臺前後檔案》，頁238-240。

117　「臺南府轉知巡撫邵友濂奏請移設省會奉批交部議奏」，收於臺灣銀行經濟研究室編，《劉銘傳撫臺前後檔案》，頁240-241。

118　陳靜寬，《從省城到臺中市》，頁44-46。

今已經升格為直轄市，並且是南北交通的樞紐。

第二、霧峰林家勢力擴展至臺中市區：林家在山區擁有龐大的產業，包括樟腦、田園等，[119]如今進一步擴展至平原與臺中市區，擁有極大土地、房產。省城佔地375甲6分餘，東邊新莊仔幾乎都是吳鸞旂之地，南門附近與考棚東南側屬霧峰林家，城中央則屬樹仔腳林家，城北與西門外有抄封田12甲。[120]按，吳鸞旂是林朝棟長年的部屬，亦是其女婿，又督建城工，自然會將二家之地做最佳規劃，因此除樹仔腳外，市區都在林家的控制之下。另外，因林文察之戰功，光緒16年，臺灣仕紳施士、蔡壽星、林維濂等75人向巡撫劉銘傳稟稱，林文察平定戴亂，嘉惠全臺，請准於亦准於故鄉建專祠；8月19日，劉銘傳上奏，10月1日獲准。[121]地點即選擇於省城（大墩）北門內西小溪興建，光緒18年2月中旬完工。[122]何時興工呢？林家有一地契稱：光緒辛卯年荔月，曾順記售予霧峰林剛愍公「杜賣盡根田」，地點是「東大墩街紫頭井邊」。[123]查，專祠所在地即是「東大墩街紫頭井邊」，而辛卯年荔月係光緒17年6月，此當是興工時間。林家經濟與社會地位亦提升，鞏固其中部第一家族的地位。

第三，舊省城仍留下一些遺跡、遺構，吸引後人之追思與旅人之參訪。重要的有數項，如考棚：位於臺中市政府大樓內；北門樓：位

119　黃富三，〈林朝棟與清季臺灣樟腦業之復興〉，頁1-64。

120　陳靜寬，《從省城到臺中市》，頁35。

121　黃富三，《霧峰林家的興起》，頁348；劉銘傳，「請建林文察專祠摺（十六年八月二十九日）」，收於氏著，《劉壯肅公奏議》，頁295-296。

122　黃富三，《霧峰林家的興起》，頁348；邵友濂片，光緒18年8月23日奉硃批，「為奏明事」，《光緒朝月摺檔》；國立臺灣大學，《臺灣歷史數位圖書館》，檔案：〈ntu-GCM0031-0011300114-0001258.txt〉。

123　下厝林家契字甲，月1，3/3。

於臺中公園旁山丘上；林剛愍公專祠：林瑞騰名下的合昌號在臺中公園對面，很大，附近有林剛愍公專祠。[124]

---

124 許雪姬編著，許雪姬、王美雪紀錄，《霧峰林家相關人物訪談記錄（下厝篇）》，頁2。

第八章　晚清台灣之新抑紳政策與林家宦途之再挫

（光緒十一年至光緒二十一年；1885-1895）

中國從秦漢帝國建立後，「皇權至上」是所有政治法律制度的首要原則，明朝朱元璋廢宰相後，皇權進一步強化，清朝傳承其制度，而且在行政、監察、司法、思想文化採用許多新措施，皇權至上制度更加強化。[1]然而，龐大帝國不免鞭長莫及，有賴官僚之執行政策與地方仕紳之協力，方能有效統治，因此皇權之下，亦出現官權、紳權。基本上，官權直接依附於皇權，而紳權則較間接，且含有地方勢力之特性，其影響力不可小覷，三權間有一種相生相剋的微妙關係，其均衡與否影響政治秩序甚大。16 世紀英國哲學家培根（Francis Bacon）提出「knowledge is power」之說，意思是知識具有可信性、說服力，因此產生巨大的影響力。古希臘時代即出現哲人（sophist），哲學家（philosopher），如蘇格拉底、柏拉圖、亞里斯多德等，以其知識、智慧帶動思潮。約同時的中國春秋戰國時代，亦出現甚多講求學問的士人，如孔夫子、孟子、墨子等，以其知識影響君

1　艾永明，《清朝文官制度》（北京：商務印書館，2003、2005），頁323。

王,因此出現「士權」。他們具有三種特性,一是參政,二是傳承、創新文化,三是以其思想評判政治、社會,成為君權的制衡力量。[2] 此一「士權」進一步分化催生官權、紳權,形成皇權、官權、紳權相生相剋體制,其間的關係會因時、因地而有異同,唯仍受制於君權至上原則。19世紀清帝國面對內亂、外患交加的窘境,因此三權體制亦發生轉折變化。臺灣轄於其下,自亦不例外,霧峰林家深受影響,筆者在《霧峰林家的中挫》一書即有論述。[3]

光緒元年後,清廷受外患的刺激,雖重視臺灣的地位,有限度地改採重紳政策,但對臺籍仕紳之防範心理並未全消,因此有新抑紳政策的推出,特別是對霧峰林家。林家二房(即頂厝林奠國系)林文欽在清法戰爭後受劉銘傳制裁而遭挫折;而大房(即下厝林定邦系)林朝棟先受重用,但其後在大嵙崁之役後亦被壓抑,皇權與官權終究壓倒紳權,林家轉變為清廷順臣,但另一方面,林家仍藉助於皇權與官權,財富猛增、社會地位快速提高,蛻變為中部第一豪族,足與北部板橋林本源家相比擬。

第一節　十九世紀末葉新抑紳政策之推出

如前所述,清統一臺灣後,先採取保守的消極統治政策,防止臺灣重演明鄭抗清故事,但1874年日軍侵臺事件與1884-85年清法戰爭後,改採積極發展政策,並重用臺紳協助推行新政,其中板橋林家與霧峰林家迅速崛起是最佳範例。然而,清廷對臺灣終究有根深蒂固的

2　李軍,《士權與君權》(桂林:廣西師範大學,2001),頁9-10。
3　黃富三,《霧峰林家的中挫》,頁405-410。

疑慮，因此新抑紳政策就逐漸浮現，霧峰林家族運的轉折堪稱是個範例，頂厝林文欽與下厝林朝棟之政治遭遇極為曲折。本節先談頂厝林文欽。

一、劉銘傳、劉璈之爭與頂厝林文欽之挫折、轉向

劉銘傳隸屬李鴻章之淮軍，與湘軍積不相能，且他為人恩怨分明，甚至極為記仇，在平定捻亂時即有過為爭功而排擠湘軍名將鮑超的紀錄，[4]在清法北臺之役時，他被左宗棠、劉璈奏參，因此戰後全力彈劾劉璈，欲置之死地而後甘。[5]劉銘傳對與劉璈有來往者亦不放過，北臺之役時，頂厝林文欽募勇一營助劉璈，因此戰後予以嚴厲制裁，與林朝棟之被重用，形成對比。

林家二房祖林奠國計生有文鳳、文典、文欽三子。次子林文典在光緒3年（1877）6月23日卒，得年僅二十六歲。[6]林奠國卒於福州獄中後，林文鳳亦於光緒8年去世，此後，頂厝領導權轉入三子文欽之手。

林文欽，原名萬安，字允卿，號幼山，生於清咸豐6年4月6日，卒於日治大正2年（1913）11月12日。[7]據林獻堂所著〈先考文欽公家傳〉，林文欽性情溫和，待人誠懇，對父兄尤以孝友著稱。林家自遷居阿罩霧後，一向業農而習武，以武功貢獻清廷而獲官職，惟獨文欽

4　臺灣史蹟源流研究會編，《劉銘傳專刊》，頁50。

5　許雪姬，〈二劉之爭與晚清臺灣政局〉，頁130。

6　林獻堂，〈先二伯父文典公家傳〉，收於林獻堂等修輯，《臺灣霧峰林氏族譜》，頁112。林奠國在光緒6年（1880）去世。

7　林獻堂，〈先考文欽公家傳〉，收於林獻堂等修輯，《臺灣霧峰林氏族譜》，頁113-114。

好學習文。

光緒10年，林文欽29歲時（實28歲）入泮，據稱兵備道劉璈「見而奇之」，[8]但不知是欣賞其才或其它因素？總之，劉銘傳在劉璈被劾案中即稱紳士林文欽係「劉璈進學門生」。[9]如前所述，光緒10年清法之役時，劉璈超前部署，徵召臺紳捐餉募勇，組成仁、義、禮、智、信等五營土勇，候選同知林文欽即募勇一營、彰化紳士廣東候補同知吳朝陽募勇一營；二營土勇於光緒10年11月成軍，至臺南駐防，光緒11年經吳鴻源調至中路，二營奉派分赴通霄、大甲二海口駐防。[10]按，林文欽募集五百佃勇，管帶土勇「義營」，[11]先駐紮臺南，器械、糧米均自備；其後又調駐通霄，並捐鉅款助軍。[12]如此，他應有功於清廷，未料受湘淮之爭的牽連而受害。

（一）清法北臺之役與二劉之爭

在清法北臺之役時，湘、淮二系互相攻訐，勢同水火。其背景是，在戰前臺灣防務主持者是臺灣道臺劉璈，他在咸豐11年以附生加

8　林獻堂，〈先考文欽公家傳〉，收於林獻堂等修輯，《臺灣霧峰林氏族譜》，頁113。

9　錫珍、衛宗光奏，光緒11年10月18日，「為查明已革道員被參各款訊有贓私實據按例定擬事」，《光緒朝月摺檔》；國立臺灣大學，《臺灣歷史數位圖書館》，檔名：〈ntu-GCM0022-0031100327-0000675.txt〉。

10　劉銘傳，「奏參林文欽等片」，收於氏著，《劉壯肅公奏議》，頁439。

11　錫珍、衛宗光奏，光緒11年10月18日，「為查明已革道員被參各款訊有贓私實據按例定擬事」，《光緒朝月摺檔》，國立臺灣大學，《臺灣歷史數位圖書館》，檔名：〈ntu-GCM0022-0031100327-0000675.txt〉。

12　林獻堂，〈先考文欽公家傳〉，收於林獻堂等修輯，《臺灣霧峰林氏族譜》，頁113。

入楚軍，在左宗棠麾下參加平定浙、回亂事，屬於湘系。[13]然而，光緒10年法軍攻臺時，清廷又派任屬於淮軍的劉銘傳督辦臺灣軍務，由於二人分屬湘淮，且均係名將，互不相容。當時湘軍勢力遍及全臺，劉璈又知兵能戰，佈防亦頗完備。但光緒10年閏5月劉銘傳抵臺後，不滿北部之佈防，大肆變更，並調淮軍來臺，遂種下湘淮衝突之火種。[14]

　　湘淮衝突之引爆點是光緒10年8月14日，劉銘傳自基隆撤守以保滬尾與臺北府城。左宗棠（與劉璈）奏參劉銘傳時稱，營務官李彤恩在法軍攻基隆時，三次向劉銘傳誑報，稱駐滬尾之孫開華軍不能戰，劉銘傳乃自基隆撤兵而失守；11月18日，清廷將李彤恩革職。劉銘傳甚怒，電告李鴻章稱「劉璈意在摯壞臺北」，要求予以撤職；10月20日，清廷諭曰：「易新手不妨防務」，同意即將劉璈撤職。然而，閩浙總督楊昌濬上電辯稱劉璈「布置不錯，劉銘傳惡之；若易生手，恐臺南不保」，並稱臺灣道庫自6月--11月，已解臺北借用銀341,000餘兩，而非劉銘傳所言庫存八十萬，「僅借臺北七萬」。其後左宗棠、劉璈與劉銘傳進一步互相攻訐，愈演愈烈，清廷上下均引以為憂。光緒11年1月5日，清廷降旨左宗棠、楊昌濬，迅速派兵渡臺，支援劉銘傳；並責備稱，倘存「湘、淮畛域之見，不能和衷協力，妥籌防禦」，導致臺北孤危，貽誤大局，定惟左宗棠等是問。[15]

　　由於李鴻章掌中央大權，淮系與湘系此長而彼消，清法之役時，淮系劉銘傳壓倒湘系的臺灣道臺劉璈，取得政治優勢，湘系迅速沒

13　許雪姬，〈劉璈與中法戰爭〉，《臺灣風物》（臺北），35：2（1985.6），頁4。

14　許雪姬，〈二劉之爭與晚清臺灣政局〉，頁130。二劉之爭細節參看其文。

15　臺灣銀行經濟研究室編，《清德宗實錄選輯》，頁165-168、178。

落。此可從清法戰爭時左宗棠督辦福建軍務時，屢受清廷申斥可看出端倪。茲舉數例如下。

1. 光緒10年，左宗棠奏請將隸屬湘軍的已革總兵楊在元留營差遣，但清廷不同意，11月18日，降旨勒令回籍，「不准留營」。[16]

2. 光緒10年12月24日：左宗棠奏請將已革遊擊呂文經留於臺灣軍中效力，清廷又批「著不准行」。[17]

3. 光緒10年12月17日：因馬尾造船廠為法軍攻毀，船政大臣張佩綸被劾，左宗棠奉旨調查，回報稱「尚無棄師潛逃情事」；清廷責備，他所奏各情「語多含糊，於張佩綸等處分，意存袒護開脫」，又指責稱，軍事是非功罪，關繫極重，左宗棠久資倚畀，夙負人望，「何以蹈此惡習」？因此，與楊昌濬二人同被申飭。[18]

4. 光緒11年3月15日：左宗棠奏請將已革福建巡撫張兆棟改為署理，降旨所奏「著不准行」，並對左宗棠「傳旨申飭」。[19]

5. 光緒11年5月11日：清法北台之役停戰後，清廷因聞知劉璈稟請左宗棠以洋款辦理臺南善後之事，降旨左氏不得擅撥；並責左宗棠到閩後，每於調人差委「未經奏明輒行派往，殊屬非是」，[20]嗣後遇有用人撥款等事，務當「先行奏報，候旨遵行」。

左宗棠性格高傲，平定太平天國之役功高權重，又是資深高官，此時屢受申斥，可見湘系勢力之衰退，其內心之鬱悶不言可喻。光緒11年清法和議成立，他奏報稱法將孤拔已在澎湖病斃，危機解除，

16　臺灣銀行經濟研究室編，《清德宗實錄選輯》，頁166。
17　臺灣銀行經濟研究室編，《清德宗實錄選輯》，頁173。
18　臺灣銀行經濟研究室編，《清德宗實錄選輯》，頁173-174。
19　臺灣銀行經濟研究室編，《清德宗實錄選輯》，頁189。
20　臺灣銀行經濟研究室編，《清德宗實錄選輯》，頁192。

而自己稱「衰病增劇」，請求開缺回鄉養病；光緒11年5月25日，僅獲清廷賞假一月，但不允開缺。此外，左宗棠曾彈劾清法之役劉銘傳退棄基隆之過失，光緒11年6月24日，清廷降旨稱，劉銘傳兵單餉絀，雖失基隆，仍支危局，功罪不相掩，責左氏輒謂劉銘傳之罪「遠過徐延旭、唐炯」，存心入人於罪，並「傳旨申飭」，原摺擲還。至此，左氏之受排擠已達於極點，於是懇請「交卸差使，展假回籍」；7月4日終於准假，不久左氏即病逝；7月28日，上諭楊昌濬辦理左氏身後一切事宜。[21] 左宗棠乃湘系元老與劉璈靠山，其自身尚且難保，抑鬱而卒，劉璈命運可知。

的確，劉銘傳不放過劉璈，同時對他展開彈劾行動。光緒11年5月26日，劉銘傳奏稱，奸商吞匿釐金，道員劉璈「通同作弊」，請旨將他撤任。[22] 劉銘傳又奏稱，劉璈「貪污狡詐，劣跡多端」，請革職查辦；6月13日，清廷降旨將劉璈革職拏問，並著卞寶第派幹員至劉璈原籍查抄資財。[23] 10月18日，下旨判劉璈「斬監候」，解交刑部監禁。[24] 12年7月，發往黑龍江效力贖罪，[25] 其晚景堪稱悲慘。

（二）頂厝林文欽之受累遭殃

「林文欽家傳」稱，「〔清法之役〕事平，當道以聞，註詮郎中，分兵部，嗣請歸養」，[26] 亦即林文欽因清法之役有功，分發為兵部郎

21　臺灣銀行經濟研究室編，《清德宗實錄選輯》，頁195、202、204。

22　臺灣銀行經濟研究室編，《清德宗實錄選輯》，頁196。

23　臺灣銀行經濟研究室編，《清德宗實錄選輯》，頁199；臺灣銀行經濟研究室編，《光緒朝東華續錄選輯》，頁115-116。

24　臺灣銀行經濟研究室編，《清德宗實錄選輯》，頁208。

25　臺灣銀行經濟研究室編，《清德宗實錄選輯》，頁216。

26　林獻堂，「先考文欽公家傳」，收於林獻堂等修輯，《臺灣霧峰林氏族

中。但事實上不然，光緒11年6月間，劉銘傳奏劾林文欽、吳朝陽之奏片中，不但未提及其功，反而追究其失職。劉銘傳參劾二事：

1. 林文欽不能成文，「係劉璈新進附生，吳朝陽之子亦拜劉璈門下。」

2. 林文欽、吳朝陽犯「空勇、侵餉、擅離軍營」之罪：劉銘傳稱，當林、吳二營駐臺南時，照楚軍坐糧章程，每軍每月口糧銀3.6兩，每營列有長夫80名，每名夫價每月2.4兩；但調至中路後，劉璈改照行糧章程，每勇每月糧銀增為4.2兩，添足長夫190人，每名每月亦增為3兩，責備何以「出防臺南口糧尚輕，調防本鄉口糧轉重」？換言之，劉璈所核給之勇餉與長夫銀均過高。

劉銘傳又稱，再經調查後，發現劉璈號召林文欽、吳朝陽所募之二營均有缺失：吳朝陽土勇一營，「空勇十八人，全營無一長夫，夫價亦未發給」；林文欽一營，「空勇四十九人，亦無長夫」；而且官長僅見前哨哨官，而林文欽「並各哨弁均不在營」。

因此，劉銘傳認定二人有罪，遣散二營，並飭令林文欽等赴臺北候訊。其後經沈應奎、方策勳審問後，二人均供認短少勇丁、扣發夫價，與點冊相符。劉銘傳稱，如按侵餉定律，難逃重咎，但聞知二紳係「安分富戶，帶勇既非其才，亦非所願」，只因劉璈貪污不法，二人奉命行事而已，乃奏請略予薄懲即可。

據查，林文欽自光緒10年11月至11年5五月底，共領餉銀16,100多兩，吳朝陽共自10年12月至11年5月底，共領餉銀12,800多兩。經沈應奎等審訊稱，吳朝陽尚知悔畏，稟繳本年三個月行糧銀8,000兩，懇求寬宥；但是，林文欽年少無知，「視空勇、侵餉、擅募軍營

譜》，頁113。

為細故，不肯認咎」。劉銘傳奏稱，林文欽與林朝棟親堂叔姪，林朝棟家道中落，尚肯急公好義，備資募勇，出力禦寇，林文欽為彰化第一巨富，縱不如林朝棟之仗義急公，乃經劉璈檄令帶勇，竟敢「空少勇數、夫數，擅自離營」，理應從嚴參辦。奏請斷結如下：

> 該紳（林文欽）係劉璈勒令帶勇，素昧軍營規制，與尋常軍營侵冒不同，應請旨將同知林文欽即行革職，勒令將所侵餉項銀一萬六千餘兩全數繳還，以示薄懲。

摺上後，清廷諭令林文欽革職，核明「該營空少勇數、夫數、餉銀若干」，勒令呈繳。[27]

由上可知，清法戰後，林文欽因投效劉銘傳政敵而革同知職銜。又，「家傳」稱，文欽以清賦有功，加道銜。[28]林文欽因與劉璈關係，頗受劉銘傳排斥，也許在清賦方面盡力，以爭取劉銘傳賞識。

（三）林文欽之轉向：擴展家業、棄武就文

林文欽既已在清法之役中失去立功良機，戰後欲平步青雲，似不可能。再者，其父奠國、兄文鳳等人雖有武職，亦備受壓抑，抑鬱而卒，可能也給予他深刻教訓。因此，林文欽摒棄武功路線，另圖進身之階。

第一是全力擴增財富，如前所述，與下厝合組「林合號」，發展

27　前述內容，燦見劉銘傳，「奏參林文欽等片」，收於氏著，《劉壯肅公奏議》，頁440。無上奏年月，據奏文推測當在六月。

28　林獻堂，「先考文欽公家傳」，收於林獻堂等修輯，《臺灣霧峰林氏族譜》，頁113。

山區樟腦與拓墾事業，獲取優厚利益，成為新興大富豪。

第二是多行善舉成為重要鄉紳，進而獲取清廷褒揚。如光緒15年，河南飢饉，他捐巨款賑濟，「家傳」言數目達數萬兩。[29]但光緒14年8月10日所批示之倪文尉奏片稱，臺灣彰化縣候補郎中林文欽「奉生母羅氏命，措銀一千兩」，捐助河南賑濟，奏准羅氏獲二品封典，可在本籍自行建坊，並照例給予「樂善好施」字樣，[30]「家傳」稱數萬兩，是否有誤？或者是將其它捐款一併計算的總額。[31]

第三是，林文欽受挫後棄武從文，考科舉進身。光緒19年，林文欽以臺灣府附生資格考上舉人，同榜有彰化縣施焱、洪謙光，苗栗謝維岳（粵籍）、新竹李師曾等，共五人。[32]麥斯基爾推想林文欽舉人職可能是捐得的，[33]但林文欽是確實是「正途」出身的，且林家留有其鄉試試卷等相關資料。[34]頂厝林家從此拋棄重武傳統，戮力文事，為林家開闢新蹊徑，至日治時期，人才備出，尤其是林文欽之子林獻堂崛起為臺灣政治、社會領袖，頂厝也取代下厝成為林家核心家

29　林獻堂，「先考文欽公家傳」，收於林獻堂等修輯，《臺灣霧峰林氏族譜》，頁113。

30　倪文尉片，光緒14年8月10日奉硃批，「仰懇天恩俯准臺灣彰化縣兵部候補郎中林文欽及二品頂戴選用道羅壽萬各在本籍建坊給予樂善好施字樣附片」，《光緒朝月摺檔》；國立臺灣大學，《臺灣歷史數位圖書館》，檔名：〈ntu-GCM0025-0015600157-0000867.txt〉。

31　林獻堂，「先考文欽公家傳」，收於林獻堂等修輯，《臺灣霧峰林氏族譜》，頁113。

32　蔣師轍等纂，《臺灣通志》，〈選舉‧進士〉，頁402

33　Johanna Menzel Meskill, "The Lins of Wufeug," in Leonard H. D. Gordon ed., *Taiwan: Studies In Chinese Local History* (New York: Columbia University Press, 1970), p.17.

34　筆者在林家閣樓尋獲林文欽鄉試試卷一批，除林博正先生保留一部分外，筆者分贈許雪姬教授、中研院臺史所等。

族，堪稱影響深遠，真是塞翁失馬，焉知非福。此為後話，不贅。

第二節　邵友濂之修正撫墾政策與林朝棟之挫折

如前所述，光緒18年3月間北路大嵙崁亂事已平，邵友濂決定修正劉銘傳積極拓墾政策，4月13日奏稱，各軍剿辦事竣，「仍飭各回原防駐紮」。因此林朝棟北征完成任務後，應從北路撤回中路原駐防地，但實際上，棟軍依然駐防北路各地，直至8月底方撤回中路。為什麼？一方面是大嵙崁之役只是暫告一個段落，泰雅族並未真正順服，無法立即撤兵。另一方面是清廷與邵友濂對以往的撫墾政策持保留態度，因此派胡傳巡視全臺營務，候胡傳結束巡視任務，提出興革建議後方改變政策，林朝棟才奉命南撤回中路駐防，可見巡視結果影響政策的修正甚大。

一、胡傳之巡視全臺營務（光緒18年3月19日至8月26日）

胡傳係光緒18年奉命來臺巡視防務，3月上旬曾赴大嵙崁等地查看林朝棟作戰情形；3月19日，奉邵友濂之命，出任「全臺營務處總巡委員」，巡視各地營務，8月24日稟請銷差，26日批准，歷時6個多月。

他的巡視行程大致是：

- 巡視南部、東部：光緒18年3月23日，隨邵友濂赴臺南巡視科舉考試之便，乘輪船由淡水至安平海口登岸，周歷安平、鳳山、恆春境內設防處所；並越過山嶺東達埤南（今台東），直抵花蓮港。

- 巡視中部：從花蓮港折回臺南，由嘉義繞雲林，入埔里，出

臺灣、彰化,以達苗栗,入大湖內山,遍巡中路。

- 再度巡視大嵙崁前線:7月,查閱大嵙崁棟軍防務。
- 巡視北路各地:閏6月,隨從總理營務顧肇熙道臺,巡閱基隆、滬尾二處防營。7月,周歷西路澎湖及北路淡水、新竹東境內山、宜蘭、叭哩沙、蘇澳等處。[35]

總計,胡傳自3月19日至8月26日,歷時5個多月,巡視全臺各地之營務,並集合當地駐軍操演、練靶等,因此對防務有相當深入與實際的瞭解;任務結束後又提出評估與興革意見,對其後邵友濂之決策有極大的影響。大致上,他認為練軍最佳,其次隘勇,屯兵則甚差。在此僅簡述與林朝棟之相關部分,主要為上舉之第一至第三期。

(一)巡視南部、東部:棟軍之支援嘉義

胡傳於光緒18年3月23日,隨巡撫邵友濂乘輪船至安平,25日起查驗臺南府各營。[36]其後他往南至旂後、鳳山、恆春,再往東至臺東州、花蓮等地,[37]由於這些地區並無棟軍,略過不談。

胡傳從花蓮返回臺南後,5月上旬北上至嘉義,但此區無棟軍駐防。不過,胡傳報稱:

〔光緒18年3月〕十五日,往閱參將鄧裕香管帶之武毅右軍右營……。左哨五、六隊駐嘉義城西三十里之樸仔腳,以衛

---

35 胡傳,《臺灣日記與稟啟》,卷1,〈光緒十八年八月二十四日陳請銷差稟〉,頁60-61。

36 胡傳,《臺灣日記與稟啟》,卷1,頁10。

37 參看黃富三,〈晚清臺灣新撫墾政策的推動與轉折:林朝棟與胡傳(1885-1895)〉,頁47。

鹽館。七隊駐西四十里之東石，以衛鰲金局。後哨一、二、
三、七隊駐西南三十里之鹽水港，為濱海水陸都會之區。其右
哨八隊駐西六十三里雲林之三條崙，則又私鹽梟販出入之所
也。……乃四月中旬又因東石鰲局被搶，八掌溪地方不靖，營
縣函商派勇彈壓，斗六鹽館事重，奉統領林道朝棟札調，各分
一棚復往分駐。[38]

據上，棟軍雖未駐紮，但因光緒18年4月中旬，「東石鰲局被搶」、「斗
六鹽館事重」，統領林道朝棟札調棟軍，各分一棚復往分駐二處。
按，隘勇營每處隘勇10名設一棚，由棚長帶領駐防。可見林朝棟亦
須應官方要求，調兵協助駐防有事的東石鰲局與斗六鹽館。如前所
述，光緒14年8月29日，彰化縣報稱鹿港鹽館被劫，接著9月發生施九
緞之亂，林朝棟即應劉銘傳之徵召領兵平亂，超過維護山區秩序之本
職。

　　光緒18年6月，胡傳呈上「為條陳補益營務四端稿」，嚴批恒春
隘勇、南番屯軍、後山南路屯軍、埤南屯軍、中路屯兵等營化番之不
合體制，建議明令：

番勇必須令改姓名，至多不得過三字；令變服色，不准頭巾有
紅綠等色；不准短衣短裙、下不穿褲；不准佩刀、靶頭垂掛羽
毛；令守營規，不准不跪不拜、亂行亂坐。[39]

38　胡傳，《臺灣日記與稟啟》，卷1，〈光緒十八年五月十六日申〉，頁27-
　　28。

39　胡傳，《臺灣日記與稟啟》，卷1，〈光緒十八年六月稟為條陳補益營務四
　　端稿〉，頁45-46。

顯然，胡傳對屯番之表現極為不滿，他要求重整紀律，如：必須使用三個字的漢人姓名；不准雜色頭巾、短衣短裙、不穿褲及佩刀等。其中有相當部分涉及原住民之傳統習俗，此類批評恐有漢人中心主義之嫌。

（二）巡視中部：雲林、集集、埔里、臺灣縣（今臺中）、苗栗（5-7月）

其後，胡傳繼續北上視察中路山區。光緒18年4月5日，陳鴻英致林拱辰、劉以專信函稱：

> 萬逸翁云目前統帥〔指林朝棟〕函製打靶鉄板業已製成十副，緣未備文來取，擬先撥參副交老生帶上，以應急需。茲聞上憲不日委員來中看探并打靶等事，聞有委孫莗齋明府之信，若果委此公甚好，均希轉達統帥。[40]

據上，陳鴻英稱上憲不日派人來中路看探并打靶等事，當指巡撫邵友濂派胡傳至中部巡視之事，而林朝棟訂製打靶鉄板10副，當是訓練隘勇射擊之用。

1. 雲林（含今南投縣）之巡視

光緒18年5月18日，胡傳至雲林縣（含今南投縣），此時雲林位

40　「四月初五日陳鴻英致林拱辰、劉以專信函」，收於黃富三等解讀，何鳳嬌、林正慧、吳俊瑩編輯，《霧峰林家文書集：墾務·腦務·林務》，頁378-381。

於今竹山，是設縣府所在地。此區是林朝棟另一新開發之樟腦產區與耕墾區，因此駐有棟軍。他報稱計有：「棟字副營前哨六、七、八隊駐此。中路屯軍四、五、六、七、八隊亦駐此。哨官劉得雲所帶棟副前二隊駐清水溝雲至集」。[41]按，清水溝是今雲林縣與南投縣交界之清水溪，「雲至集」是雲林至集集，指從今南投縣竹山鎮至集集，有棟軍副營與前營二隊駐紮，由哨官劉得雲率領。

5月19日，胡傳由雲林縣起程，向東北行至尾寮底、水寮、田寮，過濁水溪，至集集街。此地有：「管帶棟字副營總兵余保元，領中哨一、二、四、五、六隊及左哨一、四、六、八隊駐此。余字初開，湖南瀏陽人也。」[42]集集是木材與樟腦重要產地，因此有管帶棟字副營總兵余保元率軍駐紮。

5月20日，胡傳由集集街起程至水社，21日至埔里廳，[43]黎明起行，至「貓蘭社，又五里至審鹿，即新城。又十里至白葉嶺，又下嶺十里至埔里廳城」。22日，胡傳赴蜈蚣崙點閱中路屯兵，分駐雲林縣境西螺、塗庫、麥寮之四隊均調至，「管帶棟字隘勇副營傅把總德生」亦來。[44]蜈蚣崙是近山重要據點，[45]因此在此點閱駐軍。他報稱：

　　駐雲林、西螺、塗庫、麥寮者亦趕至。挨冊中排列名次而點

41　胡傳，《臺灣日記與稟啟》，卷1，〈光緒十八年五月十六日申〉，頁29。

42　胡傳，《臺灣日記與稟啟》，卷1，〈光緒十八年五月十六日申〉，頁29。

43　胡傳，《臺灣日記與稟啟》，卷1，〈光緒十八年五月二十二日申（當作二十四日）〉，頁32-34。

44　胡傳，《臺灣日記與稟啟》，卷1，〈光緒十八年五月十六日申〉，頁2931。

45　今埔里鎮蜈蚣里，位於蜈蚣山之西，乃平埔族與泰雅族交界處，常有出草事件，洪敏麟，《臺灣舊地名之沿革》，冊2下，頁496-497。

之，皆有應者。復於冊中挑唱一名，則彼此互相顧望而不能
應。其中顯有僱人冒頂情弊。其奉雲林縣差出之十一人，亦不
送呈補點，隊伍不實可知。[46]

顯然，對屯兵及其它駐軍之評價甚差，且有僱人冒頂等舞弊情形。

5月23日，胡傳過小埔里、三條崙而至大坪頂，胡傳稱：

> 該坪東距埔城十五里，坪之東為中路屯兵後哨三隊分防之第
> 四十八堡，坪之西為棟字隘勇副營右哨七隊分防之第一堡，兩
> 堡相距約半里。自坪西下嶺約五里至松柏崙，沿途有小營一、
> 小堡十二，皆隘勇副營右哨五、六、七隊所分駐。自松柏崙下
> 嶺，至北港溪約五里，沿途有小營一、小堡九，皆中哨三、
> 四、五隊所分駐。管帶該營把總傅德生自領親兵及中哨一、二
> 隊駐溪之南岸。[47]

據上，大坪頂是駐防要地，[48]棟軍隘勇副營駐防其西，並及於松柏
崙；另有棟字隘勇副營把總傅德生，駐防北港溪南岸。

胡傳沿途查閱各小營、小堡形勢後，接著查棟字隘勇副營分防處
所，直至北港溪。[49]5月25日，渡過北港溪北行，經三娘埔至水長流，

46　胡傳，《臺灣日記與稟啟》，卷1，〈光緒十八年五月二十二日申（當作
　　二十四日）〉，頁32-34。

47　胡傳，《臺灣日記與稟啟》，卷1，〈光緒十八年五月二十九日申〉，頁35-
　　37。又，卷1，〈光緒十八年五月十六日申〉，頁31。

48　今埔里鎮合成里，位於埔里盆地西北隅，因地勢為臺地面而得名，洪敏
　　麟，《臺灣舊地名之沿革》，冊2下，頁492。

49　胡傳，《臺灣日記與稟啟》，卷1，〈光緒十八年五月二十二日申（當作

報稱：

> 沿途有營一、小堡八，皆中哨六、七、八隊所分駐。由三嫒埔
> 而北，五里至水長流，沿途有小堡十，皆右哨一、二、三隊所
> 分駐。由水長流而北，上嶺十里至草崙，又十里至三隻寮，沿
> 途有小營三、小堡二十一，皆左哨所分駐。水長流有小營及撫
> 墾局在溪北。

據上，水長流「有小營及撫墾局在溪北」，顯然亦是駐防要地。胡傳
令沿途所查點中哨、右哨各隊皆過溪，左哨亦集於溪北，午後過溪點
閱左哨，兼令打靶，計「前門槍全中者七人、中二者十一人、後門槍
中三者三人」。[50]

2. 臺灣縣（今臺中市）之巡視

　　光緒18年5月26日，胡傳由三隻寮起程，轉向西北，至臺灣縣境
之頭櫃、二櫃、草排山，至桂竹林，抵大甲溪之南岸。臺灣縣近山地
區亦產樟腦與木材（黃肉枋等），故亦有棟軍駐防。他報稱：

> 二十六日，由三隻寮起程，十里至頭櫃，五里至二櫃。又北路
> 尤崎嶇，林尤密茂。五里至草排山，十里至桂竹林，已抵大甲
> 溪之南岸。沿途有小營三、小堡二十八。

二十四日）〉，頁34。

50　胡傳，《臺灣日記與稟啟》，卷1，〈光緒十八年五月二十九日申〉，頁
　　36。

又報：

> 查自大坪頂西南至北港溪，折而北至桂竹林，計程七十餘里，
> 皆崇山峻嶺，向無居民，亦無路以通行旅。棟字副營以三哨六
> 隊開此路，分紮小營十、小堡八十餘處，每營或一隊、或二
> 隊，每堡或四人、三人不等，皆為衛新墾而設也。該營尚有右
> 哨四隊、八隊分駐頂載頂、大溪灣等處，以衛腦丁，路太遠不
> 及往查。[51]

據上，從大坪頂西南至北港溪轉向北走至桂竹林，一路「皆崇山峻
嶺」，無居民、道路，而「棟字副營以三哨六隊開此路」；其駐防地
均為「衛新墾」、「衛腦丁」而設。可見此區是開山撫番具有代表性
之駐防地。

5月27日，胡傳由水底寮[52]西北行至葫蘆墩，再至臺灣縣城，查
閱棟字副營中哨3隊；前哨1、3、4、5隊；左哨2、3、7隊，但無地可
以設靶校槍而未執行。按，駐臺灣縣城者係棟字正營，但被徵調赴大
料崁勤番，而棟字副營之任務原為衛腦丁而設，如今被調駐「代之守
營壘」。可見棟字正營駐紮地是臺灣縣城，而棟字副營則分駐於山區
各要地，保衛產腦區。

---

51 胡傳，《臺灣日記與稟啟》，卷1，〈光緒十八年五月二十九日申〉，頁
36。

52 今台中縣新社鄉東興、中和、福興、慶西里，位於，洪敏麟，《臺灣舊地名
之沿革》，冊2下，頁210-211。東北隔大甲溪與新伯公庄、大茅埔庄為界，
東南與蕃地為鄰，南邊及西邊南段為頭汴坑庄，西邊北段為大湳庄，北邊為
鳥銃頭庄、永居湖庄。

5月28日，胡傳渡大肚溪至彰化縣，副將邢長春統領定海後、右二營駐此。如前所述，其定海後營後哨及右營奉調赴崁剿番未回。胡傳查點該營四哨及右營之留守者，均足額精壯，抽驗箕斗均符；29日上午，操演大陣隊伍，「步伐最為整齊」；下午後挑百餘人操後門槍，全中者23人。他對此評價甚佳，說中路現有防軍，「此營為最整練」。[53]

3.　苗栗山區之巡視

光緒18年6月7日，胡傳至苗栗，8日至大湖。此區因是林朝棟最早拓展的地區，是樟腦最重要產區，腦寮甚多，大湖、獅潭、東勢角撫墾局尤其是要地，故為棟軍駐防重地，管帶中路棟字隘勇正營把總鄭以金駐防，駐防地相當廣，其分布情形如下：

> 鄭以金，自領中哨一、二、三、四、五、六隊及左哨四、五隊駐此；其左哨一隊分駐獅潭，二隊、七隊駐東勢角撫墾局，三隊駐十八灣，六隊駐竹橋頭，八隊駐大茅埔者，已調集於此。其右哨一隊分駐大南勢，二隊駐老社場山頂，三隊駐番子路坑口，四隊、七隊駐老鷹嘴山腳，六隊駐老鷹嘴山巔，五隊駐小南勢山頂，八隊駐小南勢山腳者，亦於初九日早晨趕至。

經胡傳逐一點名，除簽出外，人均足額，相當滿意。

胡傳評估各軍種稱「練軍人頗強壯，隘勇則瘦黑者多」，但他解

53　前述內容，參見胡傳，《臺灣日記與稟啟》，卷1，〈光緒十八年五月二十九日申〉，頁36-37。

釋說，光緒17年12月，抽調二哨赴大嵙崁勦番剛剛回防，「人經久
勞，休養未復」。經抽驗箕斗，「均屬相符」；打靶均用後門槍，練軍
「中三者十五人」，隘勇中三者「只十五人」。另外，查棟字隘勇正營
中哨，尚有7、8兩隊駐大嵙崁頭，未曾歸營。總計中路所有防軍，除
棟字正營及衛隊二哨尚在鴨母坪、夾板山及定海右營調赴臺北外，餘
者業均查竣。

其後，胡傳本擬由大湖內山新開小路，「繞赴五指山等處」返回
北部。但據報此路陡峻，「近為山水沖刷，尤崎嶇難行；且山溪遇暴
雨即漲，流急不能涉，恐為所阻」，因此折回苗栗，由大路出發，6
月10日抵新竹縣城。[54]

至此，胡傳結束中路巡視工作，並代總理營務處司、道擬詳覆撫
軍稿。[55]此稿充分反映其巡視意見，內稱：

> 中路則埔里城東之蜈蚣崙為北港、萬霧等兒番出入之要隘。由
> 此而西、而北，以達大坪頂，皆中路屯兵聯絡防堵之堡，兒番
> 不時出草。該屯兵未能遽議裁撤，惟廢弛已久，急宜整頓訓
> 練，以資守禦。……又如棟字副營之衛腦丁、棟字隘勇正副二
> 營之護新舊墾戶，所得不償所費，氣局亦甚散漫。以上各處所
> 駐之營，雖亦有強弱之不同，而揆度地勢，權其緩急輕重，似
> 皆可以酌量裁併，以節經費。[56]

54　前述內容，參見胡傳，《臺灣日記與稟啟》，卷1，〈光緒十八年五月
　　二十九日申〉，頁37-38。

55　胡傳，《臺灣日記與稟啟》，卷1，〈代總理營務處司、道擬詳覆撫軍
　　稿〉，頁38-43。

56　胡傳，《臺灣日記與稟啟》，卷1，〈代總理營務處司、道擬詳覆撫軍

他雖對棟軍尚無苛評，但認為「護新舊墾戶，所得不償所費，氣局亦甚散漫」，主張「酌量裁併，以節經費」。又，他對於林朝棟稟請派員至中路統轄一節，稱「查定海後營及武毅右軍右營現經議調，定海右營已調臺北」，因此不贊同其請求。[57]

邵友濂對胡傳查閱後山及南路、中路之報告，光緒18年7月24日批示，並分別獎懲：

> 此次胡牧以萬鎮一軍及張提督所帶坐營最為得力，……。此外，各營哨布置不能盡合，打槍中靶至有不及二、三成者，本應分別懲處，第念整頓伊始，姑寬免議一次。已飭該處嚴定弁勇功過賞罰章程，仍候通飭各該統領管帶官督率弁勇認真操練，務臻精熟。……左翼練兵哨官陳連陞分帶隊伍，操用前門槍，中靶能至六成，即由該處存記，從優給獎。中路屯兵哨官劉得雲勇額不實，即行撤委，迅由該管帶余步青另選妥員接帶。[58]

據上，「萬鎮一軍及張（兆連）提督所帶坐營」最為得力，「中路屯兵哨官劉得雲勇額不實」。按，萬鎮指萬國本，光緒14年任福建臺灣鎮總兵；[59]張提督指張（兆連），光緒14年任福建臺灣鎮總兵，與萬

稿〉，頁40。

57　胡傳，《臺灣日記與稟啟》，卷1，〈代總理營務處司、道擬詳覆撫軍稿〉，頁42。

58　胡傳，《臺灣日記與稟啟》，卷1，〈代總理營務處司、道擬詳覆撫軍稿〉，頁43。

59　臺灣銀行經濟研究室編，《光緒朝東華續錄選輯》，頁142；臺灣銀行經濟研究室編，《清德宗實錄選輯》，頁225。

國本同時簡放為記名提督。[60]即綠營正規軍（練兵）較佳，當然，練兵是精選的，裝備、待遇、紀律較佳，而屯兵則遠遠不及。

以上為胡傳巡視南、東、中部之概況，基本上對棟軍尚無苛評，但認為撫墾得不償失，應該裁併以節省經費。

（三）巡視大料崁棟軍防務（7月13日-24日）

巡視使胡傳對全臺防務有相當深入的瞭解，亦有其嚴厲的評估，到底他對林朝棟之山區防務與棟軍之評價如何呢？他的巡視報告已有披露，但他另有呈給長官之函件，此更能顯現他內心的真意。光緒18年7月13日，他又赴大料崁內山查閱防番各營，23日出山，24日回省，8月5日稟報赴大料崁內山查閱防番各營情形。按，棟軍雖奉調回防中部，但此時仍然駐防北部，至8月底方返防中部。胡傳稟報稱：

> 竊卑職於七月十三日稟辭赴大料崁內山查閱防番各營。十四日行抵三角湧，詢知雙溪口一帶臨勇紮堡之處尚在三角湧之北五、六、七、八、十里不等，必須先從雙溪口查察，自北而南，乃能知其全局形勢之所在。遂於十五日北赴雙溪口，十六日回抵公館崙，遇颱風大雨而止。十七日復回三角湧，十八日經水流東以達阿姆坪。十九日復為大雨所阻。二十日抵馬武督，二十一日抵五指山。二十三日出山；二十四日回省。皆由內山隘路而行，故未至大料崁。

據上，胡傳之行程是13日離開臺北，14日行抵三角湧，15日赴雙溪

口，16日回抵公館崙，18日經水流東以達阿姆坪，20日抵馬武督，21日抵五指山，但未至大嵙崁；23日出山，24日回省。前後約10日。

胡傳首先敘述棟軍之駐防之分佈地，主要在原臺北縣、桃園縣、新竹縣與原住民接壤的山區，確實地點如下：

1. 候選道林朝棟所統守備林建庸：管帶哨勇右營後哨駐雙溪口、菜刀崙、濕水格等處，計六堡；另二隊駐與宜蘭接界之金爪寮一帶，計四堡；右哨駐四十股、大安崙一帶，計八堡。左哨駐交椅坐、索微坑一帶，計八堡；親兵駐三角湧，前哨駐雞罩山，中哨駐分崙頂、插角一帶，計十六堡。

2. 軍功李朝華：管帶隘勇中營前哨駐白石腳、菜園地一帶，計十三堡；左哨駐五結、大窩一帶，計十四堡；親兵及中哨駐水流東，右哨駐夾板山一帶，計二十四堡。後哨駐竹頭角一帶，計十二堡。

3. 總領〔林朝棟〕：自帶棟字正營左哨及砲隊一哨駐夾板山，計十八堡；中哨及衛隊一哨駐阿姆坪，大營前哨駐高鵠坪一帶，計十三堡；後哨駐吊籐嶺一帶，計十一堡；右哨分駐竹坑、石牛二處、計三堡；其新親兵一哨，則二隊駐阿姆坪，餘皆駐馬武督，計三堡。

4. 守備黃宗河：管帶隘勇前營左哨駐石牛一帶，計十二堡；後哨駐分水崙一帶，計十一堡；親兵及中哨駐馬武督，計十九堡；右哨駐長坪、茅坪一帶，計十四堡；前哨駐崩山一帶，計十五堡。

5. 參將陳尚志：管帶隘勇右營左哨駐崩山、獅頭山一帶，計六堡；另新勇一哨駐帽盒山、馬草灣一帶，計三堡；右哨駐尖石一帶，計六堡；親兵及前哨駐五指山、計十四堡；中哨駐九芎坪，後哨駐獅頭坪一帶，計十三堡。

他對棟軍與防務批評說：

> 自雙溪口以至分水崙，皆淡水之東境；自馬武督以至獅頭坪，
> 皆新竹之東境；綿延曲折幾三百里，共計防軍大小五營、四
> 哨、二隊，分駐二百六十六堡。其間相距或十數里、數里、一
> 里、半里不等。每堡或十數人、七八、五六人、二三人，亦不
> 等。地段太闊，兵力太單，平日不能合操，有警不能應援，僅
> 僅自守其堡而已。而山之東皆崇山峻谷，深菁茂林；番人出沒
> 不由蹊徑，如鳥獸然，到處可穿可越，非各堡所能堵禦。故處
> 處紮隘設防，而番人出草殺人尚如故也。

胡傳認為棟軍分佈地太廣，因「地段太闊，兵力太單，平日不能合
操，有警不能應援，僅僅自守其堡而已」，而「處處紮隘設防，而番
人出草殺人尚如故也」。

顯然，他不滿此一部署方式。他說，因交通不便，只能巡視一部
份碉堡，但也發現一些缺失：

1. 隘勇中營前哨只書記一名、勇十二名在堡，哨官亦不在防；左
哨只勇二十七名在堡；缺額太多。

2. 隘勇右營後哨哨官林德新長年託病，從不到防。

3. 自成軍以來，從未習練陣法，零星分撥駐堡，亦未習練槍法。

胡傳並批評說：

> 地勢如此散漫，堡勇如此單弱，不但不能堵禦兇番出入，即偶
> 殺一兇番，通事必播弄其間，訴於撫墾局，以為誤殺歸化馴
> 番，司撫墾者必以為大礙撫局。防、撫二事自相矛盾，故番可
> 以伺間時出殺我兵民，而我兵民轉不敢殺番。

據上，他對撫番方式大不以為然，認為有二缺點：

第一，兵力太弱，不足以防番。

第二，勦撫不當。他說堡勇偶殺一兇番，通事「必播弄其間，訴於撫墾局，以為誤殺歸化馴番」，司撫墾者必以為大礙撫局，因此「勦則未能使受大創，撫則如撫驕子」，而且「番不知畏，亦不知感」，每歲虛糜防餉撫費。[61]

二、胡傳對撫墾政策之總評

光緒18年閏6月，胡傳隨從總理營務臺灣兵備道顧肇熙[62]，巡閱基隆、滬尾二處防營。7月，亦奉派巡視宜蘭、蘇澳，8月19日回抵臺北，結束全臺巡視任務。在上臺灣兵備道顧（肇熙）函中稱：

> 奔馳過久，賤軀漸覺難以支持，然一差未竣，不敢不勉。擬俟宜蘭查畢，即求中丞以不服水土，奏請仍回原省，或賞假回籍治病。伏乞我公便中先為一言。[63]

可見他早已有辭意，其中之主因當是對撫墾政策及防務頗有意見，以下分對現狀之批評與改進意見稍加說明。

61　前述內容，參見胡傳，《臺灣日記與稟啟》，〈光緒十八年八月初五日申〉，卷1，頁55-57。

62　顧：顧肇熙，字鼎臣，號緝庭，江蘇蘇州府人，光緒十八年出任，二十年升布政使。鄭喜夫纂輯，《臺灣地理及歷史‧卷九‧官職志》，頁25。

63　胡傳，《臺灣日記與稟啟》，卷1，〈上臺灣兵備道顧〉，頁62。

（一）對現狀之批評

胡傳對山區防務似乎不滿意，可歸納如下述。

1. 山區布防太廣，無力防禦

他於光緒18年7月「上臺灣臬道憲顧」函內稱：「十四日入山，周歷雙溪口、三角湧、阿姆坪、馬武督、五指山各隘；於二十三日出山，二十四日回抵臺北」，[64]他嚴厲批評北臺灣防務之不善稱：內山防軍「五營四哨二隊，分駐二百六十六堡，綿延曲折幾三百里」，兵少力分，各自守其堡，尚恐或致疏虞，「斷難責以堵禦兇番出草」，並痛批內山之隘勇情形更嚴重，「直是鬼混耳」。[65]

2. 部署不顧地理，只為私利

他在同上之函中稱：淡、新東境，內山新舊設防各堡，「全不顧山川形勢是否便利，軍營聲援是否聯絡」，兵力部署甚為不當，只是自私自利，專注於保守茶寮、田寮、腦寮。他並指稱：如果無論尺土寸地，一戶一民，均設兵保護，國家「無此兵力、無此政體」，而且此等零星單弱之防勇，「斷斷不能堵禦兇番出草殺人」，[66]國家不應耗費兵力保護私利。

64　胡傳，《臺灣日記與稟啟》，卷1，〈上臺灣兵備道顧〉，頁61-62。胡傳有一函「稟臺灣臬道憲顧」，則應是按察使，待細考。當時顧肇熙亦兼任總理全臺營務，乃胡傳巡視時之直接上司，此函或許是上文之進一步說明。據臺文叢本，此函註（七月底發？），無年。考此函內容與上一申報文類似，故應該是其前後所發者，前者是公文，本文則是私函。

65　胡傳，《臺灣日記與稟啟》，卷1，〈上臺灣兵備道顧〉，頁62。

66　胡傳，《臺灣日記與稟啟》，卷1，〈上臺灣兵備道顧〉，頁63。

3. 通事訛詐，撫墾當局懦弱

胡傳批評說，地勢如此散漫，堡勇如此單弱，不但不能堵禦兇番出入，而且偶殺一兇番，通事必加以播弄，控訴於撫墾局，以為「誤殺歸化馴番」，當局必以為妨礙撫墾工作，防、撫二事自相矛盾，因此番「可以伺間時出殺我兵民，而我兵民轉不敢殺番。」[67]按，光緒18年5月24日，胡傳巡視中路時，曾詢傅把總（傅德生）「禦番切要之策」，答稱殺盡通事，禁與番通，番自服，因「番人所用刀槍子藥，皆通事者得賄而給之也。」胡傳深歎其有識。[68]他又批評勦、撫進退失據稱，上「稟臺灣臬道憲顧（肇熙）」，特別痛批撫墾局、通事之弊，稱撫墾局「畏番如虎狼，待番如驕子，惟務以財帛酒肉餵之靡之以悅其意」；痛批稱此等撫法實際上是「勾誘兇番出殺我民之餌也」，[69]與防務自相矛盾。

4. 山區無地利，撫墾無功

他指稱內山番社「皆在崇山峻谷之中，並無平原廣野」，不能開墾徵稅，毫無地利可言。至於說不撫則各社「傾巢而出，直抵臺北府城下」，他批駁稱，如此則番「失其所據之險就平地」，可以設法「聚而殲之」，正好求之不得。[70]

67　胡傳，《臺灣日記與稟啟》，卷1，〈光緒十八年八月初五日申〉，頁57。
68　胡傳，《臺灣日記與稟啟》，卷1，〈光緒十八年五月十六日申〉，頁31。
69　胡傳，《臺灣日記與稟啟》，卷1，〈稟臺灣臬道憲顧〉，頁63。
70　胡傳，《臺灣日記與稟啟》，卷1，〈稟臺灣臬道憲顧〉，頁63-64。

5. 奸商恐嚇牟利

胡傳又批駁洋人欲自入山煎腦「係奸商借以恐喝之詞」，稱：

> 至洋人欲自入山煎腦，明係奸商借以恐喝之詞，萬不可為所搖
> 奪。洋人利權，操縱在握；將來放價收腦，而我民貪利，亡命
> 爭入採取，禁之不能，乃意中事。洋人性命不似華人不甚值
> 錢，必不冒險深入；可無慮也。[71]

據上，他認為所謂「洋人欲自入山煎腦，明係奸商借以恐喝之詞」，
而是漢人貪利，欲入山熬腦牟利，官府不應被挾持，維護其利益。

6. 山區資訊錯誤

光緒18年9月28日，胡傳又致邵班卿（友濂）函，致送臺灣圖說
二本，批評其錯誤，並痛陳沈葆楨撫墾政策之誤導，稱他於臺、澎建
城置官設險駐兵之處，業已遍歷其境，深知此圖不甚確實，他指出缺
點：

第一、內山番境，「放地太寬」，誤導認知。

第二、番境山峻而溪窄，並無平原廣野，沈葆楨稱臺地「三分
只開其一」，乃無稽之言，而後山尚有荒地，而民人「至今不滿二百
戶」。

第三、圖中載通後山之道有六，皆同治十三年以後，用重兵、糜
鉅餉之所開，但已阻塞，「不復能通」；如今目通行之道，只有鳳山、

---

71 胡傳，《臺灣日記與稟啟》，卷1，〈稟臺灣臬道憲顧〉，頁64。

枋寮之東十五里三條崙新路，可達後山之巴塱衛，此係光緒十四年所開，圖中卻未登載。

他又指陳開山以來十八年，無功可言，稱：

> 自議開山以來，十有八年矣。所辦勦、防、撫、墾四大端，弁勇之死於此者以萬計，國帑之靡于此者以千萬計。而『勦』則如使貓入鼠穴以捕鼠；『防』則尺土寸地一戶一民皆欲以兵保護，與乾隆時溫福之在木果木以萬餘兵分繫千餘卡者大略相似；『撫』則惟以財帛賄之，酒肉屬之，如養驕子；『墾』則無一處報請丈地升科。而生番出草殺人則年甚一年！明明無絲毫之益，而前車覆轍，後車復蹈，至再、至三、至四，不悟、不悔，豈非咄咄怪事哉！請罷撫局，撤零星防堡三百數十，扼守要隘，見番出則殺以創之；裁冗營，節經費，留備添戰艦、增海防之用。[72]

總之，胡傳對向來之開山撫番政策持負面意見。

（二）山區防務改進建議

胡傳亦提出防務之「善後」建議，主軸是盡撤隘堡，並暫停撫墾局。

他於光緒18年7月「上臺灣臬道憲顧」函內稱：「十四日入山，周歷雙溪口、三角湧、阿姆坪、馬武督、五指山各隘；於二十三日

72　胡傳，《臺灣日記與稟啟》，卷1，「致邵班卿」，頁66-67。

出山，二十四日回抵臺北。」[73]其後，他主張隘防政策應儘速改弦更張，稱「此事議裁、議併、議撤，久不能決」，「請盡裁隘勇撫局。」[74]他並提出幾個具體辦法：

第一、盡撤隘堡：「選練健銳，於雙溪口、三角湧、水流東、阿姆坪、馬武督、五指山六處，各擇要地，建一壘，駐百人。每日各以五十人居守，五十人出哨。居者輪流操練，出者往來搜捕。不深入，不窮追，惟以捕殺出草兇番為事。」

第二、暫停撫局：「諭歸化馴番勿復出山，致被誤殺。禁亡命之徒入山伐木煎腦。」

第三、禁通事私與番通：禁止私販鹽、鐵、火藥入番境。

第四、勸民結團，守望相助：能殺番者重賞；能查獲私販鹽、鐵、火藥入山者重賞，「務使我兵、我民人人可以殺番」。

他解釋稱上法「似較今之防法、撫法有五善焉」，即「省費，一也；變不練之軍而使之練，二也；使番有所畏懼而不敢輕出，三也；操縱在我，而不為通事所播弄，四也；可禁鹽、鐵、火藥入番以困番，五也」。

他進一步提出辦法：

> 卑職非敢謂置六百人於雙溪口、三角湧等六處便可禁絕兇番出草也。但每處每日有五十人，分兩路出哨，每路以二十里計之，合計十二路，便是二百四十里之內，皆日有捕殺兇番出草之兵；較之二百六十六堡坐守而不出，一任兇番出沒恣殺而無

73　胡傳，《臺灣日記與稟啟》，卷1，「上臺灣兵備道顧」，頁61-62。

74　胡傳，《臺灣日記與稟啟》，卷1，〈上臺灣兵備道顧〉頁62。

如之何者，不猶此愈於彼乎？

換言之，他主張在六處置勇六百人，每日派出五十人分二路巡視，因此每日都有「捕殺兇番出草之兵」，遠勝於「坐守而不出」的舊法。他又解釋其法並非有違上天好生之心，而是此法可「以殺止殺」，民番相安，稱：

> 非違上天好生之心，翻歷來撫番之案，而敢以殺番為請也。番月得我餉銀，日饜我酒肉，而猶時出殺我兵民。不有以創之使稍知畏懼，是忍於我兵民之被殺，而不忍於殺番也。且我兵民如果人人皆欲殺番，皆能殺番，番必畏殺而不敢輕出。從此民與番各分疆界，漸相安於無事，轉各得以遂其生，以殺止殺，不亦可乎？[75]

胡傳在「上江蘇臬憲陳舫仙廉訪」函說，此次周歷全臺誠見今日防務，「非先罷撫局無從著手」；「非先將歷年勤防撫墾所以無效之故徹底奏明，改絃更張，以殺止殺，無濟于事」。[76] 由上可見胡傳對沈葆楨、劉銘傳之撫墾政策不表贊同，甚至認為過於軟弱，並建議「盡撤隘堡」、「暫停撫局」，以更激進方式部署防務。他的意見對邵友濂顯然有相當大的影響，巡視報告提出後不久，林朝棟之職務即被取代，棟軍亦隨即撤回中部。9月，胡傳上江蘇臬憲陳舫仙一函，稱其

意見「屢次條陳，頗蒙上臺採納。」

然而，胡傳稱其意見屢次條陳，「頗蒙上臺採納」，卻在9月提出辭呈，理由是因邵友濂從7月後因疾久不愈，恐怕會離職而改變政策，但不被接受，反而任命為「臺南充鹽務總局提調」，而上司臺灣道顧廉訪正是早年在吉林時的長官，因此仍義不容辭，接受新職。[77]

三、邵友濂之緊縮撫墾政策與林朝棟之挫折

光緒18年4月13日邵友濂奏稱，「各軍剿辦事竣，仍飭各回原防駐紮」，[78]但軍事行動雖已終止，而棟軍依然駐防北路各地，直至9月方回防中路。

何以在8月底林朝棟突然奉令卸任南返呢？根本原因與邵友濂之撫墾緊縮政策有關，而此又與胡傳山區巡視之不利報告有關。

（一）邵友濂之緊縮撫墾政策：撤銷棟軍之北臺任務

劉銘傳之革職原本即反映清廷對其政策之不滿，光緒18年9月29日之《京報》載，邵友濂奏稱：

> 臺防各營外固海防，內扼番隘，節經前撫臣劉銘傳調度布置，粗具規模，祇以地方水土異宜，弁勇病亡相繼，隨時更換募補，不加意整飭則廢弛堪虞。臣於上年到任之始，接晤各軍統領，即經諄切訓勉。

77　胡傳，《臺灣日記與稟啟》，卷1，〈上江蘇臬憲陳舫仙廉訪〉，頁65。

78　邵友濂奏，光緒18年4月13日奉硃批，〈福建臺灣巡撫邵友濂奏為剿平大料崁內山番社，請將在事出力暨陣亡員弁分別獎卹以昭賞勤招〉，收於洪安全總編輯，《清宮月摺檔臺灣史料》，冊8，頁6424。

　　邵友濂性格謹慎，光緒17年接任後即開始檢討劉銘傳政策之問題。接著他又派直隸州知州胡傳，「周歷全臺各營炮臺，將查閱情形陸續具報前來。」[79]可見邵友濂亟欲改弦更張。

　　原來胡傳於七月巡視大嵙崁，八月又巡視宜蘭、蘇澳，十九日回抵臺北，對撫墾政策與防務嚴厲批判，並提出撤隘勇、廢撫墾局之建議，此建議非常符合邵友濂之施政方針，是故甚表贊同，並下令林朝棟卸任北部隘勇總統之職，棟軍亦於9月南撤回防中路。

1. 撤銷棟軍後路轉運局

　　光緒17至18年大嵙崁之役時，邵友濂與林朝棟創設棟軍後路轉運局，負責後勤任務，光緒18年7月27日《申報》載，戰事結束後予以裁撤。但因「沿山腦寮戶口流亡，奸民影射偷漏，無弊不作」，急須嚴密稽查，委員陳長慶原本負責轉運後路糧餉，因而改為專辦「大嵙崁、三角湧、雙溪等處稽查腦灶事務」。他招募壯丁50名以供差遣，申明定章，「招集腦戶，鋤擊豪　，扶持懦弱」，同時親赴所轄各地面巡閱一周，腦務因此漸有起色，深獲長官獎賞。[80]此反映在山區邵友濂不再進行撫番戰爭，只管理樟腦生產事宜，而林朝棟北伐任務告終。

2. 林朝棟卸任北部隘勇總統之職

　　光緒18年9月15日《申報》載：

79　「光緒十八年九月二十九日京報全錄」，《申報》，光緒18年10月12日（1892年11月30日），版14。

80　「稻江秋語」，《申報》，光緒18年7月27日（1892年9月17日），版3。

〔光緒十八年八月？〕總統棟隘各軍林蔭堂觀察不知有何要
公，特從鴨母坪大營至臺北，稟見撫、藩兩憲，旌節暫駐西門
外府第。聞勾留十日即須返旆回防云。[81]

原來林朝棟之面見邵友濂與布政使，是商議棟軍自北臺撤回中路事。
《申報》9月15日又載：

總統棟、隘等營中路營務處林蔭堂觀察稟請凱旋彰化，所遺隘
勇各營，請以前帶中營事務陳子城協戎尚志代統，業奉憲批照
准。

因此，林朝棟將卸任總統棟、隘各軍職，其職位由副將陳尚志接替。
不僅如此，林朝棟部屬經胡傳之糾舉亦被懲處。《申報》載：

隘勇左營管帶林君建庸、右營管帶李君朝華，前經營務總巡胡
鐵華（胡傳）直刺，查明短少勇額，據實稟請邵大中丞撤換。
中丞批飭由代統之陳協戎遴員接帶。銘字中軍副營管帶駱本貴
奉飭另候差委，遺缺以原帶宏字左營管帶馬都戎長安接帶。[82]

據上，隘勇左營管帶林建庸、右營管帶李朝華因胡傳之彈劾，邵友濂
予以撤換，由陳尚志遴選繼任人選。另外，銘字中軍副營管帶駱本貴
亦被調職，由原宏字左營之管帶都司馬長安接帶。顯然，棟軍與劉銘

81　「艋津喚渡」，《申報》，光緒18年9月15日（1892年11月4日），版2。

82　「亦嵌紀要」，《申報》，光緒18年9月17日（1892年11月6日），版2。

傳系軍亦因而被壓抑。

邵友濂上奏「為查閱臺防營務分別優劣請旨獎懲並自請議處」摺，內稱依據胡傳「周歷全臺各營炮臺」之報告，提出其評估內稱：

(1) 南路之鎮海中軍等營暨安平、紅〔旂〕後兩口炮台、後山之鎮海後軍等營，均屬控扼得宜，聲勢聯絡，勇丁壯健，步伐整齊，操防最為得力。

(2) 澎湖之宏字四營次之，炮台亦甚扼要；

(3) 中路之定海後營又次之；

(4) 北路之銘字中軍等營較遜，其沿山防番屯、隘各軍散　碉堡，操演不盡如法。大嵙崁之隘勇中、右兩營甚至有曠玩情形，亟宜認真整頓。

顯然，他對劉銘傳與林朝棟軍評價甚低，但稱兼統臺北隘勇各營道員林朝棟，於剿辦大嵙崁社番之後，念其「久歷軍事，熟悉番情」，飭令兼統隘勇，仍駐防大嵙崁。但又稱，林朝棟所部「營官勇額延曠，哨官玩不到堡，漫無覺察，且於善後事宜措置亦未盡允協」，因此報稱：「記名簡放保案撤銷」、「應即撤去兼統差使」。換言之，林朝棟大嵙崁之役戰功所得之各項保舉升官案全部撤銷，惟因歷年辦理中路防務，「尚屬著有微勞」，請旨「仍留中路統帶棟字各營以觀後效」」，亦即林朝棟仍保有中路統領之職。

此外，林朝棟部屬亦被懲處如下：

(1) 其勇額延曠之隘勇中營營官六品藍翎軍功李朝華，請即革去六品藍翎；

(2) 哨官藍翎把總游向，請即拔去藍翎革職，一併聽候查辦；

(3) 任聽哨官玩不到堡之隘勇右營營官守備林建庸　該哨官千總林

德新，均即革職，分別斥逐。[83]

據上，林朝棟之部屬李朝華、游向、林建庸、林德新四人軍備撤職。

總之，林朝棟北上苦戰之功勞竟被一筆勾消，僅保留原有之職位。邵友濂係湖南人，批判隸屬淮軍之劉銘傳，連帶林朝棟亦遭殃，其背後是否含湘淮門戶之見，值得再探。

（二）棟軍之返防中路

林朝棟奉令撤回中路而由陳尚志接任北路統領及撤軍始末，「林家文書」存有若干相關函件可重建事實。以下分別探究其南撤時間與作業情形。

1. 林朝棟之卸任南返之因及其日期

關於林朝棟撤防之事，光緒18年8月24日，葛松齡已經探聽到駐崁之棟正營、衛隊回中路駐紮的消息。他致函林拱辰稱：

> 今早傑夫發排單致統帥信，諒早到矣。頃探得大𣐼崁統領事，我統帥帶住〔駐〕崁之棟正營、衛隊回中路住〔駐〕紮，崁營臨勇卸交陳尚志統接。林建庸撤委[84]，令陳尚志選員稟請接

83　前述內容，參見「光緒十八年九月二十九日京報全錄」，《申報》，光緒18年10月12日（1892年11月30日），版14。

84　邵友濂於光緒18年8月13日之奏折，報告臺灣防務及各營兵勇之操防情形，並分別敘述其優劣以為獎懲依據。其中提及「大𣐼崁之臨勇中右兩營，甚至有曠玩情形」與「任聽哨官玩不到堡之臨勇右營營官守備林建庸，暨該哨官千總林德新，均即革職，分別斥逐」即可映證本件文書所寫之內容，林朝棟亦因受此事牽連而有所影響。參見邵友濂奏，光緒18年8月13日，〈為查閱臺防營務分別優劣請旨獎懲並自請議處恭摺仰祈聖鑒事〉，收於中國第一歷

代，稿行公事諒明天可發。陶必香本統帶兩營，刻只有一營管帶，餘言面談。

可見葛松齡於8月間已經得到消息，大科崁營隘勇營由陳尚志接任，林建庸被撤職，而陶必香（陶廷樑）本統帶兩營，只剩一營；他也訂於26日回中部。

此函中，葛松齡亦提醒領餉事，稱「閏六月分隘勇前營公事至今尚未覆來，並八月餉應歸我領，祈從速催辦前來領。」又稱：「芝翁囑請統帥大科崁卸交清楚，拔隊回中，由台北來一行為要。」[85]芝翁是臺灣縣（今臺中）知縣黃承乙，他邀請林朝棟返中時晤面。

另外，光緒18年8月25日，潘光松致林拱辰函稱：

> 弟回家身染病，此時尚未全愈〔痊癒〕耳。聞吳統領奉委大科崁統領，統帥廿七、八日旋歸中路。弟轎夫二名及李、林跟人一名算清薪水，交何已帶去，情當謝謝。[86]

可見潘光松已知林朝棟將於8月27、28日旋歸中路，但他耳聞「吳統領奉委大科崁統領」，與葛松齡之消息有異，後者消息較正確，接任林朝棟統領者確實是陳尚志。

史檔案館，《光緒朝硃批奏摺》，冊42，頁853-854；國立臺灣大學，《台灣歷史數位圖書館》，檔名：〈ntu-2252963-0085300854-0000851.txt〉

85　「廿四日夜四點葛松齡致林拱辰信函」，收於黃富三等解讀，何鳳嬌、林正慧、吳俊瑩編輯，《霧峰林家文書集：棟軍等相關信函》，頁468-471。

86　「八月廿五下午潘光松致林拱辰信函」，收於黃富三等解讀，何鳳嬌、林正慧、吳俊瑩編輯，《霧峰林家文書集：棟軍等相關信函》，頁146-147。

2. 撤軍相關業務

林朝棟當於光緒18年8月底回中部,但撤軍需費相當時間,而其幕僚等人員亦隨同離去,行李不少,因此需雇用人夫、轎夫等,耗去不少費用。有數件「林家文書」提供一些訊息。

(1) 撤軍之人力與費用

光緒18年9月14日,葛竹軒致函支應處,報告雇用之人力與費用,主要為撤軍時所需之挑夫、轎夫,以及其他雜項開支,包括林朝棟與相關人員的。列舉如下:

統帥(林朝棟)本人所用挑夫、轎夫之開支:

> 挑夫由竹至墩,36名,計3,041斤,70為一担,價工1.7元,艮73.8524元(內扣大旂棚1担半,艮2.55元)。
>
> 台北至墩三名,艮8.0元。
>
> 押夫二名,艮3.4元。
>
> 轎夫10把,計29名,由竹至墩,艮49.3元。
>
> 押夫二名,艮3.4元。
>
> 稿房竹至壠,二把六名,艮3.0元。
>
> 共銀 140.9524元,七二平101.4857兩。

相關人員之開支:

> 王蘭翁三名、王泰嵩三名、李德光三名、謝亦松三名、陳庚兄三名、福州太三名、馬總三名、老媽三名、女婢二名、拱辰三名,計29名。
>
> 稿房轎三名一把,竹至壠,去艮1.5元。

代楊旂牌夫價，3.4元。

各隊夫價：

如代林藍旂夫價，5.1元。

代內差張夫價，3.4元。……

共銀28.6元，平20.592兩。

平217.6157兩。

合平238.2077兩。

又，稿房等挑夫1,107斤，去26.86元，平19.34兩計平257.5477兩。[87]

據上，林朝棟部分為平101.4857兩，相關人員為平257.5477兩，共359.0334兩。

(2) 棟軍撤軍之雜項收支

光緒18年9月15日，葛竹軒函報棟軍支應處撤軍之雜項收支，項目極為繁雜，包括信差、挑工、購物等等。其開支如：

8月24日，倩差送信大墩，去2.5元

8月25日，專差送信阿母坪，去4.0角。

　　　　　挑銀8.0担，人5人火車，去2.2元，

8月28日，統領帶回，去平1,200兩。

（收入）

共銀119.868元，平86.3049兩

87　「九月十四日葛竹軒致支應處夫價清單」，收於黃富三等解讀，何鳳嬌、林正慧、吳俊瑩編輯，《霧峰林家文書集：棟軍相關收支單》，頁436-439。

平1,648.79兩【印】，合平1,735.095兩。

八月廿七日 公泰來栳銀1,300兩。

共1,300兩。

扣外，墊用平435.095兩[88]

據上，各項開支總計為平1,735.095兩，8月27收到公泰來拷銀1,300兩，收支相抵，缺平435.095兩，需另外墊用。

(3) 另一棟軍撤軍之雜項開支報帳單

光緒18年9月，劉以專致林拱辰報另一棟軍撤軍之雜項開支報帳單，項目亦甚繁雜，大多是交通工具與人夫工資。如：

阿姆坪往料崁行李三担，艮1.20元。

又，梅師爺，往料崁，小篶三名，艮1.20元。

又，稿房陳、沈，往料崁，小篶6名，艮2.4元。

又，補料崁行李15担，內加重96斤，艮1元。

料崁往新竹，陳、沈小篶6名，艮6.0元。

……

又沈先生，借艮1.0元。

葛師爺對新竹夫長，艮2.86元。

二合共佛艮214,794元。

大賬房劉師爺來銀30元。

---

88 「九月十五日葛竹軒致棟軍支應處收支單」，收於黃富三等解讀，何鳳嬌、林正慧、吳俊瑩編輯，《霧峰林家文書集：棟軍相關收支單》，頁440-445。

桂卅日來佛銀150元。

九月初二日，來佛艮20元。

合共銀200元。

扣除外尚欠佛銀14.794元。[89]

以上為從文書所看到之資料，撤軍開支至少有以上三處，但其使用細節待考。

另外，因8月薪餉仍由棟軍支領，因而被借支。如光緒18年8月，徐寶璐致某人信函：「新委水長流撫墾委員浙江試用巡檢徐寶璐，今於與借領事，實領得番銀貳拾元（庫平14.6兩）合具借領是實。」[90] 此為新委水長流撫墾委員浙江試用巡檢徐寶璐之借銀。

(4) 返回駐地後之宴會

光緒18年9月15日，林朝棟可能舉辦宴會，當是返回中部之慶功宴或謝恩宴。有一件林家文書紀錄為：

滿漢席二棹24元，銅燭台二合10元，洋燭燈一合4.0元，紅呢椅披墊一付12元，炮罩花磁棹燈2合4.0元，錫天前炉一支2.5元，共56.5元。

逸翁、蘭翁、敏翁、雪翁、拱辰、如松、泰嵩、以專、（隨正）贊臣、吉臣、淵卿、汝舟、子佳、徐宝璐、子鳳、德哥、

89　「壬菊月十三日致林拱辰夫價伙食等項收支單」，收於黃富三等解讀，何鳳嬌、林正慧、吳俊瑩編輯，《霧峰林家文書集：棟軍相關收支單》，頁658-665。

90　「光緒拾捌年捌月徐寶璐借據」，收於黃富三等解讀，何鳳嬌、林正慧、吳俊瑩編輯，《霧峰林家文書集：補遺》，頁122-123。

陳騰龍、（付營）王鎮湘、（隘付）周代楨、竹軒，共20分，
每分2.03兩。在9月15日單內[91]

上述資料當是宴會之帳單與名單，但其用途仍待考。如「共20分，
每分2.03兩」，推測是「逸翁、蘭翁、敏翁、雪翁、拱辰、如松、泰
嵩、以專、（隘正）贊臣、吉臣、淵卿、汝舟、子佳、徐宝璐、子
鳳、德哥、陳騰龍、（付營）王鎮湘、（隘付）周代楨、竹軒」20人
分攤之金額。

　　至此，林朝棟從光緒17年12月至18年9月的大嵙崁之役落幕。然
而，他早期受重用而應召北上，在短短3、4個月內即平亂，可說戰
功彪炳，最後竟因邵友濂之改變撫番政策的改一筆勾消，部屬甚至
遭懲罰。他最後的職銜仍是「欽加二品頂戴、辦理中路營務處、中
路撫墾事務、統領棟字等營勁勇巴圖魯兼襲騎都尉、遇缺儘先選用道
林」，[92]相較其祖父林文察之平步青雲，高居福建陸路提督，真有天
壤之別。進一步深究，其背後原因是清廷對臺灣地方領袖又回到保
守防範路線了，林朝棟之最高職銜僅是「遇缺儘先選用道」即充分反
映。第一，林朝棟是武將，戰功亦出色，然而職位是統領，而統領是
太平天國之亂後曾國藩所創之民間軍事組織之職銜頭銜，並非正式武
職。第二，他的最高職銜「遇缺儘先選用道」，此為文官職，顯然清
廷不願林家再度出現武官，以防林文明事件重演，而且亦非正式道臺

91　「買物及攤分清單」，收於黃富三等解讀，何鳳嬌、林正慧、吳俊瑩編
　　輯，《霧峰林家文書集：棟軍相關收支單》，頁446-447。

92　光緒13年1月17日，「欽加二品頂戴、辦理中路營務處、中路撫墾事務統領
　　棟字、勁勇巴圖魯兼襲騎都尉等營、遇缺儘先選用道林為移知事」，收於臺
　　灣銀行經濟研究室編，《臺灣私法商事編》，頁70-71。

實官，只是「遇缺儘先選用」而已。由此可見清廷對臺灣地方領袖最終還是防範、不信任的，而臺紳縱然不滿，亦僅能順服。

第三節　林家中部豪族地位之奠定：「宦退紳進」

如前所述，林朝棟在執行開山撫番政策上可說扮演非常最重要的角色，也做出巨大的貢獻，但由於清廷政策的改變與灣官員對林家的態度，很難在政治上更上一層樓。因此林家必須抉擇，是否就此順服？如是，做法如何？

林朝棟經歷林家族運中挫的大風浪，必須避凶趨吉，深知穩健安全是最佳策略，於是由調適（compromise），不與官方對抗，結束林家京控案，進而順服合作（cooperation），結好官員，效命清廷立功以重振族運。換言之，不再爭取政治高位，而致力於建立臺灣中部第一豪族之地位。首先，快速增加林家財富，成為中部第一大富豪。其次，呈請設置官式宅第，提升家族之社會聲望與地位，如建宮保第專祠於漳州、臺灣。第三，林家亦廣置豪宅，彰顯其社會經濟地位影響力。

一、林家之蛻變為中部巨富

如前所述，林家財富之來源不僅是樟腦等山產事業，而且開拓新墾地，大幅擴張田園。為此，林朝棟結合客家豪族，建立山區新拓墾體制，形成一共利體，創造豐厚、穩定的財源。

（一）林家在山區之拓墾：林合號等

林朝棟財富之猛增與其掌握中路撫墾大權有密切的關係。因晚清

臺灣平原開發殆盡，米糖不再是營利最高產品，而是樟腦、茶葉等山區資源，而中路逐漸超越北部成為最大樟腦產地，林家成為最大受益者。按，林朝棟與堂叔林文欽組「林合」墾號承墾。[93]《臺灣霧峰林氏族譜》、《臺灣通史》均提到「林合」。[94]光緒某年（9？）月19日，梁成枬致林朝棟函件：「因前發者已入允卿中郎賬，作為中郎來林合之款故也」。[95]林文欽撥款入「林合」號，印證其為二人合作之墾號。

　　一般著作稱劉銘傳為獎賞林朝棟之功，授予中部沿山曠野與近海浮復地之開墾權，及樟腦專賣權，真相如何呢？林家山區之拓墾地有多大？難以確知。第一，林朝棟之山區職權相當廣泛，但不明確。第二，山區大多仍屬於邊區，地權相當含糊，有漢墾地、隘墾地、界外地等。第三，即使有報陞，仍有隱匿未報者。第四，林家亦有自行購入之地，但由於地契不少，有待釐清二者之區別。

　　關於山區林家之墾地，蔡清筠與林朝棟為長時期之商業伙伴，其所撰之〈鹿港綠香居主人自述〉一文稱：

> 自水底寮，經二櫃、三櫃、水波樓至白葉嶺，下至南港山止，
> 皆屬林家勢力範圍，整栳抽藤、打林作料之收益，皆歸所有；

93　王世慶，〈霧峰林家之歷史〉，收於黃富三、陳俐甫編，《霧峰林家之調查與研究》，頁19；林獻堂，〈先考文欽公家傳〉，收於林獻堂等修輯，《臺灣霧峰林氏族譜》，頁114。

94　連橫，《臺灣通史》，卷13，〈軍備志‧隘勇〉，頁371；卷33，〈列傳五，林奠國列傳〉，頁901。

95　「十九夕梁成枬致林拱辰、王泰嵩、劉以專朝棟信函」，收於黃富三等解讀，何鳳嬌、林正慧、吳俊瑩編輯，《霧峰林家文書集：棟軍等相關信函》，頁526-527。

　　林家募有424名隘勇防衛。[96]

此說有其根據，但相當籠統，且未指出時間。茲考證如下。

　　日治初期，日人因兵荒馬亂，官力不及山區，對順從之豪強，除了獎賞外，對其既有之得權益亦做某種程度的承認。林朝棟在清代擁有中部山林與樟腦之特權，而其下轄有隘勇營，維持番界之安全。日人領臺初期，臺灣未完全順服，無力顧及山區，仍承認其權益，1895年10月31日，總督府僅發佈官有林野及樟腦製造業取締規則與稅則，其它大都維持舊慣。[97]

　　1896年，臺中縣政府諭示林紹堂，其所自置之中部隘勇線隘勇，自10月1日起，需接受臺中縣知縣指揮；[98]400名隘勇續存，並支給月津貼2,000圓。[99]林朝棟（或林紹堂）與林文欽在清代從事拓墾與樟腦事業之林合號，此時繼續經營，但由林紹堂承繼林朝棟。據日治資料，如1896年2月28日，由「林允卿（林文欽）、林紹堂」具名，向臺中縣申請開墾貓羅東堡內之地，其它族人亦有同類申請案。[100]

　　接著，1899年8月（或9月）25日，下厝林輯堂、林季商與頂厝林

96　蔡清筠，〈鹿港綠香居主人自述〉，頁93-94。

97　〈官有林野及樟腦製造業取締規則〉，日令第26號，1895年10月31日發佈參見臺灣總督府史料編纂委員會，《臺灣樟腦專賣志》，頁92；「官有林野及樟腦製造業取締規則」，《臺灣總督府公文類纂》，第8冊，第1號，甲種永久保存。

98　王學新編譯，《日據時期竹苗地區原住民史料彙編與研究》，頁1234。

99　王學新編譯，《日據時期竹苗地區原住民史料彙編與研究》，「林合記事」，頁1247；〈隘勇監督二關スル臺中縣報告〉，《台灣總督府公文類纂》，第94冊，第9號，乙種永久保存。

100　「開墾地引渡願進達二付稟申」，《台灣總督府公文類纂》，明治34年，乙種永久保存，拓1909號，。

文欽，又向兒玉源太郎總督陳情，請求追認清代「林合號」之墾地。
大意稱：

> 父朝棟因剿番有功，而由臺灣巡撫發給墾單開墾中部山地，其
> 在頭汴坑地方以林鳳鳴之名義；抽藤坑地方以林良鳳之名義開
> 墾之土地，曾讓渡林紹堂，即為林家下厝之墾地。
> 以林合（林家合同之組合號）之名義承墾之土地，計有原臺灣
> 縣轄內之曠地，八仙涌山一處（東至大橫屏為界，西至監土舊
> 田界；連頂城舊田為界，南至石橋為界，北至山木叢坑崙為
> 界），八峛山大針坪山一處（東至大崙為界，西至番仔吧頂城
> 為界，北至水長流為界）；及南投堡龍眼林山一處（東至二崁
> 斗後分水為界，西至雙坑夠為界，南至吃飯鋁崙頂分水為界，
> 北至王山針為界）。[101]

據上，林家請求總督府，承認清代「林合」號墾地之「所有權」，並
准予「續墾」。明治33年5月18日，總督府接受，以指令第1009號核
准其所有權。[102]

　　根據此一檔案，林合號之山區墾地可歸納為二部份。

101　王世慶，〈霧峰林家之歷史〉，收於黃富三、陳俐甫編，《霧峰林家之調查
　　與研究》，頁26-27；〈臺中縣下林孝商及林允卿開墾認許地所有認可願閣
　　置ク〉，《臺灣總督府公文類纂》，第536冊，第10號，第13件。

102　王世慶，〈霧峰林家之歷史〉，收於黃富三、陳俐甫編，《霧峰林家之調
　　查與研究》，頁27；林獻堂，〈先考文欽公家傳〉，收於林獻堂等修輯，
　　《臺灣霧峰林氏族譜》，頁114。

1. 頭汴坑墾區

如前所述，此區原是以林鳳鳴之名義開墾之土地。光緒14年3月1日，中路營務處林朝棟曾發墾單予墾戶林鳳鳴，開墾「頭汴坑各處地方曠地一處」。[103]該地可能在1895年前後歸下厝所有，曾讓渡林紹堂，即林家下厝之墾地。

2. 抽藤坑

同上，此區原是以林良鳳之名義開墾之土地，林良鳳係粵人，東勢角抽藤坑之墾首，據光緒14年之墾單，其墾地為「東至桂竹壟崎為界，西至矮山仔坑為界，南至林鳳鳴墾地為界，北至大河為界」。[104]但最後又歸「林合號」。

某年（光緒18年？）1月29日，梁成枏予林拱辰書信稱：

> 二十六日內山回，奉　惠示，為水底寮旱埔事見詢，先奉憲飭，因多事未能速辦。查該處僅有彭姓未有定議，十七年分糧務未清，該族中有愿捨者，有不愿捨者。弟以〔已〕與訂約，限二月初六、七日。弟由大湖返局，即須定議，再行函布。惟弟有切商一事，希與茂公、汝秋各位轉達　帥聰，旱埔不患不

103　光緒14年3月1日，「欽命二品頂戴、辦理中路營務處、中路撫墾事務、統領棟字等營、遇缺儘先前選用道兼龍騎都尉勁勇巴圖魯林，為給發墾單事」，收於臺灣銀行經濟研究室編，《臺灣私法物權編》，頁239-240。

104　參黃富三等解讀，何鳳嬌、林正慧、吳俊瑩編輯，《霧峰林家文書集：墾務、腦務、林務》，〈（八）林良鳳發信（信函內容簡介）〉，頁382；光緒14年，〔清冊〕（中路罩蘭等處撫墾局委員梁成枏呈送勘丈墾地發給墾單），《淡新檔案》，17339-19號。

成，頭櫃等處砲櫃不患不速，惟抽藤坑一墾，年復一年，仍無起色，傅德生欲墾而林鳳不愿，弟欲抽出矮山一處開圳成田，而力不從心。林鳳不量其愚，先推番事不靖，繼推砲櫃不力。今本山安堵，砲櫃移築，渠無可推託，則以無官本可借為詞。今弟擬以旱埔既歸，砲臺既徙，即欲撤去林鳳之墾，另招墾首。惟就近實為無人，不若由弟下一諭帖，將此墾改歸林合。林鳳即如欅林、秀巧、如松之例，為林合佃首開圳，由林合領錢，弟代為招佃，於公私皆有裨益。將來旱埔管業較易，守隘亦得伸縮自如，惟抽收永遠一九五或二八之處，弟不敢擅為作主，希各位轉請上示。[105]

據上函，可歸納如下：

(1) 此函日期應是光緒18年1月29日，因函中稱「十七年分糧務未清，該族中有愿捨者，有不愿捨者。弟以與訂約，限二月初六、七日」。

(2) 水底寮旱埔之地，林朝棟似欲開墾，但彭姓族人意見不一：梁成枏稱「以（已）與訂約，限二月初六、七日，弟由大湖返局，即須定議」，又稱「旱埔不患不成，頭櫃等處砲櫃不患不速」，顯然將設頭櫃等處砲櫃。

(3) 墾首由林鳳改為「林合」：原因是抽藤坑一墾，年復一年仍無起色，傅德生欲墾而林鳳不愿，梁成枏欲抽出矮山一處開圳成田而力不從心；欲撤去林鳳之墾，另招墾首，但無人，擬將此墾改歸「林

105　「正月二十九日梁成枏致林拱辰信函」，收於黃富三等解讀，何鳳嬌、林正慧、吳俊瑩編輯，《霧峰林家文書集：墾務‧腦務‧林務》，頁6-11。

合」。

（4）林鳳改變身份，為林合佃首開圳，由林合領錢，梁成枬代為招佃，方便管理與守隘。主佃收租之比例永遠訂為一九五或二八抽，即業主收15％或20％。

以上二區，光緒14年原林鳳鳴頭開墾之頭汴坑地方、林良鳳之開墾抽藤坑地方，後來讓渡與林朝棟堂弟，即林文明之次子林紹堂。由於林家行家長制，可能是在歸日後，以林紹堂之名取得二地，筆者甚至於疑當年可能即林朝棟為避嫌而以二人名義請墾。此二區林木茂密，是重要產製樟腦、木材之地，如前所述，林朝棟長掌握中部撫墾大權，與公泰洋行聯手出口樟腦至香港，賺取厚利，是財富猛增的得主要來源。事實上，伐木後往往將地勢平坦之地闢為田園，招佃生產稻米與蕃薯、花生等雜糧等，又有田賦之收入。

另外，其中水底寮之地可能在光緒18-19年間由林朝棟承墾。[106]光緒（18？）年（9？）月初，梁成枬予林拱辰書信稱：

> 九月初六日，弟到霧，初七日張寶琳等奉幫辦委到水底寮看圳路兼打地圖。十二日奉幕府函囑弟查該處情形。本月初二日在大湖奉幕府函云，幫辦憲（林維源）已有話告知張寶琳，著弟到商等語。昨日到墩子腳公館，則云事定欲舉行，請我帥做一股等因。初七、八張寶琳等到彼處打合約，弟到時再赴營面稟。[107]

106　黃富三等解讀，何鳳嬌、林正慧、吳俊瑩編輯，《霧峰林家文書：墾務、腦務、林務》，頁384-399。

107　「梁成枬致林朝棟信函」，收於黃富三等解讀，何鳳嬌、林正慧、吳俊瑩編輯，《霧峰林家文書集：墾務‧腦務‧林務》，頁12-13。按，應為「梁成

據上「水底寮看圳路兼打地圖」，顯示林維源與林朝棟將於水底寮築
圳，拓墾平坦之地為田園。

如上所述，1900年5月獲准，總督府核准林家清代所有權不明確
之廣大山區的所有權，內稱：

> 林合之名義承墾之地：臺中、南投兩辦務署轄內之主要開墾地
> 為：黃竹坑、北溝坑、萬斗六坑、龜仔頭、粗坑、龍眼林、南
> 港、北港、拔馬坑、竿蓁坑等墾地地界：東至青山為界，西至
> 舊墾為界，清里凡五十里；南至集集大嵙為界；北至頭汴大嵙
> 清水為界，清里凡五十五里（烏溪之北平林，烏溪之南九芎、
> 林北二處為他人之界）。[108]

據上，林合號之地跨日治時期「臺中、南投兩辦務署」所轄之地，正
是腦區，而伐樟後亦可常轉為墾地。

另外，林家亦有其它自墾地。如光緒17年9月，有一林合永耕
契，文如下：

> 立贌永耕字人林合，今有埔社昭忠祠田一段，址在圭仔頭莊，
> 共田五甲，四至界址俱至石釘為界。今向昭忠祠承贌永耕，當
> 日三面言定，自辛卯年起，每年認納租穀七十五石，永遠耕
> 作，照數定納，其田合自耕或別瞨（貝），不得刁難。此係仁

柄致林拱辰信函」，書中誤置為林朝棟。

108　王世慶，〈霧峰林家之歷史〉，收於黃富三、陳俐甫編，《霧峰林家之調查
與研究》，頁26-27；〈臺中縣下林孝商及林允卿開墾認許地所有認可願聞
置ク〉，《臺灣總督府公文類纂》，第536冊，第10號，第13件。

義交關，各無迫勒，口恐無憑，立出贌永耕字一紙，付執為
照。[109]

據上，林合取得圭仔頭（龜仔頭）莊的埔社昭忠祠田一段的永耕
地，共田5甲，可見林家在南投國姓鄉有其拓墾地。光緒17年，林朝
棟自北港溪南岸引水灌溉國姓庄，灌溉國姓、石門等莊，約102甲，
亦稱「內國姓圳」。[110]此亦顯示林朝棟之修築龜仔頭圳，有私人利益
的考量。

除拓墾地外，林家亦陸續購入中部各地墾熟之田園。麥斯基爾著
作提到林家擁有中部最多的田園。她估計，1890年，林家有傳自林甲
寅派下子孫之田園近於2,600甲，多為水田，下厝有1,700甲，頂厝約
800甲，三房不到100甲；除150甲在梧棲外，大多集中於霧峰鄰近地
區，佔比例極高，萬斗六98％，柳樹南92％，吳厝84％，霧峰77％；
在其西、西北及北邊之鄰村，比例自內新56％，至大里杙14％，全區
總計約佔一半。[111]

麥斯基爾的估計或許有其依據，但有瑕疵。第一，她統計林家在
中部各地擁有之比例高得離譜，第二，她說大批土地是同治3年林文
察兄弟帶兵回臺平戴潮春之亂後取得的。[112]麥斯基爾稱是由其所取得

109　臺灣銀行經濟研究室編，《清代臺灣大租調查書》，頁140。

110　洪國浩主修，《南投農田水利會志》（南投縣草屯鎮：臺灣省南投農田水利
　　會，2008），頁271。

111　Johanna. Menzel Meskill, *A Chinese Pioneer Family: the Lins of Wu-feng,
　　Taiwan,1729-1895*, p. 233.

112　Johanna Menzel Meskill, *A ChinesePioneer Family: the Lins of Wu-feng, Taiwan,
　　1729-1895*, pp.130-134

之《土地申告書》推算出來的。[113]但有一問題，此批文書已毀，其所抄錄之數字即使正確，中部地區林姓者極多，但將土地屬林姓者未經考證即歸霧峰林家有問題。[114]而且同治3-9年林文明被控佔產時，怎可能不被提出？[115]據筆者蒐集所蒐集林家文書，顯示林朝棟時期取得的，並非戴潮春之役時購入甚多。例如光緒16年12月，戴蔡氏、戴忠禮（忠華）立收銀字11,200元，售藍興、東、大肚各保田園予林五合。但未書明實際座落與面積，僅稱大租穀額720石，或大小租穀5,000餘石，無法確認甲數，[116]如以小租谷每甲平均60石計算，大約有800多甲。因此，清代林家到底擁有多少土地，仍有待進一步蒐集完整資料確認。

　　林家的財富很難估算，原因有幾點。第一，清代的統計數字或缺乏或不全。第二，個人已找到幾批地契，但流落在外的地契更多，不可能以不完整的資料去統計或推估。第三，在光緒17年清賦以前清代長期的一田二主制度，官方只有大租戶（即納稅戶）的資料，而實際掌握土地實權的小租戶並無記錄。第四，隱田甚多，未列入統計。第五，中路林地廣大，開山撫番後均歸林朝棟管轄，但新墾地的地權不確定，是擁有所有權或僅有使用權？無法確定。林朝棟控管下的山林之地極大，也帶來收益，尤其是樟腦，因此僅估算地租所得，勢必不確或低估。

113　Johanna Menzel Meskill, *A Chinese Pioneer Family: the Lins of Wu-feng, Taiwan, 1729-1895*, p.329.

114　按，本人親訪Meskill，稱係其推測。但個人感謝其贈送不少所收資料，現存於臺史所檔案館。

115　黃富三，《霧峰林家的中挫》。

116　下厝契甲，「買戴協利大租契」，雜55，1-11/11。

據明治28年（1895）日人之粗略估計，板橋林維源家產達數千萬元，田園租息80萬石，兵勇二萬人。[117]1901年又有一項調查稱，50萬元以上資產家有五，林本源家318萬元（原文312萬元），其中土地53,000甲，值300萬元；其次，霧峰林家，約100萬元，計田園1,500甲，值72萬元，地租340元，其它38萬元。[118]因此，雖不知林家資產之確實數目，但板橋林家第一，霧峰林家第二已是官方與民間普遍的認定，再從日治時二家之大手筆投資經濟事業與捐助政治、社會運動亦可獲得佐證。

此外，因林朝棟而發跡者甚多，包括族親、姻親以及政緣，形成一龐大的林家紳商共同體。族親如下厝堂弟林壽堂、林紹堂、頂厝林奠國派下之林文欽、太平系之林五香後人林瑞麟等，姻親如楊吉臣等，政親如葛松齡（葛竹軒）、陳汝舟（陳澄波）、鄭以金等。他們的位階均在林朝棟之下，自然忠順並全力效命，形成一個堅強的利害共同體，在經濟、政治及社會上發揮極大影響力，甚至在日治時代成為臺灣主要的民間團體，足以與官府抗衡。此為後話，不贅。

二、林家社會地位之提升：臺籍重要紳家

林朝棟時代霧峰林家財富快速增加，成為全臺灣第二大富豪，同時社會地位也提升，成為中部第一豪族。林家有不少提升聲望之作為，除參與地方社會活動、慈善工作外，亦爭取官方賜與之榮譽，主要環繞在林文察之忠烈事蹟，如漳州林文察宮保第專祠、臺灣林文察

117　《臺灣總督府公文類纂》，官房，乙二卷/7；臺灣總督府史料編纂會，《臺灣史料稿本》（出版地不詳），卷3，「明治28年6月15日」，頁569。

118　不著撰人，〈臺灣 □素封家〉，收於臺灣慣習研究會編，《臺灣慣習記事》（臺北：古亭書屋，1969），1/12（1901.12），頁64。

專祠,以及林朝棟時之大嵙崁昭忠祠等,大大提升做為紳家的社會地位。

(一)漳州林文察專祠:光緒5-9年

林文察、林朝棟父子,功在清廷,因此在大陸與臺灣建有專祠、昭忠祠等,提升在當地的社會地位與影響力。

同治3年11月3日,林文察在漳州萬松關戰死。巡撫徐宗幹上奏優恤,12月5日,下詔「祭葬、世職、加等、諡剛愍」,加贈太子少保銜。同治4年5月25日,清廷禮部行文福建巡撫將林文察「入祀陣亡地方府城昭忠祠」。[119]按,清代為褒揚忠君死難臣民,雍正初年創建昭忠祠祀典,雍正6年定名為「昭忠祠」。[120]因此,林文察亦入祀於漳州府城昭忠祠,成為地方名人之一。

進一步,清廷對有功之殉難高官,經由呈請保奏,亦可建造紀念個人事蹟的專祠。光緒4年,巡撫徐宗幹接受古田縣教諭周慶豐等仕紳之懇請,奏稱,念該提督(林文察)太平天國之亂時保衛漳州之功,「非請建專祠」不足以滿足漳民之願望;12月21日,清廷准許。光緒5年3月5日,清廷降諭「予故陣亡福建提督林文察於漳州建祠」,[121]即批准福建省在林文察陣亡之地漳州府府城建專祠,因此於光緒5年開始籌建專祠。清廷雖批准建祠,但並未撥款,僅准予林家

---

119 黃富三,《霧峰林家的興起》,頁337、347。

120 李宗育,〈風勵蓋節——清代昭忠祠祀典及其死亡暴力之書寫〉,《漢學研究》(臺北),38:3(2020.9),頁251-252。

121 黃富三,《霧峰林家的興起》,頁348;臺灣銀行經濟研究室編,《光緒朝東華續錄選輯》,頁36;劉銘傳,「為已故提督功在桑梓請於本籍捐建專祠事」,收於中國第一歷史檔案館,《光緒朝硃批奏摺》,(,冊117,頁192-193。

募款，林朝棟之信函即稱有「蒙示捐派」等語。[122]

關於漳州專祠興建的原始資料甚少，但林家文書可補足其缺，可惜書函均未有年代甚或日期，在此僅能拼出一概略的樣貌，此顯示其修建過程頗多曲折。

自始，漳州紳民即並未踴躍捐輸，或許經濟不佳或不熱心，主要還是靠林家之資助，而建造過程亦有波折。

1. 專祠地點

光緒5年3月5日，清廷予故陣亡福建提督林文察於漳州建祠，據稱，林剛愍祠建祠於漳州城東隅做轎巷，於光緒14年遷至觀橋街（今新華西路人委巷），因林文察有太子少保銜，也稱宮保第；祠前立有石坊，坊柱有兩副對聯：一為「碧血灑沙場，千古河山留正氣。丹題煥華表，一門俎豆蕭明禮」，一是「異數褒忠壯氣，擎海天一柱。中興翊運大名，壽河嶽千年」。

然而，初建祠於城東隅做轎巷似乎未必正確。根據林家文書，（光緒5年？）某月，某人之信函稟稱：「本月廿日進府城（漳州）觀看，直至官橋頂地方林家專祠」[123]，可見當初即在官橋頂建專祠。按，官橋頂位於漳州城內，亦稱觀口街，即今日漳州市新華西路，原名天慶觀橋，在天慶觀東方，稱觀橋，林文察專祠即位於觀橋左方。[124]

122　「廿三日燈夜林麟經致林朝棟信函」，收於黃富三等解讀，何鳳嬌、林正慧、吳俊瑩編輯，《霧峰林家文書集：閩臺相關信函》，頁188-199。

123　「致林壽堂信函」，收於黃富三等解讀，何鳳嬌、林正慧、吳俊瑩編輯，《霧峰林家文書集：閩臺相關信函》，頁260-261。

124　參見翁國樑，《漳州史蹟》（臺北：文海出版社，1971），頁47-48。

2. 修建者：林麟經（林錫侯）

受委負責興建專祠者是林麟經（林錫侯），平和人，與林家有遠親關係。[125]他在致林朝棟之一函中稱，家住漳州城內馬坪街，開「塩酸甜手飾店寶珍號」店鋪。[126]此信函封套書明「內要函專差帶到福省城內衛前街，呈兵部宅林大少爺甫蔭堂升啟。漳城內河下械」，並蓋林麟經印章。[127]顯然此時林朝棟在福州與祖母等人同住，地址是福州「衛前街」，並監管修祠事宜。

林麟經是古田縣教諭周慶豐的門生，而周慶豐此前聯合其他地方仕紳稟請福建巡撫徐宗幹奏准建立林文察專祠，光緒（8？）年10月25日，周慶豐曾致林朝棟之函稱「專祠之事，近接敝徒錫侯來信，云現已大興土木」，[128]可見是周慶豐推薦林麟經給林朝棟，而負責此一工程。可惜林家來往書函均未有年代甚或日期，在此僅能拼出一概略的樣貌。

（光緒5年？）某月23日，林麟經予林朝棟之信函稱「蔭堂宗兄大人：誠以此祠蒙托愚一人主張」，可見他是興建負責人。又稱：

---

125 「廿三日燈夜林麟經致林朝棟信函」，收於黃富三等解讀，何鳳嬌、林正慧、吳俊瑩編輯，《霧峰林家文書集：閩臺相關信函》，頁190-191。

126 （光緒8年？）6月6日，林麟經寄林朝棟之函稱：回信可寫明「交漳城內道口馬坪街敝鋪」，可見他應住在馬坪街之自己店鋪。此信函封套書明「內要函專差帶到福省城內衛前街，呈兵部宅林大少爺甫蔭堂升啟。漳城內河下械」，並蓋林麟經印章。參見「六月初六日林麟經致林朝棟信函」，收於黃富三等解讀，何鳳嬌、林正慧、吳俊瑩編輯，《霧峰林家文書集：閩臺相關信函》，頁182-183。

127 「六月初六日林麟經致林朝棟信函」，收於黃富三等解讀，何鳳嬌、林正慧、吳俊瑩編輯，《霧峰林家文書集：閩臺相關信函》，頁178-179。

128 「十月廿五日周慶豐致林朝棟信函」，收於黃富三等解讀，何鳳嬌、林正慧、吳俊瑩編輯，《霧峰林家文書集：閩臺相關信函》，頁244-245。

> 念閣下仁孝出于性天，不以愚為鹵莽，輒以銀兩數千交愚作
> 用，毫無疑貳，可謂知己矣。人言得一知己可以無恨，愚敢不
> 竭誠報效也。況老大人〔林文察〕忠義蓋世，靈爽在天，專
> 祠盛舉尤為理當效力乎。且此祠成功，不但閣下之仁孝傳名于
> 州郡，愚亦與有榮光焉。[129]

據上，林朝棟是「以銀兩數千」交由林麟經全權負責興建工作。

光緒（5？）年6月6日，林麟經致林朝棟信函：

> 前月〔5月？〕十二日接讀回差復函及近祥口述，知尊駕於正
> 月間回□〔福州〕，頗為俗累，天殆〔迨〕磨勵大才，不肯使
> 吾兄半日閒耳。然弟撫念及二大人〔林文明〕之大冤未得昭
> 雪，兼之俗累滋多，弟惟撫膺歎〔嘆〕息。

據上，林朝棟於光緒5年1月由臺灣回至福州衛前街宅第，此時正是第四次京控案閩浙總督何璟親審時，官府加大施壓林家結案，而有林文明「大冤未得昭雪」之語。林朝棟除了決定放棄抗爭結案外，同時也催辦專祠之工程，要求林麟經於年底完工。林麟經回函贊同，但稱「一切起式及土木匠工如何佈置」，等他七月間到省城福州參加「鄉試」時，再親聆指教，較為詳切明白。同時，林麟經因尚未收到匯款，請求送至漳州的「寶珍號」店鋪。[130]

129　「廿三日燈夜林麟經致林朝棟信函」，收於黃富三等解讀，何鳳嬌、林正慧、吳俊瑩編輯，《霧峰林家文書集：閩臺相關信函》，頁190-193。

130　前述內容，參見「六月初六日林麟經致林朝棟信函」，收於黃富三等解讀，何鳳嬌、林正慧、吳俊瑩編輯，《霧峰林家文書集：閩臺相關信

3. 經費：勸捐與自費

林麟經承接建祠任務後，即展開勸捐。（光緒6年？）某月23日，林麟經寄林朝棟信函稱：

> 愚于去歲將近除夕纔回平和，本擬正月間就于和轄捐派宗親以贊成專祠，孰意久雨瀾支，未得出門辦理。兼之捐派之風一出，耳聞人言都云：大少爺于此祠不難獨力建成，專歸名譽，即欲舉捐，須由府城諸紳士捐券登簿，先作模式，方可舉行鄉村族姓。

據上，林麟經決定於光緒6年1月「捐派宗親以贊成專祠」，但消息傳出後，鄉人不甚願意樂捐，反而說應由林朝棟自行負擔，並說捐派亦應由漳州府城紳士開始。

因此，林麟經在前月（正月？）23日至漳州府城，然而「捐者三十餘人，或二元、或一元、或半元」，計銀不滿50元。林麟經表示後悔未將「蒙示捐派」等語的字條留存，做為勸捐之見證；但稱仍願意效勞，稱老大人（指林文察）「忠義蓋世，靈爽在天，專祠盛舉尤為理當效力乎。且此祠成功，不但閣下之仁孝傳名于州郡，愚亦與有榮光焉。」

關於經費，他說上年（光緒5年）經始時，約算有「二千四百餘銀」即可建成，但未料及有許多零星開支，加上捐款不多，請求撥款支付眼前欠帳。[131]（光緒5年？）9月6日，林麟經予林朝棟信函稱：

函》，頁178-185。

131 前述內容，參見「廿三日燈夜林麟經致林朝棟信函」，收於黃富三等解

8月25日在福州告別後，經過泉州，在謙勝號「先領項五百元」經費，[132]親手寫下字條：

> 收過謙勝行番銀伍佰員，佗重參佰伍拾兩正；又收過銀貳拾員，佗壹拾肆兩正。己九月初五日在泉州 林麟經親手條。[133]

按，己為己卯年，即光緒5年9月5日領到此一追加之首期款。

但此後一直有經費不繼之難題，以致於工程斷斷續續，甚至停頓。直至光緒8年工程才再啟動。光緒8年10月14日，林朝棟由霧峰致福州林朝選（壽堂），內稱：

> 壽堂吾弟收照：兄自抵台後曾泐兩械寄佈，想已次第可必收到。但所約會兌兩竿〔千〕，一層內在省，臨行時已兌銀伍百元。現接謙勝回信，業經交楚。茲再會兌合勝行佛銀壹千元。據稱此次銀項拮据，恐一時未得盡數交清，約信到之日，備銀數百元先交，其餘即陸續找明，二共銀壹千五百元，尚短銀五百元。本擬再行設措，湊兌足數。祇因況景支拙〔絀〕，實屬打發不開（計現冬租穀俱已用盡，現所用均係六月冬之租，奈何奈何，容俟來春当再補兌清款，可即免介。

讀，何鳳嬌、林正慧、吳俊瑩編輯，《霧峰林家文書集：閩臺相關信函》，頁192-193。

132　「九月初六日林麟經致林朝棟信函」，收於黃富三等解讀，何鳳嬌、林正慧、吳俊瑩編輯，《霧峰林家文書集：閩臺相關文書》，頁186-187。

133　黃富三等解讀，何鳳嬌、林正慧、吳俊瑩編輯，《霧峰林家文書集：閩臺相關文書》，頁178-188，但漏印而缺此檔。

小陽十四日　愚兄　蔭堂手械　祖母大人即為稟安。[134]

按，「壬小陽十四日」，即光緒8年10月14日者，此時林朝棟已返回阿罩霧宮保第。函中稱「此次銀項拮据」，以致不能一次匯出2,000元給福州的林壽堂。

其後林朝棟仍繼續撥款，如光緒（8？）年12月12日，林麟經致林朝棟書函稱：「此十二日又接……番銀壹仟肆佰捌拾員，合前愚所親帶伍佰貳拾元，總共貳仟元」。[135]亦即光緒8年年底，林朝棟方能匯款給堂弟林朝選（壽堂），當與此時正忙於解決林家京控案花費龐大有關。按，光緒7-8年，在岑毓英的協助下，終於達成協議，即林應時控訴被佔田園由林朝棟貼找14,700元，據估計佔林家收入的六分之一，[136]加上供應長年購屋在福州居住的戴夫人及家人的開支，以致捉襟桌巾見肘，經濟陷於窘境。這也解釋停工多年的根本原因。

4. 專祠工程之波折

光緒8年專祠工程仍然有延誤，此與經費不足、未適時撥付有關。

關於工程進度，有不利傳言。光緒（8？）年某日，某人致某人

134　信封為「內平安家信煩帶省垣衛前街詢交，林二少爺壽堂台甫升剖，自台 霧峰庄宮保第，壬小陽十四封」。「壬小陽十四日林朝棟致林壽堂信函」，收於黃富三等解讀，何鳳嬌、林正慧、吳俊瑩編輯，《霧峰林家文書集：閩臺相關信函》，頁304-307。按，壬為光緒八年，小陽指農曆十月。

135　「十二日林麟經致林朝棟信函」，收於黃富三等解讀，何鳳嬌、林正慧、吳俊瑩編輯，《霧峰林家文書集：閩臺相關文書》，頁202-203。

136　黃富三，《霧峰林家的中挫》，頁309。

信函稱：[137]「本月廿日進府城觀看，直至官橋頂[138]地方林家專祠」，現在並無興工。而祠丁證實說，有海澄人到專祠，囑林錫侯代為經理，內稱：

> 目下只見大堂上有灰塗粉壁，尚無油漆，其餘神像亦無貼金，前後均是土墻，半途而廢。花廳內以及傍披只有數塊石頭，尚未上樑。

可見尚未完工。

另外，祠邊居民也說：「恐來年不能告成」，而且說林君（林錫侯）十分拮据，「難以興工」；而現場狀況是「廳前現被鄰近居民散放椅棹，亦有石匠在該廳打墓碑，亦有木匠在該廳修理什物」，觸目荒涼，徒糜經費。[139]

光緒8年某月某日，（林壽堂？）致洪嶽甫信函稱：「蔭堂家兄秋杪由省回台」，[140]可見林朝棟在9月底從福州回臺灣，行前對於專祠事，認為林錫侯（林麟經）「未能專靠」，特別要求洪嶽甫督同其「早為完辦」，並由他經手陸續支付費用。洪嶽甫即洪許崧，與林朝棟關

137　「致林壽堂信函」，收於黃富三等解讀，何鳳嬌、林正慧、吳俊瑩編輯，《霧峰林朝棟家文書集：閩臺相關信函》，頁260-261。發函者自稱「兄未敢造譖」應係給父親之函。

138　官橋頂：位於漳州城內，原名天慶觀橋，在天慶觀東方，稱觀橋。林文察專祠即位於觀橋左方。參見翁國樑，《漳州史蹟》，頁47-48。

139　前述內容，參見「致林壽堂信函」，黃富三等解讀，何鳳嬌、林正慧、吳俊瑩編輯，《霧峰林家文書集：閩臺相關信函》，頁260-261。

140　「林壽堂致洪許崧信函」，收於黃富三等解讀，何鳳嬌、林正慧、吳俊瑩編輯，《霧峰林家文書集：閩臺相關信函》，頁222-225。

係密切方能受託督工與撥付後續之經費。

事實如何呢？（光緒8年？）10月25日周慶豐致林朝棟信函稱：
「閣下來春擬自台內渡，由廈買舟到漳，順謁專祠」，[141]可知林朝棟
訂於次年，即光緒9年，從臺灣內渡經廈門至漳州晉謁專祠。又稱：

> 專祠之事，近接敝徒錫侯來信云，現已大興土木，不日即可成
> 功，不過銀項不敷耳。小價由漳來古，亦見經之營之，諒可不
> 日成之矣。洪岳兄[142]亦到漳催督，明年儘可報竣，并請增入祀
> 典，此事告成，兄亦與有榮施。若仍前泄沓，恐見笑于漳郡諸
> 友也。[143]

據上，周慶豐告知其門生林麟經之專祠工程已經「大興土木，不日即
可成功」只是「銀項不敷」，預計「明年儘可報竣，并請增入祀典」，
即光緒9年可完工，列名官方祀典，春秋二祭。

光緒8年11月20日，林麟經致林朝棟信函報告專祠進度稱，「此
十月初旬完成」；但仍有收尾工作待完，稱照牆中之四方大窗要用燒
料綠色竹節為窗，但「此竹節花窗是嶽翁寄信往上海採買，至今未
到」，因此照牆僅是粗黏而已，上未能用灰蓋光；又，「護厝再蓋築
二間」，尚有四間額未蓋築。此外，又報稱「專祠內要用木版聯對三
對，式用平匡藍字面，其中要二對，共長一丈零二寸，闊九寸。又一

141　「林壽堂致洪許崧信函」，收於黃富三等解讀，何鳳嬌、林正慧、吳俊瑩編
　　　輯，《霧峰林家文書集：閩臺相關信函》，頁244-245。

142　洪岳兄：即洪巚甫，生平不詳。

143　「林壽堂致洪許崧信函」，收於黃富三等解讀，何鳳嬌、林正慧、吳俊瑩編
　　　輯，《霧峰林家文書集：閩臺相關信函》，頁242-247。

對長8.8尺，闊亦九寸，其尺為魯班尺。」

　　林麟經又抱怨因銀事短欠工程暫行停止，而此次完成所用之費用，除收到之來銀外，「尚多用壹佰餘兩」，乃向洪嶽甫借用50兩清還，其餘俱愚「先賠墊」，等明年春天「宗兄到漳，照賬算清可也」，[144]亦即等光緒9年林朝棟到漳州祭拜時清還。

　　光緒9年5月9日洪許崧（洪嶽甫）致林朝棟信函稱，接到他與堂弟壽堂兩函，俱係「催竣老先伯（林文察）專祠工程要件」，並已回覆。[145]又稱：

> 此件工程浩大，客臘接悉台駕擬於本春仲到漳郡辦理落成並晉祠要款，即屢次催促錫侯兄互相趕緊完工，所有些少不敷處，亦互相措墊。現已輪奐就美，顏料、油漆均有可觀。尊先大人神像裝塑完竣，儼然如在其上，惟外照牆因華表[146]未樹，恐致有礙，粗具形勢〔式〕，未上灰料采色，致面牆者不見宗廟之美，無怪向閣下言三語四，愚兄與錫侯疲懶之咎，在所不免也。

據上，洪許崧稱專祠在籌借款項下，已經建得美輪美奐，而林文察塑像儼然如生。

144　「葭月廿日林麟經致林朝棟信函」，收於黃富三等解讀，何鳳嬌、林正慧、吳俊瑩編輯，《霧峰林家文書集：閩臺相關信函》，頁206-209。

145　「癸蒲月初九洪許崧致林朝棟信函」，收於黃富三等解讀，何鳳嬌、林正慧、吳俊瑩編輯，《霧峰林家文書集：閩臺相關信函》，頁218-219。上有「癸　蒲月初九日械」，「至省衛前街兵部公館交　林大老爺台甫蔭堂升」，故為光緒9年5月9日洪許崧致林朝棟函。

146　華表：豎立在宮殿、墳墓、城門前的大柱，有紀功、裝飾、標識等作用。

　　洪許崧家在漳州海澄，希望林朝棟回臺灣時，如路過廈門，可順路至海澄，再一起去漳州城，「賁覽大局」，即隆重視察專祠全面狀況。[147]可見本建物必然極為華麗。

　　最後，林朝棟回漳州祭拜專祠事，無詳細資料。但林家文書留下一份林剛愍公專祠入火擇日單，顯示「入火擇十二月初六乙巳日卯時[148]進主」，[149]可見專祠在光緒9年12月6日完工，並供上林文察神主牌。[150]

　　　　附錄：專祠入火擇日單
　　　　靖學儒家李殿馨選課，住漳新府路
　　　　貴祠坐癸[151]向丁[152]兼子午[153]用　分金開禧坐　宿　　度？時憲坐　宿　　度
　　　　正宗河圖水洪範洛書土斗首元辰火　陰府忌丙辛全□土？正為主金星、火星為用恩水星為財
　　　　林剛愍公生庚戊子年[154]正月十九日寅時[155]
　　　　董事　庚寅　辛丑　辛亥

147　「癸蒲月初九洪許崧致林朝棟信函」，收於黃富三等解讀，何鳳嬌、林正慧、吳俊瑩編輯，《霧峰林家文書集：閩臺相關信函》，頁218-221。
148　卯時：上午五點至七點。
149　林朝棟文書，編號227
150　林朝棟文書，編號227
151　癸：正北方。
152　丁：正南方。
153　子午：子午線。
154　戊子年：道光8年，西元1828年。
155　寅時：上午三點至五點。

入火擇十二月初六乙巳日卯時[156]進主大吉　　正沖己亥[157]、癸酉[158]人勿向前，吉。

入火之法宜光輝三晝夜，大吉。

大己　　卯宮

進丁　　丑羽

良乙　　巳徵

時己　　卯宮【印】[159]【印】[160]

貴祠坐癸兼子，按年竅叶〔協〕，純清吉利，而月家又得清吉，閱月盤妙，

吉星濟濟，頻臨所謂至尊在上，邪惡潛藏是月也。月也時居季冬，月令於正體、五行均 合咸宜；天星七政，帝將交迎。既得天光下濟，引起地德上載，自應吉無不利，企見鐘英毓秀，衍慶蟬聯，發科發甲，進財進丁，徵為俾熾俾昌，大吉大利也。[161]

5. 其它相關問題

此外，尚有與專祠有關之問題待決。如置祀田、專祠之擴建。

林朝棟為祭祀專祠經費，擬購置祀田。但光緒（6年？）某月23

156　卯時：上午五點至七點。

157　己亥：道光19年，西元1839年。

158　癸酉：同治12年，西元1873年。

159　印記內文：「藝苑餘波」。

160　印記內文：「李殿馨傳授孫／憲春□福吉課／館住漳城內新／府路坐東向西」。

161　林朝棟文書，編號227

日，林麟經致林朝棟回函稱：「欲以二千金置祀田」並非急事，建議
先建成專祠，因此事是「眾耳目之所觀瞻」，先治標。他認為祀田不
必現年置買，而且不必花二千兩，認為「可以一千之數置業，作祭祀
足矣」。[162]因此可能未買祀田。

另一件是購買謝家厝、擴建專祠後樓一事。光緒（9？）年某月
23日，林麟經致林朝棟信函稱：

> 專祠后樓之後隔一墻外為謝家厝，先是向余家買去住眷，因咱
> 上年修理后樓，前面改建專祠，即將樓后墻之門路塞密以分疆
> 界。不意謝家無通巷出，剎可憐，一家男女八、九人自十二月
> 尾至正月半，不上四十日連死四人，鄰近哀之，互有妄議。然
> 謝家本事循良曉理，莫敢異言，惟委之命運而已；茲其厝不敢
> 居，欲變賣又無下手，現家貧不能備葬棺資，屢托生員曾虎文
> 懇愚求大少爺〔按林朝棟〕憐恤，出銀坐買以為樓後護厝。

據上，專祠建成後，其後牆相接之謝家厝無巷道可出入，「一家男女
八、九人自十二月尾至正月半，不上四十日連死四人」，而欲賣卻無
買手，因此希望林朝棟能購買。林麟經當時因專祠未完工，手頭無餘
款未答應，但又說：

> 若論此護厝，一連六間，天井極大，內中花、椅、石器與專祠
> 同為美觀。此厝與別人無用，若賣咱掌管，自可四通八達，成

---

162 「廿三日燈夜林麟經致林朝棟信函」，收於黃富三等解讀，何鳳嬌、林正
慧、吳俊瑩編輯，《霧峰林家文書集：閩臺相關信函》，頁192-195。

為美地陽居。一則保護后樓，日後毋致人繼長增高，二則深藏
寬敞，可為巨室住眷。現時不用可租人取稅，以為管祠香火之
資。愚于上年暗想，若得謝家厝歸專祠作用，甚為合式。

他的意思是，謝家厝極為精美，如買進與專祠連成一氣，「可四通八
達，成為美地陽居」，可住家眷，亦可出租為「祠香火之資」，而謝
家突然「一敗塗地」，正是天賜良機，故建議購買。

關於價錢，他報稱，謝家云此地在逆髮（指太平天國之亂）後再
修理，「用費三百餘元，今要售四、五百員，若論時價卻不多」；建
議「若三百二十員肯售，不妨勉強圖之。」[163]但最後是否買成而為專
祠之一部份，待考。

林朝棟在光緒9年年底完成專祠工程後，計畫帶家人回臺，省城
衛前街之住宅必須處理。光緒9年5月9日洪許崧致林朝棟信函稱：「閣
下將寶眷東渡回府，擬將前街公館付賴端翁父台承典，該價銀台伏
二千五百元有奇」，[164]可見本年林朝棟一家人回臺，衛前街住宅轉典
他人，他的活動重心重回臺灣。

專祠完工後成為漳州重要紀念物，地方官須春秋二祭外，重要慶
典或遇國家大事亦致祭，大大提高林文察之知名度與家族之聲望。如
光緒15年，慈禧太后重新掌政，昭告「憫念亮節孤忠諸臣，各賜祭一

163　前述內容，參見「廿三日燈夜林麟經致林朝棟信函」，收於黃富三等解
　　讀，何鳳嬌、林正慧、吳俊瑩編輯，《霧峰林家文書集：閩臺相關信
　　函》，頁198-199。

164　「癸蒲月初九洪許崧致林朝棟信函」，收於黃富三等解讀，何鳳嬌、林正
　　慧、吳俊瑩編輯，《霧峰林家文書集：閩臺相關信函》，頁212-215。

壇」，林文察亦包括在內，[165] 林家應派人參加，極可能由林朝棟、林朝選出席。

（二）臺灣林文察專祠：林剛愍公專祠

如前所述，林朝棟在光緒10-11年清法北臺之役立功，又在建省後效力執行新政，因此再度進入官僚體系。林朝棟既然重獲功名，父親林文察是殉職功臣，在漳州建有專祠，又進一步在故鄉臺灣亦請求設立專祠，以提高林家在臺灣的聲望。

1.「林剛愍公專祠」興建時間、地點

光緒16年，臺灣仕紳施士、蔡壽星、林維濂等75人向巡撫劉銘傳稟稱，林文察平定戴亂，嘉惠全臺，「功在桑梓」，請准於省城建專祠；8月19日，劉銘傳上奏，10月1日獲准，[166] 於本籍臺灣省城「建立專祠，由地方官春秋致祭」。[167] 因此，林家開始籌建「林剛愍公專祠」。

何時何地興工呢？林家有一地契稱：光緒辛卯年荔月，曾順記售予霧峰林剛愍公「杜賣盡根田」，地點是「東大墩街紫頭井邊」。[168] 查，辛卯年荔月係光緒17年6月，因此當在此時之後興工；而專祠所在地即是東大墩街紫頭井邊，省城（大墩）北門內西小溪建，光緒18

---

165 臺灣銀行經濟研究室編，《清史列傳選》（臺北：臺灣銀行經濟研究室，臺文叢第274種，1969），頁296；黃富三，《霧峰林家的興起》，頁348。

166 黃富三，《霧峰林家的興起》，頁348；劉銘傳，〈請建林文察專祠摺（十六年八月二十九日）〉，收於氏著，《劉壯肅公奏議》，頁295-296。

167 臺灣銀行經濟研究室編，《清史列傳選》，〈林文察〉，頁296；黃富三，《霧峰林家的興起》，頁348。

168 下厝林家契字甲，月1，3/3。

年2月中旬完工。[169]

日治初期，專祠曾充第二旅團司令部，建台中公園時拆除一部份，其餘改建為大樓，位於公園路，[170]其地改建為「合昌商會」。日治之林家地契有購地紀錄：

(1) 明治31年2月20日，林圖、林進售予「合昌商會」「杜賣盡根厝地一所、瘠園二段」，位於東大墩新街。[171]

(2) 明治31年11月25日，林圖、林進售予「合昌商會」吳少泉「杜賣盡根厝地、荒園與厝地一所」。[172]

(3) 明治31年12月20日，林圖、林進售予「合昌商會」「杜賣盡根厝地、荒園、厝地，大墩舊街」。[173]

(4) 明治32年3月20日，賴辰售予「劉以專（合昌商會）」「杜賣盡根茅瓦屋，位於藍興堡東大墩」。[174]

2. 經費問題

清廷對專祠之興建僅給予榮銜，並無工程款，因此林家必須自行募捐，否則有賴自有資金。與漳州專祠同樣，家鄉所募「緣金」有限，大部分是自有資金。林家文書留有部分資料可資佐證。

光緒（18年？）（2、3？）月17日，劉以專致林拱辰信函稱：「專

---

169 黃富三，《霧峰林家的興起》，頁348；邵友濂片，光緒18年8月23日奉硃批，「為奏明事」，《光緒朝月摺檔》；國立臺灣大學，《台灣歷史數位圖書館》，檔名：〈ntu-GCM0031-0011300114-0001258.txt〉。

170 黃富三，《霧峰林家的興起》，頁348-349；岡田隆正，《台中沿革志》。

171 下厝林家契字甲，雜53，2/3。

172 下厝林家契字甲，雜53，3/3。

173 下厝林家契字甲，雜54，2/2。

174 下厝林家契字甲，雜47，2/2。

祠緣金少收，不足經費理宜接濟。」本函應是：光緒18年2、3月間，因函中稱「十三日又讀總帥致逸翁書，欣悉踏破番界，焚毀番糧，割取番首，勢寒番心」。[175]此時是林朝棟平息大嵙崁亂事之時間。劉以專負責水沙連之腦務，提供內山之木料等，並參與專祠緣金之勸捐，但「專祠緣金少收」而請葛竹軒「就緊籌措」。

光緒18年2月？日，劉增榮致林拱辰信函稱：

> 務祈轉回總統如何調撥是為至要。正月分腦□……□七百兩、枕木四百兩、撫番三百兩、圳工二百兩、專祠工料六〔百兩〕，應需洋貳千貳百兩，除縣中支貳百，尚不敷貳千兩。[176]

劉增榮可能就是劉以專，據上，各款共須洋2,200兩，除臺灣縣支200兩外，尚不敷2,000兩，請求林朝棟協助調撥，其中專祠「工料」須600兩。

光緒（18？）年8月10日劉增榮致林拱辰稱：「邇來專祠緣金盡行放鬆，所有經費暨由弟處支給，緣老和舍、老錫兄均染病在家，不能來此摧〔催〕收也」。[177]據上，老和舍、老錫兄因病無法出門募集緣金，因此劉增榮必須先支付，可知專祠募捐不易。

專祠於光緒18年2月中旬完工。[178]光緒（18？）年（2？）月29

---

175 「十七日劉以專致林拱辰信函」，收於黃富三等解讀，何鳳嬌、林正慧、吳俊瑩編輯，《霧峰林家朝棟文書集：墾務、腦務、林務》，頁136-137。

176 「劉增榮致林拱辰信函」，收於黃富三等解讀，何鳳嬌、林正慧、吳俊瑩編輯，《霧峰林家文書集：墾務、腦務、林務》，頁320-321。

177 「八月初十日劉增榮致林拱辰信函」，收於黃富三等解讀，何鳳嬌、林正慧、吳俊瑩編輯，《霧峰林家文書集：墾務、腦務、林務》，頁316-317。

178 黃富三，《霧峰林家的興起》，頁348；邵友濂片，光緒18年8月23日奉硃

日，葛松齡致劉以專信函：「付上磁香爐壹個，可放專祠中暫為先用，未知能合否」。[179]此時專祠當已建成，因而須香爐。

專祠設在臺灣省城所在地（今臺中市區），自然成為重要地標，林家之聲望達於顛峰，不少名人前往瞻仰，並留下詩作，極度讚頌其武功與悼念其殉節。如心水（陳懷澄）之「林剛愍公祠」，此詩當作於1904年，因詩句有「淒涼四十年前事」， 林文察死於1864年（同治3年），同時可見1904年專祠還在。[180]又，1912年，櫟社社友十數人亦集於林家專祠。[181]汝南（鄭玉田）亦有「林剛愍公祠」，內稱「詔立專祠建功地，千秋萬世慰忠魂；龍溪、鯤島遙相望，祀典年年無廢曠」，顯示漳州、臺灣二地均建有專祠，每年都舉行祀典。[182]無怪林文察備受尊敬、感念，而霧峰林家亦廣為人知。

（三）林家之廣建豪宅

世人一旦成功，多有炫耀（demonstration）之傾向，豪宅之興建即其中之一。華人傳統社會亦然，臺灣地方仕紳致富、取得功名後必會興建宅第以增進社會地位與能見度，臺灣有一句流行話「有林家富，亦無林家厝」，意思是富豪必須有豪宅襯托。北部有板橋林家之林本源園邸，霧峰林家不遑多讓，林朝棟重振林家後急起直追，大肆

批，「為奏明事」，《光緒朝月摺檔》；國立臺灣大學，《臺灣歷史數位圖書館》，檔名：〈ntu-GCM0031-0011300114-0001258.txt〉。

179　「廿九日葛松齡致劉以專信函」，收於黃富三等解讀，何鳳嬌、林正慧、吳俊瑩編輯，《霧峰林家朝棟文書集：墾務、腦務、林務》，頁60-61。

180　黃富三，《霧峰林家的興起》，頁350；傅錫祺，《櫟社沿革志》，頁94。

181　傅錫祺，《櫟社沿革志》，頁8。

182　黃富三，《霧峰林家的興起》，頁351；傅錫祺，《櫟社沿革志》，頁123-124。

擴建宅第，彰顯財勢，因此出現宮保第、花廳、花廳、臺北公館、福州衛前街宅第、鼓浪嶼宅第等。簡介如下。

1. 霧峰宮保第

如前所述，同治3年11月3日，身為福建陸路提督的林文察在漳州萬松關力戰太平軍而殉難，福建巡撫徐宗幹奏請優恤，12月5日，清廷下詔「祭葬、世職、加等、諡剛愍」，加贈太子少保銜。同治4年5月25日，清廷禮部行文福建巡撫「將該員入祀陣亡地方府城昭忠祠」。[183]

林朝棟在臺灣解決京控案後，效忠清廷，立下戰功，並協助推動新政，尤其是撫墾政策，創造廣大財源，因此廣建豪宅。其中最引人注目的是霧峰老家之宅第「宮保第」，因林文察有「太子少保」封銜。

林家宮保第為臺灣現存規模最大的清代官府宅第，其址乃林定邦時之草厝逐漸擴建而成。前三落兼官衙使用，主屋採穿斗式構架，第一進及第五進屋頂採燕尾處理，第四進與第五進間採特殊廊院及穿心亭作法，可惜已倒塌或遭誤拆。1999年，林家宅第全毀於震毀於九二一地震，但其後於2006年政府展開復建工程，2010年初完工，開放文史工作者、機關團體預約參觀，直到2014年2月1日起試營運，始開放一般民眾參觀。[184]

宮保第建築群是前後不同時間興建或改建的。咸豐8年，林文察因由軍功隨剿「淡水廳等處匪徒並小刀會匪船，及斗六、岡山匪」，

183　黃富三，《霧峰林家的興起》，頁337、347。

184　參閱王鴻楷研究主持，台灣大學土木工程研究所都市計劃研究室研究規劃，《台灣霧峰林家建築圖集》（臺北：自立報系文化出版社，1988）。

又「捐銀助餉」，以游擊分發福建，正式官職，於是在草厝左側加建三合院做為官宅，並加建二十八間做為兵舍、馬廄。[185]按，咸豐8年1月，林文鳳鄉人將其阿罩霧前厝地及後面花園、前面禾埕一併售予林文察起蓋大厝，此應即宮保第所在。[186]光緒年間，林朝棟進一步擴建為面寬十一開間的五落大厝，以下就蒐集之林家新史料略述其歷史沿革。

(1) 宮保第宅邸

林家文書留有「宮保第」之來往書函，可見族人聚居於此形成大戶。

a. 光緒8年（？）年10月14日，林朝棟致林朝選函：
封面為「內平安家信煩帶省垣衛前街詢交林二少爺壽堂台甫升剖，自臺霧峰庄宮保第……壬小陽[187]十四日」。[188]內文稱：

> 壽堂吾弟收照：兄自抵台後曾泐兩械寄佈，想已次第可必收
> 到。……小陽十四日。愚兄　蔭堂手械　祖母大人即為稟安。

據上，「壬小陽十四日」，推斷是應為光緒8年10月14日，因此時林朝棟回霧峰，效命岑毓英興建大甲溪堤，「祖母大人」林戴氏則在福州處理訟案，由堂弟林壽堂同住照顧。可見初期之宮保第已經建成，家人多住於此。

185　黃富三，《霧峰林家的興起》，頁174-175。
186　黃富三，《霧峰林家的興起》，頁177-179。內有附圖。
187　壬，小陽：指農曆十月。
188　「壬小陽十四日林朝棟致林壽堂信函」，收於黃富三等解讀，何鳳嬌、林正慧、吳俊瑩編輯，《霧峰林家文書集：閩臺相關信函》，頁304-307。

　　b.（辛卯）光緒17年4月3日，宮保第帳房呈給林家之對帳單：[189]

宮保第因族人日增，公私事務亦大增，因此設有帳房、管家等常住辦事，下為對帳單：

　　　林壽堂 十四年上下忙10戶 貓羅保

　　　又，十五年上下忙12戶

　　　又，十六年上下忙12戶

　　　林荊庭 十四年上下忙1戶 貓羅保

　　　又，十五年上下忙12戶

　　　又，十六年上下忙12戶

　　　林紹堂 十四年上下忙1戶 貓羅保

　　　又，十五年上下忙7戶

　　　又，十六年上下忙7戶

　　　林本堂、芸圃等，十六年上下忙共190戶揀上下保、貓羅保、大肚下保

　　　單內總共糧銀、工程844.9093兩。

　　　辛卯肆月初三日，總糧館送來供單分致各位，俟對核約項繳清。

　　　宮保第帳房單

189　「宮保第賬房呈辛卯肆月初三日糧總館送來供單」，收於黃富三等解讀，何鳳嬌、林正慧、吳俊瑩編輯，《霧峰林朝棟家文書集：田業租谷》，頁242-243。

按，辛卯為光緒17年，上例顯示宮保第設立有帳房，處理租谷、捐助臺灣府城工程銀等事務。

此外，林朝棟幕僚、師爺亦有入住者。總之，宮保第發展為兼具公私性質之宅第。例如光緒18年（？）年3月（？）某日，葛松齡致林朝棟信函稱：[190]

> 統帥大人（林朝棟）閣下：……晚叩別後，因途次阻雨，至初
> 九日抵彰查樟腦銀項。日晚往大墩，知統帥捷音，旋之期，近
> 在咫尺，欣□雀躍。晚旋即往阿罩霧。
>
> 晚生葛松齡頓首

此函年代，但函中稱「知統帥捷音」，可知當是光緒18年年3月平定大嵙崁之役的時間。葛松齡是至大嵙崁面見林朝棟後，3月9日至彰化查驗樟腦銀項，再回阿罩霧。

(2) 花廳、戲臺之增建

由於林朝棟政治地位的鞏固與財富的猛增，宮保第不斷擴建，其中最重要的是花廳、戲臺。花廳係林家族人聚會的空間，也是重要的社交場所，因此相當富麗堂皇，前庭廣闊，並設有活動式戲臺，兩旁有二層樓廂房，二樓係女眷們的座位。這是高級的娛樂社交場所，僅有貴賓才能出席。林家是官紳家族，地方上有戲曲活動，不方便參加，因此特設專有的戲臺。

林家文書留有一些相關文書，如下例。

190　「葛松齡致林朝棟信函」，收於黃富三等解讀，何鳳嬌、林正慧、吳俊瑩編輯，《霧峰林家文書集：墾務、腦務、林務》，頁104-111。

光緒18年（？）年3月（？）某日，葛松齡致林朝棟信函稱：[191]

> 統帥大人閣下：……晚叩別後，因途次阻雨，至初九日抵彰查
> 樟腦銀項。日晚往大墩，知統帥捷音，旋之期，近在咫尺，欣
> □雀躍。晚旋即往阿罩霧。
> 查花廳尚未蓋瓦，皆因泥水匠拖延，是以嚴催承發司及炎司，
> 即日添僱工匠，前往趕辦，諒不日當可蓋瓦。其戲台柱基將次
> 完竣，在於十五、六戲臺可以豎搞其七間挑之第三進地基，刻
> 下堆砌浮面，所有土木匠，當面催其以速為妙，想不敢再為延
> 也。
> ……又據□兄云，通仔所辦本衫現刻陸續已到，必需
> 一千七百五十元。又辦唐衫銀共計需一千餘元，又逐月處發給
> 土木匠工銀，在在急需。……至於賬房及專祠防費各項需款，
> 已由萬逸翁傳達……。
> 晚生葛松齡頓首

函中稱「叩別後，因途次阻雨，至初九日抵彰查樟腦銀項。十一日
晚往大墩，知統帥捷音」，故此函應是光緒18年3月某日者，因此時
林朝棟主導大嵙崁之役勝利了。他應該是在3月初旬奉林朝棟之命，
離開阿母坪軍營至中部辦理一些事務，主要為樟腦事務但也兼辦售
米、買唐衫等雜務。函中特別提到「花廳尚未蓋瓦，皆因泥水匠拖
延」，因此嚴催匠師「即日添僱工匠前往趕辦」，預期不日可蓋瓦。

191　「葛松齡致林朝棟信函」，收於黃富三等解讀，何鳳嬌、林正慧、吳俊瑩編
輯，《霧峰林家文書集：墾務、腦務、林務》，頁104-111。

至於戲台，報稱「柱基將次完竣」，在3月15、16日可以「豎搨其七間挑之第三進地基，刻下堆砌浮面」。

如前所述，通仔當是木工或包工，（光緒17年？）年8月6日，省垣工程支應處開黃肉枋工銀單稱：

> 通仔辛〔光緒17年〕8月初6日來黃肉：
>
> 楪長1.9丈、頭尾8寸，33.0支。
>
> 又，長1.35丈、頭尾8寸，46.0支。
>
> ……
>
> 又，長2.6丈、頭尾7寸，4.0支。往單霧工銀12元。[192]

可見通仔包辦省垣工程、宮保第擴建之木工。

據此，花廳、戲臺當是光緒17年開始興建，至18年3月已完成建物主構，但屋瓦尚為覆蓋，戲臺已完成七間挑之第三進地基。全部工程當是完成於光緒18年。

2. 臺北公館

林朝棟有公館位於臺北府城西門外，除供林朝棟進城居住外，亦有幕友、親朋短期居住。

由於林朝棟於光緒11年奉劉銘傳之召帶勇北上，任職營務處，並在基隆抗法，隨後又於光緒17年北上領導大料崁之役，當是在此一其間所購建的。查林家地契有光緒15年林朝棟購地契字一件，內容如

192　「省垣工程支應處開黃肉枋及工銀單」，收於黃富三等解讀，何鳳嬌、林正慧、吳俊瑩編輯，《霧峰林家文書集：補遺》，頁184-185。

下：

臺北北門外公館，印契貳 白契四帋

臺北北門外街二丁目十八 戶

店契計共六張，餘者積存駱清處

仝立杜賣地基字人吳葉氏、水牛等有名下鬮分應得承祖父吳神
助明買周必覺、罕等水田壹所，址在大加蚋保土名圭母卒庄，
即今西門外北畔，其四至界址俱各登載大契內明白，收租納課
歷管無異。今因臺灣縣貓羅保霧峰庄之林朝棟大人欲在氏等契
管田內起蓋行臺，憑中三面議定，每方壹丈時值地價銀壹元
正，即仝中三面蹈〔踏〕明界址，東至大車路腳為界，西至圳
溝為界，南至張家田為界，北至張家田為界，計用氏田地積方
貳百伍拾壹丈，又用牛等田地積方參百壹拾六丈，二共應得地
價銀伍百陸拾柒元，着年帶地基銀六元伍角，內吳葉氏參元玖
角、吳牛等貳元陸角。其銀即日仝中交氏、牛分收足訖外，
訂每年應納地基銀，須於冬至前付氏等收，以為完納錢糧之
需，隨將該田照界蹈〔踏〕明，聽憑買主興工起蓋，造成行
臺，永遠為業。此係兩愿，各無抑勒，今欲有憑，合立杜賣地
基字壹紙付執為炤。

即日仝中收過字內杜賣地價銀伍百陸拾柒元完足，再炤。

一、批明上手印契賣主尚有餘業，不肯流交，所賣起蓋行臺，
丈數已批明印契內，再炤。

　代筆人鄭筱植【花押】

　知見人吳葉氏【花押】

　為中人林禮修【花押】、陳卓如【花押】

光緒拾伍年拾月日 立杜賣地基字人 吳葉氏【花押】、吳水牛
【花押】

圖說粘後

吳葉氏應份田

第一站，東4.0丈，西2.0丈，南3.75丈，北3.0丈方

第二站，東11.6丈，西13.5丈，南18.55丈，北19.95丈方，

共積251.7125丈。

吳牛應份田

第一站，東16.25丈，西14.3丈，南17.2丈，北14.95丈方，

第二站，南3.0丈，北7.2丈，中14丈方，

共積316.945625丈。

　　據上，第一，此地為吳葉氏、水牛等人，繼承承祖父吳神助明買
周必覺、罕等水田壹所，地址在大加蚋保土名圭母卒庄，「即今西門
外北畔」。第二，林朝棟欲「起蓋行臺」於光緒15年10月購入此地。
因此，可確定林公館的位置正在此地，西門外北畔，購地目的即是起
蓋行臺。如上所述，光緒11年北上參加清法保臺之役，接著在建省後
又參與開山撫番工作，並於光緒17年率軍北上平定大嵙崁之役，因此
不時須居住臺北，因而購地建屋。由於他的本職在中路，臺北乃設行
臺。

　　1895年12月25日臺灣總督府製圖部製有舊臺北城圖，顯示在舊巡
撫衙門西北城牆外有「林公館」一座，其今日地點在中華路一段之
西，漢口街20巷之間。參看彩圖。

　　林朝棟公館亦曾發生偷竊事件。光緒18年7月25日《申報》載：
「某夜忽為梁上君子所算，由後垣穴壁而入，將衣箱二口盡携以去。

及次曉，某君始知失竊，開單呈請淡水縣飭捕跴緝，未知果能破案否也。」[193]寄居公館多年的「某君」（陳傑夫？），在7月夜間被小偷侵入，竊去衣箱二口，報請淡水縣緝辦。

林公館至日治初年仍存。《臺灣新報》，1897年5月11日報稱：

> 臺北西門外當時有林蔭堂建大廈一座兩進，不下數十間，前年至今俱係陸軍作為糧儲倉庫，但政府例載入籍之民所有，財產家業聽其仍舊管守，是以其子林子佩聞有呈請發還云。[194]

據上，此一林公館有兩進，共數十間房間，自日本領臺後即被陸軍作為糧儲倉庫。殖民政府容許入日本籍之台民仍舊擁有財產權，因此林朝棟子林子佩呈請發還。

《臺灣日日新報》，1898年7月3日，又報稱：

> 臺北西門外有前林紳朝棟私邸一所，家屋宏敞，至前年軍政之時即充軍糧倉庫，於今已逾數載。茲因林朝棟子林子佩在台入籍接掌家務，遣委派代理人來臺北稟請地方官將該屋給還，經蒙官許；俟調查明晰，即將該屋借給官用而每月發給賃金矣，亦可見我政府治台以來，凡一切民間有主之業一概還管而毫無以威勢相凌之意。[195]

193　「赤嵌秋雲」，《申報》，光緒18年7月25日（1892年9月15日），版2。
194　〈物各有主〉，《臺灣日日新報》，1897年5月11日，版1。
195　〈民屋借貸〉，《臺灣日日新報》，1898年7月3日，版5。

據上，林子佩在臺入籍接掌家務，委派代理人來臺北稟請地方官將該屋給還。地方官將於查明後改向林家租借，並每月支付租金。

3. 其它臺灣房地產

臺灣府城（今臺中）亦有宅第。如前所述，棟字正營駐紮於東大墩（省城），林朝棟可能有建物供給幕僚居住，又在何處呢？推斷亦應在東大墩土丘上。林朝棟可能也置產。

林家文書有蔡燦雲致林拱辰信函，封面稱「煩至東大墩營，呈交林師爺甫拱辰升啟，信到祈登酒口，託託」，[196]內包括5月10、11、20日等信數件，大多有關運米至臺北之事，其中有「癸巳五月初十日頓」，查癸巳為光緒19年，故此函應是光緒19年5月20日之函件，印章則為「勝記棧／住辦採兌糧穀」，因此是勝記號蔡燦雲致東大墩棟字正營林拱辰之函，可知軍營在東大墩，應在東大墩土丘上。

林家後人稱：林季商在臺灣仍留有財產，如28萬元現金，及台中變電所一帶有五、六千甲土地被日人徵收。據大正5年（1917）1月20日調查，林季商立囑書：資產有526,960圓，負債187,900圓。[197]林雙意稱：其父林季商欲退日本籍，日本政府威脅他將一部份土地如台臺糖、樟腦公司便宜賣給他們。[198]又有稱，林季商財產很多，土地散佈

196　「癸五月廿夜勝記棧致林拱辰信函」，收於黃富三等解讀，何鳳嬌、林正慧、吳俊瑩編輯，《霧峰林家文書集：墾務、腦務、林務》，頁504-505。印記內文：「勝記棧／住辦採兌糧穀」。

197　〈楊金釧女士訪問紀錄〉，收於許雪姬編著，許雪姬、王美雪紀錄，《霧峰林家相關人物訪談記錄（下厝篇）》，頁4、6；林雙意提供，林季商立囑書。

198　〈林雙意女士訪問紀錄〉，收於許雪姬編著，許雪姬、王美雪紀錄，《霧峰林家相關人物訪談記錄（下厝篇）》，頁13。

於海口、國姓鄉、台臺中市賴厝廊、軍功寮等地。[199]這些都有待進一步探討。

又，林家有一光緒19年1月契字，即林連宗立「賣厝字」予林統領，地點是「大西門街」，價120大元。[200]林統領當即林朝棟，「大西門街」應在彰化城。《彰化縣志》載「忠烈祠在縣內大西門街，坐北向南」，[201]因此在彰化城應有地產。但無進一步資料。

4. 大陸房地產：福建、北京、上海

林家往返兩岸相當頻繁，甚至長短期居住，因而置產如福建、北京、上海等地。茲舉目前所知較重要的房地產。

(1) 福建漳州

林朝棟曾住漳州市區，有祠堂、宮保第，子女亦是多住此地。[202]林季商長子林正熊獨生女林秀蓉稱：「住家是二層樓房，其它都是平房，平房旁有花園，後有一河流，住家右邊緊鄰祠堂，隔壁是陳專祠；[203]祠堂很大，地上鋪花剛岩，內有很大的林文察石像，後被國軍當兵營。」[204]筆者曾前往探訪，然而因道路計畫已被拆除，據稱所有

---

199 〈楊金釗女士訪問紀錄〉，收於許雪姬編著，許雪姬、王美雪紀錄，《霧峰林家相關人物訪談紀錄》，頁13。

200 下厝契甲，雜60，1/1。

201 周璽，《彰化縣志》，卷5，〈祀典志・祠廟〉，頁155。

202 〈林雙意女士訪問紀錄〉，收於許雪姬編著，許雪姬、王美雪紀錄，《霧峰林家相關人物訪談紀錄（下厝篇）》，頁10。

203 〈林秀容女士訪問紀錄〉，收於許雪姬編著，許雪姬、王美雪紀錄，《霧峰林家相關人物訪談紀錄（下厝篇）》，頁28。林秀容是林季商長子林正熊獨生女林秀容，出生於漳州，因此對早年的經歷甚清楚，筆者多次訪談，得知甚多林家秘辛，其中有不便公開者。

204 〈林秀容女士訪問紀錄〉，收於許雪姬編著，許雪姬、王美雪紀錄，《霧峰

材料均保存，日後將內縮數公尺重建，然而預計之重建計畫終卻未執
行。[205]

(2) 福建省福州宅第

林家因長期訟案，林戴氏常住福州，因此購置一宅第供親人居
住，林朝棟、朝選（林壽堂）經常往訪照料。如前所述，光緒8年10
月14日林朝棟致林朝選信函稱「內平安家信煩帶省垣衛前街詢交　林
二少爺壽堂台甫升剖自台　霧峰庄宮保第……壬小陽[206]十四日」。[207]可
見有一宅第在衛前街。壬當是壬午年，光緒8年。近年因道路拓寬被
拆，但仍留有遺跡「衛前街」門號。

(3) 其它：廈門鼓浪嶼、北京、上海等地

林朝棟在京控案期間，曾至北京住過一段時間，因此當有房產。
但目前僅查出林朝棟捐款予「漳郡會館」紀錄，參見附件。[208]

林朝棟居住過上海，亦有房地產。後人稱：林朝棟回大陸後練
軍，一家人在上海，住在太古碼頭，因奉命調往甘肅，怕不能適
應，積鬱成疾而死；太古碼頭地方後為法人賤價買去。[209]太古洋行
（Swire Group）是英資公司，香港設有分公司。上海有太古洋行大
樓，四層，位於黃浦區中山東路22號，原名豐華大樓。林朝棟似乎也

林家相關人物訪談記錄（下厝篇）》，頁29。

205　黃富三，與廈門大學黃浚凌教授實地探勘專祠，其後黃浚凌教授回覆後續辦
　　　理情形。筆者先後往訪二次，目睹其夷為平地，重要構件存於漳州文資單
　　　位，但重建工作始終未展開。

206　小陽：指農曆十月。

207　「壬小陽十四日林朝棟致林壽堂信函」，收於黃富三等解讀，何鳳嬌、林正
　　　慧、吳俊瑩編輯，《霧峰林家文書集：閩臺相關信函》，頁304-307。

208　2022年12月14日林光輝以email提供資料。

209　〈林秀容女士訪問紀錄〉，許雪姬編著，許雪姬、王美雪紀錄，《霧峰林家
　　　相關人物訪談記錄（下厝篇）》，頁18-19。

在楊樹埔建造新屋，樓高三層，此當是西式洋樓。[210]

又有稱：林季商在上海灘有一大片土地，分內環、外環，外環有跑馬場；後因全家欲回福州，林朝雍與法人交涉出租，但最後卻落入法人手中。[211]此當即為林朝棟所購者。

210　林朝崧，《無悶草堂詩存》（臺北：臺灣銀行經濟研究室，1960，臺文叢第72種；1933年原刊），頁30。

211　〈楊金釧女士訪問紀錄〉，收於許雪姬編著，許雪姬、王美雪紀錄，《霧峰林家相關人物訪談記錄（下厝篇）》，頁2。

第九章　臺灣割讓與林家之回應

（1894-1900年代）

　　光緒21年，清廷因戰敗簽訂馬關條約，將臺灣割予日本，此對二百多年來在本島拓墾發展、落地生根的臺民來說，有如晴天霹靂。如何因應此一變局是一難題，其中涉及兩個基本問題：一是臺灣是清國的割讓地，臺人有無選擇餘地嗎？二是臺人如欲反抗，背後無政府之支持力量，如何抗敵？三是日人給予臺人為期二年選擇國籍的緩衝期，是放棄家產與祖先在臺灣廬墓返回大陸或認命做順民？身為地方領袖的士紳家族尤其為難。

　　林家如何因應呢？臺灣文獻叢刊有不少當時文獻，如《台海思慟錄》、《瀛海偕亡記》、《割台三記》、《魂南記》、《中日戰輯選錄》、《清光緒朝中日交涉史料選輯》等，[1]另外，尚有林家族譜、當時報章

1　思痛子撰，《臺海思慟錄》（臺北：臺灣銀行經濟研究室，臺文叢第40種，1959；原刊年不詳）；洪棄生，《瀛海偕亡記》（臺北：臺灣銀行經濟研究室，臺文叢第59種，1959；1922年原刊）；羅敦曧等撰，《割臺三記》；易順鼎撰，臺灣銀行經濟研究室輯，《魂南記》（臺北：臺灣銀行經濟研究室，臺文叢第212種，1965）；王炳耀撰，《中日戰輯選錄》（臺北：臺灣銀行經濟研究室，臺文叢第265種，1969）；臺灣銀行經濟研究室輯，《清光緒朝中日交涉史料選輯》（臺北：臺灣銀行經濟研究室，臺文叢第210種，1965）。

報導，以及新出土之林家文書等。

　　茲分三部分探討：一、臺灣割讓乙未之役中的林家；二、日本領臺與林家之肆應：頂、下厝二房間之消長；三、林朝棟內渡後的際遇：焦點是林朝棟之政治、經濟活動的成敗。筆者已有一文宣讀於一研討會上，茲據以整理、修正，融入本書中。[2]

第一節　臺灣割讓乙未之役中的林家

　　光緒20年甲午戰爭爆發後，臺灣備受威脅，林朝棟等林氏族人自然參加保臺戰爭。不幸，清朝海、陸戰均敗，而於光緒21年簽訂馬關條約，將臺灣割讓日本。

　　回顧清帝國統治下的林家歷史，由開臺祖林石違抗禁令，越界拓墾而致富，是屬於confrontation階段，接著經歷林爽文之亂後驟起驟奏落命運；至林文察因報父仇殺兇被通緝，最後投軍參與平定太平天國之亂而進入官僚階層，屬於compromise階段；不久，其弟林文明涉及官紳鬥爭遇害導致族運中挫，引發四次京控案；其後，林朝棟經由官紳之磨合，順服帝國之統治，族運重振，雖無法出任高官，然已成為臺灣中部巨紳，屬於cooperation（submission）階段。因此，林家與臺灣紳民相同，反對此一清廷決定而支持抗日。

2　黃富三，〈論霧峰林家對日本領台之回應——以林朝棟為中心〉，中研院近史所，「日據時期台灣史國際學術研討會」，1983年6月。但未正式發表，現經整理納入本章。

一、甲午戰爭與林家之保臺努力

　　1894-95年甲午戰爭進行期間，日軍除進佔朝鮮、滿州外，亦有南襲臺灣之意。巡撫邵友濂乃加強臺灣防務，再召林朝棟北上協防。[3]林家至19世紀末葉後，逐漸蛻變為清廷之順臣，應召效命。

　　光緒20年約7月間，巡撫邵友濂奏報臺灣防務部署為：北部以基隆、滬尾為要口，蘇澳次之，先派提潘張兆連、李定明等人分守三口，兵力計有舊勇九營、新募勇十五營；命道員林朝棟率舊勇一營、新募勇三營，共四營，駐守獅球嶺；布政使唐景崧募勇三營守關渡，以為海口策應，另募一營照顧後路。[4]

　　邵友濂行事雖謹慎，但無何膽識，在臺頗受武員之挾制，而兵勇之驕縱亦為各省罕見，據聞某統領之子當其面抓人，邵氏竟不作聲。[5]由於保臺之役乃一大挑戰，邵氏深感難以應付，一再請求遷調，清廷對他亦不甚信任。光緒21年9月6日，清廷諭李鴻章稱，劉銘傳「馭軍有法」，現在軍事日棘，統帥乏人，要求命其立即「啟程來京陛見」。[6]按，劉銘傳已於光緒17年辭職退隱安徽老家，顯然清廷有意再起用，但劉銘傳並未應命。

　　清廷對邵友濂頗為不滿，光緒21年9月13日批評他對軍務緩急，「定見毫無，事多反覆」；而且布政使唐景崧又與邵友濂意見不合，「語多激切」，「恐致誤事」。9月15日，清廷將邵友濂調署湖南巡撫，

3　鄭喜夫編著，《林朝棟傳》，頁77、97、99。

4　「臺灣巡撫邵友濂奏布置海防情形並請飭撥的款以資接濟摺（七月初四日）」，收於臺灣銀行經濟研究室輯，《清光緒朝中日交涉史料選輯》，頁118-119。

5　費行簡，《近代名人小傳》（臺北，明文書局，1985翻印），頁576-577。

6　臺灣銀行經濟研究室編，《清德宗實錄選輯》，頁271。

由唐景崧署理臺灣巡撫，[7]成為保臺戰的主角。

然而，清國海、陸戰事均失利，光緒21年2月底，日軍攻占澎湖，臺灣日益危急。3月7日，唐景崧乃積極佈署佈署，大致將臺防分成北、中、南三路：

1. 北路，基隆有提督張兆連，基隆後路由林朝棟率台灣土勇防守，滬尾有總兵廖得等；

2. 南部有黑旗軍劉永福、台灣總兵萬國本等；

3. 中路有道員楊汝翼；

4. 後山由台東知州胡傳負責；

5. 楊歧珍則往來基隆、淡水，游擊呼應。[8]

唐景崧鑑於北臺在晚清已成為臺灣政治、經濟中心，關係重大，因此進一步加強其防務如下：

1. 營、基隆田寮港一營。

2. 獅球嶺：由林朝棟統率六營鎮紮，策應基隆防務。分統官林超拔、衛隊林廷輝，遣賴寬紮一營在大 尖，傅德陞帶一營為犄角；謝天德紮一營在紅樹林，鄭以金帶一營紮虎仔山，袁明翼帶一營紮佛祖嶺。[9]

據上，林朝棟率其部屬與棟軍6營，分駐獅球嶺各要地，如大尖、紅樹林、虎仔山、佛祖嶺等地，防範日軍之侵犯。

然而，不久後，光緒21年3月23日，清、日簽訂馬關條約，決定

7　臺灣銀行經濟研究室編，《清德宗實錄選輯》，頁274-275。

8　「臺撫唐景崧致軍務處報臺民憤駭謂北省停戰臺獨向隅懇飭所有兵輪並粵省鎗彈運臺援應電（四件、附旨三件）」，收於王彥威等撰，臺灣銀行經濟研究室選輯，《清季外交史料選輯》，頁248-249。

9　吳德功，〈讓臺記〉，收於《割臺三記》，頁32。

割讓臺灣、澎湖，4月8日清廷批准，並訂二個月內雙方派大員至臺灣
交割。消息傳來，臺灣軍民均感失望、焦慮、憤慨。在此期間，唐
景崧亦曾設法挽回割臺命運，包括遊說列強干預、藉國際公法廢約
等，終歸失敗。[10]清廷方面，李鴻章固然已簽約割臺，即使保臺最力
的兩江總督張之洞，態度亦動搖，4月6日致函唐景崧稱：

> 臺民必留公，宜速與台之巨紳大豪若林朝棟、林維垣（源）等
> 商辦法，使臺民有主腦，方不致有亂。

可見張之洞已放棄抗日，且預感臺民必會強留唐景崧，因此要他與林
朝棟、林維源等巨紳研商辦法，防止動亂。張之洞又指示說，條約規
定雖兩個月內割交臺灣，但兩年內「可任聽臺民去留」，因此應從容
曉諭軍民自行選擇國籍。[11]可見清廷上下已確認割讓臺灣了，4月26
日（1895.5.20），清廷進一步諭令唐景崧開缺離臺前往北京，其他文
武官員則內渡。[12]

　　光緒21年4月，棟軍營務處發現澳底外海有日船巡弋窺伺，林
朝棟乃與張兆連商議兩軍分守南、北兩汛。北汛以澳底、瑞芳、北
斗、大（火貢）尖、紅樹林、大水窟為基地；南汛以萬麟坑、金包
里、白米甕、仙洞、瑪索、佛祖嶺、虎仔山、獅球嶺為據點；海口砲

10　林子候編，《臺灣涉外關係史》，頁530、542-545。
11　張之洞，「致臺北唐撫臺（光緒二十一年四月初六日丑刻）」，收於氏
　　著，《張文襄公選集》（臺北：臺灣銀行經濟研究室，臺文叢第97種，
　　19611；據1937年甘鵬雲等校印本選編），頁184；吳德功，〈讓臺記〉，收
　　於《割臺三記》，頁33。
12　林子候編，《臺灣涉外關係史》，頁560-561。

台仍以砲勇防守。[13]然而，4月23日，唐景崧卻命林朝棟撤軍，回防中部，原因是張兆連以為林朝棟有意爭功，於是向唐景崧稱林朝棟有足病；又適逢臺灣府知府孫傳袞以中部兵薄，每日告警，乞調林朝棟軍1,500人駐防。[14]另外，臺灣土勇與廣勇亦不睦。據稱林朝棟之棟軍訓練有法，又常年擔任開山撫番重責，作戰經驗豐富，頗負時望，但唐景崧只重廣勇，乃將棟軍南調，代之以胡友勝所統之4營廣勇。[15]胡友勝本非將才，廣勇又無紀律，兵民關係惡劣，而獅球嶺乃防衛臺北城之關鍵要地，臺北紳民與英國醫生提理皆以為此舉不當。[16]的確，棟軍是否仍善戰雖不無疑問，但他們保鄉之念較強、又熟悉地形，較一無是處之廣勇為佳。故時人吳德功稱棟軍皆以往隨征之人，地勢險要甚悉，守獅球嶺，可謂用得其人，批評唐景崧不該將其調回中路。[17]

光緒21年4月23日，棟軍開始南撤，前隊先行，林朝棟大軍則於5月2日拔隊回中部。[18]澎湖被日軍攻佔後，中部騷動，臺灣府縣命吳德功請林文欽自備資斧，僱勇一營，紮大聖王廟以鎮壓，並守衛彰化。[19]顯然，林氏族人因難挽割臺之運，只是消極響應

13　鄭喜夫編著，《林朝棟傳》，頁100。

14　張之洞，「致臺北唐撫臺（光緒二十一年四月初六日丑刻）」，收於氏著，《張文襄公選集》，頁184；鄭喜夫編著，《林朝棟傳》，頁100。

15　吳德功，〈讓臺記〉，收於《割臺三記》，頁32-3；思痛子，《臺海思慟錄》，〈臺灣篇〉，頁11。

16　姚錫光，〈東方兵事紀略・臺灣篇上（第九）〉，收於思痛子，《臺海思慟錄》，頁53。俞明震，〈臺灣八日記〉，收於《割臺三記》，頁12。

17　姚錫光，〈東方兵事紀略・臺灣篇上（第九）〉，收於思痛子，《臺海思慟錄》，頁53。

18　羅敦曧，〈中日兵事本末〉，收於思痛子，《臺海思慟錄》，頁33。

19　姚錫光，〈東方兵事紀略・臺灣篇下（第十）〉，收於思痛子，《臺海思慟

二、已未之役與林家之反應

　　割讓臺灣消息傳來，臺灣紳民憂心忡忡，光緒21年4月14日，馬關條約換約生效後，民情更加激憤，以各種管道表達不願割讓之意，[20]其中最具體的行動是紳民成立臺灣民主國，圖謀另一抗日保臺之道。身為清朝官僚與林家首腦的林朝棟則陷入進退維谷的兩難中，但其策略基本上是由支持民主國轉變為不抵抗，並遵命內渡。

（一）林朝棟與臺灣民主國

　　割臺之議確定後，臺灣紳民在丘逢甲倡導下，決定成立「臺灣民主國」抗日。[21]民主國（republic）一詞是副將陳季同提出的，他曾任職駐法公使館，用意是臺灣成為一新的獨立國，可不受中日馬關條約的約束，進行反侵略戰爭；再者，以西方式的民主國為國名，較易引起歐美列強的同情。[22]光緒21年4月27日，陳季同、丘逢甲、陳儒林及林朝棟等人會集臺北紳商，向唐景崧共進臺灣民主國之賀表；5月2日，又舉行盛大儀式，呈送「臺灣民主國總統之印」，正式宣佈民主國成立，展開抗日鬥爭。[23]

　　林朝棟等臺灣仕紳之支持民主國有其理由。第一，臺灣經清朝

錄》，頁62。林獻堂，〈先考文欽公家傳〉，收於林獻堂等修輯，《臺灣霧峰林氏族譜》，頁114。

20　吳密察，〈一八九五年臺灣民主國的成立經過〉，收於氏著，《臺灣近代史研究》（臺北：稻鄉出版社，1990），頁7-10。

21　連橫，《臺灣通史》，卷36，〈列傳八·邱逢甲列傳〉，頁1033-1034。

22　H. J. Lamley, "The 1895 Taiwan War of Resistance: Local Chinese Efforts against a Foreign Power", In Leonard H. D. Gordon ed., *Taiwan: Studies in Chinese Local History* (New York: Columbia University Press, 1970), p.269.

23　林子候編，《臺灣涉外關係史》，頁566-569。

二百餘年之統治，漢人已土著化，認臺灣為家鄉，且已產生甚多本土富豪，[24]自然不願見祖宗廬墓與田產為異族所有，尤其是板橋林家、霧峰林家等超級豪族。第二、清代漢人雖未發展出近代民族主義，但漢族種族、文化性意識根深蒂固，無法接受異民族之統治。第三、林家是清季臺灣政治地位甚高的家族，且擁有兵權，是社會的上層階級，政權易手後其權勢勢必威脅。第四、林家藉著歷代的努力，擁有受龐大的產業與經濟利益，在新政權統治下亦必受損。

然而，「臺灣民主國」乃一先天不足、後天失調的嬰兒，自始即注定夭折。第一、馬關條約係依國際公法簽訂之和平條約，「臺灣民主國」無法期待國際之承認與支持。第二、臺民抗日的主要支持力量來自中國大陸，但清廷在日人壓迫下只求早日割臺，以免戰事延長，更加不利，乃下令不許再運送餉械，因此抗日戰只是困獸之鬥。[25]第三、臺民軍力絕非日軍對手，臺人的武裝力量，無論裝備、訓練、士氣，均難相抗。

光緒21年5月4日，李鴻章致電清廷稱，臺灣紳民義憤固可，但不應「奉署撫唐景崧為總統」，使朝廷號令不行，也擔心日本「必有責言」，產生其它事端。[26] 同日，南洋大臣張之洞亦電奏稱：前奉旨撥濟台餉30萬兩，並酌撥舊槍、彈藥，但改為民主國後，「餉械等事自未便再為接濟」，以免橫生枝節。[27]此外，總理衙門大臣亦有一覆唐

---

24 翁佳音，《臺灣漢人武裝抗日史研究（1895-1902）》，頁23-27。

25 吳密察，〈一八九五年「台灣民主國」的成立經過〉，收於氏著，《臺灣近代史研究》，頁30。

26 「大學士李鴻章來電（五月初四日到）」，收於臺灣銀行經濟研究室輯，《清光緒朝中日交涉史料選輯》，頁410。

27 「署南洋大臣張之洞來電（五月初四日到）」，收於臺灣銀行經濟研究室輯，《清光緒朝中日交涉史料選輯》，頁410-411。

景崧書，言和約已訂，臺民有二年期限可選國籍，不願歸日者可賣產業、遷居，並勸全臺紳民，「勿得一時執意，致罹禍害」。[28]清廷決策如此，而臺灣民主國官員也只求自保，伺機內渡，並無心共存亡。一般著作，尤其是臺人者，都譴責唐景崧不抗日，其實純屬情緒激動之言，因中央政府已經訂約割讓臺灣了，做為臣子如不遵守，豈非叛逆？

　　當然，國際環境與物質條件雖不利，但臺灣官民如能上下一心，未嘗不能以游擊戰術與日軍進行持久戰。然而，民主國自總統唐景崧以下之清官之留台，並非出自願，而是為紳民所挾持，不得不虛與委蛇，以便從容脫身，「臺灣民主國」只是金蟬脫殼的蟬殼而已。有不少原始文件可證，茲舉數例如下：

　　1. 光緒21年4月22日，唐景崧電清廷稱：被臺人逼迫留下他與劉永福，他反覆開導，再三力拒，但眾議甚堅，「臣等雖欲求死而不得」。[29]

　　2. 4月26日，清廷開去唐景崧巡撫缺，命其入京陛見：5月3日，唐氏回電稱無法立即離開，倘若先行，「（臺）民斷不容，各官亦無一保全」，因此只能暫留此地，先令各官陸續內渡，「再相機自處」。他又解釋5月2日之所以接受民主國總統印，乃臺民「強臣暫留保民理事」，而他「堅辭不獲」，只好暫允。[30]

28　徐珂輯，臺灣銀行經濟研究室編，《清稗類鈔選錄》，〈總署論中日和約〉，頁7。

29　「署臺灣巡撫唐景崧來電（四月二十二日到）」，收於臺灣銀行經濟研究室輯，《清光緒朝中日交涉史料選輯》，頁394。

30　「前署臺灣巡撫唐景崧來電（五月初三日到）」，收於臺灣銀行經濟研究室輯，《清光緒朝中日交涉史料選輯》，頁409-10。

3.5月4日，張之洞電奏稱：臺民忠義，誓不服倭，自立為「民主之國」，紳民蜂擁，強迫唐景崧留台，唐氏無奈，允諾暫留「保民禦敵」；又稱唐氏留下，則「各官可行」，他一去，則「無一人可脫矣！」[31]

4.5月6日，唐景崧致電議政王大臣稱：他「為民劫留，暫緩赴京陛見，連日以來，惶悚萬狀」；又稱，以後文件來往仍用「臺灣巡撫關防」，只要「一息尚存，不敢稍逾臣節」；又奏稱布政使顧肇熙已內渡，提督楊岐珍也潛離行營，「待輪內渡，勇營後拔」。[32]

由上可見，清廷命令官員內渡，而被迫留臺之民主國官員自然也無心防臺，於公須遵從體制，於私須保護身家性命，自然隨時伺機離去。時人易實甫（順鼎）、洪棄生批評唐景崧，譏諷其「兩端」、「三窟」，[33]實際上都是情緒之言，不盡是當時實況。

由於臺民之抗日與民主國之成立，清廷、日本以及國際列強均甚為憂心，盼早日解決。清廷懼戰局再起，「致波及它處」，而國際上各國與日本均疑臺灣自主係由「朝廷嗾使」，日本尤恐夜長夢多，重演三國干涉還遼之事，要求清廷早日完成割讓手續。光緒21年5月6日，李鴻章乃同意依伊藤博文4月23日之電，只要將臺灣主權交付，地方變亂由日方「自行經理」。[34]5月6日，臺灣首任總督樺山資紀與李經方終於在基隆外海船上，草草完成臺灣交接手續，隨即展開攻臺

31　「署南洋大臣張之洞來電（五月初四日到）」，收於臺灣銀行經濟研究室輯，《清光緒朝中日交涉史料選輯》，頁410-411。

32　「前署臺灣巡撫唐景崧來電（五月初五日到）」，收於臺灣銀行經濟研究室輯，《清光緒朝中日交涉史料選輯》，頁411-412。

33　洪棄生，《寄鶴齋選集》，〈文選（四）·詩話〉，頁217。

34　「大學士李鴻章來電（五月初六日到）」，收於臺灣銀行經濟研究室輯，《清光緒朝中日交涉史料選輯》，頁413。

之役。[35]

　　據估計，日方動員兵力共二個半師，計50,000人，加上26,000軍伕及海軍；而抵抗日軍之武力有湘軍、淮軍、楚軍、閩軍、黑旗兵、廣勇及臺灣土勇，兵力據稱在10萬以上，[36]但實際上僅有140-150營，人數約5萬左右。[37] 其次，抗日軍裝備、士氣均非日軍之敵。此外，唐景崧既無死守之心，又未能妥善用人，不但把熟悉地形之棟軍調至中部，且與黑旗軍名將劉永福不睦，致其無法協力抗敵。據稱，劉永福曾告唐氏曰，「台北軍事建築不妥，士卒又多老弱」，他願北上協助，但唐氏忌其英勇難馭，二人在中法戰爭時在越南又有舊嫌，因而予以辭謝，促請其專防台南。[38]因此，自始民主國在軍事上即屈居劣勢，難逃挫敗之運。

　　光緒21年5月6日，日軍在宜蘭鹽寮登陸，唐景崧命吳國華率廣勇700名駐三貂嶺；但吳氏至7日方率400人出發。7日，日軍攻至瑞芳；10日，張兆連因足傷回基隆，諸軍潰散，瑞芳淪陷。11日，日軍又占基隆，張兆連逃回臺北。

　　獅球嶺乃基隆直入臺北要地，5月11日，全臺營務處總辦俞明震自瑞芳負傷後撤退至此，但奔赴嶺上察看，即發現情況惡劣，軍夫都

35　鄭喜夫編著，《林朝棟傳》，頁101；「大學士李鴻章來電（五月十三日到）」，收於臺灣銀行經濟研究室輯，《清光緒朝中日交涉史料選輯》，頁423-424。

36　H. J. Lamley, "The 1895 Taiwan War of Resistance: Local Chinese Efforts against a Foreign Power," In Leonard H. D. Gordon ed., *Taiwan: Studies in Chinese Local History* (New York: Columbia University Press, 1970), p.27-28.

37　翁佳音，《臺灣漢人武裝抗日史研究（1895-1902）》，頁86；王國璠，《臺灣抗日史甲篇》（臺北：臺北市文獻委員會，1982），頁213。

38　邵鏡人，《同光風雲錄》（臺北：文海，1983），上篇，〈唐景崧〉，頁100。

逃散。原因是胡友勝之4營廣勇無紀律，與土人不睦，而熟悉地形之棟軍已調回中部，當時同來觀戰之紳士14人與英人提理，均認為應請唐氏再調朝棟軍，當夜俞明震與方祖蔭乘火車至臺北勸說，唐景崧答：「大事已去，奈何？」[39] 唐氏亦拒絕親赴八堵死守，言已派中軍黃義德率護衛營馳紮八堵，為胡友勝後援。但事實是，黃義德至八堵後，聞基隆被占又回臺北，並偽稱獅球嶺已失，而11日夜，他的部勇又索餉鬧事，臺北城內軍紀逐漸失控。[40]

　　5月12日晨，俞明震、方祖蔭、熊瑞圖（唐氏幕客）勸唐景崧退守新竹，與林朝棟、劉永福商圖抵抗之計，但唐氏左右均不贊同。當日黎明，獅球嶺淪陷，臺北門戶洞開。消息傳來，臺北城大亂，粵勇焚掠衙署內變，唐景崧率親丁數十名，乘夜逃至淡水德忌利士洋行（Douglas & Co.）。唐氏也電催林朝棟、丘逢甲、翼字營統領楊汝翼、前臺灣總兵吳光亮帶兵來援。13日，他拍電報曰「千急急赴援」，14日又拍「萬急急赴援」，然而並無一軍應援。[41]巡撫已走，群龍無首，臺北成了無法無天的世界，巡撫衙門並鄰近之房屋均被燬，「兵與民四處劫掠」，滬尾亦亂。[42]

　　唐景崧之潛逃為臺灣兵、民所不齒，滬尾兵勇且有反戈之意，他見勢不佳，先託德人將眷屬護送內渡，隨即亦率親丁乘船逃回廈門。[43]據日人史料，唐氏在5月13日上午1時，焚毀巡撫衙門，帶四百

39　俞明震，〈臺灣八日記〉，收於《割臺三記》，頁12。

40　鄭喜夫編著，《林朝棟傳》，頁102。

41　鄭喜夫編著，《林朝棟傳》，頁102。

42　「大學士李鴻章來電（五月十三日到）」，收於臺灣銀行經濟研究室輯，《清光緒朝中日交涉史料選輯》，頁424。

43　鄭喜夫編著，《林朝棟傳》，頁102。

兵勇至淡水趕上輪船，滬尾居民探知，鳴鑼追擊，追至渡頭開槍攻擊。1小時後，王統領追上船，欲殺之，唐氏泣告願予16萬兩，終買回一命。[44]又據清人史料，唐氏所乘之輪乃「駕時」號，至廈門時，輪上有子彈之穿洞；原來當唐氏乘輪離淡水時，有兵數十名被砲台開砲擊死，「其屍俱載至廈」；又說「駕時」號係由德兵船「伊爾地士」號（Arthurs，或譯雅打、鴨打）護送離出海。[45]

（二）林朝棟之抉擇：放棄抵抗

林朝棟身為臺籍將領，在保臺戰中理應有~~轟轟~~烈烈的表現方式，人們也如此期盼著。當時大陸傳聞，林朝棟與吳光亮在獅球嶺殺倭奴二萬餘人；[46]又傳聞，他與劉永福軍在基隆山合擊日軍，殺三千餘人，並圍攻獅球嶺，斬倭奴千餘人，擒住倭首一名，「奪回獅球嶺」。[47]6月20日，翰林院侍讀學士準良亦奏稱，據道路傳聞暨《申報》、《滬報》，並訪之外國新聞紙，均稱劉永福、林朝棟諸軍疊獲勝仗，斃倭無算。[48]

然而，此皆國人自慰而編造之故事，實情並非如此。原因是林朝

44　臺灣總督府史料編纂會，《臺灣史料稿本》，卷3，頁451-452。

45　「大學士李鴻章來電（五月二十一日到）」，收於臺灣銀行經濟研究室輯，《清光緒朝中日交涉史料選輯》，頁429。一般著作稱乘「鴨打」號，不盡正確。

46　「出奇制勝」，《點石齋畫報》，轉引自王詩琅，《日本殖民地體制下的台灣》（臺北：眾文，1980），頁79、81。

47　不著撰者，《臺戰演義》（臺北：臺灣銀行經濟研究室，臺文叢第53種，1959；1895年校印），卷1，〈劉將軍初勝倭奴　林觀察獎賞兵勇〉，頁2-3。

48　「翰林院侍讀學士準良請明諭將劉永福革職片（六月二十日）」，收於臺灣銀行經濟研究室輯，《清光緒中日交涉史料選輯》，頁434。

棟軍在日軍攻北部前已奉令調防中部，與獅球嶺之役無干，而由於種種原因，他的抗日意志亦不堅定。光緒21年5月2日，臺灣民主國成立，奉唐景崧命調防中部之林朝棟軍前隊亦已拔隊南行；[49]5月7日，林朝棟回至彰化。[50]據稱，有人問朝棟，何以不在基隆抗敵，他慨然回答：「我戰而朝廷不我賞，我遁而日本不我仇，我何為乎？」[51]可見他已對清廷無信心，與唐景崧間亦有心結，因而無心抗日。

5月8日後，唐景崧曾數次電請林朝棟再北上，據稱林朝棟均不應。[52]又有說，林朝棟答稱兵已調動，無法中止，5月11日棟軍返抵彰化，林朝棟校閱精壯，準備北上；14日，大軍分成三隊，再度北上支援臺北：第一隊以防軍營傅德陞、棟右營謝天德為前鋒，以岳裔為參軍，總理棟軍營務；第二隊乃分統林超拔、林蘭、賴寬三營；第三隊由他本人率領鄭以金、袁明冀、林玉亭及營務處梁美甫；另外，又令族叔林文欽募勇4,000人為後勁。[53]另據「林文欽家傳」，稱光緒21年「大府（臺灣府）命起兵」，於是募勇千名，自備糧餉，以堂叔林文榮統率，駐紮彰化，也許指的是此事。[54]不同的是，此處言千人，非四千人。

然而，林朝棟即使有心，亦無效忠之對象。5月16日，棟軍北行抵新竹，知縣王國瑞令前隊守衛新竹，因傳聞唐景崧仍在滬尾，請棟軍參謀岳裔往臺北，迎接他來新竹。然而，唐氏已於5月15日乘輪內

49　鄭喜夫編著，《林朝棟傳》，頁101。

50　吳德功，〈讓臺記〉，收於《割臺三記》，頁40。

51　洪棄生，《瀛海偕亡記》，卷上，頁4。

52　洪棄生，《瀛海偕亡記》，卷上，頁4。

53　吳德功，〈讓臺記〉，頁40-41。

54　林獻堂，〈先考文欽公家傳〉，收於林獻堂等修輯，《臺灣霧峰林氏族譜》，頁114。

渡了。[55]

　　5月16日，自臺北南逃之千餘名廣勇抵新竹界，竟為當地兵民殺戮。[56]據稱「河南兵」劫財南下，軍紀蕩然，為客家居民襲殺，其狀至慘。所謂「河南兵」，係指在珠江流域河南營基地之兵，並非河南省的兵勇。[57]又有一說是，撤退之廣勇駐于新竹觀音亭，居民疑懼；生員吳湯興、姜紹祖、胡嘉猷等各擁數百人，擬襲臺北，5月18日不期而會者萬人，棟營傅德陞商議劫取「廣勇軍裝」，配船內渡；謝天德部下在收軍裝時，「爭取銀物」，廣勇乃「開槍拒之，喊殺連天」，而數百客民攻下，數百余名廣勇「多遭殺斃」。[58]敵兵未至，竟發生自相殘殺的新竹事件，虛耗實力。

　　光緒21年5月19日，林朝棟帶兵至後壠，前鋒參謀岳裔奉命迎接唐景崧至新竹，但至八里坌時，聞知唐氏已於15日搭輪內渡，奔回報告。林朝棟聞訊，乃自後壠率林超拔兵返回彰化，[59]不久亦內渡，與眷屬居泉州。[60]

　　另有一說是，林朝棟、楊汝翼接到唐景崧求救電文後，心存規

55　「福州將軍慶裕等來電（五月十五日到）」，收於臺灣銀行經濟研究室輯，《清光緒朝中日交涉史料選輯》，頁427；吳德功，〈讓臺記〉，頁41；鄭喜夫編著，《林朝棟傳》，頁101。

56　吳德功，〈讓臺記〉，頁41。

57　黃榮洛，〈兵荒馬亂自相殘——初探「殺河南兵」事件〉，《渡台悲歌：臺灣的開拓與抗爭史話》（臺北：臺原出版，1989），頁126-138。

58　吳德功，〈讓臺記〉，頁42-43。

59　吳德功，〈讓臺記〉，頁43。

60　鄭喜夫編著，《林朝棟傳》，頁104。李鴻章，「寄譯署（閏五月初六日酉刻）」，收於氏著，《李文忠公選集》（臺北：臺灣銀行經濟研究室，臺文叢第131種，1961，據桐城吳汝綸輯錄之李文忠公全集，依桐城吳汝綸輯《李文忠公全集》選錄），冊2，頁772。

避，在5月4日帶兵回中部途中，聞知臺北失守，二人「相顧惶愕，遂同謀棄所部兵內渡」；唐氏派人往勸，兩人雖面允，但藉辭短餉；唐氏籌數千兩予之，促其啟行，但次日，二統領仍棄軍，「由小港乘舟宵遁」了。[61]惟此說不盡可信，唐景崧自始即不想抗日，而林朝棟內渡固是事實，但並非5月5日。日人所屬台灣間諜也報稱「林欽差」（應指林維源）與楊提督（應是楊汝翼）在5月19日（6月10日）夜7時，伴著家眷乘「斯美」輪回泉州。[62]

日軍入臺北城後，派偵察隊打探反抗軍的動向。據「近衛師團戰鬥詳報」，有一偵察隊在5月21日（西曆6月12日）自臺北出發，5月26日（6月17日）回桃仔園，報稱5月13、14日（6月14、5日），新竹附近有楊某（楊載雲）指揮之二千名兵、吳光亮五百名兵；彰化附近有林朝棟之五、六營兵，將向新竹前進；其它，大湖口、鳳山溪等地有許多土民抵抗。[63]但5月25日（西曆6月16日），河林參謀向近慰師團軍醫部報告稱，林朝棟在彰化附近，並未入新竹城。[64]

綜上，光緒21年5月19日，林朝棟帶兵至後龍，聞知唐氏已于15日搭輪內渡，自後龍率林超拔兵返回彰化，並未進兵新竹。

第二節　日本領臺與林家之肆應

在割臺之議確定後，林家如何因應呢？林朝棟與在臺文武官員大多遵旨內渡，另謀發展；其他族人基本上也採取不抵抗策略，大部分

61　思痛子，《臺灣思慟錄》，〈臺灣篇〉，頁11。

62　臺灣總督府史料編纂會，《臺灣史料稿本》，卷3，頁452。

63　臺灣總督府史料編纂會，《臺灣史料稿本》，卷3，頁534。

64　臺灣總督府史料編纂會，《臺灣史料稿本》，卷3，頁611。

留在臺灣保產以因應。

一、林朝棟放棄抵抗與內渡中國

　　光緒21年5月15日，唐景崧內渡後，臺北大亂，中部地方官亦紛紛逃離；16日，林朝棟命其正室楊水萍先率家眷，由汴子頭內渡避難。[65]5月19日，他先至省城（今臺中市）領次月餉發予兵勇，然後列隊從熟徑至海濱，中部府、縣官員亦隨之而離臺。[66]

　　林朝棟內渡後，中部防務空虛，日軍阻力大減，僅有部分棟軍仍參與義軍抗日。傅德陞所部棟軍即在新竹附近抗日，[67]5月23日，吳湯興集各營統將誓師，棟軍謝天德、傅德陞營與姜紹祖、吳光亮等軍，均各分兵五成，前往楊梅壢迎戰，與日偵探小隊接戰，30名日本彈藥兵被斃28名；隨後日軍全力進攻大湖口等莊，吳湯興、吳光亮等兵敗，而駐紮新竹城之棟軍傅德陞與鄭以金等兵勇千人亦撤回彰化。[68]

　　據聞，臺灣府知府黎景崧見二人遁歸，大怒，傅德陞出示林朝棟4月間之手書「散軍隊，偃棟字旗」，方予饒恕，不過他仍然決定反攻新竹城。閏5月9日，命副將楊載雲，統新楚軍二營及傅德陞、鄭以金二營（改隸新楚軍）進攻。傅德陞紮十八尖山主攻南門，砲火可達新竹城內；楊載雲主攻北門，鄭以金主攻西門，姜紹祖由枕頭山進攻；但均為日軍優勢火力所制，姜紹祖不幸陣亡。[69]又據日人資

65　鄭喜夫編著，《林朝棟傳》，頁110、115。

66　洪棄生，《瀛海偕亡記》，卷上，頁5。

67　吳德功，〈讓臺記〉，《割臺三記》，頁70。

68　鄭嘉夫編著，《林朝棟傳》，頁105。

69　鄭喜夫編著，《林朝棟傳》，頁105-106。

料，林朝棟與黃南球曾起草檄文，號召民眾響應抗日，黃南球並在新竹募集民勇抗日。[70] 但此舉是出自林朝棟授意或黃南球假林朝棟之名所發動的，待考。黃南球確實曾參與初期抗日之役，光緒21年閏5月，他率領勁字營練勇回苗栗，加入吳湯興的義勇軍，共同防守鳳山崎溪，但5月30日不敵日軍而退入山區；閏5月3日，率義軍襲擊新竹城。閏5月上旬，他派員至新竹、東勢角等地募勇抗日，某日，密謀與姜紹組、鍾石妹、傅德星（傅德陞）、徐驤等義軍合攻新竹城，但因洩密而失敗；8月14日，苗栗失守，15日他匆忙出走至廈門。[71]

　　新竹淪陷後，由於林朝棟內渡，臺灣縣（今臺中）無兵，林氏族人又遵奉朝棟意，採取不抵抗之策，故日軍僅逢零星抵抗即直指彰化。[72] 光緒21年7月5日，日軍推進至頭家厝（臺中潭子）等莊時，莊民林大春等招集「國姓會」數百人迎戰，前棟軍管帶賴寬亦助戰，吳彭年並令鄭以金往援，但不幸敗回彰化。7月6日，日本近衛師團統帥能久親王抵大肚，準備進擊彰化。7月9日，日軍發動攻擊，發生慘烈的八卦山之役。在此役中，未見林家兵勇參與，惟原棟字隘勇左營管帶陳尚志率勇，與彰化知縣羅東勳、雲林知縣羅汝澤父子，臨陣督戰；但八卦山遭日軍三面圍攻而陷落，吳彭年、吳湯興均不幸陣

70　〈臺灣總督府公文類纂〉，乙22，卷11，見臺灣總督府史料編纂委員會，《臺灣史料稿本》，卷4，頁265、267、。

71　黃卓權，《跨時代的臺灣貨殖家：黃南球先生年譜（1840-1919）》，頁228-232。

72　洪棄生，《瀛海偕亡記》，卷上，頁13；許雪姬，《龍井林家的歷史》（臺北：中央研究院近代史研究所，1990），頁141；Johanna Menzel Meskill, *A Chinese Pioneer Family: the Lins of Wu-feng, Taiwan, 1729-1895*, p.197。

亡。[73]至此，中部抗日之戰告一段落。

如前所述，光緒21年5月16日，林朝棟眷屬由汗子頭內渡赴閩；5月19日林朝棟帶勇北上至後壟，聞唐景崧已內渡，不久即內渡至泉州。[74]林朝棟何以選擇不抵抗之策呢？可能有以下數因：

1. 忠君觀念：身為清臣，林朝棟必然以順從君命內渡為上策，林文明（朝棟叔）違逆清廷引來殺身之禍的悲慘下場，記憶猶新。[75]

2. 不滿唐景崧與民主國官員：唐氏重廣勇而輕臺人，自他以下之民主國官員一心尋求機會內渡，林朝棟自然不願投入這場有功無賞，而可能自取滅亡的戰爭。

3. 日軍之優勢：日軍武器、士氣等均凌駕清軍之上，勝算不大。

4. 臺人命運共同體觀念未形成：在敵我優劣形勢下，未嘗不能結合全體人作一殊死戰。然而，「臺灣人」意識至清末仍未形成，無法成為抵抗外侮的號召力量。

5. 保產觀念：在不利的大局面下，林朝棟選擇保身又保產之道，即本人內渡，而族人順服日人，以保住林家龐大產業。

馬關條約簽訂後，清廷諭知駐臺人員內渡，日本政府亦下令臺民在兩年內（即1897年5月8日前）選擇國籍，屆期不離台者視同日本臣民，[76]臺人須在留臺當殖民地臣民，或回大陸當清國間做一選擇。面對乙未此一大變局，官、紳、富商、地主最惶恐，為避開險地，紛

73　鄭喜夫編著，《林朝棟傳》，頁107-108。

74　鄭喜夫編著，《林朝棟傳》，頁110；吳德功，〈讓臺記〉，《割臺三記》，頁42-43。

75　參考黃富三，《霧峰林家的中挫》。

76　臺灣總督府史料編纂委員會，《臺灣史料稿本》，卷3，頁43；陳澤，《臺灣前期武裝抗日運動有關檔案》（南投：國史館臺灣文獻館，1977），頁104。

紛內渡。各府、縣、廳18名首長，僅有5人留下；富商也多逃往大陸或潛匿不出，原本力主抗日的仕紳眼看大勢已去，亦多內渡。[77]大致上，經濟情況較佳者多先避難，乃有「富民盡去，無餉可籌」之局面發生。[78]

據日人調查，臺灣人內渡者有幾類：一是大陸有田產者；二是有科舉功名者；三是不習日本政治制度、風俗習慣者；四是居處不定之勞工、為流言所惑、逃避鼠疫者，在280萬人口中，離去者計有4,456人，比例不算高，[79]且其中有為科舉而內渡者。[80]此外，至1897年5月選擇國籍截止日期前，又有不少人返臺入籍。據臺灣總督府「外事課囑託」陳託之調查，回中國之人，農工業者，每百人中有一、二人；富商、大賈，每十人中有一、二人；貴族、士紳則每十人中各有五人。[81]可見與清廷關係愈密者、經濟情況愈佳者，歸清比例愈高。如板橋林維源在5月10日離臺，[82]張士箱家族亦有族人內渡。[83]

綜合觀之，林家原有意抗日，但因清廷已棄臺，在臺官員亦無意

77　參翁佳音，《臺灣漢人武裝抗日史研究（1895-1902）》，頁27、87-88。

78　易順鼎，《魂南記》，頁8。

79　許雪姬，〈日據時期的板橋林家──一個家族與政治的關係〉，收於中央研究院近代史研究所編，《近世家族與政治比較歷史論文集》（臺北：中央研究院近代史研究所，1992），頁7；臺灣總督府警務局，《臺灣總督府警察沿革誌》，第二編（東京，綠陰書房，1986年復刻版；1938年原刊），頁668。

80　吳文星，《日據時期臺灣社會領導階層之解說研究》，頁28。

81　臺灣總督府史料編纂委員會，《臺灣史料稿本》，卷6，頁396。

82　王世慶，〈林本源之租館和武備與乙未抗日〉，《臺灣文獻》（南投），38：4（1987.12），頁44。

83　尹章義，《張士箱家族移民發展史：清初閩南士族移民臺灣之一個案研究（一七〇二～一九八三）》（臺北縣樹林鎮：張士箱家族拓展史委員會，1983），頁163。

保臺，林朝棟改採不抵抗策略，不與日軍爭鋒。其中下厝系，自林文
察至朝棟均身居官職，自然忠於清而內渡，另求發展。[84] 至於其他族
人，林朝棟則指令留臺以保家護產。

二、留臺林氏族人之因應策略：順服、妥協、避世

林家面對割臺不能不與現實妥協，基本上留一部分族人在臺以承
管家產，必要時甚至與日人合作，以維護身家安全，尤其是與清廷較
疏遠的頂厝系（林奠國系）。然而，族人的內心終是矛盾的，因而形
成各種反應模式，可分為政治上的順從、經濟與社會面的合作、生活
上的避世等。

（一）政治上的順服

1895年，日軍佔領臺北後不久即派兵南下，沿途曾遭逢臺灣民軍
之抵抗，但均一一擊敗進抵中部，而林家基本上採取順服政策。

據稱林朝棟離臺內渡時，告誡堂弟林紹堂（朝選）毋生事，因此
林家並未領軍抵抗，但亦不捐助兵餉。[85] 日人甚至有報告稱，林朝棟
曾派人赴某師司令部，請求歸順，並獻納武器；日軍佔領彰化時，
又來履行前約，表明永遠歸順之意。[86] 按，朝棟在日人攻彰化前已
內渡，此事當予存疑。惟林朝棟擁有能戰之鄉勇，未曾抵抗即行內
渡，頗引起物議。有傳聞稱林朝棟之弟某人曾引日軍入臺中，以保

---

84 Johanna. Menzel Meskill, *A Chinese Pioneer Family: The Lins of Wu-feng, Taiwan, 1729-1895*, p.197-198。

85 洪棄生，《瀛海偕亡記》，卷上，頁31。

86 「平臺紀念錄‧貳」，收於臺灣總督府史料編纂委員會，《臺灣史料稿本》，卷4，頁130-132。

家產與報私怨；[87]也有人毀謗林朝棟接受日軍100元而返唐山；又有人用泥土塑朝棟像加以凌辱。[88]這些顯然是因對林朝棟失望而生的謗詞，不可盡信。

至於其他林氏族人是否曾派人與日軍洽談，不得而知。據林家族譜記載，清廷下詔割臺後，官員多內渡，地方治安迅速惡化，林文欽曾派鄉勇巡邏各地，保護行旅居住安全，免除盜賊之患。[89]至於林文欽有無可能基於治安的理由，派人與日軍洽商，以早日恢復秩序，待考。按，清時社會治安不佳，盜匪往往趁戰亂時胡作非為，臺灣既已為清廷所棄，紳民為保鄉、保身家，多有迎接日軍以求早日恢復秩序之事。[90]據傳，日軍曾駐屯阿罩霧，首先騷擾林家，而林家的因應是「婦女亦不許避」，真相如何待考，但可知林家對日軍至少採取順服的態度。[91]

光緒22年（1896）5月22日、23日，北投（今南投，含草屯鎮）居民憤于日軍之屠殺，乃群聚欲進攻大墩（臺中縣治），各姓響應；據稱林文欽、林紹堂欲從中攔阻，紹堂勸告他們延至次日再攻，但23日晚，攻大墩者因逢大雨，火攻未成，眾乃散歸。[92]《族譜》亦稱光緒22年6月，土匪猝發，襲南投、攻臺中，鄰近莊人亦蠢蠢欲動，林

87　易順鼎，《魂南記》，頁25。

88　翁佳音，〈府城教會報所見日本佔台前後歷史像〉，《臺灣風物》（南投），41：3（1991.10），頁90。

89　林獻堂，〈先考文欽公家傳〉，收於林獻堂等修輯，《臺灣霧峰林氏族譜》，頁114。

90　H. J. Lamley, "The 1895 Taiwan War of Resistance: Local Chinese Efforts against a Foreign Power," p.215。

91　洪棄生，《瀛海偕亡記》，頁31。

92　洪棄生，《瀛海偕亡記》，頁31。

文欽遣人諭止。[93]二者所記當是同一事，惟日期一曰5月，一曰6月。由上例可知，林家由屈從日本統治，進而主動協助維持治安，以免家族權益受影響，可見林氏族人至少在形式上已接受日人之對臺統治權了。

　　清末頂厝林文欽因與清廷關係較疏，且其母羅太夫人年邁，不耐波濤，又奉有林朝棟指令，因此並未離臺，而時年15歲之長子獻堂奉羅太夫人之命，率全家40餘口內渡泉州晉江縣避難。[94]其後因當時泉州鼠疫流行，而所攜資財有限，乙未之役結束後，林獻堂又帶家人返臺。[95]此後，頂厝林家在日治時反而逐漸超越下厝，與此一決定有關。

（二）經濟面的妥協、合作

　　日人一方面逐漸剝奪清治下臺灣豪族之地位，以樹立其統治威權；但另一方面也對順從之豪強的權益，作某種程度的承認。茲以林家利源之一的樟腦為例說明。

　　劉銘傳時代林朝棟控制中部樟腦之產銷權，其下轄有隘勇營，維持番界之安全。日人領台初期，官力有所不及，1896年3月，總督府以敕令39號，襲用撫墾制，[96]林家權益乃不受影響。然而，總督府控制手段步步逼緊，1896年，臺中縣政府諭示林紹堂，其所自置之隘

93　林獻堂，〈先考文欽公家傳〉，收於林獻堂等修輯，《臺灣霧峰林氏族譜》，頁114。
94　張正昌，《林獻堂與台灣民族運動》（自刊，1981），頁38；葉榮鐘，《林獻堂先生紀念集》（臺北：文海，1974），卷1，〈年譜〉，頁17。
95　張正昌，《林獻堂與台灣民族運動》，頁39。
96　臺中廳番務課編，《臺中廳理番史》，頁137。

勇，自10月1日起，需接受其管理，每月發給貳仟圓為薪糧之費。其
中重要條款為：

    1. 隘勇人數定為400名，成員如有變動，須隨時報明；

    2. 隘勇須聽從官府調遣，並不得有暴行；

    3. 火藥由地方官稟請總督府軍務局補給。[97]

換句話說，日本當局容許林家保有一定數目之隘勇，以維護其樟腦權
益，但喪失主導權，而須聽從其調度、接受其補給。

1898年6月，臺灣總督府為控制世界市場，進一步發布律令，改
樟腦為專賣事業以控制產銷。1899年6月，設臺灣樟腦局以執行任
務，3年後，收益大增。[98]同時，總督府為強化統治與增進山地資源
的利用，將隘勇線逐步向內山推進。[99]林家之隘勇在1901年臺中改為
廳後，林紹堂轄下之原林朝棟2營隘勇仍允許保留1營，保護水底寮至
埔里社間之製腦業者。[100]在1902年後之討蕃事業中，隘勇、隘丁多被
動員起來執行任務，如1902年之討伐南勢蕃稍來社，[101]林家所統轄之
隘勇自亦配合政策，聽候差遣。

在日本統治下，林家政治上難以發展，自然轉向經濟求出路。為
此，甚至與日人合組公司，如林紹堂曾與藤田、住友兩會社組「台阪
公司」，從事熬腦業；惟此項合資企業不甚成功，而於1898年9月13

---

97   臺灣省文獻委員會，《臺灣總督府檔案》，明治29年，乙種永久，24卷，第
       12門，殖產，農業，第6號，「林紹堂外二名の配下屬スル隘勇丁備使方法
       內訓」。

98   竹越與三郎，《台灣統治志》（東京：博文館，1905），頁287、289、
       292。

99   參臺中廳蕃務課編，《臺中廳理蕃史》，頁150-199。

100   臺中廳蕃務課編，《臺中廳理蕃史》，頁150。

101   臺中廳蕃務課編，《臺中廳理蕃史》，頁140。

日宣告倒閉。[102]

　　至於林朝棟，雖身在大陸，但仍心掛臺灣產業。他先派其子林子佩入籍，以承管巨大家業；林子佩死後，由季商、瑞騰接替。其中季商之角色特別值得注意，由於目前所搜集之資料未齊，無法得知其活動之全貌，在此僅舉一例說明。如林季商在臺中大街設有「合昌商會」，1900年9月，他自上海歸來，又加以整修，以期提高獲利。[103]1901年5月間，林朝棟又聘請福州人葛宇寬來臺，以輔佐林季商，經營事業。[104]又，林朝棟三弟輯堂（朝宗）死於1901年11月20日，其生前財務關係之善後，亦由林季商出面料理。[105]可見他已成林家之首腦。

　　林季商亦有近代事業之頭腦，有意經營金融業。1903年12月間，他籌設一信用組合以為中部之金融流通機構，名曰「有本公司」。其辦法是：(1)資本金定為十萬圓，向臺灣銀行貸出，再貸予他人；(2)以自有之田園為抵押，向臺銀貸款，而貸予他人時，亦取田園為擔保。[106]由於未有進一步資料，不知總督府是否批准。1904年，林朝棟在大陸死後，林季商等林姓族人依然投身於工商業之發展，如1905年，林季商、林烈堂、林資彬、林獻堂等族人之創設「嘉義製腦組合」，以發展阿里山之製腦業。[107]

　　由上可知，林家不但是臺灣第二號大地主，而且在殖民統治下，

102　「公司解散」，《臺灣日日新報》，1898年9月11日，版3。

103　「商會重整」，《臺灣日日新報》，1900年9月9日，版6。

104　「重訪故人」，《臺台灣日日新報》，1901年12月6日，版頁4。

105　「林紳凶耗」，《臺灣日日新報》，1901年11月30日，版4。

106　「台中籌設有本公司」，《臺灣日日新報》，明治1903年12月20日，版2。

107　「嘉義製腦事業」，《臺灣日日新報》，明治1905年3月29日，版4。

一則因政治上無機會，二則受近代經濟的影響，已逐步跨足近代工商、金融業。此在當時臺中人算是觀念先進者。

（三）社會面的轉向：避世與妥協

林家也從事社會公益事業，以顯現其社會領袖的角色。如1903年1月，林朝棟之妹，即何永忠（清代曾任嘉義縣中軍都門府）之夫人，因澎湖飢荒，捐金救濟。[108]又如1903年，林紹堂、林烈堂捐金加入赤十字社（紅十字會）。[109]由此可看出日治初期林家基本上已接受日本之統治，只求在經濟、社會面有所表現，以維持地方領袖的地位。

然而，進一步探究，林家人亦有時勢逼迫、半點不由人的苦衷。他們內心深處對故國衣冠與往日風光仍是難以忘情的，所謂「曾經滄海難為水，除卻巫山不是雲」，正是某些林氏族人的心理寫照。

1. 寄情詩文

此可自他們的詩文與所作所為窺出端倪。茲舉林文明六子林朝崧（癡仙）之例說明。林朝崧在1895年內渡泉州後，因思鄉與經濟困窘，不得不在1897年，返臺入籍。然而一旦回臺，他又反悔自愧置身於日人殖民統治之下，在予林朝棟的三首詩中，句句顯示此種矛盾情懷。例如：

　　浪自投豺虎，傷心不可詳；

108　「為善可方」，《臺灣日日新報》，1903年1月8日，版4。

109　「赤十字社特別社員」，《臺灣日日新報》，明治1903年7月15日，版4。

飢餓非難忍，旋歸何所望；

失足嗟何及，寸心難自明；

昔慚殷義士，今愧魯書生。

左衽非吾意，同袍鑒此情；

白絲一以染，祗恨玷生平。[110]

2. 往返兩岸

　　為了消除異族統治下之苦悶與舒解故國之思，林家族人也常往來海峽兩岸。如1897年，林朝崧返臺後不久又赴大陸泉州。行前有詩一首，內有曰「失身落泥滓」、「卻行歸故居，已非舊邑里」、「無數蛟與蜆，率族來踞此」，在在顯示其對日人據台之憤恨。因此，他不久就「蘆中呼扁舟，浮萍長往矣」，又赴大陸。[111]他潛出塗葛堀港，由梧棲口（今臺中港）渡海赴泉州晉江寓所。[112]1898年，他又移居上海，[113]可能與林朝棟同住。此時，林朝棟似乎在楊樹埔建造新屋，樓高三層，此當是西式洋樓。[114]但不久，林朝崧又辭別林朝棟返臺。[115]

　　林紹堂長子幼春有詩才，號稱日治下臺灣第一詩人，對祖國與漢文化依戀更深。1901年，他「慨漢學之不振，詞學之就衰」，集合知

110　林朝崧，《無悶草堂詩存》，卷1，〈有感寄伯兄三首〉，頁16。

111　林朝崧，《無悶草堂詩存》，卷1，〈將往晉江，先有此作〉，頁17。

112　林朝崧，《無悶草堂詩存》，卷1，頁17-20。

113　林朝崧，《無悶草堂詩存》，卷1，〈將由晉江移居滬瀆，示海外親友〉，頁25。

114　林朝崧，《無悶草堂詩存》，卷1，〈觀楊樹浦築屋，賦呈家兄蔭堂，兼示諸姪，將歸臺灣〉，頁30。

115　林朝崧，《無悶草堂詩存》，卷1，頁30-32。

友，研探詞典之學，並聘一福州名家來臺教導。[116]1902年，林朝崧、林幼春及賴紹堯等三人進一步組織詩社，中部文士紛紛加入，此即聞名全臺的「櫟社」。[117]此詩社實以林家為骨幹，其中如林仲衡、林獻堂等均先後加入，而活動的基地是霧峰林家之萊園。[118]1903年，林幼春並曾西渡研讀國學。[119]1911年，梁任公應林獻堂之邀遊臺時，櫟社開會歡迎，吟詠酬唱，聊解亡國之痛。[120]

凡此種種，均顯示林家對故國與漢文化的依戀。在心理學上，人為對抗外在的威脅或內在的焦慮，常以扭曲現實來自衛（defense mechanism），方式之一是轉向（displacement），即某一動機的滿足受阻，轉至另一途徑以為替代。[121]部分林氏族人之熱衷國學、組織詩社，建構另一活動舞台，與此心理有關。

第三節　林朝棟在內渡後的際遇

林朝棟內渡後有意在大陸另起爐灶，然而魚兒離水即難以生存，失去臺灣這塊土壤的滋養，無法重振雄風，在政治、經濟二方面的發展均不順。

116　「公司解散」，《臺灣日日新報》，1898年9月13日，版3。

117　傅錫祺，《櫟社沿革志略》（臺北：臺灣銀行經濟研究室，臺文叢第170種，1963；1931年原刊），頁1。

118　傅錫祺，《櫟社沿革志略》，頁1-7。

119　林朝崧，《無悶草堂詩存》，卷2，〈送姪幼春過海游學〉，頁59。

120　傅錫祺，《櫟社沿革志略》，頁7。

121　赫爾加（Ernest R. Hilgard）等著，熊祥林譯，《心理學導論》（臺北，自刊，1983），頁575。

一、政治方面的際遇

　　光緒23年（1897），林朝棟曾被清廷召見二次，奉詔赴南洋大臣劉坤一處，統領棟軍防衛江蘇省海州。[122]但據其死後之「哀啟」，他在光緒24年（1898）移居上海，25年5月27日方獲清廷召見，諭發往南洋大臣劉坤一差遣委用，並交軍機處存記；8月，統棟軍守海州，命辦理福建全省團練事宜；但兩江總督劉坤一以海州為江蘇近海要區，電奏留任，於是仍駐海州。[123]據此，可知自光緒21年內渡至光緒25年（1899）間，林朝棟在大陸並未取得一官半職。

　　光緒25年11月22日，劉坤一奉旨陛見，由江蘇巡撫鹿傳霖署理總督職，直至光緒26年（1900）4月5日劉坤一方回任。[124]據稱林朝棟與鹿傳霖不合，乃辭職回廈門，經營樟腦業。[125]按，鹿傳霖曾在光緒6-7年間任福建按察使，[126]二人不和，可能與林文明訟案有關，林朝棟曾出面參與訴訟，而約在此時進入攤牌階段，雙方可能有衝突。據「哀啟」，林朝棟在海州日夜訓練新募之棟軍，因積勞導致舊疾復發，於光緒26年3月請假銷差，前往廈門就醫，不再任職。[127]

　　無論何者為是，林朝棟之宦途至此走盡，而出仕期限不到一年，顯然官運不佳，更正確地說，臺灣仕紳可能在臺因地緣關係被重用>

122　林資鑛，〈先考蔭堂公家傳〉，收於林獻堂等修輯，《臺灣霧峰林氏族譜》，頁120。海州是一古城，現屬於連雲港市之一區。

123　「軼事補錄」，《臺灣日日新報》，1903年6月20日，版3；「林氏哀啟」，《臺灣日日新報》，1903年6月21日，版6。

124　鄭喜夫編著，《林朝棟傳》，頁111。

125　林資鑛，〈先考蔭堂公家傳〉，收於林獻堂等修輯，《臺灣霧峰林氏族譜》，頁120。

126　臺灣銀行經濟研究室編，《清德宗實錄選輯》，頁77。

127　「林氏哀啟」，《臺灣日日新報》，明治1903年6月21日，版6。

二、經濟方面的活動

另外，林朝棟企圖在經濟方面另謀發展，即在福建建立樟腦王國，也因而引起日本總督府之注意。

1901年他投下巨資，獲閩浙總督許可，成為福建樟腦專利包辦之腦務局總裁。為此他寓居廈門籌劃，首先在漳州府屬各處著手，並於7月間開辦。[128]開始時，聲勢浩大，臺灣紳商紛紛投刺求見，希圖參與此一事業，但他不敢輕諾，1901年8月間，派人攜專函至臺，著舊部陳杰夫（陳鴻英）速赴閩就任腦務局督辦，因陳氏在經貿方面性情最相投。但開辦後遭遇重重困難，首先是陳杰夫並未應允赴任；[129]第二是福建之腦工、腦師極為缺乏。他屢次雇員至延平、建陽、邵武各府及龍巖州、安溪縣屬之深山窮谷視察，但福建熟悉樟腦者寥寥無幾。[130]林朝棟乃於1901年7月間，派女婿吳某（吳鸞旂？）至台招募腦工、腦師，並許以優厚條件，即腦工之一切費用由其負責，因此不少舊日從事樟腦業者紛紛西渡。[131]他又致函苗栗黃南球，請其代為招募熟悉大灶製熬之腦丁數十人，以供指揮，[132]並設「裕本公司」，以經營買賣。

臺灣總督府專賣局對林朝棟之發展腦業頗為注意，1901年8月，事務官小川真一特地赴閩視察。他由漳平縣起程，出龍巖州，經連江、羅源二縣，抵福安縣，再由山路回福州。他提出一視察報告，認

128 「招募腦丁」，《臺灣日日新報》，1901年7月20日，版3；「樟腦調查」，《臺灣日日新報》，1901年12月8日，版6。

129 「公子南來」，《臺灣日日新報》，1901年11月9日，版4。

130 「招募腦丁」，《臺灣日日新報》，1901年7月20日，版3。

131 「福建腦談」，《臺灣日日新報》，1901年7月14日，版3。

132 「招募腦丁」，《臺灣日日新報》，1901年7月20日，版3。

為林朝棟之樟腦事業前景不樂觀，其所列舉理由如下：

1. 福建樟樹分布不如台灣之茂密：樹木中，松佔六分，杉佔二分，其它雜木佔二分，樟木僅佔雜木中之四分之一。換言之，樟木僅佔樹木中之百分之五，甚為零散，取得不易。

2. 樟木所在地所有權屬民有，須以相當價格買入。

3. 樟木之蓄腦分可能不高。

4. 資本：樟腦公司資本額定為十萬圓，當前只募集半數，資本不足。

小川真一氏又指出，林朝棟只因福建有樟木，未經深入調查，即設樟腦公司，可能耗費多而收利少；前有英人在三都之地熬腦，但業務甚微。[133]

林朝棟首先在故鄉平和縣製腦，先築6灶，因缺技工，乃託堂弟林紹堂在臺募集。[134] 但腦務仍然不振，1901年11月初，已發現樟樹產腦不多，只好裁汰人力，並減少月俸，因而腦工紛紛求去。他頗為灰心，決定再支撐數月，如無起色，即概行停止。[135]他以為腦務不振原因是，一者所用非人，二者腦局督辦是他的少弟希堂（當是熙堂或輯堂之誤），倚仗兄勢，專圖混佔，致腦山人眾不服。（兩者同意？）因此，在11月初，派子季商（即祖密）專程來台臺，邀舊人陳杰夫赴閩督辦腦務。[136]但不知成行否。（和前段重複）

1901年12月初，又有富商黃清笙亦擬辦樟腦，並設「建盛洋行」於廈門。據黃氏之調查，林朝棟之「裕本公司」創辦五個月來，僅熬

133　「對岸腦談」，《臺灣日日新報》，1901年8月28日，版3。

134　「對岸腦談」，《臺灣日日新報》，1901年8月28日，版3。

135　「腦局不振」，《臺灣日日新報》，1901年11月7日，版3。

136　「公子南來」，《臺灣日日新報》，1901年11月9日，版4。

腦二百餘斤，其原因有四：

　　1. 樹價每擔只定二元，又信當地人迷風水，樹主不願賣樟樹；

　　2. 所定腦價太低，腦工無利，多辭退工職，自行與本地人合作，設灶熬腦；

　　3. 所用之人均係官場中人，只賴威逼恐嚇手段，不知聯結輿情與當地人和好；

　　4.「自抬身價，自專利權」，致與各地紳民無法交融，人心不服，不願與之買賣。

　　因此，黃氏以為只要糾正以上缺失，以福建樟腦品質之佳，一定較裕本公司經營得好。[137]又據1902年3月初消息，林朝棟弟初設局于漳平縣時，與當地一極有影響力之巨紳因買杉木問題相衝突，該紳乃勸令鄉民不賣樹予腦局。[138]

　　總之，林朝棟在福建經營樟腦事業亦歸於失敗，可謂徒勞無功。1903-1905年，福建當局擬仿臺灣總督府所行之專賣制，聘日人愛久澤直哉為技師，規劃樟腦產銷工作；但中日雙方利害衝突激烈，糾紛不絕，最後仍以解約收場。[139]

三、社會困境：民族情感vs.家族利益

　　如上所述，林朝棟雖有意在大陸另起爐灶，但政治、經濟方面，

137　「樟腦調查」，《臺灣日日新報》，1901年12月8日，版6。

138　「彰平腦務」，《臺灣日日新報》，1902年3月9日，版6。

139　細節參閱陳小沖，〈日本南進中的台灣——以福建官腦局案為中心之個案分析〉，廈門大學台灣研究所臺灣歷史研究主編，《臺灣史學術交流論文集》，（廈門：廈門大學出版社，1990）。日本外務省文書，「福建腦務交涉」中有詳細之福建腦務之報告。

均無何所成，此與其在台時之呼風喚雨，享盡榮華，簡直不可同日而語。身為清臣，他不得不內渡，但思鄉之情是無時或已的，且為了在臺家族之財產與前途，不能不與日本政府妥協，善加籌劃。

（一）入籍保產

日本領臺既已成定局，林朝棟必須為家族的利益做一番籌劃。論其對策，不外承認現實，讓族人返臺入日本籍，以便照管家產，如1895年林紹堂（林文明次子）之東歸即一例。[140]的確，林朝棟名下之家產甚巨，自不可能棄置不顧，在本身不便入籍的情況下，乃以其子返臺入日籍，以承管產業。1895年，林氏族人內渡泉州後不久，他就派第四子林子佩（資鏘）來臺入籍。[141]不幸，林子佩在1898年竟一病不起，他聞訊痛不欲生，經友人勸解後，決定再派嫡長子林季商、五子林瑞騰來臺接管產業，而他本人據聞亦將於次年來臺遊歷。[142]他又恐二子年輕，不諳事務，派其泉州家庭教師陳淑廷（清歲貢生）與舊時部下陳杰夫同來。二人於12月中旬抵臺，暫居臺北，辦理入籍手續。[143]四人在臺北交際頗頻，12月下旬，林朝棟函告即刻返臺中，料理家務。[144]不過，林季商雖入籍，但大部分時間住在大陸，自入籍至1901年11月初，僅渡臺二次。[145]原因是朝棟在大陸之事業也需人佐

140　「富紳旋梓」，《臺灣日日新報》，1901年11月9日，版4。

141　「招募腦丁」，《臺灣日日新報》，1901年7月20日，版3。

142　「招募腦丁」，《臺灣日日新報》，1901年7月20日，版3；林子佩去世日期為光緒24年9月13日，年24。參林獻堂等修輯，《臺灣霧峰林氏族譜》，〈私譜・世譜・二十世祖〉，頁356。

143　「富紳復台」，《臺灣日日新報》，1901年12月16日，版3。

144　「昆弟還轅」，《臺灣日日新報》，1898年12月24日，版3。

145　「佳賓式宴」，《臺灣日日新報》，1901年11月15日，版4。

助，而季商「深諳世務」，頗倚賴之。

（二）子弟留學日本

此外，林朝棟可能考慮林家的未來，因而讓次子仲衡赴日留學。按1895年，林仲衡亦避難泉州，後往福州、上海、北京，再回上海。[146]1900年，他由上海赴日本東京帝國大學留學，經常來往大陸、日本、台灣間。他工於詩作，生活頗寫意，乃林家三大詩人之一。1901年8月間，他曾回廈門，再至上海，九月再赴日繼續學業。[147]1905年，遊歷大陸燕京、江南、長江各地，寫下不少詩；2月間，渡臺，視察各學校；之後再赴日。[148]

（三）懷鄉、戀鄉

林氏族人內渡後思鄉之殷，不難想見，此可自林朝棟堂弟林朝崧之詩文中窺出。如1895年，全家人避居泉州時，他有詩曰：

> 百口飄零乍定居，刺桐〔按泉州亦名刺桐城〕花下理琴書；
> 故人萬里無消息，日日臨江釣鯉魚。[149]

1896年，「寄懷八叔父允卿（文欽）」詩曰：

146　杜聰明，「林仲衡先生簡介」，收於林仲衡，《仲衡詩集》（臺北：杜聰明，1969），頁5。

147　「家有象賢」，《臺灣日日新報》，1901年8月24日，版4。

148　「旋歸桑梓」，《臺灣日日新報》，1905年，2月25日，版4。

149　林朝崧，《無悶草堂詩存》〈避地泉州作〉，頁2。

惱人春色花無賴，消我鄉愁酒有功；

最懷舊時文宴處，夢魂夜夜霧峰東。[150]

又「雜憶二首」中，透露出懷念在臺榮華富貴、悠哉遊哉之生活情趣，詩句如「鄉里盡多冠蓋族，樓台時有管弦聲」；懷鄉之切有詩句曰：「一自扁舟逃離後，故園東望只增悲」。[151]在中秋節前夕所作之詩曰：「有家不歸今二秋，我心安得頑如石」。[152]林朝棟雖未有詩文留下，但他思鄉之情較朝崧或其他族人當只有過之而無不及。他本人雖不能東歸作日人臣民，但對族人之紛紛返臺，至少無反對之意。

此外，內渡族人經濟的困窘化亦是返臺的因素之一。林家雖富，但族人眾多，長住大陸而乏營生之道，金山銀山亦會耗盡。1897年，林朝崧之叔（何人，待考）東渡，在其送別詩中有曰：

故鄉回首白雲飛，同逐飄蓬君獨歸」、

筆墨疏來羞說學，田園拋盡諱言貧。

了無長策求名利，剩有哀歌泣鬼神；

未滿百年終望返，會看滄海再揚塵。[153]

顯然，經濟壓力構成返臺之重要因素，即使對中國文化依戀最深的林朝崧，在同一年不久，迫於貧困，亦不得不告別林朝棟返臺。他在「自獺江東渡，寄家兄蔭堂」詩中有曰：

150　林朝崧，《無悶草堂詩存》，〈寄懷八叔父允卿（以下丙申）〉，頁3-4。

151　林朝崧，《無悶草堂詩存》，〈雜憶二首〉，頁4。

152　林朝崧，《無悶草堂詩存》，〈八月十四夕作〉，頁9。

153　林朝崧，《無悶草堂詩存》，〈送家叔回臺〉，頁12-13。

千金散盡貂裘敝，一笑歸帆挂海風、

漁郎有意往仙源，桃源暗認重來路。[154]

事實上，林家其他避居大陸者亦先後返臺。據聞至1901年11月，臺灣
士紳留居大陸者已十無二、三了。

（四）結局：林朝棟病逝異鄉

如上所述，林朝棟在政治上，只短暫地擔任防守江蘇海州之職，
在經濟上，曾企圖發展福建樟腦業，但終歸失敗；在心理上，對故鄉
臺灣充滿愛恨矛盾情結，懷念故鄉，卻又不願回鄉當殖民地順民，終
於抑鬱而卒。其後，其子林季商（祖密）又變賣田產，返回中國投身
國民革命，不幸遭殺身之禍，下厝林家因此逐漸衰落下去。

光緒29年（1903）2、3月間，林朝棟在廈門就醫2年後未見起
色，精神益加疲憊。4月6日，由廈門返上海寓所，不料因病入膏
肓，延至4月14日（即1903年5月10日）辰時去世，隨侍在側者為資銓
（仲衡）、資鑀（瑞騰）等人。[155]死後，側室吳梨花竟於同日殉夫；
在臺之林季商聞耗後，立即由淡水乘船趕赴上海奔喪。[156]

154　林朝崧，《無悶草堂詩存》，〈自獺江東渡，寄家兄蔭堂〉，頁14。
155　「林氏哀啟」，《臺灣日日新報》，明治1903年6月21日，版6。按林朝棟卒
　　年之記載頗有差異。據《臺灣日日新報》，5月14日之報導日期是5月11日。
　　然而，光緒29年4月14日應為5月10日方是，見薛仲三、歐陽頤福，《兩千年
　　中西曆對照表》，頁381。又，據《臺灣霧峰林氏族譜》，卒年是光緒30年4
　　月30日。見林獻堂等修輯，《臺灣霧峰林氏族譜》，〈私譜·世譜·十九世
　　祖〉，頁329。然而，據當時報紙，卒年為1903年，應是光緒29年方是。
156　「婦人殉節」，《臺灣日日新報》，1903年6月14日，版5。查《臺灣霧峰
　　林氏族譜》載，吳梨花卒年於4月14日，與林朝棟同日，參見林獻堂等修輯，
　　《臺灣霧峰林氏族譜》，〈私譜·世譜·十九世祖〉，頁330。

　　至此，「第一盡忠林朝棟」與清廷的關係完全終結。然而，下厝林家與中國的關係耦斷絲連，其子季商（祖密）日後竟放棄日本籍，出售田產，成為臺人中第一個恢復中華民國國民籍者，並捐資募兵，投身孫中山領導之國民革命，其後不幸被軍閥暗殺。此一選擇導致日治時下厝系林家之沒落，而頂厝系（即林獻堂系）則取而代之，此為後話。

第十章　結論

筆者在1980年代後陸續出版《霧峰林家的興起》、《霧峰林家的中挫》二書，論述18-19世紀中葉林家之興起與中挫的過程，本書繼其餘緒，乃個人研究清代林家歷史的終結篇，主要內容是論述林家在同治9年林文明遇害而族運中挫後，經由官紳不斷磨合而重振的歷程；又由於此一轉運的主角是林朝棟，故全書即環繞他的事蹟論述。林朝棟史料不算多，但筆者自三十多年前（1894-95）發現大批林家文書，經過筆者團隊十餘年之整理、解讀、出版，可大大補足林家歷史之空檔，甚至修正一些訛誤，因此本書甚多部分據此新史料撰成。

一、本書主要內容與貢獻

本書之內容之主要貢獻可歸納於下：

（一）林家脫困重振之詮釋

林朝棟年輕時即經歷林家中挫的噩運，父親林文察、親弟林文明先後死於非命且蒙上叛國罪名，深刻體會到官場的險惡，因此開始改

變林家的生存對策，重建官紳之良好關係。上帝關了大門，另開一個窗戶，晚清臺灣外患之威脅提供林家重振之契機。

18、19世紀工業革命後，西方列強挾其優勢武力與經濟力打開中國門戶通商，包括臺灣，其中以1874年（同治13年）日軍侵台事件的衝擊最大。戰後在沈葆楨的建議下改採積極治臺政策，推動新政，其中福建巡撫岑毓英曾二度來臺，建設大甲溪橋堤以貫通南北交通工程。林朝棟藉機效命，獲得賞識，成為其門生，光緒7年在其協助下結束京控案，重建與官府之良好關係，消除林家重振之絆腳石。

光緒10-11年（1884-1885），爆發法軍侵臺之役，欽差大臣劉銘傳在岑毓英引薦下，林朝棟應召捐餉募勇，北上基隆，協助保衛北臺，立下汗馬功勞，深受賞識，建立良好關係。因此，林朝棟充分掌握歷史契機，奠定重振林家之敲門磚。

（二）林朝棟對建省後新政之貢獻：開山撫番

法軍侵台之役後，臺灣建省，由劉銘傳出任巡撫，推動新政。清廷在1860年代太平天國之亂後民窮財盡，須藉助地方士紳的力量，維護治安、鞏固國防及進行重大建設，因此劉銘傳重用以林維源與林朝棟為主的臺紳，建構一種「官紳共利體」。此期林朝棟身為霧峰林家族長，全力合作協助，成為執行新政的要角，貢獻甚大，尤其是「開山撫番」政策。

1. 在政治面，林家協助清廷擴張統治區：林朝棟主要負責中部山區的撫墾工作，首要任務是「撫番」，藉助棟軍之力，強化原住民之控制，並將清廷統治區由近山丘陵地區拓展至內山地區，其範圍北至苗栗，東至南投埔里等地。北中南三路之擴展以中路的面積最廣，也最安定，在光緒11-13年後，不再有大亂事，埔裏社廳更成為進一步

向山區拓展的新據點，象徵清朝統治勢力已經鞏固。此外，光緒12年以來，北部大嵙崁亂事時平時反，光緒17-18年亂事加劇，林朝棟又奉命帶兵北伐平亂，協助穩定北部山區之統治秩序。因此，林家在招撫中部原住民部落與擴大清廷統治區至淺山地區上做出相當大的貢獻。

2. 經濟方面：「開山」是另一要政，林朝棟主導中部山區之開發（1885-1895），包括築路、水利、拓墾，不但改善山區交通，更促成產業之往內山擴張，有助於中部農業的進一步發展，而林家亦是最大的拓墾者，田園大增，成為中部最大的地主。其次，山地資源的開發成果更加突出，尤其是茶葉、樟腦之迅速擴張，成為高獲利之出口貨，促成中、北部的繁榮，取代南部為新經濟重心。臺灣在1870年代後，因淺山地區樟樹砍伐殆盡，產銷日減，至1885年降至近於零，然而因開山撫番政策的執行，自1886年後即猛增，形成V形上升，其中林朝棟主管中路，由於棟軍駐防，發展尤其迅速，成為樟腦業復興之主要功臣。再者，1892年臺灣取消樟腦專賣、開放自由買賣後，林家亦經營樟腦業，林朝棟與外商公泰洋行合作出口樟腦，為林家帶來厚利，因而蛻變為中部首富。再者，林朝棟亦發展其它山區產業，主要是木材業，如產銷鐵路所需之枕木、橋木、民用家具所需之黃肉枋等，有助於交通發展與人民生活水準的提升。

（三）林家對其它新政之貢獻：清賦、鐵路、建省城等

林朝棟在其它新政方面亦有重要貢獻。

1. 清賦：劉銘傳的清賦政策大幅增加官府稅收，有助於新政的實施。然而，因傷及地主利益，引發施九緞之亂，林朝棟奉命迅速平亂，並善待起事者，有助於林家聲望之提升與社會的安寧，也間接促

成「減四留六」田賦政策之實施，讓小租戶成為地主，完成一田一主稅制初步改革。

2. 鐵路相關工程：林朝棟負責枕木局，提供中路山區之枕木，並監督北部山區橋料之製作、運交，對完成臺灣鐵路工程功不可沒。以往史料不足，本書透過林家文書得以重建其史實。

3. 營建省城：臺灣建省後以大墩（今臺中）為省城，由林朝棟主導，其營建狀況藉由林家文書得以進一步釐清。雖然省城因政治、經濟情勢之變化，未能完全實現，但的確跨出臺中崛起為大都會的第一步，至日治時蛻變為臺中市，取代彰化之地位。

（四）林家之轉型為忠順之臺灣豪紳

1884-85年清法戰爭後，清廷一方面重視臺灣而建立為一省，但對臺紳的政策卻轉為既利用又壓抑，林家因此政治前途受阻，難以更上一層樓，乃轉向發展為地方豪紳。其間頂厝、下厝二大房由於因應政策不盡相同，深深影響日後之不同族運。

1. 頂厝林文欽之受挫與轉向科舉與經營產業：林文欽受壓抑而轉向科舉，光緒19年考中舉人，開啟由武轉文之新機。有學者認為其舉人係捐納者，事實上藉由「福建鄉試硃卷」可證明係科舉正途取得的。至日治時期，其子林獻堂之扮演臺灣社會、文化領袖的角色，實源自他的影響。

2. 下厝林朝棟之受壓抑與林家之轉為豪族：光緒18年，新任巡撫邵友濂，在派遣胡傳巡視全臺山區撫墾要地後，依據其報告與建議，修正積極的撫墾政策為溫和、保守的，9月後，竟撤銷林朝棟北伐之功的獎賞，並命棟軍回防中部。因此，林朝棟之官職始終只是「儘先候補道臺」，未能如其父之高居「福建陸路提督」，顯然頗受壓

抑。雖然宦途受挫，林朝棟仍積極參與公共事務，效命官府，如興修臺灣省城（今臺中），並設法提升社會地位與聲望，如請設林文察專祠於漳州殉難地與臺灣府城（今臺中市）。同時，林家也興建豪宅，如宮保第、花廳、臺北林公館等，展現其聲望與地位。

林朝棟一生效命清廷，林家因而崛起為臺灣中部最大家族，深深影響晚清臺灣史之發展，堪與北部板橋林家相頡頏。

二、本書之其它原創性貢獻

值得一提的是，本書亦釐清不少重要史實，有助於對教科書與社會上認知之修正。重要者如下：

（一）清初施琅是否禁止粵東移民：是與否？學界並無定論。筆者確認此為史實，但指出解讀為禁止客家人，實是錯誤。施琅禁的是惠州、潮州人，他們幾乎都是濱海的閩語系人，明代形成不少盜商集團，乃漳州、泉州盜商集團的商敵，因此成為施琅嚴禁的對象，並非客家人。事實上，同屬客家人的福建汀州人並未被禁，即可證明。

（二）劉銘傳開山撫番政策成敗爭議：1886年推動政策後，樟腦業由中衰後反轉向上，有些學者認為與開山撫番政策無關，顯然不正確，中外文獻均證明實施前後效果極為顯著。當然，此政策亦有其缺失，一是原住民之受壓迫，二是環境之破壞，如土石流、河川淤積問題之加劇，但這是另類問題。

（三）林朝棟與抗法之役：坊間一些作品稱林朝棟在獅球嶺抗法勝利，事實上林朝棟抗法是在光緒15年法軍再度攻佔基隆後南下時之事，作戰地點在月眉山、大水窟等地。至於林朝棟駐住兵獅球嶺是1895年已未之役時之事，而且不久即被唐景崧調回中路。又，傳聞林朝棟夫人在清法之役役中英勇救夫，亦有誤。正確的史實是，光緒

16年中路撫番之役時受困大隙山（今大克山），楊夫人率莊丁救夫。

（四）林朝棟與樟腦專賣：有些作品與一般傳言稱，劉銘傳給授與林朝棟全臺樟腦專賣權，過於籠統。事實是，林朝棟全權掌管中路撫墾大權，亦即只限中路，並非全臺灣，北部歸林維源掌管。

（五）清代鐵路通車時間：筆者考證，光緒17年已經通至新竹，而非18年。

（六）其它：如以新史料釐清林朝棟營建臺灣省城之角色。又如重建一些史實，如漳州與臺灣（臺中）二座林文察專祠、臺北西門林公館等。

由此證明歷史研究需重視原始史料之蒐集，不宜道聽塗說，以訛傳訛。

另外，筆者行文時採取兼引原文方式，而非以己意重述方式（re-phrase）。因筆者發現此一方式有其危險性，第一，萬一作者誤用或誤解史料據以論述，因行文流暢、邏輯亦通，讀者很難發現其正誤。第二，不時引用原文以較不會偏離史實太遠，而且更有情境臨場感。當然，文白夾雜、閱讀較不順是其缺點，但史實重要還是敘事流暢重要呢？值得細思。

三、宏觀視野下的臺灣霧峰林家歷史

本書是清帝國統治下的霧峰林家歷史研究的終結篇，在此亦須從宏觀視角檢討清代林家歷史的特色。

綜觀清朝之地方政治乃官、紳共治體，並出現皇、官、紳三權相互競合之複雜關係，地方豪族之發展史深受其左右，因此必須細膩探討，方能釐清真相、史實。霧峰林家可說是清帝國下之臺灣的一個獨特存在，在治臺政策下，多數家族順應政策，與官府建立良

好關係以求平安、永續發展，但霧峰林家自開臺祖林石即違禁在番界發展，深具有抗衡精神（confrontation），塑造出獨特的拓邊家族（frontier pioneers）武人性格。其後，林家子孫為求生存發展，在不同時期又有不同的對策，因而與清廷間有複雜的關係。綜觀之，林家之族運極為曲折，並導致驟興驟落之族運，其與清廷之關係有抗衡（confrontation）、調適（compromise）、合作（cooperation）之三大階段性演變。

（一）抗衡（Confrontation）：邊區vs.平原起家

清領臺後採取海禁以限制移民，採取山禁以防止越界，乾隆年間臺祖林石卻犯禁渡海越界拓墾，雖短期間即致富，但經歷甚多艱險。首先，因私墾引發與原住民間的衝突，必須耕戰並行，孕育好鬥之武人性格，並成為世代相傳之族性。其次，違犯越界禁令引起清廷之壓制，甚至涉入林爽文之亂，以致於家產抄沒而返貧。此後歷經驟起驟落之坎坷族運，林家人抗衡（confrontation）的武家根性竟成為族性。

林家衰敗後，直至林石之孫林甲寅在阿罩霧、大里經商而致富，成為地方小富豪。不幸，又發生小抗衡事件。原因是，中部地區快速開發後，移民家族間的利害衝突日益嚴重，仇殺事故累世不絕，先是林甲寅之子林定邦遇害，而林文察、文明殺族敵報父仇後淪為通緝犯，林家遭遇小挫折。可見林家解決爭端往往以牙還牙，直接訴諸血腥手段，充分反映具武家根性。

（二）調適（Compromise）：林家之崛起步入宦途

19世紀中葉清朝遭遇太平天國、戴潮春等亂事，危及政權，而清廷每逢國家有危機時即號召紳民捐餉募勇，協助平亂。因此，臺灣地

方官，如總兵曾玉明，協議林文察戴罪立功，而林文察亦採取妥協（compromise）策略，即透過軍功、捐獻方式效命清廷，不但助官平定臺灣亂事，而且率領臺勇至大陸協助平定太平天國之亂同時率勇返臺助平戴潮春之亂。由於他戰功彪炳，竟高升至福建陸路提督而打入官僚階層，林家遂崛起為中部大家族。

同治3年林文察在漳州殉難後，其弟林文明繼任為林家族長，並因功升至副將。但他在太平天國之役時與福建布政使丁曰健等閩官，因臺勇欠餉問題結怨，加上個性莽撞，不諳進退而引發官紳衝突。其後丁曰健出任臺灣道臺，展開報復行動，乃藉霸田案壓制林家，林文明全力對抗。因戴潮春之亂後叛產充公是爭議所在，族敵以霸產控訴，他以明買為由抗辯。同治9年，福建當局派專員凌定國來臺，設計誣以叛亂罪在彰化縣公堂正法，其後林家進行四次京控，遭遇空前危機而中挫。

（三）順服合作（Cooperation）：林朝棟之重振林家

林家族運中挫後，林朝棟記取教訓，忍辱負重，改採合作（cooperation）策略重建與清廷的關係，1884-85年清法北臺之役後，林朝棟捐餉募勇北上抗法有功，臺灣建省，巡撫劉銘傳推動新政，重用臺紳，林朝棟全力效命，對於晚清臺灣政治、經濟及社會變遷發揮深遠的影響。至此林家已由桀驁不馴家族，透過官紳合作蛻變為順臣了。光緒21年，清廷戰敗而割讓臺灣，林朝棟在短暫抗日後即遵旨內渡。留下之下厝族人逐漸退隱，淡出政治、經濟界。

在日治時代，值得一提的是：主母角色的突出。

一、開台祖林石之長媳，即長子林遜妻黃端娘，霧峰林家族系之創始主母。

二、下厝林定邦之妻，即林文察、林文明之母戴氏，在林家遭厄運時，擔當挽救角色，並四次京控。

三、林文察之妻，即林朝棟之母楊水萍。林家之大家族制產生族長制，因族長多早卒，遺孀成為有權威的主母，具有影響力。

此一特性值得進一步探討研究。

本書論述中心為長房（下厝林家）、二房（頂厝林家）在清代較少表現，但自林文欽中舉後，轉向社會、文化活動，而其子林獻堂為首的頂厝林家則取而代之，成為臺灣重要社會文化領袖。此段歷史值得繼續研究，構建更完整的林家歷史。

衡諸清代臺灣移民發展史，大家族多在平原地區發展，因此與清廷的上下關係分明，只能順應而無對抗，例如板橋林家、彰化施世榜家族等，其族運是波浪型態之溫和演變。然而，霧峰林家獨樹一格，敢於挑戰清廷政策而崛起，但也導致族運之劇烈升降，是另一種典型。因此霧峰林家可為與其他家族比較的範例，從而歸納出臺灣大家族的類型，並分析其成敗得失，[1]此有助於建立以臺灣為主體的新史觀，並呈現清帝國治理臺灣之本質與臺灣史之原貌。

1　筆者即有一文，比較板橋林家與霧峰林家。參閱黃富三，〈試論臺灣兩大家族之性格與族運：板橋林家與霧峰林家〉，《臺灣風物》（臺北），45：4（1995.12），頁151-171。

引用書目

一、一手史料

（一）故宮檔案

1.《軍機處奏摺錄副》

92144號，林文察奏，同治2年6月28日，「謝授福寧鎮並署陸路提督恩」。

95239號，徐宗幹奏片，同治3年3月23日奉硃批，「為林文明等此次攻破四塊厝賊巢尤為戰功卓著請獎由片」。

123917號，何璟等奏，光緒8年5月28日，「奏報審辦福建省林戴氏京控案」。

2.《同治朝月摺檔》

沈葆楨、潘霨奏，同治13年12月11日，「為臺地善後勢當漸圖番境開荒事關剏始請旨移駐巡撫以專責成以經久遠事」；國立臺灣大學，《臺灣歷史數位圖書館》，檔名：〈ntu-GCM0010-0015100156-0000353.txt〉。

3.《光緒朝月摺檔》

　　文煜、丁日昌奏，光緒2年8月8日，「為遵旨酌度省臺情形恭摺復陳仰祈聖鑒事」；國立臺灣大學，《臺灣歷史數位圖書館》，檔名：〈ntu-GCM0012-0019000193-0000112.txt〉。

　　劉銘傳奏，光緒11年2月18日奉硃批，「為仰林維源回原籍幫同辦理臺北撫墾事」（附片）；國立臺灣大學，《臺灣歷史數位圖書館》，檔名：〈ntu-GCM0023-0006800069-0000690.txt〉。

　　錫珍、衛宗光奏，光緒11年10月18日，「為查明已革道員被參各款訊有贓私實據按例定擬事」；國立臺灣大學，《臺灣歷史數位圖書館》，檔名：〈ntu-GCM0022-0031100327-0000675.txt〉。

　　劉銘傳奏，光緒12年5月8日，「為各路生番歸化並陳開山剿撫情形所有尤為出力將領紳士援案懇恩給事」；國立臺灣大學，《臺灣歷史數位圖書館》，檔名：〈ntu-GCM0023-0012900137-0000711.txt〉。

　　林維源奏，光緒12年7月9日，「為恭報馳抵臺北並啟用關防日期事」，《光緒朝月摺檔》；國立臺灣大學，《臺灣歷史數位圖書館》，檔名：〈ntu-GCM0023-0017100172-0000726.txt〉。

　　劉銘傳奏，光緒12年12月12日，「為剿服中北兩路生番在事尤為出力員弁懇恩給獎事」；國立臺灣大學，《臺灣歷史數位圖書館》，檔名：〈ntu-GCM0024-0002900037-0000748.txt〉。

　　林維源奏，光緒13年8月1日，「為恭謝天恩仰祈聖鑒事」；國立臺灣大學，《臺灣歷史數位圖書館》，檔名：〈ntu-GCM0025-0003800039-0000815.txt〉。

　　倪文蔚片，光緒14年8月10日奉硃批，「仰懇天恩俯准臺灣彰化縣兵部候補郎中林文欽及二品頂戴選用道羅壽嵩各在本籍建坊給于樂

善好施字樣附片」；國立臺灣大學，《臺灣歷史數位圖書館》，檔名：〈ntu-GCM0025-0015600157-0000867.txt〉。

林維源奏，光緒15年1月21日，「為恭謝天恩仰祈聖鑒事」；國立臺灣大學，《臺灣歷史數位圖書館》，檔名：〈ntu-GCM0026-0008900090-0000912.txt〉。

劉銘傳、卞寶第、林維源奏，光緒15年3月5日奉硃批，「為全臺生番一律歸化逆首就擒請將在事尤為出力人員懇恩給獎以示鼓勵恭摺仰祈聖鑒事」；國立臺灣大學，《臺灣歷史數位圖書館》，檔名：〈ntu-2253038-0017500179-0000108.txt〉。

邵友濂奏，光緒17年12月18日奉硃批，「為大嵙崁內山番社滋事籌辦勦撫大概情形事」；國立臺灣大學，《臺灣歷史數位圖書館》，檔名：〈ntu-GCM0030-0012700129-0001176.txt〉。

邵友濂片，光緒18年8月23日奉硃批，「為奏明事」；國立臺灣大學，《臺灣歷史數位圖書館》，檔名：〈ntu-GCM0031-0011300114-0001258.txt〉。

邵友濂、林維源會奏，光緒19年4月4日，「為據情陳請將淡水縣屬大嵙崁昭忠祠列入祀典伏乞聖鑒事」（附片）；國立臺灣大學，《台灣歷史數位圖書館》，檔名：〈ntu-GCM0032-0009900100-0001314.txt〉

邵友濂奏，光緒19年6月6日奉硃批，「福建臺灣巡撫邵友濂為光緒十八年春夏兩季分臺灣留防勇練各營更換管帶銜名並調紮處所裁撤各營日期繕具清單恭呈御覽」（清單）；國立臺灣大學，《臺灣歷史數位圖書館》，檔名：〈ntu-GCM00320013800141-0001330-a001.txt〉。

4.《上諭檔》

「咸豐8年6月6日奉上諭」。

（二）淡新檔案

17107-5號，光緒12年3月7日，「新竹縣正堂方為咨請核辦事」。

17107-6號，光緒12年3月20日，「總墾戶黃南球為疊遭番害殺去多命稟明電鑒事」。

17107-7號，光緒12年3月，「新竹縣正堂方為咨請剿辦事」。

17329-1號，光緒12年8月3日，〔稟〕。

17329-2號，光緒12年8月3日，「新竹縣正堂方為移請查照辦理事」。

17329-3號，光緒12年8月4日，「新竹縣正堂方為諭示遵事」。

17329-4號，光緒12年8月1日，「新竹縣正堂方為諭遵事」。

17329-5號，光緒12年7月14日，「幫辦中路剿撫事宜林為移知事」。

17329-6號，光緒12年7月21日，「幫辦中路剿撫事宜林為移批移知事」。

17329-7號，光緒12年8月5日，「新竹縣正堂方為咨呈事」。

17329-27號，光緒12年8月27日，「辦理中路營務處中路撫墾事務統領棟字等營林為移知事」。

17329-31號，光緒12年9月5日，「督辦臺灣防務福建巡撫部院劉為札飭事」。

17329-34號，光緒12年9月，「新竹縣樹杞林墾戶金惠成等為事有委曲不得不據情稟明懇恩俯賜察核舉辦事」。

17329-37號，光緒12年9月16日，「辦理中路營務處中路撫墾事務

統領棟字等營林為錄批移會事」。

17329-38號，光緒12年9月15日，「督辦臺灣防務福建巡撫部院劉為札發事」。

17329-49號，光緒12年9月9日，「辦理中路營務處中路撫墾事務統領棟字等營林為移會事」。

17329-50號，光緒12年10月14日，「督辦臺灣防務福建巡撫部院劉為札飭事」。

17329-53號，光緒12年10月19日，「管帶健勇營留閩儘先補用都閫府鄭為移復事」。

17329-85號，光緒12年11月27日，「督辦臺灣防務福建巡撫部院劉為札飭事」。

17329-97號，光緒12年12月15日，「督辦臺灣防務福建巡撫部院劉為札飭事」。

17329-98號，光緒12年12月17日，〔稟〕（新竹縣知縣方祖蔭）。

17329-99號，光緒12年12月18日，〔稟文批迴〕（幫辦臺北撫墾事務內閣侍讀學士林維源）。

17329-100號，光緒12年12月17日，「臺北府新竹縣為批解事」。

17329-104號，光緒12年12月22日，〔稟〕（新竹縣知縣方祖蔭）。

17329-105號，光緒12年12月19日，「奏辦全臺總糧臺捐借事宜沈為札飭事」。

17329-124號，光緒13年1月，〔印領式〕。

17329-125號，光緒13年1月16日，「新竹縣正堂方為否呈事〉。

17329-126號，光緒13年1月，「督辦臺灣防務福建巡撫部院劉為札飭事」。

17329-127號，光緒13年1月18日，「臺北府新竹縣知縣為詳報

事」。

17329-128號，光緒13年1月18日，「辦理中路營務處中路撫墾事務統領棟字等營林為移覆事」。

17333-3號，光緒13年3月5日，〔清冊〕。

17333-4號，光緒13年3月8日，〔稟〕新竹縣知縣方祖蔭）。

17333-6號，光緒13年3月12日，〔稟文批迴〕（福建巡撫劉銘傳）。

17333-7號，光緒13年3月15日，「臺北府新竹縣為錄批申報事」。

17333-8號，光緒13年3月15日，〔副詳批迴〕。

17333-16號，光緒13年3月28日，〔副詳批迴〕（福建巡撫劉銘傳）。

17333-17號，光緒13年4月16日，「奏辦全臺總糧臺捐借事宜沈為札飭事」。

17333-18號，光緒13年4月22日，〔稟〕（新竹縣知縣方祖蔭）。

17333-19號，光緒13年4月22日，（稟）。

17333-20號，光緒13年4月19日，「辦理中路營務處中路撫墾事務統領棟字等營林為移請撥借事」。

17333-21號，光緒13年4月25日，「新竹縣正堂方為咨送事」。

17333-22號，光緒13年4月23日，〔稟文批迴〕（福建巡撫劉銘傳）。

17333-26號，光緒13年4月27日，「奏辦全臺總糧臺捐借事宜沈為札飭事」。

17333-29號，光緒13年閏4月3日，「辦理中路營務處中路撫墾事務統領棟字等營林為移覆事」。

17333-30號，光緒13年閏4月5日，「辦理中路營務處中路撫墾事務統領棟字等營林為錄批移知事」。

17333-31號，光緒13年閏4月，〔印領式〕。

17333-32號，光緒13年閏4月8日，「新竹縣正堂方為咨送事」。

17333-33號，光緒13年閏4月3日，「督辦臺灣防務福建巡撫部院劉為札飭事」。

17333-34號，光緒13年閏4月5日，「臺北府新竹縣知縣為詳報事」。

17333-36號，光緒13年閏4月13日，〔簡文批迴〕（福建巡撫劉銘傳）。

17333-38號，光緒13年5月25日，〔簡文批迴〕「代理總糧臺雷其達」。

17333-39號，〔信函〕。

17333-40號，（稟）。

17333-41號，光緒13年6月9日，「辦理中路營務處中路撫墾事務統領棟字等營林為移請撥借事」。

17333-42號，光緒13年5月29日，〔信函〕（辦理中路營務處林朝棟）。

17333-43號，光緒13年6月14日，「臺北府新竹縣知縣為詳請咨送事」。

17333-44號，光緒13年6月20日，〔副詳批迴〕（福建巡撫劉銘傳）。

17333-45號，光緒13年6月19日，〔副詳批迴〕（代理總糧臺雷其達）。

17333-46號，光緒13年6月19日，〔信函〕（新竹縣知縣方祖蔭）。

17333-47號，光緒13年7月10日，「新竹縣正堂方為錄批咨呈事」。

17333-48號，光緒13年7月17日，「辦理中路營務處中路撫墾事務統領棟字等營林為移還事」。

17333-50號，光緒13年7月21日，「臺北府新竹縣知縣為詳報事」。

17333-51號，光緒13年7月22日，「辦理中路營務處中路撫墾事務統領棟字等營林為移覆事」。

17333-52號，光緒13年7月21日，〔副詳批迴〕（福建巡撫劉銘傳）。

17333-53號，光緒13年7月27日，〔副詳批迴〕（代理總糧臺雷其達）。

17333-55號，光緒13年9月9日，〔稟文批迴〕（福建巡撫劉銘傳）。

17339-19號，光緒14年，〔清冊〕（中路罩蘭等處撫墾局委員梁成柟呈送勘丈墾地發給墾單）。

31413- 3號，〔函〕（夫首紀春紀吉業已聞信趕到請即將簽吊銷免予勾提）。

（三）《臺灣總督府公文類纂》

第8冊，第1號，甲種永久保存，「官有林野及樟腦製造業取締規則」。

第94冊，第9號，乙種永久保存，「隘勇監督ニ關スル臺中縣報告」。

第536冊，第10號，第13件，「臺中縣下林孝商及林允卿開墾認許地所有認可願聞置ク」。

拓1909號，乙種永久保存，「開墾地引渡願進達ニ付稟申」。

（四）《霧峰林家文書集》未刊之文書

原編號780，光緒17年11月13日，林朝棟致萬鎰電報。

原編號781，光緒17年11月19日，陳鴻英致萬鎰電報。

原編號781-2，光緒17年11月19日，陳鴻英致萬鎰電報。

原編號782，光緒17年11月19日，林朝棟致萬鎰電報。

原編號782-2，光緒17年11月19日，林朝棟致萬鎰電報。

原編號843之公文封套，無日期，

（五）林家地契

下厝林家契字甲：月1，3/3；

雜47，2/2；雜53，2/3；雜53，3/3；雜54，2/2。

二、已刊史料

（一）台灣文獻叢刊

丁紹儀，《東瀛識略》，臺北：臺灣銀行經濟研究室，臺文叢第2種，1957；1872年原刊。

黃叔璥，《臺海使槎錄》，臺北：臺灣銀行經濟研究室，臺文叢第4種，1957；1736年原刊。

蔣師轍撰，臺灣銀行經濟研究室編輯，《臺游日記》，臺北：臺灣銀行經濟研究室，臺文叢第6種，1957。

姚瑩，《東槎紀略》，臺北：臺灣銀行經濟研究室，臺文叢第7種，1957；1829年原刊。

鄧傳安著，臺灣銀行經濟研究室編輯，《蠡測彙鈔》，臺北：臺灣銀行經濟研究室，臺文叢第9種，1958；1830年原刊。

劉銘傳，《劉壯肅公奏議》，臺北：臺灣銀行經濟研究室，臺文

叢第27種，1958；1906年原刊。

　　唐贊袞，《臺陽見聞錄》，臺北：臺灣銀行經濟研究室，臺文叢第30種，1958；1891年原刊。

　　臺灣銀行經濟研究室編，《臺案彙錄甲集》，臺北：臺灣銀行經濟研究室，臺文叢第31種，1959。

　　思痛子撰，《臺海思慟錄》，臺北：臺灣銀行經濟研究室，臺文叢第40種，1959；原刊年不詳。

　　郁永河，《裨海紀遊》，臺北：臺灣銀行經濟研究室，臺文叢第44種，1959；1697年原刊。

　　夏獻綸，《臺灣輿圖》，臺北：臺灣銀行經濟研究室，臺文叢第45種，1959；1879年原刊。

　　吳德功，《戴施兩案紀略》，臺北：臺灣銀行經濟研究室，臺文叢第47種，1959。

　　不著撰者，《臺戰演義》，臺北：臺灣銀行經濟研究室，臺文叢第53種，1959；1895年校印。

　　臺灣銀行經濟研究室編，《臺灣教育碑記》，臺北：臺灣銀行經濟研究室，臺文叢第54種，1959。

　　羅惇 等撰，《割臺三記》，臺北：臺灣銀行經濟研究室，臺文叢第57種，1959；據臺灣省立臺北圖書館所藏抄本編印，原刊年不詳。

　　洪棄生，《瀛海偕亡記》，臺北：臺灣銀行經濟研究室，臺文叢第59種，1959；1922年原刊。

　　鄭鵬雲、曾逢辰纂輯，《新竹縣志初稿》，臺北：臺灣銀行經濟研究室，臺文叢第61種，1959；1898年成稿。

　　高拱乾，《臺灣府志》，臺北：臺灣銀行經濟研究室，臺文叢第65種，1960；1696年原刊。

胡傳，《臺灣日記與稟啟》，臺北：臺灣銀行經濟研究室，臺文叢第71種，1960。

林朝崧，《無悶草堂詩存》，臺北：臺灣銀行經濟研究室，1960，臺文叢第72種；1933年原刊。

陳文緯主修，屠繼善纂修，《恆春縣志》，臺北：臺灣銀行經濟研究室，臺文叢第75種，1960；1894年原刊。

臺灣銀行經濟研究室編，《福建通志臺灣府》，臺北：臺灣銀行經濟研究室，臺文叢第84種，1960。

張遵旭等撰，《臺灣遊記》，臺北：臺灣銀行經濟研究室，臺文叢第89種，1960。

臺灣銀行經濟研究室編，《臺灣私法商事編》，臺北：臺灣銀行經濟研究室，臺文叢第91種，1961。

張之洞，《張文襄公選集》，臺北：臺灣銀行經濟研究室，臺文叢第97種，19611；據1937年甘鵬雲等校印本選編。

范咸，《重修臺灣府志》，臺北：臺灣銀行經濟研究室，臺文叢第105種，1961；1747年原刊。

臺灣銀行經濟研究室編，《臺灣海防檔》，臺北：臺灣銀行經濟研究室，臺文叢第110種，1961。

臺灣銀行經濟研究室編，《臺灣中部碑文集成》，臺北：臺灣銀行經濟研究室，臺文叢第117種，1962。

連橫，《臺灣通史》，臺北：臺灣銀行經濟研究室，臺文叢第128種，1962；1920年原刊。

李鴻章，《李文忠公選集》，臺北：臺灣銀行經濟研究室，臺文叢第131種，1961；依桐城吳汝綸輯《李文忠公全集》選錄。

周鍾瑄，《諸羅縣志》，臺北：臺灣銀行經濟研究室，臺文叢第

141種，1962，1717年原刊。

　　臺灣銀行經濟研究室編，《臺灣私法物權編》，臺北：臺灣銀行經濟研究室，臺文叢第150種，1963。

　　臺灣銀行經濟研究室編，《清代臺灣大租調查書》，臺北：臺灣銀行經濟研究室，臺文叢第152種，1963；1904年原刊。

　　周璽，《彰化縣志》，臺北：臺灣銀行經濟研究室，臺文叢第156種，1962；1836年原刊。

　　傅錫祺，《櫟社沿革志略》，臺北：臺灣銀行經濟研究室，臺文叢第170種，1963；1931年原刊。

　　陳培桂，《淡水廳志》，臺北：臺灣銀行經濟研究室，臺文叢第172種，1963；1871年原刊。

　　臺灣銀行經濟研究室編，《臺案彙錄戊集》，臺北：臺灣銀行經濟研究室，臺文叢第179種，1963。

　　程家穎撰，《臺灣土地制度考查報告書》，臺北：臺灣銀行經濟研究室，臺文叢第184種，1963。

　　臺灣銀行經濟研究室編，《法軍侵臺檔》，臺北：臺灣銀行經濟研究室，臺文叢第192種，1964。

　　臺灣銀行經濟研究室編，《清德宗實錄選輯》，臺北：臺灣銀行經濟研究室，臺文叢第193種，1964。

　　陳衍纂，臺灣銀行經濟研究室編輯，《福建通志列傳選》，臺北：臺灣銀行經濟研究室，臺文叢第195種，1964。

　　王彥威等撰，臺灣銀行經濟研究室選輯，《清季外交史料選輯》，臺北：臺灣銀行經濟研究室，臺文叢第198種，1964。

　　臺灣銀行經濟研究室編，《法軍侵臺檔補編》，臺北：臺灣銀行經濟研究室，臺文叢第204種，1964。

臺灣銀行經濟研究室輯,《清光緒朝中日交涉史料選輯》,臺北:臺灣銀行經濟研究室,臺文叢第210種,1965。

易順鼎撰,臺灣銀行經濟研究室輯,《魂南記》,臺北:臺灣銀行經濟研究室,臺文叢第212種,1965。

徐珂輯,臺灣銀行經濟研究室編,《清稗類鈔選錄》,臺北:臺灣銀行經濟研究室,臺文叢第214種,1965。

劉璈,《巡臺退思錄》,臺北:臺灣銀行經濟研究室,臺文叢第215種,1958;據國立臺灣大學圖書館所藏抄本整理排印,原刊年不詳。

連橫編,《臺灣詩薈雜文鈔》,臺北:臺灣銀行經濟研究室,臺文叢第224種,1966;原刊年不詳。

臺灣銀行經濟研究室編,《臺案彙錄壬集》,臺北:臺灣銀行經濟研究室,臺文叢第227種,1966。

臺灣銀行經濟研究室編,《清季申報臺灣紀事輯錄》,臺北:臺灣銀行經濟研究室,臺文叢第247種,1968。

臺灣銀行經濟研究室編,《述報法兵侵臺紀事殘輯》,臺北:灣銀行經濟研究室,臺文叢第253種,1968。

臺灣銀行經濟研究室編,《清奏疏選彙》,臺北:臺灣銀行經濟研究室,臺文叢第256種,1968。

王炳耀撰,《中日戰輯選錄》,臺北:臺灣銀行經濟研究室,臺文叢第265種,1969。

臺灣銀行經濟研究室編,《清史列傳選》,臺北:臺灣銀行經濟研究室,臺文叢第274種,1969。

臺灣銀行經濟研究室編,《劉銘傳撫臺前後檔案》,臺北:臺灣銀行經濟研究室,臺文叢第276種,1969。

朱壽朋纂，臺灣銀行經濟研究室編，《光緒朝東華續錄選輯》，臺北：臺灣銀行經濟研究室，臺文叢第277種，1969。

戴炎輝編，《淡新檔案選錄行政編初集》，臺北：臺灣銀行經濟研究室，臺文叢第295種，1971。

林獻堂等修輯，《臺灣霧峰林氏族譜》，臺北：臺灣銀行經濟研究室，臺文叢第298種，1971；1935年原刊。

洪棄生，《寄鶴齋選集》，臺北：臺灣銀行經濟研究室，臺文叢第304種，1972。

羅大春，《臺灣海防並開山日記》，臺北：臺灣銀行經濟研究室，臺文叢第308種，1972；原刊年不詳。

臺灣銀行經濟研究室編，《臺灣關係文獻集零》，臺北：臺灣銀行經濟研究室，臺文叢第309種，1972。

（二）霧峰林家文書集

黃富三等解讀，何鳳嬌、林正慧、吳俊瑩編輯，《霧峰林家文書集：墾務、腦務、林務》，臺北：國史館，2013。

黃富三等解讀，何鳳嬌、林正慧、吳俊瑩編輯，《霧峰林家文書集：棟軍相關收支單》，臺北：國史館，2014。

黃富三等解讀，何鳳嬌、林正慧、吳俊瑩編輯，《霧峰林家文書集：棟軍等相關信函》，臺北：國史館，2014。

黃富三等解讀，何鳳嬌、林正慧、吳俊瑩編輯，《霧峰林家文書集：田業租谷》，臺北：國史館，2015。

黃富三等解讀，何鳳嬌、林正慧、吳俊瑩編輯，《霧峰林家文書集：閩臺相關信函》，臺北：國史館，2016。

黃富三等解讀，何鳳嬌、林正慧、吳俊瑩編輯，《霧峰林家文書

集：補遺》，臺北：國史館，2017。

（三）文人文集

　　岑春蓂刻，《岑襄勤公（毓英）遺集》，臺北：文海，1976年，影印版。

　　李鴻章著，吳汝綸輯，《李文忠公（鴻章）全集》，臺北：文海，1962。

　　黃釗，《石窟一徵》，臺北：臺灣學生書局，1970，據清宣統元年重印本影印。

　　楊書霖編，《左文襄公（宗棠）全集》，臺北：文海，1964，據光　16年本影印。

　　劉銘傳撰，馬昌華、翁飛點校，《劉銘傳文集》，合肥市：黃山書社，1997年。

（四）檔案

　　中央研究院歷史語言研究所編輯，《明清史料》，戊編，臺北：中央研究院歷史語言研究所員工福利委員會，1972年再版。

　　中國第一歷史檔案館、海峽兩岸出版交流中心編，《明清宮藏臺灣檔案匯編》，北京市：九州出版社，2009年第一版。

　　中國第一歷史檔案館編，《光緒朝硃批奏摺》，北京：中華書局，1995-1996。

　　洪安全總編輯，《清宮月摺檔臺灣史料》，臺北：國立故宮博物院，1994-1995。

　　淡新檔案校註出版編輯委員會編輯，《淡新檔案（八）：第一編行政：建設類：鹽務、樟腦》，臺北：國立臺灣大學圖書館，2001。

　　臺灣史料集成編輯委員會編，《明清臺灣檔案彙編》，臺北：遠

流出版公司，2004-。

　　臺灣史料集成編輯委員會編，《清代臺灣關係諭旨檔案彙編》，臺北：行政院文化建設委員會，2004。

（五）其它

　　黃富三、林滿紅、翁佳音主編，《清末臺灣海關歷年資料》，臺北：中研院臺灣史研究所籌備處，1997。

　　臺灣銀行經濟研究室編，《清代台灣大租調查書》，冊1，台北：國史館台灣文獻館，1994。

　　《申報》

　　《臺灣日日新報》

三、前人著作

　　James W. Davidson, *The Island of Formosa, Past and Present*, London and New York : Macmillan & Co., 1903; p.246. 另可參閱達飛聲原著，陳政三譯註，《福爾摩沙島的過去與現在》（臺南：臺灣歷史博物館；臺北：南天書局，2014），頁301。

　　大溪郡役所編，《大溪誌》，新竹州：大溪郡役所，1944。

　　井出季和太，《臺灣治績志》，臺北：臺灣日日新報社，1936。

　　氏平要、原田芳之，《臺中市史》，臺中：臺中市政府，1933。

　　伊能嘉矩，《臺灣蕃政志》，臺北：民政部殖產局，1903-1904。

　　伊能嘉矩，《大日本地名辭書續編》，東京：富山房，1909。

　　伊能嘉矩著，臺灣省文獻委員會編譯，《臺灣文化志（中卷）》，臺中市：臺灣省文獻委員會，1991；1928年原刊。

　　安倍明義，《台灣地名研究》，臺北：武陵出版社，2003；1938年原刊。

江慶林譯，《臺灣鐵路史》，上卷，臺中：臺灣省文獻委員會，1990；1910年原刊。

竹越與三郎，《台灣統治志》，東京：博文館，1905。

岡松參太郎、臨時臺灣土地調查局，《臺灣舊慣制度調查一斑》，臺北：臨時臺灣土地調查局，1905。

林紀堂著，許雪姬編註，《林紀堂先生日記（1915-1916）》，臺北：中央研究院臺灣史研究所，2017。

邵鏡人，《同光風雲錄》，臺北：文海，1983。

格勞特（E. Garnot）著，黎烈文譯，《法軍侵臺始末》，臺北：臺灣銀行經濟研究室，臺灣研究叢刊第73種，1960；原刊名為L'Expeditione Francaise de Formose, Paris: Ch. Delagrave，出版於1894年。

高嶋利三郎，《台中廳水利梗概》，臺中：臺中廳公共埤圳聯合會，1918。

渡部慶之進著，黃得鋒譯，《臺灣鐵道讀本》，南投：國史館臺灣文獻館，2016。

新竹廳總務課，《新竹廳志》，臺北：臺灣日日新報社，1907。

臺中州教育會編，《臺中概況》，臺中：臺中州教育課，1937。

臺中廳蕃務課編，《臺中廳理蕃史》，臺中：臺中廳蕃務課，1914。

臺灣慣習研究會編，《臺灣慣習記事》，臺北：古亭書屋，1969。

臺灣總督府史料編纂委員會，《臺灣樟腦專賣志》，臺北：臺灣日日新報社，1924。

臺灣總督府總督官房文書課，《臺灣總督府第三統計書》，臺北：

臺灣總督府，1901。

　　臺灣總督府警務局，《臺灣總督府警察沿革誌》，第二編，東京，綠蔭書房，1986年復刻版；1938年原刊。

　　臨時臺灣土地調查局編，《大租取調書》，臺北：臺灣日日新報社，1904。

　　臨時臺灣土地調查局編，《臺灣土地慣行一斑》，臺北：臺灣日日新報社，1905。

　　臨時臺灣土地調查局編，《清國行政法：臨時臺灣舊慣調查會第一部報告》，臺北：臺灣舊慣調查會，1910-1914。

四、近人著作

（一）專書

　　中國史學會主編，《中法戰爭》，上海：上海人民出版社，中國近代史資料叢刊，1955。

　　尹章義，《張士箱家族移民發展史：清初閩南士族移民臺灣之一個案研究（一七〇二～一九八三）》，臺北縣：張士箱家族拓展史研究委員會，1983。

　　尹章義，《臺灣開發史研究》，臺北：聯經出版社，1989。

　　王世慶，《淡水河流域河港水運史》，臺北：中央研究院中山人文社會科學研究所，1998再版。

　　王國璠，《臺灣抗日史甲篇》，臺北：臺北市文獻委員會，1982。

　　王國璠，《板橋林本源家傳》，臺北：祭祀公業林本源，1987。

　　王詩琅，《日本殖民地體制下的台灣》，臺北：眾文，1980。

王爾敏《淮軍志》，臺北：中國學術著作獎助委員會，1967。

王學新編譯，《日據時期竹苗地區原住民史料彙編與研究》，南投：國史館臺灣文獻館，2003。

王鴻楷研究主持，台灣大學土木工程研究所都市計劃研究室研究規劃，《台灣霧峰林家建築圖集》，臺北：自立報系文化出版社，1988。

艾永明，《清朝文官制度》，北京：商務印書館，2003、2005。

吳文星《日據時期臺灣社會領導階層之研究》，臺北：正中書局，1992。

吳振漢總編纂，《大溪鎮志‧地理篇、歷史篇、政治篇》，桃園：大溪鎮公所，2004。

吳密察，《臺灣近代史研究》，臺北：稻鄉出版社，1990。

李伯重，《火槍與帳簿：早期經濟全球化時代的中國與東亞世界》臺北：聯經，2019。

李宏新，《潮汕華僑史》，廣州：暨南大學出版社，2016。

李軍，《士權與君權》，桂林：廣西師範大學，2001。

沈征郎等，《細說臺中》，臺北：聯合報社，1979。

孟祥瀚，《臺中市史‧沿革志》，臺中：臺中市政府，2008。

林子候編，《臺灣涉外關係史》，自刊，1978。

林文龍，《臺灣史蹟叢編》，臺中：國彰出版社，1987。

林文龍，《臺灣的書院與科舉》，臺北：常民文化，1999。

林正慧，《六堆客家與清代屏東平原》，臺北：遠流、曹永和文教基金會，2008，頁162。

林玉茹、詹素娟、陳志豪主編，李文良等解讀，《紫線番界：臺灣田園分別墾禁圖說解讀》，臺北：中央研究院臺灣史研究所，

2015。

　　林仲衡，《仲衡詩集》，臺北：杜聰明，1969。

　　林良哲等，《臺中公園百年風華》，臺中：臺中市文化局，2003。

　　林偉洲、張子文、郭啟傳撰文，盧錦堂主編，《臺灣歷史人物小傳‧明清時期》，臺北：國家圖書館，2001。

　　林滿紅，《茶、糖、樟腦與臺灣之經濟社會變遷（1860-1895）》，臺北：聯經，1997。

　　林熊祥主修，陳世慶纂修，《臺灣省通志稿》，臺北：臺灣省文獻委員會，1951。

　　姚永森，《劉銘傳傳──首任臺灣巡撫》，北京：時事出版社，1985。

　　施添福，《清代在臺灣漢人的祖籍分布和原鄉生活方式屏東平原》，臺北：師大地理學系，1987。

　　施添福，《清代臺灣的地域社會：竹塹地區的歷史地理研究》，新竹：新竹縣政府文化局，2001。

　　柯志明，《番頭家：清代臺灣族群政治與熟番地權》，臺北：中央研究院社會學研究所，2001。

　　柯志明，《熟番與奸民：清代臺灣的治理部署與抗爭政治》，臺北：國立臺灣大學出版中心，2021。

　　洪國浩主修，《南投農田水利會志》，南投縣草屯鎮：臺灣省南投農田水利會，2008。

　　洪敏麟，《臺灣舊地名之沿革》，冊2下，臺中：臺灣省文獻委員會，1983。

　　洪敏麟，《臺灣舊地名之沿革》，冊2上，臺中：臺灣省文獻委員

會，1984。

洪敏麟，《臺灣舊地名之沿革》，冊1，臺中：臺灣省文獻委員會，1984。

約翰・陶德（John Dodd）著，陳政三譯，《泡茶走西仔反：清法戰爭臺灣外記》，台北：五南圖書，2007。

胥端甫，《劉銘傳抗法保臺史》，臺北：臺灣商務印書館，1967，頁40。

翁佳音，《臺灣漢人武裝抗日史研究（1895-1902）》，臺北：國立臺灣大學出版委員會，1986。

翁佳音，《近代初期臺灣的海與事》，臺北：中央研究院臺灣史研究所，2022。

翁國樑，《漳州史蹟》，台北：文海，1971。

張正昌，《林獻堂與台灣民族運動》，自刊，1981。

張勝彥，《臺中市史》，臺中：臺中市立文化中心，1999。

張菼，《清代臺灣民變史研究》，臺北：臺灣銀行經濟研究室，1970。

盛清沂、王詩琅、高樹藩，《臺灣史》，臺中：臺灣省文獻委員會，1977。

莊永明，《臺北老街》，臺北：時報文化，2012。

許倬雲，《中國文化與世界文化》，桂林：廣西師範大學，2006。

許雪姬，《龍井林家的歷史》，臺北：中央研究院近代史研究所，1990。

許雪姬，《滿大人最後的二十年：洋務運動與建省》，臺北：自立晚報文化出版部，1993。

許雪姬，《板橋林家：林平侯父子傳》，南投：臺灣省文獻委員會，2000。

許雪姬編著，許雪姬、王美雪紀錄，，《霧峰林家相關人物訪談記錄（下厝篇）》，臺中：臺中縣立文化中心，中縣口述歷史第5輯，1998。

郭薰風主修，石璋如等纂，《桃園縣志》，臺北：成文，1983。

陳其南，《家族與社會》，臺北：聯經，1990。

陳澤，《臺灣前期武裝抗日運動有關檔案》，南投：國史館臺灣文獻館，1977。

陳靜寬，《從省城到臺中市：一個城市的興起與發展（1895-1945）》，臺南：國立臺灣歷史博物館，2012。

曾慶國，《吳郡山租館：吳氏家族結社成村的故事》，臺北：臺灣古籍出版公司，2006。

費行簡，《近代名人小傳》，臺北，明文書局，1985翻印。

馮賢亮，《明清江南的州縣行政與地方社會研究》，上海：上海古籍出版社，2015。

張菼，《清代臺灣民變史研究》，臺北：臺灣銀行經濟研究室，1970。

黃典權，《海盜、香火、古港口》，臺南：臺南市政府文化局，2017。

黃卓權，《跨時代的臺灣貨殖家：黃南球先生年譜（1840-1919）》，臺北縣：國立中央圖書館臺灣分館，2004。

黃卓權，《進出客鄉：鄉土史田野與研究》，臺北：南天，2008。

黃炎明、林明溱主修，陳哲三總編纂，《集集鎮志》，南投：南

投縣集集鎮公所，1998。

　　黃清琦編著，《臺灣輿圖暨解說圖研究》（臺南：國立臺灣歷史博物館，2010），附圖。

　　黃富三，《霧峰林家的興起：從渡海拓荒到封疆大吏（一七二九-一八六四年）》，臺北：自立晚報，1987。

　　黃富三，《霧峰林家的中挫：一八六一～一八八五年》，臺北：自立晚報，1992。

　　黃富三，《臺灣水田化運動先驅施世榜家族史》，南投：臺灣省文獻委員會，2006。

　　黃榮洛，《渡台悲歌：臺灣的開拓與抗爭史話》，臺北：臺原出版，1989。

　　黃福才，《臺灣商業史》，南昌：江西人民出版社，1990。

　　溫振華，《大茅埔開發史》，臺中：臺中縣立文化中心，1999。

　　葉榮鐘，《林獻堂先生紀念集》，臺北：文海，1974。

　　廖漢臣編著，《臺灣省開闢資料·續編》，臺中：臺灣省文獻委員會，1977。

　　臺灣史蹟源流研究會編，《劉銘傳專刊》，臺北：臺灣史蹟源流研究會，1979。

　　臺灣省文獻委員會、中華學術院臺灣研究所合編，《臺灣省通志》，臺北：臺灣省文獻委員會，1968。

　　赫爾加（Ernest R. Hilgard）等著，熊祥林譯，《心理學導論》，自刊，1983。

　　劉枝萬，《南投縣沿革志開發篇稿》，南投：南投縣文獻委員會，1958。

　　劉枝萬編著，簡史朗校註、導讀，《臺灣埔里鄉土志稿》，臺北：

南天，2019。

　　潘敬尉主編，鄭喜夫纂輯，《臺灣地理及歷史‧卷九‧官職志》，臺中：臺灣省文獻委員會，1980。

　　鄭喜夫編著，《林朝棟傳》，臺中：臺灣省文獻委員會，臺灣先賢先烈專輯第4輯，1979。

　　盧錦堂主編，《臺灣歷史人物小傳》，臺北：國家圖書館，2001。

　　賴志彰，《大甲溪流域聚落與民居》，臺中：臺中縣立文化中心，1998。

　　賴盈秀，《誰是賽夏族？》，臺北縣：向日葵文化出版，2004。

　　蘇同炳，《劉璈傳》，南投市：臺灣省文獻委員會，1996。

（二）論文

　　王世慶，〈林本源之租館和武備與乙未抗日〉，《臺灣文獻》（南投），38：4（1987.12）。

　　王世慶，〈臺灣隘制考〉，《臺灣文獻》（南投），7：3/4（1956.12）。

　　王世慶，〈臺灣隘制考〉，收於氏著，《清代臺灣社會經濟》（臺北：聯經，1994）。

　　王世慶，〈霧峰林家之歷史〉，收入黃富三、陳俐甫編，《霧峰林家之調查與究》（臺北：林本源中華文化教育基金會，1991）。

　　李文良，〈十九世紀晚期劉銘傳裁隘事業的考察：以北臺灣新竹縣為中心〉，《臺灣史研究》（臺北），13：2（2006.12）。

　　李文良，〈晚清臺灣清賦事業的再考察——「減四留六」的決策過程與意義〉，《漢學研究》（臺北）20：1（2006.6）。

李佩蓁，〈依附抑合作？清末臺灣南部口岸買辦商人的雙重角色（1860-1895）〉，《臺灣史研究》（臺北），20：2（2013.6）。

李宗育，〈風勵藎節——清代昭忠祠祀典及其死亡暴力之書寫〉，《漢學研究》（臺北），38：3（2020.9）。

林文龍，〈清末大甲溪架橋築堤考略〉，《臺灣風物》（臺北）34：1（1984.3）。

林文龍，〈沈鴻傑與集集樟腦業〉，《臺南文化》（臺南），36（1994.2）。

林玉茹，〈林爽文事件前的臺灣邊區圖像：以乾隆49年臺灣番界紫線圖為中心〉，《臺灣史研究》（臺北），19：（2012.9）。

林君成，〈清法戰爭滬尾之役中的爭議與幾個觀察〉，收於林寬裕總編輯，廖文卿主編，《清法戰爭滬尾戰役130周年研討會成果集》（新北市淡水：新北市立淡水古蹟博物館，2014）。

林慶弧，〈林志芳家族與太平地區的開發〉，《臺灣文獻》（南投）62：3（2011.9）。

林衡立，〈劉銘傳特輯：撫墾〉，《文獻專刊》（南投），4：1/2（1953.8）。

施添福，〈紅線與藍線：清乾隆中葉臺灣番界圖〉，《中央研究院臺灣史田野研究通訊》（臺北），19（1991.6）。

施添福，〈開山與築路：晚清臺灣東西部越嶺道路的歷史地理考察〉，《國立臺灣師範大學地理研究所地理研究報告》（臺北），30（1999.5）。

翁佳音，〈府城教會報所見日本佔台前後歷史像〉，《臺灣風物》（南投），41：3（1991.10）。

曹永和，〈十七世紀作為東亞轉運站的臺灣〉，《臺灣早期歷史研

究續集》（臺北：聯經，2000）。

許雪姬，〈二劉之爭與晚清臺灣政局〉，《中央研究院近代史研究所集刊》（臺北），14（1985.6）。

許雪姬，〈日據時期的板橋林家——一個家族與政治的關係〉，收於中央研究院近代史研究所編，《近世家族與政治比較歷史論文集》（臺北：中央研究院近代史研究所，1992）。

許雪姬，〈岑毓英來臺背景及其理臺措施之研究〉，收於王國璠總纂，《臺北市耆老會談專集》（臺北：臺北市文獻委員會，1980）。

許雪姬，〈武翼督尉黃宗河傳〉，收於中華民國臺灣史蹟研究中心研究組編輯，《臺灣史研究暨史料發掘研討會論文集》（高雄：中華民國史蹟研究中心，1986）。

許雪姬，〈劉璈與中法戰爭〉，《臺灣風物》（臺北），35：2（1985.6）。

陳小沖，〈日本南進政策中的台灣——以福建官腦局案為中心之個案分析〉，廈門大學台灣研究所臺灣歷史研究主編，《臺灣史學術交流論文集》，（廈門：廈門大學出版社，1990）。

陳文添，〈談臺灣總督府早期購買土地實 〉，《國史館臺灣文獻電子報》（臺北）， 81（2011.6.30），檢索日期：2015 8 月 23 日，網址：http://w3.th.gov.tw/www/epaper/view2.php?ID=81&AID=1117。

陳炎正，〈林振芳先生年譜〉，《臺灣風物》（臺北），27：3（1977.9）。

彭澤益，〈清代咸同年間軍需奏銷統計〉，收於氏著，《十九世紀後半期的中國財政與經濟》（北京：中國北京人民大學出版社，2010）。

黃富三，〈臺灣史上第一次土地改革〉，《中華文化復興月刊》（臺

北），93（1975.12）。

黃富三，〈劉銘傳與臺灣的近代化〉，收於曹永和、黃富三編，《臺灣史論叢》，第1輯（臺北：眾文圖書，1980）。

黃富三，〈清代臺灣移民的耕地取得問題及其對土著的影響（上）〉，《食貨》（復刊，臺北）11：1（1981.4）。

黃富三，〈清代臺灣之移民的耕地取得問題及其對土著的影響（下）〉，《食貨》（復刊）11：2（1981.5）。

黃富三，〈台灣的商業傳統——自荷治時代至清代〉，收於謝雲生、吳美惠主編，《吳大猷院長榮退學術研討會論文集》（臺北：中央研究院，1994）。

黃富三，〈板橋林本源家與清代北臺山區的發展〉，《臺灣史研究》（臺北），2：1（1995.6）。

黃富三，〈試論臺灣兩大家族之性格與族運：板橋林家與霧峰林家〉，《臺灣風物》（臺北），45：4（1995.12）。

黃富三，〈從劉銘傳開山撫番政策看清廷、地方官、士紳的互動〉，收入中華民國史專題討論會秘書處編，《中華民國史專題第五屆討論會：國史上中央與地方的關係》（臺北：國史館，2000）。

黃富三，〈17世紀臺灣農商連體經濟的啟動〉，收於陳益源主編，《2009閩南文化國際學術研討會論文集》（臺南：國立成功大學中國文學系，2009）。

黃富三，〈臺灣農商連體經濟的興起與蛻變〉，收於林玉茹主編，《比較視野下的臺灣商業傳統》（臺北：中央研究院臺灣史研究所，2012）。

黃富三，〈林朝棟與清季臺灣樟腦業之復興〉，《臺灣史研究》（臺北），23：2（2016.6）。

黃富三，〈林朝棟大嵙崁之役的後勤系統：棟軍後路轉運局（1891~1892）〉，《臺灣文獻》（南投），69：1（2018.3）。

黃富三，〈清季臺灣大嵙崁之役中棟軍支應處的運作（1891-92年）〉，《臺灣文獻》（南投）70：1（2019.3）。

黃富三，〈晚清臺灣新撫墾政策的推動與轉折：林朝棟與胡傳（1885-1895）〉，《臺灣風物》（臺北），24：4（2021.12）。

黃富三、黃頌文，〈臺灣總督府樟腦專賣政策與霧峰林家〉，收於中國社會科學院臺灣史研究中心主編，《日據時期臺灣殖民地史學術研討會論文集》（北京市：九州出版社，2010）。

黃富三主講，黃頌文譯，〈論學術新領域的臺灣研究——問題與展望〉，《臺灣風物》（臺北），69：(1)（2019.3），頁145-162。按，此原為專題演講"Taiwan Studies as a New Academic Field: Problems and Prospects"。

黃頌文，〈清季臺灣貿易與寶順洋行的崛起（1867-1870）〉，《臺灣文獻》（南投），61：3（2010.9）。

劉淑芬，〈清代臺灣的築城〉，《食貨》（復刊，臺北），14：11&12（1985.3）。

劉澤民，〈從古文書看清代柴坑社與黃竹坑社之關係〉，《臺灣文獻別冊》（南投），4（2003.3）。

蔡淵洯，〈合股經營與清代臺灣的土地開發〉，《歷史學報》（臺北），13（1985.6）。

蔡清筠，〈鹿港綠香居主人自述〉，《臺灣風物》（臺北），30：2（1980.6）。

蔡懋棠，〈簡介清季臺灣樟腦業概況〉，《臺灣風物》（南投），30：2（1980.6）。

鄭喜夫,〈清代臺灣「番屯」考(上)〉,《臺灣文獻》(南投)27:2(1976.6)。

鄭喜夫,〈清代臺灣「番屯」考(下)〉,《臺灣文獻》(南投),27:3(1976.9)。

蕭道明,〈民間社會與臺灣的築城運動(1810-1836)〉,《臺灣風物》(臺北)52:3(2003.9)。

賴志彰,〈臺中市的開發與台中城的闢建〉,《臺中文獻》(臺中),3(1993.10)。

戴炎輝,〈清代臺灣之隘制及隘租〉,《臺灣銀行季刊》(臺北),9:4(1958.3)。

(三)學位論文

吳學明,〈「金廣福」墾隘與新竹東南山區的開發(一八三四——八九五)〉,臺北:國立臺灣師範大學歷史研究所碩士論文,1984。

林聖蓉,〈從番界政策看臺中東勢的拓墾與族群互動(1761-1901)〉(臺北:國立臺灣大學歷史學研究所碩士論文,2008)

張麗芬,〈日本統治下之台灣樟腦業(1895~1919)〉(台南:國立成功大學歷史語言研究所碩士論文,1995)

陸健嬡,〈晚清臺灣兵制的變化:以棟軍為例〉(臺南:國立成功大學歷史學系碩士論文,2006)

楊慶平,〈清末臺灣的「開山撫番」戰爭(1885-1895)〉(臺北:國立政治大學民族學研究所碩士論文,1995)

劉妮玲,《清代臺灣民變研究》(臺北:國立臺灣師範大學歷史究所碩士論文,1983),頁224。

蔡龍保，《殖民統治之基礎工程：日治時期臺灣道路是又事業之研究（1895-1945）》（臺北：國立臺灣師範大學歷史學系博士論文，2006）

五、外文著作

（一）專書

Arnold J. Toynbee , A Study of History (Oxford : Oxford University Press, 1948).

湯恩比著，陳曉林譯，《歷史研究》（臺北：桂冠，1979，增修再版）

費爾南‧布羅代爾著，唐家龍、曾培耿等譯，《菲利普二世時代的地中海和地中海世界》（北京：商務印書館，1996）

Fu-san Huang, *A Brief History of Taiwan: A Phoenix Transforming from a Sparrow* (Taipei: Information Bureau, 2005).

Joseph W. Esherick and Mary B. Rankin eds., *Chinese Local Elites and Patterns of Dominance* (Berkeley, Los Angeles, and London: University of California Press, 1990)

Johanna M.enzel Meskill, *A Chinese Pioneer Family: the Lins of Wu-feng, Taiwan, 1729-1895* (Princeton; Princeton University Press, 1979)。中譯本可參閱王淑琤譯，《霧峰林家：臺灣拓荒之家，（1729-1895）》（臺北：文鏡，1986）。

Alan S. Milward and S. B. Saul, *The Development of the Economies of Continental Europe, 1850-1914* (London: George Allen & Unwin, 1977)

Harold M. Otness, *One Thousand Westerners in Taiwan, to 1945: A Biographical and Bibliographical Dictionary* (Taipei: Preparatory Office, Institute of Taiwan History, Academia Sinica, 1999)

（二）論文

H. J. Lamley, "The 1895 Taiwan War of Resistance: Local Chinese Efforts against a Foreign Power", In Leonard H. D. Gordon ed., *Taiwan: Studies in Chinese Local History* (New York: Columbia University Press, 1970),

Johanna Menzel Meskill, "The Lins of Wufeug," in Leonard H. D. Gordon ed., *Taiwan: Studies in Chinese Local History* (New York: Columbia University Press, 1970),

S. T. I. Mossman, "Parkesine and Celluloid," in S. T. I. Mossman and P. J. T. Morris eds., The Development of Plastics (Cambridge: The Royal Society of Chemistry, 1994）

Fu-san Huang, "The Conflicts and Compromises between Taiwan and the Qing Court in Economic Development"，發表於林本源中華文化教育基金會、中央研究院臺灣史研究所、社會學研究所合辦，「島嶼與帝國：比較視野下的臺灣、香港與愛爾蘭」國際研討會，（臺北：中央研究院，2014年9月12-13日）。

（三）學位論文

H. J. Lamley, *The Taiwan Literati & Early Japanese Rule, 1895-1915* (PhD. diss., University of Washington, 1964)

R. D. Friedel, *Men, Materials, and Ideas: A History Celluloid* (PhD diss., John Hopkins University), 1976._

六、其他

（一）工具書

羅竹風主編，《漢語大辭典》（上海：上海辭書出版社，1986）

許雪姬總策畫，《臺灣 史辭典》（臺 ： 政院文化建設委員會，2004）

薛仲三、歐陽頤編，《 千 中西 對照表》（臺 ：華世出版社，1977）

（二）演講與報告書

黃富三，〈論霧峰林家對日本領台之回應－－以林朝棟為中心〉，中研院近史所，「日據時期台灣史國際學術研討會」，1983年6月。

黃富三，「臺灣史地」（演講小冊，國家文官培訓所，2006年7月4日）。

吳聰敏，〈臺灣戰後的高成長〉（專題演講，中央研究院臺灣史研究所Room 802，2018年6月30日）。

薛琴，「桃園縣大溪鎮古城牆先期調查案成果報告書稿」，2012年10月。

附錄一　大科崁後路糧臺零星運米表

編號	日期（光緒）	涵蓋年代（光緒）	書函內容	來源
1	18.2.19 陳有文致函林拱辰	18.2	前次運上頂上白米二十三石，茲據該米鋪開單前來，每石照常加銀五角，共需加銀拾壹元五角，弟思此項只好　尊處賬房開銷，未便開與善後局在餉項劃扣……	WSJ-2，頁642-643
2	18.（3）.2 陳長慶、薩臚芳致函林拱辰	18.3（？）	上月運上軍米，多未登簿，如有妥便，敢祈擲下補登，以便查對。茲于本早再運上白米參拾石……	WSJ-2，頁644-645
3	18.（3）.13 陳長慶、薩臚芳致函林拱辰	18.（3？）	本午工首賴招財賚到手札，承囑由敝所發給米票，交該工首挑運至李朝華碉堡，交林營務處超拔點收，每石工洋壹元貳角伍點，仍由敝所照給該工首分發等因。當即據該工首先領去米票捌石挑運去後，第此項軍米是否歸入總統印領內扣除，抑係另由營務處林超拔協戎出具印領，所有夫價是否由敝所彙報善後局核銷，抑由敝所暫行代發，統乞代回統帥示遵。	WSJ-2，頁656-659

編號	日期（光緒）	涵蓋年代（光緒）	書函內容	來源
4	18.3.14 大嵙崁後路糧臺致函林拱辰	18.3	錄運去吶哖棟字營務處米數所加夫價，計開： 二月十三日至二十五日止，共去米壹百五拾五石。 三月初一日至初六日止，共去米陸拾貳石。 二共計米貳百拾柒石，每石加價洋五角五點。 扣洋壹百拾玖元參角伍點。	WSJ-3，頁498-499
5	18.3.19 大嵙崁後路糧械所致函林拱辰	18.3	謹將卑所代墊米價、夫價銀洋數目開列清單，呈請核發計開： 一、二月二十一日計熟米拾石，代給加打工洋伍元。 一、二月二十二日代辦老國公酒貳拾勐每勐價1.1角洋貳元貳角。 一、三月初四日計熟米拾石，代給加打工洋伍元。 一、三月十三日計熟米拾石，代給加打工洋伍元。 一、二月分運至吶哖米壹百五拾五石照章外加給夫價，洋捌拾伍元貳角伍辦。 一、三月分至初六日止運至吶哖米陸拾貳石照章外加給夫價，洋參拾四元壹角。 以上合計代墊出洋壹百參拾陸元伍角伍辦。	WSJ-3，頁500-501

編號	日期 （光緒）	涵蓋年代 （光緒）	書函內容	來源
6	18.3.19 午間，陳長慶、薩臚芳致林拱辰	18.3	奉到手示并支米簿，遵將近日續解米石登入，并附營務處在吶哮支去米石，一并附登備查。承囑老紅酒，已命差赴枋採辦，到即送呈。另購好米加春頂白拾石，于明早運上。	WSJ-3，頁660-661
7	18.3.20 陳長慶、薩臚芳致林拱辰	18.3	日前奉到大函，並傳統帥鈞諭，吶哮運米夫價加給一節，飭令敝所毋庸開報等因。除遵照辦理外，當令敝賬房開具墊給夫價，並加春白米加給各價清單，送呈核對。如有再要頂上白米，並祈早示，以便定春運上。茲本日送上軍米參拾石，即請查照發單，給予回條，是所至禱。再，統帥于本早六點鐘啟程，赶搭頭班車晉郡。	WSJ-2，頁664-667
8	18.3（？）.25 陳長慶、薩臚芳致諸位仁兄大人	18.3	昨日奉上寸函，并呈米樣貳包，每石價洋2.7元，照前辦價目同，因貴同事拱辰兄因公赴郡，未奉回示，茲特函請閣下代回統帥應否照辦？	WSJ-2，頁670-671

附錄二　光緒十八年（1892）一月至九月薪餉等四柱清冊簡表（庫平兩）

時間（光緒）	舊管	新收	開除	實在	來源
正月分	55.024	16,695.3675	16,613.44856	81.91894	WSJ-3，頁10-29
二月分	81.91894	21,456.28884	21,248.2175	208.07134	WSJ-3，頁30-43
三月分	？	13,044.(？)4734	12,942,849	101.99834	WSJ-3，頁44-51
四月分	102.29034	21,012.22354	21,246.3076	234.08406	WSJ-3，頁52-61
五月分	0	8,515.1859	11,603.12406	3,087.93816	WSJ-3，頁62-75
五月、六月分	0	27,289.4589 +2825元（洋）	27,283.13864	6.32026	WSJ-3，
六月、閏六月分	6.32026	19,723.34784	19,425.86598	299.71286	WSJ-3，頁76-89
七月分	299.71286	1？？？？.？	15,804.891	273.？？？	WSJ-3，頁108-117
閏六月、八月分	273.71486	2,321.61766	1,887.515	434.10266	WSJ-3，頁118-131
九月、八月分	？	16,889.80266	16,728.56764	161.23502	WSJ-3，頁132-137
總額		？	164,783.925	161.23502	
實支				164,622.69	

附錄三 後路轉運局通報棟軍支應處各月支出表（光緒17年 12月－18年9月）

編號	日期（光緒）	涵蓋年代（光緒）	書函內容	來源
1	18.2.29 棟軍後路轉運局致「棟軍支應處林、王師老爺」（林拱辰、王泰嵩）	17.12－18.2	（a）薪餉（兩） 林如松兄壹單，去庫平銀肆伯〔佰〕貳拾柒兩陸錢貳分柒釐(427.627)。 傅光華兄壹單，去庫平銀柒兩壹錢伍分肆釐(7.154)。 鄭汝秋兄壹單，去庫平銀參兩壹錢參分玖釐(3.139)。 王泰嵩兄壹單，去庫平銀貳兩參錢陸分伍釐(2.365)。 馬叔永兄壹單，去庫平銀參錢陸分伍釐(0.365)。 王子宜兄壹單，去庫平銀柒兩壹錢柒分柒釐參毫肆絲(7.17734)。 葛竹軒兄壹單，去庫平銀貳伯〔佰〕伍拾兩(250)。 代王泰嵩兄捐指分，去庫平銀壹伯〔佰〕捌拾貳兩肆錢捌分(182.48)。 給劉長清，十七年十二月及本年正、二月份薪，洋參拾陸元，合庫平銀貳拾陸兩貳錢捌分(26.28)。 給吳福星，十七年十二月及本年正、二月份薪，洋拾捌元，合庫平銀拾參兩壹錢肆分(3.14)。 給葉長榮，正、二月份薪，洋陸元，合庫平銀肆兩參錢捌分(4.38)。	WSJ-3，頁308-309

編號	日期 （光緒）	涵蓋年代 （光緒）	書函內容	來源
			（b）行台辦公經費， 開行台，十七年十二月及現年正、二月份辦公經費，洋貳拾壹元（21元），合庫平銀拾伍兩參錢參分（15.33）。 （c）陳傑記薪水 陳傑記支薪水，洋庫平銀壹伯〔佰〕兩（100）。 以上共去庫平銀壹仟零參拾玖兩肆錢參分柒釐參毫陸絲（1,039.43736）。	
2	18.4.24 棟軍後路轉運局致「棟軍支應處林、王師老爺」（林拱辰、王泰嵩）	18.4	（a）薪餉 佘初開鎮軍一單，去庫平銀200兩。 林如松兄一單，去庫平銀37.983兩。 王子宜兄一單，去庫平銀5.846兩。 給葉長榮四月分薪，洋3.0元，庫平2.19兩。 給省書林升四月分薪，洋6.0元，庫平4.38兩。 給福星四月分薪，洋6.0元，庫平4.38兩。 （b）行台辦公經費 給行臺辦公經費，四月分計7元，庫平5.11兩。 以上共除去庫平銀255.509兩，應多4.38兩。	WSJ-3，頁326-327

編號	日期 （光緒）	涵蓋年代 （光緒）	書函內容	來源
3	18.5.24 棟軍後路轉運局致「棟軍支應處林、王師老爺」（林拱辰、王泰嵩）	18.5	（a）薪餉 補上月總數漏入，庫平銀4.38兩。 胡敏如兄一單，去庫平銀4.307兩。 林如松兄一單，去庫平銀12.41兩。 傅光華兄一單，去庫平銀10.2236兩。 王泰嵩兄一單，去庫平銀3.723兩（此單前日先寄）。 給葉長榮五月分薪，洋3.0元，庫平2.19兩。 給省書林升五月分薪，洋6.0元，庫平4.38兩。 給福星五月分薪，洋6.0元，庫平4.38兩。 （b）行台辦公經費 開行台五月分辦公費，洋7.0元，庫平5.11兩。 統共去庫平銀51.1036兩。	WSJ-3，頁336-337

編號	日期 （光緒）	涵蓋年代 （光緒）	書函內容	來源
4	18.6.28 棟軍後路轉運局致「棟軍支應處林、王師老爺」（林拱辰）	18.6	（a）薪餉 發二月份餉，過扣六月廿八　鄭汝秋兄一單，去庫平銀貳百兩正。 林懋臣兄一單，去庫平銀貳拾四兩九錢九分三厘。 楊次梅兄一單，去庫平銀壹兩四錢六分。 發三月份餉，過扣　傅光華兄一單，去庫平銀貳拾壹兩九錢。 發五月份餉，過扣　內差蔡營一單，去庫平銀壹兩四錢六分。 謝亦松兄一單，去庫平銀壹兩錢八分七厘。	WSJ-3，頁358-359
			發四月份餉，過扣　林如松兄一單，去庫平銀拾四兩六錢。 王蘭生兄一單，去庫平銀貳兩壹錢九分。 給葉長榮正六、又六兩月薪，洋六元，合庫平銀四兩　錢八分。 給省書林升六月分薪，洋六元，合庫平銀四兩參錢八分。 給吳福星六月分薪，洋六元，合庫平銀四兩參錢八分。 （b）行台辦公經費 傑夫　給行台六月分辦公經費，洋七元，合庫平銀五兩壹錢壹分。 （c）陳傑記薪水 傑夫　陳傑記支薪水，庫平銀壹百兩正。 以上共去庫平銀參百捌拾六兩貳錢四分。	

編號	日期 （光緒）	涵蓋年代 （光緒）	書函內容	來源
5	18.7.30 棟軍後路轉運局致「棟軍支應處林、王師老爺」（林拱辰）	18.7	（a）薪餉 傅光華兄一單，去庫平25.697兩。 林如松兄一單，去庫平29.2兩。 林拱辰兄一單，去庫平18兩。 給葉長榮八月分薪，洋3元，庫平2.19兩（2.16兩）。 給省書林升七月分薪，洋6元，庫平4.38兩（4.32兩）。 給福星七月分薪，洋6元，庫平4.38兩（4.32兩）。 （b）行台辦公經費 給行台七月分辦公費7元，庫平5.11兩（5.04兩）。 共去庫平88.957兩（88.737兩）。	WSJ-3，頁374-375
6	18.8.24 棟軍後路轉運局致「棟軍支應處林、王師老爺」（林拱辰、王泰嵩）	18.8	（a）薪餉 胡敏如兄一單，去洋62.4元，庫平45.625兩。 給葉長榮八月分薪，洋3.0元，庫平2.19兩。 給省書林升八月分薪，洋6.0元，庫平4.38兩。 給福星八月分薪，洋6.0元，庫平4.38兩。 （b）行台辦公經費 給行台八月分辦公費，洋7.0元，庫平5.11兩。 （c）陳傑記薪水 陳傑記借支，庫平銀壹百兩。 共去庫平銀161.685兩。	WSJ-3，頁392-393

編號	日期 （光緒）	涵蓋年代 （光緒）	書函內容	來源
7	18.9.18 棟軍後路轉運局致「棟軍支應處林、王師老爺」（林拱辰、王泰嵩）	18.9	（a）薪餉 傅光華兄一單，去洋20元，平14.6兩。 鄭汝秋兄一單，去洋30元，平21.9兩。 林汝亮兄一單，去洋20元，平14.6兩。 給省書林陞九月分薪，洋6.0元，平4.38兩。 給福星九月分薪，洋6.0元，平4.38兩。 給葉長榮十月分薪，洋3.0元，平2.19兩。 （b）行台辦公經費 開行台九月分辦公費，洋7.0元，平5.11兩。 統共去庫平銀67.16兩。	WSJ-3，頁396-397

附錄四　後路轉運局通報棟軍支應處各月雜支表（光緒18年）

編號	日期 （光緒）	涵蓋年代 （光緒）	書函內容	來源
1	18.7.30	18.7	代萬午山劃 陳傑記庫平銀18兩。	WSJ-3， 頁378-379
2	18.8.24	18.8	代匯付上海交梅鼎記收，洋陸拾元。又付匯帖，洋貳元四角。二共代墊付洋62.4元，平45.625兩。	WSJ-3， 頁394-395
3	18.9.18	18.9	屯兵正營　余步青兄，去洋20元，平14.6兩。	WSJ-3， 頁398-399
4	18.9.18	18.9	陳聖樞，支洋10元 黃根瑞，支洋10元 二共支洋20元，平14.6兩。	WSJ-3， 頁402-403
5	18.9.18	18.9	接奉　台翰准由餉內劃銀30元，平21.9兩。	WSJ-3， 頁400-401
6	？.3.24	？.3	……周幹丞兄還翁樹屏洋6.0元，平4.38兩。 隘勇副營 傅協台光華甫升	WSJ-3， 頁320-321

附錄五　後路轉運局通報棟軍支應處採買日用品表（光緒18年）

編號	日期（光緒）	涵蓋年代（光緒）	書函內容	來源
1	18.3.24 棟軍後路轉運局亦提供棟軍支應處	18.3	……酒六大瓶，洋9.6角，庫平7.018錢。	WSJ-3，頁318-319
2	18.4.8 棟軍後路轉運局致林拱辰購物清單	18.4	白朮五劤，洋3.2元。 紫玫瑰香水壹瓶，洋2.0元。 檀香油十瓶，洋1.0元。 湖色半折長衫料一件，洋3.55元。 來勇三棚 青龍借川費，2.0角。 共去洋9.95元。	WSJ-3，頁324-325
3	18.4.25 棟軍後路轉運局致林拱辰購物清單	18.4	新正綠豆粉壹劤，洋壹角四分。 麻油將　壹矸，洋貳角。 菜燕四兩，洋壹角九分。 皮蛋貳拾個，洋兩角八分。 馬薯，洋貳角六分。 香菰壹劤，洋六角四分。 新鮮大蝦米壹劤，洋壹角六分。 蒜頭五把，洋壹角三分。 葉簍壹只，洋壹角。 蟳七個，洋壹元。 以上共計洋參元壹角。	WSJ-3，頁328-329

編號	日期（光緒）	涵蓋年代（光緒）	書函內容	來源
4	18.5.15 棟軍後路轉運局致棟軍支應處（林拱辰）清單	18.5	五月十三日 買洋油壹箱，洋壹元壹角。 買草蓆，洋壹元。 十四日 發臺灣縣電 ，洋三元三角 十五日 發臺灣縣電 ，洋兩元貳角 萬逸翁紙賬，洋貳元壹角六分 畫天官紙色料一單，洋壹元六角九分 買春　紙，洋參角貳分 共去洋拾壹元七角七分。	WSJ-3，頁330-331
5	18.5.19 棟軍後路轉運局致林拱辰買物等項清單	18.5	初八日 買生魚，長墊洋參角。 初十日 買名條五百張，洋兩角五分。 前後買菩提丸參百粒，洋九元正。 竹軒兄來信，買雪青湖色線，洋壹元正。 十四日 竹軒兄帶去綢一單，計庫平銀參拾六兩零壹分六厘貳毫。 又，墊去雜款一單，洋拾壹元七角七分。 買金牙牌壹副，洋七元貳角。 買印花羅帳面壹床，洋九元五角，加匯水，洋五角七分，共拾元〇〇七分 買五味架四副，洋拾七元正。 買馬封壹百個，洋五角五分。 買紅八行書參百張，洋五角四分。	WSJ-3，頁332-335

編號	日期 （光緒）	涵蓋年代 （光緒）	書函內容	來源
			十四日起十九日止 用葉簍拾四担，洋兩元八角正。 又，布袋拾七只，洋捌角五分。 付什長劉田去洋拾貳元正。 共計銀參拾六兩零壹分六厘貳 毛，洋七拾三元三角三分，合庫 平銀五拾三兩五錢三分壹厘，共 計庫平銀八拾九兩五錢四分七厘 貳毫。 付劉田帶去庫平銀壹萬壹千八百 兩正 總共計庫平銀壹萬壹千八百八拾 九兩五錢四分七厘貳毫。	
6	18.5.25 棟軍後路轉 運局致林拱 辰買物等項 清單	18.5	裝藥料大葉簍兩担，洋陸角。 吳吉記紙張計五百卅張，洋兩元 壹角貳分。 付二棚勇林清香開夫價，洋壹元 貳角。 共墊去洋參元九角貳分。	WSJ-3， 頁338-339
7	18.6.2 棟軍後路轉 運局致林拱 辰買物等項 清單	18.6	庫平銀貳千兩 葉簍兩担，洋肆角。 布袋四只，洋兩角　付傅盛開車 資夫價，洋貳元。 共去庫平銀貳千兩洋貳元六角。	WSJ-3， 頁340-341
8	18.6.3 棟軍後路轉 運局致林拱 辰買物清單	18.6	紙料一單，洋拾壹元七角九分。 銅洋燭台壹　，洋壹元八角。 4寸花旗燈壹　，洋參元八角。 盖碗壹副，洋九角五分。 葉簍一擔，洋貳角。 以上，共去洋壹拾捌元五角四 分。	WSJ-3， 頁342-343

編號	日期 （光緒）	涵蓋年代 （光緒）	書函內容	來源
9	18.6.14 棟軍後路轉運局致棟軍支應處諸位師老爺買物等項清單（統帥囑買物）	18.6	大洋燭　壹箱，洋五元貳角。 杏仁　五觔，洋參元參角。 加冠粉　壹包，洋兩元正。 喬記條絲煙　壹包，洋參角參分。 羊肉　半打，洋壹元八角。 洋香腸　四斤，洋壹元八角。 壽字香末　十貳兩，洋壹元正。 杏仁露　四斤，洋壹元正。 玫瑰茶　貳斤，洋五角。 上桔汁　五斤，洋壹元七角五分。 洋粉袋　壹個，洋六分。 三班酒　十貳斤，洋六元正。 葉簍　四隻，洋四角。 岳古手　付開夫價并買物件，洋壹拾元正。 庫平銀，參百兩正。 以上統共計庫平銀參百兩正洋參拾五元壹角四分。	WSJ-3，頁346-347
10	18.6.27 棟軍後路轉運局致林拱辰買物清單	18.6	付溪水買物，去洋拾元正。 付紙料一單，洋五元壹角四分。 付齒粉兩盒，洋兩角。 付柳條布四匹，洋兩元壹角六分。 付廣東藍西洋兩疋，洋兩元正。 共去洋拾九元五角正。	WSJ-3，頁356-357

編號	日期 （光緒）	涵蓋年代 （光緒）	書函內容	來源
11	18.7.17 棟軍後路轉運局致林拱辰買物清單	18.7	什長張海風帶墩，去庫平銀四仟壹百兩正。 葉簍四擔，洋捌角。 和丁帶崁，去庫平銀玖伯〔佰〕兩正。記（三月）廿一日。 吳吉記紙料等件一單，去洋拾貳元四角六分。 白綾帳眉五條，洋五元正。 賬房用墨湖壹個，洋五角。 和丁開夫價，洋壹元正。 葉簍壹擔，洋兩角。 統共計庫平銀伍千兩正，洋壹拾玖元九角六分。	WSJ-3， 頁380-381
12	18.7.30 棟軍後路轉運局致林拱辰買物等項清單	18.7	七月廿五日 付文秀手收，庫平陸百兩。 付岳古手收，洋五拾元。 付買葉簍參担，洋陸角。 三十日 付葛竹翁帶崁，洋陸仟壹百元。 付庫平銀陸拾兩。 付買葉簍四担，洋捌角。 付買蒲包拾隻，洋參角。	WSJ-3， 頁380-381 頁380-381
13	18.8.22 棟軍後路轉運局致林拱辰買物等項清單	18.8	閏六月十六日 交來勇簡火帶去，通用洋貳千貳百元， 葉簍壹担，洋兩角。 布袋兩只，洋壹角。 開夫價，洋壹元。 共去洋貳千貳百零壹元參角。	WSJ-3， 頁386-387

附錄六　陳鴻英通報棟軍支應處採買日用品表（光緒18.2-18. 閏6）

編號	日期（光緒）	涵蓋年代（光緒）	書函內容	來源
1	18.2.1 陳鴻英致函棟軍支應處林拱辰稱	18.2	一、買宏濟局藥一服，…《夜談隨錄》…《西廂記》…。[10]	WSJ-3，頁318-319
2	18.2.8 陳鴻英致函棟軍支應處林拱辰、王泰嵩	18.2	月之初六日交黃新甫兄帶上…木瓜酒、馬薯、冬笋等件；…付上物件開列：吳吉記紙料一單…香末一包…葉簍一擔…王泰嵩兄精粉十包…林懋臣兄…怡包一個。[11]	WSJ-3，頁324-325
3	18.2.10 陳鴻英致函棟軍支應處林拱辰、王泰嵩	18.2	陳鴻英致函棟軍支應處林拱辰、王泰嵩稱：衛右八棚勇江清水…旋營之便，付渠帶上竹軒兄所做炮隊號甲七十二件，又代　統帥（林朝棟）赴上海購來小呢，已做就一件先寄上，尚有一件另日寄上。又付上桃仔園地瓜十餘斤，祈查入轉呈　帥收。…各物計用葉簍一擔。[12]	WSJ-3，頁328-329

2　「二月初一夕陳鴻英致林拱辰信函」，收於黃富三等解讀，何鳳嬌、林正慧、吳俊瑩編輯，《霧峰林家文書集：棟軍等相關信函》，頁262-263。

3　「二月初八陳鴻英致林拱辰、王泰嵩信函」，收於黃富三等解讀，何鳳嬌、林正慧、吳俊瑩編輯，《霧峰林家文書集：棟軍等相關信函》，頁270-271；278-279。

4　「二月初十日陳鴻英致林拱辰、王泰嵩信函」，收於黃富三等解讀，何鳳嬌、林正慧、吳俊瑩編輯，《霧峰林家文書集：棟軍等相關信函》，頁280-285。

編號	日期 （光緒）	涵蓋年代 （光緒）	書函內容	來源
4	18.2.21 陳鴻英致函棟軍支應處林拱辰	18.2	購寄各物，列單呈　覽…。尚有閣下高麗參、粉光參，計洋壹拾元，統請照單查收。尚存弟處洋壹元，俟衣件做好寄上開報可也。如松兄實收亦交伊勇帶轉矣。內差老蔡有煙斗一粒，祈飭交為感。 統帥大人（林朝棟）物件開列： 洋麵粉一袋，洋2.1元，加袋一個。 白菜四十觔，洋6.4角。 香油1斤半，洋4.5角。 又葉簍一擔，洋2.0角。 付勇方有義，開挑工1.0元。共去洋4.39元。[13]	WSJ-3，頁330-331
5	18.3.6陳鴻英致函棟軍支應處林拱辰	18.3	囑購洋麵粉等已悉。[14]	WSJ-3，頁332-335

5　「二月廿一日陳鴻英致林拱辰信函」，收於黃富三等解讀，何鳳嬌、林正慧、吳俊瑩編輯，《霧峰林家文書集：棟軍等相關信函》，頁290-293。

6　「三月初六日陳鴻英致林拱辰信函」，收於黃富三等解讀，何鳳嬌、林正慧、吳俊瑩編輯，《霧峰林家文書集：棟軍等相關信函》，頁321。

附錄七　棟軍支應處採買合興號日用品單（光緒）

編號	日期（光緒）	涵蓋年代（光緒）	書函內容	來源
1	18.7.24 光緒十八年瓜（七）月二十四日，合興號致棟軍支應處	18.7	茲付去： □□金33.0支，2.97元。 經衣13.0斤，1.03元。 源秋透200支，10元。 共14.0元。扣係另付前日買生油24.12斤。	WSJ-3，頁562-563
2	18.8.3 光緒十八年八月三日，合興號致棟軍支應處對賬單	18.8	照去 7月23日去□□（是否為五台？）一單，共艮10元。 又，過烏司阜□一單，共艮15.20元。 廿四日去□單，共艮3.0元。 又，去金紙一單，共艮19.60元。 又，挑工，艮1.20元。 廿五日去□一單，共艮4.0元。 又，去清□，9月30日，1.0元。 又，過公眾□一單，共艮51.860元。 廿八日去□□，共艮2.0元。 廿九日去□□，共艮5.0元。 卅日欠去□，銀1.0元。 8月初一日去□□，共艮3.0元。 初二日欠去□，共艮1.0元。 共艮112.680元。 7月23日去佛艮乙元。 8月初3日，回來盤碗，共銀1.020元。 又，甫來豆皮、竹仔枝，價艮2.0角。 共艮2.220元。 對扣除欠去佛銀110.480元。	WSJ-3，頁566-567

編號	日期 （光緒）	涵蓋年代 （光緒）	書函內容	來源
3	18.8.13 光緒十八年八月十三日，合興號致棟軍支應處兌貨單	18.8	兌貨單： 蒙領　即來佛艮參元 …… 幼麵干2.14斤，2.30角。 幼笋絲？一斤，8.5点。 □白布4.0尺，8.0点。 小骨3.0付，9.0点。 猪肉七斤，1.0元。 找錢449，5.15角。 另，上日北被頭418，4.5角。 共銀3.45元　　（抄） 新昨接媽安，帶來佛艮參拾元，以〔已〕經收入登賬…	WSJ-3， 頁568-569
4	18.8.19 合興號致棟軍支應處收支單	18.8	蒙領 桂初參日奉單扣外，欠艮110.46元 　又，去□一單，艮2.0元 十九日去錢502，5.40角 共銀113元。 桂十貳日，媽安手，來佛艮參拾元。 十九日，牛兄手，來佛艮參拾參元 計共銀63元。	WSJ-3， 頁570-571

附錄八　陳鴻英通報棟軍支應處採買日用品（光緒）

編號	日期（光緒）	涵蓋年代（光緒）	書函內容	來源
1	18.4.18 光緒十八年四月十八日，錦華號致林拱辰兌貨單	18.4	雪清官紗雙起線女衫一件，1.5元。 湖色春羅全孔蘭杆單衫一件，3.0元。 雪青紡綢孔活落貢帶女褲貳條，1.0元。 雪青西紗全孔蘭杆單衫一件，3.0元。 湖色西紗貢帶女褲一條，5.0角。 青蓮呢男庫〔褲〕貳條，6.0角。 白銀羅男庫〔褲〕一條，3.0角。 月素綢孔身棉夾袄 補記，貳件，1.5元。 共結工線銀壹拾壹元肆角正。 雪青官紗1.55丈，每尺3角，4.65元。 湖色春羅1.4丈，每尺3.3角，4.76元。 雪青紡綢1.7丈，每尺3.3角，5.61元。 白銀羅8.5尺，每尺3.3角，2.805元。 雪青西紗1.25丈，每尺5.4角，6.75元。 青蓮紫呢6.5尺，每尺4.5角，2.7元。 米色緞地蘭杆3.6丈，每尺8點，2.88元。	WSJ-3，頁536-539

編號	日期（光緒）	涵蓋年代（光緒）	書函內容	來源
			青蓮紫緞地蘭杆1.5丈，1.2元。 天青緞7尺，每尺6.4角，4.48元。 品蘭緞3尺，每尺6.4角，1.92元。 洋扁扣三付，3.0角。 白洋布蘭布褲腰六條，3.0角。 雪青官紗1.3丈，每尺3.0角，3.9元。 湖色西紗（補記），7尺，每尺5.4角，3.78元。 月洋布（補記），1.4丈，每尺4.5點，6.3角。 棉花（補記），2角。 前單短開四件，補記。 共料肆拾陸元捌角陸點伍正。 統共工料伍拾捌元貳角陸點伍正。	
2	18.7.3 光緒十八年七月初三日，吳吉記致林朝棟兌貨單	18.7	9寸封并千100，艮5.0角。 7寸封并千100，艮4.0角。 5寸千封200，艮6.8角。 3寸千封100，艮1.4角。 極品大單200，艮4.0角。 梅紅封套200，艮5.0角。 極品大全50，艮1.0角。 5寸7寸白摺各50，艮3.2角。 通天格2.0刀，2.2角。 定製筆支，1.4元。 薛濤箋200，艮3.2角。 白八行200，艮1.1角。 極白六扣本100，1.5元。 白六扣本100，1.0元。 上元甲1.0刀，艮6.5角。 大申封100，艮6.0角。 大移封100，艮6.0角。 極品中片500，艮6.0角。	WSJ-3，頁544-545

編號	日期 （光緒）	涵蓋年代 （光緒）	書函內容	來源
			小京片500，艮5.0角。 又小申封100，3.5角。 共艮11.79元。[15]	
3	18.4.17光緒 十八年四月 十七日，藝 林苑致林拱 辰裱工銀單	18.4	正月初二日，裱大天官乙幅，價 工艮1元　全絹。 又，代修補破空，工艮2角。 又，裱全絹大聯對乙付 下款亦 章，工洋4角。 又，裱花鳥大卦屏四幅 全絹 下款 鄭霽林，工艮1.0元。 又，裱孫傅衮中條幅四幅全絹， 工艮6角。 共計實洋參元貳角正。	WSJ-3， 頁534-535

7　黃富三等解讀，何鳳嬌、林正慧、吳俊瑩編輯，《霧峰林家文書集：棟軍相關收支單》，頁544-545。

附錄九　諸營派員領餉差票（光緒）

編號	日期（光緒）	涵蓋年代（光緒）	書函內容	來源
1	18.潤6.5 管帶隘勇前營林福喜給運餉勇弁林世蘭手票	18.潤6.	管帶隘勇前營前台灣北路協鎮即補總鎮林　為　給發手票事。照得本營月餉業請領至光緒十八年五月底止，散放在案。茲應續領光緒十八年六月分大建全營員弁、勇夫薪糧、公費、加款，以及故勇燒埋各項銀洋，扣除是月分應繳截曠銀元外，尚應實領洋貳千貳百玖拾柒元捌角，按七二折合庫平洋銀壹千陸百伍拾肆兩肆錢壹分陸厘正；除備具文領分別申送請領外，合行給發手票。為此，票仰該弁遵即齎赴統領隘勇等營行轅支應處呈驗，聽候承領解運前項餉銀，照數運回，以資散放。沿途務須小心解運，毋稍跡失，致干未便。毋延。速速。須票。　右票仰運餉差弁林世蘭收執。	WSJ-3，頁600-601
2	18. 潤6.19 管帶臺北隘勇左營陳尚志給哨官唐福春手照	潤6.	照得本營親兵哨官唐福春堪派領餉，合亟照飭仰該弁憑照，隨帶親兵數名，迅赴鴨母坪大營，守候　統憲核發隘勇左營本年六月分大建弁勇薪糧等項，除繳還截曠，實應領洋貳千五百九拾參元貳角捌辦柒尖參周，按七二，折庫平銀壹千捌百陸拾七兩壹錢陸分陸釐捌毫伍絲陸忽，如數領解回營，以資散放… 。	WSJ-3，頁602-603

編號	日期（光緒）	涵蓋年代（光緒）	書函內容	來源
3	18.8.3 管帶臺北隘勇中營李朝華給哨弁劉洪昌手票	18.8	照得本營員弁勇丁薪糧公費等項銀兩，業經領給至本年六月分止在案。茲查得□月分小建員弁勇丁薪糧公費等項，共洋貳千□百捌拾捌元□角陸辦參尖貳周，內除扣繳閏六月分開除募補勇丁□□□銀捌元□□陸辦陸尖外，寔應領洋貳千壹百柒拾玖元捌角玖辦柒尖……月分故勇宋石生一名應領燒埋洋銀肆元，統共應領洋……拾參元捌角玖辦柒尖貳周。仰右哨劉哨弁洪昌特票……統轄支應處悉數銀兩領解回……。	WSJ-3，頁604-605
4	18.6.25 總帶臺北隘勇右營林建庸給差弁林隆洽信票	18.8	照得隘勇右營應領本年柒月分大建薪糧銀兩，業已備文申乞　總統憲，轉請　善後總局飭庫核發在案，合就給發信票。為此，票仰該弁即便馳赴　統憲支應處，聽候提給後開飭項照數承領，協同親兵妥為管解回營，沿途務須格外小心謹慎，毋得稍涉大意。切切。須票。慎 計開： 一、隘勇右營本年七月分薪糧，庫平銀壹仟柒佰參拾伍兩壹錢柒分陸厘壹毫正。（燒埋銀在內）	WSJ-3，頁608-609

附錄十　營建臺灣省城林家族人之捐獻

一、林朝棟系

　　劉銘傳因經費短絀，故勸紳民捐獻，林家各房族人從光緒16年就踴躍響應，似乎在林朝棟的主導下，依據各房之田租中允出錢糧銀，並派捐工銀，文書留下不少記錄。茲依據現有文書歸納如下。

　　捐獻年代：帳單大多在光緒16-17年間，正好是臺灣省城興建時期，當是捐獻之紀錄。

　　捐獻項目：主要為錢糧、工銀。

　　捐獻者：絕大部分是霧峰林家或林石旁系之族人，目前資料主要為：林本堂派下之林朝棟與林文明族人、太平系林石四子林水之子孫。

　　在此先介紹林朝棟系。林本堂係下厝（長房）林定邦派下之共同家號，林朝棟係其嫡長子，經常做為家族代表，故常共同捐獻，共有七件文書。

　　1. 光緒15-16年供單，[8]共分三項：

　　a. 己丑年（光緒15年）份供串

　　揀東下保（內一戶錢改分），林祖鏗等並未過戶66戶，上下忙糧銀共90.8206兩，132張，票錢2.772兩。

　　又，41戶，上下忙糧銀共34.0864兩，82張票錢1.722兩。

8　「己丑年份串供」，收於黃富三等解讀，何鳳嬌、林正慧、吳俊瑩編輯，光緒15年，《霧峰林家文書集：田業，租谷》（臺北：國史館，2015），頁234-235。

貓羅保（內一戶兩改錢）林芸圃63戶，上下忙糧銀共206.9148
兩，126張，票錢2.646兩。

又，林本堂、芸圃、朝瑞、秋北、資銓14戶，上下忙糧銀共
46.3474兩，28張　票錢5.88錢。

大肚下保　林本堂3戶，上下忙糧銀共12.5472兩，6張票錢1.26
錢。

上　187戶，合共390.7164兩，共票錢7.854兩。[9]

b. 庚寅（光緒16年）四月廿六日存稿單

5月初9日，揀上保林祖銓等3戶，上下忙糧銀共20.4046兩，6
張票錢1.26錢。[10]

c. 衙署內帳房碼子單 庚（光緒16年）五月十四日會單

己晚冬領，戊子，本堂123戶、芸圃201戶、代荊庭8戶、代永
舍5戶、九舍1戶、朝瑞6戶、朝雍1戶、昌全1戶，共1476.3335
兩。此條對核加3.0076兩。

2月25日，己丑，藍興115戶、揀下52戶、貓羅196戶、貓羅31
戶、揀上3戶、代秀茂舍12戶、貓羅12戶（14.344兩在內），
共2415.33102兩。

此條對核加11.7878兩。

3月27日，庚寅，本堂373戶，共串1246.676兩，共加串工程
1464.8443兩。又，工程共218.1683兩。

此條對核加串銀12.3412兩、工程銀2.162兩，共加29.2986兩。

9　「己丑年份串供」，收於黃富三等解讀，何鳳嬌、林正慧、吳俊瑩編輯，光
緒15年，《霧峰林家文書集：田業，租谷》，頁234-235。

10　「己丑年份串供」，收於黃富三等解讀，何鳳嬌、林正慧、吳俊瑩編輯，光
緒15年，《霧峰林家文書集：田業，租谷》，頁234-235。

　　3月27日，己丑，上下忙，卅張（補領本堂、芸圃共15戶），
　　共串銀84.7306兩。此條對核相符。[11]

　　此供單不易正確解讀，但其年代確為光緒15-16年，正是省城規
劃與開始施工之時，內有糧銀、票錢及工程銀，推測應是省垣工程之
捐獻，而捐獻者正是林本堂派下以林朝棟為首之族人，顯然有以身作
則之示範意義，名稱有人名、家號等：林祖鏗、林本堂、芸圃、朝
瑞、秋北、資銓、林本堂、林祖銓、荊庭、永舍、九舍、朝雍、昌
全、秀茂等，唯昌全、秀茂、永舍、九舍四人待查。

　　中庚（光緒16年）五月十四日會單稱：

　　3月27日，庚寅，本堂373戶，共串1246.676兩，共加串工
　　程1464.8443兩。又，工程共218.1683兩。此條對核加串銀
　　12.3412兩、工程銀2.162兩，共加29.2986兩。

　　查1246.676＋218.1683＝1464.8443兩，當是光緒16年林本堂所繳納之
工程銀。

　　其它尚有六件，僅簡介內容。

　　1. 光緒17年5月1日捐獻單底：[12]

　　捐獻者計有：林朝端、林永舍、林資銓、林北舍、林本堂、林朝
棟、林芸圃、何永忠等。按，林資銓為林朝棟次子，字仲衡；林本堂

11　「己丑年份串供」，收於黃富三等解讀，何鳳嬌、林正慧、吳俊瑩編輯，光
　　緒15年，《霧峰林家文書集：田業，租谷》，頁234-235。

12　「辛卯五月初一日往館面會碼子單底」，收於黃富三等解讀，何鳳嬌、林
　　正慧、吳俊瑩編輯，光緒17年5月1日（1891年6月7日），《霧峰林家文書
　　集：田業，租谷》，頁252-257。

係林定邦派下之家號；林芸圃係林朝棟之墾號，此為以林朝棟為首的下厝林家族人的捐獻。至於林朝端、林永舍、林北舍、何永忠為何人，待考，但列於此處，應與下厝林家有某種關係。收串公私應納稅糧、工程共551.76251兩。

2. 光緒17年5月26日，辛卯年五月二十六日存稿單：[13]

捐獻者有林本堂、林朝棟、林朝瑞、林朝雍、林本、林鏗。林鏗當是林朝棟之子林資鏗，但林朝瑞、林本，待查。以林朝棟為主之捐獻共「十一條糧艮、工程合共1893.778925兩」，另外有「署內（大肚下肚下保）自送林本、林鏗之庚寅上下忙串糧艮、工程共267.14636兩」。

3. 光緒17年7月初1日，辛卯年柒月初壹日單：[14]

捐獻者有八舍、二舍、三舍、七舍、十舍、五舍、頂巷（港）太，收到數額不等的工程、糧銀、票分。

4. 光緒17年？，土地收入對帳單：[15]

捐獻者為捌舍，在各地須繳之稅銀、工程銀，包括：吳厝庄、北溝庄、新庄仔，時間涵蓋光緒十四年，十六全年、十七上忙，共計共平87.30512兩，但總計收支除外，尚欠平79.36552兩。

5. 光緒17年12月3日，帳房呈報林朝棟（統領大人）錢糧、工程

13 「辛卯年五月二十六日存稿單」，收於黃富三等解讀，何鳳嬌、林正慧、吳俊瑩編輯，《霧峰林家文書集：田業，租谷》，頁266-269。。

14 「辛卯年柒月初壹日各舍工程糧銀票錢單」，收於黃富三等解讀，何鳳嬌、林正慧、吳俊瑩編輯，《霧峰林家文書集：田業，租谷》，頁292-293。

15 「林朴堂光緒十四至十七年糧銀」，收於黃富三等解讀，何鳳嬌、林正慧、吳俊瑩編輯，《霧峰林家文書集：田業，租谷》，頁322-323。

銀單：[16]

糧總呈送林朝棟各保所徵糧銀，有貓羅保、藍興保、東上保、揀東下保、大肚下保。捐獻者均下厝族人，有林本堂、林朝棟、林芸圃、林祖銓、林祖鏗、林祖銓、林祖鏘是父子檔。「十二月初三日，共收糧總來下忙串235戶，俸糧銀781.0201兩，另加工程銀平273.357035兩，合共1054.377135兩。外尚未完下忙錢糧銀，平325.79323兩（工程另加）」。

6. 光緒17年5月29日賬單；[17]

計：四月初四日送來貓羅保應完十四年12戶糧平35.767兩；應完十五年30戶糧平105.48兩；應完十六年107戶糧平358.7422兩，加工程銀平125.55977兩。五月廿九日，回十五年1戶，平3.1957兩；回十六年1戶平3.1957兩；加工程銀平1.1185兩。

無捐獻者名單，可能是貓羅保地方紳民之稅銀、工程銀。

以上資料正是林朝棟奉命督建臺灣省城時間，顯示林家與地方仕紳均需分攤派捐。（參考附錄八章／一　林朝棟系之捐獻）

二、林文明系

林文明捐獻亦不後人，各有或多或少的捐獻。舉一例說明。

1. 光緒十七年，辛卯四月，林荊庭、林壽堂糧銀、工程對帳

16　「林備五、林宜受致林朝棟本堂應完十七年下忙各保額征錢糧」，收於黃富三等解讀，何鳳嬌、林正慧、吳俊瑩編輯，光緒17年，《霧峰林家文書集：田業，租谷》，頁322-323。

17　「貓羅保光緒十四至十六年糧銀單」，收於黃富三等解讀，何鳳嬌、林正慧、吳俊瑩編輯，《霧峰林家文書集：田業，租谷》，頁322-323。

單：[18]

    林荊庭（光緒）十四年，上忙、下忙，1戶糧銀每5.723兩 全（年）11.446兩

    又十五年，上忙、下忙，12戶糧銀每5.723兩 全（年）48.9634兩

    又十六年，上忙、下忙，12戶糧銀每5.723兩 全（年）48.9634兩

    又加捐工程平17.1732兩

    林壽堂十四年上忙、下忙，10戶糧銀每11.921兩 全23.842兩

    又十五年上忙、下忙，12戶糧銀每18.1633兩 全36.3266兩

    又十六年上忙、下忙，12戶糧銀每18.1633兩 全36.3266兩

    又加捐工程平12.7143兩

    糧共205.868兩 辛卯四月接來

按，林荊庭乃林文明派下（或次子紹堂）之家號，林壽堂即是長子朝昌（朝選）。據上，林荊庭、林壽堂林家族人捐獻糧銀、工程單，其中工程捐獻為：林荊庭平17.1732兩、林壽堂平12.7143兩，共29.8875兩。

    其它僅簡介如下。

---

18   「光緒十四至十六年林荊庭、林壽堂糧銀清單」，收於黃富三等解讀，何鳳嬌、林正慧、吳俊瑩編輯，《霧峰林家文書集：田業，租谷》，頁244-245。

2. 光緒17年5月1日，土地對帳墫稿單：[19]

捐獻者計有：林壽堂、林荊庭，加上林□茂，林科、林扁、三舍、七舍、八舍、十舍以及三少爺、文祠聖王等。其中林□茂，林科、林扁、三舍、七舍、八舍、十舍以及三少爺、文祠聖王等，待查。

散佈之田園有：貓羅磨仔盾瘠園、藍興阿密哩瘠園、藍興阿密哩下園、貓羅客哩、揀下舊社下、揀下三份埔、貓羅萬斗六、藍興內新庄、藍興北溝、藍興外新庄、藍興內新庄、貓、丁台、貓吳厝庄等地，不少地屬於瘠園、下園、下田、中田、下下田。捐獻款項包括工程銀、糧、票。

3. 光緒17年7月28日，土地對帳存稿單：[20]

捐獻者有林荊庭（林峻〔俊〕堂原底）、林荊庭（林鑑〔堂）原底）、六少奶（林兆基〔原底〕）、林鑑〔堂〕、林荊庭（林沛堂原底）、林紹堂、林荊庭。原底意思是原本所有者，日後轉至其它人，此顯示不少個人之田產轉至公號林荊庭，如林峻〔俊〕堂、林鑑〔堂〕、林沛堂。另有一處是林兆基〔原底〕轉至六少奶。

散佈之地：貓羅吳厝庄、貓羅萬斗六、貓羅吳厝庄、貓羅丁台、藍興北溝、藍興外新庄、藍興大突寮、藍興內新庄、揀下舊社、貓羅松仔腳、貓羅喀哩、藍興阿密哩、貓羅番仔園。

田園等級似乎不高，多為：下田、瘠田、下下田、中田、瘠園、下田。

19　「林荊庭各戶糧銀負擔」，收於黃富三等解讀，何鳳嬌、林正慧、吳俊瑩編輯，《霧峰林家文書集：田業，租谷》，頁306-317。

20　「辛卯七月廿八日存稿單」收於黃富三等解讀，何鳳嬌、林正慧、吳俊瑩編輯，《霧峰林家文書集：田業，租谷》，頁298-303。

4. 光緒17年某月某日，霧峰林家租糧存稿單[21]

此為 上下、藍興、貓羅糧戶應完十四、五、六、七年糧項與工程銀，田園散佈於藍興保，捐獻者有林荆庭、林壽堂、林紹堂、超然社。超然社係文祠，或稱孔孟堂，年間建於東大墩下街，同治13年重修。[22]（參考附錄八章／二一 林文明系之捐獻））

三、其他系族人

其它尚有零星之捐獻，簡列如下。

1. 林朝棟、林文明系共捐

光緒17年4月3日，宮保第帳房呈給霧峰林家之對帳單[23]

林壽堂十四年上下忙10戶 貓羅保

又，十五年上下忙12戶

又，十六年上下忙12戶

林荆庭十四年上下忙1戶 貓羅保

又十五年上下忙12戶

又十六年上下忙12戶

林紹堂十四年上下忙1戶 貓羅保

21　「上下藍興貓羅糧戶應完十四五六七年糧項」，收於黃富三等解讀，何鳳嬌、林正慧、吳俊瑩編輯，《霧峰林家文書集：田業，租谷》，頁296-297。

22　孟祥瀚，《臺中市史・沿革志》（臺中：臺中市政府，2008），頁28。

23　「宮保第賬房呈辛卯肆月初三日糧總館送來供單」，收於黃富三等解讀，何鳳嬌、林正慧、吳俊瑩編輯，《霧峰林家文書集：田業，租谷》，頁242-243。

又十五年上下忙7戶

又十六年上下忙7戶

林本堂、芸圃等，十六年上下忙共190戶 揀上下保

　貓羅保

　大肚下保

單內總共糧銀、工程844.9093兩

辛卯肆月初三日，總糧館送來供單分致各位，俟對核約項繳清。宮保第帳房單【印】

據上，捐獻者有林壽堂、林荊庭、林紹堂、林本堂、芸圃等。按，林本堂係林定邦派下之家號；林芸圃係林朝棟之墾號。

2. 林家太平系

（光緒16）年某月某日捐獻單：[24]

悚東下堡

林文光十六年下忙糧〔糧〕銀四九・二九一兩

　又，隨捐工平分 三戶上一七・二九六兩

　又，十五年分 三戶上、下忙糧銀四九・二九一兩

　三合共應平，一一五・八七八兩

林瑞麟、林杏 十六年分一戶，上下忙糧銀一三・三六三二兩

　又隨捐工程 平四・六九二兩

24　「林文光、林瑞麟等 東下堡糧銀」，收於黃富三等解讀，何鳳嬌、林正慧、吳俊瑩編輯，《霧峰林家文書集：田業，租業》，頁346-347。

又十五年分一戶 上下忙糧銀一三‧？六三二兩

又十四年分一戶 上下忙糧銀一三‧三六三二兩

四合共應平，四四‧七八一六兩

林瑞麟十六年分四戶，上下忙糧銀二五‧五四？六兩

又隨捐工程平一二‧五〇〇四兩

二合共應平，四八‧〇四八兩

連合總共應平二〇八‧七〇七六兩

據上，捐獻者為林文光、林瑞麟、林杏。按，林石四子林棟後代在太平莊發展，林瑞麟係其子孫，是林志芳（五香）之長子（養子），其弟瑞鵬，後又名鳳鳴，號儀臣，亦林朝棟開山撫番之重要協力者。[25] 林文光曾隨林文察平亂，同治3年與陳朝忠等合力擒獲戴潮春，以守備請以都司儘先補用，光緒12年賞加副將銜。[26]但林杏是何人待查。

綜合上述，可知林家族人在營建省城工程上著力極多。納悶的是，為何頂厝（二房林奠國）系未見捐獻記錄？或許因林文欽在清法戰後被劉銘傳彈劾。

25　林慶弧，〈林志芳家族與太平地區的開發〉，《臺灣文獻》（南投）62：3（2011.9），頁245、249。

26　「林文光、林瑞麟等 東下堡糧銀」，收於黃富三等解讀，何鳳嬌、林正慧、吳俊瑩編輯，《霧峰林家文書集：田業，租業》，頁347。

臺灣研究叢刊

霧峰林家的重振：從官紳對立到相互協力（1882-1895）

2023年12月初版　　　　　　　　　　　　　　　　　定價：新臺幣800元
有著作權・翻印必究
Printed in Taiwan.

著　　者	黃	富	三
特約編輯	陳	韋	聿
	張	佑	豪
內文排版	菩	薩	蠻
封面設計	劉	耘	桑

出　版　者	聯經出版事業股份有限公司	副總編輯	陳 逸 華
地　　　址	新北市汐止區大同路一段369號1樓	總編輯	涂 豐 恩
叢書編輯電話	（02）86925588轉5317	總經理	陳 芝 宇
台北聯經書房	台北市新生南路三段94號	社　長	羅 國 俊
電　　　話	（02）23620308	發行人	林 載 爵
郵政劃撥帳戶第0100559-3號
郵撥電話	（02）23620308
印　刷　者	世和印企業有限公司
總　經　銷	聯合發行股份有限公司
發　行　所	新北市新店區寶橋路235巷6弄6號2樓
電　　　話	（02）29178022

行政院新聞局出版事業登記證局版臺業字第0130號

本書如有缺頁，破損，倒裝請寄回台北聯經書房更換。　　ISBN　978-957-08-7207-1 (精裝)
聯經網址：www.linkingbooks.com.tw
電子信箱：linking@udngroup.com

本書印製獲財團法人曹永和文教基金會補助

國家圖書館出版品預行編目資料

霧峰林家的重振：從官紳對立到相互協力（1882-1895）/
黃富三著．初版．新北市．聯經．2023年12月．8面彩色＋720面黑白．
14.8×21公分（臺灣研究叢刊）
ISBN 978-957-08-7207-1（精裝）

1.CST：林氏 2.CST：家族史 3.CST：臺灣傳記 4.CST：臺中市霧峰區

544.2933   112019554